Heinrich V. Sauerland

Urkunden und Regesten zur Geschichte der Rheinlande

aus dem vatikanischen Archiv - 1327 bis 1342

Heinrich V. Sauerland

Urkunden und Regesten zur Geschichte der Rheinlande
aus dem vatikanischen Archiv - 1327 bis 1342

ISBN/EAN: 9783743301948

Hergestellt in Europa, USA, Kanada, Australien, Japan

Cover: Foto ©ninafisch / pixelio.de

Manufactured and distributed by brebook publishing software
(www.brebook.com)

Heinrich V. Sauerland

Urkunden und Regesten zur Geschichte der Rheinlande

PUBLIKATIONEN

DER

GESELLSCHAFT

FÜR

RHEINISCHE GESCHICHTSKUNDE

XXIII.

URKUNDEN UND REGESTEN ZUR GESCHICHTE DER RHEINLANDE

AUS DEM VATIKANISCHEN ARCHIV

ZWEITER BAND

BONN

P. HANSTEIN'S VERLAG

1903

URKUNDEN UND REGESTEN

ZUR

GESCHICHTE DER RHEINLANDE

AUS DEM

VATIKANISCHEN ARCHIV

GESAMMELT UND BEARBEITET

VON

HEINRICH VOLBERT SAUERLAND

ZWEITER BAND

1327—1342

BONN

P. HANSTEIN'S VERLAG

1903

Stifter und Patrone
der
Gesellschaft für Rheinische Geschichtskunde.

Seine Majestät der Kaiser und König als Patron.
Ihre Königliche Hoheit die Prinzessin Adolf zu Schaumburg-Lippe, Prinzessin von Preussen als Patronin.
Seine Königliche Hoheit der Erbgrossherzog Friedrich von Baden als Patron.

Der Rheinische Provinzialverband.

I. Stifter:

1. Herr Geh. Kommerzienrat Dr. iur. et phil. **Gustav von Mevissen**, Mitglied des Staatsrats und des Herrenhauses, Köln (1881); † 1899 Aug. 13.
2. „ **Adolph von Carstanjen**, Majoratsherr, Berlin (1893); † 1900 Juni 24.
3. „ Geh. Kommerzienrat **Emil vom Rath**, Köln (1894).
4. Die **Dr. Joh. Friedr. Böhmer**'schen Nachlass-Administratoren und Testaments-Exekutoren, Frankfurt a. M. (1898).
5. Frau Witwe **Paul Stein, Elise**, geb. **von Mevissen**, Köln (1900).
6. Herr Geh. Kommerzienrat **Gust. Michels**, Köln (1900).
7. Frau Witwe Geh. Kommerzienrat **Dr. Gust. von Mevissen, Therese** geb. **Leiden,** Köln (1900); † 1901 Nov. 10.

II. Patrone:

1. Die Stadt **Aachen** (1881).
2. Herr Geh. Kommerzienrat **Otto Andreae**, Köln (1889).
3. Se. Durchlaucht der **Prinz Philipp von Arenberg**, Bischöfl. Geistl. Rat, päpstl. Geheimkämmerer und Domkapitular, Eichstätt (1881).
4. Die Stadt **Barmen** (1881).
5. Herr Baron **J. W. v. Boetzelaer**, Kaufmann, Bockum bei Krefeld (1901).
6. Die Stadt **Bonn** (1881).
7. Frau Rittmeister **E. Braun**, geb. **Freiin von Stumm**, Saarbrücken (1902).
8. Herr Kommerzienrat **Arthur Camphausen**, Bankier, Köln (1893).
9. „ **Peter von Carnap**, Elberfeld (1881).
10. Frau Witwe **Adolph von Carstanjen, Adele**, geb. **vom Rath,** Berlin (1901).
11. Die Stadt **Coblenz** (1888).

12. Herr Geheimrat Dr. **Karl Ad. Ritter v. Cornelius**, Prof., München (1881).
13. „ Kommerzienrat **J. Cüpper**, Tuchfabrikant, Aachen-Burtscheid (1893).
14. „ Kommerzienrat **Otto Deichmann**, Bankier, Köln (1902).
15. „ **Wilh. Theod. Deichmann**, Bankier, Köln (1902).
16. „ Geh. Kommerzienrat **Karl Delius**, Aachen (1889).
17. „ **Friedr. Daniel Freiherr von Diergardt**, Königl. Kammerherr, Rittergutsbesitzer, Haus Morsbroich bei Schlebusch (1881).
18. Die Stadt **Düren** (1891).
19. Die Stadt **Düsseldorf** (1881).
20. Die Stadt **Duisburg** (1881).
21. Die Stadt **Elberfeld** (1881).
22. Herr **Jakob Graf und edler Herr von und zu Eltz**, K. u. K. Kämmerer und Majoratsherr zu Vukovár (Slavonien) (1900).
23. „ **Karl Eltzbacher**, Rechtsanwalt und Bankier, Köln (1896).
24. Der Landkreis **Essen** (1892).
25. Die Stadt **Essen** (1896).
26. Herr Geh. Justizrat **Robert Esser**, Köln (1896).
27. „ **August Ferber**, Fabrikbesitzer, Aachen-Burtscheid (1892).
28. Frau Witwe **H. Foerster, Johanna** geb. **Thywissen**, Kempen (Rh.) (1892).
29. Herr Geh. Kommerzienrat **Karl Friederichs**, Stadtverordneter, Remscheid (1897).
30. „ **Alois Fritzen**, Landesrat a. D., Düsseldorf (1891).
31. „ **Gisbert Graf von Fürstenberg-Stammheim**, Excellenz, Königl. Kammerherr und Schlosshauptmann von Koblenz, Mitglied des Herrenhauses, Stammheim b. Mülheim (1889).
32. Die Stadt **M.-Gladbach** (1902).
33. Herr **Wilh. Gobbers** sen., Seidenfabrikant, Krefeld (1900).
34. „ **Matthias H. Göring**, Honnef (1881).
35. Frau Witwe **Friedr. Grillo**, Essen (1895).
36. „ Witwe Kommerzienrat Dr. **Hermann Grüneberg, Emilie**, geb. **Schmidtborn**, Rentnerin, Köln (1894).
37. Herr **Charles Eugene Günther**, Esquire, Kaufmann, London E. C. (1900).
38. Frau Witwe Kommerzienrat **Franz Karl Guilleaume, Antonie**, geb. **Gründgens**, Köln (1893).
39. Herr **Arnold Guilleaume**, Köln (1895).
40. „ Kommerzienrat **Max Guilleaume**, Köln (1892).
41. „ Kommerzienrat **Theodor v. Guilleaume**, Fabrikbesitzer, Köln (1889).
42. „ **Louis Hagen**, Bankier, Köln (1896).
43. „ Geh. Kommerzienrat **Franz Haniel**, Fabrikbesitzer, Düsseldorf (1895).
44. „ Kommerzienrat **Joh. N. Heidemann**, Köln (1900).
45. „ Geh. Kommerzienrat **August Heuser**, Stadtverordneter, Köln (1894).
46. „ Herr **August Freiherr von der Heydt**, Elberfeld (1902).
47. „ **Karl von der Heydt**, Bankier, Berlin (1889).
48. „ **Alfred Freiherr v. Hilgers**, Landgerichtspräsident, Trier (1895).
49. „ **Karl Eugen Graf und Marquis von und zu Hoensbroech**, Königl. Kammerherr, Schloss Türnich, Kr. Bergheim (1889).

50. Herr **Eberhard Hoesch**, Düren (1891).
51. „ Kommerzienrat **Wilhelm Hoesch**, Fabrikbesitzer, Düren (1900).
52. Die **Fürstl. Hohenzollern'sche Hofbibliothek**, Sigmaringen (1881).
53. Herr Geh. Justizrat Dr. **Hermann Hüffer**, Professor, Bonn (1897).
54. „ Justizrat **Franz Jansen**, Rechtsanwalt und beig. Bürgermeister a. D., Köln (1895).
55. Frau Witwe **Aug. Joest, Fanny**, geb. **Camphausen**, Köln (1894).
56. Herr **Heinrich Kellner**, Kaufmann, Köln-Deutz (1899).
57. „ **Ferd. Knops**, Tuchfabrikant, Aachen-Burtscheid (1901).
58. Die Stadt **Köln** (1881).
59. Herr **Ernst Königs**, Kaufmann, Köln (1898).
60. Die Stadt **Krefeld** (1881).
61. Herr **Georg Küppers-Loosen**, Kaufmann, Köln (1899).
62. „ Dr. **Ernst Landsberg**, Professor, Bonn (1899).
63. „ **Gottlieb Langen**, Burg Zieverich (1897).
64. „ **Hans Karl Leiden**, Kgl. Niederländischer Konsul, Köln (1895).
65. „ **Hans Leyendecker**, Kaufmann, Köln (1902).
66. Frau Witwe **Freifrau Theod. von Liebieg, Angelika**, geb. **Clemens**, Schloss Gondorf bei Coblenz und Reichenberg (Böhmen) (1891).
67. Herr Geh. Justizrat Dr. **Hugo Loersch**, Professor, Mitglied des Herrenhauses und Kronsyndikus, Bonn (1890).
68. „ Kommerzienrat **Gustav von Mallinckrodt**, Köln (1896).
69. „ Dr. jur. **Gustav von Mallinckrodt jr.**, Stadtverordneter, Köln (1892).
70. „ Dr. **Paul von Mallinckrodt**, Rittergutsbesitzer, Schloss Wachendorf (1899).
71. „ **Julius Marcus**, Baden-Baden (1896).
72. „ Justizrat Dr. jur. **Karl Mayer-Leiden**, Rechtsanwalt, Brühl (1894).
73. Frl. **Mathilde von Mevissen**, Köln (1893).
74. „ **Melanie von Mevissen**, Köln (1899).
75. Herr Geh. Kommerzienrat **Gustav Michels**, Mitglied des Herrenhauses, Köln (1881).
76. „ **Graf Wilhelm von Mirbach-Harff**, Fideikommissbesitzer, Schloss Harff (1901).
77. Die Stadt **Mülheim a. Rh.** (1881).
78. Der Kreis **Mülheim a. d. Ruhr** (1892).
79. Herr Kommerzienrat Dr. jur. **Jos. Neven-DuMont**, Kaufmann und Stadtverordneter, Köln (1898).
80. Frau Witwe **Emil Oelbermann, Laura**, geb. **Nickel**, Köln (1897).
81. Herr **Albert Freiherr von Oppenheim**, Kgl. sächs. Generalkonsul, Köln (1888).
82. „ **Eduard Freiherr von Oppenheim**, K. K. österr.-ungar. Generalkonsul, Köln (1889).
83. „ **Wilh. Oswald**, Bergassessor a. D., Coblenz (1896).
84. Frau Witwe **Wilh. Peill, Paula**, geb. **Korte**, Köln (1901).
85. Herr Geh. Regierungsrat **Ludwig Pelzer**, Oberbürgermeister a. D., Aachen (1896).
86. „ **Eugen Pfeifer**, Gutsbesitzer, Köln (1892).

87. Herr Kommerzienrat **Valentin Pfeifer**, Fabrikbesitzer, Köln (1889).
88. „ Geh. Kommerzienrat **Emil vom Rath**, Stadtverordneter, Köln (1881).
89. „ **Adolf Ratjen**, Landgerichtspräsident, Kiel (1881).
90. Frau Witwe Kommerzienrat **Eugen Rautenstrauch, Adele**, geb. **Joest**, Köln (1901).
91. Der Kreis **Rees** (1897).
92. Herr **Karl Reichensperger**, Landgerichtspräsident, Aurich (1896).
93. Die Stadt **Remscheid** (1902).
94. Herr Kommerzienrat **Karl Röchling**, Fabrikbes., Saarbrücken (1895).
95. „ Kais. Wirkl. Geheimrat Dr. **von Rottenburg**, Excellenz, Kurator der Universität Bonn, Bonn (1897).
96. Der Kreis **Saarbrücken** (1892).
97. Se. Durchlaucht der **Fürst Alfred zu Salm-Reifferscheid**, Schloss Dyck (1902).
98. Herr Dr. **Max von Sandt**, Kgl. Landrat des Landkreises Bonn, Bonn (1899).
99. Se. Erlaucht der **Reichsgraf Heinrich von Schaesberg-Dilborn**, Schloss Thannheim bei Leutkirch (Württemberg) (1881).
100. Herr **Karl Scheibler**, Fabrikbesitzer, Köln (1896).
101. Frau Witwe Geh. Kommerzienrat **Wilh. Scheidt, Auguste** geb. **Holthaus**, Kettwig a. d. Ruhr (1899).
102. Herr **Herm. Schelleckes**, Kaufmann, Krefeld (1902).
103. Frau Witwe **Alexander Schoeller, Adele**, geb. **Carstanjen**, Düren (1892).
104. Herr Ober-Präsidial-Rat a. D. Dr. **Klemens Freiherr v. Schorlemer**, Kgl. Kammerherr, Vorsitzender der Landwirtschaftskammer der Rheinprovinz, Mitglied des Herrenhauses, Lieser (1899).
105. „ **Graf Franz von Spee**, Kgl. Kammerherr und Schlosshauptmann von Düsseldorf, Mitglied des Herrenhauses, Schloss Heltorf (1885).
106. Frau Witwe Kommerzienrat **Konrad Startz, Marie**, geb. **Nütten**, Aachen (1893).
107. „ Witwe **Paul Stein, Elise**, geb. **von Mevissen**, Köln (1888).
108. Herr **Lebrecht Stein**, Seidenfabrikant, Langenberg (Rheinland) (1889).
109. „ Kommerzienrat **Pet. Jos. Stollwerck**, Fabrikbesitzer, Köln (1900)
110. Der Herr **Bischof von Trier, Dr. Felix Korum**, Trier (1886).
111. Die Stadt **Trier** (1881).
112. Herr Kommerzienrat **Julius Vorster**, Fabrikbesitzer, Köln (1892).
113. „ **Karl Wahlen**, Fabrikbesitzer, Köln (1898).
114. „ Geh. Kommerzienrat **Julius Wegeler**, Coblenz (1881).
115. Se. Durchlaucht der **Fürst Wilhelm zu Wied**, Neuwied (1881).
116. Herr **Hans Zanders**, Fabrikant, Berg.-Gladbach (1900).
117. „ **Richard Zanders**, Fabrikant, Berg.-Gladbach (1893).
118. „ N. N. (1900).

Verstorbene Patrone:

Ihre Majestät die **Kaiserin und Königin Augusta** (1881), † 1890 Jan. 7.
Ihre Majestät die **Kaiserin und Königin Friedrich** (1895), † 1901 Aug. 5.

1. Herr Wirkl. Geheimrat Dr. **von Bardeleben**, Excellenz, Oberpräsident a. D., Berlin (1881), † 1890 Jan. 8.
2. „ Professor Dr. **Julius Baron**, Bonn (1892), † 1898 Juni 9.
3. „ **Friedr. Wilh. Blees**, kais. Bergmeister, Queuleu bei Metz (1895), † 1895 Aug. 16.
4. Frau **F. W. Blees**, Queuleu (1895), † 1898 Juni 16.
5. Herr Geh. Kommerzienrat **Eugen von Boch**, Mettlach (1889), † 1898 Nov. 12.
6. „ **Adolph von Carstanjen**, Berlin (1883), † 1900 Juni 24.
7. „ Dr. med. **H. J. R. Claessen**, Köln (1881), † 1883 Okt. 17.
8. „ Wirkl. Geheimrat Dr. **Heinrich von Dechen**, Excellenz, Bonn (1881), † 1889 Febr. 5.
9. Frau Geheimrat **Lila Deichmann-Schaaffhausen**, Köln (1881), † 1888 Juli 7.
10. Herr Kommerzienrat **Theodor Deichmann**, Köln (1881), † 1895 Juli 25.
11. Frau Witwe **Theodor Deichmann**, Köln (1895), † 1901 April 7.
12. Herr **Karl Graf und edler Herr von und zu Eltz**, Eltville (1881), † 1900 Mai 26.
13. „ **August Elven**, Köln (1889), † 1891 April 28.
14. „ **Ludwig Levin Freiherr von Elverfeldt**, Elberfeld (1881), † 1885 Mai 23.
15. „ **Johann Maria Farina**, Köln (1889), † 1892 Febr. 26.
16. „ **Freiherr Theodor von Geyr zu Schweppenburg**, Kgl. Kammerherr, beigeordneter Bürgermeister, Aachen (1881), † 1882 Juli 3.
17. „ Kommerzienrat Dr. **Herm. Grüneberg**, Köln (1890), † 1894 Juni 7.
18. „ Geh. Kommerzienrat **Emil Haldy**, St. Johann (1889), † 1901 Nov. 25.
19. „ Geh. Kommerzienrat **Hugo Haniel**, Ruhrort (1881), † 1893 Dec. 15.
20. „ Geh. Kommerzienrat **Alex. von Heimendahl**, Krefeld (1888), † 1890 Dec. 29.
21. „ Geh. Kommerzienrat **Leop. Hoesch**, Düren (1889), † 1899 April 21.
22. „ **Otto Jordan**, Coblenz (1895), † 1900 April 9.
23. „ Kommerzienrat **F. W. Königs**, Köln (1881), † 1882 Okt. 6.
24. „ Kardinal-Erzbischof Dr. **Phil. Krementz**, Köln (1886), † 1899 Mai 6.
25. „ Herr Wirkl. Geheimrat Dr. ing. **F. A. Krupp**, Bredeney, (1884), † 1902 Nov. 22.
26. „ Geh. Kommerzienrat **Eugen Langen**, Köln (1881), † 1895 Okt. 2.
27. „ **Ernst Leyendecker**, Köln (1893), † 1902 Febr. 6.
28. „ Kommerzienrat **Wilhelm Leyendecker**, Köln (1889), † 1891 Juni 18.
29. „ **Theodor Freiherr von Liebieg**, Schloss Gondorf (1889), † 1891 Sept. 8.
30. „ **Ludwig von Lilienthal**, Elberfeld (1881), † 1893 Juni 1.
31. „ Kommerzienrat **Julius Marcus**, Köln (1889), † 1893 Jan. 4.
32. „ Geh. Kommerzienrat Dr. **Gustav von Mevissen**, Köln (1881), † 1899 Aug. 13.

33. Frau Geh. Kommerzienrat Dr. **Gustav von Mevissen**, Köln (1899), † 1901 Nov. 10.
34. Herr **Graf Ernst von Mirbach-Harff**, Schloss Harff (1882), † 1901 Mai 29.
35. „ **Graf Wilh. von Mirbach-Harff**, Schloss Harff (1881), † 1882 Juni 19.
36. „ Geh. Medizinalrat Prof. Dr. **Albert Mooren**, Düsseldorf (1881), † 1899 Dec. 31.
37. „ **Hermann von Mumm**, Kgl. Dän. General-Konsul, Köln (1881), † 1887 Juli 16.
38. „ **August Neven-DuMont**, Köln (1889), † 1896 Sept. 7.
39. „ **Emil Oelbermann**, Köln (1893), † 1897 Mai 1.
40. „ Geh. Regierungsrat **Dagobert Oppenheim**, Köln (1881), † 1889 Juli 25.
41. „ **Wilh. Peill**, Köln (1896), † 1901 April 4.
42. „ Kommerzienrat **Emil Pfeifer**, Köln (1881), † 1889 Sept. 20.
43. „ **Eduard Puricelli**, Trier (1881), † 1893 Dec. 4.
44. Frau **Ed. Puricelli**, Trier (1893), † 1899 Febr. 5.
45. „ **Fanny Puricelli**, Rheinböllerhütte (1881), † 1896 Nov. 16.
46. Herr **Arthur vom Rath**, Köln (1897), † 1901 Aug. 23.
47. „ Kommerzienrat **Eugen Rautenstrauch**, Köln (1891), † 1900 Mai 18.
48. „ Kommerzienrat **Val. Rautenstrauch**, Trier (1881), † 1884 Okt. 19.
49. „ Geh. Kommerzienrat **Wilh. Scheidt**, Kettwig (1894), † 1896 März 27.
50. „ Weihbischof Dr. **Herm. Jos. Schmitz**, Köln (1895), † 1899 Aug. 21.
51. „ **Alexander Schöller**, Düren (1890), † 1892 Febr. 26.
52. „ Beigeordneter **Ludw. Friedr. Seyffardt**, Krefeld (1888), † 1901 Jan. 26.
53. „ **Erzbischof** Dr. **Hubertus Simar**, Köln (1900), † 1902 Mai 24.
54. „ **Graf August von Spee**, Königl. Kammerherr, Schlosshauptmann von Brühl, Schloss Heltorf (1881), † 1882 Aug. 25.
55. „ Kommerzienrat **Konrad Startz**, Aachen (1889), † 1893 Sept. 30.
56. „ Landgerichts-Referendar **Adolf Wekbeker**, Düsseldorf (1881), † 1882 Nov. 16.
57. „ Kommerzienrat **Victor Wendelstadt**, Köln (1881), † 1884 Juli 15.

Vorstand der Gesellschaft (bis zum 31. Dezember 1903).

Prof. Dr. **Joseph Hansen**, Archivdirektor, Köln-Lindenthal, Lindenburger Allee 35, Vorsitzender.

Geh. Regierungsrat Dr. **Moriz Ritter**, Professor, Bonn, Riesstrasse 6, stellvertretender Vorsitzender.

Geh. Justizrat Dr. **Hugo Loersch**, Professor, Bonn, Lennéstrasse 21, Schriftführer.

Prof. Dr. **Eberhard Gothein**, Bonn, Goethestrasse 5, stellvertretender Schriftführer.

Dr. jur. **Gustav von Mallinckrodt**, Köln, Sachsenring 77, Schatzmeister.
Geh. Kommerzienrat **Emil vom Rath**, Köln, Kaiser-Wilhelm-Ring 15, stellvertretender Schatzmeister.

Archivrat Dr. **Becker**, Königl. Archivdirektor, Coblenz.
Becker, Oberbürgermeister, Köln.
Geh. Regierungsrat Dr. **v. Bezold**, Professor, Bonn.
Dr. **Clemen**, Provinzialkonservator, Professor, Bonn.
Geh. Kommerzienrat **Friederichs**, Remscheid.
Geh. Justizrat Dr. **Hüffer**, Professor, Bonn.
Archivrat Dr. **Ilgen**, Königl. Archivdirektor, Düsseldorf.
Marx, Oberbürgermeister, Düsseldorf.
Geh. Kommerzienrat **Michels**, Köln.
Geh. Regierungsrat Dr. **Nissen**, Professor, Bonn.
Geh. Regierungsrat **Pelzer**, Oberbürgermeister a. D., Aachen.
Wirkl. Geheimrat Dr. **v. Rottenburg**, Excellenz, Kurator der Universität, Bonn.
Geh. Kommerzienrat **Wegeler**, Coblenz.

Vertreter des Provinzialverbandes im Vorstande:

Herr Freiherr **von Solemacher-Antweiler**, Excellenz, Königl. Kammerherr und Schlosshauptmann von Brühl, Mitglied des Herrenhauses, Rittergutsbesitzer, Bonn.

Ehrenmitglieder des Vorstandes:

Dr. **Höhlbaum**, Professor, Giessen.
Ratjen, Landgerichtspräsident, Kiel.

Satzungen

der

Gesellschaft für Rheinische Geschichtskunde.

(Gegründet am 1. Juni 1881, mit den Rechten einer juristischen Person ausgestattet durch Allerhöchsten Erlass vom 9. August 1889.)

---

§ 1.

Die **Gesellschaft für Rheinische Geschichtskunde** hat den Zweck, die Forschungen über die Geschichte der Rheinlande dadurch zu fördern, dass sie Quellen der rheinischen Geschichte in einer den Forderungen der Wissenschaft entsprechenden Weise herausgibt.

Der Sitz der Gesellschaft ist Köln.

§ 2.

1. Stifter der Gesellschaft sind diejenigen, welche wenigstens eintausend Mark in die Kasse der Gesellschaft einzahlen.

2. Patrone der Gesellschaft sind diejenigen, welche einen Jahresbeitrag von mindestens einhundert Mark auf drei Jahre zu zahlen sich verpflichten.

3. Mitglieder der Gesellschaft sind diejenigen Forscher auf dem Gebiete der rheinischen Geschichte oder auf verwandten Gebieten, welche entweder

a) bei Gründung der Gesellschaft als Mitglieder beigetreten sind, oder

b) später auf Vorschlag des Vorstandes durch die Gesellschaft in ihren Hauptversammlungen ernannt werden.

§ 3.

Die für ihre Zwecke erforderlichen Geldmittel entnimmt die Gesellschaft:

1. dem Kapitalbestande, welcher am 1. Januar 1889 Mark 29 986,96 betrug,
2. der Stiftung des Geh. Kommerzienrats Dr. jur. G. von Mevissen in der Höhe von Mark 3000 und zukünftigen Stiftungen,
3. den Beiträgen der Patrone,
4. den von der Staatsregierung und der Provinz zu erbittenden Zuschüssen,
5. dem Verkauf der Publikationen.

Die einmal bewilligten Beiträge unter 3 werden forterhoben, so lange sie nicht abgemeldet sind; mit ihrem Wegfall hört das Patronat auf.

§ 4.

Die Beiträge der Stifter bilden einen bleibenden Vermögensbestand, dessen Zinserträge jährlich den laufenden Einnahmen überwiesen werden.

Im übrigen ist für die Vermögensverwaltung der § 39 der Vormundschaftsordnung vom 5. Juli 1875 massgebend.

Die der Gesellschaft gehörigen Inhaberpapiere sind beim Erwerbe durch den Vorsitzenden oder dessen Stellvertreter ausser Cours zu setzen.

§ 5.

Den Stiftern und Patronen sowie den Mitgliedern des Vorstandes werden die Publikationen der Gesellschaft unentgeltlich geliefert. Den Mitgliedern der Gesellschaft wird jede einzelne Publikation für zwei Drittel des Ladenpreises geliefert.

§ 6.

Ein aus 19 Personen bestehender Vorstand leitet die Gesellschaft und vertritt sie Behörden und Privatpersonen gegenüber mit dem Rechte der Substitution in allen Angelegenheiten, einschliesslich derjenigen, welche nach den Gesetzen einer besonderen Vollmacht bedürfen.

Der Vorstand wird durch die Hauptversammlung aus den Stiftern, Patronen und Mitgliedern der Gesellschaft gewählt.

Das Amt der Vorstandsmitglieder erlischt durch Tod, Niederlegen und Verlassen des Gesellschaftsgebietes, als welches in dieser Hinsicht die Provinzen Rheinland, Westfalen und der Regierungsbezirk Wiesbaden anzusehen sind.

Dem Minister für geistliche, Unterrichts- und Medizinal-Angelegenheiten und dem Provinzialverbande der Rheinprovinz wird vorbehalten, den Vorstand durch je ein weiteres Mitglied zu verstärken, so lange die Arbeiten der Gesellschaft aus Mitteln des Staates, bezw. der Provinz unterstützt werden.

Zur Legitimation des Vorstandes nach aussen dient eine Bescheinigung des Bürgermeisteramtes der Stadt Köln, welchem die jedesmaligen Wahlverhandlungen sowie die Ernennungen des Staates und der Provinz mitzuteilen sind.

§ 7.

Der Vorstand kann seine Befugnisse für einzelne Angelegenheiten oder bestimmte Geschäfte einzelnen seiner Mitglieder oder aus seiner Mitte gewählten Kommissionen übertragen.

An der Bestimmung des § 8 über die Urkunden, welche die Gesellschaft vermögensrechtlich verpflichten, wird hierdurch nichts geändert.

§ 8.

Der Vorstand wählt aus seiner Mitte auf je drei vom 1. Januar 1889 ab laufende Jahre einen Vorsitzenden, einen Schatzmeister, einen Schriftführer und für jeden derselben einen Stellvertreter. Wird eines dieser Ämter erledigt, so wird ein Ersatzmann für den Rest der Amtszeit gewählt.

Urkunden, welche die Gesellschaft vermögensrechtlich verpflichten, sind unter deren Namen vom Vorsitzenden oder dessen Stellvertreter und ausserdem von einem anderen Vorstandsmitgliede zu vollziehen.

§ 9.

Der Vorsitzende leitet die Verhandlungen des Vorstandes sowie der Hauptversammlung.

Er beruft den Vorstand, so oft dies die Lage der Gesellschaft erfordert, auch sobald drei Mitglieder des Vorstandes dies beantragen. Die Einladung erfolgt schriftlich unter Mitteilung der Tagesordnung.

§ 10.

Zur Beschlussfähigkeit des Vorstandes ist die Anwesenheit von neun Vorstandsmitgliedern, zu Beschlüssen die absolute Stimmenmehrheit der anwesenden Vorstandsmitglieder erforderlich. Bei Stimmengleichheit entscheidet der Vorsitzende.

Über die Verhandlungen nimmt der Schriftführer ein Protokoll auf, welches von ihm und dem Vorsitzenden vollzogen und gleich den übrigen Akten vom Vorsitzenden aufbewahrt wird.

§ 11.

Der Schatzmeister führt und verwahrt die Kasse der Gesellschaft. Er hat dem Vorstande jährlich eine mit Belegen versehene Übersicht des Vermögensbestandes einzureichen, welche zu den Akten genommen wird. Diese Übersicht umfasst das abgelaufene Geschäftsjahr, welches vom 1. Januar bis 31. Dezember gerechnet wird, und wird in der ersten Vorstandssitzung des neuen Jahres vorgelegt.

§ 12.

Zum Geschäftskreise der Hauptversammlung, in welcher jeder persönlich erscheinende Stifter, Patron oder Mitglied der Gesellschaft Stimmrecht hat, — die Städte, welche Stifter oder Patrone sind, werden vertreten durch ihre Bürgermeister, andere Korporationen oder Vereine durch die von ihnen Beauftragten, — gehört:

1. die Wahl und Ergänzung des Vorstandes (§ 6),
2. die Wahl von Mitgliedern der Gesellschaft nach § 2 No. 3, b,
3. die Entgegennahme des Berichtes, welchen der Vorstand über die Arbeiten des letzten und den Arbeitsplan des nächsten Jahres erstattet,
4. die Entlastung des Schatzmeisters wegen der Rechnung über das abgelaufene Jahr,
5. jede Änderung der Satzungen,
6. die etwaige Auflösung der Gesellschaft und die Verfügung über das bei der Auflösung vorhandene Vermögen.

§ 13.

Die Hauptversammlung findet jährlich in den ersten drei Monaten statt.

Der Vorstand stellt die Tagesordnung fest. Der Vorsitzende ladet die Stifter, Patrone und Mitglieder durch Zuschrift unter Mitteilung der Tagesordnung ein.

Ausserordentliche Hauptversammlungen finden statt, so oft der Vorstand dies für erforderlich hält, sowie wenn 20 stimmberechtigte

Personen schriftlich beim Vorstande einen hierauf gerichteten mit Gründen versehenen Antrag stellen, und zwar im letzteren Falle binnen sechs Wochen.

§ 14.

Zur Beschlussfähigkeit der Hauptversammlung ist die Anwesenheit von 15 stimmberechtigten Personen, einschliesslich der Vorstandsmitglieder, erforderlich.

Hat eine Hauptversammlung wegen Beschlussunfähigkeit vertagt werden müssen, so ist eine neue Hauptversammlung beschlussfähig ohne Rücksicht auf die Zahl der Anwesenden, sofern auf diese Folge bei der Einberufung ausdrücklich hingewiesen ist.

Abgesehen von dem Falle der Stimmengleichheit, bei welcher der Vorsitzende entscheidet, und von einem etwaigen Auflösungsbeschluss, für welchen Zweidrittel-Mehrheit der Anwesenden erforderlich ist, werden die Beschlüsse nach einfacher Mehrheit gefasst.

Über die Form der Abstimmung entscheidet die Versammlung.

Über die Verhandlung nimmt der Schriftführer ein Protokoll auf, welches von ihm, dem Vorsitzenden und drei anderen Anwesenden zu vollziehen ist.

§ 15.

Änderungen der Satzungen, welche den Sitz, den Zweck und die äussere Vertretung der Gesellschaft betreffen, sowie Beschlüsse, welche die Auflösung der Gesellschaft zum Gegenstande haben, bedürfen landesherrlicher Genehmigung. Sonstige Änderungen der Satzungen sind von der Zustimmung des Oberpräsidenten der Rheinprovinz abhängig.

§ 16.

Diese Satzungen treten mit dem 1. Januar 1889 in Kraft.

Nach Massgabe derselben führt der Vorstand, welcher auf Grund der früheren Bestimmungen gewählt ist, sein Amt weiter.

Publikationen

der Gesellschaft für Rheinische Geschichtskunde.

I. Kölner Schreinsurkunden des 12. Jahrhunderts, Quellen zur Rechts- und Wirtschaftsgeschichte der Stadt Köln, herausgegeben von Robert Hoeniger. Bonn, Weber (Julius Flittner). Bd. I, 1884—1888, Ladenpreis br. Mk. 21.45. Bd. II, 1, 1893, Ladenpreis br. Mk. 17.50. Bd. II, 2, 1894. Mit einer Erklärung der deutschen Wörter von Prof. Dr. J. Franck und 1 photolith. Beilage. Ladenpreis br. Mk. 22.—.

II. Briefe von Andreas Masius und seinen Freunden 1538—1573, herausgegeben von Max Lossen. Leipzig, Dürr, 1886. Ladenpreis br. Mk. 11.40, geb. Mk. 12.50.

III. Das Buch Weinsberg, Kölner Denkwürdigkeiten aus dem 16. Jahrhundert, bearbeitet von Konstantin Höhlbaum. Bd. I, 1518—1551. Leipzig, Dürr, 1886. Ladenpreis br. Mk. 9.—, geb. Mk. 10.—.

IV. Dasselbe. Bd. II, 1552—1577. Leipzig, Dürr, 1887. Ladenpreis br. Mk. 10.—, geb. Mk. 11.—.

V. Der Koblenzer Mauerbau, Rechnungen 1276—1289, bearbeitet von Max Bär. Leipzig, Dürr, 1888. Ladenpreis br. Mk. 3.60, geb. Mk. 4.50.

VI. Die Trierer Ada-Handschrift, bearbeitet und herausgegeben von K. Menzel, P. Corssen, H. Janitschek, A. Schnütgen, F. Hettner, K. Lamprecht. Leipzig, Dürr, 1889. Ladenpreis kart. Mk. 80.—, geb. Mk. 86.—.

VII. Die Legende Karls des Grossen im 11. und 12. Jahrhundert, herausgegeben von Gerh. Rauschen. Mit einem Anhang über Urkunden Karls des Grossen und Friedrichs I. für Aachen von Hugo Loersch. Leipzig, Duncker & Humblot, 1890. Ladenpreis br. Mk. 4.80, geb. Mk. 5.60.

VIII. Die Matrikel der Universität Köln 1389 bis 1559, bearbeitet von Dr. Hermann Keussen. Bonn, Behrendt. Bd. I. 1389—1466. Erste Hälfte unter Mitwirkung von Dr. Wilhelm Schmitz, 1892. Zweite Hälfte, 1892. Ladenpreis br. Mk. 18.—, geb. Mk. 21.—.

IX. Kölnische Künstler in alter und neuer Zeit. Johann Jacob Merlos neu bearbeitete und erweiterte Nachrichten von dem Leben und den Werken Kölnischer Künstler, herausgegeben von Dr. Eduard Firmenich-Richartz unter Mitwirkung von Dr. Hermann Keussen. Mit zahlreichen bildlichen Beilagen. Düsseldorf, L. Schwann, 1895. Ladenpreis br. Mk. 45.—.

X. Akten zur Geschichte der Verfassung und Verwaltung der Stadt Köln im 14. und 15. Jahrhundert, bearbeitet von Dr. Walther Stein. Bonn, Behrendt, 1893. 95. Bd. I. Ladenpreis br. Mk. 18.—. Bd. II mit Registern zu beiden Bänden. Ladenpreis br. Mk. 16.—.

XI. Landtagsakten von Jülich-Berg, 1400—1610, herausgegeben von Georg von Below. Erster Band. 1400—1562. Düsseldorf, L. Voss & Cie., 1895. Ladenpreis br. Mk. 15.—.

XII. Geschichtlicher Atlas der Rheinprovinz, im Auftrage des Provinzialverbandes herausgegeben von der Gesellschaft für Rheinische Geschichtskunde. Bonn, Behrendt, 1894—1901.

1. Karte der Rheinprovinz unter französischer Herrschaft im Jahre 1813, entworfen und gezeichnet von Konstantin Schulteis. Massstab 1 : 500000. Ladenpreis Mk. 4,50.
2. Karte der politischen und administrativen Einteilung der heutigen Rheinprovinz im Jahre 1789, bearbeitet und entworfen von Dr. Wilhelm Fabricius, gezeichnet von Georg Pfeiffer. 7 Blätter. Massstab 1 : 160000. Übersicht der Staatsgebiete. Massstab 1 : 500 000. Ladenpreis Mk. 34,50.
3. Die Rheinprovinz im Jahre 1789. Übersicht der Kreiseinteilung, bearbeitet und entworfen von Dr. W. Fabricius. Massstab 1 : 500000. Ladenpreis Mk. 4,50.
4. Karte der Rheinprovinz unter preussischer Verwaltung im Jahre 1818, entworfen und gezeichnet von Konst. Schulteis. Massstab 1 : 500000. Ladenpreis Mk. 4,50.
5. Erläuterungen zum Geschichtlichen Atlas der Rheinprovinz. Erster Band: Die Karten von 1813 und 1818 von Konst. Schulteis. Ladenpreis br. Mk. 4.50, geb. Mk. 5.50. Zweiter Band: Die Karte von 1789 von Dr. W. Fabricius. Ladenpreis br. M. 18.—, geb. Mk. 20.—. Dritter Band: Das Hochgericht Rhaunen von Dr. W. Fabricius. Ladenpreis br. Mk. 4,80, geb. Mk. 5,80.

XIII. Geschichte der Kölner Malerschule. 131 Lichtdrucktafeln mit erklärendem Text, herausgegeben von Ludwig Scheibler und Carl Aldenhoven. Lübeck, Joh. Nöhring, 1902. Ladenpreis Mk. 160.—; Text allein Mk. 12.—.

XIV. Rheinische Akten zur Geschichte des Jesuitenordens 1542—1582, bearbeitet von Joseph Hansen. Bonn, Behrendt, 1896. Ladenpreis Mk. 20.—.

XV. Die Kölner Stadtrechnungen des Mittelalters mit einer Darstellung der Finanzverwaltung, bearbeitet von Richard Knipping. Erster Band. Die Einnahmen und die Entwicklung der Staatsschuld. Zweiter Band. Die Ausgaben. Bonn, Behrendt, 1897. 98. Ladenpreis br. I Mk. 18.—, II Mk. 22.—.

XVI. Das Buch Weinsberg. Bd. III, 1578—1587, Bd. IV, 1588—1597, bearbeitet von Friedr. Lau. Bonn, Hanstein, 1897. 98. Ladenpreis III br. Mk. 10.—, geb. Mk. 11.—, IV br. Mk. 9.—, geb. Mk. 10.—.

XVII. Urkunden und Akten zur Geschichte der Verfassung und Verwaltung der Stadt Koblenz bis zum Jahre 1500, bearbeitet von Max Bär. Bonn, Behrendt, 1897. Ladenpreis br. Mk. 6.—.

XVIII. Die Weistümer der Rheinprovinz. Erste Abteilung: Die Weistümer des Kurfürstentums Trier. Bd. I: Oberamt Boppard, Hauptstadt und Amt Koblenz, Amt Bergpflege, herausgegeben von Hugo Loersch. Bonn, Behrendt, 1900. Ladenpreis kart. Mk. 9.—.

XIX. Uebersicht über den Inhalt der kleineren Archive der Rheinprovinz. Bd. I, bearbeitet von Armin Tille. Bonn, Behrendt, 1899. Ladenpreis br. Mk. 6.—.

XX. Rheinische Urbare. Sammlung von Urbaren und anderen Quellen zur rheinischen Wirtschaftsgeschichte. Erster Band: Die Urbare von S. Pantaleon in Köln, herausgegeben von Benno Hilliger. Bonn, Behrendt, 1902. Ladenpreis br. Mk. 18.—.

XXI. Die Regesten der Erzbischöfe von Köln im Mittelalter. Zweiter Band: 1100—1205, bearbeitet von Richard Knipping. Bonn, Hanstein, 1901. Ladenpreis kart. Mk. 22.—, geb. in Leinen Mk. 23.50, halbfranz Mk. 25.50.

XXIII. Urkunden und Regesten zur Geschichte der Rheinlande aus dem Vatikanischen Archiv. Erster Band: 1294—1326, gesammelt und bearbeitet von Heinr. Volb. Sauerland. Bonn, Hanstein, 1902. Ladenpreis br. M. 14.—. geb. in Leinen Mk. 15.—, halbfranz Mk. 16.—. Zweiter Band: 1327—1342. Bonn, Hanstein, 1902.

Preisschriften der Mevissen-Stiftung,

gekrönt und herausgegeben von der Gesellschaft für Rheinische Geschichtskunde.

---

1. Entwicklung der kommunalen Verfassung und Verwaltung Kölns bis zum Jahre 1396 von Friedr. Lau. Bonn, H. Behrendt, 1898. Ladenpreis br. Mk. 8.—, geb. Mk. 9.50.

Emendanda et addenda.

Vol. I.

Nr. 1 linea 4 loco: Coloniesi *legatur*: Coloniensi.
„ *1 l. 11 l.*: dignatibus *l*: dignitatibus.
„ *1 l. 29 l.*: procure *l.*: procuri.
„ *1 l. 30 l.*: officitatis *l.*: officiatis.
Pag. 3 l. 5 l.: imperis *l.*: imperio.
Nr. 5 l. 5 l.: exciternis *l.*: excitemus.
„ *11 l. 8 l.*: Pestorio *l.*: Pistoria.
„ *12 l. 6 l.*: destracta *l.*: distracta.
„ *17 l. 4 l.*: courenne *l.*: couronne.
„ *23 l. 2 l.*: potentibus *l.*: petentibus.
„ *24 l. penultima l.*: Tomacensis *l.*: Tornacensis.
„ *28 l. 15 l.*: omnia *l.*: omnino.
„ *30 l. 4 addatur*: molestari.
„ *44 l. 1 l.*: 1297 *l.*: 1392.
„ *44 l. 2 l.*: (VIII?) *l.*: IX.
„ *57 l. 4 l.*: assinandum *l*: assignandum.
„ *74 l. 6 l.*: qui *l.*: que.
„ *92 l. 3 l.*: camerarius *l.*: Camerinensis.
Pag. 57 l. 21 l: confirmare *l.*: condere.
Nr. 100 l. 7 l.: susciperunt *l.*: susceperunt.
„ *115 l. 4 l.*: Colon. *l.*: Trever.
Pag. 68 l. 14 l.: scolasticam *l.*: scolastriam.
Nr. 135 l. 3 l.: diac. *l.*: dioc.
„ *137 l. 4 l.*: comedit *l.*: concedit.
„ *153 l. 7 l.*: Colon. *l.*: Trever.
„ *155 l. 4 l.*: Hotsem *l*: Hocsem.
„ *156 l. 1 l.*: 1302 *l.* 1305.
„ *156 l. 3 l*: pluribur *l.*: pluribus.
„ *173 l. 12 l*: livinam *l.*: divinam.
„ *175 l. 3 l.*: domas *l.*: domus.
„ *200 l. 7 l.*: argnigeros *l.*: armigeros.
„ *215 l. 5 l.*: pro camera *l.*: camere.
„ *219 l. 11 l.*: Karpona *l.*: Karpena.
„ *224 l. 5 l.*: Rodomara *l.*: Rodemacra.
„ *621 l. 5 l.*: Cammensem *l.*: Caminens.
„ *261 l. 8 l.*: at *l.*: ac.
„ *263 l. 24 l.*: contoriam *l.*: cantoriam.
„ *264 l. 15 l.*: Arnani *l.*: Aniani.
„ *368 l. 4 l.*: Colon. *l.*: Trever.
Pag. 133 l. 26 l.: cessavit *l.*: cassavit.
Nr. 320 l. 10 l.: devetio *l.*: devotio.
„ *350 l. 4 l.*: Cononis *l.*: Cunonis.
„ *378 l. 8 l.*: Bernardus *l.*: Petrus.
Pag. 192 l. 1 l.: 1310 August 12 *l.*: 1313 Juni 22.
Nr. 379 l. 3 l.: Foroculiensis *l.*: Foroiuliensis.
„ *386 l. 1 l.*: 1310 *l.*:
„ *388 l. 2 l.*: Novomonasterii *l.*: Novimonasterii.
„ *396 l. 6 l.*: trigenti *l.*: triginta.
„ *402 l. 3 l.*: Assindensi *l.*: S. Cecilie Colon.
Pag. 201 l. ultima l.: reg. *l.*: indice reg.
Nr. 416 l. 7 l.: canonicata *l.*: canonicatu.
„ *429 l. 12 l.*: bibl. *l.*: arch.
„ *434 l. 9 l.*: gratunter *l.*: gratanter.
„ *555 l. 3 l.*: supplicatritis *l.*: supplicatricis.
Pag. 278 l. 25 l.: Guillermann *l.*: Guillermum.
Nr. 600 l. 3 l.: prebenda *l.*: prebendam.
„ *601 l. 10 l.*: a *l.*: ac.
„ *638 l. 5 l.*: Romaniensi *l.*: Romaricensi.
Pag. 302 l. 1 l.: Cornelis Iurdensis *l.*: Cornelii Indensis.
Nr. 655 l. 9 l.: at *l.*: ac.
„ *655 l. 13 l.*: Coloniensi *l.*: Cameracensi.
„ *692 l. 12 l.*: Parisiensis *l.*: Parmensis.
Pag. 345 l. 5 l.: 732 *l.*: 731.
Nr. 736 l. 8 l.: intrabilitatis *l.*: inhabilitatis.
„ *742 l. 2 l.*: Heurici *l.*: Henrico.
„ *773 l. 5 l.*: commerantis *l.*: commorantis.
Pag. 401 l. 16 l.: sue *l.*: sub.
Nr. 926 l. 3 l.: Osnaburgensis *l.*: Monasteriensis.
„ *967 l. 10 l.*: Traveronsis *l.*: Treverensis.
„ *998 l. 7 l.*: huiusmodi *l.*: huiusmodi negotia.
„ *1020 l. 19 l.*: at *l.* ac.
Pag. 464 l. 2 l.: decimo *l.*: decano.
Nr. 1096 l. 2 l.: dioc. *l.*: dioc. abbatibus.

Vol. II.

Nr. 1211 l. 8 l.: scolastice *l.*: scolastico.
„ *1240 l. 2 l.*: Margarete *l.*: Margarete nate Margarete.
„ *1241 l. 2 l.*: Margarete *l.*: Margarete nate Margarete.
Pag. 70 l. 5 l.: suis *l.*: suo.
Nr. 1307 l. 7 l.: subvemendum *l.*: subveniendum.
„ *1326 l. 3 l.*: ecclesium curata *l.*: ecclesiam curatam.
„ *1342 l. 9 l.*: macalam *l.*: maculam.
„ *1382 l. 7 adde*: prepositis.
„ *1420 l. 5 l.*: Xanctonensis *l.*: Xanctensis.
„ *1421 l. 3 l.*: manat *l.*: maudat.
„ *1456 l. 1 l.*: März 28 *l.*: März 23.
„ *1654 l. 11 l.*: 1679 *l.*: 1652.
„ *1693 l. 5 l.*: obtinat *l.*: obtinet.
„ *1696 l. penultima l.*: 13 *l.* 113.
„ *1750 l. 3 l.*: Hildesouiensis *l.*: Hildesemensis.
„ *1803 l. 6 l.*: valabunt *l.*: vacabunt.
„ *1889 l. 4 post*: Iohannetam *addatur*: natam Henrici de Lapide militis Trever. dioc.
„ *1897 l. penultima l*: non legibile *l.*: Henricus Hana.
„ *1899 l. 4 l.*: Massa *l.*: Marca.
„ *2174 l. 4 l.*: martiis *l.*: martiris.
Pag. 545 l. 17 l.: constuere *l.*: constituere.
„ *600 articulus tractans de* Colon. eccl. S. Severini *muletur in hanc formam*:

— eccl. S. Severini 846. 847. 862. 1131. 1170.

— — praep. Adolfus de Marka. Iohannes de Houwischild 273. 635. 657. Heidenricus de Essenda 690. 860. 901. 919. 925. 926. 1026. 1053. 1054. 1059. 1060. 1062—1065. 1072. 1073. 1084—1088. 1156. 1169—1171. 1184a. 1185. 1189a. 1214. 1223. 1245. 1246. 1266. 1267. 1274. 1283. 1284. 1293. 1316. 1328. 1382. 1383. 1387. 1395. 1417. 1446. 1482. 1482a. 1509. 1519. 1520. 1522. 1523. 1526. 1528. 1529. 1563. 1568. 1694. 1704. 1724. 1757. 1758. 1779. 1804—1807. 1810—1814. 1831. 1842. 1917. 1918. 1923. 1924. 1952. 1968. 1998. 1999. Godescalcus de Kyrberg 2046. 2069. 2071. 2126. Bernardus Stephani 2160. 2212. 2324. 2342. 2382.

— — dec. 26. Fredericus 278. 671. 862. 1332. 1364. 1400. 1476. 1677. 1678. 1688. 1692. 1694. 1700. 1707. 1732. 1755. 1756. 1759. 1779. 1799. 1952. 1978. 1984—1987. 2001. 2101. Girardus de Vivario 2215. 2221. 2280. 2284. 2299. 2336. 2378.

— — cant. 835. 1363. 1476.

— — thes. 1213. 1226. 1317. 1333. 1363. 1364. 1799.

— — schol. 1440. 1667—1670. 1857. 1858.

— — can. 1963. 2247. 2285. 2335. 2337.

Pag. 613 articulus tractans de Heidenrico de Essenda *muletur in hanc formam*:

Heidenricus de Essenda (*Essen*) filius illegitimus 205. 1072. par. in Glautbeke (?) Derne et Unna Colon. d. schol. S. Andree Colon. et can. Bunn. et Werd. et Assind. 205. 857. 360. praep. S. Severini Colon. v. Colon. eccl. S. Severini in articulo immediate precedenti. cap. papalis. 919. can. Colon. et Hugarden. 1072. praep. Bunn. 1563. 1568. collector cam. ap. 1804. mortuus 2046. 2048—2055.

Johannes XXII.

1316—1334.

1107. *1327 Januar 9. Avignon.*

Iohannes XXII Ottoni de Herberen de novo confert canonicatum eccl. S. Castoris in Confluentia.

[Iohannes XXII] Ottoni de Herberen canonico ecclesie S. Castoris in Confluentia Trever. dioc.

Suffragantia tibi merita . . . Sane peticio tua nobis exhibita continebat, quod nos olim . . . canonicatum ecclesie S. Castoris in Confluentia . . . apostolica tibi auctoritate contulimus . . . prebendam vero . . . (*tibi*) duximus reservandam . . . Verum quia, sicut asseris, per simplicitatem in prefatis litteris mentio facta non fuit, quod curatam ecclesiam in Sigen Maguntine diocesis . . . collatam recepisses et eam per quadriennium vel circa tenuisses, sicut adhuc tenes, fructus percipiens ex eadem, ad sacros ordinis non promotus, dispensatione . . . non obtenta, . . . capitulum eiusdem ecclesie S. Castoris contra te propter hoc ad sedem apostolicam appellarunt, licet, ut asseris, super appellatione huiusmodi nequaquam processum existat. Quare nobis humiliter supplicasti . . . Nos igitur . . . ut premissis seu defectu natalium, quem pateris de subdiacono genitus et soluta, super quo, ut asseris, fuit alias tecum . . . dispensatum, . . . nequaquam obstantibus, ecclesiastica beneficia, etiam si curam habeant animarum, . . . libere recipere et licite retinere valeas, . . . dispensavimus et fructus a dicta curata ecclesia . . . perceptos tibi remissimus et donavimus . . . nichilominus . . . canonicatum ecclesie antedicte S. Castoris . . . ac prebendam . . . conferimus et providemus de illa . . . non obstantibus . . . quod pateris . . . defectum natalium et quod hodie de ecclesia curata in Sygen Maguntine diocesis tamquam de iure vacante tibi . . . mandavimus provideri et quod super canonicatu et prebenda ecclesie Wetzlariensis Treverensis diocesis nosceris litigare. Volumus autem, quod predicte priores nostre littere . . . de canonicatu et prebenda prefate ecclesie S. Castoris et processus habiti per eas . . . irrita et inania existant . . . Dat. Avin. V idus ianuarii a. undecimo.

Reg. 84 f. 348 nr. 2903.

1108. *1327 Januar 9. Avignon.*

[Iohannes XXII] Conrado de Calle presbitero Coloniensis diocesis. Tue probitatis meritis... Exhibita siquidem nobis pro parte tua petitio continebat, quod tu olim in duodecimo etatis tue anno vel citra (!) constitutus nec per aliquem episcopum in clericum tonsuratus, parrochialem ecclesiam in Calle Colon. dioc. fuisti alias tamen canonice assecutus ac deinde, quam citius potuisti, te fecisti ad omnes minores ordines promoveri, dictam ecclesiam per duodecim annos vel circa tenuisti, sicut adhuc tenere .. diceris ... fructus percipiens interim de eadem, quodque cum ad etatem legitimam pervenisti, ad omnes sacros ordines te fecisti... promoveri et sic promotus in eisdem celebrando divina ministeriasti dispensatione aliqua super hoc non obtenta. Quare... fuit supplicatum ... Nos igitur ... omnem infamie ... maculam ... penitus abolemus teque plene abilem reddimus .... fructus ... perceptos tibi ... remittentes. Dat. Avin. V idus ianuarii a. undecimo.

Reg. 84 f. 51' nr. 2128.

1109. *1327 Januar 9. Avignon.*

Iohannes XXII decano et cantori Meschedensis ac Ambrosio de Mediolano canonico Mediolanensis eccl. mandat, quatenus Conrado de Calle presbitero Coloniensis dioc., (*de quo narrantur eadem ac in nr. 1108*), conferre et assignare curent parrochialem eccl. in Calle Colon. dioc.

Matris ecclesie generosa ... Dat. Avin. V idus ianuarii a. undecimo.

Rg. 84 f. 53 nr. 2132.

1110. *1327 Januar 9. Avignon.*

Iohannes XXII Ottoni nato quondam Rotlonis dicti Excuria de Marpurch confert eccl. Embricensis Traiect. dioc. canonicatum, prebendam vero eidem reservat.

Laudabile testimonium quod ... Dat. Avin. V idus ianuarii a. undecimo.

In e. m. preposito et decano ac scolastico eccl. B. Marie ad gradus Colon.

Reg. 84 f. 159 nr. 2411.

1111. *1327 Januar 9. Avignon.*

Iohannes XXII Arnoldo nato quondam Iohannis de Herginrot confert eccl. B. Marie Aquensis Leod. dioc. canonicatum, prebendam vero eidem reservat.

Apostolice liberalitatis dexteram ... Dat. Avin. V idus ianuarii a. undecimo.

In e. m. eisdem executoribus quibus c. 2411.

Reg. 84 f. 159' nr. 2412.

1112. *1327 Januar 10. Avignon.*

[Iohannes XXII] Ad futuram rei memoriam.

Nuper intellecto, quod ... Cunagundis de Monte Assindensis olim in Gerischem secularium ecclesiarum Coloniensis diocesis abbatissa fuerit in abbatissam ipsius Assindensis ecclesie canonice electa, nos... dummodo tempore date presencium non sit canonice in dicta ecclesia in Gerischem de alia persoea electio celebrata... provisionem eiusdem ecclesie in Gerischem dispositioni nostre et sedis apostolice specialiter reservamus... Dat. Avin. IIII idus ianuarii a. undecimo.

Reg. 84 f. 188 nr. 2495; Rz. 791.

1113. *1327 Januar 10. Avignon.*

Iohannes XXII Petro Petri dicto Megrel de Bredeburch clerico Trever. dioc. consideratione Iohannis regis Boemie pro illo familiari suo supplicantis reservat beneficium ecclesiasticum cum cura vel sine cura consuetum clericis secularibus assignari, cuius fructus, si cum cura, octuaginta, si vero sine cura fuerit, quadraginta librarum turonensium parvorum s. t. d. valorem annuum non excedant, spectans ad dispositionem abbatis et conventus monasterii Prumiensis ord. S. Bened. Trever. dioc.

Vite ac morum honestas ... Dat. Avin. IIII idus ianuarii a undecimo.

In e. m. Ildebrandino episcopo Paduensi et decano ac Nicolao de Putinga canonico eccl. Trever.

Reg. 84 f. 87' nr. 2231.

1114. *1327 Januar 10. Avignon.*

Iohannes XXII Waltero de Luffinga consideracione Iohannis regis

Boemie pro eo clerico et familiari domestico suo supplicantis confert eccl. S. Castoris in Cardono Trever. dioc. canonicatum, prebendam vero eidem reservat, non obstante quod in eccl. S. Florini in Confluentia dicte dioc. canonicus prebendatus existit.

Exigunt tue merita ... Dat. Avin. IIII idus ianuarii a. undecimo.

In c. m. episcopo Paduano et decano maioris ac scolastico S. Simeonis Trever. ecclesiarum.

Reg. 83 f. 354' nr. 1894.

1115. *1327 Januar 13. Avignon.*

[Iohannes XXII] archiepiscopo Treverensi.

Apostolice sedis auctoritas . . . Sane petitio dilecti filii Walteri de Calleyo presbiteri perpetui capellani capelle de Lombux tue diocesis nobis exhibita continebat, quod ipse olim simplex clericus et etatis viginti annorum vel circa existens, videns quod multi homines portabant lignorum fasciculos ad comburendum quandam mulierem ad incendium condempnatam, tamquam iuris ignarus et in aliquo peccare non credens, una cum dictis hominibus ad locum, ubi dicta mulier comburi debebat, solum lignorum fasciculum portavit et ibidem proiecit, ex quibus fasciculis lignorum combusta fuit mulier memorata, quodque ipse postmodum se fecit ad omnes sacros ordines promoveri et in eis etiam ministravit. Quare ... supplicavit .... Nos igitur ... fraternitati tue . . . mandamus, quatinus cum eodem Waltero super irregularitate ... dispenses, imposita sibi de premissis penitencia salutari. Dat. Avin. idus ianuarii a. undecimo.

Reg. 83 f. 166 nr. 1425.

1116. *1327 Januar 17. Avignon.*

[Iohannes XXII] Baldoyno archiepiscopo Treverensi.

Fraternitatis tue litteras nobis per .. Heliam et Henricum tuos capellanos et nuncios presentatas benignitate recepimus consueta ... Sane quod Australes non duxerint suos solennes nuncios ad nostram presentiam prefixo termino destinandos, hoc in causa fuisse credimus, quia nos[a] de conditione mittendorum per te . . ac ... Iohannem regem Boemie illustrem certiorati a vobis, sicut in litteris vestris nobis[b] directis super hoc continetur, et ipsos Australes certiores efficere, quod nequaquam per vos nec subsequenter per nos factum extitit, debebamus. Sed cur saltem aliquos nuncios non miserant, ignoramus.

a) de nos *in reg.* b) nostris vobis *in reg.*

Scripserat enim nobis.. Albertus dux Austrie se una cum fratre suo nuncios in eodem termino transmissurum. Nos etiam miramur admodum, quod prefatus rex nullos duxerit nuncios destinandos. Petitiones autem pro parte tua nobis oblatas, quantum secundum deum potuimus, ad exauditionis gratiam duximus favorabiliter admittendas. Dat. Avin. XVI kl. februarii a. undecimo.

Reg. 114 f. 48 nr. 887.

1117. *1327 Januar 23. Avignon.*

Iohannes XXII Henrico archiepiscopo Coloniensi.

Per litteras tue fraternitatis accepto, quod.. dominus... te infirmitate corporis visitavit... et.. sanavit, in altero tibi sincera caritate compatimur et in reliquo plurimum congaudemus.... Devotionem vero tuam, quam erga sanctam Romanam ecclesiam merito habere dinosceris, multipliciter in domino commendantes, affectuose subiungimus, ut in illa . . . persistas . . . Dat. Avin. X kl. februarii a. undecimo.

Reg. 114 f. 48 nr. 894.

1118. *1327 Januar 24. Avignon.*

Iohannes XXII Henrico archiepiscopo Coloniensi.

Provenit ex meritis... Cum itaque, sicut ex tenore tue peticionis accepimus, in Coloniensi et Bunnensi tue diocesis ecclesiis sit obtentum et etiam observetur, quod, cum ecclesiarum ipsarum canonici in prelatos aliarum ecclesiarum tuarum civitatis et diocesis assumuntur, iidem assumpti canonici extunc ad voces et tractatus capitulorum dictarum ecclesiarum Coloniensis et Bunnensis ecclesiarum (!) ad perceptionem fructuum prebendarum suarum, quas in eisdem Coloniensi et Bunnensi ecclesiis obtinent, nullatenus admittuntur, nos tuis supplicationibus inclinati, fraternitati tue concedendi auctoritate apostolica duabus personis consanguineis tuis Coloniensis et Bunnensis ecclesiarum predictarum canonicis, prelatis seu prioribus aliarum ecclesiarum nunc existentibus aut que in prelatos huiusmodi assumentur imposterum, quas ad hoc duxeris eligendas, ut quelibet earundem personarum usque ad apostolice sedis beneplacitum ad voces et tractatus predictos dictarum Coloniensis et Bunnensis ecclesiarum iuxta sue receptionis ordinem admittantur, sicut ipsarum ecclesiarum alii canonici non prelati iuxta ipsorum receptionis ordinem admittuntur, quodque eedem persone per te, ut premittitur, eligendo fructus prebendarum suarum, quas in prefatis Coloniensi et Bunnensi ecclesiis obtinent, integre percipere valeant, sicut alii non prelati canonici supradicti suarum prebendarum fructus percipiunt, ... plenam concedimus . . facultatem. Dat. Avin. VIIII kl. februarii a. undecimo.

Reg. 82 f. 337 nr. 857; Rz. 798.

1119. *1327 Januar 24. Avignon.*

Iohannes XXII Henrico archiepiscopo Coloniensi supplicanti indulget, ut in loco etiam auctoritate apostolica ecclesiastico supposito interdicto possit sibi et familiaribus suis per ydoneum sacerdotem, summissa voce, ianuis clausis, non pulsatis campanis, excommunicatis et interdictis exclusis, missam et divina officia facere celebrari, dummodo ipse et familiares causam non dederint huic interdicto idque ipsi vel eis non contingat personaliter interdici.

Dum clara merita... Dat. Avin. VIII kl. februarii a. undecimo.

Reg. 82 f. 323' nr. 958; Rz. 799.

1120. *1327 Januar 24. Avignon.*

Iohannes XXII Henrico archiepiscopo Coloniensi concedit facultatem conferendi uni vel diversis personis canonicatum et prebendam sacerdotalem Bunnensis eccl. Colon. dioc. necnon scolastriam, que simplex officium sine cura existit, eccl. S. Marie ad gradus Colon. vacantes per obitum Gotscalci de Heringen, qui nuper veniendo ad curiam diem clausit extremum in civitate Carpentoratensi nullatenus remota a civitate Avinionensi ultra duas dietas legales.

Personam tuam claris . . . Dat. Avin. VIIII kl. februarii a. undecimo.

Reg. 82 f. 373' nr. 959; Rz. 800.

1121. *1327 Januar 24. Avignon.*

[Iohannes XXII] Gotscalco de Kirberg rectori parrochialis ecclesie in Olme Colon. dioc.

Personam tuam quam... Sane oblata nobis pro parte tua peticio continebat, quod nos tibi dudum, ut residendo in altero beneficiorum tuorum fructus... omnium beneficiorum ecclesiasticorum, que... obtinebas et te interim contingeret obtinere, cum ea integritate usque ad triennium percipere libere posses, cotidianis distributionibus dumtaxat exceptis . . . et quod interim tu, qui in diaconatus ordine tunc eras, sicut adhuc esse dinosceris constitutus, ratione parrochialis ecclesie in Olme Colon. dioc. . . . faciendo eidem per vicarium ydoneum deserviri non tenereris ad sacerdotium te facere promoveri per nostras . . . litteras duxerimus indulgendum. Cum autem dictum triennium in brevi debeat expirare, pro parte tua nobis extitit humiliter supplicatum, ut, cum tu, qui in exequendis negotiis . . . Henrici archiepiscopi et ecclesie Coloniensis ac etiam sedis apostolice in illis partibus hactenus laborasse fideliter diceris, adhuc in negotiis prompte ac utiliter laborare non cesses, concessionem huiusmodi prorogare tibi . . . dignaremur. Nos igitur . . . tibi . . indulgemus ut . . . fructus . . . usque ad aliud triennium a fine dicti triennii numerandum cum ea integritate percipere libere valeas . . . Dat. Avin. VIIII kl. februarii a. undecimo.

In e. m. abbati monasterii Tuiciensis Colon. dioc. et subdecano Colon. ac magistro Busolo de Parma canonico Tornacensis ecclesiarum capellano nostro.

Reg. 83 f. 25 nr. 62.

1122. *1327 Januar 24. Avignon.*

Iohannes XXII Iohannem de Virneburg habilitat.

[Iohannes XXII] Iohanni de Virnemburgh canonico Coloniensi capellano nostro.

Tue probitatis merita . . . Sane peticio tua nobis exhibita continebat, quod tu olim Coloniensis et Bunnensis existens canonicus preposituram Carpensis ecclesiarum Coloniensis diocesis curam animarum habentem ac in ecclesia S. Florini in Confluentia canonicatum et prebendam ac parrochialem ecclesiam de Cisse (*vel* Ciffe) et in Hugarden Treverensis et Leodiensis diocesium canonicatum et prebendam, super qua quidem prebenda Hugardensi litigare te asseris, necnon in eadem Coloniensi ecclesiis capplariam (!) et quedam prestimonia, que quidem capplaria dignitas in eadem ecclesia Coloniensi fore dinoscitur, . . . successive recipiens . . . preposituram et capplariam predictas insimul sine dispensatione legitima contra constitutionem nostram, quam dudum super pluralitate dignitatuum personatuum officiorum et beneficiorum ecclesiasticorum . . . edidimus, una cum canonicatibus et prebendis ac prestimoniis prefatis . . . per multos annos tenuisti, sicut et adhuc . . . nec te fecisti infra annum ratione dicte parrochialis ecclesie . . ad sacerdotium promoveri, fructus percipiens ex eisdem. Quare nobis humiliter supplicasti, . . . Nos igitur . . . te . . . habilitamus et integrum restituimus omnemque infamie ac in habilitatis notam ... penitus abolemus fructusque predictos ... perceptos illicite tibi ... donamus ... Dat. Avin. VIIII kl. februarii a. undecimo.

Reg. 82 f. 337 nr. 858; Rz. 801.

1123. *1327 Januar 24. Avignon.*

Iohannes XXII deputat tres executores, qui Iohanni de Virneburg conferant preposituram ecclesie Xanctensis a Iohanne de Clevis iniuste retentam.

[Iohannes XXII] S. Panteleonis Coloniensis et de Lacu monasteriorum abbatibus ac decano ecclesie de Monasterio in Meynevelt Trever. diocesis.

Generis et morum nobilitas ... Sane nuper ex ipsius Iohannis (de Wirnemburgh canonici Coloniensis capellani nostri) peticionis tenore percepto, quod ipse olim Coloniensis et Bunnensis existens canonicus preposituram Carpensem . . . curam animarum habentem ac in ecclesia S. Florini in Confluentia canonicatum et prebendam et parrochialem ecclesiam de Cisse ac in Hugarden Treverensis et Leodiensis dioc. canonicatum et prebendam, super qua quidem prebenda Hugardensi litigare se asserit, necnon in eadem Colon. eccl. capplariam et quedam prestimonia, que quidem capplaria dignitas in eadem ecclesia fore dinoscitur . . . successive recipiens, preposituram capplariam et parrochialem ecclesiam predictas insimul sine dispensacione legitima ... una cum canonicatibus prebendis et prestimoniis prefatis ... per multos annos tenuerat, sicut adhuc tenere ... se asserit ... nec se fecerat infra annum ratione dicte parrochialis ecclesie .. ad sacerdotium promoveri, fructus percipiens ex eisdem ... nos ... ipsum .. habilitavimus et in integrum restituimus ... Cum autem, sicut accepimus, prepositura ecclesie Xanctensis Colon. dioc., cui cura imminet animarum, ex eo vacare dicatur ad presens, quod .. Iohannes de Clevis, qui pro decano ecclesie Coloniensis se gerit, ad dictam preposituram Xanctensem tunc vacantem postulatus, postulationem huiusmodi factam de ipso non fuit, ut debuit, prosecutus, sed eandem preposituram dicta postulatione sua legitime non admissa occupans, eam cum decanatu eiusdem ecclesie Coloniensis similem curam habentem per triennium vel circa detinuit et detinet occupatam, nos volentes de prepositura predicta Xanctensi, si, ut premittitur, vacat et in ea tempore date presencium non sit specialiter alicui alteri ius quesitum, dicto Iohanni de Wirnemburgh . . . providere, discretioni vestre ...

mandamus, quatinus ... dictam preposituram Xanctensem ... prefato Iohanni ... conferre et assignare curetis ... non obstantibus ... quod dictus Iohannes de Wirnemburg in Coloniensi, Bunnensi, S. Florini in Confluentia et Hugarden ... canonicatus et prebendas ... ac in eadem Coloniensi eccl. quedam prestimonia noscitur obtinere ... Dat. Avin. VIIII kl. februarii a undecimo.

Reg. 82 f. 359' nr. 919.

1124. *1327 Januar 24. Avignon.*

Iohannes XXII Iohanni de Virnemburgh canonico Coloniensi et capellano papali, quem habilitavit et in integrum restituit, concedit, quod preposituram Carpensem, capplariam ecclesie Coloniensis et parrochialem ecclesiam de Cisse, vacantes ex ipsius pape constitutione dudum edita, necnon preposituram ecclesie Xanctensis Colon. dioc. curam animarum habentem, de qua vacante eidem hodie provideri mandavit, usque ad apostolice sedis beneplacitum licite retinere valeat.

Attendentes condiciones et merita ... Dat. Avin. VIIII kl. februarii a. undecimo.

In e. m. S. Pantaleonis Colon. et de Lacu Trever. dioc. monasteriorum abbatibus ac preposito ecclesie S. Severini Coloniensis.

Reg. 82 f. 337' nr. 859; Rz. 801 n. 1.

1125. *1327 Januar 24. Avignon.*

Iohannes XXII Iohanni de Virnenburg canonico Coloniensi capellano papali indulget, ut in altera ecclesiarum, in quibus beneficatus existit personaliter residendo vel apud sedem apostolicam aut studio litterarum, ubi illud generale vigeat, immorando sive Coloniensis ecclesie obsequiis insistendo fructus redditus et proventus beneficiorum suorum, que nunc obtinet vel imposterum obtinere continget, etiam si eorum aliqua dignitates vel personatus seu officia existant vel curam habeant animarum, usque ad triennium integre, quotidianis distributionibus dumtaxat exceptis, percipere valeat.

Meritis tue devotionis ... Dat. Avin. VIIII kl. februarii a. undecimo.

In e. m. S. Pantaleonis et S. Martini Colon. ac Tuiciensis Colon. dioc. monasteriorum abbatibus.

Reg. 82 f. 337 nr. 856.

1126. *1327 Januar 24. Avignon.*

Iohannes XXII Gumperto dicto de Morpe confert eccl. Werdensis Colon. dioc. canonicatum cum prebenda ad presens vacante vel proxime vacatura.

Laudabile testimonium . . . Dat. Avin. VIIII kl. februarii a. undecimo.

In e. m. Xanctensis et Essendensis ecclesiarum decanis Colon. dioc. ac magistro Iacobo de Mutina canonico Cameracensi capellano papali.

Reg. 82 f. 312' nr. 788.

1127. *1327 Januar 27. Avignon.*

Iohannes XXII Theoderico de Reys confert canonicatum et prebendam ecclesie B. Marie ad gradus Colon.

[Iohannes XXII] Theoderico de Reys canonico ecclesie S. Bartholomei Leod. dioc.

Exigentibus tue probitatis . . . Sane oblata nobis pro parte tua peticio continebat, quod dudum canonicatu et prebenda ecclesie B. Marie ad gradus Coloniensis per obitum quondam Ecberti de Susato . . . vacantibus . . . decanus et capitulum eiusdem ecclesie . . . dictos canonicatum et prebendam quondam Gotscalco de Heringen scolastico ipsius ecclesie contulerunt ipsumque . . . receperunt, quodque, cum Engelbertus dictus Durharst de Colonia, qui nondum clericali caractere insignitus existens pretextu quarundam litterarum apostolicarum per eosdem decanum et capitulum ignoranter in eadem nulla tunc inibi prebenda vacante receptus fuerat in canonicum . . . per executores . . . de prefata prebenda sibi provideri fecisset, dicti decanus et capitulum, cum pervenisset ad eos dictum Engelbertum tempore impetrationis litterarum ac receptionis huiusmodi clericum non fuisse, ab eadem provisione ad sedem apostolicam appellarunt et super appellatione sua huiusmodi apostolicas ad . . scolasticum ecclesie S. Severini Colon. . . . litteras impetrarunt et tandem, cum in causa appellationis huiusmodi coram eodem scolastico inter partes ipsas processum aliquamdiu extitisset, pro parte ipsius Engelberti ad sedem extitit appellatum eandem, sed idem scolasticus appellationi huiusmodi tamquam frivole minime deferens, contra eundem Engelbertum diffinitivam . . . sententiam promulgavit, quodque dictus Engelbertus in causa appellationis sue huiusmodi apud sedem prefatam . . . magistrum Guillermum de Duroforti capellanum nostrum et nostri palatii primi gradus auditorem causarum sibi dari obtinuit auditorem. Coram quo cum fuisset ad aliquos actus in causa processum eadem, dictus Engelbertus causam ipsam ulterius prosequi non curavit anno et amplius iam clapso, dictusque Gotscalcus huiusmodi lite pendente viam extitit universe carnis ingressus. Nos igitur . . . te predicto Gotscalco in omni iure et ad omne ius, quod sibi in dictis canonicatu et prebenda ex vigore collationis . . . competebat, subrogamus tibique providemus de illis . . . non obstantibus . . . quod in S. Bartholomei Leodiensis ac de Monte S. Gertrudis Leod. dioc. ecclesiis canonicatus et prebendas nosceris obtinere, super qua prebenda dicte ecclesie S. Bartholomei te asseris litigare . . . Dat. Avin. VI kl. februarii a. undecimo.

Reg. 82 f. 367 nr. 938.

1128. *1327 Januar 27. Avignon.*

Iohannes XXII Alberto nato Alberti de Iamerlo confert eccl. Werdensis Colon. dioc. canonicatum, prebendam vero eidem reservat, non obstante quod pauperculam ecclesiam in Malbergen Traiect. dioc. obtinet.

Probitatis tue merita . . . Dat. Avin. VI kl. februarii a. undecimo.

In e. m. Reyssensis et Wischelensis Colon. dioc. decanis ac magistro Iacobo de Mutina canonico Cameracensis ecclesiarum capellano papali.

Reg. 83 f. 147 nr. 1365.

1129. *1327 Januar 27. Avignon.*

Iohannes XXII Hyllino de Iamerlo confert eccl. Xanctensis Colon. dioc. canonicatum, prebendam vero eidem reservat.

Laudabile testimonium quod . . . Dat. Avin. VI kl. februarii a. undecimo.

In e. m. eisdem executoribus quibus supra (*nr. 1128.*)

Reg. 82 f. 147 nr. 1366.

***1130.** *1327 Januar 29. Avignon.*

Iohannes XXII thesaurario ecclesie Xanctensis Colon. dioc. mandat, quatinus nonnullas ecclesiasticas personas necnon comites barones milites et alios, qui domos et possessiones sub annuo censu ab eccl. S. Severini Colon. tenent, quod censum seu redditum debitum decano et capitulo eccl. S. Severini exhibeant integre, monitione premissa per censuram ecclesiasticam appellatione remota compellat, proviso ne in terram dictorum comitum baronum et nobilium excommunicationis vel interdicti sententiam proferat, nisi aliud a papa super hoc mandatum receperit speciale.

Significarunt nobis dilecti . . . Dat. Avin. IIII kl. februarii p. n. a. undecimo.

Or. membr. cum plumbo pend. Sub plica ad sinistr.: N. Bum. *In plica ad dextr.:* pro Tho. Perusino. G. de Castello. *In dorso:* Theodericus de Reys. — *Düsseldorf. Arch. reg. S. Severin. Colon. nr. 72 et 84.*

***1131**. *1327 Januar 29. Avignon.*

Iohannes XXII thesaurario ecclesie Xanctensis mandat, quatinus ea, que de bonis eccl. S. Severini Colon. alienata invenerit illicite vel distracta, ad ius et proprietatem eccl. S. Severini legitime revocare procuret.

Dilectorum filiorum . . decani . . . Dat. Avin. IIII kl. februarii p. n. a. undecimo.

Or. membr. cum plumbo pend. Sub plica ad sinistr. nihil. In plica ad dextr.: pro Tho. Perusino. G. de Castello. *In dorso:* Theod. de Reys. — *Düsseldorf. Arch. reg. S. Severin. Colon. nr. 72.*

1132. *1327 Februar 2.*[1] *Avignon.*

Iohannes XXII commotus precibus Alheidis de Nassau abbatisse monasterii in Clarendal mandat archiepiscopo Maguntino, quatinus dicto monasterio incorporet ecclesiam parrochialem in Erbinheim.

[Iohannes XXII] venerabili fratri . . archiepiscopo Maguntio salutem.

Pia vota personarum humilium divinis laudibus sacreque religionis observantie deditarum gratioso nos convenit favore prosequi et etiam promovere ac ipsarum necessitatibus occurrere provisionis gracia congruentis. Porrecte siquidem nobis pro parte dilectarum in Christo filiarum Alheydis abbatisse et sororum monasterii in Clarendal prope opidum Wyssebahdin ordinis S. Clare tue diocesis petitionis series continebat, quod Ludovicus de Bavaria, dum predictum opidum, quod nobilis viri Gerlaci comitis Nassawie eiusdem abbatisse fratris esse dicitur, per eius exercitum [oppugnaret] edificia segetes res curiarum molendinorum et domorum omnium dicti monasterii quasi totaliter destruxit et etiam devastavit, ita quod abbatissam et sorores prefatas monasterium ipsum exire et alibi aliquandiu morari oportuit, dictaque edificia vix vel nunquam retredificari et reformari poterunt de ipsius monasterii facultatibus sine adiutorio plurium aliorum, et quod pluribus aliis de causis et casibus infortunii dicte abbatissa et sorores in dicto monasterio paupertates et penurias sustinent infinitas nec valent de ipsius monasterii facultatibus comode sustentari. Quare pro parte ipsarum nobis extitit humiliter supplicatum, ut, ne dictum monasterium maximis oneribus pereat pregravatum et ut persone in eodem monasterio pro tempore degentes melius sustentari valeant, parrochialem ecclesiam in Erbinheim dicte tue diocesis, cuius ius patronatus ad dictum monasterium ex donatione seu collatione dicti comitis pertinet pleno iure, incorporare et annectere de benignitate apostolica dignaremur. Quia vero de premissis noticiam non habemus, . . . fraternitati tue . . . committimus et mandamus, quatinus, si tempore donationis seu collationis huiusmodi ad dictum comitem patronatus in prefata parrochiali ecclesia, ut prefertur, pertinebat, ecclesiam ipsam cum omnibus iuribus et pertinenciis suis eidem monasterio auctoritate nostra incorpores unias et annectas . . . reservata per te prius de ipsius ecclesie proventibus perpetuo vicario . . . congrua portione . . . Dat. Avin. IIII nonas februarii a. undecimo.

Reg. 83 f. 159' nr. 1404; Preger (in Abhandlungen der hist. Klasse der Münchener Akad. 1886) nr. 310; Rz. 805 n. 2.

1133. *1327 Februar 2. Avignon.*

Iohanni XXII commotus precibus Aleydis de Nassau abbatisse monasterii in Clarendal mandat archiepiscopo Treverensi, quatinus dicto monasterio incorporet ecclesiam parrochialem in Wizele.

[Iohannes XXII] archiepiscopo Treverensi.

Pia vota personarum . . . Porrecte siquidem nobis pro parte . . . Aleydis abbatisse et sororum monasterii in Clarendal prope opidum Wyssebahden ordinis S. Clare Maguntine diocesis peticionis series continebat, quod Ludovicus de Bavaria, dum predictum opidum, quod . . Gerlaci comitis Nassawie eiusdem abbatisse fratris esse dicitur, (oppugnaret) per eius exercitum edificia segetes et res curiarum molendinorum et domorum omnium dicti monasterii quasi totaliter destruxit . . . ita quod abbatissam et sorores prefatas monasterium ipsum exire et alibi aliquandiu morari oportebat dictoque edificia et res vix vel nunquam redificari et reformari poterunt de ipsius monasterii facultatibus sine adiutorio plurium aliorum . . . Quare pro parte ipsarum nobis extitit humiliter supplicatum, ut, ne dictum monasterium, quod a clare memorie Adolpho rege Romanorum predictorum abbatisse et comitis, ⌈prout[a] dicta abbatissa asserit, in proprio solo suo constructum et dotatum existit, maximis oneribus pereat pregravatum,... parrochialem ecclesiam in Wizelc tue diocesis, cuius ius patronatus ad dictum monasterium ex donatione seu collatione . . Adolphi ducis Bavarie ac Reni comitis Palatini, filii quondam Mathildis ducisse Bavarie dicte abbatisse sororis, quam prefatus Ludovicus de Bavaria usque ad eiusdem ducisse obitum extitit cum inimicicia sevicia et odio, quibus poterat, persecutus, pertinet pleno iure, incorporare et annectere . . . dignaremur. Quia vero de premissis noticiam non habemus . . . fraternitati tue . . . mandamus, quatinus, si tempore donationis . . . ad dictum Adolphum ducem ius patronatus . . . pertinebat, ecclesiam . . . eidem monasterio incorpores unias et annectas, ita quod cedente vel decedente eiusdem ecclesie rectore, qui nunc est, liceat eisdem abbatisse et sororibus corporalem possessionem eiusdem ecclesie . . . apprehendere . . . Dat. Avin. IIII nonas februarii a. undecimo.

Reg. 84 f. 17 nr. 2039; Rz. 805.

1134. *1327 Februar 5. Avignon.*

[Iohannes XXII] archiepiscopo Coloniensi.

Ad culmen tue . . . Cum igitur nuper ad tue ex parte tua nobis oblate petitionis instantiam . . . Iohannem episcopum Scopiensem . . . nobis per te et tuos nuncios multipliciter commendatum ecclesie Scopiensi tunc pastore carenti . . . prefecerimus . . . nos . . . fraternitatem tuam rogamus . . . quatinus graciam per nos in persona ipsius episcopi tibi factam devote suscipiens eundem episcopum habeas . . . propensius commendatum et in suis oneribus et necessitatibus supportandis sic eundem episcopum tui favoris presidio prosequaris, quod ipse in necessariis nullum detrimentum in pontificalis dignitatis opprobrium pateatur . . . Dat. Avin. nonas februarii a. undecimo.

Reg. 82 f. 389 nr. 996; Rz. 806.

1135. *1327 Februar 10. Avignon.*

Iohannes XXII capitulo ecclesie Halberstadensis nunciat, quod

a) pre ut *in reg.*

Henrico de Iuliaco providit de canonicatu ac prebenda et decanatu ipsius ecclesie, rogatque, ut eum ad dictos canonicatum ac prebendam et decanatum admittant.

Dudum dilecto filio . . . Dat. ut supra (= Avin. IIII idus februarii a. undecimo).

Reg. 114 ps. II f. 49 nr. 892.

1136. *1327 Februar 10. Avignon.*

Iohannes XXII Ottoni Magno et Henrico ducibus Brunswycensibus commendat Henricum de Iuliaco, cui dudum suis meritis exigentibus de canonicatu et prebenda ac decanatu eccl. Halberstadensis providit.

Dilectum filium Henricum . . . Dat. ut supra (= Avin. IIII idus februarii a. undecimo).

Reg. 114 ps. II f. 49 nr. 893.

1137. *1327 Februar 12. Avignon.*

[Iohannes XXII] Baldewino archiepiscopo Treverensi.

Tue devocionis precibus . . . Cum itaque, sicut ex parte tua fuit expositum coram nobis, sepe contingat ecclesias et cimiteria tue civitatis et diocesis per effusionem sanguinis vel seminis violari, que non potes reconciliare comode par te ipsum . . . nos . . . quod ecclesias et cimiteria supradicta per aliquem sacerdotem ydoneum in dignitate vel personatu constitutum reconciliare valeas, quociens fuerit oportunum, aqua prius per te vel alium antistitem, ut moris est, benedicta, . . . tibi concedimus facultatem . . . presentibus post triennium minime valituris. Dat. Avin. II idus februarii a. undecimo.

Reg. 82 f. 387 nr. 991; Rz. 809.

1138. *1327 Februar 12. Avignon.*

Iohannes XXII S. Mathie et S. Martini extra muros Trever. monasteriorum abbatibus ac decano ecclesie Palatiolensis Trever. dioc. mandat, quatinus Iohannem Petri de Meynne clericum Trever. dioc. cupientem in monasterio Sprenkersbach ord. S. Augustini predicte dioc. sub regulari habitu domino famulari, si sit ydoneus et aliud canonicum non obsistat, recipi faciant in eodem monasterio in canonicum et in fratrem.

Cupientibus vitam ducere . . . Dat. Aviu. II idus februarii a. undecimo.

Reg. 83 f. 15 nr. 1035.

1139. *1327 Februar 12. Avignon.*

Iohannes XXII Henrico de Meynne confert eccl. Cardonensis Trever. dioc. canonicatum, prebendam vero eidem reservat necnon dignitatem vel personatum seu officium cum cura vel sine cura in eadem ecclesia, non obstante quod in ecclesia Monasterii in Meynevelt dicte dioc. sub expectatione prebende auctoritate apostolica in canonicum est receptus.

Matris ecclesie graciosa . . . Dat. Avin. II idus februarii a. undecimo.

In c. m. S. Mathie et S. Martini extra muros Trever. monasteriorum abbatibus ac Iohanni de Lescapon archidiacono Nannetensi.

Reg. 83 f. 10 nr. 23.

1140. *1327 Februar 12. Avignon.*

Iohannes XXII Conrado de Mutena presbitero confert eccl. S. Florini in Confluentia Trever. dioc. canonicatum, prebendam vero eidem reservat, non obstante quod in de Monte Sancti Beati prope Confluentiam canonicatum et prebendam ac scolastriam, que modici valoris, ut asserit, existit, ac capellam S. Nicolai in turribus in Monasterio in Meynevelt Trever. dioc. ecclesiis obtinet.

Suffragantia tibi merita . . . Dat. Avin. II idus februarii a. undecimo.

In e. m. S. Mathie et S. Martini extra muros Trever. monasteriorum abbatibus ac magistro Hermanno de Praga canonico Pragensi capellano papali.

Reg. 83 f. 1' nr. 1001.

1141. *1327 Februar 12. Avignon.*

[Iohannes XXII] Iacobo de Monasterio Meynevelt presbitero decano ecclesie S. Florini in Confluentia Treverensis diocesis.

Personam tuam apud nos . . . Sane pro parte tua nobis oblata petitio continebat, quod tu olim parrochialem ecclesiam B. Marie in Confluentia Treverensis diocesis per multos annos possedisti, processu vero temporis decanatum canonicatum et prebendam ecclesie S. Florini dicti loci in Confluentia, quorum redditus et proventus sunt, ut asseris, valde tenues et exiles, assecutus fuisti dictamque parrochialem ecclesiam una cum decanatu canonicatu et prebenda predictis per tres annos vel circiter insimul tenuisti, fructus percipiens ex eisdem, dispensatione legitima non obtenta. Quare . . . fuit nobis humiliter supplicatum, ut . . . Nos igitur . . . omnem inhabilitatis et infamie maculam . . . abolemus teque plene habilitamus et in integrum restituimus fructusque . . . tibi remittimus et donamus . . . fructibus tamen unius anni retentis, quos infra festum B. Iohannis Baptiste proxime futurum camere nostre debeas assignari. Alias habeatur quoad fructus gratia huiusmodi pro non facta . . . Dat. Avin. II idus februarii a. undecimo.

Reg. 82 f. 386' nr. 990.

1142. *1327 Februar 12. Avignon.*

Iohannes XXII Henrico nato Iohannis dicti Ultremer confert ecclesie S. Paulini extra muros Treverenses canonicatum, prebendam vero eidem reservat.

Laudabilia tue merita . . . Dat. Avin. II idus februarii a. undecimo.

In e. m. S. Martini et S. Mathie extra muros Trever. monasteriorum abbatibus ac magistro Hermanno de Praga canonico Pragensi capellano papali.

Reg. 82 f. 386' nr. 989.

1143. *1327 Februar 12. Avignon.*

Iohannes XXII Iohanni de Duna confert ecclesie de Monasterio in Eflia Colon. dioc. canonicatum, prebendam vero eidem reservat, non obstante quod parrochialem ecclesiam de Duna Colon. dioc. obtinet.

Probitatis tue meritis . . . Dat. Avin. II idus februarii a. undecimo.

In e. m. abbati monasterii S. Marie ad martires extra muros Trever. et preposito Trever. ac magistro Hermanno de Praga canonico Pragensis ecclesiarum capellano papali.

Reg. 82 f. 386 nr. 988.

1144. *1327 Februar 12. Avignon.*

Iohannes XXII Elie de Monasterio Meynevelt canonico eccl. S.

Symeonis Trever. reservat in eadem ecclesia dignitatem vel personatum seu officium cum cura vel sine cura, non obstante quod in eadem S. Symeonis et S. Paulini Trever. ac Monasterii Meynevelt ecclesiis canonicatus et prebendas necnon parrochialem ecclesiam in Buliche ac capellaniam ecclesie in Bussofsten (!) sine cura Trever. dioc. obtinet. Tamen dignitatem vel personatum seu officium assecutus dimittat predictam parrochialem ecclesiam.

Vite mundicia morum . . . Dat. Avin. II idus februarii a. undecimo.

In e. m. S. Mathie et S. Martini extra muros Trever. monasteriorum abbatibus ac Iohanni de Lescapon archidiacono Nannetensi.

Reg. 83 f. 28' nr. 68.

1145. *1327 Februar 14. Avignon.*

Iohannes XXII Iohanni quondam Rodulphi de Cardono clerico Treverensi reservat beneficium ecclesiasticum cum cura vel sine cura ad dispositionem episcopi Brixinensis in ecclesia civitate seu diocesi Brixinensi spectans, cuius redditus, si sit curatum, sexaginta, si vero sine cura fuerit, triginta librarum turonensium parvorum secundum taxationem decime valorem annuum non excedant.

Attributa tibi merita . . . Dat. Avin. XVI kl. marcii a. undecimo.

In. e. m. episcopo Tridentino et decano Trident. ac Hermanno de Boemia thesaurario Pragensis ecclesiarum.

Reg. 83 f. 56' nr. 1137.

1146. *1327 Februar 17. Avignon.*

Iohannes XXII reservationem fructuum primi anni extendit usque ad unum annum a die 20. mensis februarii a. 1327 computandum.

[Iohannes XXII] Ad futuram rei memoriam.

Dudum multiplicibus onerum necessitatibus, quibus . . . nostra camera gravabatur . . . pensatis . . . fructus redditus et proventus omnium et singulorum beneficiorum ecclesiasticorum cum cura vel sine cura, etiam dignitatuum personatuum et officiorum quorumlibet, exemptorum et non exemptorum, tunc apud sedem apostolicam vacantium pro toto tempore vacationis ipsorum et nichilominus unius anni tam illorum quam aliorum quorumcumque, que usque ad unum annum a data litterarum nostrarum super hoc confectarum, qui fuit X kl. marcii pontificatus nostri anno decimo computandum, vacare contingeret apud eam, ecclesiis cathedralibus et abbaciis regularibus ac beneficiis illis, que ex permutacionis causa vacabant tunc seu infra dictum annum vacarent, dumtaxat exceptis, reservavimus specialiter et eidem camere duximus ... applicandos .... Porro nostre intentiones et voluntatis extitit[a], quod dicta camera vel illi, qui ad collectionem dictorum fructuum deputarentur per eam, partem illam, pro qua unumquodque beneficiorum ipsorum taxatur ad decimam, vel residuum, super quo eidem camere vel deputandis ab ea relinquimus obtionem, vel medietatem fructuum beneficii cuiuslibet, quod non esset taxatum forsan ad decimam, exigerent tantum et perciperent, alia parte seu residuo fructuum predictorum obtinentibus beneficia ipsa pro servitio et oneribus eorum supportandis dimisso. Et ... voluimus[b], quod ... Gasbertus archiepiscopus Arelatensis camerarius noster per ordinarios eorum seu alios ... exigi faceret ... Sane quia ... huiusmodi necessitates non sunt postmodum diminute, sed aucte, nos eidem camere ... provideri ... cupientes, reservationem ... et omnia supradicta ... usque ad unum annum a X kl. marcii proximo futuri continuum ... duximus extendenda ... Dat. Avin. XIII kl. marcii a. undecimo.

Reg. 114 ps. II f. 82' nr. 1105; (Similiter sub eadem data f. 83' nr. 1108.)

1147. *1327 Februar 19. Avignon.*

Iohannes XXII Godefrido de Ancsberch confert eccl. Osnaburgensis canonicatum, prebendam vero eidem reservat, non obstantibus ... quod defectum patitur natalium de soluto genitus et soluta, super quo dudum cum eo extitit dispensatum, post quam dispensationem idem in eccl. S. Mauricii prope muros Monasterienses in canonicum sub expectatione prebende fuit auctoritate apostolica receptus.

Sedes apostolice graciosa ... Dat. Avin. XI kl. marcii a. undecimo.

In e. m. archiepiscopo Bremensi et decano ac cantori ecclesie Sosaciensis Colon. dioc.

Reg. 83 f. 5' nr. 1009.

1148. *1327 Februar 26. Avignon.*

Iohannes XXII Henrico archiepiscopo Coloniensi indulget, ut

a) existit *in reg.* b) volumus *in reg.*

confessor eius, quem duxerit eligendum, semel in articulo mortis ei possit dare plenam peccatorum remissionem.

Ferventis devocionis... Dat. Avin. IIII kl. marcii a. undecimo.

Reg. 83 f. 58' nr. 1143; Rz. 815.

1149. *1327 Februar 26. Avignon.*

Iohannes XXII Iohanni dicto de Carpena capellano capelle S. Bonifacii Colon. reservat beneficium ecclesiasticum cum cura vel sine cura consuetum ab olim clericis secularibus assignari, cuius redditus, si sine cura fuerit, quindecim marcharum argente secundum taxationem decime valorem annuum non excedant, ad dispositionem abbatis monasterii Tuiciensis ord. S. Bened. Colon. dioc. spectans, non obstante quod capellam S. Bonifacii Colon. obtinet.

Probitatis tue merita... Dat. Av. IIII kl. marcii a. undecimo.

In e. m. Halberstadensis et S. Marie ad gradus Colon. decanis ac Raynardo de Westerburg canonico Colon. ecclesiarum.

Reg. 83 f. 45 nr. 1106.

1150. *1327 Februar 26. Avignon.*

Iohannes XXII Henrico dicto de Zwenbruken canonico eccl. Bunnensis reservat beneficium ecclesiasticum cum cura ad dispositionem cellerarii ecclesie Bunnensis Colon. dioc. spectans, non obstante quod in dicta Bunnensi eccl. canonicatum et prebendam obtinet.

Laudabilia dona virtutum . . . Dat. Avin. IIII kl. marcii a. undecimo.

In e. m. abbati monasterii Horbacensis Metensis dioc. et preposito ac magistro Godefrido de S. Cuniberto canonico eccl. Colon.

Reg. 83 f. 55' nr. 1134.

1151. *1327 Februar 26. Avignon.*

Iohannes XXII Iohanni dicto Viselman de Bunna clerico Colon. dioc. reservat beneficium ecclesiasticum cum cura vel sine cura consuetum ab olim clericis secularibus assignari, spectans ad dispositionem abbatisse et conventus monasterii in Ditkirgen ord. S. Bened. Colon. dioc., cuius redditus, si sine cura fuerit, quindecim marcharum argenti secundum taxationem decime valorem annuum non excedant, non obstante quod altare S. Iacobi situm in eccl. S. Cassii Bunnensis Colon. dioc. obtinet.

Probitatis tue merita ... Dat. Avin. IIII kl. marcii a. undecimo.

In e. m. decano Halberstadensis et thesaurario ac scolastico Bunnensis Colon. dioc. ecclesiarum.

Reg. 83 f. 55' nr. 1135.

1152. *1327 Februar 26. Avignon.*

Iohannes XXII Reynardo de Westerburg canonico eccl. Trever. reservat in dicta ecclesia dignitatem vel personatum seu officium cum cura vel sine cura ad presens vacans vel proxime vacaturum — non obstante quod in Trever. Colon. et Bunnensi Colon. dioc. ecclesiis canonicatus et prebendas obtinet.

Exigunt tue merita ... Dat. Avin. IIII kl. marcii a. undecimo.

In e. m. Halberstadensis et S. Florini de Confluentia Trever. dioc. decanis ecclesiarum ac officiali Coloniensi.

Reg. 83 f. 61 nr. 1151.

1153. *1327 Februar 27. Avignon.*

Iohannes XXII Werdensis et Vetrismontis ac Sibergensis monasteriorum abbatibus mandat, quatinus electionem Cunegundis de Monte in abbatissam ecclesie secularis Assindensis confirment.

[Iohannes XXII] Virdunensis (*sic!*) et Veteris montis ac Sibergensis Colon. dioc. monasteriorum abbatibus.

Quamvis ex pastoralis officii ... Nuper siquidem ... Lucgardis preposita et Agnes decana et capitulum secularis ecclesie Assindensis ad eandem Romanam ecclesiam nullo medio pertinentis Coloniensis diocesis nobis per suas patentes litteras significare curarunt, quod olim ecclesia ipsa per obitum quondam Beatricis abbatisse ipsius ecclesie regimine abbatisse destituta, dicte preposita decana et capitulum ipsius ecclesie, in qua canonici seculares fuerunt ab antiquo, sicut adhuc existere dinoscuntur, qui ad electionem abbatisse ... de antiqua et approbata et hactenus pacifice observata consuetudine una cum preposita decana canonicabus et capitulo eiusdem ecclesie admittuntur, vocatis omnibus canonicabus necnon .. Iohanne decano et aliis canonicis eiusdem ecclesie ... convenientes in unum ac deliberantes in huiusmodi electionis negotio per viam procedere compromissi, tandem post aliquos tractatus ... dictis preposite et decane necnon ... Iutte de Cyrascbaf scolastice et Yde de Wedegestene canonicabus necnon dicto decano et . . Theoderico de Sancto Iohanne ac Henrico de Vlerike canonicis eiusdem ecclesie abbatissam eligendi et providendi eidem ecclesie de persona ydonea ea vice concesserunt unanimiter potestatem. Qui . . . in . . . Cunegundim de Monte ecclesie predicte canonicam unanimiter concordarunt, ac deinde prefata decana vice sua et suorum in hac parte compromissariorum ac dicti capituli nomine prefatam Cunegundim de Monte canonicam, personam utique litteratam, de legitimo matrimonio procreatam, in etate legitima constitutam, moribus ornatam, in spiritualibus et temporalibus quam plurimum circumspectam in abbatissam eiusdem ecclesie elegit . . . dictaque Cunegundis postmodum . . . electioni de se facte consensit et tam dicta Cunegundis quam preposita decana et capitulum eiusdem ecclesii procuratorem earum propter hoc ad sedem apostolicam specialiter destinarunt ac nobis humiliter supplicarunt, ut electionem ipsam confirmare . . . dignaremur. Nos igitur . . . discretioni vestre . . . mandamus, quatinus . . . si electionem huiusmodi canonice et de persona ydonea celebratam esse repereritis, predictam electionem . . . auctoritate nostra . . . confirmare ipsamque in abbatissam . . . preficere procuretis. Alioquin eadem electione rite cassata, per eos ea vice, ad quos pertinuerit, faciatis per electionem canonicam de abbatissa ipsi ecclesie provideri, quam, postquam celebrata extiterit, eadem auctoritate confirmare curetis . . . Dat. Avin. III kl. marcii a. undecimo.

Reg. 83 f. 272' nr. 1689; Rz. 816.

1154. *1327 März 1. Avignon.*

Iohannes XXII Hermanno dicto de S. Georgio canonico eccl. S. Crucis Leodiensis reservat beneficium ecclesiasticum cum cura vel sine cura spectans ad dispositionem prepositi eccl. B. Marie Aquensis Leod. dioc., si quod in eadem Leod. vel Colon. dioc. ad presens vacat vel cum vacaverit, cuius quidem beneficii, si sine cura fuerit, fructus quindecim marcharum argenti valorem annuam non excedant, non obstante quod in S. Georgii Colon. et S. Crucis Leod. ecclesiis sub expectatione prebendarum auctoritate apostolica in canonicum est receptus.

Attributa tibi merita . . . Dat. Avin. kl. marcii a. undecimo.

In e. m. abbati monasterii S. Iacobi Leod. et scolastico eccl. Bunnensis Colon. dioc. ac magistro Busolo de Parma canonico Tornacensi capellano papali.

Reg. 83 f. 177 nr. 1451.

1155. *1327 März 2. Avignon.*

Iohannes XXII providet eccl. Magdeburgensi vacanti per mortem Bochardi de persona Ottonis[1] canonici Coloniensis in minoribus ordinibus et in vicesimo quinto etatis anno vel circa eum constituti.

Ad universalis ecclesie regimen ... Dat. Avin. VI nonas marcii a. undecimo.

Reg. 84 f. 21' nr. 2053; Rz. 819 n. 1; Schmidt nr. 256.

1156. *1327 März 7. Avignon.*

Iohannes XXII Henrico nato Godekini de Unna confert eccl. S. Cassii Bunnensis Colon. dioc. canonicatum, prebendam vero eidem reservat.

Attributa tibi merita ... Dat. Avin. nonas marcii a. undecimo.

In e. m. preposito S. Severini et decano S. Andree Colon. ac scolastico Tullensis ecclesiarum.

Reg. 84 f. 24 nr. 2058.

1157. *1327 März 11. Avignon.*

Iohannes XXII Gerardo dicto de Cervo confert eccl. S. Andree Colon. canonicatum, prebendam vero eidem reservat, non obstante quod in eccl. Xanctensi Colon. dioc. sub expectatione prebende in canonicum est receptus.

Suffragantia tibi merita . . . Dat. Avin. V idus marcii a. undecimo.

In e. m. decano et scolastico S. Marie ad gradus Colon. ac Ambrosio de Mediolano canonico Mediolanensis ecclesiarum.

Reg. 84 f. 78' nr. 2209.

1158. *1327 März 11. Avignon.*

Iohannes XXII Iohanni nato Iohannis Marchalci de Birgelen confert eccl. Kerpensis Colon. dioc. canonicatum, prebendam vero eidem reservat.

Meritis tue probitatis ... Dat. Avin. V idus marcii a. undecimo.

In e. m. decano et thesaurario Bunnensis Colon. dioc. ac Ambrosio de Mediolano canonico Mediolanensis ecclesiarum.

Reg. 84 f. 78 nr. 2208.

---

1) de Hassia.

1159. *1327 März 15. Avignon.*

Iohannes XXII Hermanno nato quondam Hermanni Fabri in Xanctis clerico Coloniensi reservat beneficium ecclesiasticum cum cura vel sine cura, cuius fructus, si cum cura, quindecim, si vero sine cura fuerit, decem marcharum argenti s. t. d. valorem annuum non excedant, spectans ad dispositionem prepositi eccl. S. Salvatoris Traiectensis in civitate vel dioc. Traiect.

Probitatis tue merita . . . Dat. Avin. idus marcii a. undecimo.

In e. m. archiepiscopo Neapolitano et decano Xanctensis Colon. dioc. ac Ambrosio de Lamayrola canonico Mediolanensis ecclesiarum.

Reg. 83 f. 119' nr. 1291.

1160. *1327 März 16. Avignon.*

Iohannes XXII Theodorico nato quondam Henrici dicti de Waylsheym confert eccl. Werdensis Colon. dioc. canonicatum, prebendam vero eidem reservat.

Attributa tibi merita . . . Dat. Avin. XVII kl. aprilis a. undecimo.

In e. m. maioris et S. Gerconis Colon. decanis ac magistro Frederico de Pina canonico Autisiodorensis ecclesiarum.

Reg. 83 f. 106' nr. 1262.

1161. *1327 März 17. Avignon.*

[Iohannes XXII] Mathie nato Pyonis de Luccembourch canonico ecclesie S. Symeonis Treverensis.

Probitatis tue merita . . . Sane petitio . . . Iohannis regis Boemie . . . exhibita continebat, quod nos olim . . . canonicatum ecclesie S. Simeonis . . . tibi contulimus, prebendam vero . . . reservavimus . . . Verum quia de parrochiali ecclesia S. Christofori de Ramslede (*vel* Rainslede) Treverensis diocesis, quam . . . obtinebas, quamquam postea, ut asseris, resignasti, omissum fuit per errorem in litteris supradictis fieri mentionem et propterea dicta gratia tibi inutilis et infructuosa reddatur, dictus rex nobis humiliter supplicavit . . . Nos itaque . . . canonicatum ecclesie eiusdem . . . tibi de novo conferimus . . . prebendam vero . . . reservamus . . . Dat. Avin. XVI kl. aprilis a. undecimo.

In e. m. archiepiscopo Rigensi et abbati monasterii B. Marie in Luccembourch Trever. dioc. ac Iohanni Bertaldi canonico Virdunensi.

Reg. 84 f. 364 nr. 2940.

1162. *1327 März 17. Avignon.*

Iohannes XXII Ludovico de Lucemborg consideracione Iohannis regis Boemie pro eo capellano suo supplicantis confert eccl. Wissegradensis prope Pragam canonicatum et prebendam vacantes per promotionem Hynconis in episcopum Olomucensem, non obstante quod is in S. Michaelis de Lucemborg perpetuam vicariam curam animarum habentem et in SS. Severini et Martini Meniveldensis canonicatum et prebendam ac in S. Florini in Confluencia Trever. dioc. altare S. Petri non curatum obtinet. Tamen possessionem canonicatus et prebende eccl. Wissegradensis assecutus, predictum altare dimittat.

Attributa tibi probitatis... Dat. Avin. XVI kl. aprilis a. undecimo.

In c. m. episcopo Paduano et abbati monasterii Breunoniensis prope Pragam ac scolastico eccl. Pragensis.

Reg. 83 f. 330' nr. 1832.

1163. *1327 März 19. Avignon.*[1]

[Iohannes XXII] archiepiscopis episcopis *etc.*

Cum nos dilectos filios Petrum Guigonis de Castronovo Lingonensem et Petrum de Vivariis Vivariensem canonicos apostolice sedis nuncios exhibitores presentium ad certas partes pro quibusdam nostris et ecclesie Romane negotiis destinemus, universitatem vestram monemus rogamus et hortamur attente, quatinus eosdem nuncios, cum per terras districtus et loca vestra transiverint, benigne recommendatos habentes et favorabiliter pertractantes nullam sibi et familiaribus suis in personis et bonis ac rebus eorum inferri molestiam vel iniuriam permittatis, sed eisdem potius de securo conductu in eundo morando et redeundo, cum per eos fueritis requisiti, . . . providere curetis . . . Dat. Avin. XIIII kl. aprilis a undecimo.

Reg. 114 ps. II f. 78 nr. 1077.

1164. *1327 März 19. Avignon.*

Iohannes XXII cum Hildegero Constantini de Ecclesia-Lisolphi dispensat super irregularitate eidemque remittit fructus beneficiorum ecclesiasticorum ab eodem iniuste receptos.

Iohannes XXII Hildegero Constantini de Ecclesia-Lisolphi subdiacono Coloniensi.

Exigunt tue probitatis merita... Sane pro parte tua nobis oblate

1) *Conf. Vatikanische Urkunden und Regesten zur Gesch. Lothringens nr. 517 et Kirsch pg. 110.*

petitionis series continebat, quod tu olim infra puberem etatem existens canonicatum et prebendam ecclesie S. Severini Coloniensis et augmentum prebende seu ferculum consuetum ipsius ecclesie canonicis assignari tunc vacantia adeptus fuisti et ea per quatuor annos tenuisti clericali caractere minime insignitus, quodque postmodum in clericum rite tonsuratus in ecclesia Bunnensi Coloniensis diocesis per . . capitulum ipsius ecclesie in canonicum receptus fuisti ac te divinis iniessisti (!), legendo videlicet in missa epistolam solenniter cum sacris ornamentis sine manipulo iuxta ecclesie Coloniensis consuetudinem, et deinde in vicesimo etatis tue anno vel circa constitutus parrochialem ecclesiam in Drove dicte diocesis . . . recepisti eamque per annum cum dimidio vel circiter tenuisti, non residens personaliter in eadem fructusque percipiens ex eadem, quos, ut asseris, succedens rector ipsius ecclesie, si et prout potuit, tibi remisit; quodque postmodum in vicesimo quarto dicte tue etatis anno in subdiaconatus ordine constitutus parrochialem ecclesiam in Eschwilre predicte diocesis . . recepisti et dicta parrochiali ecclesia in Drove dimissa eandem parrochialem ecclesiam in Eschwilre per quatuor annos vel circa una cum dictis canonicatu et prebenda ac augmento sive ferculo tenuisti . . . non residens personaliter in eadem fructusque percepisti etiam ex eisdem, ad superiores ordines non promotus, dispensatione . . . non obtenta. Quare . . . supplicasti . . . Nos igitur . . . tecum super qualibet irregularitate seu impedimento . . . dispensamus et nichilominus tibi prefatos fructus . . . remittimus et donomus. Volumus tamen, quod predicta receptio de te in prefata Bunnensi ecclesia . . . facta et quecunque ex ea vel ob eam sunt secuta, prout sunt, cassa sint et irrita . . . quodque predictam parrochialem ecclesiam in Eschwilre utpote de iure vacantem omnino dimittas . . . Dat. Avin. XIIII kl. aprilis a. undecimo.

Reg. 83 f. 212 nr. 1540.

1165. *1327 März 19. Avignon.*

Iohannes XXII abbati monasterii S. Panthaleonis Colon. et decano S. Marie ad gradus Colon. ac magistro Iacobo de Mutina capellano papali scolastico Tullensis ecclesiarum mandat, quatinus Hildegero Constantini de Ecclesia-Lisolphi subdiacono Coloniensi (*de quo eadem diffuse narrantur ac in nr. precedenti 1164*) conferre et assignare curent eccl. S. Severini canonicatum et prebendam ac augmentum seu ferculum.

Exigunt probitatis merita . . . Dat. Avin. XIIII kl. aprilis a. undecimo.

Reg. 83 f. 212 nr. 1541.

1166. *1327 März 19. Avignon.*

Iohannes XXII Gobelino Iudei nato Gobelini Iudei de Langenache confert eccl. Kerpensis Colon dioc. canonicatum, prebendam vero eidem reservat.

Suffragantia tibi merita ... Dat. Avin. XIIII kl. aprilis a. undecimo.

In e. m. abbati monasterii Tuiciensis et decano Bunnensis Colon. dioc. ac magistro Nicolao de Frattis canonico Patracensis eccl. litterarum apostolicarum correctori.

Reg. 84 f. 313' nr. 2829.

1167. *1327 März 19. Avignon.*

Iohannes XXII Henrico de Gemenich presbitero Colon. dioc. reservat beneficium ecclesiasticum cum cura vel sine cura consuetum abolim assignari clericis secularibus, cuius fructus, si sine cura fuerit, quindecim marcharum argenti i. e. d. valorem annuum non excedant, spectans ad dispositionem abbatis et conventus monasterii Sibergensis ord. S. Bened. Colon. dioc., non obstante quod in eccl. Undecim milium virginum Colon. quoddam altare obtinet.

Exigunt tue probitatis . . . Dat. Avin. XIIII kl. aprilis a. undecimo.

In e. m. abbati monasterii Tuiciensis et preposito Bunnensis Colon. dioc. ac magistro Nicolao de Frattis canonico Patracensis eccl. litterarum apostolicarum correctori.

Reg. 84 f. 314' nr. 2831.

1168. *1327 März 19. Avignon.*

Iohannes XXII Hermanno nato Reynardi de Scymdorp confert eccl. S. Severini Coloniensis canonicatum, prebendam vero cum ferculo eidem reservat.

Laudabile testimonium quod . . . Dat. Avin. XIIII kl. aprilis a. undecimo.

In e. m. abbati monasterii S. Panthaleonis et scolastico S. Gereconis Colon. ac magistro Nicolao de Frattis canonico Patracensis eccl. litterarum apostolicarum correctori.

Reg. 84 f. 314' nr. 2832.

1169. *1327 März 21. Avignon.*

Iohannes XXII statuit, quam penam ecclesiasticam incurret Heidenricus prepositus ecclesie S. Severini Coloniensis, si capitulo eiusdem ecclesie statutis terminis non solverit pensiones debitas.

[Iohannes XXII] Heidenrico preposito ecclesie S. Severini Colon. capellano nostro.

Matris ecclesie generosa . . . Sane petitio tua nuper nobis exhibita continebat, quod in ecclesia Bunnensi Colon. dioc., in qua canonicatum obtines et prebendam, per statutum iuramento[a] vallatum cavetur expresse, ut, si quis canonicus eiusdem ecclesie de prestimoniis curtibus seu obedienciis aut decimis ab ipsa Bunnensi ecclesia dependentibus, de quibus canonici, qui illa obtinent, debent capitulo seu officiatis eiusdem ecclesie certas solvere pensiones, non satisfacit integraliter in terminis ad hoc successive statutis de pensionibus supradictis, talis canonicus etiam non monitus tenetur in crastinum statuti termini sic elapsi ambitum ipsius Bunnensis ecclesie personaliter ingredi, abinde non recessurus, nisi secundum formam statuti predicti per eum fuerit satisfactum; alioquin non tantum prestimonia curtis seu decima, de quibus erat huiusmodi pensio persolvenda, sed etiam canonicatus et prebenda, quos obtinet in eadem ecclesia, vacant et omnibus aliis, que obtineret in prefata ecclesia, canonicus deficiens in premissis eo ipso privatur et a canonicorum ipsius ecclesie consorcio efficitur perpetuo alienus . . . . Nos igitur . . . volumus, quod eodem et quocumque alio statuto seu consuetudine ipsius ecclesie Bunnensis iuramento confirmatione apostolica vel quacumque firmitate alia roboratis nequaquam obstantibus, si contingat te in predictorum solutione cessare iusto impedimento cessante loco pene predicte nimium rigorose, ne dicamus iniuste, ab officio et beneficio sis eo ipso suspensus et si dictam suspensionem per quindecim dies sustinueris animo indurato, ipso facto sententiam excommunicationis incurras, a quibus absolvi nequeas, nisi de dictis debitis . . . per te fuerit integre satisfactum . . . Dat. Avin. XII kl. aprilis a. undecimo.

In e. m. Xanctensis et Embricensis Colon. et Traiect. dioc. decanis ac magistro Ambrosio de Lamayrola canonico Mediolanensis ecclesiarum.

Reg. 83 f. 211' nr. 1539.

a) iuratum *ms.*

1170. *1327 März 21. Avignon.*

Iohannes XXII tribus executoribus mandat, quatinus capitulum ecclesie S. Severini Coloniensis moneant, ut Heydenricum prepositum recipiant ad tractatus capitulares.

[Iohannes XXII] decano Xanctensis Colon dioc. et Ambrosio de Lamayrola canonico Mediolanensis ecclesiarum ac officiali Coloniensi.

Significavit nobis dilectus filius Heydenricus prepositus ecclesie S. Severini Coloniensis capellanus noster, quod licet universi et singuli canonici prebendati eiusdem ecclesie, dum capitulares tractatus debent haberi et de ipsius ecclesie bonis ac utilitate tractari, ad tractatus huiusmodi vocentur et etiam admittantur et tamquam prebendati recipiant iura sua, tamen dilecti filii capitulum ipsius ecclesie soli, ut dicunt, consuetudini, que dicenda esset corruptela potius, innitentes prefatum prepositum, quamvis eiusdem ecclesie sit canonicus prebendatus ac maior et superior in eadem et precipue sua intersit tractatibus huiusmodi interesse, ut sciat, qualiter res et bona ipsius ecclesie disponantur et etiam gubernentur, ad tractatus eosdem vocare et admittere recusant indebite ac de ipsius ecclesie iuribus et bonis eadem commutando et ad tempus vel imperpetuum vendendo et quamplures redditus et proventus prebendarum administrando, ipso preposito et canonicos irrequisito, pro libito disponunt ipsorum, in eiusdem prepositi et canonici non medicum preiudicium et gravamen ... Nos itaque ... discretioni vestre ... mandamus, quatinus ... capitulum auctoritate nostra monere curetis, ut prepositum prefatum recipiant ad premissa ... Dat. Avin. XII kl. aprilis a. undecimo.

Reg. 83 f. 218' nr. 1557.

1171. *1327 März 21. Avignon.*

Iohannes XXII Heidenrico preposito eccl. S. Severini Colon. capellano papali, cui olim indulserat, ut residens in altero beneficiorum suorum ecclesiasticorum, que obtinebat et in posterum eum obtinere contingeret, fructus annuum ecclesiasticorum, etiam si dignitates personatus vel officia existerent, integre usque ad triennium percipere posset, cotidianis distributionibus dumtaxat exceptis, indulget, ut in altero beneficiorum suorum aut apud sedem apostolicam vel in loco, ubi studium vigeat generale, residendo fructus item integre usque ad aliud triennium percipere valeat.

Devotionis tue probata sinceritas ... Dat. Avin. XII kl. aprilis a. undecimo.

In e. m. S. Crucis Leod. et Xanctensis Colon. dioc. decanis ac Ambrosio de Lamayrola canonico Mediolanensis ecclesiarum.

Reg. 83 f. 206' nr. 1526.

1172. *1327 März 31. Avignon.*

Iohannes XXII Iohanni dicto Brunstennich confert eccl. Xanctensis Colon. dioc. canonicatum, prebendam vero eidem reservat, non obstante quod in ecclesia Angarensi Osnaburgensis dioc. per capitulum ipsius ecclesie in perpetuum capellanum est receptus.

Suffragantia tibi merita . . . Dat. Avin. II kl. aprilis a. undecimo.

In e. m. episcopo Lubicensi et Monasteriensis ac Embricensis ecclesiarum decanis Traiect. dioc.

Reg. 83 f. 193 nr. 1494.

1173. *1327 April 1. Avignon.*

Iohannes XXII magistro Bindo de Senis preposito eccl. Colon. notario papali et abbati monasterii S. Petri Cathalaunensis ac decano eccl. Remensis mandat, quatinus deputati conservatores et iudices Mathei de Longis archidiaconi Leodiensis ecclesie capellani papalis efficacis defensionis presidio assistentes non permittant eundem in suis iuribus et bonis ad dictum archidiaconatum spectantibus a quibusvis indebite molestari.

Quia nimis excresceret audacia . . . Dat. Avin. kl. aprilis a. undecimo.

Reg. 83 f. 147' nr. 1367.

1174. *1327 April 5. Avignon.*

Iohannes XXII iudicibus scabinis consulibus proconsulibus magistris civium totique universitati Coloniensi nunciat se mirari, quod processus contra Ludovicum de Bavaria hactenus habiti ab iis nondum ad effectum totalem perducti sint, eosque hortatur, quatinus illos servent integraliter et patenter, super hoc papam reddentes per documenta legitima certiores.

Absurdum foret, o filii . . . Dat. Avin. nonas aprilis a. undecimo.

Reg. 114 ps. II f. 51' nr. 912.

***1175.** *1327 April 13. Avignon.*

Iohannes XXII archiepiscopo Treverensi eiusque suffraganeis notificat depositionem Ludovici Bavari et excommunicationem in eum eiusque sequaces fulminatam.

[Iohannes XXII] archiepiscopo Treverensi eiusque suffraganeis.

Pridem adversus Ludovicum de Bavaria excommunicatum dei et ecclesie sancte sue fideique catholice rebellem manifestum et hostem de fratrum nostrorum consilio certum processum habuimus, cuius tenor sequitur in hac forma: Iohannes episcopus servus servorum dei. Ad perpetuam rei memoriam. Ad speculatoris officium...... Dat. Avin. V idus aprilis p. n. a. undecimo. Et licet necessarium non existeret processum eundem sic solenniter presente multitudine copiosa fidelium habitum et, ut in ea continetur, ostiis ecclesie Avinionensis affixum alibi quam apud sedem apostolicam publicari, nos tamen ex super habundanti, ut cunctis clarius earum partium fidelibus innotescat, illam ad vos vestrasque civitates et dioceses providimus serie presentium destinandum, fraternitati vestre in virtute sancte obedientie per apostolica scripta mandantes, quatinus vos et singuli vestrum in locis vestrarum civitatum et diocesium, quibus fuerit expediens, per vos et alios religiosos et seculares, de quibus vobis videbitur, quos ad hoc per censuram ecclesiasticam appellatione postposita compellere valeatis, exemptis et quibusvis aliis dicte sedis privilegiis quibuscumque locis seu personis sub quacumque forma vel conceptione verborum concessis... nequaquam obstantibus, dictum processum et contenta in eo etiam in vulgari in locis solenibus, ubi multitudo populi fuerit et alias expedierit, solenniter publicetis, nos redditum de publicatione huiusmodi vel vestras litteras vel instrumenta publica principium et finem presentium continentia infra prefixum in eodem processu terminum certiores. Dat. Avin. idus aprilis p. n. a. undecimo.

Or. membr. cum plumbo pend. In plica ad dextr.: de curia B. de Pont.
In dorso hec nota partim modo legibilis: Nola quod . . . die iunii fuerunt (?) . . . . . . hec quatuor littere et una clausa sub bulla in palatio Treverensi per Reynh. thesaurarium ecclesie . . . . . . Bertrando de Confluentia publico notario. *Coblenz. Arch. reg. Erzstift Trier. A. Erzb. Staatsarch. I. A. 159 a.*

1176. *1327 April 13. Avignon.*

Iohannes XXII Petro Guigonis de Castronovo Lingonensis et

Petro de Vivariis Vivariensis ecclesiarum canonicis concedit facultatem ab universo clero Bisuntine et Treverensis provinciarum recipiendi subsidium pro repressione hereticorum et rebellium partium Italie contra ecclesiam sevientium, faciendi quitacionis cautelas de hiis, que ab eodem clero receperint, compellendique auctoritate apostolica appellatione remota contradictores.

Licet verisimiliter extimemus . . . Dat. Avin. idus aprilis p. n. a. undecimo.

Collectorie 3 f. 69; Kirsch pg. 111.

1177. *1327 April 17. Avignon.*

Iohannes XXII archiepiscopo Colon. nunciat se recepisse eius litteras, quibus certior factus est eundem ab infirmitate reconvalescere, et hortatur eundem, quatinus processus quos nuper contra Ludovicum Bavarum ac nonnullos huius factores fecit, per se et suffraganeos suos publicet.

Presentatas nobis novissime . . . Dat. Avin. XV kl. maii a. undecimo.

Reg. 114 f. 52 nr. 913; Rz. 841.

1178. *1327 April 12. Avignon.*

Iohannes XXII Reynardo nato Henrici de Hugilhoven militis confert eccl. Bunnensis Colon. dioc. canonicatum, prebendam vero ac dignitatem vel personatum seu officium sine cura aut prestimonium consuetam vel consuetum canonicis dicte ecclesie conferri in ipsa ecclesia eidem reservat.

Suffragantia tibi merita . . . Dat. Avin. XI kl. maii a. undecimo.

In e. m. decano et thesaurario Monasterii Eyflie Colon. dioc. ac magistro Ambrosio de La Mayrola canonico Mediolanensis ecclesiarum.

Reg. 84 f. 277 nr. 2732.

1179. *1327 April 21. Avignon.*

Iohannes XXII Gerardo Winrici confert eccl. Monasterii in Eyflia Colon. dioc. canonicatum, prebendam vero eidem reservat.

Attributa tibi merita . . . Dat. Avin. XI kl. maii a. undecimo.

In e. m. abbati monasterii Tuiciensis Colon. dioc. et thesaurario

S. Andree Colon. ac Busolo de Parma capellano papali canonico Tornacensis ecclesiarum.

Reg. 83 f 321' nr. 1809.

1180. *1327 April 21. Avignon.*

Iohannes XXII preposito Zeflicensis et cantori Bunnensis Colon. dioc. ac magistro Ambrosio de Lamayrola canonico Mediolanensis eccl. mandat, quatinus Iohanni de Rumerskirchen presbitero perpetuo vicario in ecclesia de Rinstorp Colon. dioc. conferre et assignare curent parrochialem ecclesiam de Spelen Colon. dioc. vacantem ex eo, quod eius collatio ad sedem apostolicam iuxta Lateranensis concilii statuta est devoluta.

Apostolice sedis circumspecta ... Dat. Avin. XI kl. maii a. undecimo.

Reg. 84 f. 292' nr. 2773.

1181. *1327 April 21. Avignon.*

Iohannes XXII decano et thesaurario Monasterii Eyflic Colon. dioc. ac magistro Ambrosio de Lamayrola canonico Mediolanensis eccl. mandat, quatinus Iohannem natum Henrici de Hugilhoven militis clericum Colon. dioc. cupientem una cum abbate et conventu monasterii Stabulensis ord. S. Bened. Leod. dioc. in eodem monasterio domino famulari recipi faciant in ipso monasterio in monachum et in fratrem „ac ei de communibus eiusdem monasterii proventibus sicut uni ex aliis ... integre responderi."

Cupientibus vitam ducere ... Dat. Avin. XV kl. maii a. undecimo.

Reg. 84 f. 293' nr. 2775.

1182. *1327 April 21. Avignon.*

Iohannes XXII Bernardo nato quondam Renardi de Entvelt militis canonico eccl. B. Marie Aquensis Leod. dioc. consideracione Caroli Francie et Navarre regis pro eo supplicantis reservat in dicta ecclesia dignitatem vel personatum seu officium cum cura vel sine cura, ad cuiuscumque vel quorumcumque dispositionem spectans.

Illis libenter apostolice sedis ... Dat. Avin. XI kl. maii a. undecimo.

In e. m. abbati monasterii S. Cornelii et decano S. Servatii Traiectensis Colon. et Leod. dioc. ac Iacobo de Mutina capellano papali canonico Cameracensis ecclesiarum.

Reg. 83 f. 222' nr. 1568.

1183. *1327 April 21. Avignon.*

[Iohannes XXII] decano et thesaurario Monasterii Eyflie Colon. dioc. et magistro Ambrosio de Lamayrola canonico Mediolanensis eccl.

Merita probitatis dilecti filii Syberti de Gladebach presbiteri Coloniensis diocesis ... Cum itaque parrochialis ecclesia de Adendorp. Coloniensis diocesis ex eo vacare dicatur ad presens, quod ... Reynardus de Hugilhovem ... ecclesiam ipsam una cum thesauraria ecclesie S. Severini Coloniensis, que quidem thesauraria, sicut asseritur, simplex officium existit et ratione officii curam habet animarum annexam, post et contra tenorem constitutionis super pluralitate dignitatum personatuum officiorum ecclesiarum et beneficiorum ecclesiasticorum, que absque dispensatione legitima obtineri non poterant ... dudum a nobis edite pluribus annis detinere presumpsit, licet eam postmodum realiter et verbaliter dimiserit nullusque preter nos de ipsa, si est ita, disponere potuerit ... nos ... discretioni vestre ... mandamus, quatinus ... predictam parrochialem ecclesiam ... eidem Syberto ... conferre et assignare curetis ... Dat. Avin. XI kl. maii a. undecimo.

Reg. 84 f. 282 nr. 2745.

1184. *1327 April 22. Avignon.*

Iohannes XXII Henrico archiepiscopo Coloniensi iniungit, quatinus processus contra Ludovicum de Bavaria eiusque fautores habitos publicari faciat sepius et etiam in suffraganeorum suorum civitatibus et aliis locis solennibus vulgarizari.

Pridem horribilibus excessibus ... Dat. Avin. X kl. maii a. undecimo.

In e. m. Mathie archiepiscopo Maguntin. . . . . Baldino archiepiscopo Trever. . . . archiepiscopo Salzeburgensi. Traiectensi et Leodiensi.

Reg. 114 p. II f. 50' nr. 904; Rs. 845.

1185. *1327 April 27. Avignon.*

Iohannes XXII archiepiscopo Coloniensi et episcopo Lubicensi ac preposito ecclesie Bunnensis Colon. dioc. mandat, quatinus Heidenrico de Essende clerico Coloniensis diocesis, qui nuper super prepositura S. Severini Colon. pro sue tantummodo conscientie serenatione libere in pape manibus resignavit, apostolica auctoritate dictam preposituram conferre et assignare curent.

Apostolice sedis circumspecta ... Dat. Avin. V kl. maii a. undecimo.

Reg. 83 f. 273' nr. 1688.

1186. *1327 Mai 7. Avignon.*

Iohannes XXII S. Symeonis Trever. et S. Georgii in Limpurg decanis ac cantori S. Castoris in Cardono Trever. dioc. mandat, quatinus, postquam eis constiterit ecclesiam parrochialem in Flayete vacare, conferre et assignare curent Henrico Iohannis de Confluentia canonico eccl. Fritzlariensis Magunt. dioc. dictam parrochialem eccl. in Flayete prope Deyze Trever. dioc. vacantem ex eo, quod Cesarius olim ipsius ecclesie rector, ut asserit Henricus, ipsam una cum cantoria eccl. S. Florini in Confluentia, que ibidem dignitas existit, ac parrochiali ecclesia in Superiori Mendich dicte Trever. dioc. post et contra constitutionem ipsius pape super pluralitate dignitatuum personatuum officiorum et beneficiorum ecclesiasticorum temere et retinere presumpsit et adhuc detinet, non obstante quod idem Henricus in Fritzlariensi canonicatum sub expectatione prebende et in S. Florini in Confluentia vicariam perpetuam altaris S. Stephani obtinet et super canonicatu et prebenda eiusdem eccl. S. Florini litigat.

Ad illorum provisionem ... Dat. Avin. nonas maii a. undecimo.

Reg. 83 f. 389' nr. 1979.

1187. *1327 Mai 9. Avignon.*

[Iohannes XXII] Geraldo comiti Iuliacensi.

Magnificentie tue, fili, benigne recepimus litteras ... Ad quarum contenta breviter respondemus, quod non est moris nostri pro certa persona ecclesias reservare. Sane illam ecclesiam[1], ad quam tua intentio ferebatur, iam diu esse nobis noveris reservatam, cui, si casus

a) Coloniensem?

occurrerit, quem non optamus contingere, quod dicto (?) presidens utiliter illi poterit presidere[a], de tali curabimus . . . providere, quem fidelem extimabimus fore Romane ecclesie ac sub cuius regimine ecclesia votiva possit suscipere incrementa. Benevolentiam autem tuam . . . super fautoria illa excusatam habemus, rogantes eandem, ut in devotione solita ad sanctam Romanam ecclesiam inviolabiliter debeat permanere, gratias nichilominus tue providentie referentes super eo, quod te obtulisti paratum partes tuas interponere pro reducendo illo nobili ad devotionem ecclesie, a qua seductus videtur recessisse, paratum te venire ad curiam offerens . . . . Verum . . . non videtur expediens, quod huc persoliter debeas te conferre. Molestum etenim esset nobis admodum, si te redire contingeret negotio imperfecto. Dat. Avin. VII idus maii a. undecimo.

Reg. 114 f. 55' nr. 935; Rz. 849.

***1188**. *1327 Mai 12. Avignon.*

Iohannes XXII abbatissa et capitulo secularis ecclesie Undecim Milium Virginum Colon. petentibus confirmat omnes libertates et immunitates a Romanis pontificibus eidem ecclesie concessas necnon libertates et exemptiones secularium exactionum a regibus principibus et aliis christifidelibus ipsis et ecclesie predictis indultas.

Solet annuere sedes . . . Dat. Avin. IIII idus maii p. n. a. undecimo.

Or. membr. cum plumbo del. Sub plica ad sinistr. N. Binn. *In plic. ad dextr:* G. Ortati. *In dorso:* Theod. de Reys.— *Paris. Bibl. nat. f. latin. 9285 nr. 7. — Apogr. in arch. civit. Colon. Inventar nr. 156.*

1189. *1327 Mai 15. Avignon.*

Iohannes XXII Iohanni regi Boemie mittit processus noviter contra Ludovicum Bavarum eiusque sequaces habitos per Nicolaum canonicum Pragensem eius nuncium, qui de his processibus publicandis in illis partibus per patentes litteras bullatas per eundem Nicolaum missas certiorem reddere poterit regem.

Ut de certit . . . Dat. Avin. idus maii a. undecimo.

Reg. 114 ps. II f. 51 nr. 907; Rz. 850.

1190. *1327 Juni 1. Avignon.*

Iohannes XXII Henrico de Reys confert eccl. B. Marie ad

---

a) textus hoc loco corruptus.

gradus Colon. canonicatum, prebendam vero eidem reservat, non obstante quod perpetuam capellaniam in eccl. de Mersene Leod. dioc. obtinet.

Et tue devocionis... Dat. Avin. kl. iunii a. undecimo.

In e. m. abbati monasterii S. Panthaleonis Colon. et decano S. Crucis Leod. ac magistro Busolo de Parma canonico Tornacensis ecclesiarum capellano papali.

Reg. 83 f. 335 nr. 1844.

1191. *1327 Juni 5. Avignon.*

Iohannes XXII Friderico de Urdingen presbitero Colon. dioc. reservat beneficium ecclesiasticum cum cura vel sine cura consuetum clericis secularibus assignari, ad dispositionem abbatisse et capituli secularis ecclesie in Gerisheim Colon. dioc. pertinens, cuius fructus, si sine cura fuerit, quindecim marcharum argenti s. t. d. valorem annuum non excedant, in civitate vel diocesi Colon., non obstante quod quoddam altare B. Marie virginis in capella de Urdingen dicte dioc. obtinet.

Sedis apostolice graciosa... Dat. Avin. nonas iunii a. undecimo.

In e. m. Xanctensis Colon. dioc. et S. Salvatoris Traiectensis decanis ac magistro Nicolao de Frattis canonico Patracensis eccl. litterarum apostolicarum correctori.

Reg. 84 f. 255' nr. 2920.

1192. *1327 Juni 5. Avignon.*

Iohannes XXII Wilhelmo dicto Proyt armigero Colon. dioc. petenti reservat in eccl. Bunnensi Colon. dioc. unum ex eiusdem ecclesie perpetuis officiis consuetis ab olim laicis assignari.

Meritis tue probitatis... Dat. Avin. nonas iunii a. undecimo.

In. e. m. Xanctensis Colon. dioc. et S. Salvatoris Traiectensis decanis ac magistro Nicolao de Frattis canonico Patracensis eccl. litterarum apostolicarum correctori.

Reg. 84 f. 364' nr. 2941.

1193. *1327 Juni 5. Avignon.*

Iohannes XXII Wernero dicto Pege confert eccl. Assiudensis Colon. dioc. canonicatum, prebendam vero eidem reservat.

Laudabile testimonium quod... Dat. Avin. nonas iunii a. undecimo.

In e. m. S. Andree et S. Marie ad gradus Colon. decanis ac

magistro Iacobo de Mutina scolastico Tullensis ecclesiarum capellano papali.

Reg. 83 f. 377 nr. 1951.

1194. *1327 Juni 12. Avignon.*

Iohannes XXII Iohanni de Erenbertinch confert ecclesie Kerpensis Colon. dioc. canonicatum, prebendam vero eidem reservat, non obstante quod parrochialem ecclesiam in Walstede Monasteriensis dioc., cuius fructus quinque marcharum argenti s. t. d. valorem annuum non excedunt, et in eccl. Bunnensi quandam perpetuam vicariam obtinet.

Sedis apostolice graciosa ... Dat. Avin. II idus iunii a. undecimo.

In e. m. abbati monasterii Sybergensis Colon. dioc. et scolastico S. Marie ad gradus Colon. ac magistro Busolo de Parma canonico Tornacensis eccl. capellano papali.

Reg. 84 f. 14 nr. 2031.

1195. *1327 Juni 12. Avignon.*

Iohannes XXII Gerardo de Erenbertinch reservat beneficium ecclesiasticum cum cura vel sine cura, cuius fructus, si sine cura fuerit, quindecim marcharum argenti s. t. d. valorem annuum non excedant, spectans ad dispositionem prepositi decani et capituli ecclesie Colon. in civitate vel dioc. Colon.

Sedis apostolice graciosa ... Dat. Avin. II idus iunii a. undecimo.

In e. m. abbati monasterii Tuiciensis Colon. dioc. ac cantori S. Andree Colon. ac magistro Busolo de Parma capellano papali canonico Tornacensis ecclesiarum.

Reg. 84 f. 14' nr. 2032.

1196. *1327 Juni 14. Avignon.*

Iohannes XXII Iacobino de Travia confert eccl. S. Marie ad gradus Colon. dioc. canonicatum, prebendam vero eidem reservat, non obstante quod ecclesiam de Meren Leod. dioc. et altare S. Iohannis Baptiste situm in eccl. S. Andree Colon. obtinet. Tamen canonicatum et prebendam assecutus omnino dimittat dictum altare.

Attributa tibi merita ... Dat. Avin. XVIII kl. iulii a. undecimo.

In e. m. abbati eccl. secularis Cellensis Leod. dioc. et cantori S. Andree Colon. ac magistro Busolo de Parma canonico Tornacensis eccl. capellano papali.

Reg. 84 f. 53 nr. 2133.

1197. *1327 Juni 14. Avignon.*

Iohannes XXII Engilberto de Camene confert eccl. S. Castoris in Confluentia Trever. dioc. canonicatum, prebendam vero eidem reservat, non obstante quod parrochialem ecclesiam de Bergsowe Caminensis dioc. obtinet.

Multiplicia tue merita ... Dat. Avin. XVIII kl. iulii a. undecimo.

In e. m. decano S. Iohannis Leod. et cantori S. Andree Colon. ac Busolo de Parma canonico Tornacensis eccl. capellano papali.

Reg. 84 f. 54 nr. 2135.

***1198.** *1327 Juni 17. Avignon.*

Iohannes XXII episcopo Osnaburgensi mandat, quatinus cum Adolpho de Marka et Margareta de Cleve dispenset, ut non obstante consanguinitatis impedimento matrimonium contractum consummare et in eo permanere valeant.

[Iohannes XXII] episcopo Osnaburgensi.

Exhibita nobis dilecti ... Adulphi primogeniti ... Engilberti comitis de Marka et ... Margarite nate ... Theodorici comitis Clevensis Coloniensis diocesis peticio continebat, quod idem Adulphus olim de mandato dicti patris et amicorum suorum cum ... Ermengardi nata quondam Ottonis de Clevis, Adulpho in quarto et Margarete predictis in secundo consanguinitatis lineis attinente, matrimonium quamvis de facto per verba de presenti contraxit, sed pro eo, quod cum eisdem Adulpho et Ermengardi non exstitit dispensatum super huiusmodi matrimonio consumando et dicta Ermengardis interim contraxit cum alio, dictum matrimonium non extitit consumatum. Deinde prefati Adulphus et Margarita ignorantes aliquam consanguinitatem existere inter eos ... ad sedandum graves dissensiones et odia, que inter parentes eorum propter vicinitatem et contiguitatem terrarum ipsorum sepius hactenus viguerunt ... bannis non editis, prout est moris inter nobiles illarum partium fieri, quamquam idem Adulphus sciret impedimentum iusticie publice honestatis inter eum et dictam Margaritam ex predicto matrimonio ... exortum, per verba de presenti matrimonium ad invicem contraxerunt ... Quare prefati Adulphus et Margareta .. supplicaverunt ... Nos igitur ... fraternitati tue ... mandamus, quatinus, si est ita, cum eisdem Adulpho et Margarita, quod ... matrimonium libere consumare valeant, dispenses, prolem suscipiendam ex eis legitimam nunciando. Dat. Avin. XV kl. iulii a. undecimo.

Reg. 84 f. 29' nr. 2074. — Transsumptum in instrum. notarile iussu Godefridi episcopi confectum d. 27 m. aprilis a. 1328 datum, qua episcopus testatur se esse executum predictam dispensandi facultatem. Düsseldorf. Arch. reg. Cleve-Mark nr. 159. — Lacomblet III nr. 225. — Rz. 867 n. 1.

1199. *1327 Juni 17. Avignon.*

Iohannes XXII Engilberto nato Engilberti comitis de Marka confert ecclesie Treverensis canonicatum, prebendam vero eidem reservat, non obstante quod in Colon. canonicatum et prebendam ac in ea ex dispensacione apostolica cantoriam et in S. Martini Wormatiensi prepositaram curatam obtinet et in Leod. eccl. sub expectatione prebende auctoritate apostolica in canonicum est receptus.

Sedis apostolice providentia . . . Dat. Avin. XV kl. iulii a. undecimo.

In e. m. magistro Raynaldo de filiis Ursi archidiacono de Campinia Leod. notario papali et decano S. Marie ad gradus Colon. ac Levoldo de Nortof canonico eiusdem Leod. ecclesiarum.

Reg. 84 f. 53' nr. 2134; Rz. 867.

1200. *1327 Juni 17. Avignon.*

Iohannes XXII episcopum Cameracensem et Tuicensis ac in Herbach Colon. et Magunt. dioc. monasteriorum abbates deputat conservatores Engilberti nati Engilberti comitis de Marka prepositi eccl. S. Martini Wormaciensis.

Quia nimis excresceret . . . Dat. Avin. XV kl. iulii a. undecimo.

Reg. 84 f. 30 nr. 2075; Rz. 866.

1201. *1327 Juni 17. Avignon.*

Iohannes XXII Alexandrum abbatem Tuitiensem admonet, ut corrigat mores suos dissolutos.

Iohannes XXII Alexandro abbati monasterii Tuyciensis ordinis S. Bened. Colon. dioc.

Relatum est, fili, apostolicis auribus, quod tu agrum montis, in quo bonorum operum segetem deberes excolere bone fame et suavitatis odorem per exempla virtutum iuxta tue professionis votum statumque tibi commissi regiminis producturam, incultum et aridum delinquens, in campum illicite, quinimo effrenis voluptatis egrederis et spretis armis militie spiritualis, quibus bravium eterne felicitatis acquiritur, post mundi et oculorum concupiscencias non inoffenso pede decurris, sed deum offendens, religionem violans, in infamiam fame nitorem convertens, seculares dissolutiones applectens (!), ad astiludia et torneamenta frequenter accedis, coreas et saltationes, ubi amatoria cantantur et turpia, non evitas, sed cum corizantibus ipse corizas, ponens te talia frequentando spectacula in spectaculum et sibilium laycorum, currens post carnis desideria et turpes seculi voluptates, vas tuum, quod in sanctificatione deberes iuxta verbum apostoli possidere, non dubitas contagione incestuosi concubitus maculare cum quadam moniali, que forte, nisi per te intellecta fuisset pariter et seducta, lampadem accensam servasset oleo castitatis, vitam ducens enormiter dissolutam. Hec igitur commonitoria pro tua salute, quam cupimus, tibi premittimus, ut, que sunt monachi, in te geras et exemplariter doceas, qui monachorum regimen suscepisti, a te cuiuslibet evagationis licenciam, lascivie motus, premissas seculi voluptates et mundi desideria relegando sicque reformando priorem vitam in melius, quod evidenter appareat te paternam capere disciplinam, ne forte contra te irascatur dominus et, si de via iusta depereas, in brevi exardescat in te iracundia presidentis. Dat. Avin. XV kl. iulii a. undecimo.

Reg. 83 f. 394' nr. 1991; Rz. 865.

1202. *1327 Juni 17. Avignon.*

Iohannes XXII Wernemaro nato quondam Wernemari de Aldendorpe militis monacho monasterii Sibergensis ord. S. Bened. Colon. dioc. reservat administrationem vel preposituram seu prioratum aut offitium sive beneficium ecclesiasticum cum cura vel sine cura spectans ad dispositionem abbatis et conventus monasterii Sibergensis, consuetum per monachos ipsius monasterii gubernari.

Religionis zelus, vite . . . Dat. Avin. XV kl. iulii a. undecimo.

In c. m. preposito Veteris S. Pauli Monasteriensis et decano S. Gereonis Colon. ac magistro Iacobo de Mutina capellano papali scolastico Tullensis ecclesiarum.

Reg. 84 f. 42' nr. 2107.

1203. *1327 Juni 17. Avignon.*

Iohannes XXII Frederico de Els confert eccl. Monasterii in Meynevelt Trev. dioc. canonicatum, prebendam vero eidem reservat.

Laudabile testimonium quod ... Dat. Avin. XV kl. iulii a. undecimo.

In c. m. S. Andree Colon. et Wetslariensis Magunt. (!) dioc. prepositis ac Raynaldo de Filiis Ursi archidiacono de Campinia. Leod. ecclesiarum.

Reg. 84 f. 33 nr. 2082.

1204. *1327 Juni 27. Avignon.*

Iohannes XXII Iohanni de Ratinghen canonico perebendato eccl. Assindensis reservat beneficium ecclesiasticum cum cura vel sine cura consuetum abolim clericis secularibus assignari spectans ad dispositionem abbatis et conventus monasterii Sibergensis ord. S. Bened. Colon. dioc., cuius fructus, si cum cura, quindecim, si vero sine cura fuerit, decem marcharum argenti s. t. d. valorem annuum non excedant, non obstante quod canonicatum et prebendam in ecclesia Assindensi dicte dioc. obtinet.

Suffragantia tibi merita ... Dat. Avin. V kl. iulii a. undecimo.

In e. m. Xanctensis Colon. dioc. et S. Georgii Colon. decanis ac Iacobo de Mutina capellano papali scolastico Tullensis ecclesiarum.

Reg. 84 f. 49 nr. 2121.

***1205.** *1327 Juni 30. Avignon.*

Iohannes XXII tribus executoribus mandat, quatinus magistros scabinos et consules civitatis Coloniensis denuncient excommunicatos, donec hi decano et capitulo eccl. S. Severini Colon. satisfecerint.

Iohannes episcopus servus servorum dei dilectis filiis . . Bellireditus et . . Sancti Iacobi monasteriorum abbatibus et . . decano ecclesie Sancte Crucis Leodiens. salutem et apostolicam benedictionem.

Sua nobis decanus et capitulum ecclesie Sancte Severini Coloniensis peticione monstrarunt, quod magistri scabini et consules civitatis Coloniensis non attendentes, quod laicis disponendi de rebus ecclesiasticis nulla sit attributa potestas, temeritate propria statuerunt, ne prefati . . decanus et . . capitulum decimas a parrochianis ipsius ecclesie de proventibus terrarum et aliorum bonorum, que infra limites parrochie eiusdem ecclesie obtinent, prefate ecclesie debitas exigant neque dicti parrochiani decimas ipsas persolvant . . decano et . . capitulo prelibatis, in contrarium facientes in eodem statuto penis gravibus promulgatis ... propter quod in excommunicationis sententiam a iure prolatam incidisse noscuntur. Quocirca discretioni vestre ... mandamus, quatinus, si est ita, predictos magistros scabinos et consules tamdiu appellatione remota excommunicatos publice nuncietis et nunciari faciatis et ab omnibus artius evitari, donec super hiis satisfecerint competenter et debite absolutionis beneficium meruerint obtinere, et nichilominus quod ipsi huiusmodi statutum de suis capitularibus omnino deleant illudque imposterum non observent nec faciant ab aliis observari, monitione premissa per censuram ecclesiasticam appellatione remota racione previa compellatis. Testes autem, qui fuerint nominati, si se gracia odio vel timore subtraxerint, censura simili appellatione cessante cogatis testimonium peritati perhibere. Quodsi non omnes hiis exequendis poteritis interesse, duo vestrum ea nichilominus exequantur. Dat. Aviu. secundo kl. iulii p. n. a. undecimo.

Or. membr. cum plumbo pend. Sub plica ad sinistr.: B. Bux. *In plica ad dextr.:* R. N. G. *In dorso:* Theodericus de Reys *et inferius.* R. bull. N. de Buchorst pro salar. *Düsseldorf. Arch. reg. S. Severin. Colon. nr. 85. — Transsumptum in apograph. instrumenti ab officiali praepositi eccl. S. Severini d. 30 m. maii a. 1328 confecti. Köln. Arch. civit. nr. 1227a.*

1206. *1327 Juni 30. Avignon.*

Iohannes XXII Henrico de Iuliaco confert eccl. Werdensis Colon. dioc. canonicatum et prebendam vacantes per obitum Iohannis de Nivenheim, qui nuper apud sedem apostolicam diem clausit extremum.

Matris ecclesie graciosa ... Dat. Avin. II kl. iulii a. undecimo.

In e. m. episcopo Paduano et Raynaldo de Westerborg ac Sifrido de Rennenborg canonicis Colon.

Reg. 84 f. 37 nr. 2094.

1207. *1327 Juli 1. Avignon.*

Iohannes XXII Gerardo dicto Yserenpyl confert eccl. Verdensis Colon. dioc. canonicatum, prebendam vero eidem reservat, non obstante quod in ecclesia parrochiali de Wevelichoven predicte dioc. quandam vicariam perpetuam obtinet.

Attributa tibi merita ... Dat. Avin. kl. iulii a. undecimo.

In e. m. S. Severini et S. Georgii Colon. decanis ac magistro Busolo de Parma canonico Tornacensis eccl. capellano papali.

Reg. 84 f. 413ᵛ nr. 3064.

1208. *1327 Juli 1. Avignon.*

Iohannes XXII Godescalco de Halebeke clerico Coloniensis dioc. reservat beneficium ecclesiasticum cum cura vel sine cura, cuius fructus, si cum cura, viginti, si vero sine cura fuerit, quindecim marcharum argenti s. t. d. valorem annuum non excedant, ad dispositionem abbatisse et capituli secularis eccl. Assindensis Colon. dioc. pertinens.

Suffragantia tibi merita... Dat. Avin. kl. iulii a. undecimo.

In e. m. Bunnensis Colon. dioc. et S. Severini Colon. scolasticis ac Ambrosio de Lamayrola canonico Mediolanensis ecclesiarum.

Reg. 84 f. 417' nr. 3076.

1209. *1327 Juli 1. Avignon.*

Iohannes XXII Gerardo de Erenbertinch confert eccl. S. Cuniberti Colon. canonicatum, prebendam vero eidem reservat, non obstante quod in eccl. Bunnensi Colon. dioc. sub expectatione prebende in canonicum est receptus et beneficium ecclesiasticum cum cura vel sine cura ad dispositionem decani et capituli Colon. spectans expectat.

Attributa tibi merita... Dat. Avin. kl. iulii a. undecimo.

In e. m. scolastico S. Georgii Colon. et magistro Ambrosio de la Mayrola Mediolanensis ac Arnolde de Rudinchusen Osnaburgensis canonicis ecclesiarum.

Reg. 84 f. 404 nr. 3041.

1210. *1327 Juni 1. Avignon.*

Iohannes XXII Iohanni dicto Viselman de Bunna confert eccl. S. Apostolorum Colon. canonicatum, prebendam vero eidem reservat, non obstante quod altare S. Iacobi in eccl. Bunnensi obtinet et beneficium ecclesiasticum cum cura vel sine cura spectans ad collationem vel presentationem abbatisse et conventus monasterii in Deytkirgen ord. S. Bened. Colon. dioc. expectat.

Laudabilia tue probitatis... Dat. Avin. kl. iulii a. undecimo.

In e. m. preposito S. Marie ad gradus Colon. et decano S. Andree Colon. ac Bosolo de Parma canonico Tornacensis eccl. capellano papali.

Reg. 84 f. 359' nr. 2931.

1211. *1327 Juli 1. Avignon.*

Iohannes XXII Borchardo de Camene reservat eccl. Susatensis Colon. dioc., in qua alique maiores et quatuor minores pueriles nuncupate prebende sunt, unam de maioribus prebendis, non obstante quod in dicta ecclesia canonicatum et unam de minoribus prebendis obtinet. Tamen maiorem assecutus dimittat minorem.

Apostolice sedis circumspecta ... Dat. Avin. kl. iulii a. undecimo.

In e. m. decano B. Marie ad gradus Colon. et scolastice Bunnensis Colon. dioc. ac Busolo de Parma canonico Tornacensis ecclesiarum.

Reg. 84 f. 86' nr. 2229.

1212. *1327 Juli 1. Avignon.*

Iohannes XXII Conrado de Tremonia confert eccl. Widenbrugensis Osnaburgensis dioc. canonicatum, prebendam vero, si qua in dicta eccl. vacat vel cum vacaverit, eidem reservat.

Probitatis tue merita ... Dat. Avin. kl. iulii a. undecimo.

In e. m. decano eccl. S. Stephani de Tescone Montis-albani et contori ac scolastico Susatensis Colon. dioc. ecclesiarum.

Reg. 84 f. 107 nr. 2285.

1213. *1327 Juli 1. Avignon.*

Iohannes XXII Christiano de Bunde confert eccl. S. Andree Colon. canonicatum, prebendam vero eidem reservat.

Ad illorum provisionem ... Dat. Avin. kl. iulii a. undecimo.

In e. m. decano S. Georgii et thesaurario S. Severini Colon. ac Iacobo de Mutina capellano papali canonico Cameracensis ecclesiarum.

Reg. 84 f. 330' nr. 2865.

1214. *1327 Juli 1. Avignon.*

Iohannes XXII Iohanni Iohannis de Setheme in Bunna clerico Colon. dioc. reservat beneficium ecclesiasticum cum cura vel sine cura, cuius fructus, si cum cura, viginti, si vero sine cura fuerit, quindecim marcharum argenti s. t. d. valorem annuum non excedant, pertinens ad dispositionem prepositi decani et capituli eccl. Bunnensis Colon. dioc.

Personam tuam tuis .. Dat. Avin. kl. iulii a. undecimo.

In e. m. S. Severini et S. Marie ad gradus Colon. prepositis et Bosolo de Parma canonico Tornacensis eccl. capellano papali.

Reg. 84 f. 349' nr. 2907.

1215. *1327 Juli 1. Avignon.*

Iohannes XXII Petro Petri de Mestorp in Bunna confert eccl. S. Andree Colon. canonicatum, prebendam vero eidem reservat.

Exigentibus tue probitatis... Dat. Avin. kl. iulii a. undecimo.

In e. m. abbati monasterii Tuiciensis Colon. dioc. et preposito S. Marie ad gradus Colon. ac Busolo de Parma canonico Tornacensis eccl. capellano papali.

Reg. 84 f. 350 nr. 2908.

1216. *1327 Juli 2. Avignon.*

Iohannes XXII Thilmanno de Unna confert eccl. SS. Apostolorum Colon. canonicatum, prebendam vero eidem reservat, non obstante quod in Bunnensi Essendensi et Deitkirchen ecclesiis canonicatus et prebendas ac parrochialem ecclesiam in Leygelingen Colon. dioc. obtinet.

Suffragantia tibi merita... Dat. Avin. VI nonas iulii a. undecimo.

In e. m. decano et scolastico S. Marie ad gradus Colon. ac Ambrosio de Mediolano canonico Mediolanensis ecclesiarum.

Reg. 84 f. 79 nr. 2210.

1217. *1327 Juli 2. Avignon.*

Iohannes XXII Bertholdo de Toffingen confert eccl. S. Arnualis Met. diocesis canonicatum, prebendam vero eidem reservat, non obstante quod perpetuam vicariam parrochialis eccl. in Werde valoris annui septem marcharum argenti s. t. d. obtinet et super canonicatu et prebenda eccl. S. Adelphi in Novillari Argentinensis dioc. litigat.

Meritis tue probitatis... Dat. Avin. VI nonas iulii a. undecimo.

In e. m. S. Petri Argentinensis et Suburgensis (!) Argentinensis dioc. prepositis et scolastico Tullensis ecclesiarum.

Reg. 84 f. 59' nr. 2153.

1218. *1327 Juli 7. Avignon.*

Iohannes XXII Ottoni de Hagen confert eccl. S. Florini in Confluentia Trever. dioc. canonicatum, prebendam vero eidem reservat, non obstante quod in B. Marie Traiectensis ac Hugardensi Leod. dioc. sub prebendarum et in eadem B. Marie ecclesiis sub dignitatis personatus vel officii expectatione in canonicatus obtinet.

Attributa tibi merita ... Dat. Avin. nonas iulii a. undecimo.

In e. m. decano S. Castoris in Confluentia Trever. dioc. et archidiacono Trever. ac magistro Nicolao de Frattis canonico Patracensis eccl. litterarum apostoliarum correctori.

Reg. 84 f. 166 nr. 2433.

1219. *1327 Juli 12. Avignon.*

Iohannes XXII Hilgero de Stessa militi ac Aleydi de Quatermart eius uxori indulget, ut, si forte ad loca ecclesiastico interdicto supposita ipsos vel alterum ipsorum simul vel separatim contigerint declinare, possint sibi et familiaribus suis et aliis, qui in sua societate fuerint, divina officia facere celebrari, exclusis excommunicatis et interdictis, ianuis clausis etc.

Ut erga sedem apostolicam ... Dat. Avin. IIII idus iulii a. undecimo.

Reg. 84 f. 79' nr. 2211.

1220. *1327 Juli 13. Avignon.*

Iohannes XXII omnibus vere penitentibus et confessis, qui ad perficiendum opus ecclesii cathedralis Coloniensis manus porrexerint adiutrices, largitur indulgentias.

[Iohannes XXII] universis Christo fidelibus presentes litteras inspecturis salutem.

Ecclesiarum fabricis manus porrigere adiutrices pium apud deum et meritorium reputantes, frequenter Christi fideles ad impendendum ecclesiis ipsis huiusmodi auxilium nostris litteris exhortamur, ut ad id eo fortius animentur, quo magis ex hoc animarum commodum speraverint adipisci, nonnunquam pro hiis temporalibus suffragiis spiritualia eis munera, videlicet remissiones et indulgentias largiendo[a]. Cum igitur, sicut dilecti filii . . decanus et capitulum ecclesie Coloniensis

a) indulgentie largiuntur *in reg.*

nobis significare curarunt, eorum ecclesia Coloniensis inchoata fuerit opere quamplurimum sumptuoso, ad quod perficiendum fidelium sunt suffragia plurimum oportuna, universitatem vestram rogamus et hortamur in domino in remissionem vobis peccaminum iniungentes, quatinus attendentes provide, quod inter holocausta virtutum illud deo acceptabilius redditur, quod de pinguedine caritatis offertur, de vobis bonis a deo collatis pias ad hoc elemosinas et grata caritatis subsidia erogetis, ut per subventionem vestram opus ipsum valeat feliciter consummari vosque per hec et alia bona, que domino inspirante feceritis, ad eterne possitis felicitatis gaudia pervenire. Nos enim de omnipotentis dei misericordia et Beatorum Petri et Pauli apostolorum eius auctoritate confisi omnibus vere penitentibus et confessis, qui manus eis (!) ad hoc porrexerint adiutrices, unum annum et quadraginta dies de iniunctis penitentiis misericorditer relaxamus, presentibus post triennium minime valituris, quas mitti per questuarios districtius inhibemus, eas, si secus actum fuerit, carere viribus decernentes. Dat. Avin. III idus iulii a. undecimo.

Reg. 84 f. 349' nr. 2906.

1221. *1327 Juli 13. Avignon.*

Iohannes XXII preposito S. Marie ad gradus Colon. et decano S. Gereonis Colon. ac scolastico Bunnensis Colon. dioc. ecclesiarum, commotus conquestione decani et capituli ecclesie Colon., mandat, quatinus deputati conservatores et iudices prefatis decano et capitulo efficacis defensionis presidio assistentes non permittant eosdem super bonis mobilibus et immobilibus, legatis et donatis fabrice ecclesie Coloniensis ad eosdem decanum et capitulum ratione dicte fabrice spectantibus a quibuscumque molestari vel eis gravamina seu dampna vel iniurias irrogari, eosdem bonorum occupatores seu detentores, molestatores et iniuriatores per censuram ecclesiasticam appellatione postposita compescendo.

Militanti ecclesie licet . . . Dat. Avin. III idus iulii a. undecimo.

Reg. 84 f. 352 nr. 2912.

1222. *1327 Juli 13. Avignon.*

[Iohannes XXII] Reynardo de Westerburg subdiacono canonico Coloniensi.

Devotionis tue sinceritas . . . Sane petitio tua nobis exhibita continebat, quod tu olim pro defensione tam ecclesiastice libertatis quam bonorum et iurium ad te spectantium in pluribus exercitibus, in quibus fuerunt membrorum mutilationes lesiones enormes et homicidia plurima perpetrata, interfuisti, licet nullum inibi hominem enormiter leseris nec etiam mutilaris. Quare nobis humiliter supplicasti, ut super irregularitate, si quam propterea contraxisti, quod ad diaconatus et et presbiteratus ordines promoveri et in huiusmodi ordinibus ministrare et quecumque alia beneficia . . . libere recipere et licite retinere valeres, premissis nequaquam obstantibus, . . . tecum dispensare misericorditer dignaremur. Nos igitur . . . tecum . . dispensamus . . . Dat. Avin. III idus iulii a. undecimo.

Reg. 84 f. 359' nr. 2930.

1223. *1327 Juli 13. Avignon.*

Iohannes XXII Reynardo de Westerburg confert eccl. Traiectensis canonicatum prebendamque reservat, non obstante quod in Coloniensi et Treverensi ac Bunnensi canonicatus et prebendas obtinet et in dicta Treverensi eccl. sub expectatione dignitatis seu personatus vel officii admissus est.

Nobilitas generis, vite ac morum honestas . . . Dat. Avin. III idus iulii a. undecimo.

In e. m. S. Severini et S. Marie ad gradus Colon. prepositis ac Ambrosio de Mediolano canonico Mediolanensis ecclesiarum.

Reg. 84 f. 360' nr. 2909.

1224. *1327 Juli 13. Avignon.*

Iohannes XXII cum Hermanno de Burincheym rectore parrochialis ecclesie de Inferiori Luczint Trever. dioc. dispensat, ut ratione parrochialis ecclesie de Inferiori Luczint, quam obtinet, usque ad triennium ad diaconatus et presbiteratus ordines promoveri minime teneatur, dummodo infra annum in subdiaconum se faciat promoveri, proviso quod dicta ecclesia interim debitis non fraudetur obsequiis et animarum cura in ea nullatenus negligatur.

Suffragantia tibi merita . . . Dat. Avin. III idus iulii a. undecimo.

Reg. 84 f. 19 nr. 2046.

1225. *1327 Juli 13. Avignon.*

Iohannes XXII cum Iohanne dicto de Bunna presbitero Colon. dioc. super defectu natalium, quem patitur ex subdiacono vel diacono genitus et coniugata, dispensat, ut defectu non obstante ecclesiastica beneficia, etiam si dignitates personatus seu etiam officia in cathedrali ecclesia existant et curam habeant animarum ac etiam si persone, qui preficiuntur eisdem, per electionem assumantur, libere recipere et licite retinere ipsaque permutare valeat.

Virtutum studia, quibus ... Dat. Avin. III idus iulii a. undecimo.

Reg. 84 f. 411' nr. 3059.

1226. *1327 Juli 13. Avignon.*

Iohannes XXII Iohanni de Siberg canonico eccl. S. Georgii Colon. reservat beneficium ecclesiasticum cum cura vel sine cura, cuius fructus, si sine cura fuerit, quindecim marcharum argenti s. t. d. annuum valorem non excedant, spectans ad dispositionem decani et capituli Colon.

Ex tue devotionis ... Dat. Avin. III idus iulii a. undecimo.

In e. m. thesaurario S. Severini Colon. et Tullensis ac S. Marie ad gradus Colon. eccl. scolasticis.

Reg. 84 f. 171 nr. 2415.

1227. *1327 Juli 15. Avignon.*

Iohannes XXII episcopo Monasteriensi mandat, quatinus ecclesie in Gerresheim preficiat Martham de Oitgenbach in abbatissam.

[Iohannes XXII] episcopo Monasteriensi.

Ad apostolice sedis curam ... Dudum siquidem intellecto, quod ... Cunagundis de Monte Assindensis, olim in Gerinschem ... abbatissa, fuerat in abbatissam ipsius Assindensis ecclesie canonice electa, nos ... provisionem predicte ecclesie in Gerinschem dispositioni nostre ... reservantes decrevimus irritum et inane, si secus super hiis a quoquam ... contingeret attemptari. Nos igitur volentes de persona ... Marte de Oitgenbach (*vel* Ortgenbach) canonice eiusdem ecclesie in Gerinschem ... eidem ecclesie .. provideri, ... fraternitati tue ... mandamus, quatinus, si prefata ecclesia ... nunc vacat ... de persona ipsius Marte, si alias eam ad regimen predicte ecclesie in Gerinschem ydoneam esse repereris, eidem ecclesie ... studeas providere ... recepturus ab eadem Marta ... nostro et ecclesie Romane nomine fidelitatis solite iuramentum sub forma, quam sub bulla nostra tibi mittimus interclusam. Formam autem iuramenti, quod ipsa Marta prestabit, nobis per eius patentes litteras suo sigillo signatas per proprium nuncium quamcitius destinare procures. Per hoc autem statum abbatisse, que est pro tempore, et ... capituli dicte ecclesie in Gerinschem non intendimus approbare. Dat. Avin. idus iulii a. undecimo.

Reg. 84 f. 192' nr. 2506.

1228. *1327 Juli 15. Avignon.*

Iohannes XXII Baldowino archiepiscopo Trever. nunciat, quod sibi retulit Henricus de Iuliaco viva voce multa de eius devotione erga sedem apostolicam, eundemque hortatur, quatinus processus pridem contra Ludovicum de Bavaria habitos clero et populo, presertim decanis singulis christianitatum, ecclesiarum parrochialium ac vasallis suis et ecclesie Treverensis in suis civitate diocesi et provincia solenniter in vulgari publicari faciat, adversus transgressores dictorum processuum, si qui forsitan fuerint, processurus.

Licet sincera tue ... Dat. Avin. idus iulii a. undecimo.

Reg. 114 f. 52' nr. 920.

1229. *1327 Juli 15. Avignon.*

Iohannes XXII Gerardo comiti Iuliacensi ac Wilhelmo et Gofrido eius natis scribit se ab Henrico de Iuliaco esse factum certiorem de eorum devotione erga sedem apostolicam eosque exhortatur, quatinus in eadem devotione persistant.

Sincere fidei et devotionis ... Dat. ut supra [= Avin. idus iulii a. undecimo].

Reg. 114 f. 53 nr. 921.

1230. *1327 Juli 15. Avignon.*

Iohann XXII Adolfo comiti de Monte scribit se ab Henrico de Iuliaco decano Halberstadensi esse factum certiorem de eius devotione erga sedem apostolicam eumque hortatur, ut in eadem devotione perseveret. Addit: „Ceterum quod ... archiepiscopo Coloniensi, ut ex litteris dicti archiepiscopi et assertione dicti decani nobis innotuit, reconciliatus existis, gratum nobis existit admodum et acceptum."

Sincere fidei et devotionis . . . Dat. ut supra [= Avin. idus iulii a. undecimo].

Item in e. m. Engilberto comiti de Marcha omissa clausula ultima: Ceterum etc.

Item in e. m. Roperto comiti de Winenburch.

Item in e. m. Wilhelmo comiti de Arnsberch, omissa dicta ultima clausula.

Item in e. m. Henrico comiti de Walteege, omissa dicta clausula.

Item in e. m. Gerlaco comiti de Nassawe, omissa dicta clausula, loco cuius ponitur: „Ceterum, fili, cum propositum conceperis, ut prefatus decanus nobis asseruit, nos et sedem visitaudi predictam, scire te volumus, quod tuus adventus existet admodum nobis gratus. Dat. ut supra.

Reg. 114 f. 53 nr. 922.

1231. *1327 Juli 21. Avignon.*

Iohannes XXII consulibus scabinis et universitati Coloniensi scribit eos laudando, quod processus contra Ludovicum de Bavaria, qui se ad partes Lombardie conferre presumpsit, habitos, libenter audiverunt ac in eorum publicatione sollenni eis astiterunt et eos tenaciter observant, sicut fama testatur celebris et nichilominus relatio Henrici de Iuliaco prepositi B. Marie ad gradus sibi patefecit. Eosdem hortatur, quatinus in eadem devotione persistant.

Coloniensis insignis curtes . . . Dat. Avin. XII kl. augusti a. undecimo.

Reg. 114 f. 53ʳ nr. 926.

1232. *1327 Juli 21. Avignon.*

Iohannes XXII Iohanni de Nassawe preposito ecclesie Confluentine capellano suo nunciat, se relatione Henrici de Iuliaco esse factum certiorem de eius magno devotionis fervore; eundem hortatur, ut in eodem persistat.

Grata dilecti filii . . . Dat. ut supra [= Avin. XII kl. augusti a. undecimo].

Reg. 114 f. 54 nr. 927; Rz. 881.

1233. *1327 Juli 21. Avignon.*

Iohannes XXII eidem [Iohanni de Nassawe preposito ecclesie Confluentine capellano nostro].

Ecce quod dilectus filius Henricus de Iuliaco . . . aliqua tibi super facto . . episcopi Spirensis et Wilrici[1] ac illius, qui gerit se pro cancellario . . . Bavari explicabit, super quibus eidem preposito fidem adhibeas et opere complere non differas, que circa hoc cognoveris oportuna. Dat. ut supra [= Avin. XII kl. augusti a. undecimo].

Reg. 114 f. 70' nr. 1037; Rz. 882.

***1234**. *1327 Juli 23. Avignon.*

Iohannes XXII ducibus principibus marchionibus comitibus vicecomitibus baronibus ceterisque nobilibus tam vassallis ecclesie Coloniensis quam aliis necnon consulibus scabinis rectoribus ac communitatibus et universitatibus civitatum castrorum opidorum et aliorum quorumcumque locorum in civitate diocesi ac provincia Coloniensi consistentibus nunciat, quod Ludovicus olim dux Bavarie . . . in castro de Kûve (!) Treverensis diocesis novas et graves pedagiorum exactiones universis . . . transeuntibus in mercimoniis et rebus suis temere duxerat . . . imponendas, propter que anathematis sententiam . . . noscitur incurrisse, quod idem noviter „quandam turrem fortissimam in insula Reni prope dictum castrum construere, ut dampnatas impositiones et exactiones predictas durius et crudelius exigendo continuare, illasque defendere fortius valeat, iam incepit." Ipsos hortatur, ut archiepiscopo Coloniensi assistant ad amotionem dictorum pedagiorum et demolitionem edificii dicte turris.

Ad audientiam nostram . . . Dat. Avin. X kl. augusti a. undecimo.

Reg. 114 ps. II f. 44' nr. 860.

In e. m. mutatis mutandis ducibus . . . in civitate diocesi ac provincia Maguntina consistentibus, ducibus . . . in civitate diocesi ac provincia Treverensi consistentibus necnon ipsis archiepiscopis Maguntino, Coloniensi et Treverensi, episcopis aliisque prelatis in provinciis his consistentibus, Iohanni de Nassawe preposito ecclesie Confluentine Maguntine dioc. (!) capellano papali.

---

1) de ordine fratrum heremitarum S. Augustini eorundem fratrum Maguntin. lectoris. *cf. ibid. f. 54' nr. 931.*

Reg. 114 ps. II f. 44—45 c. 859, 861, 862, 863, 864, 865. — Or. membr. del plumbo. In plica ad dextr.: de curia A. Dracon. *In dorso: Treveren. Koblenz. Arch. reg. Erzstift Trier. A. Erzb. Staats-Archiv. B. B. 160. — Günther, Cod. dipl. IIIa. nr. 143.*

1235. *1327 Juli 27. Avignon.*

Iohannes XXII Venemaro de Aldendorpe confert eccl. Susaciensis canonicatum, prebendam vero eidem reservat, non obstante quod in eccl. Monasteriensi canonicatum et prebendam obtinet.

Laudabile testimonium quod . . . Dat. Avin. VI kl. augusti a. undecimo.

In e. m. preposito Kerpensis Colon. dioc. et thesaurario S. Georgii Colon. ac magistro Iacobo de Mutina scolastico Tullensis capellano nostro ecclesiarum.

Reg. 84 f. 428 nr. 3100.

1236. *1327 Juli 29. Avignon.*

Iohannes XXII decernit, quod ad solvendum subsidium Henrico archiepiscopo Coloniensi pro relevatione debitorum a papa concessum tenentur etiam monasteria Cisterciensium et domus ordinis Theotonicorum in diocesi et provincia Coloniensi.

[Iohannes XXII] Henrico archiepiscopo Coloniensi.

Sincere devocionis affectus . . . Sane dudum pro parte tua nobis exposito, quod propter multiplices guerras, quas predecessores tui . . et maxime bone memorie Wicboldus archiepiscopus Coloniensis immediatus predecessor tuus ex certis rationabilibus causis contra certos nobiles movisse et habuisse noscebantur, ac etiam propter guerras, quas tu movisse ex causis similibus et ab aliis tibi motas sustinuisse dinoscebaris, magnam diminutionem munitionum ecclesie tue et dampna gravia subieras, propter quod dicta ecclesia tua gravibus pregravabatur oneribus debitorum, quodque tu attendens, quod quidam comitatus[1] civitati et aliis terris tue ecclesie convicinus iam dudum exponebatur venditioni et quod dicta ecclesia irreparabiliter depressa existeret, si dictus comitatus ad manus alienas forsitan deveniret, dictum comitatum pro quibusdam magnis pecuniarum quantitatibus perpetuo comparaveras pro ecclesia memorata, pro quibus pecuniarum

1) scil. Hilkerode (Hülcherath).

summis fuerant et erant nonnulle munitiones et terre eiusdem ecclesie venditoribus dicti comitatus et aliis creditoribus obligate, ac pro te nobis humiliter supplicato, ut providere tibi . . . dignaremur, nos pro relevatione debitorum eorundem et redemptione munitionum ac terrarum predictarum . . . petendi exigendi et recipiendi ab omnibus et singulis ecclesiis ac monasteriis . . . civitatis et diocesis et provincie Coloniensis ea vice moderatum subsidium in pecunia numerata . . . fraternitati tue plenam concessimus . . . facultatem . . . Verum sicut pro parte tua nuper nobis exhibita peticio continebat, . . abbates et conventus monasteriorum Cisterciensium ac magistri preceptores et fratres B. Marie Theotonicorum ordinum diocesis ac provincie predictarum nolunt aliquid tibi contribuere pro subsidio memorato. . . . Nos igitur . . . decernimus, quod prefate tibi . . . concesse littere . . . ad monasteria prioratus domos preceptorias et loca dictorum B. Marie Theotonicorum et Cisterciensium ordinum . . . perinde a data presentium se extendant . . . Dat. Avin. IIII kl. augusti a. undecimo.

Reg. 84 f. 315' nr. 2334; Rs. 884.

1237. *1327 Juli 27. Avignon.*

Iohannes XXII archiepiscopo Coloniensi mandat, quatinus cum Iohanne de Werdina, qui, sicut asseritur, per multos annos studuit Parisius in iure canonico, super defectu natalium, quem patitur de prebitero genitus et soluta, dispenset, ita ut ad omnes ordines promoveri et beneficium ecclesiasticum, etiamsi curam habeat animarum, obtinere possit.

Ex parte dilecti . . . Dat. Avin. VI kl. augusti a. undecimo.

Reg. 84 f. 347 nr. 2901.

1238. *1327 August 2. Avignon.*

Iohannes XXII petente Godescalco de Kirberg scolastico ecclesie Bunnensis mandat archiepiscopo Coloniensi, quatinus inquirat et dicernat, an etiam scolastico dicte ecclesie competat ius eligendi administratores pensionarios et rectores curtium eiusdem ecclesie.

[Iohannes XXII] archiepiscopo Coloniensi.

Petitio dilecti filii Godescalci de Kirberg scolastici ecclesie Bunnensis tue diocesis nobis exhibita continebat, quod cum . . prepositus et decanus ac quatuor canonici ecclesie supradicte antiquiores in suarum adeptione prebendarum eligere et constituere consuerint administratores pensionarios et rectores curtium decimarum et officiorum eiusdem ecclesie, eodem scolastico a premissis excluso, idemque scolasticus ratione scolastrie sue . . . habeat alias post eosdem prepositum et decanum vocem et locum in capitulo ipsius ecclesie potiorem ac propter scolastriam eandem multa onera ipsum oporteat substinere sitque decens et rationi consonum, ut quis ex onere consequatur honorem, nobis idem scolasticus, ut ipse et successores eius in scolastria predicta post dictos prepositum et decanum ratione ipsius scolastrie more aliarum ecclesiarum prefate ecclesie vicinarum prerogativam habeant potiorem, humiliter supplicavit, quod sibi et eisdem successoribus . . . providere super hiis . . . dignaremur. Nos itaque de premissis noticiam non habentes . . . fraternitati tue . . . mandamus, quatinus vocatis dicto preposito decano et canonicis, si tibi constiterit ita esse, nisi per dictos prepositum et decanum ac canonicos aliud super hiis, quod obsistat, rationabile opponatur, eisdem scolastico et successoribus eligendi instituendi et creandi communiter et divisim una cum eisdem preposito decano et canonicis huiusmodi administratores pensionarios et rectores concedas . . facultatem, eosdem scolasticum et successores . . . decernendo post prefatos prepositum et decanum in premissis existere potiores . . . Dat. Avin. IIII nonas augusti a. undecimo.

Reg. 84 f. 187' nr. 2494; Rz. 791.

1239. *1327 August 4. Avignon.*

Iohannes XXII Margarete nate Margarete comitisse de Marcha relicte quondam Gerardi comitis de Katzenelribegen indulget, ut eidem liceat aliquem ydoneum sacerdotem in suum eligere confessorem, qui confessione eius audita possit auctoritate apostolica, quociens oportunum fuerit, dummodo talia non fuerint, super quibus foret sedes apostolica merito consulenda, et semel dumtaxat in casibus eidem sedi reservatis absolutionis beneficium impertiri.

Tue devocioni sinceritas . . . Dat. Avin. II nonas augusti a. undecimo.

Reg. 84 f. 198' nr. 2523; Rz 892.

1240. *1327 August 4. Avignon.*

Iohannes XXII Margarete comitisse de Marcha relicte quondam Gerardi comitis de Katzenelnbegen indulget, ut eius confessor ydoneus quem ipsa duxerit eligendum, omnium peccatorum plenam remissionem semel tantum in mortis articulo concedere valeat.

Provenit ex tue devotionis ... Dat. Avin. II nonas augusti a. undecimo.

Reg. 84 f. 199 nr. 2524; Rz. 892 n. 1.

1241. *1327 August 4. Avignon.*

Iohannes XXII Margarete comitisse de Marcha relicte quondam Gerardi comitis de Katzenelribegen indulget, ut ei liceat aliquem ydoneum sacerdotem in suum eligere confessorem, qui confessione audita „auctoritate nostra quociens oportunum fuerit, dummodo talia non sint, super quibus foret sedes apostolica consulenda, et semel dumtaxat in casibus sedi apostolice reservatis" absolutionis beneficium impertiri.

Tue devotionis sinceritas ... Dat. Avin. II nonas augusti a. undecimo.

Reg. 84 f. 200 nr. 2528; Rz. 892 n. 1.

1242. *1327 August 4. Avignon.*

Iohannes XXII Margarete nate Margarete comitisse de Marcha relicte quondam Gerardi comitis de Katzenelribegen indulget, ut eius confessor ydoneus, quem ad hoc duxerit eligendum, omnium peccatorum plenam remissionem semel tantum in mortis articulo concedere valeat, sic tamen quod idem confessor de hiis, de quibus fuerat alteri satisfactio impendenda, eam per ipsam, si supervixerit ipsa, vel per eiusdem heredes, si ipsa tunc forte transierit, faciendam iniungat.

Provenit ex tue devocionis ... Dat. Avin. II nonas augusti a. undecimo.

Reg. 84 f. 200 nr. 2529; Rz. 892 n. 1.

1243. *1327 August 5. Avignon.*

Iohannes XXII Ottonem Lantgravium de Hassia hortatur, quatinus pacem vel treugas faciat cum Mathia archiepiscopo Maguntino, ad quem similes se destinare litteras profitetur. Ad has res agendas mittit ad Ottonem Rutgerum de Aldendorp scolasticum eccl. S. Gereonis Colon.

Perduxit nuper ad nostri ... Dat. Avin. nonas augusti a. undecimo.

Reg. 114 ps. II f. 58 nr. 925.

1244. *1327 August 5. Avignon.*

[Iohannes XXII] Henrico de Iuliaco canonico ecclesie Bunnensis Coloniensis diocesis.

Sincere devotionis affectus ... Sane dudum ... canonicatum ecclesie Bunnensis ... tibi contulimus ac prebendam reservandam duximus ... ac postmodum de prepositura ecclesie S. Marie ad gradus Coloniensis tunc, ut dicebatur, vacante ... mandavimus provideri ... Verum quia, sicut tua nobis oblata petitio continebat, in prefata ecclesia Bunnensi ex statuto seu consuetudine dicitur esse cautum, quod nullus canonicus ipsius ecclesie Bunnensis dignitatem in aliqua aliarum ecclesiarum civitatis vel diocesis Coloniensis obtinens fructus prebende sue ecclesie Bunnensis predicte percipere debeat vel habere, nos ... tibi, ut, postquam de prepositura predicta tibi provisum fuerit et eam pacifice obtinueris, fructus ... prebende, quam in eadem Bunnensi ecclesia .. expectas, percipere valeas, cum eam fueris assecutus, premissis statuto et consuetudine nequaquam obstantibus ... indulgemus ... Dat. Avin. nonas augusti a. undecimo.

Reg. 84 f. 359 nr. 2929.

1245. *1327 August 5. Avignon.*

Iohannes XXII tribus executoribus mandat, quatinus Henrico de Iuliaco conferant preposituram ecclesie S. Marie ad gradus Coloniensis a Roperto de Virneburg iniuste retentam.

[Iohannes XXII] Bunnensis Colon. dioc. et S. Severini Colon. prepositis ac thesaurario eiusdem Bunnensis ecclesiarum.

Merita probitatis .. Henrici de Iuliaco canonici ecclesie S. Marie ad gradus Coloniensis ... Cum itaque, sicut accepimus, prepositura eiusdem ecclesie ex eo vacare noscatur ad presens, quod .. Ropertus de Vernemburch canonicus Treverensis, dum esset in minori etate constitutus, prefatam preposituram tunc vacantem fuit adeptus ipsamque ex tunc tenuit et adhuc tenet de facto dispensatione ... non obtenta, licet dudum ... canonicatum ecclesie Treverensis eidem Roperto contulerimus ac prebendam et dignitatem personatum vel officium ... in eadem ecclesia ... reservantes voluerimus, quod idem Ropertus preposituram omnino dimitteret ... nos ... discretioni vestre ... mandamus, quatinus ... eandem preposituram prefato Henrico ... conferre et assignare curetis ... non obstantibus ... quod idem Henricus in eadem S. Marie canonicatum et prebendam et in Monasteriensi ecclesiis quoddam beneficium ecclesiasticum Bilrebeke ibidem vulgariter nuncupatum obtinet, pro quo officio diu in Romana curia, ut asseritur, litigavit, et sibi de Werdensi Coloniensis diocesis nuper et Halberstadensi canonicatibus et prebendis ac eiusdem Halberstadensis ecclesiarum decanatu per diversas nostras . . litteras duximus providendum . . . de quibus quidem canonicatibus et prebendis ac decanatu dictarum Werdensis et Halberstadensis ecclesiarum idem Henricus nondum aliquid, ut dicitur, percepit nec ipsorum corporalem est possessionem adeptus et in predicta Monasteriensi ac Bunnensi . . . sub expectatione prebendarum auctoritate apostolica in canonicum est receptus, super qua prebenda eiusdem ecclesie Monasteriensis in dicta curia noscitur litigare. Volumus autem, quod idem Henricus, postquam prefatam preposituram fuerit pacifice assecutus, iuri, quod in dicto decanatu ex provisione nostra prefata sibi competit, renunciet seu illum, si tunc eum fuerit pacifice assecutus necnon si preposituram ipsam, priusquam dictum decanatum pacifice assequatur, prefatum officium . . . omnino dimittat . . . Dat. Avin. nonas augusti a. undecimo.

Reg. 85 f. 324 nr. 2852.

1246. *1327 August 5. Avignon.*

Iohannes XXII tribus executoribus mandat, quatinus Henrico de Iuliaco commendent officium in Bilrebeke una cum decanatu ecclesie Halberstadensis vel una cum prepositura ecclesie S. Marie ad gradus Coloniensis possidendum.

[Iohannes XXII] Bunnensis Colon. dioc. et S. Severini prepositis ac thesaurario S. Georgii Colon. eccl.

Exigunt merita probitatis . . Henrici de Iuliaco decani ecclesie Halberstadensis . . . Sane dudum . . . canonicatum et prebendam ac decanatum ecclesie Halberstadensis vacantes sibi . . . contulimus . . . non obstante inter cetera, quod de officio in Bilrebeke ecclesie Monasteriensis litigaret, ac voluimus, quod dicti Henrici[a], postquam huiusmodi decanatum fuisset pacifice assecutus, ius . . . in officio prelibato viribus vacuaretur eo ipso . . . Ac postmodum de prepositura ecclesie S. Marie ad gradus Coloniensis . . . eidem Henrico . . . mandavimus provideri, non obstante inter cetera, quod idem Henricus dictam

a) dictus Henricus *in reg.*

officium in Bilrebeke . . . obtineret et de predictis canonicatu et prebenda ac decanatu ecclesie Halberstadensis . . . providissemus . . . eidem, quorum . . . possessionem corporalem, nondum fuerat, ut dicebatur, adeptus nec aliquid perceperat ex eisdem. Ac voluimus, quod dictus Henricus, postquam prefatam preposituram fuisset pacifice assecutus, iuri, quod in dicto decanatu . . . sibi competebat, renunciaret seu illum, si tunc ipsum fuisset pacifice assecutus necnon si preposituram predictam, priusquam decanatum ipsum pacifice assequeretur, prefatum officium . . . dimittere teneretur . . . Verum cum, sicut eiusdem Henrici nobis oblata petitio continebat, ipse officium postmodum evicerit ac illud possideat . . . et nondum dictorum decanatus et prepositure fuerit pacificam possessionem adeptus dictumque officium per decanatus vel prepositure . . . adhipiscendam possessionem in proximo vacare speretur nullusque de officio ipso . . . preter nos ea vice disponere possit, pro eo quod nos dudum omnes dignitates personatus officia ceteraque beneficia ecclesiastica quorumcumque per assecutionem aliorum dignitatum personatum officiorum et aliorum beneficiorum ecclesiasticorum per nos seu auctoritate nostra eis collatorum et conferendorum . . . dispositioni nostre specialiter reservantes decrevimus ex tunc irritum et inane, si secus super hiis per quoscumque . . . contigerit attemptari, nos . . . discretioni vestre . . . mandamus, quatinus . . . prefatum officium, etiam si curam habeat animarum, cum illud . . . vacare contigerit, . . . eidem Henrico auctoritate nostra commendetis ab eodem Henrico, quoad vixerit, una cum decanatu . . . vel una cum prepositura . . . possidendum . . . non obstantibus . . . quod idem Henricus in dicta ecclesia S. Marie canonicatum et prebendam obtinet et sibi de Werdensi Coloniensis diocesis . . . duximus providendum aut quod in Monasteriensi predicta ac Bunnensi . . . ecclesiis sub expectatione prebendarum . . in canonicum est receptus, super qua prebenda ecclesie Monasteriensis in dicta curia noscitur litigare, proviso quod decanatus seu prepositura et officium huiusmodi ac alia beneficia supradicta debitis interim non fraudentur obsequis et animarum cura, si qua dicto officio imminet, in eo nullatenus negligatur . . . Dat. Avin. nonas augusti a. undecimo.

Reg. 84 f. 368v nr. 2946.

1247. *1327 August 5. Avignon.*

Iohannes XXII Gernodo dicto Gruwel confert eccl. Monasterii in Meinveld Trever. dioc. canonicatum, prebendam vero eidem reservat, non obstante quod capellaniam, cui cura non imminet animarum, in Dribur Magunt. dioc. obtinet.

Exigunt tue merita ... Dat. Avin. nonas augusti a. undecimo.

In e. m. decano, scolastico ac thesaurario eccl. S. Castoris in Confluentia Trever. dioc.

Reg. 84 f. 340' nr. 2886.

1248 *1327 August 8. Avignon.*

Iohannes XXII patriarchis, archiepiscopis, episcopis etc. necnon ducibus principibus etc., ad quos presentes littere provenerint, commendat Henricum de Iuliaco prepositum B. Marie ad gradus Col. de curia Romana recedentem ad partes Alamanie pro certis negotiis apostolice sedis et Romane ecclesie, que ei imponenda papa duxit, prosequendis et ad eandem sedem breviter reversurum.

Cum dilectus filius ... Dat. Avin. VI idus augusti a. undecimo.

Reg. 114 ps. II f. 79 nr. 1084; Rz. 896.

1249. *1327 August 9. Avignon.*

· Iohannes XXII archiepiscopo Coloniensi.

Habet fama publica et facti evidentia manifestat, quod Winandus dictus Hircus tuus et ecclesie Coloniensis vassallus, qui dudum ecclesie Romane ac ipsius fidelium obsequiis per aliqua tempora institit in partibus Lombardie, nuper ... cum pecunia eiusdem ecclesie, quam pro stipendiis suis receperat et pro qua eidem tenebatur servire ecclesie, ad Ludovicum olim Bavarie ducem excommunicatum ... se latenter transtulit ... Fraternitatem tuam monemus ... quatinus eundem Winandum excommunicatum ... facias publice nunciari ... Dat. Avin. V idus augusti a. undecimo.

Reg 114 ps. II f. 46' nr. 870.

1250. *1327 August 10. Avignon.*

Iohannes XXII Ottoni electo Magdeburgensi nunciat, quod ei mittit palleum per Henricum de Iuliaco decanum ecclesie Alberstadensis nuncium et procuratorem eiusdem.

Cum palleum insigne ... Dat. Avin. VI idus augusti a. undecimo.

Reg. 114 ps. II f. 45 nr. 866.

1251. *1327 August 12. Avignon.*

Iohannes XXII Iacobo de Heldinga consideracione Iohannis

regis Boemie pro eo clerico et servitore suo supplicantis confert eccl. S. Paulini extra muros Trever. canonicatum, prebendam vero eidem reservat, non obstante quod parrochialem ecclesiam de Vanno Trever. dioc. obtinet.

Laudabile testimonium quod ... Dat. Avin. II idus augusti a. undecimo.

In e. m. episcopo Pragensi et B. Marie Lutemburgensis ac S. Willebrordi Epternacensis monasteriorum abbatibus Trever. dioc.

Reg. 84 f. 198' nr. 2522.

1252. *1327 August 31. Avignon.*

[Iohannes XXII] Iohanni regi Boemie.

Dilectos filios Boemundum archidiaconum Treverensem ac Heliam de Monasterio in Meyneveld canonicum ecclesie S. Symeonis Treverensis necnon viros nobiles Symeonem Philippi de Regalibus ac Symeonem de Marchevilla dominum de Perroya regios ac ... Bald*ewini* archiepiscopi Treverensis tui patrui nuncios ac litteras, per quas eisdem peciistis fidem adhiberi credulam, per ipsos nobis oblatas benignitate recepimus consueta ... et que sub commissa sibi credentia curaverunt exponere, intelleximus diligenter. Super quibus cum nonnullis ex nostris fratribus ... cardinalibus deliberato ac cum prefatis nunciis habita collatione frequenter, ad presens per ipsos nuncios non providimus aliud respondendum, sed in hoc resedit nostra et fratrum ipsorum deliberatio, quod, cum negotia per ipsos exposita ponderosa existant notabiliter et ardua, certos nostros ad eas partes nuncios destinemus, cum quibus deliberatione matura et provida, que ad laudem et honorem divine maiestatis et complacentiam regiam cedere debeant, super hiis valeant ordinari.

In e. m. dicto archiepiscopo, detracto nomine dicti Symonis de Marchevilla, qui in littera archiepiscopi pro nuncio non erat scriptus. Dat. Avin. II kl. septembris a. undecimo.

Reg. 114 f. 55' nr. 937.

1253. *1327 August 31. Avignon.*

Iohannes XXII Gerardo de Andernaco confert eccl. S. Paulini Trever. canonicatum, prebendam vero ac dignitatem vel personatum seu officium cum cura vel sine cura, dummodo non sit principalis dignitas, in ecclesia predicta eidem reservat, non obstante quod in S. Severini Colon. et in S. Florini in Confluentia et S. Goaris ecclesiis canonicatus et prebendas et parrochialem ecclesiam in Andernaco Trever. dioc. obtinet. Tamen huiusmodi dignitatem vel personatum seu officium, si illud curatum fuerit, assecutus, dimittere teneatur parrochialem ecclesiam.

Litterarum scientia, morum decor . . . Dat. Avin. II kl. septembris a. undecimo.

In e. m. decano S. Symeonis et archidiacono maioris Trever. ac Ambrosio de Mediolano canonico Mediolanensis ecclesiarum.

Reg. 84 f. 326' nr. 2856.

1254. *1327 September 3. Avignon.*

Iohannes XXII Henrico de Berka confert eccl. S. Kuniberti Colon. canonicatum, prebendam vero eidem reservat.

Probitatis tue merita . . . Dat. Avin. III nonas septembris a. undecimo.

In e. m. Iacobo de Mutina Tullensis et SS. Apostolorum ac S. Georgii Colon. scolasticis ecclesiarum.

Reg. 92 f. 122 nr. 3143.

1255. *1327 September 6. Avignon.*

Iohannes XXII Raynardo nato Henrici de Hugilhoven militis, cui dudum canonicatum eccl. Bunnensis Colon. dioc. contulit et in eadem reservavit prebendam ac dignitatem vel personatum seu officium sine cura aut prestimonium consuetam vel consuetum canonicis dicte ecclesie conferri, quia defectum patitur in etate constitutus in decimo etatis anno vel circiter constitutus, de quo defectu in litteris collationis nulla mentio facta fuit, ne eidem predicta gratia quoad dignitatem vel personatum seu officium infructuosa existat, decernit, quod, postquam ad etatem viginti annorum pervenerit, dignitatem vel personatum seu officium extunc vigore dictarum litterarum valeat acceptare.

Laudabilia tue iuventutis . . . Dat. Avin. VIII idus septembris a. duodecimo.

Reg. 86 f. 225 nr. 1586.

1256. *1327 September 6. Avignon.*

Iohannes XXII Raynardo nato Henrici de Hugilhoven militis confert eccl. B. Marie Aquensis Leod. dioc. canonicatum, prebendam vero eidem reservat, non obstante quod in eccl. Bunnensi Colon. dioc. canonicatum sub expectatione prebende et dignitatis seu personatus aut officii vel prestimonii obtinet.

Meritis tue probitatis . . . Dat. Avin. VIII idus septembris a. duodecimo.

In e. m. decano et thesaurario eccl. Monasterii Eyflie Colon. dioc. ac Ambrosio de La-Mairola canonico Mediolanensis ecclesiarum.

Reg. 86 f. 53' nr. 137.

1257. *1327 September 12. Avignon.*

[Iohannes XXII] nobili viro Adulpho nobilis viri Engilberti comitis de Marka primogenito.

Nobilitatis tue litteras excusationem tuam super hiis, que [nobis?] contra te de adhesione illius viri reprobi [et?] nephandi Ludovici olim ducis Bavarie [relata?] fuerant, continentes benigne recepimus [et ea]rum intelleximus seriem diligenter. Sane, fili . . . delectam[ur] de contrario . . . tuam nobilitatem habentes plenarie super hoc excusatam, sane tibi nichilominus consilio suadendo, quatinus in eiusdem ecclesie devotione sincera perseveranter et inconcusse studeas permanere, ipsius hostes et adversarios velut proprios abhorrendo. Ex hoc enim nostram et eiusdem ecclesie uberiorem tibi gratiam vendicabis. Dat. Avin. II idus septembris a. duodecimo.

Reg. 114 ps. II f. 176' (in margine mutilum) nr. 1715; Rz. 905.

1258. *1327 September 13. Avignon.*

Iohannes XXII archiepiscopo Coloniensi committit et mandat, quatinus a Iohanne de Nassawe canonico et archidiacono ecclesie Herbipolensis resignare volente recipiat huiusmodi resignationem eaque recepta subroget in possessione canonicatus et archidiaconatus Iohannem natum Gerlaci comitis de Nassawe clericum Treverensis dioc.

Nobilitas generis, morum decor. . . . Dat. Avin idus septembris a. duodecimo.

Reg. 85 f. 177 nr. 491; Rz. 909.

1259. *1327 September 13. Avignon.*

Iohannes XXII omnibus vere penitentibus et confessis, qui ad altare B. Michaelis archangeli in ecclesia in Sygen Magunt. dioc. ab Henrico comite eiusque uxore Alheyde comitissa de Nassawe constructo devote accesserint in festo apparitionis eiusdem B. Michaelis ac dedicationis ipsius altaris, annuatim centum dies de iniunctis eis penitenciis relaxat.

Vite perennis gloria . . . Dat. Avin. idus scmptembris a. duodecimo.

Reg. 85 f. 185 nr. 511.

1260. *1327 September 13. Avignon.*

Iohannes XXII nobili viro Adolpho nato nobilis viri Gerlaci comitis de Nassawe Treverensis diocesis.

Licet copula coniugalis . . . Sane oblata nobis pro parte tua petitio continebat, quod tu cum una ex filiabus . . nobilis viri burgravii de Nurenberg Bambergensis diocesis desideras matrimonialiter copulari, verum quia quarto estis consanguinitatis gradu coniuncti, matrimonium insimul nequitis contrahere dispensatione super hoc apostolica non obtenta . . . . Nos igitur . . . quod tu, impedimento, quod ex dicta consanguinitate provenit, aliquatenus non obstante, cum una ex filiabus dicti burgravii dictaque filia tecum matrimonium libere contrahere valeatis, . . . dispensamus, prolem suscipiendam ex huiusmodi matrimonio legitimam nunciantes . . . Dat. Avin. idus septembris a. duodecimo.

Reg. 85 f. 193' nr. 543.

1261. *1327 September 13. Avignon.*

Iohannes XXII consulibus, scabinis et universitati civ*itatis Coloniensis* (?) destinat litteras, quibus eos hortatur, quatinus assistant archiepiscopo Coloniensi super amotione pedagii in castro Lůve[a] Treverensis dioc. a Ludovico Bavaro impositi et destructione turris, quam idem in insula Reni prope dictum castrum construere, ut dictum pedagium durius et crudelius posset exigere, iam incepit.

Ad obviandum perversis . . . Dat. ut supra (= Avin. idus septembris a. duodecimo).

In e. m. Maguntin*is* . . .

a) *corr.:* Cůve *(Caub).*

In e. m. Treverensibus . . .

Reg. 114 ps. II f. 177 nr. 1722; Rz. 908.

Idem eadem die Roperto comiti de Wernenburg destinat similes litteras, quibus eum certiorem facit se destinasse de eadem re litteras Coloniensi, Maguntino et Treverensi archiepiscopis et aliis prelatis, nobilibus et communitatibus.

Cum super amotione . . . Dat. ut supra.

Ibidem f. 177' nr. 1723; Rz. 908 n. 1.

1262. *1327 September 13. Avignon.*

Iohannes XXII tribus executoribus mandat, quatinus Henrico Gilberti conferant ecclesiam parrochialem in Kecche Trever. dioc.

[Iohannes XXII] Wetslariensi et Weilburgensi Trever. dioc. decanis ac scolastico eiusdem Wetslariensis ecclesie.

Probitatis merita, super quibus dilectus filius Henricus Gilberti Schonhals militis clericus Coloniensis diocesis apud nos fide dignorum testimonio commendatur, nos excitant et inducunt, ut sibi reddamur ad gratiam liberales. Sane petitio pro parte dicti Henrici nobis exhibita continebat, quod . . nobilis vir Salentinus dominus de Isinburg Treverensis diocesis parrochialem ecclesiam in Kecche predicte Treverensis diocesis ad ipsum iure patronatus spectantem . . Sifrido nato suo tunc infra septennium constituto ac clericali caractere minime insignito de facto contulit, idemque Sifridus ecclesiam ipsam per quinque annos vel circa tenuit et fructus ex ea percepit, ad sacros ordines non promotus, dispensatione aliqua super hoc legitime non obtenta, et quod propter hoc ecclesia ipsa tanto tempore vacavit, quod ipsius collatio est ad sedem apostolicam iuxta Lateranensis statuta concilii legitime devoluta. Nos igitur . . . discretioni vestre . . . mandamus, quatinus . . . si est ita et tempore date presentium non sit in eadem ecclesia alicui alteri speciale ius quesitum, prefatam parrochialem ecclesiam eidem Henrico vel procuratori suo . . . conferre et assignare curetis, inducentes eum vel dictum procuratorem pro ipso in corporalem possessionem . . . Dat. Avin. idus septembris a. duodecimo.

Reg. 85 f. 8' nr. 10.

1263. *1327 September 13. Avignon.*

Iohannes XXII Hermanno quondam Hermanni de Medebecke confert ecclesie Susatensis Colon. dioc., in qua sunt quedam maiores et quedam minores seu pueriles prebende, canonicatum, prebendam vero unam de maioribus eidem reservat.

Illi sunt favoris ... Dat. Avin. idus septembris a. duodecimo.

In e. m. S. Andree et S. Georgii Colon. decanis ac scolastico Tullensis ecclesiarum.

Reg. 85 f. 133 nr. 364.

1264. *1327 September 13. Avignon.*

Iohannes XXII Iacobo de Monasterio Meynevelt confert eccl. S. Castoris in Confluentia Trever. dioc. canonicatum, prebendam vero eidem reservat.

Suffragantia tibi merita ... Dat. Avin. idus septembris a. duodecimo.

In e. m. S. Florini Confluent. Trever. dioc. et S. Marie ad gradus Colon. prepositis ac Iohanni de Lescapon archidiacono Nannetensis ecclesiarum.

Reg. 85 f. 176 nr. 489.

1265. *1327 September 13. Avignon.*

Iohannes XXII Iacobo nato Heydenrici de Heygere militis confert eccl. S. Bartholomei Frankenfordensis Magunt. dioc. canonicatum, prebendam vero eidem reservat.

Illis libenter apostolice ... Dat. Avin. idus septembris a. duodecimo.

In e. m. preposito S. Marie ad gradus Colon. et scolastico S. Stephani Magunt. ac magistro Guillermo de Sancto Victore canonico Panormitane ecclesiarum.

Reg. 85 f. 176' nr. 490.

1266. *1327 September 13. Avignon.*

Iohannes XXII abbati monasterii Tuitiensis Colon. dioc. et S. Severini Colon. ac B. Marie ad gradus Colon. prepositis mandat, quatinus Drudam natam quondam Gotfridi de Lisenkirchen Colon. dioc. puellam litteratam cupientem in monasterio S. Gertrudis Colon. ord. S. Benedicti sub regulari habitu virtutum domino famulari, si sit ydonea et aliud canonicum non obsistat, recipi faciant in dicto monasterio in monacham.

Prudentum virginum votis . . . Dat. Avin. idus septembris a. duodecimo.

Textum percurrit linea transversa; in margine addita est notitia: Cassata est de mandato can[*cellarii*].

Reg. 85 f. 186 nr. 515.

1267. *1327 September 13. Avignon.*

Iohannes XXII S. Severini et S. Marie ad gradus Colon. prepositis ac scolastico S. Gereonis Colon. eccl. mandat, quatinus Drudam natam Gobelini de Valender Colon. dioc. puellam litteratam cupientem in monasterio de Rolanswerde ord. S. Benedicti dicte dioc. sub regulari habitu virtutum domino famulari, si sit ydonea et aliud canonicum non obsistat, faciant recipi in dicto monasterio in monacham.

Prudentum virginum votis . . . Dat. Avin. idus septembris a. duodecimo.

Reg. 85 f. 191' nr. 536.

1268. *1327 September 13. Avignon.*

Iohannes XXII Wernhero dicto Fuost confert eccl. Wesaliensis Trever. dioc. canonicatum, prebendam vero eidem reservat.

Probitatis tue meritis . . . Dat. Avin. idus septembris a. duodecimo.

In e. m. Cardonensis Trever. dioc. et S. Stephani de Tescone Montisalbanensis decanis ac archidiacono Treverensis ecclesiarum.

Reg. 85 f. 196' nr. 552.

1269. *1327 September 13. Avignon.*

Iohannes XXII Henrico de Dollindorp canonico eccl. S. Florini in Confluentia Trever. dioc. reservat dignitatem vel personatum seu officium cum cura vel sine cura in eadem eccl. ad presens vacans vel proxime vacaturum, non obstante quod in eadem S. Florini ac in Meschedensi eccl. Colon. dioc. sub expectatione prebendarum auctoritate apostolica in canonicum est receptus et super prebenda eccl. S. Marie ad gradus Colon. in Romana curia litigat.

Exigunt tue merita . . . Dat. Avin. idus septembris a. duodecimo.

In e. m. preposito S. Marie ad gradus Colon. et archidiacono

Trever. ac Guillermo de S. Victore canonico Panormitane eccl. capellano papali.

Reg. 85 f. 298' nr. 885.

1270. *1327 September 13. Avignon.*

Iohannes XXII S. Florini in Confluentia et Cardonensis decanis ac scolastico Tullensis ecclesiarum mandat, quatinus Conrado de Bopardia canonico eccl. Monasterii Meynevelt Trever. dioc. conferant ecclesiam parrochialem in Crobe Trever. dioc. vacantem ex eo, quod Emericus de Sconich clericus Treverensis dioc. olim rector eiusdem eccl. predictam eccl. in Crobe primo et postea prepositnram collegiate ecclesie in Seflich Colon. dioc. sibi collatas recipiens ipsas post et contra constitutionem super pluralitate beneficiorum ecclesiasticorum insimul tenuit et adhuc tenet de facto, licet ipsam ecclesiam in Crobe dimittere sit paratus, non obstante quod Conradus in dicta Monasterio Meynevelt canonicatum et prebendam et in Cardonensi eccl. eiusdem Trever. dioc. canonicatum sub expectatione prebende auctoritate apostolica obtinet.

Apostolice sedis gratiosa . . . Dat. Avin. idus septembris a. duodecimo.

Reg. 86 f. 85' nr. 1228.

1271. *1327 September 13. Avignon.*

Iohannes XXII Ottoni de Waldeke confert eccl. Padeburnensis canonicatum, prebendam vero ac dignitatem vel personatum seu officium sine cura in eadem eccl. ei reservat, non obstante quod in eccl. Colon. canonicatum et prebendam obtinet aut quod patitur in etate defectum constitutus in vicesimo sue etatis anno vel circa.

Dum conditiones et merita . . . Dat. Avin. idus septembris a. duodecemo.

In e. m. episcopo Monasteriensi et preposito S. Marie ad gradus Colon. ac magistro Oliverio de Cerzeto canonico Eduensis eccl. capellano papali.

Reg. 85 f. 299 nr. 886.

1272. *1327 September 13. Avignon.*

[Iohannes XXII] archiepiscopo Treverensi.

Petitio dilecti filii nobilis viri Gisonis domini de Molsperg tue diocesis nobis exhibita continebat, quod olim ipse parrochialem ecclesiam in Breychen dicte diocesis, in qua ad ipsum ius pertinet patronatus, duobus fratribus inhabilibus successive et demum dilecto filio Henrico nato suis clerico de facto contulit ac fructus ex ecclesia ipsa quoque percepit. Quare nobis humiliter supplicavit, ut ipsum ab excommunicatione, si quam propterea incurrit, misericorditer absolventes dictos fructus ... sibi gratiose remittere dignaremur. Nos igitur ... fraternitati tue ... mandamus, quatinus, si nobilis eiusque fratres et filius prefati libere dimiserint ecclesiam supradictam ac in pace permittant, quod tu dictam ecclesiam persone ydonee libere conferre hac vice valeas, nullam super hoc tibi vel ei, cui illam contuleris, molestiam ingerendo, tu eundem nobilem ab excommunicationis sententia ... absolvere studeas ... predictos fructus sibi de speciali gratia remittendo. Dat. Avin. idus septembris a. duodecimo.

Reg. 85 f. 299v nr. 838; Rz. 907.

1273. *1327 September 13. Avignon.*

Iohannes XXII archiepiscopo Treverensi mandat, quatinus cum Iohanne de Confluentia presbitero dispenset super irregularitate.

[Iohannes XXII] archiepiscopo Treverensi.

Peticio pro parte dilecti filii Iohannis de Confluentia presbiteri Trever. dioc. nobis nuper exhibita continebat, quod, cum ipse dudum capellanus existens ... nobilis mulieris Isalde de Bruensberg dicte dioc. diversa bona eiusdem Isalde in sua custodia seu gubernatione haberet, quedam quantitas bladi sicut (!) fuit furtive subtracta, cumque huiusmodi furtum cuidam famulo fuisset impositum et de hoc sermo inter domesticos haberetur, idem presbiter ex hoc turbatus, quia suspicio habebatur tunc de eo, quod ipse bladum huiusmodi alienasset seu subtraxisset, iussit eundem famulum examinari per quosdam famulos sive servientes domus nobilis prelibate et ei terrorem incuti, ut ab eo elici posset veritas huiusmodi facti, et quod eum balnearent dumtaxat absque alia lesione, et quod dicti servientes, quia ipsi commiserunt dictum furtum et dictus famulus, cui illud impositum fuerat, hoc sciebat, mandatum huiusmodi excedentes, ne accusarentur per famulum memoratum, eundem famulum penitus submerserunt, ita quod ex submersione huiusmodi extitit interemptus, et quod dictus presbiter, cum hoc ad eius pervenit noticiam, doluit vehementer, nec ipse alias in dicto famuli mortem dedit auxilium consilium vel favorem. Quare pro parte ipsius presbiteri fuit nobis humiliter supplicatum, ut cum eo agentes misericorditer in hac parte sibi super hoc providere paterna diligentia curaremus. Quocirca fraternitati tue ... mandamus, quatinus, si est ita, cum eodem presbitero super irregularitate, quam propter premissa noscitur contraxisse ... studeas dispensare ... Dat. Avin. idus septembris a. duodecimo.

Reg. 87 f. 379 nr. 2960.

1274. *1327 September 13. Avignon.*

Iohannes XXII Wernero de Brokendorp confert eccl. Kerpen*sis* Colon. dioc. canonicatum, prebendam vero eidem reservat.

Apostolice liberalitatis dexteram ... Dat. Avin. idus septembris a. duodecimo.

In e. m. S. Severini et S. Marie ad gradus Colon. prepositis ac magistro Nicolao de Fractis canonico Patracensis eccl. litterarum apostolicarum correctori.

Reg. 85 f. 304 nr. 851.

1275. *1327 September 13. Avignon.*

Iohannes XXII Henrico de Aquila laico Colon. dioc. reservat prebendam vel officium consuetam vel consuetum laicis assignari ad dispositionem prepositi decani et capituli eccl. Bunnensis Colon dioc. pertinens communiter vel divisim.

Suffragantia tibi merita ... Dat. Avin. idus septembris a. duodecimo.

In e. m. abbati monasterii Tuitiensis Colon. dioc. et preposito S. Marie ad gradus Colon. ac Ambrosio de Mediolano canonico Mediolanensis ecclesiarum.

Reg. 85 f. 304' nr. 853.

1276. *1327 September 13. Avignon.*

Iohannes XXII Arnaldo de Erginstein confert eccl. S. Petri Maguntine canonicatum, prebendam vero eidem reservat, non obstante quod parrochialem ecclesiam in Urphe Trever. dioc. obtinet.

Laudabile testimonium quod ... Dat. Avin. idus septembris a. duodecimo.

In e. m. preposito S. Marie ad gradus Colon. et decano Maguntin. ac magistro Bosolo de Parma canonico Tornacensis eccl. capellano papali.

Reg. 85 f. 306 nr. 862.

1277. *1327 September 13. Avignon.*

Iohannes XXII Nicolao nato Henrici de Leye militis confert eccl. S. Paulini Trever. canonicatum, prebendam vero eidem reservat.

Illis libenter apostolice . . . Dat. Avin. idus septembris a. duodecimo.

In e. m. abbati monasterii S. Mathie Trever. et preposito S. Marie ad gradus Colon. ac Ambrosio de Mediolano canonico Mediolanensis ecclesiarum.

Reg. 85 f. 307 nr. 865.

1278. *1327 September 13. Avignon.*

Iohannes XXII Iohanni dicto Iunghe de Bunna confert eccl. S. Beati in monte extra muros Confluentinos Trever. dioc. canonicatum, prebendam vero eidem reservat, non obstante quod in eccl. Bunnensi Colon. dioc. quoddam altare obtinet.

Suffragantia tibi merita . . . Dat. Avin. idus septembris a. duodecimo.

In e. m. S. Florini in Confluentia Trever. dioc. et S. Marie ad gradus Colon. prepositis ac archidiacono Nannentensis ecclesiarum.

Reg. 85 f. 307' nr. 866.

1279. *1327 September 13. Avignon.*

Iohannes XXII Udoni nato Heinrici de Mengerskirchen confert eccl. Wilburgensis Trever. dioc. canonicatum, prebendam vero eidem reservat.

Tue probitatis merita . . . Dat. Avin. idus septembris a. duodecimo.

In e. m. preposito S. Marie ad gradus Colon. et decano Cardonensis Trever. dioc. ac Guillermo de S. Victore canonico Panormitane eccl. capellano papali.

Reg. 85 f. 310' nr. 872.

1280. *1327 September 13. Avignon.*

Iohannes XXII Arnoldo de Huonephe confert eccl. S. Severini Colon. canonicatum, prebendam vero ac augmentum prebende, ferculum in eadem eccl. communiter nuncupatum, eidem reservat.

Attributa tibi merita . . . Dat. Avin. idus septembris a. duodecimo.

In e. m. abbati monasterii S. Martini et preposito S. Marie ad gradus Colon. ac archidiacono Nannetensis ecclesiarum.

Reg. 85 f. 314' nr. 882.

1281. *1327 September 13. Avignon.*

Iohannes XXII abbati monasterii Tuitiensis Colon. dioc. et preposito S. Maria ad gradus Colon. ac magistro Nicolao de Fractis litterarum apostolicarum correctori canonico Patracensis eccl. mandat, quatinus Henrico de Oppinheym canonico eccl. S. Cuniberti Colon. conferant ecclesiam in Gore Colon. dioc. vacantem, non obstante quod Henricus in dicta eccl. Cuniberti canonicatum et prebendam obtinet; que quidem ecclesia vacavit et vacat ex eo, quod Ernestus de Oitginbach olim eiusdem rector iuxta tenorem constitutionis super pluralitate dignitatum personatuum ecclesiarum et beneficiorum ecclesiasticorum dudum ab eodem papa edite omnino dimisit eandem.

Suffragantia dilecto filio . . . Dat. Avin. idus septembris a. duodecimo.

Reg. 85 f. 315 nr. 883.

1282. *1327 September 13. Avignon.*

Iohannes XXII Gerardo de Achinbach confert eccl. S. Andree Colon. canonicatum, prebendam vero eidem reservat, non obstante quod parrochialem ecclesiam in Marienberg et perpetuum beneficium cuiusdam altaris in ecclesia de Sigen Trever. et Magunt. dioc. obtinet.

Attributa tibi merita . . . Dat. Avin. idus septembris a. duodecimo.

In e. m. abbati monasterii S. Panthaleonis Colon. et preposito S. Marie ad gradus Colon. ac magistro Nicolao de Fractis canonico Patracensis eccl. litterarum apostolicarum correctori.

Reg. 85 f. 198 nr. 556.

1283. *1327 September 13. Avignon.*

Iohannes XXII Gerardo dicto Gebur laico Colon. dioc. reservat prebendam vel officium consuetam vel consuetum laicis assignari ad dispositionem thesaurarii et cellerarii ecclesie Coloniensis pertinentem vel pertinens communiter vel divisim.

Laudabile testimonium quod . . . Dat. Avin. idus septembris a. duodecimo.

In e. m. S. Severini et S. Marie ad gradus Colon. prepositis ac Ambrosio de Lamayrola canonico Mediolanensis ecclesiarum.

Reg. 85 f. 280 nr. 786.

1284. *1327 September 13. Avignon.*

Iohannes XXII Ludovico de Brochusen[1] confert eccl. Colon. canonicatum, prebendam vero eidem reservat, non obstante quod in Mindensi et Paderburnensi ecclesiis canonicatus et prebendas obtinet.

Multiplicia tue merita . . . Dat. Avin. idus septembris a. duodecimo.

In e. m. preposito S. Severini Colon. et eiusdem ac magistro Iacobo de Mutina capellano papali Tullensis scolastico ecclesiarum.

Reg. 85 f. 20' nr. 41.

1285. *1327 September 13. Avignon.*

Gasbertus camerarius pape testatur, quod magister Iacobus decanus S. Florini Confluentini, qui parrochialem ecclesiam in Niderlaynstin Trever. dioc. ad sacros ordines non promotus per longum tempus tenuit fructus percipiens ex eadem, postquam papa ei gratiose remisit restituendos fructus, dummodo fructus unius anni camere apostolice solveret in subsidium expensarum contra hereticos et rebelles partium Italie faciendarum, ratione dictorum fructuum unius anni solvi fecit camere predicte triginta florenos auri per manus magistri Lamberti de Monovilla canonici ecclesie B. Marie Magdalene Virdunensis.

Oblig et Solut. 9 (318) f. 102; similiter Introit. et Exit. 84 f. 19.

1286. *1327 September 14. Avignon.*

Iohannes XXII Iohanni de Berbuch de Portamartis clerico con-

1) *Ibidem f. 21' nr. 43 mentio fit Sophie relicte Hildeboldi comitis in Brochusen Bremensis dioc eorumque filii Ottonis comitis in Brochusen.*

iugato Colon. reservat prebendam seu officium, quocumque nomine nuncupetur, solitam vel solitum clericis coniugatis vel laicis assignari ad dispositionem prepositi decani et capituli eccl. S. Gereonis Coloniensis pertinentem seu pertinens communiter vel divisim.

Probitatis tue meritis . . . Dat. Avin. XVIII kl. octobris a. duodecimo.

In e. m. abbati monasterii S. Panthaleonis et decano S. Georgii Colon. ac archidiacono Nannetensis ecclesiarum.

Reg. 85 f. 288 nr. 809.

1287. *1327 September 23. Avignon.*

Iohannes XXII Wernero Trutwini de Confluentia confert eccl. S. Castoris Cardonensis Trever. dioc. canonicatum, prebendam vero eidem reservat, non obstante quod perpetuam vicariam altaris S. Liborii siti in eccl. S. Florini in Confluentia Trever. dioc. obtinet.

Tue merita probitatis . . . Dat. Avin VIIII kl. octobris a. duodecimo.

"In e. m. decano S. Georgii Colon. et thesaurario S. Castoris in Confluentia Trever. dioc. ac scolastico Tullensis ecclesiarum.

Reg. 87 f. 140' nr. 2411.

1288. *1327 September 30. Avignon.*

Iohannes XXII Henrico de Donchove presbitero Colon. dioc. reservat beneficium ecclesiasticum cum cura vel sine cura consuetum clericis secularibus assignari spectans ad dispositionem abbatis et conventus monasterii in Graschaf ord. S. Bened. Colon. dioc. communiter vel divisim, cuius quidem beneficii fructus, si curatum fuerit, viginti quinque, si vero sine cura, quindecim marcharum argenti s. t. d. valorem annuum non excedant.

Meritis tue probitatis . . . Dat. Avin. II kl. octobris a. duodecimo.

In e. m. decano Sosaciensis Colon. dioc. et scolastico S. Georgii Colon. ac magistro Ambrosio de Lamayrola canonico Mediolanensis ecclesiarum.

Reg. 85 f. 268 nr. 753.

1289. *1327 September 30. Avignon.*

Iohannes XXII decanis S. Georgii Coloniensis et S. Suiberti

Werdensis ac Ambrosio de la Mayrola mandat, quatinus Raynardum de Hugilhoven habilitent eique concedant, quod thesaurariam cum canonicatu et prebenda in ecclesia S. Severini Coloniensis retinere valeat.

[Iohannes XXII] S. Georgii Coloniensis et S. Sviberti Werdensis Colon. dioc. decanis ac magistro Ambrosio de La Mayrola canonico Mediolanensis eccl.

Probitatis merita dilecti filii Reynardi de Hugilhoven thesaurarii ecclesie S. Severini Coloniensis . . . nos inducunt, ut eum prerogativa specialis favoris et gratie prosequamur. Sane dicti Raynardi petitio nobis exhibita continebat, quod olim pro parte sua nobis exposito per quendam germanum suum, quod ipse in ecclesia S. Severini Coloniensis canonicatum et prebendam ac thesaurariam, que simplex officium existit et que etiam habebat curam animarum annexam, canonice fuerat assecutus et quod deinde parrochialem ecclesiam in Adendorp. Coloniensis diocesis alias canonice sibi collatam receperat et per aliquos annos una cum dicta thesauraria retinuerat, super hoc dispensatione legitima non obtenta, fructus percipiens ex eisdem, ac nobis humiliter supplicato, quod cum ipse paratus esset dictam parrochialem ecclesiam dimittere, inhabilitatis maculam, quam propterea contraxerat, abolere eumque habilitare et in integrum restituere sibique dictos fructus remittere dignaremur. Nos . . . ipsum habilitavimus sibique fructus remisimus supradictos, dictam parrochialem ecclesiam . . . dispositione nostre specialiter reservantes . . . Verum sicut dictus Raynardus asserit, huiusmodi expositio per dictum germanum nobis facta propter facti ignorantiam nociva sibi extitit et etiam defectiva pro eo, quod dicta thesauraria est simplex officium nulla ratione sui principaliter curam habens, quamvis dicte thesaurarie quedam parrochialis ecclesia sit unita ad ipsius thesaurarie onera supportanda, unde recipiendo aliam parrochialem ecclesiam et retinendo eam cum thesauraria predicta per constitutionem, quam super pluralitate beneficiorum ecclesiasticarum . . . edidimus, penam aliquam non incurrit . . . quodque defectus fuerat in eadem pro eo, quod in ea mentio non fiebat, quod ipse ratione dicte secunde parrochialis ecclesie, quam recepit et tenuit, se non fecerat infra annum iuxta constitutionem fe. re. Gregorii pape X . . . editam in concilio Lugdunensi in presbiterum promoveri, et quod eam nichilominus non promotus per aliquos annos retinuerat fructus percipiens ex eadem, inhabilitatem propterea incurrendo, licet eam postmodum duxerit dimittendam. Quare idem Raynardus nobis humiliter supplicavit, ut huiusmodi inhabilitatis maculam abolere . . .

sibique, quod dictam thesaurariam una cum dicto canonicatu et prebenda licite valeat retinere . . . concedere curaremus . . . Discretioni vestre . . . committimus et mandamus, quatinus, . . . si est ita, quod dicta thesauria principaliter curam non habeat, sed parrochialis ecclesia ei . . . sit annexa, omnem in habilitatis maculam . . . abolentes . . . sibique fructus remitentes . . . decernatis, quod dictam thesaurariam una cum dictis canonicatu et prebenda licite valeat retinere . . . Dat. Avin. II kl. octobris a. duodecimo.

Reg. 86 f. 63 nr. 168.

1290. *1327 September 30. Avignon.*

Iohannes XXII Raynardo de Hugilhoven thesaurario eccl. S. Severini Colon. reservat eccl. Bremensis canonicatum et prebendam ac archidiaconatum Rustringie in eadem eccl., quos Bochardus electus Bremensis obtinet quique per eiusdem consecrationem vacare sperantur, non obstante quod in eccl. S. Severini Colon. canonicatum et prebendam ac thesaurariam, que nec dignitas nec personatus sed simplex officium existit, licet ei quedam parrochialis ecclesia sit unitat, obtinet.

Probitatis tue merita . . . Dat. Avin. II kl. octobris a. duodecimo.

In e. m. decano S. Georgii Colon. et preposito Veteris Monasterii ac magistro Ambrosio de Lamayrola canonico Mediolanensis ecclesiarum.

Reg. 86 f. 201' nr. 1534.

1291. *1327 October 1. Avignon.*

Iohannes XXII cives Maguntinos hortatur, quatinus studeant amotioni pedagii a Ludovico de Bavaria apud Caub impositi omnibus transeuntibus.

[Iohannes XXII] consulibus, scabinis et universitati civitatis Maguntine.

Advertisse vos credimus, filii, quod vir ille Ludovicus olim dux Bavarie dei et ecclesie fi[deique] catholice manifestus rebellis et hostis [horr]endos excessus in sue dampnationis [cumul]um multiplicare non cessans novam et [insoli]tam pedagii exactionem in castro de Kû[ve et eius] districtu Treverensis diocesis in magnam [rei] publice lesionem ac fidelium earum par[tium] maximum detrimentum inducere seu im-

[ponere] omnibus per locum illum cum mercibus [seu] aliis bonis suis transeuntibus non sine mag[na tem]eritate presumpsit, et ut exactionem [insolitam]et dampnatam huiusmodi valeat du[rius] et crudelius exercere, quandam turrem fortissimam in quadam Reni insula prope dictum castrum construere iam incepit. Sane cum nos periculis exinde fidelibus, si non obviaretur salubriter, proventuris oportunis obviari remediis cupientes, super amotione dicti pedagii ac dicte turris demolitione tam . . . Maguntino, Coloniensi et Treverensi archiepiscopis aliisque prelatis quam nobilibus ac vobis et aliis communitatibus earum partium patentes nostras certi tenoris litteras dirigamus, universitatem vestram rogamus attentius et hortamur, quatinus iuxta tenores litterarum ipsarum sic vos potenter et viriliter gerere circa premissa [studeatis], quod novitates per eundem L. temerariis ausibus circa premissa, ut prefertur, presumpte tollantur omnino et libertates patrie conserventur illese vosque, de quorum devotione sincera inter ceteros fideles Alamanie specialiter confidimus, divinam et apostolice sedis benedictionem et gratiam valeatis uberius promereri. Dat. Avin. kl. octobris a. duodecimo.

Reg. 114 ps. II f. 177' nr. 1724; Rz. 913.

1292. *1327 October 4. Avignon.*

Iohannes XXII Tilmanno de Blankenberg clerico Colon. dioc. reservat beneficium ecclesiasticum cum cura vel sine cura, cuius fructus, si cum cura, viginti, si vero sine cura fuerit, quindecim marcharum argenti s. t. d. valorem annuum non excedant, spectans ad dispositionem preprositi ecclesie Bunnensis Colon. dioc., ad presens vacans vel proxime vacaturum, non obstante quod patitur in etate defectum in vicesimo etatis anno vel circiter constitutus, proviso quod, postquam ad etatem ad hoc aptam pervenerit, se faciat ad ordines, prout ipsius beneficii cura requiret, statutis a iure temporibus promoveri.

Sedis apostolice circumspecta . . . Dat. Avin. II nonas octobris a. duodecimo.

In e. m. magistro Raynaldo de filiis Ursi archidiacono de Campinia Leodiensi notario papali et decano S. Marie ad gradus Colon. ac cantori Colon. ecclesiarum.

Reg. 85 f. 63' nr. 169.

1293. *1327 October 4. Avignon.*

Iohannes XXII abbati monasterii S. Panthaleonis et S. Severini

Colon. ac S. Marie ad gradus Colon. eccl. prepositis mandat, quatinus Beatricem natam Hermanni dicti Creit puellam litteratam Colon. dioc. capientem in monasterio S. Marie in Capitolio Colon. ord. S. Bened. domino famulari, si sit ydonea et aliud canonicum non obsistat, faciant recipi indicto monasterio in monacham.

Cupientibus vitam ducere . . . Dat. Avin. II nonas octobris a. duodecimo.

Reg. 85 f. 192' nr. 538.

1294. *1327 October 6. Avignon.*

[Iohannes XXII] Petro Guigonis de Castronovo Lingonensis et Petro de Viveriis Vivariensis ecclesiarum canonicis.

Cum nonnulli prelati et alie persone ecclesiastice necnon capitula et conventus civitatis et diocesis ac provincie Treverensis ecclesie Romane necessitatibus utique gravibus, quibus pro repressione et expugnatione hereticorum et rebellium partium Italie . . . continue premitur supra vires, in consideratione deductis . . . certa pecuniaria subsidia nobis et eidem ecclesie duxerint liberaliter offerenda, nos . . . exigendi petendi et recipiendi ab eisdem . . . oblata huiusmodi subsidia seu etiam offerenda et ea ad nostram cameram transmittendi . . . necnon solventes et assignantes . . . quitandi et absolvendi de hiis, que receperitis ab eisdem . . . concedimus . . facultatem. Volumus autem, ut super singulis assignationibus huiusmodi duo confici faciatis consimilia publica instrumenta, quorum altero penes eosdem assignantes dimisso reliquum ad eandem curetis cameram destinare. Dat. Avin. II nonas octobris a. duodecimo.

Reg. 114 ps. II f. 163 nr. 1631; Rz. 920.

1295. *1327 October 6. Avignon.*

[Iohannes XXII] archiepiscopo Coloniensi.

Ad audientiam apostolatus nostri pervenit, quod nonnulle tam nobiles quam alie inferioris status persone, que ante post et contra processus per nos habitos adversus Ludovicum olim ducem Bavarie aliosque ecclesie Romane rebelles dictis Ludovico et rebellibus adheserunt . . . saniori ducte consilio desiderant ab huiusmodi adhesione et obsequiis omnino cessare et per reconciliationis gratiam redire ad ecclesie unitatem . . . Igitur . . . fraternitati tue absolvendi auctoritate nostra centum de personis predictis tue provincie, que premissorum occasione . . . excommunicationis sententiam incurrerunt . . . ab earum singulis corporali iuramento recepto, quod deinceps dictis . . . non adhereant, . . . quamdiu extra ecclesie communionem et gratiam permanebunt, ... tibi concedimus . . potestatem, ita tamen quod, si dicte persone post huiusmodi absolutionem obtentam pristini reatus macula se fedaverint, ipso facto in eandem excommunicationis sententiam relabantur. Dat. Avin. II nonas octobris a. duodecimo.

Reg. 86 f. 34' nr. 96.

1296. *1327 October 6. Avignon.*

Iohannes XXII abbati monasterii Tuiciensis Colon. dioc. et preposito S. Marie ad gradus Colon. ac archidiacono Trever. eccl. mandat, quatinus Isabelli de Solmeze puelle litterate Colon. dioc., si sit ydonea et aliud canonicum non obsistat, canonicatum secularem ecclesie Assindensis Colon. dioc. conferant, prebendam vero eidem reservent. Per hoc autem papa non intendit earundem canonicarum statum ordinem seu regulam approbare.

Cum sicut accepimus . . . Dat. Avin. II nonas octobris a. duodecimo.

Reg. 88 f. 89' nr. 3234.

1297. *1327 October 6. Avignon.*

Iohannes XXII preposito S. Marie ad gradus Colon. et decano S. Georgii Colon. ac thesaurario eiusdem S. Marie ecclesiarum mandat, quatinus Margaretam natam Reynardi de Seindorp puellam litteratam Colon. dioc. cupientem in monasterio Vilicensi ordinis S. Bened. dicte dioc. sub regulari habitu domino famulari, si sit ydonea et aliud canonicum non obsistat, recipi faciant in dicto monasterio in monacham.

Cupientibus vitam ducere . . . Dat. Avin. II nonas octobris a. duodecimo.

Reg. 86 f. 29 nr. 82.

1298. *1327 October 6. Avignon.*

Iohannes XXII Mathie nato Pizonis de Lucenburg confert eccl. B. Marie Magdalene Virdunensis canonicatum, prebendam vero eidem reservat, non obstante quod in eccl. S. Symeonis Treverensis sub expectatione prebende auctoritate apostolica in canonicum est receptus.

Probitatis tue merita . . . Dat. Avin. II nonas octobris a. duodecimo.

In e. m. preposito S. Marie ad gradus Colon. et decano de Montefalconis Remensis dioc. ac Ambrosio de Mediolano canonico Mediolanensis ecclesiarum.

Reg. 86 f. 38 nr. 1105.

1299. *1327 October 6. Avignon.*

[Iohannes XXII] Henrico dicto de Geminoponte canonico ecclesie Bunnensis.

Multiplicia tue merita . . . Cum itaque nuper .. Henrico de Iuliaco preposito ecclesie S. Marie ad gradus Coloniensis de prepositura ipsius ecclesie cum canonicatu et prebenda sibi annexis tunc vacantibus . . . mandaverimus provideri et per provisionem huiusmodi canonicatus et prebenda, quos idem Henricus ante provisionem predictam in dicta ecclesia obtinebat, sicut adhuc obtinet, sint, quam primum ipse dicte prepositure . . . possessionem pacificam assecutus fuerit, vacaturi, nos . . . dictos primos canonicatum et prebendam, cum illos premisso vel alio quocumque modo preterquam per ipsius Henrici obitum vacare contigerit, conferendos tibi . . . reservamus . . . non obstantibus . . . quod in ecclesia Bunnensi Coloniensis diocesis canonicatum et prebendam obtines ac beneficium ecclesiasticum cum cura vel sine cura spectans ad collationem vel presentationem . . . cellararii dicte Bunnensis ecclesie autoritate apostolica nosceris expectare . . . Dat. Avin. II non octobris a. duodecimo.

In e. m. S. Severini et S. Marie ad gradus Colon. prepositis ac decano S. Georgii Colon. ecclesiarum.

Reg. 86 f. 64' nr. 1175.

1300. *1327 October 6. Arigno.*

Iohannes XXII Ottoni de Herberen confert eccl. Bunnensis Colon. dioc. canonicatum et prebendam vacantes per obitum Petri Iudicis scriptoris papalis, qui dudum extra Romanam curiam diem clausit extremum, non obstante quod idem Otto parrochialem ecclesiam in Sygen ac canonicatum sub expectatione prebende in eccl. S. Castoris in Confluentia Maguntin. et Trever. dioc. ex dispensatione apostolica obtinet quodque super canonicatu et prebenda eccl. Wetslariensis dicte Trever. dioc. litigat aut quod defectum natalium patitur de subdiacono genitus et soluta; super quo quidem defectu, ut prefatos canonicatum et prebendam eccl. Bunnensis libere recipere et una cum parrochiali eccl. et canonicatibus et prebendis aliis supradictis licite retinere valeat, papa cum eodem dispensat.

Vite ad morum honestas . . . Dat. Avin. II nonas octobris a. duodecimo.

In e. m. S. Florini in Confluentia Trever. dioc. et S. Marie ad gradus Colon. dioc. prepositis ac Bosolo de Parma canonico Tornacensis eccl. capellano papali.

Reg. 85 f. 249' nr. 703.

1301. *1327 October 6. Avignon.*

Iohannes XXII Henrico Beyr nato Henrici Beyr militis confert eccl. Trever. canonicatum, prebendam vero eidem reservat, non obstante quod in S. Pauli Leod. canonicatum et prebendam obtinet et in S. Gengulfi Tullensi et S. Martini Wormatiensi eccl. sub expectatione prebendarum auctoritate apostolica in canonicum receptus est et de prepositura eiusdem eccl. S. Martini litigat.

Nobilitas generis, morum decor . . . Dat. Avin. II nonas octobris a. duodecimo.

In e. m. abbati monasterii S. Mathie extra muros Trever. et preposito S. Marie ad gradus Colon. ac Oliverio de Cerzeto canonico Eduensis ecclesiarum.

Reg. 85 f. 198' nr. 557.

1302. *1327 October 6. Avignon.*

Iohannes XXII Constantino Alardi confert eccl. SS. Apostolorum Colon. canonicatum, prebendam vero eidem reservat, non obstante quod quandam perpetuam capellaniam in Nussia Colon. dioc. obtinet.

Ad illorum provisionem . . . Dat Avin. II nonas octobris a. duodecimo.

In e. m. abbati monasterii Tuitiensis Colon. dioc. et preposito S. Marie ad gradus Colon. ac magistro Oliverio de Cerzeto canonico Eduensis eccl. capellano papali.

Reg. 85 f. 197 nr. 553.

1303. *1327 October 6. Avignon.*

[Iohannes XXII] Iohanni de Virnenburgh Coloniensis capellano nostro et Hermanno de Monreal Bunnensis Colon. dioc. ecclesiarum canonicis.

Apostolice sedis circumspecta. Sane pro parte vestra nobis oblata petitio continebat, quod olim vos ex iussu et speciali mandato... archiepiscopi Coloniensis pro iuribus et honoribus ecclesie Coloniensis deffendendis et conservandis in multis bellis et conflictibus, in quibus multi interfecti fuerunt, presentes personaliter extitistis, non tamen vos aliquem interfecistis vel mutilastis aut in mortem interfectorum huiusmodi auxilium consilium vel favorem dedistis. Quare nobis humiliter supplicastis, ut providere vobis super hoc de oportune remedio dignaremur. Nos igitur ... ut confessor vester ... vos et vestrum quemlibet ab excommunicationis sententia ... absolvere et vobiscum super irregularitate, si quas ex hiis forsitan incurritis, dispensare . . valeat, ... indulgemus ... Dat. Avin. II nonas octobris a. duodecimo.

Reg. 85 f. 186 nr. 514; Rz. 915.

1304. *1327 October 11. Avignon.*

[Iohannes XXII] archiepiscopo Treverensi et abbati monasteri de Lucemburga ac archidiacono Treverensi.

Petitio carissime in Christo filie nostre Elizabeth regina Boemie illustris nobis nuper exhibita continebat, quod tam caput S. Margarite quam nonnulle alie Sanctorum reliquie penes clare memorie Wentzeslaum patrem et post eius obitum penes Wentzeslaum fratrem suos reges Boemie, que ad eos iuste pervenerant, fuerunt cum devotione maxima custodita, quodque bo. me. Petrus archiepiscopus Maguntinus caput et alias Sanctorum reliquias supradicta ad ipsam reginam rationabiliter pertinentia pro quadam summa pecunie sine scitu et voluntate ipsius regine auctoritate propria asportari seu deduci fecit. . . Quare prefata regina nobis humiliter supplicavit, ut... archiepiscopum et . . capitulum Magunt. ac singulas personas de ipso capitulo, ad quos caput et reliquie supradicta pervenisse dicuntur, cum sit, ut asseritur, parata solvere pecuniam supradictam, ad restitutionem ... compellere ... dignaremur. Quia vero de premisso notitiam non habemus,... discretioni vestre ... committimus et mandamus, quatinus ... utrum ad dictam reginam vel ad ecclesiam Maguntinam ... supradicta debeant pertinere, vos plenarie informetis et illorum alterum ... faciatis ... predictorum pacifica possessione gaudere . . . Dat. Avin. V idus octobris a. duodecimo.

Reg. 85 f. 127' nr. 343; Rz. 920 a.

1305. *1327 Octobris 13. Avignon.*

[Iohannes XXII] Iohanni regi Boemie.

Perduxit ad nos infeste relationis assertio, quod quidam miles vocatus Iohannes de Harmaises Verdunensis diocesis nuper . . . in dilectos filios Petrum Guigonis de Castronovo Lingonensis et Petrum de Viveriis Vivarensis ecclesiarum canonicos apostolice sedis nuncios manus iniciens temere violentas ipsos . . . captivavit ipsosque detinet miserabiliter captivatos. Cum autem . . . Eduardo comiti Barensi, cui prefatus miles dicitur esse subditus, super liberatione dictorum nunciorum per alias litteras scribamus, excellentiam regiam attentius deprecamur, quatinus, ut predicti nuncii cum omnibus bonis suis libertati restituantur, tam apud dictum comitem quam alias, prout expedire regia prudentia cognoverit, sic velit tua magnificentia efficaciter interponere partes suas, quod nos et eandem sedem exinde astringas fortius ad ea, que regium respiciant comodum et honorem. Dat. Avin. III idus octobris a. duodecimo.

Reg. 114 ps. II f. 177' nr. 1725; Rz. 923.

1306. *1327 October 13. Avignon.*

Iohannes XXII archiepiscopo Trever. destinat litteras, quibus eum rogat, quatinus interponat partes suas, ut Petrus Guigonis et Petrus de Vivariis apostolice sedis nuncii ad partes istas destinati, capti a Iohanne de Armoisis restituantur pristine libertati cum omnibus bonis suis.

Displicibili relatione percepto . . . Dat. ut supra (= Avin. III idus octobris a. duodecimo).

In e. m. episcopo Tullensi, episcopo Virdun. et electo Meten.

Reg. 114 ps. II f. 170 nr. 1666.

1307. *1327 October 13. Avignon.*

Iohannes XXII archiepiscopo Treverensi et episcopis Tullensi, Virdunensi et Metensi mandat, quatinus, si Petrus Guigonis et Petrus de Viveriis apostolice sedis nuncii ad ipsos ipsorumque clerum destinati in ipsorum civitate et diocesi non fuerint, subsidia per se vel alium seu alios colligere studeant.

Ad subveniendum Romane ecclesie . . . Dat. Avin. III idus octobris a. duodecimo.

Reg. 114 ps. II f. 163 nr. 1633; Rz. 920.

1308. *1327 October 16. Avignon.*

Iohannes XXII Theoderico Iohannis de Longadomo clerico Colon. dioc. reservat beneficium ecclesiasticum ad presens vacans vel proxime vacaturum, spectans ad dispositionem prepositi et capituli eccl. Traiectensis, cuius fructus, si curatum, viginti, si vero sine cura fuerit, quindecim marcharum argenti s. t. d. valorem annuum non excedant.

Sedis apostolice providentia . . . Dat. Avin. XVII kl. novembris a. duodecimo.

In. e. m. Sanxtensis et Werdensis Colon. dioc. decanis ac magistro Nicolao de Fractis canonico Patracensis eccl. litterarum apostolicarum correctori.

Reg. 85 f. 76' nr. 205.

1309. *1327 October 17. Avignon.*

Iohannes XXII nobili mulieri Margarete relicte quondam Raynaldi comitis Gelrensis indulget, ut eius confessor, quem ad hoc duxerit eligendum, omnium peccatorum, de quibus corde contrita et ore confessa fuerit, eam plenam remissionem, quam Romani pontifices consueverunt interdum per speciale privilegium personis aliquibus impertiri, quatinus claves ecclesie se extendunt et gratum in oculis divine maiestatis extiterit, in mortis articulo auctoritate apostolica concedere valeat; sic tamen quod idem confessor de hiis, de quibus fuerit alteri satisfactio impendenda, eam ipsi per ipsam, si supervixerit, vel per ipsius heredes, si tunc forte transierit, faciendam iniungat.

Eximie devotionis affectum . . . Dat. Avin. XVI kl. novembris a. duodecimo.

Reg. 85 f. 298 nr. 834.

1310. *1327 October 17. Avignon.*

Iohannes XXII nobili mulieri Phylippe nate quondam Raynaldi comitis Gelrensis indulget, ut eius confessor, quem ad hoc duxerit eligendum, omnium peccatorum plenam remissionem semel in mortis articulo ei concedere valeat.

Eximie devotionis etc. . . . Dat. Avin. XVI kl. novembris a. duodecimo.

Reg. 87 f. 111 nr. 2321; Rz. 924c, n. 1.

1311. *1327 October 17. Avignon.*

Iohannes XXII nobili mulieri Ysabelle nate quondam Raynaldi comitis Gelrensis indulget, ut eius confessor, quem ad hoc duxerit eligendum, omnium peccatorum plenam remissionem semel in mortis articula ei concedere valeat.

Eximie devotionis affectum ... Dat. Avin. XVI kl. novembris a. duodecimo.

Reg. 87 f. 111 nr. 2320; Rz. 924c.

1312. *1327 October 17. Avignon.*

Iohannes XXII cum Theoderico dicto Cleye canonico ecclesie Coloniensis de soluto et soluta genito dispensat, ut ad omnia beneficia ecclesiastica assumi valeat.

[Iohannes XXII] Theoderico dicto Cleye alias de Essende canonico eccl. S. Andree Colon.

Solet plerumque apostolice ... Sane petitio tua nobis exhibita continebat, quod dudum tecum super defectu natalium, quem pateris de soluto genitus et soluta, quod eo non obstante posses ad omnes ordines promoveri et beneficium ecclesiasticum obtinere, etiam si curam animarum habeat, auctoritate litterarum fe. re. Clementis pape V.. extitit dispensatum et quod dispensationem huiusmodi parrochialem ecclesiam in Linclo Colon. dioc. primo et deinde canonicatum et prebendam in eccl. Zeflicensi predicte dioc. ... assecutus fuisti, quibus una cum dicta parrochiali ecclesia per plures annos per te retentis et receptis fructibus ex eisdem, demum dicta parrochiali ecclesia ex causa permutationis, alias canonice facta, dimissa, canonicatum et prebendam in eccl. S. Andree Colon. ex permutatione huiusmodi recepisti, quos una cum predictis canonicatu et prebenda eiusdem eccl. Zeflicensis insimul tenuisti et subsequenter omni inhabilitate et infamie nota ... abolita et sublata teque habilitato ac remissis tibi dictis fructibus ex sedis eiusdem gratia speciali, de dictis canonicatibus et prebendis ... tibi de novo per eiusdem sedis gratiam, ut asseris, fuit provisum ... Nos ... tecum, quod ad omnia beneficia ecclesiastica, etiam si dignitates officia vel personatus existant, dummodo huiusmodi dignitates maiores post episcopalem in cathedrali vel principales in collegiata ecclesiis non existant, ... libere assumi ac beneficia, que obtines, una cum illis, que in posterum canonice obtinebis, si se compatiantur invicem, licite retinere valeas . . . dispensamus . . . Dat. Avin. XVI kl. novembris a. duodecimo.

Reg. 85 f. 356' nr. 990.

1313. *1327 October 17. Avignon.*

Iohannes XXII Alberto Hovel confert eccl. S. Iohannis Traiect. canonicatum, prebendam vero eidem reservat, non obstante quod in Tilensi in Arnhem translata in canonicum est receptus, licet inibi prebendam nondum fuerit pacifice assecutus, et in Embricensi Traiect. dioc. eccl. canonicatum et prebendam obtinet.

Laudabile testimonium, quod . . . Dat. Avin. XVI kl. novembris a. duodecimo.

In e. m. Ambrosio de Lamairola Mediolanensis et Suedero de Werne ac Egidio de Balie Traiect. canonicis ecclesiarum.

Reg. 85 f. 313 nr. 878.

1314. *1327 October 26. Avignon.*

Iohannes XXII archiepiscopo Coloniensi eiusque suffraganeis destinat suas litteras continentes processum contra Marsilium de Padua et Iohannem de Ianduno factum.

Certum processum per quem . . . Dat. Avin. VII kl. novembris a. duodecimo.

Cf. infra reg. 1328 April 6. Köln.

1315. *1327 October 26. Avignon.*

Iohannes XXII Hermanno nato Iohannis de Roden confert eccl. S. Walburgis Meschedensis Colon. dioc. canonicatum, prebendum vero eidem reservat, non obstante quod ecclesiam sive capellam curam animarum habentem annexam parrochiali ecclesie in Mendin in Delewich dicte dioc, obtinet.

Laudabilia tue merita . . . Dat. Av. VII kl. novembris a. duodecimo.

In e. m. preposito S. Severini Colon. et scolastico Bunnensis Colon. dioc. ac magistro Nicolao de Fractis canonico Patracensis eccl. litterarum apostolicarum correctori.

Reg. 86 f. 128' nr. 1350.

1316. *1327 October 26. Avignon.*

Iohannes XXII Renardo nato Roperti comitis de Virneburch confert eccl. S. Gereonis Colon dioc. canonicatum, prebendam vero eidem reservat, non obstante quod in eccl. Bunnensi Colon. dioc. auctoritate apostolica canonicatum sub expectatione prebende obtinet.

Nobilitas generis, vite ac morum honestas . . . Dat. Avin. VII kl. novembris a. duodecimo.

In e. m. preposito S. Severini Colon. ac decano Bunnensis Colon. dioc. ac magistro Nicolao de Fractis canonico Patracensis eccl. litterarum apostolicarum correctori.

Reg. 86 f. 189' nr. 1503.

1317. *1327 October 26. Avignon.*

Iohannes XXII Gerardo de Colonia presbitero confert eccl. SS. virginum Coloniensis, in qua canonici seculares una cum abbatissa et capitulo canonicarum sunt et esse consueverunt, canonicatum, prebendam vero consuetam canonicis ipsius ecclesie assignari eidem reservat, non obstante quod perpetuam vicariam altaris S. Urbani siti in eccl. S. Cassii Bunnensis Colon. dioc. obtinet.

Probitatis tue merita . . . Dat. Avin. VII kl. novembris a. duodecimo.

In e. m. decano S. Andree et thesaurario S. Severini Colon. ac Iacobo de Mutina canonico Cameracensis ecclesiarum.

Reg. 86 f. 152 nr. 1409.

1318. *1327 October 26. Avignon.*

Iohannes XXII Thilemanno alias dicto Theoderico de Essende confert in monasterio B. Marie in Capitolio Coloniensi ord. S. Benedicti, in quo preter conventum monialium certus canonicorum secularium numerus ab antiquo institutus est, quorum singuli singulas portiones habent, que prebende in dicto monasterio nuncupantur, qui etiam divina celebrant officia in eodem, canonicatum, portionem vero seu prebendam in eodem reservat, non obstante quod in S. Andree Colon. et Zeflicensi Colon. dioc. eccl. canonicatus obtinet et prebendas.

Tue merita probitatis . . . Dat. Avin. VII kl. novembris a. duodecimo.

In e. m. thesaurario et cantori S. Severini Colon. ac magistro Ambrosio de Lamayrola canonico Mediolanensis ecclesiarum.

Reg. 87 f. 55' nr. 2142.

1319. *1327 October 27. Avignon.*

Iohannes XXII archiepiscopo Coloniensi eiusque suffraganeis destinat suas litteras continentis processum contra Ludovicum de Bavaria factum.

Adversus virum improbum ... Dat. Avin. VI kl. novembris a. duodecimo.

Cf. infra Reg. 1328 April 6. Köln.

1320. *1327 October 27. Avignon.*

Iohannes XXII Rutgero de Aldendorpe confert eccl. Seflecensis Colon. dioc. canonicatum, prebendam vero eidem reservat.

Sedis apostolice gratiosa ... Dat. Avin. VI kl. novembris a. duodecimo.

In e. m. abbati monasterii Tuicensis Colon. dioc. et decano S. Gereonis Colon. ac magistro Iacobo de Mutina capellano papali scolastico Tull. ecclesiarum.

Reg. 88 f. 157' nr. 3410.

1321. *1327 October 27. Avignon.*

Iohannes XXII Henrico dicto Reckelinchusen canonico eccl. S. Gereonis Colon. reservat beneficium ecclesiasticum cum cura vel sine cura consuetum ab olim clericis secularibus assignari, ad dispositionem abbatisse et conventus secularis ecclesie Undecim-milium Virginum Colon. communiter vel divisim pertinens, cuius fructus, si cum cura, viginti, si vero sine cura fuerit, quindecim marcharum argenti s. t. d. valorem annuum non excedant, non obstante quod in eccl. S. Gereonis Colon. canonicatum et prebendam obtinet.

Probitatis tue merita ... Dat. Avin. VI kl. novembris a. duodecimo.

In e. m. abbati monasterii Tuicensis Colon. dioc. et decano S. Gereonis Colon. ac magistro Iacobo de Mutina capellano papali scolastico Tullensis ecclesiarum.

Reg. 88 f. 117 nr. 3300.

1322. *1327 November 3. Avignon.*

Iohannes XXII Bernardo de Wesalia subdiacono Colon. dioc. consideratione Iohannis regis Boemie pro eo clerico et familiari suo supplicantis reservat beneficium ecclesiasticum cum cura vel sine cura, etiam si prebenda vel personatus existat, spectans communiter vel divisim ad dispositionem prepositi decani et capituli eccl. Xanctensis Colon. dioc., si quod in dicta ecclesia civitate vel diocesi Colon. vacat ad presens vel cum vacaverit, non obstante quod super parrochiali ecclesia de Nienkerken dicte dioc. litigat. Tamen vigore presentis gratie beneficium curatum vel personatum assecutus, predictam parrochialem ecclesiam, si ipsam tunc evicerit, omnino dimittat.

Illis libenter apostolice ... Dat. Avin. III nonas novembris a. duodecimo.

In e. m. decano Ressensis Colon. dioc. et Busolo de Parma capellano papali Tornacensis ac Ambrosio de Lamayrola Mediolan. canonico ecclesiarum.

Reg. 88 f. 144' nr. 3375.

1323. *1327 November 3. Avignon.*

Iohannes XXII B. Marie Lucemburgensis et S. Villebrordi Epternacensis Trever. dioc. monasteriorum abbatibus ac magistro Iacobo de Mutina scolastico eccl. Tullensis capellano papali mandat, quatinus Nicolaum de Lucemburgo canonicum eccl. Pragensis, cui papa consideratione Iohannis regis Boemie pro eo clerico et notario suo supplicantis confert canonicatum et prebendam eccl. S. Paulini extra muros Treverensis, inducant in eius possessionem corporalem, non obstante quod idem Nicolaus Pragensis et S. Castoris in Confluentia ecclesiarum sub expectatione prebendarum canonicus existit et quod beneficium ecclesiasticum spectans ad collationem abbatis et conventus monasterii S. Villibrordi Epternacensis expectat. Vacant vero canonicatus et prebenda eccl. Paulini ex eo, quod Guillermus Pinchon, cui papa canonicatum et prebendam eccl. Virdunensis contulit decernendo, ut horum possessionem assecutus dimittat canonicatum et prebendam eccl. S. Paulini, illorum possessionem est assecutus.

Illis libenter apostolice ... Dat. Avin. III nonas novembris a. duodecimo.

Rg. 86 f. 303 nr. 1776.

1324. *1327 November 3. Avignon.*

Iohannes XXII Maguntino, Coloniensi, Treverensi, Magdeburgensi, Mediolanensi Pisano Cantuariensi Eboracensi archiepiscopis et Parisiensi ac Traiectensi episcopis, mandat, quatinus processum et sententiam adversus Ludovicum de Bavaria a se prolatam et eisdem per alias litteras transmissam per se suosque suffraganeos et alios publicent sollenniter.

Processuum certum contra virum .... Dat. Avin. III nonas novembris a. duodecimo.

Reg. 114 ps. II f. 170' nr. 1670.

1325. *1327 November 3. Avignon.*

Iohannes XXII archiepiscopi Coloniensi mandat, quatinus Theoderico de Volsculen conferat ecclesium curata in Wulfrade.

[Iohannes XXII] archiepiscopo Coloniensi.

Meritis probitatis, super quibus dilectus filius Theodoricus de Volsculen clericus tue diocesis . . . commendatur, inducimus, ut personam suam apostolice provisionis dexteram prosequamur. Cum itaque ecclesia in Wulfrade, cui cura imminet animarum, dicte diocesis ex eo vacare dicatur ad presens, quod, licet condam (!) Walramus de Bruke olim ultimus eiusdem ecclesie rector ipsam ecclesiam canonice fuisset adeptus, tamen se non fecit, prout cura eiusdem ecclesie requirit, infra annum a tempore adeptionis huiusmodi iusto impedimento cessante ad aliquem sacrum ordinem promoveri et nichilominus ecclesiam predictam per duodecim annos et amplius detinuit, fructus percipiens ex eadem, dispensatione . . . non obtenta, ipseque Walramus postmodum diem clausit extremum, etiam ad presbiteratus ordinem non promotus, licet dilectus filius Iohannes dictus de Hospitali presbiter dicte diocesis possessioni dicte ecclesie incumbat de facto, nos . . . fraternitati tue . . . mandamus . . . si est ita et tempore date presentium non sit in ecclesia predicta alicui alteri specialiter ius quesitum, predictam ecclesiam sic vacantem . . . eidem Theoderico vel procuratori suo . . . conferre et assignare procures . . . Dat. Avin. III nonas novembris a. duodecimo.

Reg. 86 f. 197 nr. 1523.

1326. *1327 November 3. Avignon.*

Iohannes XXII Frederico Gerlaci de Dorsborch presbitero confert eccl. Xanctensis Colon. dioc. canonicatum, prebendam vero cum ferculo eidem reservat, non obstante quod parrochialem ecclesiam in Volpe Traiectensis dioc. obtinet quodque ei de canonicatu eccl. S. Iohannis Traiect. sub reservatione prebende a papa est provisum.

Ad illorum provisionem ... Dat. Avin. III nonas novembris a. duodecimo.

Reg. 87 f. 46 nr. 2124.

1327. *1327 November 3. Avignon.*

Iohannes XXII Volquino de Eyszh clerico Colon. dioc. reservat beneficium ecclesiasticum cum cura vel sine cura ad dispositionem thesaurarii et capituli eccl. Colon. pertinens, cuius fructus, si sine cura fuerit, quindecim marcharum argenti s. t. d. valorem annuum non excedant.

Suffragantia tibi merita ... Dat. Avin. III nonas novemcris a. duodecimo.

In e. m. preposito S. Marie ad gradus Colon. et decano S. Cuniberti Colon. ac magistro Iacobo de Mutina capellano papali scolastico Tullensis ecclesiarum.

Reg. 85 f. 147 nr. 404.

1328. *1327 November 8. Avignon.*

Iohannes XXII Amelungo de Ternesche clerico Colon. dioc. reservat beneficium ecclesiasticum cum cura vel sine cura, cuius fructus, si cum cura, viginti, si vero sine cura fuerit, quindecim marcharum argenti s. t. d. valorem omnium non excedant, spectans ad dispositionem episcopi et decani prepositi et capituli Monasteriensis communiter vel divisim.

Suffragantia tibi merita ... Dat. Avin. VI idus novembris a. duodecimo.

In e. m. archiepiscopo Ebredunensi et preposito S. Severini ac scolastico S. Georgii Colon. ecclesiarum.

Reg. 85 f. 155' nr. 434.

1329. *1327 November 9. Avignon.*

Iohannes XXII Iohanni nato nobilis viri Ioffridi de Linengis confert consideratione Iohannis regis Boemie pro eo consanguineo suo supplicantis canonicatum eccl. Argentinensis, prebendam vero eidem reservat.

Nobilitas generis, vite . . . Dat. Avin. V idus novembris a. duodecimo.

In e. m. episcopo Pragensi et archidiacono Trever. ac primicerio Virdun. ecclesiarum.

Reg. 88 f. 93' nr. 3245.

1330. *1327 November 9. Avignon.*

Iohannes XXII Henrico nato magistri Iohannis Coci confert consideratione Iohannis regis Boemie pro eo clerico familiari suo supplicantis eccl. S. Paulini extra muros Treverenses canonicatum, prebendam vero eidem reservat.

Laudabile testimonium quod . . . Dat. Avin. V idus novembris duodecimo.

In e. m. episcopo Pragensi et archidiacono Trever. ac primicerio Virdun. ecclesiarum.

Reg. 88 f. 69' nr. 3190.

1331. *1327 November 9. Avignon.*

Iohannes XXII episcopo Tullensi, petente Iohanne rege Boemie, concedit facultatem concedendi tabellionatus officium duabus personis ydoneis clericis non coniugatis nec in sacris ordinibus constitutis.

Eximie devotionis affectus . . . Dat. Avin. V idus novembris a. duodecimo.

Reg. 85 f. 364' nr. 999 (1039).

1332. *1327 November 26. Avignon.*

Iohannes XXII Mathie nato quondam Henrici dicti Overstolz eccl. S. Kuniberti Colon. canonicatum, prebendam vero eidem reservat.

Suffragantia tibi merita . . . Dat. Avin. VI kl. decembris a. duodecimo.

In e. m. S. Georgii et S. Severini Colon. decanis ac magistro Nicolao de Fractis canonico Patracensis eccl. litterarum apostolicarum correctori.

Reg. 86 f. 181 nr. 1484.

1333. *1327 November 26. Avignon.*

Iohannes XXII Hermanno de Mourcal canonico eccl. Bunnensis Colon. dioc. reservat in eadem eccl. prestimonium vel curtim seu decimam sine cura, obedientiam in partibus illis vulgariter nuncupatum seu nuncupatam, consuetum vel consuetam canonicis prebendatis eccl. Bunnensis sub certa pensione annua assignari, non obstantibus quod in predicta Bunnensi thesaurariam et S. Florini in Confluentia quoddam prestimonium ac in eisdem Bunnensi et S. Florini canonicatus et prebendas et in S. Castoris de Confluentia canonicatum sub expectatione prebende auctoritate apostolica obtinet.

Probitatis merita et virtutum . . . Dat. Avin. VI kl. decembris a. duodecimo.

In e. m. decano S. Andree et thesaurario S. Severini Colon. ac magistro Nicolao de Fractis canonico Patracensis eccl. litterarum apostolicarum correctori.

Reg. 85 f. 267' nr. 752.

1334. *1327 November 26. Avignon.*

Iohannes XXII Cristiano nato Raynardi dicti Hoin confert eccl. S. Adelberti Aquensis Leod. dioc. canonicatum, prebendam vero eidem reservat, non obstante quod Cristiano dudum a papa provisum fuit de beneficio ecclesiastico ad collationem vel presentationem abbatisse monasterii Porschetensis Cisterciensis ord. Colon. dioc. quam provisionem papa per presentes litteras cassat.

Laudabilia probitatis merita . . . Dat. Avin. VI kl. decembris a. duodecimo.

In e. m. abbati monasterii in Rode et cantori B. Marie Aquensis Leod. dioc. ac Iacobo de Mutina scolastico Tullensis ecclesiarum.

Reg. 86 f. 310' nr. 1793.

1335. *1327 November 30. Avignon.*

Iohannes XXII Theoderico comiti Clivensi et Margharite uxori eius concedit facultatem habendi secum altare portatile.

Ut eo libentius divinis . . . Dat. Avin. II kl. decembris a. duodecimo.

Reg. 86 f. 23 nr. 1065; Rs. 947 b.

1336. *1327 November 30. Avignon.*

Iohannes XXII Theoderico comiti Clevensi indulget, ut confessor eius ydoneus, quem duxerit eligendum, omnium peccatorum remissionem semel tantum in mortis articulo concedere valeat.

Provenit ex tue devotionis . . . Dat. Avin. II kl. decembris a. duodecimo.

Reg. 86 f. 4 nr. 1009; Rz. 947a.

1337. *1327 November 30. Avignon.*

Iohannes XXII archiepiscopo Coloniensi mandat, quatinus Henrico dicto Vertichimarck de Dusborg clerico Coloniensi conferat ecclesiam parrochialem in Wanle dicte dioc. vacantem ex eo, quod Constantinus de Cornu olim eiusdem rector, qui de facto dictam ecclesiam detinet occupatam, se non fecit infra tempus debitum iusto impedimento cessante ad sacerdotium promoveri.

Meritis probitatis dilecti ... Dat. Avin. II kl. decembris a. duodecimo.

Reg. 86 f. 6 nr. 1017.

1338. *1326 November 30. Avignon.*

Iohannes XXII Iohanni de Straten canonico eccl. Reyscnsis Colon. dioc. reservat beneficium ecclesiasticum cum cura vel sine cura spectans ad dispositionem decani et capituli eccl. SS. Apostolorum Colon. communiter vel divisim, cuius fructus, si curatum, viginti, si vero sine cura fuerit, quindecim marcharum argenti s. t. d. valorem annuum non excedant, non obstantibus quod canonicatum et prebendam in eccl. Reysensi obtinet aut quod patitur in etate defectum in vicesimo primo etatis sue anno vel circa illum constitutus.

Laudabile testimonium quod . . . Dat. Avin. kl. decembris a. duodecimo.

In e. m. Reyssensis Colon. et Embricensis Traiect. dioc. decanis ac magistro Iacobo de Mutina canonico Cameracensis eccl. capellano papali.

Reg. 85 f. 251' nr. 711.

1339. *1327 November 30. Avignon.*

Iohannes XXII Everardo dicto Hagedorn canonico eccl. Xanctensis Colon. reservat in eadem eccl. dignitatem vel personatum seu officium cum cura vel sine cura et ferculum consuetum canonicis prebendatis ipsius ecclesie assignari, non obstante quod canonicatum et prebendam in dicta eccl. et parrochialem ecclesiam in Humersbem prefate dioc. obtinet. Tamen huiusmodi dignitatem vel personatum seu curatum officium assecutus, dimittat dictam parrochialem ecclesiam.

Merita tue probitatis . . . Dat. Avin. II kl. decembris a. duodecimo.

In e. m. Reyssensis et Embricensis Colon. et Traiect. dioc. decanis ac Iacobo de Mutina capellano papali canonico Cameracensis ecclesiarum.

Reg. 85 f. 252' nr. 713.

1340. *1327 November 30. Avignon.*

Iohannes XXII Theodorico dicto Servier de Engessem clerico Colon. dioc. reservat beneficium ecclesiasticum cum cura vel sine cura consuetum clericis secularibus assignari spectans ad dispositionem abbatisse regalis secularis ecclesie Altinensis Traiect. dioc., cuius fructus, si curatum, viginti, si vero sine cura fuerit, quindecim marcharum argenti s. t. d. valorem annuum non excedant.

Meritis tue probitatis . . . Dat. Avin. II kl. decembris a. duodecimo.

In e. m. Reyssensis et Embricensis Colon. et Traiect. decanis ac magistro Iacobo de Mutina capellano papali canonico Cameracensis ecclesiarum.

Reg. 85 f. 322 nr. 900.

1341. *1327 December 1. Avignon.*

[Iohannes XXII] Otoni de Herbereu canonico ecclesie Wetslariensis Treverensis diocesis.

Personam tuam apud nos . . . Sane petitio tua nobis exhibita continebat, quod tu olim curatam ecclesiam in Sygem Maguntino dioc. . . . assecutus fuisti et eam per quadriennium vel circa tenuisti, sicut adhuc tenere dinosceris, fructus percipiens ex eadem, ad sacros ordines non promotus, dispensatione aliqua super hoc ab apostolica sede non obtenta . . . . Nos igitur . . ., ut ecclesiastica beneficia, etiam si curam habeant animarum, . . . libere recipere et licite retinere valeas, premissis ac defectu natalium, quem pateris de subdiacono genitus et soluta, super quo, sicut asseris, fuit tecum alias in forma certa auctoritate apostolica dispensatum, . . . nequaquam obstantibus, tecum . . . dispensamus ac fructus . . . perceptos tibi remittimus et donamus . . . Dat. Avin. kl. decembris a. duodecimo.

Reg. 85 f. 193 nr. 541.

1342. *1327 December 3. Avignon.*

Iohannes XXII Willelmo de Vrimersheym clerico Coloniensis dioc.

Meritis tue probitatis . . . Sane petitio pro parte tua nobis exhibita continebat, quod tu olim minor annis existens parrochialem ecclesiam in Boichem Colon. dioc., alias tamen canonice, assecutus fuisti eamque per plures annos tenuisti et adhuc tenes, fructus percipiens ex eadem, etiam ad ordines, prout ipsius cura requirit ecclesie, non promotus. Quare pro parte tua nobis extitit humiliter supplicatum, ut . . . Nos itaque . . . omnem inhabilitatis et infamie macalam sive notam per te propter premissa vel eorum occasione contractam . . . abolemus teque habilitamus . . . et nichilominus fructus predictos . . . tibi remittimus et donamus . . . Dat. Avin. III nonas decembris a. duodecimo.

Reg. 86 f. 156' nr. 1422.

1343. *1327 December 3. Avignon.*

[Iohannes XXII] S. Salvatoris Traiectensis ac Dawantriensis Traiectensis dioc. decanis et Iacobo de Mutina canonico Cameracensis eccl.

Meritis probitatis et devotionis dilecti filii Willelmi de Vrymersheym clerici Coloniensis diocesis . . . inducimur, ut personam ipsius dono specialis favoris et gratie prosequamur. Sane nuper pro parte ipsius Guillelmi nobis exposito, quod ipse olim minor annis existens parrochialem ecclesiam in Boichem Coloniensis diocesis . . . fuerat assecutus eamque per plures annos tenuerat et adhuc etiam detinet, fructus percipiens ex eadem, etiam ad ordines, prout requirit ipsius cura ecclesie, non promotus, nos . . . omnem inhabilitatis et infamie maculam sive notam per eum propter premissa vel eorum occasione contractam per nostras . . certi tenoris litteras abolevimus ipsumque habilitavimus . . . fructusque predictos . . . eidem remisimus et donavimus . . . Igitur . . . discretioni vestre . . . mandamus, quatinus . . . prefatam parrochialem ecclesiam propter premissa de iure vacantem, cuius fructus . . . quindecim marcharum argenti s. t. d. valorem annuum, sicut asseritur, non excedunt . . . eidem Willelmo vel procuratori suo

... conferre et assignare curetis ... Dat. Avin. III nonas decembris a. undecimo.

Reg. 86 f. 133 nr. 1364.

1344. *1327 December 3. Avignon.*

Iohannes XXII episcopo Leodiensi mandat, quatinus ab Henrico de Wickerode canonico eccl. Colon. resignare volente huiusmodi canonicatum et prebendam recipiat resignationem et ea recepta conferat predictos canonicatum et prebendam persone ydonee et alias beneficiate.

Cum sicut accepimus ... Dat. Avin. III nonas decembris a. duodecimo.

Reg. 86 f. 103 nr. 1276.

1345. *1327 December 3. Avignon.*

Iohannes XXII Brunoni dicto de Wickerode clerico Colon. dioc. reservat beneficium ecclesiasticam cum cura vel sine cura consuetum abolim clericis secularibus assignari, cuius fructus, si curatum, viginti quinque, si vero sine cura fuerit, quindecim marcharum argenti s. t. d. valorem annuum non excedant, ad abbatisse et capituli secularis ecclesie Sanctarum virginum Colon. dispositionem communiter vel divisim pertinens.

Probitatis tue merita ... Dat. Avin. III nonas decembris a. duodecimo.

In e. m. S. Gereonis et S. Andree Colon. decanis ac magistro Iacobo pe Mutina canonico Cameracensis ecclesiarum.

Reg. 86 f. 103 nr. 1277.

1346. *1327 December 3. Avignon.*

Iohannes XXII Theoderico nato Henrici de Merceneheusen confert eccl. B. Marie Aquensis Leod. dioc. canonicatum, prebendam vero eidem reservat.

Meritis tue probitatis ... Dat. Avin. III nonas decembris a. duodecimo.

In e. m. decano et cantori S. Adelberti Aquensis Leod. dioc. ac magistro Iacobo de Mutina scolastico Tull. ecclesiarum.

Reg. 88 f. 178' nr. 3465.

1347. *1327 December 3. Avignon.*

Iohannes XXII Henrico nato Henrici de Mercenhusen confert eccl. Carpensis Colon. dioc. canonicatum, prebendam vero eidem reservat.

Attributa tibi merita . . . Dat. Avin. III nonas decembris a. duodecimo.

In e. m. S. Andree et S. Georgii Colon. decanis ac Iacobo de Mutina scolastico Tull. ecclesiarum.

Reg. 88 f. 174 nr. 3466.

1348. *1327 December 3. Avignon.*

Iohannes XXII Iohanni dicto Rumel confert ecclesie Susaciensis Colon. dioc., in qua ecclesia, sicut asseritur, prebende maiores et minores existunt, canonicatum, prebendam vero unam de predictis maioribus eidem reservat.

Probitatis tue merita . . . Dat. Avin. III nonas decembris a. duodecimo.

In e. m. S. Gereonis et S. Andree Colon. decanis ac Iacobo de Mutina canonico Cameracensis ecclesiarum.

Reg. 86 f. 103 nr. 1278.

1349. *1327 December 3. Avignon.*

Iohannes XXII Iohanni Wilhelmi de Iuliaco confert eccl. S. Iohannis Leod. canonicatum, prebendam vero eidem reservat.

Meritis tue probitatis . . . Dat. Avin. III nonas decembris a. duodecimo.

In e. m. S. Bartholomei et S. Crucis Leod. decanis ac Ambrosio de Mediolano canonico Mediolanensis eccl.

Reg. 86 f. 263 nr. 1676.

1350. *1327 December 3. Avignon.*

Iohannes XXII Guillelmo Nicolai de Iuliaco presbitero confert eccl. S. Servatii Traiectensis Leod. dioc. canonicatum, prebendam vero ac dignitatem seu personatum vel officium cum cura vel sine cura in dicta eccl. eidem reservat, non obstante quod parrochialem ecclesiam in Berge Leod. dioc. obtinet. Tamen assecutus huiusmodi dignitatem vel personatum seu officium curatum, omnino dimittat predictam ecclesiam parrochialem.

Meritis tue probitatis . . . Dat. Avin. III nonas decembris a. duodecimo.

In e. m. S. Marie et S. Adalberti Aquensis Leod. dioc. decanis ac Ambrosio de Mediolano canonico Mediolanensis ecclesiarum.

Reg. 86 f. 269 nr. 1694.

1351. *1327 December 3. Avignon.*

Iohannes XXII Iohanni Karsilii de Iuliaco presbitero Colon. dioc. reservat beneficium ecclesiasticum cum cura vel sine cura, cuius fructus, si curatum, viginti quinque, si vero sine cura fuerit, quindecim marcharum argenti s. t. d. valorem annuum non excedant, ad prepositi et capituli eccl. Aquensis Leod. dioc. dispositionem communiter vel divisim pertinens.

Ex tue devotionis et probitatis . . . Dat. Avin. III nonas decembris a. duodecimo.

In e. m. abbati monasterii Stabulensis et decano S. Adalberti Aquensis Leod. dioc. ac Ambrosio de Mediolano canonico Mediolanensis ecclesiarum.

Reg. 86 f. 276 nr. 1713.

1352. *1327 December 3. Avignon.*

Iohannes XXII Ade de Damone confert eccl. S. Adalberti Aquensis Leod. dioc. canonicatum, prebendam vero eidem reservat, non obstante quod parrochialem ecclesiam in Scocteng Colon. dioc. obtinet.

Probitatis tue merita . . . Dat. Avin. III nonas decembris a. duodecimo.

In e. m. abbati monasterii Stabulensis et decano S. Marie Aquensis Leod. dioc. ac Ambrosio de Mediolano canonico Mediolanensis ecclesiarum.

Reg. 86 f. 276' nr. 1714.

1353. *1327 December 3. Avignon.*

Iohannes XXII Adolpho de Ripa confert eccl. S. Adalberti Aquensis Leod. dioc. canonicatum, prebendam vero eidem reservat, non obstante quod parrochialem ecclesiam de Mormesneyt dicte Leod. dioc. obtinet.

Apostolice liberalitatis dexteram . . . Dat. Avin. II nonas decembris a. duodecimo.

In e. m. S. Crucis Leod. et S. Marie Aquensis Leod. dioc. decanis ac magistro Nicolao de Fractis canonico Patracensis eccl. litterarum apostolicarum correctori.

Reg. 88 f. 44 nr. 3113.

1354. *1327 December 4. Avignon.*

Iohannes XXII Gerardo nato Engelberti de Ophoum (Ophovin?) armigeri confert eccl. SS. Apostolorum Colon. canonicatum, prebendam vero in eadem eidem reservat.

Meritis tue probitatis . . . Dat. Avin. II nonas decembris a. duodecimo.

In e. m. S. Andree et S. Georgii Colon. decanis ac magistro Nicolao de Fractis canonico Patracensis eccl. litterarum apostolicarum correctori.

Reg. 87 f. 74 nr. 2198.

1355. *1327 December 4. Avignon.*

Iohannes XXII Willermo nato Conradi de Auwillompuch confert eccl. B. Marie Aquensis Leod. dioc. canonicatum, prebendam vero eidem reservat.

Meritis tue probitatis . . . Dat. Avin. II nonas decembris a. duodecimo.

In e. m. preposito et cantori S. Adalberti prope muros Aquenses Leod. dioc. ac magistro Busolo de Parma canonico Tornacensis ecclesiarum.

Reg. 87 f. 97 nr. 2278.

1356. *1327 December 4. Avignon.*

Iohannes XXII Laurentio Hermanni de Aquis laico Leod. dioc. reservat prebendam seu officium, quocumque nomine nuncupatur, consuetam vel consuetum clericis coniugatis vel laicis assignari, ad dispositionem prepositi decani et capituli eccl. S. Servatii Traiectensis Leod. dioc. communiter vel divisim pertinentem vel pertinens.

Attributa tibi merita . . . Dat. Avin. II nonas decembris a. duodecimo.

In e. m. S. Crucis Leod. et S. Marie Traiect. Leod. dioc. decanis ac magistro Nicolao de Fractis canonico Patracensis eccl. litterarum apostolicarum correctori.

Reg. 88 f. 210 nr. 3554.

1357. *1327 December 4. Avignon.*

Iohannes XXII Iohanni nato Godeschalci de Munheym armigeri laico reservat officium laicale consuetum abolim personis laicis conferri, si quod in eccl. S. Gereonis Colon. vacat ad presens vel cum vacaverit.

Probitatis tue merita . . . Dat. Avin. II nonas decembris a. duodecimo.

In e. m. decano et thesaurario Xanctensis Colon. dioc. ac magistro Nicolao de Fractis canonico Patracensis eccl. litterarum apostolicarum correctori.

Reg. 87 f. 74' nr. 2199.

1358. *1327 December 6. Avignon.*

Iohannes XXII Stachino Waspardi clerico Leodiensi reservat beneficium ecclesiasticum cum cura vel sine cura ad dispositionem decani et capituli eccl. Aquensis Leod. dioc. communiter vel divisim pertinens, cuius fructus, si cum cura, quadraginta, si vero sine cura fuerit, viginti quinque marcharum argenti s. t. d. valorem annuum non excedant.

Probitatis tue merita . . . Dat. Avin. II nonas decembris a. duodecimo.

In e. m. decano S. Crucis Leod. et scolastico S. Adelberti Leod. dioc. ac magistro Nicolao de Fractis canonico Patracensis eccl. litterarum apostolicarum correctori.

Reg. 88 f. 136' nr. 3349.

1359. *1327 December 8. Avignon.*

Iohannes XXII Hermanno Hermanni de Medebeke confert eccl. S. Ludgeri Monasteriensis canonicatum, prebendam vero eidem reservat, non obstante quod in eccl. Susaciensi Colon. dioc. canonicatum sub expectatione prebende auctoritate apostolica obtinet.

Laudabile testimonium, quod ... Dat. Avin. VI idus decembris a. duodecimo.

In e. m. Tullensis et Susaciensis scolasticis ac cantori eiusdem Susaciensis Colon. dioc. ecclesiarum.

Reg. 88 f. 28' nr. 3069.

1360. *1327 December 8. Avignon.*

[Iohannes XXII] Hermanno de Bergle canonico ecclesie in Gerisheym Colon.

Personam tuam de honestate ... Sane petitio pro parte tua nobis exhibita continebat, quod olim tecum super defectu natalium, quem pateris de soluto genitus et soluta, quod eo non obstante posses ad omnes ordines promoveri et ecclesiasticum beneficium obtinere, etiam si curam animarum haberet, fuit auctoritate apostolica dispensatum, cuius dispensationis vigore te fecisti ad omnes ordines promoveri ac canonicatum et prebendam ecclesie in Gerisheym Coloniensis diocesis fuisti canonice assecutus et deinde dispensatione alia non obtenta parrochialem ecclesiam in Linse Treverensis diocesis alias canonice recepisti illumque una cum dictis canonicatu et prebenda per septennium vel circiter tenuisti at adhuc tenes ... fructus ... percipiens ex eisdem. Quare pro parte tua fuit nobis humiliter supplicatum ... Nos igitur ... te ... habilitamus ad beneficium vel beneficia ecclesiastica cum cura vel sine cura obtinendum vel etiam obtinenda ... Dat. Avin. VI idus decembris a. duodecimo.

Reg. 88 f. 70 nr. 3192.

1361. *1327 December 8. Avignon.*

Iohannes XXII Arnoldo de Dusene [a] canonico Osnaburgensi confert, petente Gotfrido episcopo Osnaburgensi, reservat in eccl. Osnaburgensi dignitatem vel personatum seu officium cum cura vel sine cura, dummodo huiusmodo dignitas in dicta ecclesia post episcopalem maior non existat, non obstante quod in eadem canonicatum sub expectatione prebende auctoritate apostolica et in Angarensi Osnaburgensis dioc. canonicatum et prebendam obtinet et in S. Severini Colon. eccl. sub expectatione prebende et ferculi in canonicum est receptus.

Probitatis tue merita ... Dat. Avin. VI idus decembris a. duodecimo.

a) Duseue *ms.*

In e. m. decano et thesaurario Bunnensis Colon. dioc. ac Iacobo de Mutina scolastica Tullensis eccl. capellano papali.

Reg. 88 f. 211 nr. 3557.

1362. *1327 December 8. Avignon.*

Iohannes XXII Iohanni dicto Lumpe reservat beneficium ecclesiasticum cum cura vel sine cura consuetum abolim clericis secularibus assignari, ad abbatis et conventus monasterii in Grascap ord. S. Bened. Colon. dioc. dispositionem communiter vel divisim pertinens, cuius fructus, si cum cura, viginti quinque, si vero sine cura fuerit, quindecim marcharum argenti s. t. d. valorem annuum non excedant, non obstante quod Iohannes in eccl. veteri S. Pauli Monasteriensi sub expectacione prebende auctoritate litterarum apostolicarum in canonicum est receptus.

Probitatis tue merita . . . Dat. Avin. VI idus decembris a. duodecimo.

In e. m. decano S. Georgii Colon. et Tullensis ac S. Marie ad gradus Colon. scolasticis ecclesiarum.

Reg. 88 f. 28' nr. 3070.

1363. *1327 December 9. Avignon.*

Iohannes XXII Theoderico de Essende canonico monasterii B. Marie in Capitolio Coloniensi reservat beneficium ecclesiasticum cum cura vel sine cura consuetum ab olim clericis secularibus assignari ad dispositionem abbatisse et conventus monasterii predicti communiter vel divisim pertinens, etiamsi huiusmodi beneficium de consuetudine dicti monasterii officium nuncupetur et solis canonicis actu prebendatis ipsius monasterii consuetum fuerit assignari, cuius quidem beneficii fructus, si sine cura fuerit, quindecim marcharum argenti s. t. d. valorem annuum non excedant, non obstante quod in eodem monasterio canonicatum sub expectatione prebende et in S. Andree Colon. et Zeflicensi Colon. dioc. eccl. canonicatus et prebendas obtinet.

Laudabile testimonium, quod . . . Dat. Avin. V idus decembris a. duodecimo.

In e. m. cantori et thesaurario S. Severini Coloniensis ac magistro Nicolao de Fractis canonico Patracensis eccl. litterarum apostolicarum correctori.

Reg. 89 f. 57 nr. 2146.

1364. *1327 December 13. Avignon.*

Iohannes XXII Gerardo dicto Hoykinch canonico S. Georgii Colon. reservat beneficium ecclesiasticum cum cura vel sine cura consuetum abolim clericis secularibus assignari, cuius fructus, si sine cura fuerit, quindecim marcharum argenti s. t. d. valorem annuum non excedant, ad dispositionem abbatis et conventus monasterii S. Panthaleonis Colon. ord. S. Bened. pertinens communiter vel divisim, non obstante quod in eccl. S. Georgii Colon. canonicatum et prebendam obtinet.

Multiplicia tue probitatis ... Dat. Avin. idus decembris a. duodecimo.

In e. m. decano et thesaurario S. Severini Colon. ac magistro Bosolo de Parma capellano papali canonico Tornacensis ecclesiarum.

Reg. 85 f. 220 nr. 621.

1365. *1327 December 13. Avignon.*

Iohannes XXII Hermanno dicto de S. Georgio rectori parrochialis ecclesie S. Laurentii Coloniensis, nondum tamen in sacris ordinibus constituto, indulget, ut usque ad quinquennium a data presentium computandum non teneatur se in presbiterum facere promoveri, dummodo se faciat infra annum, infra quem a tempore commissi ipsi ecclesie predicti regiminis et possessionis, ut asserit, ipse adhuc est, in subdiaconum statutis a iure temporibus ordinari.

Attributa tibi multiplicia . . . Dat. Avin. idus decembris a. duodecimo.

Reg. 86 f. 173' nr. 1461.

1366. *1327 December 27. Avignon.*

Iohannes XXII abbati monasterii Sybergensis et decano in Limborch ac cantori S. Iohannis Maguntini mandat, quatinus decernant litem inter Iohannem de Clevis scolasticum ecclesie Maguntine et capitulum eiusdem ecclesie exortum.

Iohannes XXII abbati monasterii Sybergensis et decano in Limborch Colon. et Trever. dioc. ac cantori S. Iohannis Magunt. eccl.

Oblata nobis pro parte dilecti filii Iohannis de Clevis scolastici ecclesie Maguntine capellani nostri petitio continebat, quod olim de scolastria ecclesie predicte vacante fuit eidem Iohanni auctoritate apostolica provisum, et quod quondam Symone dicto Muchelin eiusdem ecclesie canonico asserente ad se scolastriam spectare prefatam seque provisioni huiusmodi dicto Iohanni facte opponente fuit inter eos super dicta scolastria apud sedem apostolicam lis exorta, et quod huiusmodi lite pendente.. decanus ipsius ecclesie pretextu cuiusdam consuetudinis, qua cavetur in ipsa ecclesia, quod idem decanus vel eo absente alius prelatus eiusdem ecclesie canonicos simplices dumtaxat ipsius ecclesie absentes a perceptione fructuum prebendarum suarum suspendere potest, dictum Iohannem, qui non simplex canonicus sed etiam scolasticus eiusdem ecclesie existebat, prout ex diffinitiva sententia pro eodem Iohanne super hoc prolata noscitur apparere, de facto suspendit, cuius suspensionis pretextu iidem decanus et capitulum eiusdem ecclesie dicto Iohanni fructus prebende sue, quam obtinet in eadem, detinuerunt et adhuc detinere noscuntur, quamquam predicta diffinitiva sententia, que nulla provocatione suspensa in rem pertransiit iudicatam, eisdem decano et capitulo notificata fuerit et legitime nunciata. Et nichilominus prefati decanus et capitulum ad quatuor altaria eiusdem ecclesie ad collationem scolastici predicti spectantia, que lite predicta pendente in ecclesia ipsa vacaverant queque[a] prefatus scolasticus propter litis dependentiam non contulit nisi post prefatam diffinitivam sententiam promulgatam, personas idoneas, quibus illa contulit, admittere eisque de fructibus eorum respondere denegarunt et denegant minus iuste detinendo eosdem indebite occupatos... Quare prefatus scolasticus nobis humiliter supplicavit... Quocirca discretioni vestre ... mandamus, quatinus ... vocatis qui fuerint evocandi ... faciatis super premissis omnibus et singulis iustitie complementum... Dat. Avin. VI kl. ianuarii a. duodecimo.

Reg. 88 f. 213 nr. 3562.

1367. *1327 December 27. Avignon.*

[Iohannes XXII] Iohanni de Clevis decano ecclesie Coloniensis capellano papali.

Dum nobilitatem generis... Sane petitio pro parte tua nobis exhibita continebat, quod nos olim tecum, quod ratione decanatus tui, quem in ecclesia Coloniensi obtines cuique cura imminet animarum, non tenereris usque ad certi temporis spacium nondum elapsum ad sacros ordines promoveri,... duximus dispensandum. Quare pro parte

a) queve *in reg.*

predicta fuit nobis humiliter supplicatum ... Nos itaque ... tecum, quod ratione dicti decanatus et scolastrie, quam in ecclesia Maguntina ex dispensatione apostolica te asseris obtinere sine cura, non tenearis ad diaconatus et presbiteratus ordines usque ad biennium a data presentium numerandum promoveri, dummodo interim statutis a iure temporibus in subdiaconum sis promotus ... dispensamus ... Dat. Avin. VI kl. ianuarii a. duodecimo.

Reg. 88 f. 218' nr. 3574.

1368. *1327 December 27. Avignon.*

Iohannes XXII Erberto de Hervorde canonico eccl. Susaciensis Colon. dioc., in qua quatuor prebende minores et nonnulle alie maiores existunt, reservat unam de maioribus, non obstante quod in eadem eccl. canonicatum et dictam minorem prebendam obtinet et quod dudum ei est auctoritate apostolica in forma pauperum provisum de beneficio ecclesiastico competenti cum cura vel sine cura spectante communiter ad dispositionem decani et capituli eccl. Bunnensis Colon. dioc., ex quo nullum adhuc assecutus est commodum. Tamen maiorem prebendam predictam assecutus dimittere teneatur dictam minorem.

Attributa tibi merita ... Dat. Avin. VI kl. ianuarii a. duodecimo.

In e. m. monasterii S. Walburgis extra muros Susacienses et magistro Guillermo de Sancto Victore capellano papali S. Petri de Foresta Colon. et Aquinatensis dioc. prepositis ac decano S. Andree Colon. ecclesiarum.

Reg. 88 f. 104 nr. 3268.

1369. *1327 December 29. Avignon.*

Iohannes XXII archiepiscopo Coloniensi mandat, quatinus Arnaldum de Strata a parentibus quondam coactum ad ingrediendum ordinem Cisterciensium et postea ad statum secularem reversum restituat ad bonam famam.

[Iohannes XXII] archiepiscopo Coloniensi.

Circumspecta in suis actibus ... Sane .. Arnaldus de Strata, tue Coloniensis diocesis in nostra presentia constitutus ... nobis monstravit, quod olim ipse infra tertium undecimum (!) etatis sue annum vel circiter existens, tractatu ducatu et motu parentum suorum monasterium S. Marie Campense Cisterciensis ordinis dicte diocesis ingressus extitit et in eo habitum novitiorum assumpsit, nullam intentionem habens in eodem monasterio remanendi, cum ferre non posset rigorem eiusdem ordinis, et diversis vicibus et temporibus suas vestes, quas dimiserat, repetiit seculares, quas rehabere nequivit a personis dicti monasterii, que vestes huiusmodi detinebant; deinde vero exacto sue probationis anno dictus Arnaldus ab eisdem parentibus requisitus, ut profiteretur ordinem prelibatum, id afficere contradixit perseverando in huiusmodi sua contradictoria voluntate, sed postmodum tam dictorum parentum quam ipsius monasterii prelatorum vi et metu, qui cadere poterat in constantem, protestatione per eum primitus facta, quod nullatenus in predicto monasterio remaneret, sed abinde, cum posset, aufugeret, eundem ordinem professus extitit cum lacrimis et dolore, dictique parentes postea ipsum invitum et renitentem fecerunt in subdiaconum promoveri, ac dictus Arnaldus ante et post receptionem huiusmodi subdiaconalis ordinis diversis vicibus oportunitate et facultate captatis se de monasterio per fuge subsidium absentavit, ac parentes et prelati prefati dictum Arnaldum ceperunt et carceri mancipaverunt, a quo quidem carcere oportuni temporis et facultatis hora captata se convertit in fugam et personaliter ad partes contulit se remotas, liber degens et seculariter se exercens per sex annorum spacium vel circa seu amplius contra hostes ecclesie dimicando. Quare nobis predictus Arnaldus humiliter supplicavit, ut, cum ... abbas dicti monasterii secum super premissis duxerit, quatinus potuit, dispensandum ipseque professioni et ordini subdiaconali prefatis nunquam applicasset affectum, sed contradictionis et voluntatis signa, ut premittitur, expressisset, cum eo, ut professione predicta nequaquam obstante posset in seculo remanere et ad legitimos actus seculares admitti ac illos etiam exercere ipsumque ad bonam famam restituere ac in eo abolere ,quamlibet notam infamie, si quam propterea contraxisset, dispensare ... dignaremur. Licet autem favor pro religione facere videatur, quia tamen in hiis, que vi metuque causa (!) fiunt, diversimode iuris censura providit, nos ... fraternitati tue ... committimus et mandamus, quatinus, si tibi ... constiterit de predictis, cum eodem Arnaldo auctoritate nostra dispenses et eum ad bonam famam suam restituas ... dummodo non appareat aliud, quod obsistat. Dat. Avin. IIII kl. ianuarii a. duodecimo.

Reg. 85 f. 146 nr. 401.

1370. *1327 December 29. Avignon.*

Iohannes XXII archiepiscopo Coloniensi mandat, quatinus cum Hermanno de Helden et Beatrice de Snellenberg dispenset super impedimento matrimonii.

[Iohannes XXII] archiepiscopo Coloniensi.

Intenta salutis operibus ... Exhibita siquidem nobis pro parte ... Hermanni domicelli nati .. Theoderici dicti de Heldene et ... Beatricis domicelle nate .. Franconis de Snellenberg militum tue diocesis petitio continebat, quod ipsi ad firmandam perpetuam pacem et amicitiam inter parentes et consanguineos utriusque ipsorum desiderant invicem matrimonialiter copulari; sed quia dictus Hermandus (!) alias cognovit carnaliter quamdam mulierem eidem Beatrici in quarto consanguinitatis gradu attinentem, propter quod huiusmodi desiderium non valent deducere ad effectum, et valde periculose huiusmodi pacis reformatio impeditur. Quare pro parte dictorum Hermanni et Beatricis fuit nobis humiliter supplicatum, ut cum huiusmodi factum ante occultum omnino existeret, et si huiusmodi coniunctio inter ipsos non fieret, magna strages et dissentio inter dictos parentes et consanguineos possit graviter suboriri, providere eis super hoc de oportune dispensationis beneficio misericorditer dignaremur. Nos igitur . . . fraternitati tue ... mandamus, quatinus, si est ita, cum eisdem Hermanno et Beatrice, quod impedimento huiusmodi nequaquam obstante possint invicem matrimonium libere contrahere et in eo ... remanere, auctoritate apostolica dispensare procures. Dat. Avin. IIII kl. ianuarii a. duodecimo.

Reg. 88 f. 91 nr. 3289.

1371. *1327 December 29. Avignon.*

Iohannes XXII Alberto nato Henrici de Langenholthusen presbitero Colon. dioc. reservat beneficium ecclesiasticum cum cura vel sine cura consuetum ab olim clerico secularibus assignari, spectans communiter vel divisim ad dispositionem abbatisse et capituli secularis SS. Undecim milium virginum Colon., cuius quidem beneficii fructus, si curatum, viginti, si vero sine cura fuerit, quindecim marcharum argenti s. t. d. valorem annuum non excedant.

Ad illorum provisionem . . . Dat. Avin. IIII kl. ianuarii a. duodecimo.

In e. m. S. Martini et S. Pantaleonis monasteriorum Colon. abbatibus ac Ambrosio de Lamayrola canonico Mediolanensi.

Reg. 86 f. 228' nr. 1595.

1372. *1328 Januar 1. Avignon.*

Iohannes XXII Maguntino, Magdeburgensi et Coloniensi archiepiscopis commendat Iohannem Bertrandi canonicum ecclesie Haen-Monasterii Lemovicensis diocesis apostolice sedis nuncium pro certis pape et ecclesie Romane ad eas partes destinatum.

Cum nos dilectum filium . . . Dat. Avin. kl. ianuarii a. duodecimo.

Reg. 114 ps. II f. 171' nr. 1678; Rs. 259.

1373. *1328 Januar 9. Avignon.*

Iohannes XXII Cristiano nato Reynardi dicti Hein reservat beneficium ecclesiasticum cum cura vel sine cura, cuius fructus, si cum cura, viginti, si vero sine cura fuerit, quindecim marcharum argenti s. t. d. valorem annuum non excedant, ad prepositi eccl. Aquensis Leod. dioc. dispositionem pertinens, non obstante quod papa eidem providit de canonicatu eccl. Adalberti Aquensis dicte dioc.

Tue probitatis merita . . . Dat. Avin. V idus ianuarii a. duodecimo.

In e. m. decano S. Georgii Colon. et magistro Iacobo de Mutina scolastico Tullensis capellano papali ac cantori B. Marie Aquensis Leod. dioc. ecclesiarum.

Reg. 86 f. 311' nr. 1794.

1374. *1328 Januar 16. Avignon.*

Iohannes XXII Gerhardo de Bocholte presbitero confert consideratione Iohannis regis Boemie eccl. S. Georgii Colon. canonicatum, prebendam vero eidem reservat, non obstante quod parrochialem ecclesiam in Bocholte Monasteriensis dioc. obtinet.

Illis libenter apostolice . . . Dat. Avin. XVII kl. februarii a. duodecimo.

In e. m. S. Gereonis et S. Andree Colon. decanis ac scolastico Tull. ecclesiarum.

Reg. 88 f. 185 nr. 3495.

***1375.** *1328 Januar 17. Avignon.*

Iohannes XXII archiepiscopo Treverensi, petente Gerlaco co-

mite de Nassau, mandat, quatinus parrochialem ecclesiam in Oberlahnstein incorporet ecclesie in Edichenstein.

[Iohannes XXII] archiepiscopo Treverensi.

Petitio dilecti filii nobilis viri Gerlaci comitis de Nassawe nobis nuper exhibita continebat, quod ipse ad honorem dei ei B. Marie virginis matris eius et pro sue progenitorumque suorum salute animarum ius patronatus parrochialis ecclesie in Superiori Lainstein tue diocesis, quod ad se asserit pertinere, intendit parrochiali ecclesie in Edichenstein dicte diocesis, ad quam gerit specialis devotionis affectum, applicare pariter et donare, in desideriis suis gerens, ut per apostolice sedis gratiam de ipsius redditibus sex presbiteri ydonei in predicta ecclesia in Edichenstein perpetuo domino servituri valeant sustentari. Nos igitur . . . quia de premissis eorumque circumstantiis noticiam non habemus, fraternitati tue . . . committimus et mandamus, quatinus de predictis cum diligentia te informes et specialiter, si dictum ius patronatus ipsius ecclesie in Superiori Lainstein ad eundem nobilem pertinet, ut prefertur, necnon et pro quot presbiteris sufficient ipsius ecclesie facultates, reservata de ipsis vicario perpetuo inibi domino servituro pro sufficienti sustentatione ipsius ac episcopalibus iuribus persolvendis et aliis sibi incumbentibus oneribus supportandis congrua portione. Et si per informationem huiusmodi predictum ius patronatus ad predictum nobilem pertinere reperreris, ut prefertur, facta primo concessione et donatione per eundem nobilem de prefato iure patronatus ipsius ecclesie in Superiori Lainstein, predictam ecclesiam in Superiori Lainstein cum omnibus iuribus et pertinentiis suis prefate ecclesie in Edichenstein auctoritate apostolica perpetuo unias applices et connectas; ita videlicet quod rector ipsius ecclesie in Edichenstein, qui est seu erit pro tempore post unionem huiusmodi, ipsius ecclesie in Superiori Lainstein cedente vel decedente rectore, corporalem possessionem ipsius ecclesie in Superiori Lainstein ac iurium et pertinenciarum ipsius . . . possit apprehendere libere et tenere, tua tuorumque successorum et alterius cuiuscumque licentia minime requisita, fructibus redditibus et proventibus ipsius ecclesie in Superiori Lainstein in eorundem presbiterorum usus proprios iuxta ordinationem tuam auctoritate presentium faciendam perpetuo libere convertendis, reservata tamen, ut predicitur, de fructibus et proventibus eisdem ipsius ecclesie in Superiori Lainstein pro predicto perpetuo vicario canonice instituendo ibidem predicta congrua portione. Et nichilominus facta per te, ut premittitur, unione predicta, si prefate ecclesie in Superiori Lainstein facultates, reservata portione predicta, sufficiant ad hoc, prefatum numerum predictorum sex presbiterorum in dicta[a] ecclesia in Edichenstein auctoritate predicta constituere et ordinare procures. Si vero facultates huius prefate ecclesie in Superiori Lainstein pro dicto numero sex presbiterorum dicta portione detracta sufficere non valerent, tu nichilominus, facta per te primitus unione predicta, minorem numerum dictorum presbiterorum, reservata dicta portione congrua, ibidem instituas et ordines, prout videris expedire. Quorum omnium presbiterorum pro hac vice nominatio, duorum vero dumtaxat perpetuis futuris temporibus ad ipsum nobilem, aliorum autem presbiterorum ipsorum ad prefatum rectorem dicte ecclesie in Edichenstein presentatio debeat pertinere . . . Dat. Avin. XVI kl. februarii a. duodecimo.

Reg. 88 f. 200' nr. 3530. — Apogr. saec. XVII Wiesbaden. Arch. reg. Stift Idstein nr. 1a.

1376. *1328 Januar 17. Avignon.*

Iohannes XXII Gerlaco comiti de Nassawe et Agneti eius uxori indulget licentiam habendi altare portatile.

Sincere devotionis affectus . . . Dat. Avin. XVI kl. februarii a. duodecimo.

Reg. 85 f. 832 nr. 925.

1377. *1328 Januar 17. Avignon.*

Iohannes XXII Gerlaco comiti de Nassawe et Agneti eius uxori Trever. dioc. indulget, ut, si forsitan ad loca ecclesiastico interdicto supposita eos pervenire contigerit, possint in illis per sacerdotem ydoneum missam et alia divina officia facere celebrari clausis ianuis *etc.*

Devotionis vestre sinceritas . . . Dat. Avin. XVI kl. februarii a. duodecimo.

Reg. 85 f. 832 nr. 926.

1378. *1328 Januar 17. Avignon.*

Iohannes XXII nobili viro Heynone de Lurenburg militi et nobili mulieri Cuse eius uxori indulget, ut eorum confessor ydoneus, quem

---

a) *in reg. additur mendose:* portione detracta sufficere non valerent.

ad hoc duxerint eliquendum, eis omnium peccatorum plenariam remissionem semel tantum in mortis periculo impertiri valeat.

Provenit ex vestre devotionis ... Dat. Avin. XVI[a] kl. februarii a. duodecimo.

Reg. 85 f. 332 nr. 927.

1379. *1328 Januar 17. Avignon.*

Iohannes XXII Gerlaco comiti de Nassawe et Agneti eius uxori Trever. dioc. indulget, ut eorum confessor ydoneus, quem ad hoc duxerint eligendum, eis omnium peccatorum plenariam remissionem semel tantum in mortis periculo concedere valeat.

Eximie devotionis affectum ... Dat. Avin. XVI kl. februarii a. duodecimo.

Reg. 85 f. 332 nr. 928.

1380. *1328 Januar 17. Avignon.*

Iohannes XXII Gerlaco comiti de Nassawe et Agneti eius uxori Trever. dioc. indulget, ut in locis, ad que eos forsitan declinare contiuget, liceat eis per proprium vel alium sacerdotem ydoneum, antequam illucescat dies, cum id ex iusta causa eis fuerit oportunum, missam facere celebrari.

Sincere devotionis affectus ... Dat. Avin. XVI kl. februarii a. duodecimo.

Reg. 85 f. 332' nr. 930.

1381. *1328 Januar 17. Avignon.*

[Iohannes XXII] Gerlaco comiti de Nassawe.

Eximie devotionis affectus ... Cum itaque, sicut ex tenore tue petitionis accepimus, nonnulli religiosi Cisterciensis, Predicatorum et aliorum ordinum sepe ad domum tuam concurrant, quibus statuta sui ordinis esum carnium interdicunt, et laboriosum sit diebus non ieiunabilibus habere personas uti cibariis sibi appositio non valentes, nos ... tibi, ut religiosi ipsi, dummodo viatores existant, diebus tamen, quibus non est esus carnium interdictus in domo tua, ... carnibus vesci possint, ... indulgemus ... Dat. Avin. XVI kl. februarii a. duodecimo.

Reg. 86 f. 70 nr. 1188.

a) VI *in reg.*

1382. *1328 Januar 17. Avignon.*

Iohannes XXII Gerhardo nato Henrici de Luremburg[a] militis confert eccl. in Deyckirchen Trev. dioc. canonicatum, prebendam vero eidem reservat.

Suffragantia tibi merita... Dat. Avin. XVI kl. februarii a. duodecimo.

In e. m. S. Severini Colon. et S. Marie ad gradus Colon. ac magistro Ambrosio de Lamayrola canonico Mediolanensis ecclesiarum.

Reg. 85 f. 337' nr. 942.

1383. *1328 Januar 17. Avignon.*

Iohannes XXII Iohanni nato Iohannis de Katzenellenbogen militis confert eccl. S. Castoris in Confluentia Trever. dioc. canonicatum, prebendam vero eidem reservat.

Apostolice liberalitatis dexteram ... Dat. Avin. XVI kl. februarii a. duodecimo.

In e. m. S. Severini Colon. et S. Marie ad gradus Colon. prepositis ac magistro Ambrosio de Lamayrola canonico Mediolanensis ecclesiarum.

Reg. 85 f. 338 nr. 943.

1384. *1328 Januar 17. Avignon.*

Iohannes XXII nobili viro Henrico de Calsmont militi et nobili mulieri Agneti eius uxori Trever. dioc. indulget, ut eorum confessor ydoneus, quem ad hoc duxerint eligendum, omnium cis peccatorum plenariam remissionem semel tantum in mortis periculo concedere valeat.

Personas vestras speciali ... Dat. Avin. XVI kl. februarii a. duodecimo.

Reg. 85 f. 357 nr. 992.

1385. *1328 Januar 17. Avignon.*

Iohannes XXII Hermanno dicto de Leste clerico Treverensis dioc. indulget, ut eius confessor, quem ad hoc duxerit eligendum, ei

---

a) *Sic corrigendum censeo loco* Lucemburg *ms.*

omnium peccatorum plenariam remissionem semel tantum in mortis articulo impertiri valeat.

Provenit ex tue devotionis ... Dat. Avin. XVI kl. februarii a. duodecimo.

Reg. 85 f. 332' nr. 929.

1386. *1328 Januar 17. Avignon.*

Iohannes XXII Iohanni dicto Berbuch de Portamartis clerico coniugato in minoribus ordinibus constituto Colon. reservat prebendam laycalem vel officium consuetam vel consuetum abolim personis laycis assignari ad dispositionem decani et capellarii ecclesie Colon. pertinentem vel pertinens communiter vel divisim, non obstante quod papa dudum similem gratiam ad dispositionem prepositi decani et capituli ecclesie S. Gereonis Coloniensis eidem fecit, de qua, ut idem asserit, nondum est aliquid assecutus.

Probitatis tue merita ... Dat. Avin. XVI kl. februarii a. duodecimo.

In e. m. abbati monasterii S. Panthaleonis et preposito S. Marie ad gradus Colon. ac magistro Ambrosio de Lamayrola canonico Mediolanensis ecclesiarum.

Reg. 85 f. 336 nr. 939.

1387. *1328 Januar 17. Avignon.*

Iohannes XXII Theoderico nato Waltheri de Honstein armigeri confert eccl. Limpurgensis Trever. dioc. canonicatum, prebendam vero eidem reservat.

Probitatis tue merita ... Dat. Avin. XVI kl. februarii a. duodecimo.

In e. m. S. Severin. Colon. et S. Marie ad gradus Colon. prepositis ac magistro Ambrosio de Lamayrola canonico Mediolanensis ecclesiarum.

Reg. 85 f. 336' nr. 940.

1388. *1328 Januar 17. Avignon.*

Iohannes XXII Henrico de Oppinheim canonico eccl. S. Cuniberti Colon. reservat in eadem eccl. dignitatem vel personatum seu officium cum cura vel sine cura, dummodo huiusmodi dignitas principalis in dicta ecclesia non existat, non obstante quod canonicatum et prebendam in predicta ecclesia et parrochialem ecclesiam in Gore Colon. dioc. obtinet. Tamen huiusmodi dignitatis vel personatus seu officii possessionem assecutus, dimittat predictam parrochialem eccl.

Exigunt tue merita ... Dat. Avin. XVI kl. februarii a. duodecimo.

In e. m. S. Severini Colon. et S. Marie ad gradus Colon. prepositis ac magistro Ambrosio de Lamayrola canonico Mediolanensis ecclesiarum.

Reg. 85 f. 337 nr. 941.

1389. *1328 Januar 21. Avignon.*

Iohannes XXII nobili viro Emichoni comiti de Nassawe et Anne eius uxori indulget, ut, si forte ad loca ecclesiastico supposita interdicto eos pervenire contigerit, in illis sibi missam et alia divina officia possint per proprium vel alium sacerdotem ydoneum facere celebrari ianuis clausis *etc.*

Devotionis vestre sinceritas ... Dat. Avin. XII kl. februarii a. duodecimo.

Reg. 88 f. 132' nr. 3337.

1390. *1328 Januar 21. Avignon.*

Iohannes XXII Emichoni comiti de Nassawe et Anne eius uxori indulget, ut confessor utriusque, quem ad hoc duxerint eligendum, omnium peccatorum utrique semel tantum in mortis articulo remissionem impertiri valeat.

Eximie devotionis affectum ... Dat. Avin. XII kl. februarii a. duodecimo.

Reg. 88 f. 132' nr. 3338.

1391. *1328 Januar 21. Avignon.*

Iohannes XXII Emichoni comiti de Nassawo et Anne eius uxori indulget facultatem habendi secum altare portatile, super quo in locis ad hoc congruentibus possint per aliquem proprium vel alium presbiterum ydoneum sibi suisque liberis et familiaribus utriusque sexus missam et alia officia divina facere celebrari.

Sincere devotionis affectus ... Dat. Avin. XII kl. februarii a. duodecimo.

Reg. 88 f. 132' nr. 3339.

1392. *Januar 21. Avignon.*

Iohannes XXII Emichoni nato Emichonio comitis de Nassawe confert eccl. Magunt. canonicatum, prebendam vero ac dignitatem vel personatum seu officium in dicta ecclesia eidem reservat.

Nobilitas generis, vite . . . Dat. Avin. XII kl. februarii a. duodecimo.

In e. m. in Dietkurchen et in Limpurg ac in Dieze decanis eccl. Trever. dioc.

Reg. 88 f. 132' nr. 3340; Rz. 963.

1393. *1328 Januar 21. Avignon.*

Iohannes XII Rodolpho Everwini de Elbergh clerico Traiect. dioc. reservat beneficium ecclesiasticum cum cura vel sine cure consuetum abolim clericis secularibus assignari, spectans communiter vel divisim ad dispositionem abbatis prepositi et conventus monasterii Verdinensis ord. S. Bened. Colon. dioc., cuius fructus, si curatum fuerit, viginti, si vero sine cura, quindecim marcharum argenti s. t. d. valorem annuum non excedant.

Attributa tibi merita . . . Dat. Avin. XII kl. februarii a. duodecimo.

In e. m. Xanctensis et Daventriensis Colon. et Traiect. dioc. decanis ac scolastico Tullensis eccl.

Reg. 86 f. 314 nr. 803.

1394. *1328 Januar 23. Avignon.*

Iohannes XXII episcopo Wormatiensi mandat, quatinus Gerlacum comitem de Nassau eiusque uxorem, si invenerit, Gerlacum in decimoterio etatis anno in subdiaconatum esse promotum a fratribus suis revera minis metuque gravi compulsum, absolvat ab excommunicatione et cum eis dispenset, ut in matrimonio contracto remanere valeant.

[Iohannes XXII] episcopo Wormaciensi.

Petitio nobilis viri Gerlaci comitis de Nassawe Treverensis diocesis nati clare memorie Adolphi regis Romanorum nobis exhibita continebat, quod ipse olim in tertio decimo etatis sue anno vel circa constitutus ad inductionem seu compulsionem, minas et metum legitimum fratrum suorum carnalium, qui in talem virum cadere poterat, se fecit licet invitus in subdiaconum promoveri, nunquam tamen ante vel post receptionem dicti ordinis subdiaconatus pro clerico se gessit nec tonsuram nec vestes detulit clericales, nisi circa tempus, quo recepit ordinem supradictum, nec in ipso ordine ministravit, licet post receptionem dicti ordinis coactus fuerit epistolam legere, quamdum legere incepisset, ulterius legendo et cantando procedere nescivit, sed eam inceptam dimisit recedens cum rubore et alius locum eius subintravit dictam epistolam prelegendo, et deinde infra dimiduum annum vel circa omnino dimisit statum, tonsuram et vestes etiam clericales ac canonicatum et prebendam, quos obtinebat in Leodiensi ecclesia, resignavit et assumpsit singulum (!) militare, extunc pro laico se gerendo, et quod postmodum, sicut domino placuit, fratribus suis preter unum parvulum viam universe carnis ingressis, nullis masculini sexus preter dictum parvulum derelictis, idem Gerlacus nolens, quod comitatus paternus in alios transferretur, hortatu et consilio multorum nobilium sub spe dispensationis apostolice . . . duxit cum quadam nobili muliere matrimonium contrahendum et gratam prolem suscepit ex matrimonio supradicto. Quare prefatus Gerlacus nobis humiliter supplicavit, ut, cum ex divortio dicti matrimonii, si fierent (!), timeantur imposterum inter ipsius Gerlaci et eiusdem nobilis mulieris . . . communes consanguineos et amicos guerre rancores et immicitie capitales et alia scandala verisimiliter suscitari, predictis obviare periculis sibique et eidem nobili mulieri . . . de oportune absolutionis ab excommunicatione, si quam propterea incurrerunt, et dispensationis beneficio providere misericorditer dignaremur. Nos igitur . . . fraternitati tue . . committimus et mandamus, quatinus, si . . . per dictum Gerlacum proposita . . . inveneris veritate fulciri, eosdem Gerlacum et nobilem, quam duxit, uxorem ab excommunicatione, si quam propterea incurrerunt . . auctoritate nostra absolvas . . . ac cum eis, quod in huiusmodi matrimonio licite valeant remanere . . dispensare procures, prolem susceptam et suscipiendam ex dicto matrimonio legitimam nunciando . . . Dat. Avin. X kl. februarii a. duodecimo.

Reg. 86 f. 13 nr. 1036; Rz. 966.

1395. *1328 Januar 23. Avignon.*

Iohannes XXII S. Severini Colon. et S. Marie ad gradus Colon. prepositis ac magistro Nicolao de Fractis litterarum apostolicarum correctori canonico Patracensi mandat, quatinus Reynero de Remelinchusen canonico eccl. Susaciensis Colon. dioc. conferre et assignare curent ecclesiam parrochialem in Egginchusen dicte dioc. ex eo vacantem, quod eius collatio ad sedem apostolicam secundum statuta Lateranensis concilii est legitime devoluta, licet, sicut asseratur, per aliquod tempus de facto per quendam fuerit occupata, non obstante quod Reynerus in Meschedensi prefate dioc. canonicatum et prebendam, que modici valoris existit, obtinet et in dicta Susaciensi eccl. sub expectatione prebende auctoritate apostolica in canonicum est receptus.

Vite ac morum honestas . . . Dat. Avin. X kl. februarii a. duodecimo.

Reg. 88 f. 165' nr. 3489.

1396. *1328 Januar 23. Avignon.*

Iohannes XXII Henrico nato Gerardi de Nuheym militis confert eccl. Wetslariensis Trever. dioc. canonicatum, prebendam vero eidem reservat.

Nobilitas generis, vite . . . Dat. Avin. X kl. februarii a. duodecimo.

In e. m. decano Maxstadensis et in Lychen Magunt. dioc. ac Iacobo de Mutina Tullensis scolasticis ecclesiarum.

Reg. 88 f. 169' nr. 3450.

1397. *1328 Januar 23. Avignon.*

Iohannes XXII Godefrido nato Henrici de Chalsmont militis confert eccl. Magunt. canonicatum, prebendam vero eidem reservat, non obstante, quod papa dudum eidem de Herbipolensis et in Aschaffemburg Magunt. dioc. ecclesiarum canonicatibus cum reservatione prebendarum providit.

Nobilitas generis et alia . . . Dat. Avin. X kl. februarii a. duodecimo.

In e. m. preposito Weilburgensis et Weitzflariensis Trever. dioc. ac Iacobo de Mutina Tull. scolasticis ecclesiarum.

Reg. 88 f. 169' nr. 3451.

1398. *1328 Januar 23. Avignon.*

Iohannes XXII Philippo nato Godefridi de Chalsmont militis confert eccl. S. Stephani Magunt. canonicatum, prebendam vero eidem reservat, non obstante quod in eccl. Wetslariensi canonicatum et prebendam et parrochialem ecclesiam in Oberbile Trever. dioc. obtinet.

Laudabile testimonium, quod . . . Dat. Avin. X kl. februarii a. duodecimo.

In e. m. decano in Lichen et cantori S. Bartholomei Franckenfordensis Magunt. dioc. ac Iacobo de Mutina scolastico Tull. ecclesiarum.

Reg. 88 f. 170 nr. 3453.

1399. *1328 Januar 23. Avignon.*

Iohannes XXII Philippo de Chalsmont confert eccl. Wormatiensis canonicatum, prebendam vero eidem reservat.

Apostolice liberalitatis dexteram . . . Dat. Avin. X kl. februarii a. duodecimo.

In e. m. Iacobo de Mutina scolastico Tull. et decano Wilburgensis ac cantori Wetslariensis Trever. dioc. ecclesiarum.

Reg. 88 f. 170 nr. 3454.

1400. *1328 Januar 23. Avignon.*

Iohannes XXII Ludovico de Clave clerico Colon. reservat beneficium ecclesiasticum cum cura vel sine cura ad dispositionem prepositi decani et capituli eccl. S. Gereonis Colon. communiter vel divisim pertinens, cuius fructus, si cum cura, viginti, si vero sine cura fuerit, quindecim marcharum argenti s. t. d. valorem annuum non excedant, non obstante quod quoddam simplex officium sine cura in eadem ecclesia obtinet.

Ex tue devotionis . . . Dat. Avin. X kl. februarii a. duodecimo.

In e. m. S. Severini et S. Georgii Colon. decanis ac magistro Nicolao de Fractis canonico Patracensis eccl. litterarum apostolicarum correctori.

Reg. 88 f. 75' nr. 3203.

1401. *1328 Februar 6. Avignon.*

Iohannes XXII Reynaldo comiti Gelrensi confirmat possessionem castri de Noviomago et thelonei de Lobbede a Guillelmo Romanorum rege Ottoni comiti Gelrensi in feudum concessorum.

[Iohannes XXII] Reynaldo comiti Gelrensi.

Nuper quasdam litteras fe. re. Nicolai pape IIII . . inspeximus continentie per omnia subsequentis: Nicolaus episcopus servus servorum dei dilecto filio nobili viro Reynaldo comiti Gelrie devoto nostro. Salutem et apostolicam benedictionem. In tenore quarumdam litterarum clare memorie Guillelmi regis Romanorum in litteris fe. re. Alexandri pape IIII . .[1] inserto inter alia prospeximus contineri, quod idem rex de consilio principum quondam Octoni Gelrensi comiti et Sutphanie patri tuo castrum de Novomagio et theloneum de Lobbede cum omnibus pertinentiis suis in feudum possidenda concessit. Nos igitur tuis precibus inclinati ad instar predecessoris eiusdem concessionem ipsam de castro et theloneo predicto provide factam auctoritate apostolica confirmamus et presentis scripti patrocinio communimus. Nulli igitur . . . Dat. Rome apud S. Mariam maiorem II nonas februarii pontificatus nostri anno quarto[2]. Nos itaque tuis devotis petitionibus benignum impertientes assensum adinstar eiusdem pedecessoris Nicolai concessionem ipsam de castro et theloneo predictis provide factam auctoritate apostolica confirmamus et presentis scripti patrocinio communimus. Dictum autem tenorem predictarum litterarum dicti regis in litteris eiusdem predecessoris Alexandri nobis exhibitis insertum de verbo ad verbum presentibus inseri fecimus, qui talis est: Guillelmus dei gratia Romanorum rex semper augustus, universis presens scriptum imperpetuum visuris agnoscere veritatem. Sicut regalis merito interesse debet celsitudinis et potentie animadvertere crudeliter in facinorosos, ita decet ipsam circa benevolos et obsequiosos gratiam favorabilem exercere. Hinc est quod nos considerantes constantem devotionem ac devotam constantiam, quas dilectus fidelis noster et consanguineus Octo comes Gelrensis et Sutphanie ad nostram gerit serenitatem et imperium, in remuncrationem sui pii facti de consilio principum castrum de Novomagio cum omnibus suis attinentiis villis nemoribus aquarum decursibus pratis agris cultis et incultis, vasallis, ministralibus ac omnibus iuribus eidem castro attinentibus pro decem milibus marcharum argenti et pro omnibus expensis, si que fieri contingunt in castro vel villa qualitercumque muniendis vel edificiis ibidem construendis, legittima computatione de hiis facta predictis decem milibus marcharum superadditis titulo feudi infeudavimus; theloneum insuper de Lobbede cum omnibus bonis feudalibus sive aliis, que idem comes et sui antecessores usque ad tempora ista posséderunt, sibi libere et quiete, sicut ipsa comes idem hactenus possedit[a], concedimus possidenda. Preterea si ipsum comitem discedere

1) Conf. *Sloet Oork. B. II*, 757; *Reg. Imp.* ** 9063.

2) Conf. *Langlois, Les Registres de Nicolas IV nr.* 6540.

a) possedis *ms.*

contigerit, quod filium aliquem heredem non relinquat, omnia bona feudalia vel alia ab imperio descendentia filie sue, quamcumque[a] in obitu suo relinquat, recognoscimus tamquam a filio possidenda et ea tamquam filio concedimus infeudanda. Nulli ergo omnino hominum liceat has concessiones infringere vel ei ausu temerario contraire. Quod quicumque presumpserit, indignationem nostram se noverit incurrisse. Ut autem hec omnia robur imperpetuum obtineant, presens scriptum exinde conscribi et sigilli nostri munimine iussimus roborari. Dat. apud Nusiam VIII octobris V indict. Nulli ergo etc. nostre confirmationis infringere etc. Dat. Avinione VIII idus februarii a. duodecimo.

Reg. 87 f. 208 nr. 2552.

1402. *1328 Februar 6. Avignon.*

Iohannes XXII Reynaldo comiti Gelrensi, cuius avo Ottoni iam Urbanus papa IV indulserat, ut nullus delegatus et subdelegatus, executor seu conservator a sede apostolica vel eius legatis datus posset in Ottonis eiusque uxoris et filiorum personas excommunicationis ac in eiusdem terras interdicti sententias proferre nec facere promulgari absque speciali mandato sedis eiusdem faciente plenam et expressam de huiusmodi indulgentia mentionem, concedit idem indultum.

Nonnumquam instans devotorum . . . Dat. Avin. VIII idus februarii a. duodecimo.

Reg. 87 f. 251' nr. 2663.

1403. *1328 Februar 6. Avignon.*

[Iohannes XXII] Raynaldo comiti Gelrensi.

Romani pontificis precellens . . . Sane petitio tua nobis exhibita continebat, quod tu tres filias habes, videlicet . . . Margaritam, Methildim et Isabellam, et vix in ipsis partibus habes aliquos tibi pares, qui non sint tibi in gradu prohibito consanguinitatis vel affinitatis aut utriusque coniuncti, quibus possis dictas tuas filias matrimonialiter copulare. Quare nobis humiliter supplicasti, ut, cum multum tibi expediat ex certis causis per te nobis expositis, quod dicte filie tue vicinis nobilibus et potentibus eis paribus maritentur, tibi, quod singule ipsarum singulis nobilibus eis in tertio et quarto gradu consanguini-

---

a) quancumque *ms.*

tatis vel affinitatis coniunctis possint matrimonialiter copulari, de oportune dispensationis beneficio concedere dignaremur. Nos itaque . . . quod una ex filiabus tuis predictis, quam duxeris eligendam, cum aliquo nobili eidem filie tue in tertio et quarto gradu consanguinitatis vel affinitatis coniuncto, dummodo huiusmodi nobilis sit ecclesie Romane devotus, dictusque nobilis cum eadem filia . . . matrimonium libere contrahere valeant, . . . dispensamus . . . Dat. Avin. VIII idus februarii a. duodecimo.

Reg. 87 f. 84' nr. 2234.

1404. *1328 Februar 6. Avignon.*

Iohannes XXII Raynaldo comiti Gelrensi indulget, ut sex clerici familiares eius domestici eiusdem obsequiis insistentes, quos ad id duxerit eligendos, fructus beneficiorum suorum ecclesiasticorum, que nunc obtinent et imposterum obtinebunt, etiam si dignitates, personatus vel officia existant et curam habeant animarum, integre, cotidianis distributionibus dumtaxat exceptis, usque ad triennium percipere valeant, quin resideant.

Personam tuam nobis . . . Dat. Avin. VIII idus februarii a. duodecimo.

In e. m. abbati monasterii Campensis et Davantriensis Colon. et Traiect. dioc. ac S. Petri Traiect. decanis ecclesiarum.

Reg. 87 f. 83' nr. 2231.

1405. *1328 Februar 6. Avignon.*

Iohannes XXII Reynaldo comiti Gelrensi ac Sophye eius uxori indulget, ut aliquem sacerdotem ydoneum in suam possint eligere confessorem, qui, quotiens fuerit oportunum, eorum confessione audita iniungat eis penitentiam salutarem eisque beneficium absolutionis impendat, nisi talia fuerint, propter que sit sedes apostolica merito consulenda.

Benigne sunt ea . . . Dat. Avin. VIII idus februarii a. duodecimo.

Reg. 87 f. 88 nr. 2250.

1406. *1328 Februar 6. Avignon.*

Iohannes XXII Reynaldo comiti Gelrensi ac Sophye eius uxori indulget, ut eorum capellani possint ipsis et ipsorum cuilibet, quotiens oportunum fuerit, ministrare ecclesiastica sacramenta, iure ecclesiarum parrochialium semper salvo.

Personas vestras deo . . . Dat. Avin. VIII idus februarii a. duodecimo.

Reg. 87 f. 251 nr. 2661.

1407. *1328 Februar 6. Avignon.*

Iohannes XXII Raynaldo comiti Gelrensi et Sophye eius uxori indulget, ut missam, cum urgebit necessitas vel eos ante diem contigerit proficisci, possint sibi, suis liberis sueque famille facere celebrari, antequam illucescat dies, circa tamen diurnam lucem.

Personas vestras nobis . . . Dat. Avin. VIII idus februarii a. duodecimo.

Reg. 87 f. 85 nr. 2289.

1408. *1328 Februar 6. Avignon.*

Iohannes XXII Raynaldo comiti Gelrensi et Sophie eius uxori indulget, ut, si forte ad loca ecclesiastico supposita interdicto eos declinare contigerit, possint sibi ipsis, liberis et familie suis divina officia celebrari per proprios vel alios ydoneos presbiteros, dummodo ipsi, presbiteri, liberi et familia predicti causam non dederint interdicto.

Ut erga sedem apostolicam . . . Dat. Avin. VIII idus februarii a. duodecimo.

Reg. 87 f. 85 nr. 2288.

1409. *1328 Februar 6. Avignon.*

Iohannes XXII Raynaldo comiti Gelrensi et Sophye eius uxori elargitur licentiam habendi altare portatile.

Sincere devotionis affectus . . . Dat. Avin. VIII idus februarii a. duodecimo.

Reg. 87 f. 85 nr. 2236.

1410. *1328 Februar 6. Avignon.*

Iohannes XXII Margarite comitisse Gelrensi indulget, ut eius capellani eidem possint, quotiens oportunum fuerit, ministrare ecclesiastica sacramenta, iure ecclesiarum parrochialium semper salvo.

Personam tuam deo ... Dat. Avin. VIII idus februarii a. duodecimo.

Reg. 87 f. 251' nr. 2662.

1411. *1328 Februar 6. Avignon.*

Iohannes XXII Margarite comitisse Gelrensi indulget, ut, si forte ad loca ecclesiastico supposita interdicto eam declinare contigerit, possit sibi, liberis suis familieque sue divina officio facere celebrari *etc.*

Pium et congruum arbitramur ... Dat. Avin. VIII idus februarii a. duodecimo.

Reg. 87 f. 88 nr. 2249.

1412. *1328 Februar 6. Avignon.*

Iohannes XXII Margarete comitisse Gelrensi concedit facultatem habendi altare portatile.

Quanto maioris devotionis ... Dat. Avin. VIII kl. februarii a. duodecimo.

Reg. 87 f. 88 nr. 2248.

1413. *1328 Februar 6. Avignon.*

Iohannes XXII Margarete comitisse Gelrensi indulget, ut missam, cum urgebit necessitas vel eam ante diem contigerit proficisci, possit sibi, suis liberis sueque familie facere celebrari, antequam illucescat dies, circa tamen diurnam lucem.

Devotionis tue precibus ... Dat. Avin. VIII idus februarii a. duodecimo.

Reg. 87 f. 88 nr. 2247.

1414. *1328 Februar 6. Avignon.*

Iohannes XXII Margarite comitisse Gelrensi indulget, ut aliquam ydoneum presbiterum in suum possit eligere confessorem, qui, quociens fuerit oportunum, eius confessione audita iniungat eidem penitentiam salutarem eidemque beneficium absolutionis impendat, nisi talia forent, propter que sedes apostolica existeret merito consulenda.

Illas libenter devotionis ... Dat. Avin. VIII idus februarii a. duodecimo.

Reg. 87 f. 85 nr. 2237.

***1415.** *1328 Februar 6. Avignon.*

Iohannes XXII decano ecclesie B. Marie Aquensis Leod. dioc. mandat, quatinus ea, que de bonis monasterii Campensis ord. Cisterc. Colon. dioc. per concessiones ab abbate et conventu eorumque predecessoribus factas alienata invenerit illicite vel distracta, ad ius et proprietatem eiusdem legitime revocare procuret, non obstantibus litteris instrumentis iuramentis renunciationibus penis et confirmationibus occasione illarum concessionum additis.

Ad audientiam nostram pervenit . . . Dat. Avin. idus februarii p. n. a. duodecimo.

Or. membr. cum plumbo pend. Sub plica ad sinistr. — — In plic. ad dextr: (non legibile). In dorso: P. de Nussia. — *Düsseldorf. Arch. reg. Abtei Camp. nr. 392.*

1416. *1328 Februar 6. Avignon.*

Iohannes XXII preposito S. Marie ad gradus Colon. et decano ac thesaurario Xanctensis Colon. dioc. eccl. mandat, quatinus Mariam natam Wilhelmi de Broechusen puellam litteratam Leod. dioc. cupientem in monasterio Nussiensi ord. S. Bened. Colon. dioc. domino famulari, si sit ydonea et aliud canonicum non obsistat, faciant recipi in dicto monasterio in monacham.

Prudentum virginum votis . . . Dat. Avin. VIII idus februarii a. duodecimo.

Reg. 87 f. 87' nr. 2246.

1417. *1328 Februar 6. Avignon.*

Iohannes XXII Henrico de Widechenstein confert eccl. Colon. canonicatum, prebendam vero eidem reservat, non obstante quod in eccl. SS. Apostolorum Colon. canonicatum et prebendam obtinet.

Nobilitas generis, morum decor . . . Dat. Avin. VIII idus februarii a. duodecimo.

In e. m. preposito S. Severini et decano S. Georgii Colon. ac magistro Nicolao de Fractis canonico Patracensis eccl. litterarum apostolicarum correctori.

Reg. 88 f. 79 nr. 3212.

1418. *1328 Februar 6. Avignon.*

Iohannes XXII Henrico de Oetmersen clerico Traiect. dioc. reservat beneficium ecclesiasticum cum cura vel sine cura, cuius fructus, si cum cura, viginti, si vero sine cura fuerit, quindecim marcharum argenti, s. t. d. valorem annuum non excedant, spectans ad dispositionem prepositi decani et capituli eccl. SS. Apostolorum Colon. communiter vel divisim, non obstante quod super ecclesia de Putten. Traiect. dioc. apud sedem apostolicam litigat.

Laudabile testimonium quod . . . Dat. Avin. VIII idus februarii a. duodecimo.

In e. m. Daventriensi et Embriensi Traiect. dioc. decanis ac Iacobo de Mutina canonico Cameracensis ecclesiarum.

Reg. 87 f. 84' nr. 2233.

1419. *1328 Februar 6. Avignon.*

Iohannes XXII Iohannem de Doensbrug clericum Traiectensis dioc., qui olim parrochialem ecclesiam de Meer Colon. dioc. recipiens per tredecim annos vel circa tenuit in presbiterum non promotus dispensatione non obtenta, fructus percipiens ex eadem, et nichilominus medio tempore canonicatum et prebendam in eccl. Sutphaniensi Traiect. dioc. ad presentationem Raynaldi comitis Gelrensis pertinentes necnon capellam S. Margarite in eadem Sutphaniensi eccl. fuit assecutus et fructus ex eis percepit per annos aliquos, habilitat eidemque fructus perceptos donat, fructibus duorum annorum ex eis dumtaxat camere apostolice reservatis, quos infra kl. octobris proximo futuras tenetur dicte camere solvere.

Matris ecclesie copiosa . . . Dat. Avin. VIII idus februarii a. duodecimo.

Reg. 87 f. 85 nr. 2235.

1420. *1328 Februar 6. Avignon.*

Iohannes XXII tribus executoribus mandat, quatinus Iohanni de Doensburg, quem papa habilitavit, denuo conferant ecclesiam parrochialem de Meer.

[Iohannes XXII] Xanctonensis et Daventriensis ac Embricensis Colon. et Traiect. dioc. ecclesiarum decanis.

Probitatis merita, super quibus dilectus filius Iohannes de Doensburg clericus Traiect. dioc. . . . commendatur, nostrum excitant animum et inducunt affectum, ut ipsum dono specialis gratie prosequamur. Sane pro parte ipsius Iohannis nuper nobis exposito, quod ipse olim parrochia lem ecclesiam de Meer Colon. dioc.... recipiens eam per tresdecim annos vel circa tenuerat, in presbiterum non promotus, dispensatione ... non obtenta, fructus percipiens ex eadem et nichilominus medio tempore canonicatum et prebendam ecclesie Sutphaniensis Traiect. dioc. ad presentationem ... Raynaldi Gelrensis comitis .. pertinentes necnon capellaniam S. Margarite in eadem Sutphaniensi ecclesia fuerat ... assecutus et fructus receperat per aliquos annos ex eisdem, ac supplicato nobis humiliter pro parte predicta, ... nos ... ipsum Iohannem .. habilitavimus fructusque predictos ... donavimus ... fructibus duorum annorum ex eis dumtaxat nostre camere reservatis, quos infra kl. octobris proximo futuris tenetur solvere camere antedicte ... Nos igitur ... discretioni vestre ... mandamus, quatinus ... predictam parrochialem ecclesiam ... prefato Iohanni vel procuratori suo ... conferre et assignare curetis ... Volumus autem, quod idem Iohannes dictam capellam S. Margarite, quam ... tenet, exnunc omnino dimittat ... Dat. Avin. VIII idus februarii a. duodecimo.

Reg. 87 f. 17 nr. 2049.

1421. *1328 Februar 6. Avignon.*

Iohannes XXII Xanctensis et Davantriensis ac Embricensis Colon. et Traiect. dioc. ecclesiarum decanis manat, quatinus Iohanni Doensbrouc (!) clerico Traiect. dioc., qui olim obtinuerat parochialem ecclesiam de Meer (*etc. ut in nr 1420*) ... conferant et assignent canonicatum et prebendam eccl. Sutphaniensis, quos iniuste obtinuerat.

Suffragantia dilecto filio ... Dat. Avin. VIII idus februarii a. duodecimo.

Reg. 87 f. 82' nr. 2228.

1422. *1328 Februar 6. Avignon.*

Iohannes XXII Hillino de Iamerlo canonico eccl. Xanctensis Colon. dioc. reservat beneficium ecclesiasticum cum cura vel sine cura, cuius fructus, si cum cura, viginti, si vero sine cura fuerit, quindecim marcharum argenti s. t. d. valorem annuum non excedant, spectans ad dispositionem prepositi decani et capituli eccl. S. Salvatoris Traiect. dioc. communiter vel divisim, non obstante quod in eccl. Xanctensi Colon. dioc. est canonicus et prebendam ibidem auctoritate apostolica expectat.

Morum decor et alia ... Dat. Avin. VIII idus februarii a. duodecimo.

In e. m. preposito S. Petri Traiect. et Ambrosio de Lamayrola Mediolanensis ac Huberto de Bosinchen Traiect. canonicis ecclesiarum.

Reg. 87 f. 129 nr. 2379.

1423. *1328 Februar 7. Avignon.*

Iohannes XXII tribus executoribus mandat, quatinus Henrico de Geminoponte canonico ecclesie Bunnensis conferant ad triennium officium pincernie eiusdem ecclesie.

[Iohannes XXII] Caminensis et in Deitkargen Trever. dioc. decanis ac magistro Godefrido de S. Kuniberto canonico Colon. eccl.

Vite ac morum honestas . . . Henrici dicti de Geminoponte canonici ecclesie Bunnensis Colon. dioc. . . . Sane petitio eiusdem Henrici nobis nuper exhibita continebat, quod dudum sibi officium pincernie eiusdem ecclesie Bunnensis consuetum per . . decanum et quatuor seniores canonicos eiusdem ecclesie Bunnensis ad unam vel plures annos pro eorum voluntatis beneplacito canonicis eiusdem ecclesie assignari pro presenti anno ab eisdem decano et senioribus prefato Henrico fuit concessum illudque tenet pacifice et quiete. Quare dictus Henricus nobis humiliter supplicavit, ut sibi dictum officium ad vitam suam concedere ac confirmare ex certa scientia dignaremur. Nos igitur . . . discretioni vestre . . . mandamus, quatinus . . ., si est ita, dictum officium pincernie eidem Henrico usque ad triennium a data presentium computandum . . . concedere et etiam confirmare curetis, ita quod interim non possit ab eo amoveri absque licentia sedis apostolice speciali nec per assecutionem huiusmodi officii ad dimissionem decime vinearum sibi ratione prebende sue, quam in eadem Bunnensi ecclesia obtinet, competentis nullatenus teneatur, non obstantibus quibuscumque statutis et consuetudinibus eiusdem ecclesie et illa presertim, que in ecclesia ipsa dicitur observari, quod canonicus huiusmodi officium obtinens nequeat decimam huiusmodi retinere, contrariis . . . seu quod idem Henricus in eadem Bunnensi et S. Marie ad gradus Colon. ecclesiis canonicatus et prebendas noscitur obtinere et quod beneficium ecclesiasticum cum cura spectans ad collationem . . cellararie dicte Bunnensis ecclesie auctoritate apostolica noscitur expectare . . . Dat. Avin. VII idus februarii a. duodecimo.

Reg. 88 f. 89' nr. 2233.

1424. *1328 Februar 10. Avignon.*

Iohannes XXII Everardo de Embrica confert eccl. Daventriensis

Traiect. dioc. canonicatulu et prebendam vacantes per obitum Henrici dicti Boye, qui apud sedem apostolicam diem clausit supremum, non obstante quod eidem a papa est provisum in S. Crucis Leod. et Embricensis Traiect. dioc. ecclesiis de canonicatibus et vacaturis prebendis, ex quibus adhuc nihil est assecutus.

Suffragantia tibi merita ... Dat. Avin. IIII idus februarii a. duodecimo.

In e. m. Zutphaniensis et Embricensis Traiect. dioc. decanis ac magistro Iacobo de Mutina canonico Cameracensis eccl. capellano papali.

Reg. 88 f. 205' nr. 3545.

1425. *1328 Februar 13. Avignon.*

Iohannes XXII Sophie comitisse Gelrensi indulget, ut clausuras monasteriorum monialium quorumcumque ordinum, cum ad illa eam declinare contigerit, cum sex honestis mulieribus semel in anno causa devotionis ingredi valeat, dummodo ipsa et mulieres predicte ibidem non comedant nec etiam pernoctent.

Eximie devotionis tue ... Dat. Avin. idus februarii a. duodecimo.

Reg. 87 f. 111' nr. 2323.

1426. *1328 Februar 13. Avignon.*

Iohannes XXII Margarite comitisse Gelrensi indulget, ut clausuras monasteriorum *etc. ut in proximo precedenti.*

Affluentis devotionis affectus ... Dat. Avin. idus februarii a. duodecimo.

Reg. 87 f. 111' nr. 2325.

1427. *1328 Februar 13. Avignon.*

Iohannes XXII Isenbelle nate quondam Reynaldi comitis Gelrensis indulget, ut clausuras monasteriorum *etc. ut in immediate precedente.*

Fidei puritas et devotionis ... Dat. Avin. idus februarii a. duodecimo.

Reg. 87 f. 111' nr. 2324.

1428. *1328 Februar 13. Avignon.*

Iohannes XXII nobili mulieri Philippe nate quondam Raynaldi

comitis Gelrensis indulget, ut clausuras monasteriorum *etc. ut in precedenti.*

Meritur tue devotionis . . . Dat. Avin. idus februarii a. duodecimo.

Reg. 87 f. 312' nr. 2310.

1429. *1328 Februar 13. Avignon.*

Iohannes XXII Raynero de Westerburg confert eccl. Maguntine canonicatum et prebendam et preposituram sive curam in Muestat Magunt. dioc. consuctam ciusdem Maguntine ecclesie canonicis assignari, vacantes per resignationem Gerardi de Kempenich, qui apud sedem apostolicam in manibus Arnaldi S. Eustachii diaconi cardinalis resignavit, non obstante quod Raynerus in Coloniensi, Treverensi et Bunnensi Colon. dioc. canonicatus et prebendas et in Traiectensi canonicatum sub expectatione prebende obtinet et in eadem Treverensi eccl. dignitatem vel personatum seu officium cum cura vel sine cura auctoritate litterarum apostolicarum expectat. Vult autem papa, quod, postquam vigore presentis gratie eandem preposituram fuerit assecutus pacifice, predicte littere de dignitate *etc.* sint cassa et irrita.

Ad illorum provisionem . . . Dat. Avin. idus februarii a. duodecimo.

In e. m. Sybergensis et Tuiciensis Colon. dioc. monasteriorum abbatibus ac preposito eccl. Colon.

Reg. 88 f. 91' nr. 3241.

1430. *1328 Februar 13. Avignon.*

Iohannes XXII Hillino de Iamerlo canonico eccl. Xanctensis Colon. dioc. reservat supplementum seu ferculum, si quod vacat ad presens vel cum vacaverit in eccl. Xanctensi, non obstante quod in dicta eccl. prebendam et beneficium ecclesiasticum cum cura vel sine cura ad dispositionem prepositi decani et capituli eccl. S. Salvatoris Traiectensis spectans communiter vel divisim auctoritate apostolica expectat.

Ad illorum provisionem . . . Dat. Avin. idus februarii a. duodecimo.

In e. m. Daventriensis et Embricensis Traiect. dioc. decanis ac scolastico Tullensis ecclesiarum.

Reg. 87 f. 113' nr. 2330.

1431. *1328 Februar 13. Avignon.*

Iohannes XXII Theoderico de Iamerlo confert eccl. Zeflicensis Colon. dioc. canonicatum, prebendam vero eidem reservat.

Tue meritis probitatis . . . Dat. Avin. idus februarii a. duodecimo.

In e. m. decano et thesaurario Embricensis Traiect. dioc. ac Ambrosio de Lamayrola canonico Mediolanensis ecclesiarum.

Reg. 87 f. 124 nr. 2360.

1432. *1328 Februar 13. Avignon.*

Iohannes XXII Gerardo de Elburgis confert eccl. Embricensis Traiect. dioc. canonicatum, prebendam vero eidem reservat.

Laudabile testimonium quod . . . Dat. Avin. idus februarii a. duodecimo.

In e. m. decano et scolastico Sutphaniensis Traiect. dioc. ac Ambrosio de Lamayrola canonico Mediolanensis ecclesiarum.

Reg. 87 f. 123' nr. 2359.

1433. *1328 Februar 13. Avignon.*

Iohannes XXII preposito et scolastico S. Petri ac Huberto de Bosinchem canonico Traiect. eccl. mandat, quatinus Godefrido de Tule perpetuo capellano altaris S. Marie Magdalene siti in eccl. de Tule Traiect. dioc. conferant curatam ecclesiam in Wamele Colon. dioc. vacantem ex eo, quod Oto de Woldenbergh clericus Colon. dioc., qui pro rectore eiusdem se gerit, eandem absque dispensatione per quatuor annos et amplius detinuit et adhuc detinet ad sacros ordines non promotus et fructus percipit ex eadem.

Merita probitatis, super quibus . . . Dat. Avin. idus februarii a. duodecimo.

Reg. 87 f. 126' nr. 2368.

1434. *1328 Februar 13. Avignon.*

Iohannes XXII Hermanno de Vorholt confert eccl. Assindensis Colon. dioc. canonicatum, prebendam vero et dignitatem seu personatum vel officium cum cura vel sine cura in dicta ecclesia eidem reservat, non obstante quod in eccl. S. Iohannis Traiect. canonicatum sub expectatione prebende obtinet ac super canonicatu et prebenda ecclesie Embricensis Traiect. dioc. apud sedem apostolicam litigat.

Illos libenter apostolice . . . Dat. Avin. idus februarii a. duodecimo.

In e. m. decano et thesaurario Embricensis Traiect dioc. ac Ambrosio de Lamayrola canonico Mediolanensis ecclesiarum.

Reg. 87 f. 129 nr. 2380.

1435. *1328 Februar 16. Avignon.*

Iohannes XXII reservat de novo camere apostolice fructus primi anni beneficiorum apud sedem apostolicam infra unum annum a XIII (?) kl. marcii proxime futuri in antea computandum vacantium vel vacaturorum.

Pro relevandis dudum . . . Dat. Avin. XV kl. marcii a. duodecimo.

Reg. 114 ps. II f. 158 nr. 1601.

1436. *1328 Februar 17. Avignon.*

[Iohannes XXII] Raynaldo comiti Gelrensi.

Grata litterarum nobilitatis tue lectio, per quas nitorem pure devotionis et fidei, quibus tui progenitores erga deum et Romanam claruerunt ecclesiam, delectabiliter recensendo te, fili, eorum clara sequendo vestigia in eisdem fide ac devotione perstitisse hactenus et imposterum velle constanter persistere spopondisti, cor nostrum grandis leticie rore perfudit, maxime cum in tuo firmasse proposito[a] eidem ecclesie matri tue contra rebelles et hostes suos, presertim Ludovicum de Bavaria de heresi sentencialiter condempnatum suosque fautores et complices descripseris per te invariabiliter assistendum, et nichilominus ad prestandum nobis et eidem ecclesie fidelitatem tuo nomine dilectos filios Sybertum de ordine B. Marie de monte Carmelo sacre theologie professorem priorem dicti ordinis provincialem in Alamania et Iohannem de Palle decanum ecclesie Embricensis Traiectensis diocesis nuncios et procuratores tuos per easdem deputaveris litteras, qui nobis fidelitatem huiusmodi predicto nomine prestiterunt . . . nobilitatem tuam rogamus, et hortamur attentius, quatinus in premissis . . . persistas . . . Dat. Avin. XIIII kl. marcii a. duodecimo.

Reg. 114 ps. II f. 173 nr. 1689.

a) *Textus hoc loco corruptus.*

1437. *1328 Februar 19. Avignon.*

Iohannes XXII tribus executoribus mandat, quatinus monasteria ordinis S. Benedicti in partibus Rheni inferioris consistentia inducant, ut ex numero monachorum monasterii Bruwilrensis debitorum onere oppressi singula singulos recipiant ac ibidem caritative tractent, quousque dictum monasterium redactum fuerit ad pinguiorem fortunam.

[Iohannes XXII] dilectis filiis .. S. Gereonis Colon. et .. S. Martini Embricensis Traiect. dioc. decanis ac magistro Ambrosio de Lamayrola canonico Mediolan. eccl.

Significarunt nobis dilecti filii Fridericus abbas et conventus monasterii B. Nicolai Bruwilrensis ord. S. Bened. Colon. dioc., quod dictum monasterium tot est debitorum sarcinis oneratum propter diversas obligationes factas tam occasione duorum dudum in abbates dicti monasterii in discordia electorum, qui tam in partibus quam in Romana curia per decem annos et amplius super hoc litigarunt, quam alias, quod redditus et proventus ipsius monasterii non sufficiunt ad solvendas usuras tam Iudeis quam aliis usurariis christianis, propter quod monachis ipsius monasterii nequeuntibus ibidem recipere victum solitum et vestitum perit ibidem observantia regularis. Quare prefati abbas et conventus nobis humiliter supplicarunt, ut, ne dicti monachi eiusdem monasterii, qui sunt in numero triginta sex, medio tempore propter extremam inopiam, qua premuntur, mendicare et evagari per seculum compellantur, viginti quinque vel viginti ex eis, singulis videlicet in singulis monasteriis eiusdem ordinis in partibus Alamanie constitutis, donec dictum monasterium S. Nicolai ad pinguiorem fortunam reductum existeret, faceremus de necessariis provideri. Nos igitur ... discretioni vestre ... mandamus, quatinus ... abbates et conventus monasteriorum dicti ordinis in illis partibus consistentium ad recipiendum de monachis ipsius monasterii usque ad illum numerum, de quo attentis dictis oneribus videritis expedire, videlicet eorundem monachorum singulos in singulis monasteriis prelibatis ac eos ibidem sincera in domino caritate tractandum, quosque dictum monasterium S. Nicolai ad fortunam redactum fuerit pinguiorem, auctoritate apostolica diligenter inducere studeatis . . . Dat. Avin. XII kl. martii a. duodecimo.

Reg. 87 f. 210' nr. 2560.

1438. *1328 Februar 19. Avignon.*

Iohannes XXII monasterio Bruwilrensi debitorum onere oppresso deputat tres iudices, qui inhibeant Iudeos et alios usurarios christianos ab extorsione usurarum.

[Iohannes XXII] S. Crucis Leodiensis et Davantriensis Traiect. dioc. decanis ac scolastico Treverensis eccl.

Significarunt nobis dilecti filii Fridericus abbas et conventus monasterii B. Nicolai Bruwilrensis ord. S. Bened. Colon. dioc., quod dictum monasterium tot est debitorum sarcinis oneratum propter diversas obligationes factas tam occasione duorum dudum in abbates dicti monasterii in discordia electorum, qui tam in partibus quam in Romana curia per decem annos et amplius super hoc litigarunt, quam alias, quod redditus et proventus ipsius monasterii non sufficiunt ad solvendas usuras tam Iudeis quam aliis usurariis christianis; propter quod monachis ipsius monasterii nequeuntibus ibidem recipere victum solitum et vestitum perit ibidem observantia regularis. Nam possessiones curtes et decime ipsius monasterii personis ecclesiasticis et secularibus obligate et vendite ab eisdem presentialiter detinentur, graves etiam pensiones et hereditarie necnon usufructus ad vitam aliquorum sunt pro satis modica pecunia in bonis dicti monasterii constitute, quibus pro solutione dictarum pensionum aliquas ipsius monasterii possessiones titulo pignoris obligarunt, in fraudem usurarum et pignorum huiusmodi celebratis contractibus emptionum et super eis confectis publicis instrumentis. Quare prefati abbas et conventus nobis humiliter supplicarunt, ut creditores et alios supradictos, si constiterit, quod fructus, quos de predictis bonis et possessionibus vel ratione usufructuum et pensionum vel emptionum huiusmodi in fraudem usurarum contractarum receperint, ascendant usque ad verum pretium seu sortem pecunie mutuate aut solute per eos, predicta sorte contentos, alioquin recepto prius ab eodem monasterio, quod a vero pretio seu sorte computatis fructibus, quos ex bonis huiusmodi perceperunt, forsan deesset, ad restituendum dicta bona et possessiones ac pensiones annuas seu hereditarias, et quicquid ultra sortem receperunt, ac usufructus huiusmodi dicto monasterio relaxandum, restitutis quibuslibet instrumentis et litteris super promissionibus confectis, obligationibus quoque renunciationibus et pactis quibuscumque habitis super hiis recisis, fideiussoribus etiam et obsidibus datis super hoc absolutis et iuramentis super hiis habitis relaxatis, compelli per discretos aliquos mandaremus. Quia vero nobis non constitit de premissis, discretioni vestre ... mandamus, quatinus . . . vocatis qui fuerint evocandi, . . . faciatis super premissis omnibus et singulis iusticie complementum, facientes, quod decreveritis, a Iudeis monitione premissa per subtractionem communionis fidelium, ab aliis vero per censuram ecclesiasticam apellatione remota firmiter observari. Testes autem, qui fuerint nominati, si se gratia odio vel timore subtraxerint, censura simili appellatione cessante compellatis veritati testimonium perhibere . . . Dat. Avin. XII kl. martii a. duodecimo.

Reg. 87 f. 210' nr. 2561.

1439. *1328 Februar 19. Avignon.*

Iohannes XXII S. Crucis Leodiensis et S. Petri Traiectensis ac S. Gereonis Coloniensis decanis ecclesiarum mandat, quatinus conservatores et iudices deputati abbati et conventui ac monasterio B. Nicolay Bruwilrensis ord. S. Bened. efficacis defensionis presidio assistentes adversus occupatores detentores presumptores molestatores et iniuriatores non permittant eosdem super bonis et iuribus ad abbatem et conventum ac monasterium spectantibus a quibuscumque indebite molestari.

Militanti ecclesie licet . . . Dat. Avin. XII kl. marcii a. duodecimo.

Reg. 86 f. 207' nr. 1545.

1440. *1328 Februar 24. Avignon.*

Iohannes XXII Iohanni de Polle confert eccl. Colon. canonicatum, prebendam vero sacerdotalem in dicta ecclesia vacantem vel proxime vacaturam eidem reservat, non obstante quod in Embricensi decanatum et in eadem ac Arnhemensi eccl. Traiect. dioc. canonicatus et prebendas obtinet.

Suffragantia tibi merita . . . Dat. Avin. VII kl. martii a duodecimo.

In e. m. decano S. Georgii et scolastico S. Severini Colon. ac Ambrosio de Lamayrola canonico Mediolanensis ecclesiarum.

Reg. 86 f. 74 nr. 1200.

***1441**. *1328 Februar 26. Avignon.*

Iohannes . . . . . decano ecclesie Sanctorum Petri et Andree Apostolorum Padebornensis.

Conquesta est nobis Elyzabeth relicta quondam Arnoldi de Specken armigeri vidua Colon. dioc., quod Hunoldus de Pleetenbracht miles dicte diocesis super quibusdam annuis redditibus pecuniarum summis curti (!) terris possessionibus et rebus aliis ad dotem suam spectantibus iniuriatur eidem. Cum autem dicta vidua, sicut asserit potentiam dicti militis merito perhorrescens, eum infra civitatem seu diocesim Coloniensem nequeat convenire secure, discretioni tue . . . mandamus, quatinus partibus convocatis audias causam et appellatione remota usuris cessantibus debito fine decidas, faciens quod decreveris per censuram ecclesiasticam firmiter observari. Testes autem *etc.* Dat. Avin. V kl. martii p. n. a. duodecimo.

Or. membr. cum plumbo pend. Sub plica ad sinistr. nihil. In plica ad dextr.: N. Gaverat. (?) *In dorso*: Gerardus de Bozstau. — *Münster. Arch. reg. Benninghausen nr. 173.*

1442. *1328 März 12. Avignon.*

Iohannes XXII Iohannem dictum de Bunna, qui iniuste plura beneficia obtinuit et retinuit eorumque fructus percepit, habilitat, cum eo dispensat, ut ea retinere valeat, necnon fructus ex eis perceptos eidem remittit.

[Iohannes XXII] Iohanni dicto de Bunna presbitero Coloniensis diocesis.

Probitatis tue merita . . . Sane oblate nobis pro parte tua peticionis series continebat, quod tu dudum tunc etatis viginti annorum vel circa existens in Aldenhoven primo ac deinde etatis legitime factus in Brenich curatas ecclesias dicte diocesis adeptus fu*isti*, primamque ipsarum per decem, secundam vero per tredecim annos vel circa tenu*isti* fructusque percep*isti* ex eisdem, ad sacros ordines non promotus, nec personaliter resed*isti* in eisdem; quodque in SS. Apostolorum Coloniensi et Deitkirgen dicte diocesis thesaurarias, cui prime thesaurarie curata ecclesia SS. Apostolorum Coloniensis est annexa, ad quam curatam ecclesiam thesaurarius pro tempore existens promoveri minime consuevit, sed per alium curam eius facere exerceri, ac postmodum decanatum ecclesie Bunnensis dicte diocesis tunc vacantem per obitum quondam Petri Iudicis de Urbe decani eiusdem ecclesie scriptoris nostri ad collationem nostram ea vice spectantem, ad quem per . . capitulum eiusdem ecclesie electus concorditer fueras, de facto ac preposituram ecclesie Reysensis dicte diocesis, cui preposituræ alia animarum cura non imminet, nisi quod prepositus eiusdem ecclesie, qui est pro tempore, synodo dicti loci facit per personam interpositam presideri, alias tibi canonice collatam, assecutus *fuisti*; et quod post ipsius decanatus assecutionem te *fecisti* ad omnes sacros ordines promoveri et ministra*sti*[a] etiam in eisdem; et quod dicte thesaurarie nec dignitates nec personatus, sed simplicia officia sine cura existunt et se alias compatiebantur cum decanatu et prepositura predictis; quodque insuper dicta prima curata ecclesia per te dimissa, secundam curatam ecclesiam post vel circa finem dictorum tresdecim annorum cum canonicatu et prebenda ac ferculo, mensa vulgariter nuncupato, ecclesie Xanctensis dicte diocesis permutasti ac in dictis SS. Apostolorum et in Deitkirgen, Bunnensi quoque, Reysensi et Hugardensi predicte Coloniensis et Leodiensis dioc. ecclesiis canonicatus et prebendas et officium cellararie eiusdem Bunnensis ecclesie olim solitum uni canonicorum ipsius ecclesie Bunnensis annis singulis assignari ac etiam sub annua pensione unam decimam in Dottindorp et duas curtes in Limersdorp et in Dattinvelt eiusdem Coloniensis diocesis sitas ad ipsum Bunnensem ecclesiam pertinentes, que prestimonia nuncupantur, recepi*sti* et ea extunc tenuisti et adhuc tenes, fructus percipiens ex eisdem, quorum omnium, que nunc tenes, ut predicitur, fructus, redditus et proventus octuaginta marcharum argenti secundum taxationem decime valorem annuum, ut asseruisti, non excedunt. Quare pro parte tua fuit nobis humiliter supplicatum, ut, cum tu in obsequiis sedis apostolice diu ferventer et fideliter laboraveris non absque magnis periculis et expensis, providere tibi super inhabilitate, quam exinde contraxisti, ac remissione fructuum huiusmodi per te ex predictis omnibus beneficiis, ut premittitur perceptorum misericorditer dignaremur. Nos igitur ... te apostolica auctoritate habilitamus tecumque dispensamus, ut ... predictum decanatum secundum premissa de iure vacantem una cum canonicatibus et prebendis necnon thesaurariis et annexis ac ferculo, officio et curtibus ac decima supradictis similiter de iure vacantibus, dummodo dicte thesaurarie nec dignitates nec personatus, sed simplicia officia sine cura existant seque cum dictis decanatu et prepositura compaciantur, ut prefertur, aliaque beneficia ecclesiastica, etiam si curam habeant animarum et etiam si dignitates vel personatus existant, si tibi canonice conferantur, valeas obtinere, fructusque predictos per te, ut predicitur, ex premissis omnibus beneficiis perceptos tibi remittimus ... Dat. Avin. IIII idus marcii a. duodecimo.

Reg. 88 f. 55 nr. 3146.

a) ministrari *cod.*

1443. *1328 März 12. Avignon.*

Iohannes XXII abbati monasterii Sybergensis Colon. dioc. et decano S. Georgii Colon. ac magistro Busolo de Parma capellano apostolice sedis canonico Tornacensis eccl. mandat, quatinus Iohanni dicto de Bunna presbitero Colon. dioc., quem papa habilitavit quocumque dispensavit, ut beneficia ad id tempus iniuste possessa nec non alia licite obtinere valeat, cuique fructus ex beneficiis adhuc perceptos remisit, vel eiusdem procuratori decanatum eccl. Bunnensis per obitum Petri Iudicis scriptoris papalis vacantem conferre et assignare curent. (*Narratio harum litterarum est eadem ac sub nr. 1442.*)

Probitatis merita quibus . . . Dat. Avin. IIII idus marcii a. duodecimo.

Reg. 88 f. 51' nr. 3137.

1444. *1328 März 12. Avignon.*

Iohannes XXII Iohanni dicto de Bunna presbitero Colon. dioc., cui hodie de decanatu Bunnensi et eiusdem Bunnensis et SS. Apostolorum Colon. et in Deitkirgen ac Reysensi, Xanctensi et Hugardensi canonicatibus et prebendis ac SS. Apostolorum, in Deitkirgen predictarum thesaurariis cum annexis et de ferculo eiusdem Xanctensis necnon de officio cellararie dicte Bunnensis ecclesiarum ac de una decima in Dottendorp et duabus curtibus in Limersdorp et Dattinvelt, que prestimonia nuncupantur, Colon. et Leod. dioc. providit ac prepositaram dicte ecclesie Reysensis commendavit, indulget, ut residendo in aliquo dictorum beneficiorum fructus eorundem et aliorum, que imposterum obtinebit, etiamsi dignitates, personatus vel officia fuerint et curam habeant animarum, integre, cotidianis distributionibus dumtaxat exceptis, usque ad triennium percipere valeat.

Exigunt tue probitatis . . . Dat. Avin. IIII idus marcii a. duodecimo.

In e. m. S. Severini et S. Georgii Colon. decanis ac Busolo de Parma canonico Tornacensis ecclesiarum.

Reg. 88 f. 72 nr. 3196.

1445. *1328 März 12. Avignon.*

Iohannes XXII Henrico de Iuliaco confert eccl. Fritzlariensis Magunt. dioc. canonicatum et prebendam vacantes per resignationem

Theoderici de Hardenberg, qui per Iohannem Ridesil procuratorem suum in manibus Arnoldi S. Eustachii diaconi cardinalis apud sedem apostolicam resignavit.

Sedis apostolice providentia . . . Dat. Avin. IIII idus marcii a. duodecimo.

In e. m. decano Paderburnensis et preposito S. Severini Colon. ac archidiacono Nannetensis ecclesiarum.

Reg. 88 f. 127' nr. 3324.

1446. *1328 März 19. Avignon.*

Iohannes XXII Henrico de Iuliaco confert eccl. Traiectensis canonicatum et prebendam ac etiam supplementum vacantes per obitum Iordanis de Xanctis, qui apud sedem apostolicam diem clausit extremum.

Sedis apostolice providentia . . . Dat. Avin. XIIII kl. aprilis a. duodecimo.

In e. m. preposito S. Severini Colon. et decano Xanctensis Colon. dioc. ac magistro Iacobo de Mutina scolastico Tullensis eccl. capellano papali.

Reg. 88 f. 57' nr. 8156.

1447. *1328 März 19. Avignon.*

Iohannes XXII Nicolao nato Sennnctii de Florentia confert eccl. Xanctensis Colon. dioc. canonicatum et precendam cum ferculo vacantes per obitum Iordani de Xanctis olim canonici eiusdem eccl., qui nuper apud sedem apostolicam diem clausit extremum, non obstante quod idem Nicolaus in Moraviensi et Veronensi eccleiis sub expectatione prebendarum in canonicum receptus est.

Apostolice sedis benignitas . . . Dat. Avin. XIIII kl. aprilis a. duodecimo.

In e. m. episcopo Paduano et Reyssensis et Embricensis Colon. et Traiect. dioc. eccl. decanis.

Reg. 86 f. 173' nr. 1460.

1448. *1328 März 20. Avignon.*

Iohannes XXII archiepiscopo Coloniensi, quem monet ad concordiam reformandam cum Raynaldo comite Gelrensi, nunciat, quod eadem de causa ad eos dirigit Iohannem de Nassawe S. Florini Confluentini capellanum suum et Henricum de Iuliaco S. Marie ad gradus Colon. prepositos et decanum Bunnensis eccl.

Perducto nuper ad nostri . . . Dat. Avin. XIII kl. aprilis a. duodecimo.

In e. m. comiti Gelrensi.

Reg. 114 ps. II f. 174 nr. 1697; Rz 991.

1449. *1328 März 20. Avignon.*

Iohannes XXII Iohanni de Nassawe S. Florini Con[fluentini ca]pellano papali et Henrico de Iuliaco [S. Marie] ad gradus Coloniensis prepositis ac [Iohanni] decano Bunnensis Trever. et Colon. [dioc. ecclesiarum] committit, quatinus sopiant dissensionem inter Henricum archiepiscopum Coloniensem et Raynaldum comitem Gelrensem exortam.

Ad nostri apostolatus audientiam . . . Dat. Avin. XIII [kl. apri]lis a. duodecimo.

Reg. 114 ps. II f. 167 nr. 1653; (textus mutilus.) Rz. 991 n. 2.

1450. *1328 März 21. Avignon.*

Iohannes XXII Baldwino archiepiscopo Treverensi scribit de invasione sevissima, quam fratres ordinis B. Marie Theotonicorum in Pomeranie ac Prucie partibus consistentes, adherentes Ludovico de Bavaria, nuper fecerunt in marchionatum Brandenburgensem et in episcopatum Wladislaviensem.

Fraternitatis tue nobis presentate . . . Dat. Avin. XII kl. aprilis a. duodecimo.

In e. m. Henrico archiepiscopo Colon.

In e. m. Mathie archiepiscopo Magunt. Dat. ut supra.

Reg. 114 ps. II f. 174' nr. 1698.

1451. *1328 März 21. Avignon.*

Iohannes XXII Raynemanno iuniori nato Raynamanni senioris confert eccl. S. Paulini iuxta muros Treverenses canonicatum, prebendam vero eidem reservat.

Probitatis tue merita . . . Dat. Avin. XII kl. aprilis a. duodecimo.

In e. m. abbati monasterii S. Martini et archidiacono Treverensi ac magistro Iacobo de Mutina scolastico Tullensis ecclesiarum.

Reg. 86 f. 284 nr. 1735.

1452. *1328 März 21. Avignon.*

Iohannes XXII Conrado de Helfinstein confert eccl. Trever. canonicatum, prebendam vero eidem reservat, non obstante quod in S. Florini in Confluentia canonicatum et prebendam et in Bunnensi Trever. et Colon. dioc. canonicatum sub expectatione prebende obtinet.

Nobilitas generis, vite ac morum honestas . . . Dat. Avin. XII kl. aprilis a. duodecimo.

In e. m. episcopo Pragensi et abbati monasterii Seynensis Trever. dioc. ac decano eccl. S. Symeonis Trever.

Reg. 86 f. 284' nr. 1736.

1453. *1328 März 21. Avignon.*

Iohannes XXII Ludovico de Helfinstein confert eccl. S. Castoris in Confluentia Trever. dioc. canonicatum, prebendam vero eidem reservat, non obstante quod in eccl. S. Florini in Confluentia dicte dioc. canonicatum sub expectatione prebende obtinet.

Laudabile testimonium, quod tibi de nobilitate generis . . . Dat. Avin. XII kl. aprilis a. duodecimo.

In e. m. episcopo Pragensi et abbati monasterii S. Martini a. decano eccl. S. Symeonis Trever.

Reg. 86 f. 284' nr. 1737.

1454. *1328 März 21. Avignon.*

Iohannes XXII Henrico nato Iohannis dicti Oultremier confert eccl. S. Symeonis Trever. canonicatum cum prebenda ad presens vacante vel proxime vacatura, non obstante quod in S. Paulini iuxta muros Trever. et S. Castoris Cardonensis Trever. dioc. ecclesiis canonicatus sub expectationibus prebendarum auctoritate apostolica obtinet.

Apostolice liberalitatis dexteram . . . Dat. Avin. XII kl. aprilis a. duodecimo.

In e. m. episcopo Pragensi et abbati monasterii S. Martini Trever. ac archidiacono Trever.

Reg. 85 f. 288 nr. 674.

1455 *1328 März 22. Avignon.*

[Iohannes XXII] Siberto priori provinciali fratrum ordinis B. Marie de monte Carmelo in Alamania sacre theologie magistro.

Dudum contra Ludovicum de Bavaria ... et adherentes ... certos processus habuimus ... Sane dilectus filius nobilis vir Raynaldus comes Gelrensis et Simphaniensis nobis significare curavit, quod olim tam ipse quam nonnulli consiliarii et familiares sui domestici utriusque sexus ... astiterunt Ludovico prefato ... Quare predictus comes pro se ac predictis . . . nobis supplicavit humiliter . . . Cum itaque una cum dictis ... ad obedientiam ac devotionem et fidem sancte Romane ecclesie per solennes a[mbaxiatores] et sufficientes procuratores suos iam ... redierit ... nos ... discretioni tue absol[vendi] auctoritate nostra .... [co]mitem, consiliarios et domesticos fa[miliares] eiusdem ... concedimus . . . facultatem. Dat. Avin. XI kl. aprilis a. duodecimo.

Reg. 114 ps. II f. 167 nr. 1652 (textus mutilus); Rz. 993.

1456. *1328 März 28. Avignon.*

Iohannes XXII S. Severini et S. Georgii Colon. decanis ac Busolo de Parma canonico Tornacensis eccl. capellano papali mandat, quatinus Iohanni dicto de Bunna [decano eccl. Bunnensis] thesaurarias in eccl. SS. Apostolorum Colon. et in Deitkirgen Trever. dioc. cum annexis, ferculum eccl. Xanctensis, officium cellerarie eccl. Bunnensis, decimam in Dottindorp et duas curtes in Limersdorp et in Dattinvelt, si thesaurarie dicte nec dignitates nec personatus sed simplicia officia sine cura existant et se compatiantur cum decanatu eccl. Bunnensis et prepositura eccl. Reysensis, conferre et assignare curent.

Probitatis merita quibus . . . Dat. Avin. X kl. aprilis a. duodecimo.

Reg. 88 f. 52 nr. 3138.

1457. *1328 [April] 1. Avignon.*

Iohannes XXII Iohanni regi Boemie destinat tenorem processus a se adversus Ludovicum de Bavaria habiti („Dudum volentes . . .) eumque hortatur, quatinus eundem Ludovicum tamquam hereticum evitans tam eidem quam eiusdem fautoribus suum consilium auxilium et favorem omnino subtrahat.

Ut de contentis in processu . . . Dat. Avin kl. [aprilis] a. duodecimo.

Reg 114 ps. II f. 173 nr. 1695.

1458. *1328 April 5. (Avignon.)*

Iohannes XXII universis principibus tam ecclesiasticis quam secularibus in electione regis Romanorum in imperatorem promovendi vocem habentibus destinat litteras, quibus insertus est tenor processus contra Ludovicum de Bavaria habiti, qui incipit: Dudam . . facti evidencia.

Processum per nos pridem . . . Dat. vero huiusmodi[a] is dictis principibus est nonas aprilis a. duodecimo.

Reg. 114 f. 167 nr. 1654 (textus mutilus).

1459. *1328 April 6. Köln.*

Prior Predicatorum et guardianus Minorum necnon B. Augustini et B. Marie de Monte Carmeli priores ordinum fratrum domorum civitatis Coloniensis nunciant Iohanni pape XXII, quod ex mandato Henrici archiepiscopi Coloniensis duas litteras bullatas eiusdem pape, unam vedelicet contra Ludovicum olim ducem Bavarie et alium contra Marsilium de Padua et Iohannem de Ianduno receperunt (quarum prima incipit: Adversus virum reprobum, destinata est archiepiscopo Coloniensi eiusque suffraganeis et data est Avinione VI kl. novembris p. n. a. duodecimo, altera incipit: Certum processum, per quem . . ., destinata est archiepiscopo Coloniensi eiusque suffraganeis et est data Avinione VII kl. novembris p. n. a. duodecimo), quodque has litteras in volgari sub lingua materna secundum earundem intellectum in quatuor domibus suis predictis die martis proxima post festum pasche, que cadit super nonas aprilis presentis anno 1328 in sermonibus suis non modica ibidem populi multitudine congregata exposuerunt et publicaverunt sollempniter.

Noverit sanctitas vestra . . . Actum et recognitum in ecclesia S. Marie ad gradus Colon. presentibus domino Reynardo thesaurario S. Severini necnon Iohanne de Pistrino, Henrico Mercenich et Gerhardo de Marken arcariis S. Marie ad gradus eccl. Colon. et Henrico de Castorp clerico Colon. dioc. testibus ad premissa vocatis sub anno domini predicto indictione XI. VIII idus aprilis.

a) lacuna.

Instrum. publ. notarile membr. 4 sigillis, quorum quartum est deperditum, munitum et signo notarili ornatum, confectum a Petro de Essende dicto Uppengraven clerico Colon. dyoc. publico imperiali auctoritate notario. Arch. Vat. Instr. misc. Armar. C. fasc. 53 nr. 16.

1460. *1328 April 12. Avignon.*

Iohannes XXII Cristiano de Andernacho perpetuo capellano altaris S. Servatii in eccl. de Monasterio in Menevelt Trever. dioc. reservat beneficium ecclesiasticum cum cura vel sine cura ad dispositionem prepositi eccl. Monasterii in Meynevelt Trever. dioc. pertinens, cuius fructus, si cum cura, viginti, si vero sine cura fuerit, quindecim marcharum argenti s. t. d. valorem annuum non excedant; tamen vigore presentis beneficii huiusmodi possessionem assecutus, omnino dimittat dictam capellaniam.

Exigentibus tue probitatis... Dat. Avin. II idus aprilis a. duodecimo.

In e. m. abbati monasterii Lacensis et decano Cardonensis Trever. dioc. ac archidiacono Nannetensis ecclesiarum.

Reg. 86 f. 291' nr. 1757.

1461. *1328 April 12. Avignon.*

Iohannes XXII abbati monasterii S. Mathie extra muros Treverenses et Treverensis ac Nannetensis eccl. archidiaconis mandat, quatinus Elie de Monasterio in Meynevelt Trever. dioc. conferant eiusdem ecclesie preposituram vacantem ex eo, quod quondam Alexander de Brushorn olim prepositus ipsius ecclesie dictam preposituram curam animarum habentem una cum quodam parrochiali ecclesia post et contra constitutionem ab eodem papa super pluralitate dignitatum personatuum officiorum et aliorum beneficiorum ecclesiasticorum editam usque ad diem sui obitus retinere presumpsit, non obstante quod idem Elias in S. Paulini et S. Symeonis Trever. ac S. Florini Confluentina dicte diocesis et in eadem Monasteriensi ecclesiis canonicatus et prebendas obtinet.

Attributa dilecto filio... Dat. Avin. II idus aprilis a. duodecimo.

Reg 86 f. 281' nr. 1730.

1462. *1328 April 27. Avignon.*

Iohannes XXII vacanti per obitum Henrici episcopi ecclesie

Bambergensi, cuius provisionem Henrico adhuc vivo sibi reservavit, providet de persona Iohannis [de Nassau] prepositi eccl. S. Florini in Confluentia Trever. dioc. in minoribus ordinibus constituti.

Licet continuata supervenientium . . . Dat. Avin. VI kl. maii a. duodecimo.

Reg. 87 f. 59 nr. 2151.

1463. *1328 April 30. Avignon.*

[Iohannes XXII] [Hen]rico archiepiscopo Co[loniensi?]

Anxiari te, frater, non oportet racione negotii quondam Ar—[a] de ordine Predicatorum; nam super illo [celeri]ter proceditur et etiam dante domino celeriter ad decisionem debitam procedetur. Dat. Avin. II kl. maii a. duodecimo.

Reg. 114 ps. II f. 175 nr. 1702. (Textus mutilus)

1464. *1328 April 30. Avignon.*

Iohannes XXII Gerardo nato nobilis viri Gerardi burgravii de Hamerstein confert eccl. SS. Apostolorum Colon. canonicatum, prebendam vero eidem reservat.

Nobilitas generis, vite ac morum honestas . . . Dat. Avin. II kl. maii a. duodecimo.

In e. m. S. Martini in Colonia et Tuiciensis Colon. dioc. monasteriorum abbatibus ac magistro Iacobo de Mutina scolastico eccl. Tullensis.

Reg. 86 f. 374' nr. 1897; Rs. 1003b.

1465. *1328 April 30. Avignon.*

Iohannes XXII Theoderico nato nobilis viri Gerardi burgravii de Hairctstein (!) confert eccl. Bunnensis Colon. dioc. canonicatum, prebendam vero eidem reservat.

Nobilitas generis, vite ac morum honestas . . . Dat. Avin. II kl. maii a. duodecimo.

In e. m. S. Martini Colon. et Tuiciensis Colon. dioc. monasteriorum abbatibus ac scolastico eccl. Tullensis.

Reg. 84 f. 347 nr. 1895; Rs. 1003a.

---

a) lacuna.

1466. *1328 April 30. Avignon.*

Iohannes XXII Iohanni nato Gerardi domini de Lantzerone confert eccl. S. Marie Aquensis Leod. dioc. canonicatum, prebendam vero eidem reservat.

Apostolice liberalitatis dexteram . . . Dat. Avin. II kl. maii a. duodecimo.

In e. m. decano S. Adalberti Aquensis Leod. dioc. et Tullensis ac eiusdem S. Adalberti scolastico ecclesiarum.

Reg. 87 f. 98' nr. 2283.

1467. *1328 April 30. Avignon.*

Iohannes XXII Theolemanno Iohannis de Confluentia confert eccl. S. Florini in Confluentia Trever. dioc. canonicatum, prebendam vero eidem reservat.

Laudabile testimonium quod . . . Dat. Avin. II kl. maii a. duodecimo.

In e. m. decano Maguntine et scolastico Tullensis ac thesaurario S. Petri Maguntine ecclesiarum.

Reg. 86 f. 347' nr. 1896.

1468. *1328 April 30. Avignon.*

Iohannes XXII Hermanno dicto de Altoamore de Confluentia confert eccl. S. Castoris in Confluentia Trever. dioc. canonicatum, prebendam vero eidem reservat, non obstante quod altare S. Georgii in eccl. S. Florini in Confluentia obtinet.

Exigunt tue probitatis merita . . . Dat. Avin. II kl. maii a. duodecimo.

In e. m. decano S. Symeonis Trever. et scolastico Tullensis ac thesaurario S. Petri Maguntin. ecclesiarum.

Reg. 86 f. 348' nr. 1900.

***1469.** *1328 Mai 3. Avignon.*

Iohannes XXII abbati monasterii Tuiciensis Colon. dioc. petente Conrado preposito ecclesie S. Petri Tulpecensis Colon. dioc. mandat, quatinus ea, que de bonis et possessionibus ad Conradi prepositaram spectantibus alienata invenerit illicite vel distracta, ad eiusdem ius et proprietatem legitime revocare procuret.

Dilecti filii Conradi . . . Dat. Avin. V nonas maii p. n. a. duodecimo.

Or. membr. cum plumbo pend. Sub plica ad sinistr. nihil. In plica ad dextr.: A. Dracon. *In dorso:* Theod. de Reys. — *Düsseldorf. Arch. reg. Siegburg nr. 173.*

1470 *1328 Mai 3. Avignon.*

Iohannes XXII Raynaldo [comiti Gelrensi?] nunciat se recepisse eius litteras eumque monet, ut in devotione et fide erga Romanam ecclesiam persistat.

Missarum nobilitatis tue . . . Dat. Avin. V. nonas maii a. duodecimo.

Reg. 114 ps. II f. 175 nr. 1701. (*Textus mutilus.*)

1471. *1328 Mai 5. Avignon.*

Iohannes XXII Gobelino de Monstorf rectori parrochialis eccl. S. Ulrici in Lucenburg Trever. dioc. reservat beneficium ecclesiasticum cum cura vel sine cura, cuius fructus, si curatum, viginti quinque, si vero sine cura fuerit, quindecim marcharum argenti s. t. d. valorem annuum non excedant, ad dispositionem custodis eccl. Trever. pertinens; si autem per presentem gratiam curatum beneficium assecutus fuerit, dimittat predictam parochialem ecclesiam.

Tue merita probitatis . . . Dat. Avin. III nonas maii a. duodecimo.

In e. m. in Luczinburg et in Epternacho Trever. dioc. monasteriorum abbatibus ac Iacobo de Mutina scolastico eccl. Tullensis.

Reg. 87 f. 103 nr. 2294.

1472. *1328 Mai 5. Avignon.*

[Iohannes XXII] abbati monasterii S. Arnolfi extra muros Metenses et decano ac archidiacono de Marsallo eccl. Metensis.

Laudabilia probitatis merita . . . Symonis Nicasii canonici ecclesie S. Salvatoris Metensis . . . Cum itaque, sicut accepimus, parrochialis ecclesia de Theonisvilla Metensis diocesis ex eo, quod Iohannes de Duna, gerens se pro decano ecclesie Treverensis, predictam parrochialem ecclesiam una cum decanatu predicte ecclesie Treverensis et quadam alia curata ecclesia contra tenorem constitutionis super pluralitate dignitatum, personatuum, officiorum et beneficiorum ecclesiasticorum . . . dudum a nobis edite . . . retinere presumpsit et adhuc de facto detinet occupatam, de iure vacare noscatur ad presens, nos . . . discretioni vestre . . . mandamus, quatinus . . . vocatis qui fuerint evocandi, si est ita, ut prefertur, eandem parrochialem ecclesiam sic vacantem prefato Symoni vel procuratori suo . . . conferre et assignare curetis, . . . amoto exinde dicto Iohanne et quolibet alio illicito detentere, non obstantibus . . . quod dictus Symon in Treverensi et parrochiali de Theonisvilla predictis perpetuas vicarias obtinet et in S. Salvatoris Metensi ecclesiis sub expectatione prebende auctoritate apostolica in canonicum est receptus. Volumus autem, quod dictus Symon, quam primum ipse vigore presentis gratie predicte ecclesie de Theonisvilla possessionem pacificam fuerit assecutus, prefatam curatam vicariam . . . dimittere teneatur . . . Dat. Avin. III nonas maii a. duodecimo.

Reg. 87 f. 106 nr. 2306.

1473. *1328 Mai 5. Avignon.*

Iohannes XXII cum magistro Everardo dicto Sauvage canonico Treverensi, cui dudum eccl. Trever. canonicatum contulit, prebendam vero ac dignitatem vel personatam seu officium cum cura vel sine cura in dicta ecclesia reservavit, non obstantibus inter cetera quod in S. Symeonis Trever. preposituram modici valoris, ut asseruit, et in eadem et S. Paulini Trever. et de Monasterio Meynevelt ac de Ivodio et de Longuion ecclesiis Trever. dioc. canonicatus et prebendas obtinebat, addita conditione, ut assecutus huiusmodi dignitatem vel personatum seu officium dimittat prefatam preposituram, dispensat, ut dignitatem vel personatum seu officium huiusmodi recipere et una cum prepositura dicta, cui cura non imminet animarum, retinere possit.

Laudabile testimonium, quod . . . Dat. Avin. III nonas maii a. duodecimo.

Reg. 87 f. 108' nr. 2312.

1474. *1328 Mai 5. Avignon.*

Iohannes XXII Iffrido de Herensbach confert eccl. Wormaciensis canonicatum, prebendam vero eidem reservat, non obstante quod in S.

Castoris in Confluentia et S. Lubentii in Deytkirgen canonicatus obtinet et prebendas et in Lympurgensi eccl. Trever. dioc. sub expectatione prebende dignitatis aut personatus vel officii in canonicum est receptus.

Suffragantia tibi merita . . . Dat. Avin. III nonas maii a. duodecimo.

In e. m. decano S. Symeonis Trever. et thesaurario Werdensis ac Iacobo de Mutina scolastico Tullensis ecclesiarum.

Reg. 86 f. 334' nr. 1851.

1475. *1328 Mai 6. Avignon.*

Iohannes XXII Ecbeto (!) dicto Kreuwel clerico Colon. reservat beneficium ecclesiasticum cum cura vel sine cura consuetum clericis secularibus assignari, cuius fructus, si sine cura fuerit, quinquaginta librarum turonensium parvorum s. t. d. valorem annuum non excedant, spectans ad dispositionem abbatis et conventus monasterii Tuiciensis ord. S. Bened. Colon. dioc. communiter vel divisim.

Probitatis tue merita . . . Dat. Avin. II nonas maii a. duodecimo.

In e. m. S. Andree et S. Georgii Colon. decanis ac Busolo de Parma canonico Tornacensis eccl. capellano papali.

Reg. 88 f. 74 nr. 3200.

1476. *1328 Mai 6. Avignon.*

Iohannes XXII Wenemaro Drude de Cimiterio clerico Colon. dioc. reservat beneficium ecclesiasticum cum cura vel sine cura consuetum ab olim clericis secularibus assignari, ad dispositionem abbatis et conventus monasterii Werdinensis ord. S. Bened. Colon. dioc. spectans communiter vel divisim, cuius fructus, si cum cura, viginti, si vero sine cura fuerit, decem marcharum argenti s. t. d. valorem annuum non excedant.

Apostolice sedis gratiosa . . . Dat. Avin. II nonas maii a duodecimo.

In e. m. decano et cantori S. Severini Colon. ac magistro Ambrosio de Lamayrola canonico Mediolan. ecclesiarum.

Reg. 88 f. 68' nr. 3187.

1477. *1328 Mai 6. Avignon.*

Iohannes XXII Nicolao de Lucemburg canonico Tullensi licentiato in legibus reservat eccl. S. Servatii Traiect. Leod. dioc. canonicatum et prebendam, quos obtinebat et adhuc obtinet Symon electus Cathalaunensis et qui vacabunt per eiusdem consecrationem, non obstante quod Nicolaus parrochialem ecclesiam in Beil Trever. dioc. obtinet et in Tullensi eccl. sub expectatione prebende auctoritate apostolica in canonicum est receptus.

Litterarum scientia, vite ac morum honestas ... Dat. Avin. II nonas maii a. duodecimo.

In e. m. abbati monasterii S. Mathie extra muros Trever. et Trever. ac Nannetensis eccl. archidiaconis.

Reg. 86 f. 312' nr. 1709.

1478. *1328 Mai 6. Avignon.*

Iohannes XXII tribus executoribus mandat, quatinus Theoderico de Cleye canonico ecclesie S. Andree Coloniensis conferant parochialem ecclesiam in Bacharach.

[Iohannes XXII] archiepiscopo Treverensi et decano Embricensis Traiect. dioc. ac magistro Nicolao de Fractis canonico Patracensis eccl. litterarum nostrarum correctori.

Vite ac morum honestas . . . Sane petitio . . Theoderici [de Cleye[a] alias de Essende canonici ecclesie S. Andree Coloniensis] nuper nobis exhibita continebat, quod ... decanus et capitulum predicte ecclesie S. Andree secundum consuetudines et statuta ipsius ecclesie etiam iuramento vallata, quotiens parrochialem ecclesiam in Bacharaco Treverensis diocesis, cuius ecclesie ipsi decanus et capitulum patroni existunt, pro tempore vacare contingit, unum ex se ipsis canonicum dicte ecclesie S. Andree eligunt et electum presentant loci archidiacono, ad quem de antiqua et approbata consuetudine institutio huiusmodi canonici in rectorem ipsius ecclesie in Bacharaco dicitur pertinere, idemque canonicus taliter presentatus et per dictum archidiaconum institutus extunc voce in capitulo dicte ecclesie S. Andree et perceptione fructuum sue prebende caret, quamdiu dictam ecclesiam in Bacharaco voluerit obtinere, et quod quondam Henricus de Batenburgh olim prefate ecclesie S. Andree canonicus predictam in Bacharaco et quamdam aliam parrochialem Maguntine diocesis ecclesias post et contra tenorem constitutionis super pluralitate beneficiorum ecclesiasticorum ... a nobis edite per plures annos insimul detinere pre-

a) *vel:* Cleve.

sumpsit, quodque iidem decanus et capitulum prefato Henrico defuncto, predictis innitentes consuetudinibus et statutis nec attendentes, quod nos per constitutionem predictam omnes parrochiales ecclesias ceteraque beneficia ecclesiastica, que vigore constitutionis eiusdem ubicumque vacare contingeret, collationi et dispositioni nostre . . . duxeramus specialiter reservanda, . . . Thilmannum dictum de Summo eorum [con]-canonicum ad dictam ecclesiam de Bacharaco de facto eidem archidiacono presentarunt idemque archidiaconus eundem Thilmannum similiter de facto instituit in rectorem . . . Dictus quoque Thilmannus . . . prefatam ecclesiam . . . pluribus annis detinuit et adhuc detinet occupatam, fructus percipiens ex eadem. Nos itaque . . . discretioni vestre . . . mandamus, quatinus, vocatis qui fuerint evocandi, . . . si est ita, predictam ecclesiam in Bacharaco sic vacantem eidem Theoderico auctoritate nostra conferre et assignare curetis . . . . non obstantibus premissis et aliis quibuscumque statutis et consuetudinibus . . . aut quod ipse in eadem ecclesia S. Andree et Zeflicensi Colon. dioc. ecclesiis canonicatus et prebendas noscitur obtinere et quod sibi de canonicatu in monasterio monialium B. Marie in Capitolio Colon. ord. S. Bened., ubi etiam canonici seculares existunt et esse consueverunt, providimus et prebendam . . . duximus reservandam et quod ipse beneficium ecclesiasticum cum cura vel sine cura spectans communiter vel divisim ad collationem vel presentationem . . . abbatisse et conventus dicti monasterii auctoritate apostolica noscitur expectare . . . . Volumus autem, quod postquam vigore presentis gratie dictus Theodericus eiusdem ecclesie in Bacharaco possessionem pacificam fuerit assecutus, extunc apostolice littere, virtute quarum huiusmodi beneficium noscitur expectare et processus earum auctoritate habiti ac quicquid exinde secutum est . . . si vero interim prefatum Theodericum vigore predictarum litterarum . . . beneficium curatum assequi contingat, quam primum illud pacifice fuerit assecutus, extunc presentes littere . . . sint cassa et irrita . . . Dat. Avin. II nonas maii a. duodecimo.

Reg. 87 f. 12 nr. 2036.

1479. *1328 Mai 12. Avignon.*

Iohannes XXII Henrico de Berka dicto Roker laico Colon. reservat officium laicale seu prebendam ab olim conferri seu assignari laicis consuetam, spectantem seu spectans ad dispositionem prepositi decani et capituli eccl. S. Gereonis Colon. communiter vel divisim, non obstante quod in eccl. S. Severini Colon. laicalem prebendam seu officium obtinet.

Exigentibus tue meritis . . . Dat. Avin. IIII idus maii a. duodecimo.

In e. m. S. Andree et S. Georgii Colon. decanis ac magistro Iacobo de Mutina scolastico Tull. eccl.

Reg. 88 f. 174 nr. 3467.

1480. *1328 Mai 13. Avignon.*

Iohannes XXII Hermanno nato Reynardi de Seynodorp confert eccl. S. Adalberti Aquensis Leod. dioc. canonicatum, prebendam vero eidem reservat, non obstante quod papa eidem dudum de canonicatu cum reservatione prebende et ferculi eccl. S. Severini Colon. providit.

Probitatis tue merita . . . Dat. Avin. III idus maii a. duodecimo.

In e. m. abbati monasterii S. Pantaleonis Colon. et decano B. Marie Aquensis Leod. dioc. ac Ambrosio de Lamayrola canonico Mediolanensis ecclesiarum.

Reg. 86 f. 334 nr. 1850.

1481. *1328 Mai 14. Avignon.*

[Iohannes XXII] eidem [Henrico archiepiscopo Coloniensi].

Presentatas nobis fraternitatis tue l[itteras, per quas statum] negotii electionis regis Romanorum cura[visti nobis de]scribere, recepimus leta manu, quarum serie [diligen]tius intellecta inde sollertem circumspec[tionem tuam] ac diligentiam cum gratiarum actionibus in domino commendamus, fraternitatem rogantes eandem, quatinus ipsa diligentia . . . non tepescat. Et [insu]per de petionibus pro parte tua nobis obla[tis unam] duximus ad exauditionis gratiam favorabiliter admittendam. Aliam [abba]tisse illius, cum esset iuri et rationi ob[sonum ?] nequivimus, super quo tua prudentia [nos excu]satos habeat, exaudire. Dat. II idus maii a. duodecimo.

Reg. 114 ps. II f. 175' nr. 1704. (Textus valde mutilus.) Conf. Rz. 1005.

1482. *1328 Mai 14. Avignon.*

Iohannes XXII Edenrico preposito ecclesie S. Severini Coloniensis capellano nostro.

[Reverc]ncie tne litteris, per quas statum negotii electionis regis Romanorum nobis pruden[tia tua] valde seriose curavisti describere, benig[ne rece]ptis ac earum serie diligentius intel[lecta], tuam solertem diligentiam super hoc [multipl]iciter in domino commendamus, providentiam [tuam] attentius exhortantes, quatinus [eadem non tepe]scat. Et ecce, fili, quod petitiones pro parte [tua] no[bis prola]tas favorabiliter duximus, quantum cum [deo lic]uit, ad exauditionis gratiam admittendas. [Dat. ut] supra [=II idus maii a. duodecimo].

Reg. 114 ps. II f. 175' nr. 1705 (textus mutilus); Rz. 1008.

1483. *1328 Mai 28. Rom.*

Nicolaus V Rogerio Bertolini confert eccl. S. Andree Colon. canonicatum, prebendam vero eidem reservat.

Merita tua probitatis . . . Dat. Rome apud S. Mariam de ara celi quinto kl. iunii pont. nostri a. primo.

In e. m. episcopo Leod. et decano S. Pauli Leod. ac preposito S. Severini Colon. ecclesiarum.

Reg. 118 f. 59 nr. 214, f. 59' nr. 215; Rz. 1020.

1484. *1328 Juni 1. Avignon.*

Iohannes XXII magistro Bindo de Senis preposito Colon. eccl. notario apostolico et S. Dionisii Mediolanensis et S. Savini Placentini monasteriorum abbatibus mandat, quatinus ulterius procedant in provisione a quondam Petro S. Angeli diacono cardinali facta in favorem Guillermi nato Pucii de Badelo, cui idem card. providerat de officio superstantiarie ecclesie S. Stephani Mediolanensis.

Dudum officium superstantiarie . . . Dat. Avin. kl. iunii a. duodecimo.

Reg. 87 f. 73 nr. 2194.

1485. *1328 Juni 6. Avignon.*

Iohannes XXII Mathie archiepiscopo Maguntino mandat, quatinus Iohanni nato Gerlaci comitis de Nassawe, si contingat aliquem de canonicis eccl. Maguntine velle canonicatum et prebendam resignare, hac resignatione recepta predictos canonicatum et prebendam conferat, non obstante quod papa dudum dictum Iohannem in omni iure et ad ius omne, quod Iohanni de Nassawe capellano papali in canonicatu et prebenda ac archidiaconatu ecclesie Herbipolensis competebat, mandavit subrogari.

Apostolice sedis circumspecta . . . Dat. Avin. VIII idus iunii a. duodecimo.

Reg. 87 f. 137 nr. 2400; Rz. 1035.

1486. *1328 Juni 14. Avignon.*

Iohannes XXII Margarite priorisse et conventui monasterii sororum de Valle S. Marie per priorissam soliti gubernari secundum instituta et sub cura fratrum ordinis Predicatorum viventium Trever. dioc. indulget, ut predictarum singule aliquem discretum et ydoneum presbiterum religiosum vel secularem in suum possint eligere confessorem, qui omnium peccatorum plenam remissionem semel in articulo mortis eis et earum singulis concedere valeat.

Devotionis et fidei paritas . . . Dat. Avin. XVIII kl. iulii a. duodecimo.

Reg. 87 f. 120' nr. 2350.

1487. *1328 Juni 14. Avignon.*

Iohannes XXII Wernerum de Bacheim canonicum ecclesie S. Castoris in Confluentia habilitat.

[Iohannes XXII] Wernero de Bacheim canonico ecclesie S. Castoris in Confluentia Trever. dioc.

Vite ac morum honestas . . . Sane petitio pro parte tua nobis exposita continebat, quod tu olim existens in ecclesia S. Castoris in Confluentia Trever. dioc. canonicus prebendatus et in diaconatus ordine constitutus parrochialem ecclesiam in Bazzinheym date dioc. canonice assecutus fuisti ipsamque per decem annos tenuisti, ad presbiteratus ordinem non promotus, quodque in eodem decimo anno decanatum eiusdem ecclesie S. Castoris alias canonice adeptus fuisti eodemque anno te fecisti in presbiterum promoveri ac ecclesiam parrochialem et decanatum predictos una cum canonicatu et prebenda, quas in prefata ecclesia S. Castoris tunc temporis obtinebas, sicut adhuc obtines, extunc annis pluribus insimul tenuisti et detines pacifice et quiete, fructus percipiens ex eisdem, dispensatione . . . non obtenta. Quare proparte tua fuit nobis humiliter supplicatum, ut providere tibi . . . dignaremur. Nos igitur omnem inhabilitatis maculam . . . abolemus teque plene habilitamus ... fructusque ... perceptos ... tibi remittimus ... Dat. Avin. XVIII kl. iulii a. duodecimo.

Reg. 88 f. 126' nr. 3321.

1488. *1328 Juni 14. Avignon.*

Iohannes XXII tribus executoribus mandat, quatinus Wernero de Bacheim canonico ecclesie S. Castoris in Confluentia decanatum eiusdem ecclesie de iure vacantem (denuo) conferant.

[Iohannes XXII] decano in Ditkirgen Trever. dioc. et Henrico de Nassawe Colon. ac magistro Ambrosio de Lamayrola Mediolan. canonicis ecclesiarum.

Meritis probitatis, super quibus ... Wernerus de Bacheim canonicus ecclesie S. Castoris in Confluentia Trever. dioc. ... commendatur ... inducimur ... Sane nuper pro parte eiusdem Werneri nobis exposito, quod ipse olim existens in dicta ecclesia canonicus prebendatus et in diaconatus ordine constitutus parrochialem ecclesiam in Bazzinheim dicte diocesis canonice fuerat assecutus ipsamque per decem annos tenuerat ad presbiteratus ordinem non promotus, quodque in eodem decimo anno decanatum eiusdem ecclesie S. Castoris alias canonice adeptus fuerat eodemque anno se fecerat in presbiterum promoveri ac ecclesiam parrochialem et decanatum predictos una cum canonicatu et prebenda, quos in prefata ecclesia S. Castoris tunc temporis obtinebat, sicut adhuc obtinet, extunc annis pluribus simul tenuerat, sicut adhuc detinet, ... fructus percipiens ex eisdem, dispensatione ... non obtenta, et pro parte sua extitit nobis humiliter supplicatum ... Nos omnem inhabilitatis maculam sive notam per eum ob premissa vel aliquod premissorum contractas hodie per litteras nostras ... abolevimus ipsumque plene habilitavimus ... fructusque ... perceptos ... sibi remisimus ... Nos igitur ... discretioni vestre ... mandamus, quatinus ... predictum decanatum propter premissa de iure vacantem ... eidem Wernero vel procuratori suo ... commendare curetis per eum una cum dictis canonicatu et prebenda ac parrochiali ecclesia, de qua sibi hodie per alias nostras ... litteras ... mandavimus provideri, ... tenendum usque ad dictis (*sic!*) sedis beneplacitum et etiam possidendum ... Dat. Avin. XVIII kl. iulii a. duodecimo.

Reg. 88 f. 122' nr. 3314.

1489. *1328 Juni 14. Avignon.*

Iohannes XXII decano in Ditkirgen Trever. dioc. et magistro Ambrosio de Lamayrola Mediolan. ac Henrico de Nassowe Colon. canonicis eccl. mandat, quatinus Wernero de Bacheim canonico eccl. S. Castoris (*de quo eadem narrantur ac sub nr. 1487 et 1488*) parrochialem ecclesiam in Bazzinheym de iure vacantem (denuo) conferre et assignare curent.

Meritis probitatis, super quibus ... Dat. Avin. XVIII kl. iulii a. duodecimo.

Reg. 88 f. 126 nr. 3522.

1490. *1328 Juni 14. Avignon.*

Iohannes XXII in Ditkirgen et in Lymparg [!] decanis ac scolastico Wetslarensis Trever. dioc. eccl. mandat, quatinus Margaretam natam Giselberti dicti Scoenhals militis puellam litteratam cupientem in monasterio monialium in Genadendal Cisterc. ord. Trever. dioc. una cum abbatissa et conventu domino famuliari, si sit ydonea et aliud canonicum non obsistat, in dicto monasterio faciant recipi in monacham.

Cupientibus vitam ducere ... Dat. Avin. XVIII kl. iulii a. duodecimo.

Reg. 88 f. 129 nr. 3328.

1491. *1328 Juni 14. Avignon.*

Iohannes XXII Iohanni Winrici de Holtorp confert eccl. B. Marie ad gradus Colon. canonicatum, prebendam vero eidem reservat.

Laudabile testimonium quod ... Dat. Avin. XVIII kl. iulii a. duodecimo.

In e. m. scolastico et thesaurario eccl. Wetslariensis Trever. dioc. ac magistro Ambrosio de Lamayrola canonico Mediolan. ecclesiarum.

Reg. 88 f. 43' nr. 3112.

1492. *1328 Juni 16. Avignon.*

Iohannes XXII Iohanni regi Boemie indulget, ut decem clerici seu capellani eius obsequiis insistentes, quos duxerit eligendos, fructus beneficiorum suorum ecclesiasticorum, que nunc obtinent vel in futurum obtinebunt, etiam si dignitates vel personatus seu officia aut administrationes existant et curam habeant animarum, usque ad triennium, dummodo dignitates seu personatus huiusmodi in cathedrali post episcopalem aut in collegiata ecclesiis maiores non obtineant, integre, cotidianis distributionibus dumtaxat exceptis, percipere, quin personaliter resideant.

Sincera devotio quam . . . Dat. Avin. XVI kl. iulii a. duodecimo.

In e. m. episcopo Pragensi et Trever. ac Remensis archidiaconis ecclesiarum.

Reg. 88 f. 71 nr. 3194.

1493. *1328 Juni 20. Avignon.*

Iohannes XXII Ottoni de Hagen [persone generis nobilitate conspicue] confert eccl. Traiectensis canonicatum, prebendam vero eidem reservat necnon dignitatem vel personatum seu officium cum cura vel sine cura spectantem vel spectans ad dispositionem episcopi Traiectensis in civitate vel diocesi Traiectensi, non obstante quod Otto in B. Marie Traiectensis Leod. dioc. sub dignitatis vel personatus seu officii cum cura vel sine cura et in Hugardensi et S. Florini in Confluentia dicte Leod. et Trever. dioc. ecclesiis sub prebendarum expectatione auctoritate apostolica in canonicum est receptus. Vult tamen papa, quod littere, virtute quarum dignitatem vel personatum seu officium in eccl. B. Marie dicta expectat, et processus earum auctoritate habiti nullius existant roboris et cassa ac irrita.

Illos libenter apostolice . . . Dat. Avin. XII kl. iulii a. duodecimo.

In e. m. S. Petri Traiect. ac Davantriensis Traiect. dioc. decanis ac Ambrosio de Lamayrola canonico Mediolan. ecclesiarum.

Reg. 88 f. 12' nr. 3031.

1494. *1328 Juni 22. Avignon.*

Iohannes XXII Reynardo de Westerburg canonico Trever. eccl. reservat in eadem eccl., in qua existunt quedam perpetua beneficia ecclesiastica, curtes sive obedientie, alias paich (*vel:* paith) inibi vulgariter nuncupata, consueta canonicis ipsius ecclesie prebendatis assignari, unam ex predictis curtibus sive obedientiis ad presens vacantem vel proxime vacaturam, non obstante quod in eadem Treverensi sub expectatione dignitatis vel personatus seu officii cum cura vel sine cura ac in Coloniensi Maguntina Bunnensi Colon. dioc. canonicatus et prebendas ac in Treverensi eccl. canonicatum sub expectatione prebende necnon preposituram ecclesie in Minstat sine cura Maguntine dioc. obtinet.

Nobilitas generis, vite ac morum honestas . . . Dat. Avin. X kl. iulii a. duodecimo.

In e. m. Sybergensis et Tuiciensis Colon. dioc. monasteriorum abbatibus ac decano eccl. S. Marie ad gradus Colon.

Reg. 86 f. 209 nr. 1550.

1495. *1328 Juni 22. Avignon.*

Iohannes XXII Reynardo de Westerburg canonico Treverensi indulget, ut litterarum studio in loco, ubi illud generale vigeat, insistendo vel in altero beneficiorum suorum ecclesiasticorum, que nunc in quibusvis ecclesiis obtinet queve expectat, residendo fructus eorundem beneficiorum integre, cotidianis distributionibus dumtaxat exceptis, usque ad triennium percipere valeat.

Personam tuam de nobilitate generis . . . Dat. Avin. X kl. iulii a. duodecimo.

In e. m. Sybergensis et Tuiciensis monasteriorum abbatibus Colon. dioc. ac decano eccl. S. Marie ad gradus Colon.

Reg. 86 f. 214 nr. 1560.

1496. *1328 Juni 24. Avignon.*

Iohannes XXII Iohanni de Monticulo confert eccl. S. Florini in Confluentia Trever. dioc. canonicatum et prebendam vacantes per obitum Henrici dicti de Aspinheim, qui nuper apud sedem apostolicam diem clausit supremum, non obstante quod Iohanni de canonicatu S. Gertrudis Nivellensis Leod. dioc. sub expectatione prebende ac de beneficio ecclesiastico cum cura vel sine cura spectante ad dispositionem abbatisse Assindensis Colon. dioc. auctoritate apostolica est provisum.

Matris ecclesie gratiosa . . . Dat. Avin. VIII kl. iulii a. duodecimo.

In e. m. S. Georgii Colon. et S. Castoris in Confluentia Trever. dioc. decanis ac Busolo de Parma capellano papali canonico Tornacensis ecclesiarum.

Reg. 87 f. 120' nr. 2351.

1497. *1328 Juni 30. Avignon.*

Iohannes XXII Iohanni nato Gerardi burgravii de Hamerstein confert eccl. S. Florini in Confluentia Trever. dioc. canonicatum, prebendam vero eidem reservat.

Laudabilia tue merita ... Dat. Avin. II kl. iulii a. duodecimo.

In e. m. Bunnensis et S. Castoris in Confluentia Colon. et Trever. dioc. decanis ac magistro Iacobo de Mutina scolastico Tull. ecclesiarum.

Reg. 88 f. 124 nr. 3317.

1498. *1328 Juni 30. Avignon.*

Iohannes XXII Wilhelmo de Linche clerico Colon. dioc. reservat beneficium ecclesiasticum cum cura vel sine cura consuetum abolim clericis secularibus assignari, cuius fructus, si sine cura fuerit, quindecim marcharum s. t. d. valorem annuum non excedant, ad dispositionem abbatis et conventus Prumiensis ord. S. Bened. Trever. dioc. communiter vel divisim spectans.

Laudabile testimonium, quod ... Dat. Avin. II kl. iulii a. duodecimo.

In e. m. decano et scolastico S. Florini in Confluentia Trever. dioc. ac Iacobo de Mutina scolastico Tull. eccl. capellano papali.

Reg. 88 f. 123' nr. 3316.

1499. *1328 Juni 30. Avignon.*

Iohannes XXII Henricum de Virneburg habilitat et fructus beneficiorum ecclesiasticorum ab eo iniuste perceptos eidem remittit.

[Iohannes XXII] Henrico de Virnemburg canonico Coloniensi.

Nobilitas generis, morum decor . . . Exhibite siquidem pro (!) nobis ex parte tua petitionis series continebat, quod olim canonicatus et prebendas in maiori et SS. Apostolorum Coloniensi et Treverensi necnon Susaciensi et Bunnensi Colon. dioc. ac in eisdem Bunnensi, Susaciensi et SS. Apostolorum ecclesiis prepossituras curatas una cum quodam archidiaconatu eiusdem Coloniensis ecclesie ipsi preposituге dicte Bunnensis ecclesiarum (!) annexo, quarum redditus centum marcharum secundum taxationem antique decime valorem annuum non excedunt, ac parrochialem ecclesiam in Asbach dicte Colon. dioc. necnon quedam prestimonia sive curtes in Aldenkirgen et in Molenheym ab ipsa Bunnensi ecclesia dependentia, alias tibi canonice collata, assecutus fuisti caque omnia aliquamdiu insimul tenuisti, sicut adhuc tenes, nec te fecisti in presbiterum promoveri, dispensatione super hiis legitima non obtenta, fructusque percepisti medio tempore ex eisdem. Quare pro parte tua fuit nobis humiliter supplicatum, ut ... Nos igitur omnis irregularitatis, inhabilitatis et infamie maculas sive notas ex premissis per te contractas . . . abolemus teque plene habilitamus et in integrum restituimus ... dictosque fructus tibi remittimus ... Dat. Avin. II kl. iulii a. duodecimo.

Reg. 88 f. 54' nr. 3145.

1500. *1328 Juni 30. Avignon.*

Iohannes XXII tribus executoribus mandat, quatinus Henrico de Virneburg (denuo) conferant preposituram ecclesie Bunnensis una cum annexo archidiaconatu.

[Iohannes XXII] S. Andree et S. Georgii Colon. scolasticis ac Busolo de Parma canonico Tornacensis eccl.

Nobilitas generis, morum decor ... Sane oblate nobis pro parte dicti Henrici (*de Virnemburg canonici ecclesie Coloniensis*) petitionis serie intellecto, quod ipse olim canonicatus et prebendas ... (*Sequentia ut in nr. 1499 mutata persona secunda in tertiam usque:*) contractas ... duximus abolendas ipsumque plene habilitavimus et integrum restituimus. ... Cum itaque dicta prepositura eiusdem Bunnensis ecclesie cum archidiaconatu predicto sibi annexo, cui prepositure cura imminet animarum, quos, ut predicitur, una cum predictarum Susaciensis et SS. Apostolorum Colon. eccl. prepositoris curatis ac parrochiali ecclesia supradictis etiam contra constitutionem nostram, que incipit: Execrabilis, ... idem Henricus de facto retinere presumpsit, vigore dicte constitutionis vacare de iure noscantur ad presens, nos . . . discretioni vestre ... mandamus, quatinus ... predictam preposituram eiusdem ecclesie Bunnensis cum archidiaconatu predicto ... eidem Henrico vel procuratori suo ... conferre et assignare curetis ... non obstantibus quod idem Henricus in eisdem Bunnensi et maiori necnon SS. Apostolorum Colon. ac Treverensi et Susatiensi ecclesiis canonicatus et prebendas ac prestimonia seu curtes obtinere dinoscitur supradictos. Volumus, quod idem Henricus parrochialem ecclesiam in Asbach prefatam ob premissa de iure vacantem verbaliter et realiter omnino dimittere teneatur ... Dat. Avin. II kl. iulii a. duodecimo.

Reg. 88 f. 112' nr. 3289.

1501. *1328 Juni 30. Avignon.*

Iohannes XXII tribus executoribus mandat, quatinus Henrico de Virneburg (denuo) commendent possidendas preposituras Susatiensem et SS. Apostolorum Coloniensem.

[Iohannes XXII] decano et scolastico S. Georgii Colon. ac Busolo de Parma canonico Tornacensis eccl. capellano nostro.

Nobilitas generis, morum decor ... Sane oblate nobis ... (*Sequentia ut in nr. 1500 usque:*) in integrum restituimus ... Nos igitur ... discretioni vestre ... mandamus, quatinus ... predictas preposituras Susatiensem et SS. Apostolorum ... vacantes ... eidem Henrico vel procuratori suo ... per eum, quoad vixerit, tenendas et etiam possidendas commendare curetis, inducentes eum vel dictum procuratorem ... in corporalem possessionem ... non obstantibus quibuscumque ... seu quod idem Henricus in maiori et SS. Apostolorum Coloniensis et Treverensi, Susatiensi et Bunnensi Col. dioc. ecclesiis canonicatus obtinet et prebendas ac hodie sibi de prepositura curata eiusdem Bunnensis ecclesie cum archidiaconatu dicte prepositure annexo per alias nostras certi tenoris litteras mandavimus provideri ... Dat. Avin. II kl. iulii a. duodecimo.

Reg. 88 f. 130' nr. 3332.

1502. *1328 Juni 30. Avignon.*

Iohannes XXII decano et scolastico S. Georgii Colon. ac Busolo de Parma canonico Tornacensis eccl. capellano papali mandat, quatinus Iohanni dicto de Bunna presbitero Colon. dioc., cum is pro conservandis bonis et iuribus, que ecclesia Coloniensis in loco Reysensi spiritualiter et temporaliter archiepiscopo Coloniensi subiecto obtinere dinoscitur, plurimum se reddiderit oportunum ac tam eiusdem Coloniensis quam prepositure Reysensis ecclesiarum ut gubernatoris utilis presidio fulciatur, utilitati expediat, ut dicta prepositura Iohannis cure committatur, predictam preposituram de iure vacantem, cuius redditus s. t. d. antiquam decem marcharum argenti valorem annuum non excedunt, usque ad apostolice sedis beneplacitum commendent tenendam per eum et gubernandam, non obstante quod eidem de decanatu eccl. Bunnensis, canonicatibus et prebendis ac thesaurariis cum annexis, ferculo, officio, decima et curtibus *sub nr. 1442 enumeratis* per alias litteras providit.

Probitatis merita quibus ... Dat. Avin. II kl. iulii a. duodecimo.

Reg. 88 f. 80 nr. 3215.

1503. *1328 Juni 30. Avignon.*

Iohannes XXII archidiacono Bunnensi in eccl. Coloniensi mandat, quatinus, cum Conzo de Vichenich miles Colon. dioc. personam ydoneam ad ecclesiam de Luczelberche dicte dioc. vacantem ad presens, in qua ius patronatus ad ipsum ac institutio rectoris ad dictum archidiaconum pertinent, presentaverit sibi, eandem personam instituat in rectorem ecclesie memorate.

Sincere devotionis affectus . . . Dat. Avin. II kl. iulii a. duodecimo.

Reg. 88 f. 124' nr. 1318.

1504. *1328 Juni 30. Avignon.*

Iohannes XXII Tilmannum de Unna habilitat.

[Iohannes XXII] Tilmanno de Unna clerico Colon.

Litterarum scientia, morum decor... Sane petitio tua nobis exhibita continebat, quod olim tu in minori constitutus etate parrochialem ecclesiam in Kirspe et deinde in Essende*nsi* et Bunnensi ecclesiis Colon. dioc. canonicatus et prebendas, alias tamen canonice, assecutus fuisti, quam parrochialem ecclesiam per multos annos, prefatos vero canonicatus et prebendas ab assecutionis ipsorum tempore tenuisti ac demum dictam parrochialem ecclesiam cum alio beneficio ecclesiastico sine cura permutasti et fructus percepisti ex eis; quo beneficio circa finem trium mensium per te dimisso, parrochialem ecclesiam in Leichelingen ac canonicatum et prebendam sacerdotalem in Deitkirgen dicte diocesis, alias canonice tibi collatos, recepisti nec te fecisti in presbiterum promoveri, dispensatione ... non obtenta, ex beneficio tamen et ultima parrochiali ecclesia huiusmodi, quam per annum et decem menses vel circa tenuisti et adhuc tenes, nullos fructus, sicut asseris, percepisti. Quare nobis humiliter supplicasti... Nos igitur... omnem inhabilitatis et infamie maculam . . . penitus abolemus teque plene habilem reddimus et in integrum restituimus... fructusque tibi remittimus supradictos... Dat. Avin. II kl. iulii a. duodecimo.

Reg. 88 f. 48' nr. 3127.

1505. *1328 Juni 30. Avignon.*

Iohannes XXII cum Petro Georgii presbitero perpetuo capellano altaris omnium Sanctorum in capella claustri ecclesie Coloniensis, quocum olim per bo. me. Berengarium episcopum Tusculanum auctoritate apostolica erat dispensatum, ut non obstante defectu, quem patitur in dextro oculorum, possit ad omnes ordines promoveri et capellaniam predictam retinere ac in predicto altari missas privatas celebrare, dispensat, ut dicto defectu non obstante unum aliud beneficium ecclesiasticum sine cura valeat recipere et retinere.

Meritis tue probitatis... Dat. Avin. II kl. iulii a. duodecimo.

Reg. 87 f. 207' nr. 2550.

1506. *1328 Juli 1. Avignon.*

Iohannes XXII Wernero de Bacheim confert eccl. S. Florini in Confluentia Trever. dioc. canonicatum, prebendam vero ac dignitatem vel personatum seu officium in eadem eccl. ei reservat, non obstante quod in eccl. S. Castoris in Confluentia decanatum ac canonicatum et prebendam necnon parrochialem ecclesiam de Bacchenheym dicte dioc. ex dispensatione apostolica obtinet.

Vite ac morum honestas... Dat. Avin. kl. iulii a. duodecimo.

In e. m. in Limppurg et in Dietkirchen decanis Trever. dioc. ac magistro Iohanni de Gottingen canonico Magunt. ecclesiarum.

Reg. 88 f. 123 nr. 3315.

1507. *1328 Juli 8. Avignon.*

Iohannes XXII Winando nato quondam Theoderici de Scervier (*vel:* Sterwier) confert eccl. S. Adalberti extra muros Aquenses canonicatum et prebendam vacantes per obitum Winrici de Mulenerke, qui dudum apud sedem apostolicam diem clausit extremum.

Virtutum studia, quibus . . . Dat. Avin. VIII idus iulii a. duodecimo.

In e. m. abbati monasterii S. Iacobi et decano S. Iohannis Leod. ac Iacobo de Mutina scolastico Tull. ecclesiarum.

Reg. 88 f. 223 nr. 3584.

1508. *1328 Juli 9. Avignon.*

Iohannes XXII Ecberto de Hervorde canonico eccl. Susaciensis Colon. dioc. reservat beneficium ecclesiasticum cum cura vel sine cura ad prepositi decani et capituli eccl. Susaciensis Colon. dioc. dispositionem communiter vel divisim pertinens, etiam si de consuetudine dicte ecclesie nullus huiusmodi beneficium habere possit, nisi canonicus prebendatus maiori prebenda in eadem existat, non obstante quod idem Ecbertus in eadem Susaciensi canonicatum et minorem prebendam obtinet ac in Bunnensi Colon. dioc. de canonicatu sub expectatione prebende ipsi, ut asseritur, auctoritate apostolica est provisum.

Probitatis tue merita . . . Dat. Avin. VII idus iuli a. duodecimo.

In e. m. preposito monasterii S. Walburgis extra muros Susacienses per prepositum soliti gubernari Colon. dioc. et decano S. Andree Colon. ac magistro Nicolao de Fractis canonico Patracensis eccl. litterarum apostolicarum correctori.

Reg. 86 f. 203' nr. 1537.

1509. *1328 Juli 13. Avignon.*

Iohannes XXII Riquino dicto de Thoynburch reservat beneficium ecclesiasticum sine cura consuetum clericis secularibus assignari, cuius fructus quindecim marcharum argenti s. t. d. valorem annuum non excedant, ad dispositionem abbatisse et conventus monasterii S. Marie in capitolio Colon. ordinis S. Benedicti communiter vel divisim spectans, non obstante quod parrochialem ecclesiam in Aurode Colon. dioc. obtinet et quod in ecclesia S. Severini Colon. sub expectatione prebende auctoritate apostolica in canonicum est receptus.

Laudabile testimonium quod . . . Dat. Avin. III idus iulii a. duodecimo.

In e. m. S. Severini Colon. et S. Marie ad gradus Colon. prepositis ac magistro Oliverio de Cerzeto canonico Eduensis eccl. capellano papali.

Reg. 85 f. 176 nr. 488.

1510. *1328 Juli 15. Avignon.*

[Iohannes XXII] episcopo Traiectensis.

Significavit nobis . . . Raynaldus comes Gelrie, quod dudum quondam Otto comes Gelrie avus ipsius tunc vivens, habens ex eo conscientiam remordentem, quod tam pater suus quam ipse novalium decimas terre sue Traiectensis diocesis multo tempore tamquam proprium patrimonium perceperat et idem Otto adhuc percipiebat, fe. re. Innocentio pape IIII predecessori nostro humiliter supplicavit, ut . . . quod illas de permissione sua ab episcopo Traiectensi predecessore tuo . . . sub pensione annua retinere valeret, concedere dignaretur, idemque predecessor . . . prefatum episcopum per litteras suas rogavit monuit et mandavit eidem, ut prefato comiti sub certa pensione annua in feudum concederet decimas antedictas, prout in dictis litteris plenius continetur. Cum igitur, sicut prefatus Raynaldus comes asserit, predecessores sui comites Gelrenses ... ab antiquo dictas decimas perceperint et idem Raynaldus comes adhuc easdem percipere dinoscatur, nobis humiliter supplicavit, ut ipsum dignaremur generose prosequi in hac parte. Nos igitur propter devotionem eximiam et magnam fidei puritatem, quam idem Raynaldus ad nos et eandem Romanam ecclesiam habere dinoscitur, ... fraternitatem tuam ... rogamus et monemus ... tibi ... mandantes, quatinus eidem Reynaldo in feudum sub certa pensione concedas decimas supradictas. Dat. Avin. idus iulii a. duodecimo.

Reg. 87 f. 110' nr. 2318.

1511. *1328 Juli 15. Avignon.*

Iohannes XXII Coloniensi archiepiscopo mandat, quatinus Gevehardum de Bartvelde fratrem hospitalis S. Iohannis Ierosolimitani et preceptorem domorum eiusdem in Saxonia Marchia et Slavia consistentium per censuras ecclesiasticas compellat ad solvendum camere apostolice summam nongentarum quinquaginta trium marcharum argenti, quinquaginta duobus turonensibus grossis argenti cum o rotundo pro marchia qualibet computatis, ratione depositi olim per Manfredum de Montileis apostolice sedis nuncium de pecunia fructuum beneficorum vacantium usque ad triennium in eisdem partibus sicut in nonnullis aliis per papam reservatorum pro camere apostolice oneribus penes quondam ... preceptorem domorum Saxonie Slavie Turingie et Marchie facti.

Cum dilectus filius ... Dat. ut supra [=Avin. idus iulii a. duodecimo].

Reg. 114 ps. II f. 168 nr. 1660. (Textus mutilus.)

1512. *1328 Juli 21. Avignon.*

Iohannes XXII Willelmo de Luchiner canonico prebendato eccl. Werdensis Colon. dioc. reservat in eadem eccl. dignitatem vel personatum seu officium cum cura vel sine cura.

Attributa tibi merita ... Dat. Avin. XII kl. augusti a. duodecimo.

In e. m. S. Severini et S. Marie ad gradus Colon. prepositis ac magistro Nicolao de Fractis canonico Patracensi litterarum apostolicarum correctori.

Reg. 88 f. 50' nr. 3135.

1513. *1328 Juli 21. Avignon.*

[Iohannes XXII] Iohanni de Clevis decano ecclesie Coloniensis capellano nostro.

Nobilitas generis, litterarum scientia ... Sane pro parte tua petitio nobis exhibita continebat, quod olim tecum, quod ratione decanatus tui curam animarum habentis, quem in ecclesia Coloniensi obtines, non tenereris usque ad certi temporis spacium tunc non elapsum ad sacros ordines promoveri, fuit auctoritate apostolica dispensatum. Quare nobis humiliter supplicasti, ut te in hac parte ampliori gratia prosequi dignaremur. Nos itaque ... tecum, quod ratione dicti decanatus et sacristie ecclesie Maguntine, cui cura non imminet animarum, quam cum dicto decanatu ex dispensatione apostolica te asseris obtinere, non tenearis ad sacros ordines usque ad biennium a fine dicti temporis numerandum promoveri et quod interim in ecclesiis ipsis tractatibus capitularibus interesse et iurisdictionem ratione decanatus predicti ... exercere valeas ... dispensamus ... Dat. Avin. XII kl. augusti a. duodecimo.

Reg. 88 f. 218 nr. 3575.

1514. *1328 Juli 21. Avignon.*

Iohannes XXII confirmat factam a capitulo ecclesie Bunnensis et confirmatam ab Henrico archiepiscopo Coloniensi electionem Iohannis decani eiusdem ecclesie in cellerarium.

[Iohannes XXII] Iohanni de Bunna decano ecclesie Bunnensis Colon. dioc.

Litterarum scientia, morum decor ... Sane petitio pro parte tua nobis exhibita continebat, quod in ecclesia Bunnensi, cuius decanus et canonicus existis, Colon. dioc. est quoddam officium, quod cellararia vulgariter nuncupatur, et ad illud per certos canonicos eiusdem ecclesie unus[a] ex ipsius ecclesie canonicis annis singulis eligi consuevit in cellerarium ecclesie supradicte et exinde anno removeri finito, quodque dudum tibi tunc canonico eiusdem ecclesie existenti,

a) unius *ms.*

sicut adhuc existis, tuis exigentibus meritis prefati canonici, ad quos eiusdem officii electio pertinebat, sicut adhuc pertinet, matura deliberatione prehabita, ne singulis annis dictum cellararium per scrutinium eligere videretur (*sic!*), te ad dictum officium elegerunt constituerunt et etiam nominaverunt dictumque officium cum omnibus iuribus et pertin[entiis] proventibus et oneribus, quibus ab ipsa ecclesia Bunnensi dependet, per te obtinendum, quamdiu vixeris, contulerunt; ac venerabilis frater noster Henricus Coloniensis archiepiscopus collationem huiusmodi ad precum instantiam dilectorum filiorum . . prepositi capituli et canonicorum eiusdem ecclesie auctoritate ordinaria approbavit, prout in patentibus litteris inde confectis dictorum archiepiscopi prepositi et capituli sigillis munitis plenius continetur. Nos igitur tuis supplicationibus inclinati, quod super hoc factum est, ratum et gratum habentes, illud auctoritate apostolica ex certa scientia confirmamus et presentis scripti patrocinio communimus, tenorem dictarum litterarum de verbo ad verbum presentibus inseri facientes, qui talis est:

Henricus dei gratia sancte Coloniensis ecclesie archiepiscopus sacri imperii per Italiam archicancellarius notum facimus universis, quod ex parte dilectorum nobis in Christo Iohannis de Souwenheym scolastici, Andree de Kimperode cantoris, Reynardi de Westerburch et Gobelini dicti Grobe canonicorum seniorum ecclesie Bunnensis nostre diocesis nobis extitit humiliter supplicatum, ut, cum ipsi, prout ad ipsos tamquam seniores capituli sui pertinet de officio cellararie in dicta ecclesia accedente ad hoc consensu capituli eiusdem, personam Iohannis decani ecclesie sue predicte honorare volentes, matura deliberatione prehabita, ne singulis annis cellararium suum per scrutinium eligere videantur, ipsum officium cellararie cum omnibus suis iuribus proventibus et oneribus, quibus ab ipsa ecclesia Bunnensi dependet, eidem Iohanni decano Bunnensi, quamdiu vixerit, pacifice obtinendum contulerint et ipsum in cellararium ecclesie Bunnensis diebus, quibus vixerit, permansurum capitulo ad hoc prefixo et canonicis suis convocatis constituerunt elegerunt fecerunt et nominaverunt viva voce, constitutionem eandem et electionem tamquam loci diocesanus auctoritate nostra approbare et admittere dignaremur. Eorum igitur supplicationibus inclinati, dicti capituli Bunnensis comoditatibus solicite intendentes ac electiones, que per scrutinium in ipso fieri possent, cassare et tollere cupientes, dictum Iohannem ad ipsum officium cellararie admittimus et constitutionem sive electionem in ipsum factam dei nomine invocato presentibus approbamus, mandantes sub pena excommunicationis in virtute sancte obediencie omnibus et singulis dicti officii redditus et proventus possidentibus et famulis dicti capituli dictis huysgenosen, ut eidem Iohanni tamquam cellarario exnunc in antea, quamdiu vixerit, reverenter obediant et intendant. In cuius rei testimonium sigillum nostrum ad preces et instantias prepositi et capituli predicte ecclesie Bunnensis et quatuor seniorum predictorum necnon Hermanni de Pissenheim, Gerardi de Meckenheym (*vel:* Metkenheym) et Constantini de Colonia canonicis (!) ipsius ecclesie et aliis canonicis tunc presentibus et capitulum facientibus presentibus duximus apponendum. Et nos Henricus dei gratia prepositus, Iohannes scolasticus, Andreas cantor, Reynardus de Westerburgh, Gobelinus dictus Groybe, Hermannus de Pissenheym, Gerardus de Metkinheym et Constantinus de Colonia canonici totumque capitulum ecclesie Bunnensis predicte ad maiorem evidentiam premissorum sigillum nostri prepositi predicti ac sigillum ecclesie nostre una cum sigillo reverendi in Christo patris et domini nostri domini Henrici archiepiscopi Coloniensis predicti ex certa nostra scientia apposuimus huic scripto. Datum et actum Bunne in domo capitulari ecclesie Bunnensis ipso die B. Remigii confessoris, qui est primus dies mensis octobris, anno domini millesimo tricentesimo vicesimo sexto. Nulli ergo etc. nostre confirmationis infr[ingere] etc. Dat. Avin. XII kl. augusti a. duodecimo.

Reg. 88 f. 186' nr. 3497.

***1515.** *1328 Juli 21. Avignon.*

Iohannes XXII archiepiscopo Coloniensi mandat, quatinus monasterio S. Pantaleonis incorporet parrochiales ecclesias S. Mauritii Coloniensis, in Sugthele, in Pinstorp (Rinstorp?) et in Langele.

Iohannes . . . . . archiepiscopo Coloniensi . . .

Religionis zelus, sub qua . . . Sane pro parte eiusdem Theoderici [abbatis et conventus monasterii Sancti Panthaleonis Coloniensis] peticio nobis nuper exhibita continebat, quod monasterium ipsum ex guerrarum incursibus . . . est in suis bonis adeo dissipatum, quod eisdem . . conventui victus remansit valde tenuis et exilis ac ob hoc est ibidem hospitalitas necessario diminuta, quodque in civitate et dyocesi Coloniensi novem parrochiales ecclesie existunt, in quibus dictum monasterium ius optinet patronatus. Et cum ipsas vacare contingit, pro eo quod ipse.. abbas et predecessores sui . . abbates dicti monasterii, qui fuerunt pro tempore, personas ad libitum . . nobilium, sub quorum districtu dicte ecclesie esse noscuntur, presentare ad easdem ecclesias noluerunt, dicti . . nobiles iracundie calore commoti dictum monasterium affixerunt iniuriis et iacturis. Quare dictus . . abbas nobis humiliter supplicavit, ut ei et monasterio supradicto super premissis pio compatientes affectu parrochiales S. Mauricii Coloniensis, in Sugthele, in Pinstorp et in Langele ecclesias ad . . abbatem ipsius monasterii iure patronatus spectantes, quarum fructus redditus et proventus quinquaginta florenorum auri secundum taxationem decime valorem annuum non excedunt, ipsi monasterio incorporare . . . dignaremur. Nos igitur . . . fraternitati tue . . . mandamus, quatinus, si ita est, prefatas parrochiales . . . ecclesias . . . eidem monasterio auctoritate nostra in perpetuum unias et annectas . . . Dat. Avin. XII kl. augusti p. n. a. duodecimo.

Reg. 88 f. 103 nr. 3266. — Or. membr. cum plumbo pend. Sub plica ad sinistr.: R. Brera. *In plica ad dextr.:* N. Brunus. *Paris.* G. pon. w. *Bibl. nat. f. latin. 9284 nr. 8. — Transsumptum in documentum notarile dat. 24. m. decembris a. 1330. Düsseldorf. Arch. reg. S. Pantaleon. Colon. nr. 147.*

1516. *1328 Juli 21. Avignon.*

[Iohannes XXII] archiepiscopo Coloniensi.

Petitio dilecti filii Gotfridi Hardevûst laici Coloniensis nuper nobis exhibita continebat, quod ipse . . . intendit ad honorem dei et Beate Virginis matris eius ac pro sue et uxoris ac progenitorum suorum animarum salute capelle S. Noytburgis Coloniensi de bonis propriis sufficientes redditus assignare pro quatuor perpetuis capellanis presbiteris, qui in ea tamquam canonici perpetuo serviant in divinis. Quare nobis humiliter supplicavit, ut ius presentandi dictas quatuor personas ad dictam capellam sibi et heredibus suis imperpetuum reservare . . . dignaremur. Nos igitur . . . fraternitati tue . . . committimus et mandamus, quatinus ius presentandi dictas quatuor personas ad eandem capellam, sufficientibus redditibus pro sustentatione dictarum quatuor personarum iuxta tue discretionis arbitrium . . . dicte capelle primitus assignatis, eidem Gotfrido et suis heredibus imperpetuum auctoritate apostolica reserves . . . Dat. Avin. XII kl. augusti a. duodecimo.

Reg. 88 f. 48 nr. 3129.

1517. *1328 Juli 21. Avignon.*

[Iohannes XXII] abbati monasterii Sibergensis ord. S. Bened. Colon. dioc.

Significavit nobis venerabilis frater noster Iohannes episcopus Scopien*sis*, quod bone memorie Iohannes episcopus Scopiensis predecessor suus curtem S. Ciriaci Colon. dioc. monasterio tuo immediate subiectam, que olim regularis prioratus ex[tit]it, dum vixit, pro certa obtinuit annua pensione, quodque nullus monachus in curte prefata fecit a longis retroactis temporibus residentiam personalem, et quod idem Iohannes episcopus iuxta status sui pontificalis decentiam non habet, unde valeat sustentari. Quare dictus episcopus nobis humiliter supplicavit, ut sibi dictam curtem concedere, prout dictus predecessor suus, ut predicitur, tenuit, ... dignaremur. Quia vero de premissis noticiam non habemus, discretioni tue ... mandamus, quatinus, si est ita, dictam curtem prefato Iohanni episcopo sub illa annua pensione ... concedas. Dat. Avin. XII kl. augusti a. duodecimo.

Reg. 88 f. 106' nr. 3274.

1518. *1328 Juli 21. Avignon.*

Iohannes XXII Tilmanno de Unna canonico eccl. Bunnensis Colon. dioc. reservat in eadem eccl. dignitatem vel personatum seu officium vel obedientiam sine cura, non obstante quod in dicta Bunnensi ac Essendensi et in Deytkirgen dicte dioc. canonicatus et prebendas ac in SS. Apostolorum Coloniensi eccl. canonicatum sub expectatione prebende necnon ecclesiam in Leichlingen eiusdem dioc. obtinet. Tamen vigore huius gratie dignitatem vel personatum seu officium aut obedientiam assecutus, dimittat predictam ecclesiam in Leichlingen.

Exigunt tue merita ... Dat. Avin. XII kl. augusti a. duodecimo.

In e. m. abbati monasterii Tuiciensis Colon. dioc. et decano S. Georgii Colon. ac Busolo de Parma canonico Tornacensis eccl. capellano papali.

Reg. 88 f. 68 nr. 3186.

1519. *1328 Juli 21. Avignon.*

Iohannes XXII Gobelino nato Gobelini dicti Mortinan confert eccl. S. Kuniberti Colon. canonicatum, prebendam vero eidem reservat.

Laudabile testimonium, quod . . . Dat. Avin. XII kl. augusti a. duodecimo.

In e. m. S. Severini Colon et S. Marie ad gradus Colon. prepositis ac magistro Nicolao de Fractis litterarum apostolicarum correctori.

Reg. 88 f. 102' nr. 3266.

1520. *1328 Juli 21. Avignon.*

Iohannes XXII Emerico nato quondam Wirici de Pinsheim confert eccl. SS. Apostolorum Colon. canonicatum, prebendam vero eidem reservat.

Laudabilia dona virtutum . . . Dat. Avin. XII kl. augusti a. duodecimo.

In e. m. S. Severini Colon. et S. Marie ad gradus Colon. prepositis ac magistro Nicolao de Fractis litterarum apostolicarum correctori canonico Patracensi.

Reg. 88 f. 103' nr. 3267.

1521. *1328 Juli 22. Avignon.*

Iohannes XXII Henrico de Iuliaco canonico eccl. Bunnensis Colon. dioc. reservat obedientias curtes seu decimas sine cura consuetas abolim canonicis eiusdem ecclesie assignari, si que per cessum vel decessum canonici prebendati eiusdem ecclesie in eadem eccl. vacant ad presens vel cum vacaverint, non obstante quod alia beneficia ecclesiastica cum huiusmodi curtibus seu decimis se alias invicem compatientia obtinet seu expectat.

Exigunt tue merita ... Dat. Avin. XI kl. augusti a. duodecimo.

In e. m. S. Marie ad gradus Colon. et S. Georgii Colon. decanis ac Nicolao de Fractis canonico Patracensis eccl. litterarum apostolicarum correctori.

Reg. 88 f. 98 nr. 3256.

1522. *1328 Juli 22. Avignon.*

Iohannes XXII Henrico de Iuliaco preposito eccl. S. Marie ad gradus Colon. confert ecclesiam S. Andree Pataviensis dioc. vacantem per obitum Petri tit. S. Stephani in Celiomonte presbiteri cardinalis.

Etsi apostolice sedis . . . Dat. Avin. XI kl. augusti a. duodecimo.

In e. m. preposito S. Severini et decano S. Georgii Colon. ac magistro Busolo de Parma canonico Tornacensis capellano papali ecclesiarum.

Reg. 87 f. 301 nr. 2781.

1523. *1328 Juli 22. Avignon.*

Iohannes XXII S. Severini et S. Marie ad gradus Colon. prepositis ac decano S. Georgii Colon. eccl. mandat, quatinus Cristinam natam Winrici de Bonengassen scabini Bunnensis puellam litteratam Colon. dioc. cupientem cum abbatissa et conventu monasterii Rolandswerde ord. S. Bened. dicte dioc. in eodem monasterio sub regulari habitu domino famulari, si sit ydonea et aliud canonicum non obsistat, in eodem monasterio faciant recipi in monacham.

Cum sicut accepimus . . . Dat. Avin. XI kl. augusti a. duodecimo.

Reg. 88 f. 47' nr. 3124.

1524. *1328 Juli 22. Avignon.*

Iohannes XXII Iohanni de Blankenberg confert parrochialem eccl. in Kessel Leod. dioc. vacantem per obitum Herbrandi de Cassenberg, qui dudum apud sedem apostolicam diem clausit supremum, non obstante quod Iohannes in collegiata eccl. Cardonensi Trever. dioc. sub expectatione prebende in canonicum est receptus.

Probitatis tue merita . . . Dat. Avin. XI kl. augusti a. duodecimo.

In. e. m. Xanctensis et Embricensis Colon. et Traiect. dioc. decanis ac magistro Nicolao de Fractis canonico Patracensis litterarum apostolicarum correctori ecclesiarum.

Reg. 87 f. 256 nr. 2674.

1525. *1328 Juli 22. Avignon.*

Iohannes XXII Phylippo Kale confert eccl. Arnhemensis Traiect. dioc. canonicatum et prebendam vacantes per obitum Herbrandi de Cassemberg, qui dudum apud sedem apostolicam diem clausit supremum, non obstante quod Phylippus de canonicatu et prebenda eccl.

Embricensis in curia Romana litigat et beneficium ecclesiasticum cum cura vel sine cura ad dispositionem decani et capituli ecclesie Zefficensis Colon. dioc. auctoritate apostolica expectat.

Apostolice sedis circumspecta ... Dat. Avin. XI kl. augusti a. duodecimo.

In e. m. decano Xanctensis et thesaurario Wisebelensis Colon. dioc. ac magistro Nicolao de Benevento canonico Beneventane ecclesiarum.

Reg. 87 f. 262 nr. 2692.

1526. *1328 Juli 22. Avignon.*

Iohannes XXII Everhardo nato Wilhelmi dicti Schunde civis Coloniensis confert eccl. S. Marie ad gradus Colon. dioc. canonicatum, prebendam vero eidem reservat.

Laudabile testimonium, quod ... Dat. Avin. XI kl. augusti a. duodecimo.

In e. m. preposito S. Severini et decano S. Georgii Colon. ac magistro Nicolao de Fractis canonico Patracensis eccl. litterarum apostolicarum correctori.

Reg. 88 f. 1 nr. 3003.

1527. *1328 Juli 22. Avignon.*

Iohannes XXII Ludovico Reynardi de Sancto-Andrea presbitero Coloniensi reservat beneficium ecclesiasticum cum cura vel sine cura ad dispositionem prepositi decani et capituli ecclesie S. Andree Colon. communiter vel divisim spectans, cuius fructus, si sine cura fuerit, quindecim marcharum argenti s. t. d. valorem annuum non excedant.

Meritis tue probitatis ... Dat. Avin. XI kl. augusti a. duodecimo.

Reg. 88 f. 1' nr. 3004.

1528. *1328 Juli 22. Avignon.*

Iohannes XXII S. Severini et S. Marie ad gradus prepositis ac decano S. Georgii ecclesiarum Coloniensium mandat, quatinus Cristinam natam Gotfredi de Boilheim militis puellam litteratam cupientem in Monasterio S. Marie in Capitolio Colon. ord. S. Bened. subregulari habitu domino famulari faciant recipi in eodem monasterio in monacham.

Cum sicut accepimus . . . Dat. Avin. XI kl. augusti a. duodecimo.

Reg. 88 f. 62 nr. 3167.

1529. *1328 Juli 24. Avignon.*

Iohannes XXII abbati monasterii Tuitiensis Colon. dioc. et S. Severini Colon. ac B. Marie ad gradus Colon. prepositis eccl. mandat, quatinus Drudam natam quondam Gotfridi de Lisenkirchen puellam litteratam Colon. dioc. cupientem in monasterio sororum S. Gertrudis Colon. sub cura et secundum instituta fratrum ordinis Predicatorum viventium una cum priorissa et conventu domino famulari, si sit ydonea et aliud canonicum non obsistat, recipi faciant in dicto monasterio in monacham.

Prudentum virginum votis ... Dat. Avin. VIIII idus augusti a. duodecimo.

Reg. 87 f. 307 nr. 2797.

1530. *1328 Juli 25. Avignon.*

Iohannes XXII Wilhelmo dicto Schillinc de Brughe confert eccl. Bunnensis Colon. dioc. canonicatum, prebendam vero eidem reservat, non obstante quod in eccl. S. Marie ad gradus Colon. officium custodie ac canonicatum sub expectatione prebende obtinet.

Meritis tue probitatis . . . Dat. Avin. VIII kl. augusti a. duodecimo.

In e. m. S. Marie ad gradus Colon. et S. Georgii Colon. decanis ac magistro Iacobo de Mutina scolastico Tullensis ecclesiarum.

Reg. 88 f. 31' nr. 3077.

1531. *1328 Juli 25. Avignon.*

Iohannes XXII Gotfrido de Hardevust et Hadewigi uxori eius, civibus Coloniensibus indulget, ut confessor eorum ydoneus, quem duxerint eligendum, omnium peccatorum plenam remissionem semel in mortis articulo eis concedere valeat.

Provenit ex vestre devotionis... Dat. Avin. VIII kl. augusti a. duodecimo.

Reg. 87 f. 391' nr. 2999.

1532. *1328 Juli 25. Avignon.*

Iohannes XXII Gotfrido de Hardevûst et Hadewigi uxori eius, civibus Coloniensibus, concedit facultatem habendi secum altare portatile *etc.*

Ut eo libentius ... Dat. Avin. VIII kl. augusti a. duodecimo.

Reg. 88 f. 1 nr. 3001.

1533. *1328 Juli 25. Avignon.*

Iohannes XXII Gotfrido de Hardevûst et Hadewigi uxori eius, civibus Coloniensibus, indulget, ut, cum ad loca ecclesiastico supposita interdicto eos declinare contigerit, liceat eis et familie eorum per proprium vel alium ydoneum sacerdotem divina officia facere celebrari, ianuis clausis *etc.*

Ut erga sedem apostolicam ... Dat. Avin. VIII kl. augusti a. duodecimo.

Reg. 88 f. 1 nr. 3000.

1534. *1328 Juli 26. Avignon.*

Iohannes XXII tribus executoribus mandat, quatinus Henricum Iohannis confirment et tueantur in possessione canonicatus et prebende in ecclesia S. Florini in Confluentia.

[Iohannes XXII] decano et cantori maioris ac thesaurario S. Marie ad gradus Magunt. ecclesiarum.

Exposuit nobis dilectus filius Henricus Iohannis canonicus ecclesie S. Florini in Confluentia Trever. dioc., quod olim inter quondam Henricum dictum de Bracharaco alias de Asperschem et quondam Hertwicum de Mude clericos se asserentes canonicos eiusdem ecclesie super canonicatu et prebenda, qui vacaverunt in eadem ecclesia per obitum quondam Theoderici de Dieze canonici prebendati eiusdem ecclesie, quos quidem canonicatum et prebendam uterque illorum ad se spectare dicebant, orta materia questionis ac inter eos super dictis canonicatu et prebenda in Romana curia diutius litigato, demum Henricus non possidens apud sedem apostolicam et Hertwicus prefatus possidens ipsos canonicatum et prebendam non finita huiusmodi lite nec aliqua super ea sententia promulgata in illis partibus obierunt, et postea idem Henricus Iohannis dictos canonicatum et prebendam auctoritate apostolica canonice sibi collatos extitit assecutus. Verum decanus et capitulum ipsius ecclesie se collationi huiusmodi opponentes, prefatos canonicatum et prebendam de facto Iohanni de Munrial clerico Treverensis diocesis, ut dicitur, contulerunt . . . propter quod inter decanum et capitulum opponentes et Iohannem de Munrial prefatos ex una parte et dictum Henricum Iohannis ex altera super dictis canonicatu et prebenda orta materia questionis et per appellationem dictorum decani et capituli et Iohannis causa huiusmodi ad sedem apostolicam legitime devoluta et . . . diutius agitata, demum idem Henricus Iohannis per tres diffinitivas sententias pro se datas super totidem instantiis . . . victoriam reportavit et super executione earum . . . nostras litteras ad certos executores impetravit. Qui licet ad executionem earum procedere incepissent, tamen propter potentiam et malitiam decani et capituli et Iohannis predictorum predictas sententias nequiverunt executioni debite demandare, quinimmo decanus et capitulum et Iohannes prefati contra sepefatum Henricum ad eandem sedem iterum appellarunt. Interim autem huiusmodi appellationis negotio pendente, Iohannes de Monticulo clericus Coloniensis, falso pretendens dictos canonicatum et prebendam per obitum eiusdem Henrici defuncti, qui non possidebat eosdem, apud sedem vacavisse prefatam, eosdem canonicatum et prebendam per suggestionem huiusmodi minus veram per nostras litteras dicitur impetrasse, nulla in eis de lite huiusmodi inter eum dictosque decanum et capitulum et Iohannem de Munreal necdum finita necnon de dictis sententiis pro dicto Henrico Iohannis apud dictam sedem prolatis earumque executione habita mentione. Quare prefatus Henricus Iohannis timens sibi per huiusmodi litteras per dictum Iohannem de Monticulo obtentas posse sibi saltem de facto preiudicium generari, . . . provideri sibi in hac parte de oportuno remedio supplicavit. Quocirca discretioni vestre . . . mandamus, quatinus . . . si . . . vobis constiterit de premissis, predictas litteras per dictum Iohannem . . per falsi suggestionem et veri suppressionem obtentas carere viribus decernentes, collationem dicto Henrico Iohannis factam . . . necnon predictas sententias pro eo latas auctoritate nostra confirmare easque executioni debite demandare curetis . . . Dat. Avin. VII kl. augusti a. duodecimo.

Reg. 88 f. 16 nr. 3040.

1536. *1328 Juli 26. Avignon.*

Iohannes XXII Gobelino de Lengestorp canonico eccl. Bunnensis Colon. dioc. reservat beneficium ecclesiasticum cum cura vel sine cura.

consuetum clericis secularibus assignari, cuius fructus, si curatum, viginti, si vero sine cura fuerit, quindecim marcharum argenti s. t. d. valorem annuum non excedant, ad abbatis et conventus monasterii Stabulensis ord. S. Bened. Leod. dioc. dispositionem communiter vel divisim pertinens, non obstante quod idem Gobelinus in eccl. Bunnensi Colon. dioc. canonicatum et prebendam obtinet.

Suffragantia tibi merita ... Dat. Avin. VII kl. augusti a. duodecimo.

In e. m. abbati monasterii Sybergensis Colon. dioc. et subdecano ac Syfrido de Rennenberg canonico eccl. Colon.

Reg. 86 f. 206 nr. 1544.

1537. *1328 Juli 26. Avignon.*

Iohannes XXII Rodulpho de Montilio canonico eccl. Bunnensis Colon. dioc. reservat in eadem eccl. dignitatem vel personatum seu officium aut beneficium ecclesiasticum, etiam si curtis vel obedientia nuncupatur, spectantem vel spectans ad dispositionem prepositi et capituli eiusdem ecclesie communiter vel divisim, non obstante quod in S. Georgii Colon. canonicatum et prebendam obtinet et in dicta Bunnensi de canonicatu cum reservatione prebende ei auctoritate apostolica est provisum.

Apostolice sedis copiosa ... Dat. Avin. VII kl. augusti a. duodecimo.

In e. m. abbati monasterii S. Martini et decano S. Andree Colon. ac Busolo de Parma canonico Tornacensis eccl. capellano papali.

Reg. 88 f. 45 nr. 3116.

1538. *1328 Juli 26. Avignon.*

Iohannes XXII Henrico Andree dicti de Rore de Bunna confert eccl. S. Andree Colon. canonicatum, prebendam vero eidem reservat.

Attributa tibi merita ... Dat. Avin. VII kl. augusti a. duodecimo.

In e. m. abbati monasterii Syburgensis et scolastico Bunnensis Colon. dioc. ac Reynardo de Westerburg canonico Colon. ecclesiarum.

Rg. 86 f. 208' nr. 1538.

1539. *1328 Juli 26. Avignon.*

Iohannes XXII Hermanno Iohannis de Bunna clerico Colon. dioc.

reservat beneficium ecclesiasticum cum cura vel sine cura, cuius fructus, si cum cura, viginti, si vero sine cura fuerit, quindecim marcharum argenti valorem annuum s. t. d. non excedant, ad dispositionem prepositi decani et capituli eccl. Bunnensis Colon. dioc. communiter vel divisim pertinens.

Laudabilia tue probitatis . . . Dat. Avin. VII kl. augusti a. duodecimo.

In e. m. Sybergensis et Tuiciensis monasteriorum abbatibus Col. dioc. et decano eccl. S. Georgii Colon.

Reg. 86 f. 204 nr. 1589.

1540. *1328 Juli 26. Avignon.*

Iohannes XXII Iohanni de Aquisgrani (!) presbitero Leod. dioc. reservat beneficium ecclesiasticum cum cura vel sine cura, cuius fructus, si curatum, viginti, si vero sine cura fuerit, quindecim marcharum argenti s. t. d. valorem annuum non excedant, ad prepositi decani et capituli eccl. S. Marie de Aquisgrani Leod. dioc. dispositionem communiter vel divisim pertinens, non obstante quod in eccl. Bunnensi Colon. dioc. altare S. Petri obtinet.

Ex tue devotionis . . . Dat. Avin. VII kl. augusti a. duodecimo.

In e. m. decano et cantori ac scolastico eccl. Bunnensis Colon. dioc.

Reg. 86 f. 206 nr. 1543.

1541. *1328 August 17. Avignon.*

Iohannes XXII Thilmanno quondam Ludolphi de Vilika clerico non coniugato nec in sacris ordinibus constituto Colon. dioc., qui per Petrum episcopum Penestr. repertus fuit ydoneus ad officium tabellionatus, concedit huiusmodi officium.

Ne contractuum memoria . . . Dat. Avin. XVI kl. septembris a. duodecimo.

Reg. 85 f. 363' nr. 1034.

1542. *1328 September 1. Avignon.*

Iohannes XXII Everardo de Embrica confert eccl. S. Crucis Leod. canonicatum, prebendam vero eidem reservat, non obstante quod in ecclesia Embricensi Traiect. dioc. sub expectatione prebende vigore litterarum apostolicarum in canonicum est receptus.

Sedis apostolice providentia ... Dat. Avin. kl. septembris a. duodecimo.

In e. m. episcopo Paduano et archidiacono de Famenna ac Livoldo de Northof canonico eccl. Leod.

Reg. 88 f. 208 nr. 4550.

1543. *1328 September 1. Avignon.*

Iohannes XXII Iohanni de Goistorp canonico eccl. Xanctensis Colon. dioc. reservat beneficium ecclesiasticum cum cura vel sine cura, cuius fructus, si curatum, viginti, si vero sine cura fuerit, quindecim marcharum argenti s. t. d. valorem annuum non excedant, ad dispositionem abbatisse et capituli secularis ecclesie SS. Virginum Colon. communiter vel divisim pertinens, non obstante quod in eccl. Xanctensi canonicatum et prebendam obtinet.

Apostolice munificentie dexteram ... Dat. Avin. kl. septembris a. duodecimo.

In e. m. abbati monasterii S. Martini Colon. et preposito S. Marie ad gradus Colon. ac decano S. Stephani de Tescone (*vel:* Gescone) Montisalbane ecclesiarum.

Reg. 88 f. 210' nr. 3556.

1544. *1328 September 1. Avignon.*

Iohannes XXII Henrico Schonhals nato Gyselberti Schonhals militis clerico Colon. dioc. reservat beneficium ecclesiasticum cum cura vel sine cura, spectans ad dispositionem prepositi eccl. S. Florini in Confluentia Trever. dioc., cuius fructus, si curatum, viginti, si vero sine cura fuerit, quindecim marcharum argenti s. t. d. valorem annuum non excedant.

Nobilitas generis, vite munditia ... Dat. Avin. kl. septembris a. duodecimo.

In e. m. decano et scolastico Wetslariensis Trever. dioc. ac Busolo de Parma canonico Tornacensis eccl. capellano papali.

Reg. 87 f. 301 nr. 2780.

1545. *1328 September 4. Avignon.*

Iohannes XXII Henrico de Iuliaco canonico eccl. Bunnensis indulget, ut apostolicis obsequis vel litterarum studio in loco, ubi illud generale vigeat, insistendo aut in aliquo beneficiorum suorum ecclesiasticorum, que nunc obtinet vel imposterum obtinebit, residendo fructus canonicatuum, prebendarum et aliorum beneficiorum, etiam si aliqua illorum dignitates personatus vel officia existant et eis cura immineat animarum, usque ad triennium integre, cotidianis distributionibus dumtaxat exceptis, percipere valeat, quin resideat.

Ad personam tuam . . . Dat. Avin. II nonas septembris a. duodecimo.

In e. m. magistro Bernardo Stephani Figiacensis Caturcensis notario nostro et Iohanni de Lescapon Nannetensis archidiaconis ac decano Xanctensis Colon. dioc. ecclesiarum.

Reg. 87 f. 358' nr. 2897.

1546. *1328 September 14. Avignon.*

Iohannes XXII Carolo primogenito Iohannis regis Boemie concedit facultatem habendi secum altare portatile, super quo in locis congruis et honestis possit sibi uxori et familie sue per capellanum proprium vel alium ydoneum divina facere celebrari.

Quanto maioris devotionis . . . Dat. Avin. XVIII kl. octobris a. tertiodecimo.

Reg. 91 f. 124 nr. 2353; Rz. 1079.

1547. *1328 September 14. Avignon.*

Iohannes XXII Carolo primogenito Iohannis regis Boemie indulget, ut possit sibi uxori et familie sue missam, antequam illucescat dies, circa tamen diurnam lucem, cum qualitas negotiorum pro tempore ingruentium id exegerit, facere celebrari.

Devotionis tue precibus . . . Dat. Avin. XVIII kl. octobris a. tertiodecimo.

Reg. 91 f. 124' nr. 2354; Rz. 1079 n. 1.

1548. *1328 September 14. Avignon.*

Iohannes XXII Carolo primogenito Iohannis regis Boemie indulget, ut si forte ad loca ecclesiastico supposita interdicto eum contigerit declinare, possit sibi uxori sue et familiaribus suis per proprium vel alium ydoneum presbiterum divina officia facere celebrari, interdictis et excommunicatis exclusis *etc.*

Ut erga sedem apostolicam... Dat. Avin. XVIII kl. octobris a. tertiodecimo.

Reg. 91 f. 127' nr. 2362; Rs. 1079 n. 2.

1549. *1328 September 14. Avignon.*

Iohannes XXII Nicolao de Luccembourch canonico Tullensi licentiato in legibus reservat beneficium ecclesiasticum cum cura vel sine cura, ad dispositionem prepositi decani custodis et capituli eccl. Treverensis communiter vel divisim pertinens, cuius fructus, si cum cura fuerit, quindecim marcharum argenti s. t. d. valorem annuum non excedant, non obstante quod parrochialem ecclesiam in Reyle Trever. dioc. et canonicatum sub expectatione prebende in eccl. Tullensi obtinet et quod papa canonicatum et prebendam in eccl. S. Servacii Traiectensi Leod. dioc. eidem reservavit. Tamen vigore presentis gratie dictum beneficium curatum assecutus dimittat predictam parrochialem ecclesiam.

Litterarum scientia, vite ... Dat. Av. XVIII kl. octobris a. terciodecimo.

In e. m. S. Mathie extra muros Treverenses et S. Marie Luccemburgensis monasteriorum Trever. dioc. abbatibus ac Gualfredo de Regalibus canonico Noviomensi capellano papali.

Reg. 89 f. 127' nr. 316.

1550. *1328 September 16. Avignon.*

Iohannes XXII Theoderico de Reys canonico eccl. S. Bartholomey Leod. indulget, ut in Romana curia moram trahens vel residens in altero beneficiorum suorum ecclesiasticorum fructus omnium beneficiorum suorum ecclesiasticorum sine cura, que obtinet et imposterum obtinebit, usque ad biennium integre, cotidianis distributionibus dumtaxat exceptis, percipere valeat.

Meritis tue probitatis ... Dat. Avin. XVI kl. octobris a. tertiodecimo.

In e. m. decano S. Georgii Colon. et magistro Busolo de Parma Tornacensis capellano papali ac Levoldo de Northof. Leod. canonicis ecclesiarum.

Reg. 89 f. 25 nr. 64.

1551. *1328 September 18. Avignon.*

[Iohannes XXII] Henrico de Virneuburg preposito eccl. Bunnensi Colon. dioc.

Nobilitas generis, morum decor . . . Cum itaque, sicut oblate nobis tue petitionis series continebat, tu pro defensione et honore Coloniensis et aliarum ecclesiarum, in quibus beneficia obtinebas, in aliquibus conflictibus interfuisse noscaris, in quibus vulnera atque cedes hominum perpetrata fuerunt, licet in eisdem conflictibus seu cedibus nullum interfecisse te asseras seu etiam mutilasse, ac ob hoc dubites irregularitatis et inhabilitatis maculas incurrisse, nos . . . omnem irregularitatem et inhabilitatem, si quas ob premissa vel aliquod premissorum quomodolibet contraxisti, . . . penitus abolemus . . . Dat. Avin. XV kl. octobris a. tertiodecimo.

Reg. 89 f. 330' nr. 875.

1552. *1328 September 21. Avignon.*

Iohannes XXII Bedvino de Colonia clerico Colon. consideratione Iohannis regis Boemie pro eo clerico suo supplicantis reservat beneficium ecclesiasticum cum cura vel sine cura, ad dispositionem prepositi et capituli ecclesie Aquensis Leod. dioc. communiter vel divisim spectans, cuius fructus, si cum cura, viginti, si vero sine cura fuerit, quindecim marcharum argenti s. t. d. valorem annuum non excedant.

Suffragantia tibi merita . . . Dat. Avin. XI kl. octobris a. tertiodecimo.

In e. m. S. Severini et S. Georgii Colon. decanis ac magistro Ambrosio de Lamayrola canonico Mediolan. ecclesiarum.

Reg. 91 f. 41 nr. 2108.

1553. *1328 October 6. Avignon.*

Iohannes XXII Philippo regi Francie nunciat, quod Maguntine ecclesie de certa persona providit, antequam pervenissent ad se littere regie facientes mentionem de eiusdem eccl. provisione. Quare, quia intendit operosam adhibere diligentiam, quod predicta persona Iohanni regi Boemie grata et devota reddatur, habeat rex papam excusatum, si regiis precibus super hiis non valet annuere.

Dudum in considerationem deducto . . . Dat. Avin. II nonas octobris a. tertiodecimo.

Reg. 115 ps. I f. 115 nr. 653; Rz. 1087.

1554. *1328 October 8. Avignon.*

Iohannes XXII Adeberto de Viens (!) confert eccl. S. Florini in Confluentia Trever. dioc. preposituram, quam quondam Iohannes de Nassawe ipsius ecclesie prepositus apostolice sedis capellanus, dum viveret, obtinebat et que vacat per ipsius Iohannis obitum, qui, antequam consecrationis in episcopum Bambergensem munus suscepisset, in partibus illis clausit diem extremum.

Suffragantia tibi merita . . . Dat. Avin. VIII idus octobris a. tertiodecimo.

In e. m. decano Carnotensis et preposito Avinionensis ac Raymundo Boti canonico Aptensis ecclesiarum.

Reg. 89 f. 289' nr. 617.

1555. *1328 October 11. Avignon.*

Iohannes XXII ecclesie Maguntine, cuius provisionem sibi ea vice reservaverat adhuc vivente Mathia archiepiscopo, vacanti per mortem Mathie predicti providet de persona Henrici tunc prepositi ecclesie Bunnensis Colon. dioc. in diaconatus ordine constituti.

Sancta Romana ecclesia . . Dat. Avin. V idus octobris a. terciodecimo.

Reg. 89 f. 128' nr. 317; Rz. 1088.

1556. *1328 October 11. Avignon.*

[Iohannes XXII] Henrico electo Maguntino.

Sane quia litteras provisionis huiusmodi adeo celeriter, sicut tibi et eidem Maguntine expediret ecclesie, habere de cancellaria nostra forsitan non valeres, nos tuis et eiusdem ecclesie volentes indempnitatibus super hiis studio paterne solicitudinis precavere, ut, quamvis litteras ipsas non habeas nec ostendas, ecclesie ipsius Maguntine administrationem in spiritualibus et temporalibus suscipere ac per te tuosque vicarios officiales et ministros plenarie gerere valeas et dilecti filii capitulum ipsius ecclesie ac omnes alii et singuli, quorum interest, tibi tuisque vicariis officialibus et ministris obedire teneantur . . . tibi concedimus . . facultatem. Volumus autem, quod litteras dicte provisionis infra tres menses habere procures; alioquin extunc presentes littere nullus sint roboris vel momenti. Dat. Avin. V idus octobris a. tertiodecimo.

Dupp[lica]te sub eadem data cum spatio sex mensium.

Reg. 116 ps. 1 f. 81' nr. 477a; Rz. 0.

1557. *1328 [October 11. Avignon].*

Iohannes capitulo ac universis vasallis et subditis eccl. Maguntine nunciat, quod ecclesie Maguntine, cuius provisionem iam ante Mathie obitum reservavit sedi apostolice, providit de persona Henrici prepositi ecclesie Bunnensis in diaconatus ordine constituti, eisque mandat, quatinus eidem electo eiusque vicariis officialibus et ministris pareant.

Cura pastoralis officii ... Dat. etc. [= Avin. V idus octobris a. XIII].

Reg. 115 ps. I f. 81' nr. 478.

1558. *1328 October 11. Avignon.*

Iohannes XXII archiepiscopo Colon. et episcopo Leod. ac preposito Zeflicensi Colon. dioc. mandat, quatinus Henrico electo Maguntino, de cuius tum prepositi Bunnensis persona papa providit eidem ecclesie, efficacis defensionis presidio assistentes, prepositum decanum et capitulum ac canonicos necnon vassallos etc. ecclesie prelibate moneant et inducant, ut infra competentem terminum perēmptorium eundem electum in pastorem eiusdem ecclesie recipiant et admittant ac eidem pareant.

Pridem ecclesia Maguntina . . . Dat. Avin. V idus octobris a. tertiodecimo.

Reg. 115 ps. I f. 81 nr. 476.

1559. *1328 October 12. Avignon.*

Iohannes XXII Henrico electo Maguntino nunciat, quod de eius persona providit ecclesie Maguntine per obitum Mathie vacanti eumque tunc prepositum ecclesie Bunnensis Colon. dioc. prefecit Maguntine ecclesie in archiepiscopum et pastorem.

Pridem ecclesia Maguntina ... Dat. IIII idus octobris a. terciodecimo.

Reg. 115 ps. I f. 98 nr. 559.

1560. *1328 Octobris 14. Avignon.*

[Iohannes XXII] Henrico archiepiscopo Coloniensi.

Nuper ecclesia Maguntina per obitum bo. me. Mathie . . . vacante, nos eidem personam, que ipsi ecclesie perutilis ac nobis et ecclesie Romane fidelis existeret et devota, preficere cupientes, ad personam dilecti filii Henrici electi Maguntini prepositi ecclesie Bunnensis Colon. dioc. nepotis tui dreximus intuitum mentis nostre ac de ipso memorate ecclesie Maguntine . . . providimus . . . Rogamus itaque fraternitatem tuam et in domino exhortamur, quatinus eidem electo suis et ecclesie sue utiliter promovendis negotiis auxiliis consiliis et favoribus oportunis assistens, una cum ipso in solita constantia devotionis et fidei persistere non postponas. Dat. Avin. II idus octobris a. tertiodecimo.

Reg. 115 ps. 1 f. 91' nr. 516.

1561. *1328 October 14. Avignon.*

[Iohannes XXII] Iohanni de Constancia decano Maguntino capellano nostro.

Quam diligenter constanter et fideliter in negotiis honorem ecclesie Romane tangentibus necnon circa solertem munitionum et fortaliciorum ecclesie Maguntine post obitum bo. me. Mathie archiepiscopi Magunti custodiam, ut illi, quem sedes apostolica prefate Maguntine preficeret ecclesie, possent assignari libere, te gesseris, relatibus percepimus fidedignis . . . . Sane cum nos de persona . . Henrici electi Maguntini . . . quem eidem Maguntine ecclesie utilem tibique gratum et propicium existere credimus, ecclesie memorate . . . duxerimus providendum, discretionem tuam rogamus attentius et hortamur, quatinus . . . eisdem electo suisque vicariis et officialibus ac ministris . . . cures assistere consiliis auxiliis et favoribus oportunis, munitiones et fortalicia predicta eisdem . . . assignando. Dat. Avin. II idus octobris a. tertiodecimo.

Reg. 115 ps. 1 f. 92' nr. 522.

1562. *1328 October 14. Avignon.*

[Iohannes XXII] Henrico electo Maguntino.

Volentes pridem tuis et ecclesie tue Maguntine indempnitatibus providere, quod, quamvis provisionis de te facte prelibate ecclesie litteras non habeas nec ostendas, administrationem eiusdem ecclesie per te tuosque vicarios officiales et ministros gerere in spiritualibus et temporalibus plenarie usque ad certum tempus valeas . . . concessisse tibi . . . meminimus facultatem[1]. Nos igitur ex eo, quod constitutus in sacerdotio non existis nec munus tue consecrationis receperis nec fueris pallio . . . decoratus, [ne] circa predictam administrationem tibi possit aliquid per quascumque obici vel opponi, ut . . . predictam administrationem in spiritualibus et temporalibus etiam in hiis, que negocium electionis regis Romanorum in imperatorem promovendi quoque modo contingere dinoscuntur, gerere valeas . . . illis, que sunt ordinis, dumtaxat exceptis, que per antistitem . . . possis, cum oportunum extiterit, exercere, auctoritate tibi presentium indulgemus . . . Dat. Avin. II idus octobris a. terciodecimo.

Reg. 115 p. I f. 82' nr. 484.

1563. *1328 October 14. Avignon.*

Iohannes XXII Heydenrico de Essende preposito eccl. S. Severini Colon. reservat eccl. Bunnensis Colon. dioc. prepositaram cum obedientiis seu curtibus, quas Henricus electus Maguntinus nunc obtinet queque in proximo vacare sperantur per Henrici consecrationem. Tamen vigore huius gratie prepositaram Bunnensem assecutus omnino dimittat prepositaram S. Severini.

Matris ecclesie providentia . . . Dat. Avin. II idus octobris a. tertiodecimo.

In e. m. episcopo Padeburnensis et decano Monasteriensis ac magistro Ambrosio de Lamayrola canonico Mediolan. ecclesiarum.

Reg. 90 f. 338 nr. 1922.

1564. *1328 October 15. Avignon.*

[Iohannes XXII] Henrico electo Maguntino.

Cura pastorolis officii . . . Dudum siquidem ecclesie Maguntina per obitum bo. me. Mathie . . vacante, nos eidem ecclesie, cuius provisionem dudum ante ipsius archiepiscopi obitum nobis . . . ea vice duximus . . . reservandam, . . . ad te prepositum ecclesie Bunnensis . . dirigentes intuitum mentis nostre, de persona tua duximus eidem ecclesie . . . providendum, te illi preficientes in archiepiscopum et pastorem tibique illius administrationem in spiritualibus et temporalibus plenarie committentes . . . Nos . . . ut tu, qui in diaconatus ordine constitutus existis, a quocumque antistite catholico . . . ad presbiteratus

1) *Conf. nr. 1556.*

ordinem rite valeas statuto a iure tempore promoveri, quodque postmodum idem vel alius antistes catholicus . . . quem elegeris, ascitis et in hoc sibi assistentibus duobus vel tribus episcopis . . . tibi possit munus consecrationis impendere tuque illud recipere ab eodem . . . concedimus . . facultatem. Volumus autem, quod idem antistes, qui tibi munus predictum impenderit, cum illud receperis ab eodem, a te nostro et ecclesie Romane nomine recipiat fidelitatis solitum debite iuramentum iuxta formam, quam tibi sub bulla nostra mittimus interclusam, et formam huiusmodi iuramenti. quod tu pre[sta] bis, de verbo ad verbum per tuas patentes litteras tuo sigillo signatas nobis per proprium nuncium destinare procuret. Dat. Avin. idus octobris a. tertiodecimo.

Reg. 115 ps. I f. 81' nr. 477.

1565. *1328 October 16. Avignon.*

[Iohannes XXII] decano et capitulo ecclesie Maguntine.

Vacante pridem ecclesia Maguntina per obitum bone memorie Mathie . . . ad personam . . . Henrici electi Maguntini prepositi Bunnensis Colon. dioc. convertimus aciem mentis nostre preficientes eidem in archiepiscopum et pastorem . . . Rogamus itaque vestram providentiam et attentius exhortamur, quatinus provisionem huiusmodi . . . cum debita reverentia amplectentes eidem electo velut pastori animarum vestrarum et eius vicariis et officialibus . . . humiliter pareatis . . . Dat. Avin. XVII kl. novembris a. XIII.

Reg. 115 p. I f. 92' nr. 524.

1566. *1328 October 21. Avignon.*

Iohannes XXII Walramo de Iuliaco thesaurario ecclesie Colon. nunciat, quod eum in capellanum suum recipit et capellanorum suorum consorcio aggregat.

Perhibentibus testimoniis plurium . . . Dat. Avin. XII kl. novembris a. terciodecimo.

Reg. 115 p. I f. 82 nr. 479; Rz. 1090.

1567. *1328 October 28. Avignon.*

Iohannes XXII Iohanni nato Segeri de Polle confert eccl. Xanctensis Colon. dioc. canonicatum, prebendam vero et ferculum eidem in eadem eccl. reservat.

Laudabile testimonium, quod . . . Dat. Avin. V kl. novembris a. tertiodecimo.

In e. m. S. Petri Traiectensis et Daventriensis Traicct. dioc. decanis ac Ambrosio de Lamayrola canonico Mediolanensis ecclesiarum.

Reg. 89 f. 301 nr. 787.

1568. *1328 October 29. (Avignon.)*

[Iohannes XXII] eidem [Henrico archiepiscopo Coloniensi].

Ex multiplicium meritorum obsequiorumque gratitudine, que dilectus filius Eidenricus prepositus ecclesie S. Severini Coloniensis capellanus noster nobis et ecclesie impendere studuit hactenus, sicut tua prudentia non ignorat, inducti, preposituram ecclesie Bunnensis ac obedienciam Colon. dioc., quas obtinet dilectus filius Henricus electus Maguntinus, conferendas eidem preposito, cum per consecrationem eiusdem electi vacaverint, dispositioni nostre et sedis apostolice duximus reservandas, id tibi existere gratum attentis premissis ac obsequiosis affectibus, quibus ipsum erga te gratum [se] reddi[di]sse ac reddere continue percepimus, indubie supponentes. Quocirca fraternitatem tuam attentius deprecamur, quatinus in premissis, que circa personam prefati prepositi fecimus, . . . pro nostra et eiusdem sedis reverentia prosequaris. Dat. III kl. novembris a. tertiodecimo.

Reg. 115 ps. I 91' nr 517.

1569. *1328 October 29. Avignon.*

[Iohannes XXII] Wilhelmo comiti Iuliacensi.

Nuper dilectus filius Henricus de Iuliaco prepositus ecclesie S. Marie et gradus Coloniensis ad nostram veniens presenciam, nobilitatis tue litteras ac quoddam instrumentum publicum formam iuramenti fidelitatis per te, fili, nobis et ecclesie Romane prestiti continens nostro apostolatui presentavit; quibus benigne ac leta manu receptis eorumque (!) tenoribus necnon et hiis, que dictus prepositus sub commissa sibi per litteras ipsas credentia tam super tuis fidelitate ac devotione . . . seriosius viva voce quam aliis, que nobis pro parte tua curavit exponere, plenius intellectis, ea velut deo ac nobis accepta . . . uberibus prosequimur actionibus gratiarum, eandem nobilitatem tuam . . . exhortantes, quatinus in eisdem fidelitate ac devotione . . . invariabiliter perseveres ... Ceterum dilectum filium Walranum de Iuliaco thesaurarium ecclesie Coloniensis fratrem tuum, de quo fecit nobis dictus prepositus specialiter mentionem, habere loco et tempore oportunis favorabiliter intendimus commendatum iamque ipsum, ut nostram benivolentiam evidentius percipiat, in capellanum nostrum graciose duximus admittendum. Dat. ut supra (= IIII kl. novembris a. tertiodecimo).

Reg. 115 p. I f. 86' nr. 499; Rz. 1091.

1570. *1328 November 4. Avignon.*

[Iohannes XXII] Reynaldo comiti Gelrensi.

Litteras nuper nobis a tua nobilitate transmissas leta manu ... recepimus nec minus gratanter inspeximus ... Sane, fili, excusationes tuas adversus eos, quos apud nos tibi detraxisse putaveras, gratis affectibus habemus acceptas ... Rogamus dictam nobilitatem tuam ... ut erga dictam ecclesiam tanquam fidelis eius filius ... perseveres ... Ceterum ex petitionibus pro parte tua nobis oblatis super illa, per quam petiisti decimam tibi concedi usque ad certum tempus omnium proventuum et reddituum ecclesiarum, que sunt in terris tui dominii constitute, quia ecclesie admodum gravate sunt et quantum[a] Romana ecclesia subsidio egeat, tua prudentia non ignorat, nos in hac parte rationabiliter habeas excusatos; reliquis vero, quas exaudire bono modo potuimus exauditis, in eo pre ceteris de sincera patris erga te affectione confidas ... Dat. Avin. II nonas novembris a. tertiodecimo.

Reg. 115 ps. I f. 93 nr. 526; Rz. 1093.

1571. *1328 November 8. Avignon.*

Iohannes XXII archiepiscopo Coloniensi mandat, quatinus cum Reynardo dicto de Spieza scolari Coloniensi, si sit ydoneus, dispenset, ut non obstante defectu natalium, quem patitur de acolito genitus et soluta, ad omnes ordines promoveri et ecclesiasticum beneficium obtinere valeat, etiam si curam habeat animarum.

Ex parte dilecti ... Dat. Avin. VI idus novembris a. tertiodecimo.

Reg. 89 f. 201 nr. 512.

---

a) quamquam *in reg.*

1572. *1328 November 8. Avignon.*

Iohannes XXII Reynardo quondam Thilmanni de Ymmendorp presbitero confert eccl. S. Severini Colon. canonicatum, prebendam vero et supplementum, mensa vulgariter nuncupatum, eidem in prefata eccl. reservat, non obstante quod in ecclesia S. Gereonis Colon. capellaniam altaris SS. Fabiani et Sebastiani ac vicariam ecclesie in Greynswilre perpetuas Colon. dioc. obtinet.

Suffragantia tibi merita . . . Dat. Avin. VI idus novembris a. tertiodecimo.

In e. m. decano et scolastico S. Georgii Colon. ac magistro Nicolao de Fractis canonico Patracensis eccl.

Reg. 89 f. 106' nr. 528.

1573. *1328 November 11. (Avignon.)*

[Iohannes XXII] archiepiscopo Coloniensi.

Antequam ad nos nuper tue fraternitatis misse nobis littere facientes mentionem de provisione Maguntine ecclesie [pervenerunt], nos de persona .. Henrici .. nepotis tui duxeramus .. eidem ecclesie providendum, sicut — iam diu est — per litteras nostras scripsisse tibi, frater, meminimus et ex relatione dilectorum filiorum nobilium virorum Roperti comitis de Vernenburch tui nepotis et Poncii de Ungula familiaris nostri, qui pridem cum litteris oportunis dictum electum tangentibus ad eas partes tuamque presenciam direxerunt de nostro beneplacito gressus suos, te fuisse plenius credimus informatum. Quas quidem litteras propter viarum pericula dupplicatas .. Petro de Ungula priori Tholosane domus hospitalis S. Johannis Jerosolimitani tui et eiusdem electi honoris et commodi fervido zelatori iterum destinamus, cui scribimus etiam, ut tecum et eodem electo habito colloquio et tractatu, vobis assistat super hiis oportune. Dat. III idus novembris a. tertiodecimo.

Reg. 115 ps. I f. 92' nr. 525; Rz. 1094.

1574. *1328 November 11. Avignon.*

[Iohannes XXII] Petro de Ungula priori Tholosano.

Antequam ad nos misse nobis novissime tue littere pervenissent, ecclesie Maguntine duxeramus etc. *(mutatis mutandis sicut in litt. sub nr. 1573 usque:)* destinamus. Et insuper scribimus venerabili fratri nostro Balduyno archiepiscopo Treverensi ac . . . preposito . .

decano et capitulo ecclesie Maguntine necnon . . Henrico archiepiscopo Coloniensi per alias nostros litteras, quas tibi etiam mittimus iuxta formam, quam cedula continet presentibus interclusa, volentes, ut litterarum predictarum tenoribus diligenter inspectis eas vel illas ex eis, de quibus tibi videbitur, . . . Henrico Coloniensi archiepiscopo et prefato electo assignare procurans, eis super contentis in litteris ipsis . . . assistas . . . nobis, quicquid super predictis egeris, fideliter rescripturus. Dat. Avin. III idus novembris a. tertiodecimo.

Reg. 115 ps. I f. 93 nr. 527; Rz. 1094 n. 1.

1575. *1328 November 11. Avignon.*

[Iohannes XXII] . . preposito . . decano et . . capitulo ecclesie Maguntine.

Nos absque grandi admiratione percepimus hiis diebus, quod licet nos dudum ante obitum bone memorie Mathie archiepiscopi Maguntini provisionem ecclesie Maguntine . . . ea vice nobis et apostolice sedi duxerimus reservandam . . . pretextu tamen cuiusdam postulationis, quam vos vel aliqui vestrum de venerabili fratre nostro Baldwino archiepiscopo Treverensi . . . de facto dicimini attemptasse, idem archiepiscopus munitiones castra fortalicia loca et bona quam plurima eiusdem ecclesie Maguntine de manu vestra recepisse asseritur . . . Vestram providentiam attentius exhortamur . . . quatinus, ut ea, que per eundem archiepiscopum et vos circa traditionem et occupationem . . . predictorum attemptata . . . fuerint, ilico revocentur et dilecto filio Henrico electo Maguntino . . . restituantur et assignentur, . . . adhibere studium procuretis . . . Dat. ut supra (= Avin. III idus novembris a. tertiodecimo).

Reg. 115 f. 91' nr. 515; Rz. 1095 n. 1.

1576. *1328 November 11. Avignon.*

Iohannes XXII Baldewinum archiepiscopum Treverensem per aliquos de capitulo ecclesie Maguntine postulatum hortatur, quatinus munitiones et bona eiusdem ecclesie ab ipso occupata dimittat Henrico electo Maguntino.

[Iohannes XXII] Baldwino archiepiscopo Treverensi.

Assertione quorumdam hiis diebus percepimus, licet faciliter fidem relatibus nequiverimus adhibere, quod pretextu cuiusdam postulationis, que per aliquos de capitulo ecclesie Maguntine de te facta nuper fuisse dicitur, munitiones castra fortalitia loca et bona quamplurima eiusdem ecclesie, nobis non presentata nec admissa per nos postulatione huiusmodi, occupasti. Sane, frater, cum nos dudum ante obitum bo. me. Mathie archiepiscopi Maguntini provisionem eiusdem ecclesie ... nobis et apostolice sedi ea vice duxerimus specialiter reservandam, . . . reservatione, quam in eis partibus notam extitisse non ambigimus, obsistente ad electionem vel postulationem aliquam procedi non potuit in ecclesia memorata. Et esto quod non obstitisset dicta reservatio, pretextu postulationis cuiuslibet, donec per nos admissa fuisset, tibi non licuit ad aliqua eiusdem ecclesie bona extendere manus tuas. Miramur admodum, cum penas non ignorares gravissimas a canonibus contra talia presumentes inflictas, si ad ea processeris, sicut fertur. Quocirca fraternitatis tue providentiam requirimus attentius et hortamur, ... quatinus a premissis, si forsan ad ea processeris, prudenter retrahens quantocius manus tuas, munitiones castra fortalitia et alia quevis bona predicta illorumque administrationem dilecto filio Henrico Maguntino, quem . . . eidem ecclesie prefecimus in archiepiscopum et pastorem, quantocius dimittere cessante difficultate qualibet non postponas... Dat. Avin. III idus novembris a. tertiodecimo.

Reg. 115 ps. I f. 91 nr. 514; Rz. 1095.

1577. *1328 November 28. Avignon.*

Iohannes XXII decanos S. Gereonis et S. Severini in Colonia ac S. Pauli in Leodio deputat conservatores et iudices, qui tam rectoribus civitatis Coloniensis contra quatuor ordines mendicantium quam his contra illos assistant neque permittant aliquid fieri ab utrisque contra tenorem decretalis: Super cathedram . . . a Bonifacio VIII editi.

[Iohannes XXII] S. Gereonis et S. Severini Coloniensium ac S. Pauli infra muros Leodienses ecclesiarum decanis.

Frequentes hactenus, immo innumerose quodammodo de diversis mundi partibus... episcoporum aliorumque superiorum prelatorum nec non.. rectorum curatorum et parrochialium sacerdotum querele contra .. fratres Predicatorum et Minorum ordinum nostrum et sedis apostolice excitarunt auditum et clamosis insinuationibus excitare et fatigare non cessant, quod iidem fratres decretalem dudum editam a fe. re. Bonifatio papa VIII . ., que incipit: Super cathedram, ac deinde per p. me. Clementem papam V . . in Viennensi concilio innovatum temere observare non curant, sed ipsam transgredi non verentur . . . Intelleximus quoque, quod plerumque prefatis dictorum Predicatorum et Minorum necnon Heremitarum S. Augustini et Carmelitarum ordinum fratribus, in cuius ordinis dictorum Heremitarum personis idem predecessor Bonifatius constitutionem predictam, in qua tantum de ipsis Predicatorum et Minorum cavetur ordinibus, per omnia voluit postmodum integraliter et inconcusse servari, et ad quem dictorum Carmelitarum fratrum ordinem nos subsequenter constitutionem eandem quoad omnia in ea contenta duximus extendendam, de predictis episcopis prelatis rectoribus curatis et sacerdotibus contra tenorem constitutionis predicte graves iniurie atque molestie in diversis partibus inferuntur. Nuper etiam pro parte . . rectorum parrochialium ecclesiarum Coloniensium nobis extitit intimatum, quod predicti eorundem Predicatorum Minorum Heremitarum et Carmelitarum ordinum fratres contra tenorem decretalis eiusdem multa eisdem rectoribus et eorum singulis gravamina et iniurias inferunt et iacturas. Quia igitur parum esset iura condere, nisi qui eadem tueatur, existat, . . . discretioni vestre . . . mandamus, quatinus vos . . . conservatores seu iudices depntati tam eisdem rectoribus civitatis predicte et eorum cuilibet adversus fratres predictos quam econverso eisdem fratribus adversus rectores prefatos et singulos eorundem efficacis defensionis presidio assistentes et facientes decretalem predictam quoad omnia eius capitula, prout iacet, firmiter observari, non permittatis contra tenorem ipsius per memoratos fratres dictorum ordinum eisdem rectoribus vel alicui seu aliquibus eorundem nec etiam per dictos rectores seu aliquem vel aliquos ipsorum eisdem fratribus gravamina aut iniurias irrogari, facturi ipsis hinc inde de quibuscumque iniuriis molestationibus garvaminibus et dampnis illatis hactenus et etiam imposterum inferendis eisdem contra tenorem constitutionis eiusdem, in illis videlicet, que iudicialem requirunt indaginem, summarie simpliciter et de plano sine strepitu et figura iudicii, in aliis vero, prout qualitas ipsorum exegerit, iusticie complementum, molestatores et iniuriatores huiusmodi necnon contradictores quoslibet et rebelles, quandocunque et quocienscunque expedierit, per censuram ecclesiasticam appellatione postposita compescendo . . . Dat. Avin. IIII kl. decembris a. tertiodecimo.

Reg. 89 f. 188 nr. 475.

1578. *1328 December 18. (Avignon.)*

Iohannes XXII decano et capitulo Maguntino nunciat se valde

mirari, quod Henricum electum Maguntinum, de cuius persona papa providit ecclesie Maguntine, recipere eidemque parere recusantes cuidam postulationi, quam de Balduino archiepiscopo Treverensi de facto attemptasse dicuntur, adherent. Hortatur eos, quatinus Henrico pareant curaturi, quod idem electus munitiones fortalicia castra iura et bona alia ad mensam suam archiepiscopalem pertinentia habeat et teneat pacifice.

De vobis non indigne ... Dat. ut supra (= XV kl. ianuari a. tertiodecimo.

Reg. 115 f. 96 nr. 547; Rz. 1100 b.

1579. *1328 December 18. Avignon.*

Iohannes XXII archiepiscopo Coloniensi et episcopo Leodiensi ac preposito eccl. Zeflicensis Colon. dioc. mandat, quatinus Henrico electo Maguntino efficacis defensionis presidio assistentes prepositum decanum et capitulum et canonicos et personas singulares necnon vasallos homines feudatarios fideles et subditos prelibate eccl. Maguntine ac quoscunque alios clericos et laycos, de quibus expedire viderint, moneant et inducant, ut infra peremptorium terminum memoratum electum in pastorem memorate ecclesie Maguntine recipiant ac eidem pareant.

Vacante dudum ecclesia ... Dat. Avin. XV kl. ianuarii a. terciodecimo.

Reg. 115 ps. I f. 83 nr. 486.

1580. *1328 December 18. Avignon.*

Iohannes XXII Gerlaco comiti de Nassawe destinat litteras, quibus eum hortatur, quatinus tamquam vasallus ecclesie Maguntine Henrico electo Maguntino tamquam vero prelato dicte ecclesie pareat et assistat.

Sicut nobilitatem tuam ... Dat. ut supra (= Avin. XV kl. ianuarii a. terciodecimo).

Reg. 115 ps. I f. 96 nr. 546; Rz. 1101 n. 1.

1581. *1328 December 21. Avignon.*

[Iohannes XXII] Philippo regi Francie illustri.

Benigne recepimus regalis magnificentie litteras, per quas cum omni modestia postulationem quandam, que in ecclesia Maguntina de venerabili fratre nostro Balduyno archiepiscopo Treverensi facta fuisse dicitur, a nobis graciose admitti eidemque concedi archiepiscopo, ut Maguntinam et Treverensem ecclesias tenere simul valeat, celsitudo regia supplicavit. Super quibus eidem breviter respondemus, quod diu ante receptionem litterarum ipsarum prefate ecclesie Maguntine, cuius provisionem diu ante novissimam vocationem ipsius nobis . . . ea vice reserveramus specialiter, de persona . . Henrici electi Maguntini nepotis . . . Henrici archiepiscopi Coloniensis, quos utique tue excellencie devotos novimus et promptos ad omnia, que tui respiciunt honoris augmentum et de quorum devotione ac fidelitate nos et ecclesia indubitatam fiduciam possumus gerere, duxeramus . . . providendum. Qui quidem electus suique ministri et officiales per ecclesias collegiatas civitatis Maguntine, que sunt octo numero, ac populum honorabiliter et pacifice, sicut fida relacione percepimus sunt recepti; dictique ministri et officiales pro eodem electo in civitate president antedicta. Et esto, fili carissime, quod adhuc non esset ecclesie memorate provisum, nequivit[a] honeste fieri, quod litterarum ipsarum posterior clausula continebat, cum esset res procul dubio inaudita et insolita, ymmo potius monstruosa, quod duos sic magnos et excellentes archiepiscopatus unus archiepiscopus obtineret. Quare nos habeat super hiis regia prudentia, quesumus, excusatos. Dat. Avin. XII kl. ianuarii a. tertiodecimo.

Reg. 115 ps. 1 f. 117 nr. 675.

1582. *1328 December 21. Avignon.*

[Iohannes XXII] Raynaldo comiti Gelrensi.

Oblatas nobis per . . Henricum de Iuliaco prepositum S. Marie ad gradus Coloniensis et Henricum de Merlai canonicum Traiectensis ecclesiarum ac nobilem virum Ricardum dictum Cok militem nobilitatis tue litteras benigne recepimus et tam ipsarum seriem quam que dicti prepositus canonicus et miles . . . voluerunt proponere, intelleximus diligenter. Sane, fili, quia ea, que ipsi petebant tuo nomine, nunquam alicui nisi regi dumtaxat concedere consuevimus nec predecessores nostros invenimus concessisse, habeat nos tua prudentia, si petitione huiusmodi annuere decenter non possumus, excusatos . . . Dat. Avin. XII kl. ianuarii a tertiodecimo.

Reg. 115 ps. 1 f. 94 nr. 582; Rz. 1093 n. 1.

---

a) nequitur *in reg.*

1583. *1328 December 21. Avignon.*

[Iohannes XXII] Henrico archiepiscopo Coloniensi.

Pro dilectis filiabus in Christo, quadam de oppido Bunnensi, quam ad factam nobis pro ipsa supplicationis instantiam in monialem cuiusdam monasterii prope muros eiusdem oppidi ab olim iussimus ad monasterium aliud transferendam [a], et Aleyde abbatissa eiusdem monasterii reditura de nostra licentia ad monasterium de Orreo Treverense ordinis S. Augustini, ubi tunc monialis existens a nutritiis [b] succreverat, solita benignitate recepimus fraternitatis tue litteras inculcatas. Sane ut tuo, frater, de transferenda moniali iam dicta satisfaciamus affectui, procures prius, quod ipsa translationi consentiat postulate. De abbatissa vero prefata, quia nec decet neque consuevimus talia facere, prout alias tibi rescripsisse recolimus, eidem fraternitati tue denuo excusamus. Dat. XII kl. ianuarii a. terciodecimo.

Reg. 115 ps. I f. 94' nr. 537; Rz. 1103.

1584. *1328 December 22. Avignon.*

Iohannes XXII S. Pantaleonis Colon. et S. Cornelii Indensis Colon. dioc. monasteriorum abbatibus ac magistro Ambrosio de la Mayrola canonico Mediolanensi mandat, quatinus Mariam natam Iohannis dicti Pape monialem monasterii in Rindorp ord. S. Bened. Colon. dioc. cupientem ad monasterium B. Marie in Capitolio Colon. dicti ordinis in tutiori loco situatum, in qua viget observantia regularis, domino famulari, transferant ad hoc monasterium.

Illis libenter personis . . . Dat. Avin. XI kl. ianuarii a. terciodecimo.

Reg. 90 f. 152 nr. 1415.

1585. *1328 December 22. Avignon.*

Iohannes XXII Henricum de Mirlaer habilitat.

[Iohannes XXII] Henrico de Mierlaer nato Iacobi de Mierlaer militis clerico Leodiensis dioc.

Personam tuam apud nos . . . Sane petitio tua nobis nuper exhibita continebat, quod tu olim in undecimo etatis tue anno vel circiter constitutus de Millingen fuisti alias canonice assecutus et eam

---

a) transferende *in reg.*

b) mutricute *in reg.*

per triennium vel circa retinens, de Kuye parrochiales ecclesias Colon. et Leod. dioc. alias tibi collatas canonice recepisti ipsamque de Kuye cum dicta prima per aliud triennium vel circiter insimul tenuisti et deinde canonicatum et prebendam ecclesie Traiectensis cum supplemento alias canonice fuisti adeptus illasque cum dictis parrochialibus ecclesiis per annum vel circiter retinuisti, fructus . . . medio tempore percipiens ex eisdem, ad sacros ordines non promotus, quamvis postmodum te feceris ad minores et subdiaconatus ordines promoveri; quodque predictam primam parrochialem ecclesiam omnino dimisisti ac quod etatis legitime effectus, nobis humiliter supplicasti, ut providere tibi de oportuno remedio misericorditer dignaremur. Nos igitur omnem inhabilitatis et irregularitatis maculam . . . abolemus teque habilitamus . . . tibi nichilominus omnes fructus . . . quos ex ecclesiis ac canonicatu et prebenda cum supplemento predictis . . . percepisti, . . . remittimus et donamus. Volumus autem, quod fructus duorum annorum ecclesiarum ac canonicatus et prebende predictorum et supplementi huiusmodi infra festum pasce proximum venturum camere nostre solvere tenearis.

Alioquin habeatur huiusmodi gracia quoad remissionem fructuum huiusmodi pro non facta . . . Dat. Avin. XI kl. ianuarii a. tertiodecimo.

Reg. 89 f. 289' nr. 753.

1586. *Um Ende 1328. Avignon.*

[Iohannes XXII] eidem [Henrico archiepiscopo Coloniensi].

Infeste relationis assertione percepto, quod hostis pacis, caritatis emulus . . . inter te ac . . . Episcopum Leodiensem gravis dissensionis materiam suscitavit, nos . . . fraternitatem tuam rogamus et hortamur attente, quatinus . . . ad pacem et concordiam cum eodem episcopo . . . reformandam tuum studeas animum inclinare, dilecti filii Petri de Ungula prioris Tholosani hospitalis S. Iohannis Ierosolimitani, cui super hoc scribimus, exhortationibus . . . acquiescens . . . Dat.

In e. m. dicto episcopo verbis competentibus mutatis.

Reg. 115 ps. I f. 94' nr. 538; Rz. 1104.

1587. *Um Ende 1328. Avignon.*

[Iohannes XXII] eidem [Petro de Ungula] priori.

Venerabilibus fratribus nostris . . archiepiscopo Coloniensi et . .

episcopo Leodiensi super eorum sedanda discordia et reformanda inter ipsos concordia scribimus iuxta formam, quam cedula continet presentibus interclusa, discretioni tue mandantes, quatinus super hiis interponere tue solicitudinis studium sedule non omittas. Dat.

Reg 115 ps. I f. 95 nr. 539; Rz. 1104 n. 1.

***1588.** *1329 Januar 5. Avignon.*

Iohannes [XXII] ..... abbati monasterii Sancti Maximini extra muros Treverenses et .. preposito Sancti Symeonis ac .. archidiacono maioris Treverensium ecclesiarum ...

Conquesti sunt nobis decanus et capitulum ecclesie Sancti Severini Coloniensis, quod magistri scabini iurati et consules civitatis Coloniensis super quibusdam decimis pecuniarum summis et rebus aliis ad eandem ecclesiam spectantibus iniuriantur eisdem. Ideoque discretioni vestre ... mandamus, quatinus partibus convocatis audiatis causam et appellatione remota fine debito decidatis . . . Quodsi non omnes hiis exequendis potueritis interesse, duo vestrum ea nichilominus exequantur. Dat. Avin. nonas ianuarii p. n. a. terciodecimo.

Or. membr. cum plumbo pend. Sub plica ad sinistr. nihil. In plica ad dextr.: R. B. de Vico. *In dorso nihil. Düsseldorf. Arch. reg. S. Severin. Colon. nr. 88.*

1589. *1329 Januar 6. Avignon.*

Iohannes XXII Iohanni regi Boemie nunciat, se iis, que rex sibi super negotio Maguntine ecclesie proposuerit, annuere non posse, eumque hortatur, quatinus archiepiscopo Treverensi suadeat, ne amplius se opponat Henrico electo Maguntino.

[Iohannes XXII] Iohanni regi Boemie.

Ad nostram nuper venientes presentiam . . Magister Nicolaus de Luceburgo clericus et nobilis vir Symon Phi[lippi] miles nuncii et ambaxiatores regii nobis regalis magnificentie litteras, per quas eis ac .. nobilibus viris Petro de Baro et Arnaldo domino de Pratinga aut duobus ipsorum fidem adhiberi petiit tua prudentia credulam, presentarunt. Quos quidem presentes nuncios et litteras benigne recepimus et que super negotio Maguntine ecclesie curaverunt proponere, intelleximus diligenter. Sane, fili carissime, utinam talia pro parte regia peterentur a nobis, que sine dei offensa et iniuria proximi decenter concedere valeremus! ... Nos dudum ... Mathia archiepiscopo Maguntino adhuc in humanis agente, ... ipsius ecclesie provisionem ea vice ... nobis ... duximus specialiter reservandam. Postmodum vero eodem archiepiscopo ... vita functo ... Henricum electum Maguntinum ... Maguntine ecclesie ... prefecimus ... Et licet postea ... quandam postulationem de ... Balduyno archiepiscopo Treverensi patruo tuo percepimus in eadem Maguntina ecclesia factam, quam utique nec postulantes curaverunt debite prosequi nec infra tempus a canonibus constitutum nec postea presentare, sed quod in gravem dei et eiusdem redundare[a] noscitur [ecclesie offensionem, Balduynus] administrationi dicte Maguntine ecclesie [non] absque presumptione dampnabili se immiscere presumpsit. Nos tamen non decet nec decuit nec sine dei offensa notoriaque iniuria proximi potuimus provisionem nostram sic factam in consistorio nostro solemniter revocare. Quare nos, qui prefatum archiepiscopum habere loco et tempore oportunis intendimus, prout eius exiget devotio, commendatum, habeat regia sublimitas super hiis excusatos. Rogamus itaque serenitatem regiam attentius et hortamur, quatinus eidem archiepiscopo suadeat, ut per intrusionem occupationem vel detentionem bonorum locorum et iurium ecclesie Maguntine ... provisioni predicte apostolice nullatenus se opponat, ut tenetur ... Dat. Avin. VI die ianuarii a. terciodecimo.

Reg. 115 ps. 1 f. 93' nr. 528.

1590. *1329 Januuar 6. Avignon.*

[Iohannes XXII] eidem archiepiscopo [Treverensi].

Ad nostram nuper etc. ut supra verbis competentibus mutatis usque: excusatos. (*Conf. nr. 1589*) Rogamus itaque fraternitatem tuam attentius et hortamur, sano tibi nichilominus consilio suadentes, quatinus, quia gravibus penis a canonibus inflictis et periculis aliis te subiceres, si per intrusionem occupationem vel detentionem bonorum locorum et iurium eiusdem ecclesie Maguntine vel alias provisionem predictam apostolicam impugnares, quamque detestabilem maculam tuo imponeres nomini, si vir abiector timoris domini contemptorque canonum, quos observare teneris, possis dici, consideranter attendens, provisioni predicte nullatenus te opponas ... Dat. ut supra (= Avin. VI die ianuarii a. terciodecimo).

Reg. 115 ps. 1 f. 93' nr. 529.

---

a) redundant *in reg.*

1591. *1329 Januar 7. Avignon.*

Iohannes XXII patriarchis archiepiscopis episcopis abbatibus etc. necnon ducibus potestatibus marchionibus etc. destinat litteras, quibus eos hortatur, quatinus Guillelmum comitem Iuliacensem ad sedem apostolicam proximo venturum commendatum habentes in veniendo morando et redeundo et libere transire permittentes, nullam eidem aut eius comitive in eorum personis et rebus inferri permittant iniuriam.

Cum dilectus filius . . . Dat. Avin. VII idus ianuarii a. terciodecimo.

Reg. 114 ps I f. 75 nr. 452; Rz. 1109.

1592. *1329 Januar 9. Pisa.*

Nicolaus V Dyethero nato Vilhelmi comitis de Katzinelembogen Trever. dyoc. confert eccl. Trever. canonicatum, prebendam vero eidem reservat.

Digne agere credimus . . . Dat. Pisis quinto idus ianuarii pont. nostri a. primo.

In e. m. abbatis monasterii S. Maximini extra muros civitatis Ttever. ac S. Paulini extra muros predictos et Symeonis Trever. eccl. decanis.

Reg. 118 f. 155' nr. 466, f. 156 nr. 467; Rz. 1110.

1593. *1329 Januar 10. (Avignon).*

Servicium archiepiscopi Maguntini.

Anno domini MCCCXXIX ind. XII die decima mensis ianuarii dominus Henricus electus in archiepiscopum Maguntinum promisit pro suo communi servicio V^{m} flor. auri et quinque servicia familiarium per nobilem virum Robertum de Vyrnenburch fratrem suum et fratrem Henricum ordinis B. Marie Theutonicorum procuratores suos ad hoc specialiter constitutos persolvere, medictatem videlicet hinc ad festum proximum B. Iohannis Baptiste et aliam medietatem in festo nativitatis domini extunc proxime sequuturo. Alioquin infra quatuor menses etc. et iuravit ut in forma presentibus testibus consuetis in domo domini Portuensis.

In marg dextro: XXIIII card.

Oblig. et Solut. 6 (297) f. 77'.

1594. *1329 Januar 10. Avignon.*

[Iohannes XXII] episcopo et archidiacono Leodiensi.

Significavit nobis carissimus in Christo filius noster Iohannes rex Boemie illustris comes Lucemburgensis, quod officiales curiarum vestrarum non solum pretextu transgressionum constitutionum synodalium sed etiam pro singularum personarum debitis et delictis non habentium in partibus illis aliquod dominium principale terras et ecclesias comitatus sui Lucemburgensis ecclesiastico subiciunt interdicto, ex quibus infinita pericula animarum insurgunt et non solum ecclesiis sine culpa earum obsequia debita sed etiam fidelium populis divina officia subtrahuntur et, quod deterius est, pro relaxatione sententie huiusmodi interdicti ab hominibus loci taliter interdicti magnas extorquent pecunie quantitates. Quocirca discretioni vestre . . . mandamus, quatinus predicta sic corrigere et super hiis tale temperamentum opponere studeatis, quod cessantibus predictis gravaminibus cesset deinceps similis vox querele. Alioquin premissa substinere salva conscientia non possemus, quin super hiis provideremus de remedio oportuno. Dat. Avin. IIII idus ianuarii a. tertiodecimo.

Reg. 89 f. 328' nr. 868; Rz. 1115.

1595. *1329 Januar 11. Avignon.*

[Iohannes XXII] Guillelmo comiti Iuliacensi.

Nobilitatis tue litteras, per quas nobis tuum adventum proximum ad nostram presentiam intimasti recepimus leta manu, tuam volentes providentiam non latere, quod cum sit adventus huiusmodi nobis gratus, te libenter videbimus et iam ante receptionem litterarum tuarum predictarum per . . nobilem virum Poncium de Ungula familiarem nostrum tibi destinaveramus nostras speciales litteras de conductu. Dat. Avin. III idus ianuarii a. terciodecimo.

Reg. 115 ps. I f. 94 nr. 531; Rz. 1117.

1596. *1329 Januar 11. Avignon.*

Iohannes XXII Ysembardo de Actringa canonico eccl. S. Symeonis Trever. reservat beneficium ecclesiasticum cum cura vel sine cura, ad dispositionem decani et capituli ecclesie Metensis communiter vel divisim spectans in civitate vel diocesi Metensi, cuius fructus, si sine cura fuerit, quinquaginta librarum turonensium parvorum s. t. d. valorem annuum non excedant, non obstante quod in S. Symonis

Trever. et S. Teobaldi Met. ecclesiis canonicatus et prebendas obtinet necnon de canonicatu et prebenda eccl. S. Salvatoris extra (!) muros Metenses in Romana curia litigat.

Probitatis tue merita . . . Dat. Avin. III idus ianuarii a. tertiodecimo.

In e. m. abbati monasterii S. Marie Luccemburgensis et decano S. Marie Palatiolensis Trever. dioc. ac archidiacono Treverensi.

Reg. 90 f. 333' nr. 1911.

1597. *1329 Januar 11. Avignon.*

Iohannes XXII Nicolao de Luccemborch licentiato in legibus confert eccl. S. Paulini extra muros Trever. canonicatum, prebendam vero necnon dignitatem vel personatum seu officium cum cura vel sine cura in dicta ecclesia eidem reservat, non obstante quod in S. Servatii Traiect. Leod. dioc. canonicatum et prebendam obtinet et in Tullensi eccl. sub expectatione prebende auctoritate apostolica in canonicum est receptus et quod beneficium ecclesiasticum cum cura vel sine cura communiter vel divisim ad dispositionem prepositi decani et capituli eccl. Trever. spectans eidem a papa est reservatum; quas quidem reservationis litteras cassat papa.

Litterarum scientia, vite . . . Dat. Avin. III idus ianuarii a. terciodecimo.

In e. m. abbati monasterii S. Marie Luccemburgensis et decano S. Marie Palatiolensis Trever. dioc. ac archidiacono Trever. ecclesiarum.

Reg. 90 f. 334' nr. 1914.

1598. *1329 Januar 11. Avignon.*

Iohannes XXII Tilmanno nato Henrici de Menstorf in Luccemborch confert eccl. S. Symeonis Trever. canonicatum, prebendam vero eidem reservat.

Meritis tue probitatis . . . Dat. Avin. III idus ianuarii a. tertiodecimo.

In e. m. abbati monasterii S. Marie Luccemburgensis et decano S. Marie Palatiolensis Trever. dioc. ac archidiacono Trever. ecclesiarum.

Reg. 90 f. 330 nr. 1900.

1599. *1329 Januar 15. Avignon.*

[Iohannes XXII] Henrico archiepiscopo Coloniensi.

Quia sepe labia . . . Sane quia . . . Henricus de Iuliaco prepositus ecclesie S. Marie ad gradus Coloniensis timere se asserit, quod aliqui sui emuli tibi oblocuti fuerint contra eum, fraternitatem tuam volumus non latere, quod experientia certa didiscimus (!) eundem prepositum hactenus tui et tuorum honoris et commodi apud nos zelatorem extitisse fecundum nec contrarium novimus in eodem. Quare fraternitatem rogamus eandem, quatinus suis detractoribus aut emulis auditum non accommodes inter hac parte . . . Dat. Avin. XVIII kl. februarii a. terciodecimo.

Reg. 115 ps. I f. 94 nr. 583; Rs. 1119.

***1600.** *1329 Januar 21. Avignon.*

Iohannes XXII abbati Bellireditus Leod. dioc. et S. Crucis ac S. Iohannis Leod. decanis ecclesiarum mandat, quatinus causam litis inter decanum et capitulum eccl. S. Severini Colon. ex una parte et Iohannem dictum Svaf, qui pro scolastico eccl. S. Severini Colon. se gerit, ex altera exorte audiant et auctoritate apostolica decidant litem.

Dat. Avin. XII kl. februarii p. n. a. tertiodecimo.

Or. membr. plumbo del. In plica ad dextr.: pro Antonio B. de Vico. *In dorso:* Theodoricus de Reys. — *Köln. Arch. eccl. S. Severini. nr. 17.*

1601. *1329 Januar 23. Avignon.*

Iohannes XXII Henrico electo Maguntino palleum pro eius parte per Henricum de Spanhen canonicum Maguntinum eiusdem nuncium postulatum destinat per Hermannum de Munreal thesaurarium Bunnensis Colon. dioc. et Henricum dictum de Dollindorp canonicum B. Marie ad gradus Colon. ecclesiarum, et eidem per archiepiscopum Coloniensem et Monasteriensem et Leodiensem assignandum.

Cum palleum insigne . . . Dat. Avin. kl. februarii a. tertiodecimo.

Reg. 89 f. 262 nr. 680; Rs. 1123.

1602. *1329 Januar 23. Avignon.*

Iohannes XXII archiepiscopo Coloniensi et Monasteriensi ac Leodiensi episcopis nunciat, quod ipsis palleum per Henricum de Spainhen canonicum Maguntinum ex parte Henrici electi Maguntini postulatum mittit per Hermannum de Munreal et Henricum dictum de Dollindorp, mandatque, quatenus id Henrico predicto assignare et ab eodem pape et ecclesie Romane nomine fidelitatis solitum iuramentum recipere curent.

Cum palleum insigne . . . Dat. Avin. X kl. februarii a. terciodecimo.

Reg. 89 f. 262 nr. 681; Rz. 1123.

1603. *1329 Januar 23. Avignon.*

Iohannes XXII Henrico electo Maguntino concedit facultatem tam pro suis necessariis expensis quam ecclesie Maguntine bonis et iuribus recuperandis et utiliter promovendis negotiis contrahendi mutuum usque ad summam quinque milium florenorum.

Cum sicut ex parte tua . . . Dat. Avin. X kl. februarii a. tertiodecimo.

Reg. 89 f. 270' nr. 701.

1604. *1329 Januar 24. Avignon.*

Iohannes XXII extendens reservationem anno precedenti factam (*Conf. nr. 1435*) de novo reservat camere apostolice fructus unius anni omnium beneficiorum ecclesiasticorum cum cura vel sine cura, etiam dignitatum personatuum et officiorum ecclesiasticorum quorum libet, exemptorum et non exemptorum, que per totum annum a. XV kl. martii proximo futuri usque ad unum annum extunc continue completurum apud sedem apostolicam vel alibi ex generali vel speciali reservatione aut alias ad suam dispositionem spectantia vacare contigerit, ecclesiis cathedralibus et abbatiis regularibus ac beneficiis, que dicto anno ex causa permutationis vacabunt, dumtaxat exceptis.

Ad futuram rei memoriam. Gravium et importabilium expensarum . . . Dat. Avin. VIIII kl. februarii a. tertiodecimo.

Reg. 115 ps. I f. 79' nr. 474.

1605. *1329 Januar 24. Avignon.*

[Iohannes XXII] Willelmo comiti Iuliacensi.

Ingens et sincera devotio . . . Sane petitio tua nobis exhibita continebat, quod tu . . . in opido tuo Nidecgin Colon. dioc. quandam capellam de bonis propriis proponis construi facere et dotare ac pro tue ac parentum tuorum animarum salute in ea instituere quinque presbiteros in perpetuos capellanos, qui in eadem capella continue debeant divina officia celebrare. Quare nobis humiliter supplicasti, ut tibi faciendi premissa licentiam . . concedere dignaremur. Nos igitur . . . devotioni tue construendi dictam capellam de bonis propriis pariter et dotandi in opido supradicto, sine parrochialis ecclesie preiudicio, dote tamen sufficienti prius pro dicte capelle servitoribus et oneribus aliis ad diocesani arbitrium assignata, et instituendi in ea dictos quinque perpetuos capellanos, iure presentandi eos deinceps ad capellanias, cum in dicta capella vacabunt, tibi et tuis successoribus imperpetuum reservato, . . . concedimus facultatem . . . . Dat. Avin. VIII kl. februarii a. tertiodecimo.

Reg. 90 f. 257' nr. 1686.

1606. *1329 Januar 24. Avignon.*

[Iohannes XXII] S. Cornelii Indensis et Glandebacensis monasteriorum abbatibus ac decano eccl. S. Servatii Traiectensis Colon. et Leod. dioc.

Exposuit nobis . . . Willelmus comes Iuliacensis Colon. dioc., quod progenitores sui comites Iuliacenses, qui fuerunt pro tempore, in parrochiali ecclesia oppidi sui de Nidecgin dicte diocesis ius obtinent patronatus et quod nunc reperitur dicta ecclesia per quosdam fratres ordinis hospitalis S. Iohannis Ierosolimitani sine aliquo canonico titulo occupata. Quare idem comes nobis humiliter supplicavit, ut, cum ipse pro divini cultus augmento ac pro sue et progenitorum suorum animarum salute desideret ecclesiam ipsam in collegiatam erigi et in ea certum canonicorum secularium numerum ordinari, providere sibi in hac parte de optimo remedio dignaremur. Nos igitur . . . discretioni vestre . . . mandamus, quatinus . . . vocatis qui fuerint evocandi, si simpliciter et de plano sine strepitu et figura iudicii repereritis ius patronatus dicte ecclesie ad dictum comitem pertinere ipsamque ecclesiam a dictis fratribus indebite occupatam, dictos fratres ad dimittendum eandem censura ecclesiastica compellatis ac nichilominus ecclesiam ipsam, dote prius eidem sufficienti per ipsum comitem ad vestrum arbitrium assignata, auctoritate nostra in collegiatam erigentes, statuatis in ea auctoritate predicta collegium canonicorum secularium secundum facultates ipsius et dotis ei per dictum comitem assignate ... Dat. Avin. VIIII kl. februarii a. tertiodecimo.

Reg. 92 f. 136 nr. 1379; Rz. 1135.

1607. *1329 Januar 24. Avignon.*

[Iohannes XXII] episcopo Leodiensi.

Oblata nobis dilecti filii nobilis viri Willelmi comitis Iuliacensis Colon dioc. petitionis series continebat, quod cum quondam Philippus dominus de Wildenberch consanguineus suus, quem, dum vixit, inter ceteros eius consanguineos singulari affectione dilexit, dudum in quodam conflictu perierit et in monasterio Steinweldensi Premonstratensis ordinis dicte dioc. fuerit tumulatus, idem comes pro consolatione sua et pro anime dicti defuncti salute desiderat corpus ipsius ad quandam capellam, quam idem comes in oppido suo Nidegin prefate dioc. de nostra licentia sibi concessa proponit de bonis suis propriis construi facere et dotare ac in ea deputare quinque presbiteros in perpetuos capellanos, qui pro suo ac parentum suorum et dicti defuncti animarum salute celebrare debeant divina officia in eadem, de monasterio predicto, postquam ipsa capella constructa et dotata et in ea instituti predicti perpetui capellani fuerint, transferri et in capella huiusmodi sepeliri. Quare prefatus comes nobis humiliter supplicavit, ut sibi, qui in eadem capella etiam sepeliri proponit, faciendi corpus eiusdem defuncti ad capellam eandem, ut premittitur, transferri et sepeliri in ea, presertim cum idem defunctus dicti monasterii parrochianus non fuerit nec ibi elegerit sepeliri, licentiam concedere dignaremur. Nos igitur ... fraternitati tue ... committimus et mandamus, quatinus, vocatis qui fuerint evocandi, si est ita, prefato comiti, iure tamen parrochiali in aliis semper salvo, auctoritate nostra concedas licentiam postulatam, contradictores per censuram ecclesiasticam appellatione postposita compescendo ... Dat. Avin. VIIII kl. februarii a. tertiodecimo.

Reg. 90 f. 252' nr. 1656; Rz. 1126.

1608. *1329 Januar 24. Avignon.*

Iohannes XXII Willelmo comiti Iuliacensi indulget, ut eius confessor cum religiosis quorumcumque ordinum, quos ad comitis et Iohanne uxoris ac Elisabeth matris mensas venire contigerit caritatis pabulum suscepturos, quibus eorum regula esum carnium interdicit, possit dispensare licentiam vescendi carnibus et aliis, que in mensa huiusmodi apponentur.

Exposcit tue devotionis . . . Dat. Avin. VIIII kl. februarii a. terciodecimo.

Reg. 90 f. 252' nr. 1659; Rz. 1125.

1609. *1329 Januar 24. Avignon.*

Iohannes XXII Willelmo comiti Iuliacensi indulget, ut quinque clerici familiares eius domestici obsequiis eiusdem insistentes, quos ad id duxerit eligendos, fructus omnium beneficiorum suorum ecclesiasticorum, que nunc in quibusvis ecclesiis sive locis obtinent et imposterum obtinebunt, etiam si dignitates personatus vel officia existant et curam habeant animarum, integre, cotidianis distributionibus dumtaxat exceptis, usque ad quinquennium percipere valeant.

Personam tuam nobis . . . Dat. Avin. VIIII kl. februarii a. terbiodecimo.

In e. m. S. Cornelii Iudensis [Colon.] dioc. et S. Pantaleonis Colon. monasteriorum abbatibus ac archidiacono Nannetensi.

Reg. 90 f. 256' nr. 1683; Rz. 1131.

1610. *1329 Januar 24. Avignon.*

Iohannes XXII Willelmo comiti Iuliacensi et Iohanne eius uxori indulget, ut confessor, quem duxerint eligendum, omnium peccatorum plenam remissionem semel tantum in mortis articulo utrique concedere valeat.

Illas libenter devotionis . . . Dat. Avin. VIIII kl. februarii a. terciodecimo.

Reg. 90 f. 253 nr. 1663; Rz. 1125 n. 1.

1611. *1329 Januar 24. Avignon.*

Iohannes XXII Willelmo comiti Iuliacensi et Iohanne eius uxori indulget, ut aliquem presbiterum ydoneum, quociens ipsis placuerit, in suum possint eligere confessorem.

Devotionis et fidei puritas . . . Dat. Avin. VIIII kl. februarii a. terciodecimo.

Reg. 90 f. 255 nr. 1677; Rz. 1125 n. 6.

1612. *1329 Januar 24. Avignon.*

Iohannes XXII Willelmo comiti Iuliacensi et Iohanne eius uxori indulget, ut, si forte eos ad loca ecclesiastico supposita interdicto declinare seu pervenire contigerit, possint sibi et liberis suis et familie sue per capellanos proprios vel alios ydoneos presbiteros divina officia celebrari *etc.*

Ut erga sedem apostolicam . . . Dat. Avin. VIIII kl. februarii a. terciodecimo.

Reg. 90 f. 255 nr. 1676; Rz. 1125 n. 5.

1613. *1329 Januar 24. Avignon.*

Iohannes XXII Willelmo comiti Iuliacensi et Iohanne eius uxori indulget, ut eis liceat pro se et liberis suis et familia sua missam, antequam illucescat dies, circa tamen diurnam lucem, cum qualitas negotiorum pro tempore ingruentium id exegerit, licite facere celebrari, proviso quod parce huiusmodi concessione utantur.

Devotionis vestre precibus . . . Dat. Avin. VIIII februarii a. terciodecimo.

Reg. 90 f. 254' nr. 1669; Rz. 1125 n. 2.

1614. *1329 Januar 24. Avignon.*

Iohannes XXII Willelmo comiti Iuliacensi et Iohanne eius uxori elargitur licentiam habendi secum altare portatile, super quo in locis congruis et honestis possint sibi et liberis suis et familie sue per proprium ydoneum presbiterum divina officia facere celebrari.

Eximie vestre devotionis . . . Dat. Avin. VIIII kl. februarii a. tertiodecimo.

Reg. 90 f. 255 nr. 1672; Rz. 1125 n. 3.

1615. *1329 Januar 24. Avignon.*

Iohannes XXII Elisabeth comitisse Iuliacensi indulget, ut eius confessor, quem duxerit eligendum, omnium peccatorum plenam remissionem semel tantum in mortis articulo ei concedere valeat.

Exposcente tue devotionis . . . Dat. Avin. VIIII kl. februarii a. terciodecimo.

Reg. 90 f. 252 nr. 1654; Rz. 1129a n. 1.

1616. *1329 Januar 24. Avignon.*

Iohannes XXII Iohanne comitisse Iuliacensi indulget, ut S. Clare et quarumlibet aliarum monialium et religiosarum aliorum quorumcumque ordinum monasteria in civitate vel diocesi Colon. consistentia cum decenti et honesta mulierum comitiva semel in anno causa devotionis ingredi valeat, ita quod ipsa et mulieres predicte in monasteriis ipsis non comedant nec etiam pernoctent.

Extue devotionis meritis . . . Dat. Avin. VIIII kl. februarii a. terciodecimo.

Reg. 90 f. 255 nr. 1675; Rz. 1125 n. 4.

1617. *1329 Januar 24. Avignon.*

Iohannes XXII Elisabeth comitisse Iuliacensi supplicanti indulget, ut S. Clare et quarumlibet aliarum monialium et religiosarum aliorum quorumcumque ordinum monasteria in civitate vel diocesi Colon. consistentia cum decenti et honesta mulierum comitiva semel in anno causa devotionis ingredi valeat, ita quod ipsa et mulieres predicte in monasteriis ipsis non comedant nec etiam pernoctent.

Exigit tue devotionis . . . Dat. Avin. VIIII kl. februarii a. terciodecimo.

Reg. 90 f. 252 nr. 1653; Rz. 1129 a.

1618. *1329 Januar 24. Avignon.*

Iohannes XXII Elisabeth comitisse Iuliacensi indulget, ut aliquem ydoneum presbiterum, quociens sibi placuerit, in suum possit eligere confessorem, qui, quandocunque fuerit oportunum, sua confessione audita iniungat sibi penitentiam salutarem ac beneficium absolutionis impendat, nisi talia fuerint, propter que sedes apostolica merito foret consulenda [1].

Eximie tue devotionis . . . Dat. Avin. VIIII kl. februarii a terciodecimo.

Reg. 90 f. 254 nr. 1670; Rz. 1129 b.

---

1) In eodem volumine notantur plura similia indulta eadem die concessa Ricardi filie Willelmi comitis et Elisabeth comitisse Iuliacensis uxori Ottonis ducis Bavarie inferioris. *Conf. Rz. 1132.*

1619. *1329 Januar 24. Avignon.*

Iohannes XXII cum Henrico de Iuliaco filio illegitimo Gerardi (VI) comitis Iuliacensis dispensat, ut possit ad omnes sacros ordines promoveri et beneficia ecclesiastica etiam curata obtinere, eidemque remittit fructus iniuste receptos ex beneficio parrochiali in Alderoide.

[Iohannes XXII] Henrico de Iuliaco nato quondam Gerardi comitis Iuliacensis clerico Coloniensis diocesis.

Multa, sicut accepimus . . . Sane oblate nobis pro parte tua petitionis series continebat, quod olim tecum super defectu natalium, quem pateris de soluto genitus et soluta, ut eo non obstante posses ad omnes ordines promoveri et ecclesiasticum beneficium obtinere, etiam si animarum curam haberet, fuit auctoritate apostolica dispensatum, quodque post dispensationem huiusmodi tu in decimo nono etatis tue anno vel circiter constitutus, non tamen in clericum tonsuratus, parrochialem ecclesiam in Alderoide Colon. dioc. tunc vacantem fuisti alias canonice assecutus eamque per sexdecim annos vel circa tenuisti et adhuc tenes fructus percipiens ex eadem, ad sacros ordines non promotus, quamvis presenti anno fueris in clericum ordinatus, quodque post ordinationem huiusmodi perpetuam capellaniam in Bleyse dicte dioc. tunc vacantem alias canonice adeptus fuisti eamque per quinque septimanas vel quasi retinens, nullos tamen ex ea fructus percipiens, illam cum canonicatu et prebenda ecclesie Aquensis Leod. dioc. alias canonice permutasti dictosque canonicatum et prebendam extunc tenuisti et adhuc, sicut asseris, retines . . . cum parrochiali ecclesia supradicta. Quare pro parte tua fuit nobis humiliter supplicatum, ut super hiis anime tue saluti necnon statui tuo providere . . . dignaremur. Nos igitur . . . tecum, quod . . . possis ad omnes ordines promoveri, auctoritate apostolica dispensamus ac nichilominus te habilitamus ad beneficia ecclesiastica etiam curam animarum habentia obtinenda tibique remittimus fructus medio tempore perceptos per te ex parrochiali ecclesia predicta, retentis tamen unius anni fructibus, quos tenearis in utilitatem dicte parrochialis ecclesie infra annum convertere. Alioquin habeatur huiusmodi gratia quoad remissionem dictorum fructuum pro non facta . . . Dat. Avin. VIIII kl. februarii a. terciodecimo.

Reg. 90 f. 257' nr. 1685; Rz. 1130.

1620. *1329 Januar 24. Avignon.*

Iohannes XXII cum Henrico nato quondam Gerardi comitis Iuliacensis clerico Coloniensi dispensat, ut possit ad sacros ordines promoveri et beneficium ecclesiasticum cum cura et una cum illo plura beneficia ecclesiastica sine cura recipere, non obstante quod dudum in servitio ecclesie contra rebelles ipsius in nonnullis bellis interfuit, in quibus multi homines mortui et etiam mutilati fuisse noscuntur, quamvis Henricus illuc eo animo non ivisset, ut aliquem mutilaret vel interficeret seu etiam vulneraret nec etiam manibus propriis unquam aliquem occidit mutilavit vel etiam vulneravit.

Meritis tue probitatis . . . Dat. Avin. VIIII kl. februarii a. tertiodecimo.

Reg. 91 f. 149 nr. 2436.

1621. *1329 Januar 24. Avignon.*

Iohannes XXII Henrico nato quondam Gerardi comitis Iuliacensis confert eccl. S. Marie ad gradus Colon. canonicatum, prebendam viro eidem reservat.

Apostolice sedis circumspecta . . . Dat. Avin. VIIII kl. februarii a. tertiodecimo.

In e. m. S. Martini et S. Pantaleonis Colon. monasteriorum abbatibus ac archidiacono Nannetensi.

Reg. 90 f. 353' nr. 1962.

1622. *1329 Januar 26. Avignon.*

Iohannes XXII Ludovico de Vianda confert eccl. S. Gereonis Colon. canonicatum, prebendam vero eidem reservat, non obstante quod in Trever. canonicatum et prebendam et in maiori Leodiensi canonicatum sub expectatione prebende obtinet necnon in S. Dionisii Leod. eccl. dignitatem expectat.

Laudabile testimonium quod . . . Dat. Avin. VIIII kl. februarii a. terciodecimo.

In e. m. S. Pantaleonis et S. Martini Colon. monasteriorum abbatibus ac archidiacono Nannetensi.

Reg 90 f. 259' nr. 1694.

1623. *1329 Januar 24. Avignon.*

Iohannes XXII Godefrido de Vianda confert eccl. Colon. canonicatum, prebendam vero eidem reservat, non obstante quod in Trever.

canonicatum et prebendam obtinet et in Monasteriensi eccl. sub expectatione prebende ac dignitatis vel personatus seu officii auctoritate apostolica in canonicum est receptus.

Nobilitas generis, litterarum scientia . . . Dat. Avin. VIIII kl. februarii a. terciodecimo.

In e. m. S. Pantaleonis et S. Martini Colon. monasteriorum abbatibus ac archidiacono Nannetensi.

Reg. 90 f. 259' nr. 1693.

1624. *1329 Januar 24. Avignon.*

Iohannes XXII petente Willelmo comite Iuliacensis, concedit archiepiscopo Coloniensi facultatem absolvendi triginta laycos dumtaxat de personis comitis, qui Ludovico Bavaro adheserant quosque ipse comes ei duxerit nominandos, si humiliter petierint, ab excommunicatione et aliis sentenciis atque penis in processibus contra Bavarum contentis.

Ex tenore petitionis . . . Dat. Avin. VIIII kl. februarii a. terciodecimo.

Reg. 90 f. 258' nr. 1689.

1625. *1329 Januar 24. Avignon.*

Iohannes XXII episcopo Leodiensi petente Wilhelmo comite Iuliacensi mandat, quatinus dispenset cum tribus scolaribus in minoribus ordinibus constitutis defectum natalium de soluto et soluta genitis patientibus, quos idem comes ei duxerit nominandos, quod possint ad omnes ordines promoveri et eorum quilibet duo beneficia ecclesiastica, etiam si eorum alterum dignitas vel personatus seu officium existat et curam habeat animarum, licite obtinere.

Provenit ex devotionis meritis . . . Dat. Avin. VIIII kl. februarii a. terciodecimo.

Reg. 90 f. 258' nr. 1690; Rs. 1127.

1626 *1329 Januar 24. Avignon.*

Iohannes XXII S. Cornelii Indensis Colon. dioc. et S. Martini Coloniensis monasteriorum abbatibus ac archidiacono Nannetensi mandat. quatinus Tilmannum natum Ungari de Nideggin clericum Colon. dioc. cupientem in monasterio S. Pantaleonis Colon. ord. S. Bened.

domino famulari, si sit ydoneus et aliud canonicum non obsistat, faciant recipi in dicto monasterio in monachum.

Cupientibus vitam ducere . . . Dat. Avin. VIIII kl. februarii a. tertiodecimo.

Reg. 91 f. 170 nr. 2504.

1627. *1329 Januar 24. Avignon.*

Iohannes XXII S. Cornelii Indensis et Sibergensis Colon. dioc. monasteriorum abbatibus ac archidiacono Nannetensi mandat, quatinus Wernerum de Trisco clericum Leodiensis diocesis cupientem in monasterio S. Trudonis ord. S. Bened. dicte dioc. sub regulari habitu domino famulari, si est ydoneus et aliud canonicum non obsistat, faciant indicto monasterio recipi in monachum.

Cupientibus vitam ducere . . . Dat. Avin. VIIII kl. februarii a. terciodecimo.

Reg. 90 f. 252 nr. 1655.

1628. *1329 Januar 24. Avignon.*

Iohannes XXII Guillelmo de Stochem canonico Leodiensi, cui papa dudum dignitatem vel personatum seu officium cum cura vel sine cura ad dispositionem episcopi Leodiensis spectans reservavit, non obstantibus inter cetera quod is de Aquisgrani cantoriam ac in eadem et B. Marie Traiectensis et S. Quentini Malbodiensis Leod. et Camerac. dioc. ecclesiis canonicatus et prebendas obtinebat et eadem die eidem de canonicatu et prebenda eccl. Leod. a papa erat provisum, addita tamen condicione, ut supradictam dignitatem vel personatum seu officium assecutus omnino dimittat predictam cantoriam, nunciat se decrevisse, quod per huiusmodi assecutionem dimittere cantoriam eandem, dummodo eidem animarum cura non immineat, nullatenus teneatur, quinimmo cum eodem dispensat, ut eandem cantoriam una cum dignitate vel personatu seu officio ac canonicatibus et prebendis predictis, que obtinet vel expectat, licite valeat retinere.

Meritis tue probitatis . . . Dat. Avin. VIIII kl. februarii a. terciodecimo.

Reg. 90 f. 122' nr. 1344.

1629. *1329 Januar 24. Avignon.*

Iohannes XXII Henrico de Burvenich (*vel:* Burnenich) confert eccl. Monasterii de Eyflya Colon. dioc. canonicatum, prebendam vero eidem reservat, non obstante quod perpetuam vicariam parrochialis ecclesie in Londerstorp dicte diocesis obtinet.

Illos libenter apostolici . . . Dat. Avin. VIIII kl. februarii a. terciodecimo.

In e. m. S. Pantaleonis et S. Martini Colon. monasteriorum abbatibus ac archidiacono Nannetensi.

Reg. 90 f. 260 nr. 1696.

1630. *1329 Januar 24. Avignon.*

Iohannes XXII nobili viro Theoderico domino de Heinsberg et de Blankenberg Leod. dioc. indulget, ut in locis ecclesiastico suppositis interdicto, cum ad illa eum devenire continget, libere possit sibi uxori sue et liberis ac familiaribus suis missam et alia divina officia facere celebrari, clausis ianuis *etc.*

Personam tuam paterne . . . Dat. Avin. VIIII kl. februarii a. tertiodecimo.

Reg. 92 f. 206 nr. 3363; Rs. 1184.

1631. *1329 Januar 24. Avignon.*

Iohannes XXII nobili viro Theoderico domino de Heinsberg et de Blankenberg Leod. dioc. indulget, ut, cum ei ex iusta causa fuerit oportunum, liceat eidem per proprium sacerdotem ydoneum, antequam dies illucescat, sibi uxori sue ac liberis et familiaribus suis missam facere celebrari.

Ut erga sedem apostolicam . . . Dat. Avin. VIIII kl. februarii a. tertiodecimo.

Reg. 90 f. 308 nr. 1837.

1632. *1329 Januar 24. Avignon.*

Iohannes XXII nobili viro Theoderico domino de Heinsberg et de Blankenberg Leod. dioc. elargitur licentiam habendi secum altare portatile ac faciendi super illo per proprium ydoneum sacerdotem in locis ad hoc congruentibus et honestis sibi uxori sue liberis ac familiaribus suis missam et alia divina officia celebrari.

Pium arbitramur et congruum . . . Dat. Avin. VIIII kl. februarii a. tertiodecimo.

Reg. 90 f. 308' nr. 1838.

1633. *1329 Januar 24. Avignon.*

Iohannes XXII Godefrido de Heinsberg confert eccl. Traiectensis canonicatum, prebendam vero eidem reservat, non obstante quod in Colon. et Heinsbergensi ecclesiis canonicatus et prebendas ac parrochialem ecclesiam de Veuechte Leod. dioc. obtinet.

Nobilitas generis, vite ... Dat. Avin. VIIII kl. februarii a. tertiodecimo.

In e. m. S. Salvatoris et S. Petri Traiect. decanis ac Ambrosio de Lamayrola canonico Mediolan. ecclesiarum.

Reg. 90 f. 319' nr. 1870.

1634. *1329 Januar 24. Avignon.*

Iohannes XXII Godefrido de Heinsberg canonico Coloniensi reservat dignitatem vel personatum seu officium cum cura vel sine cura in eccl. aut civitate vel dioc. Coloniensi, dummodo huiusmodi dignitas maiore post archiepiscopalem in eadem Coloniensi aut principalis in collegiata eccl. non existat, non obstante quod in eadem Colon. et Heinsberg ecclesiis canonicatus et prebendas ac parrochialem ecclesiam de Vovohte Leod. dioc. obtinet. Vigore autem presentis gratie dignitatem vel personatum seu curatum officium assecutus omnino dimittat predictam parrochialem ecclesiam.

Apostolice sedis copiosa ... Dat. Avin. VIIII kl. februarii a. tertiodecimo.

In e. m. abbati monasterii S. Panthaleonis Colon. et decano S. Marie ad gradus Colon. ac scolastico Tullensis ecclesiarum.

Reg. 92 f. 206 nr. 3364; Rs. 1133.

1635. *1329 Januar 24. Avignon.*

Iohannes XXII Franconi de Heinsberg confert eccl. Hugardensis Leod. dioc. canonicatum, prebendam vero eidem reservat.

Meritis tue probitatis... Dat. Avin. VIIII kl. februarii a. tertiodecimo.

In e. m. eisdem iudicibus quibus supra (= S. Petri et S. Crucis Leod. decanis ac scolastico Tullensis eccl.).

Reg. 90 f. 319' nr. 1867.

1636. *1329 Januar 24. Avignon.*

Iohannes XXII Henrico de Spanheim preposito eccl. B. Marie

Aquensis Leod. dioc. indulget, ut residendo in aliqua ecclesiarum, in quibus beneficiatus existit, vel litterarum studio insistendo in loco, ubi illud vigeat generale, fructus beneficiorum suorum ecclesiasticorum, etiam si dignitates vel personatus seu officia existant et curam habeant animarum, que nunc obtinet et imposterum obtinebit, integre, cotidianis distributionibus dumtaxat exceptis, possit usque ad triennium percipere.

Probitatis tue merita . . . Dat. Avin. VIIII kl. februarii a. tertiodecimo.

In e. m. S. Pantaleonis Colon. et S. Cornelii Indensis Colon. dioc. monasteriorum abbatibus ac archidiacono Nannetensi.

Reg. 91 f. 133' nr. 2380.

1637. *1329 Januar 24. Avignon.*

Iohannes XXII Godefrido nato Henrici comitis de Spaimbeim confert eccl. Treverensis canonicatum, prebendam vero eidem reservat.

Nobilitas generis, morum decor . . . Dat. Avin. VIIII kl. februarii a. terciodecimo.

In e. m. S. Cornelii Indensis Colon. dioc. et S. Pantaleonis Colon. monasteriorum abbatibus ac archidiacono Nannetensi.

Reg. 90 f. 261 nr. 1701.

1638. *1329 Januar 24. Avignon.*

Iohannes XXII Bernardo nato Bernardi dicti Wolf militis confert eccl. Monasteriensis canonicatum, prebendam vero eidem reservat.

Laudabilia tue probitatis . . . Dat. Avin. VIIII kl. februarii a. tertiodecimo.

In e. m. S. Pantaleonis [et S. Martini] Colon. monasteriorum abbatibus ac archidiacono Nannetensi.

Reg. 90 f. 260' nr. 1700

1639. *1329 Januar 24. Avignon.*

Iohannes XXII Iacobo dicto de Tulpeto confert eccl. S. Georgii Colon. canonicatum, prebendam vero eidem reservat.

Tue merita probitatis . . . Dat. Avin. VIIII kl. februarii a. tertiodecimo.

In e. m. S. Pantaleonis et S. Martini monasteriorum abbatibus ac archidiacono Nannetensi.

Reg. 90 f. 260' nr. 1699.

1640. *1329 Januar 24. Avignon.*

Iohannes XXII Hermanno dicto de Colonia confert eccl. Werdensis Colon. dioc. canonicatum, prebendam vero eidem reservat.

Apostolice sedis circumspecta . . . Dat. Avin. VIIII kl. februarii a. tertiodecimo.

In e. m. S. Pantaleonis et S. Martini Colon. monasteriorum abbatibus ac archidiacono Nannetensi.

Reg. 90 f. 260 nr. 1698.

1641. *1329 Januar 24. Avignon.*

Iohannes XXII Waltero de Billich confert eccl. S. Cuniberti Colon.canonicatum, prebendam vero eidem reservat.

Suffragantia tibi merita . . . Dat. Avin. VIIII kl. februarii a. tertiodecimo.

In e. m. S. Pantaleonis et S. Martini Colon. monasteriorum abbatibus ac archidiacono Nannetensi.

Reg. 90 f. 260 nr. 1697.

1642. *1329 Januar 24. Avignon.*

Iohannes XXII Iohanni de Halphen reservat beneficium ecclesiasticum cum cura vel sine cura, etiam si dignitas vel personatus aut officium existat, ad dispositionem episcopi Traiectensis spectans, cuius fructus, si curatum, sexaginta, si vero sine cura fuerit, quadraginta librarum Turonensium parvorum s. t. d. valorem annuum non excedant, non obstante quod in eccl. B. Marie Traiect. canonicatum et prebendam obtinet.

Meritis tue probitatis . . . Dat. Avin. VIIII kl. februarii a. tertiodecimo.

In e. m. S. Salvatoris et S. Petri Traiect. decanis ac Ambrosio de Lamayrola canonico Mediolan. ecclesiarum.

Reg. 90 f. 320 nr. 1871.

1643. *1329 Januar 24. Avignon.*

Iohannes XXII Hermanno de Berge confert eccl. Xanctensis Colon. dioc. canonicatum, prebendam vero et ferculum in dicta eccl. eidem reservat, non obstante quod in eccl. S. Servatii Traiectensi canonicatum et prebendam ac parrochialem ecclesiam de Berge Leod. et Colon. dioc. obtinet.

Ex tue devotionis et probitatis . . . Dat. Avin. VIIII kl. februarii a. tertiodecimo.

In e. m. S. Pantaleonis et S. Martini Colon. monasteriorum abbatibus ac archidiacono Nannetensi.

Reg. 90 f. 269 nr. 1725.

1644. *1329 Januar 24. Avignon.*

Iohannes XXII Hermanno dicto Blancard de Tulpeto confert eccl. B. Marie Aquensis Leod. dioc. canonicatum, prebendam vero necnon dignitatem seu personatum vel officium cum cura vel sine cura ad dispositionem prepositi ac decani et capituli eiusdem ecclesie coniunctim vel divisim in ipsa ecclesia pertinens eidem reservat.

Sedis apostolice circumspecta . . . Dat. Avin. VIIII kl. februarii a. tertiodecimo.

In e. m. S. Cornelii Indensis Colon. dioc. et S. Pantaleonis Colon. monasteriorum abbatibus ac archidiacono Nannetensi.

Reg. 90 f. 263 nr. 1709.

1645. *1329 Januar 24. Avignon.*

Iohannes XXII Hermanno dicto Blankart confert eccl. S. Andree Colon. canonicatum, prebendam vero et dignitatem seu personatum vel officium sine cura eidem in eadem eccl. reservat.

Laudabile tue probitatis . . . Dat. Avin. VIIII kl. februarii a. tertiodecimo.

In e. m. S. Martini et S. Pantaleonis Colon. monasteriorum abbatibus ac archidiacono Nannetensi.

Reg. 90 f. 262' nr. 1708.

1646. *1329 Januar 24. Avignon.*

Iohannes XXII S. Martini et S. Pantaleonis Colon. monasteriorum abbatibus ac decano ecclesie S. Andree Colon. mandat, quatinus

Iohannem natum Goswini de Aldenhoven clericum Colon. cupientem in monasterio Sybergensi ord. S. Bened. dicte dioc., si sit ydoneus et aliud canonicum non obsistat, in dicto monasterio faciant recipi in monachum.

Cupientibus vitam ducere ... Dat. Avin. VIIII kl. februarii a. tertiodecimo.

Reg. 91 f. 170 nr. 2505.

1647. *1329 Januar 24. Avignon.*

Iohannes XXII S. Martini et S. Pantaleonis Colon. monasteriorum abbatibus ac archidiacono Nannetensi mandat, quatinus Sophyam natam Theoderici de Gheles puellam litteratam Colon. dioc. cupientem in monasterio de Hellen (*vel:* Hollen) ord. S. Bened. dicte dioc. domino famulari, si sit ydonea et aliud canonicum non obsistat, in dicto monasterio faciant recipi in monacham.

Cum sicut accepimus ... Dat. Avin. VIIII kl. februarii a. tertiodecimo.

Reg. 91 f. 152 nr. 2449.

1648. *1329 Januar 24. Avignon.*

Iohannes XXII Henrico de Oppenheym confert eccl. S. Castoris in Confluentia Trever. dioc. canonicatum, prebendam vero eidem reservat, non obstante quod in eccl. S. Cuniberti canonicatum et prebendam sub expectatione dignitatis seu personatus vel officii ac parrochialem ecclesiam de Goze Colon. dioc. obtinet.

Laudabile testimonium, quod ... Dat. Avin. VIIII kl. februarii a. tertiodecimo.

In c. m S. Martini et S. Pantaleonis Colon. monasteriorum abbatibus ac archidiacono Nannetensi.

Reg. 90 f. 261' nr. 1703.

1649. *1329 Januar 25. Avignon.*

Iohannes XXII Henrico nato nobilis viri Henrici domini de Genephe confert eccl. S. Gereonis Colon. canonicatum, prebendam vero eidem reservat.

Nobilitas generis etc. ... Dat. Avin. VIII kl. februarii a. tertiodecimo.

In e. m. S. Martini et S. Pantaleonis Colon. monasteriorum abbatibus ac archidiacono Nannetensi.

Reg. 90 f. 261 nr. 1702.

1650. *1329 Januar 24. Avignon.*

Iohannes XXII Henrico nato Cunonis de Chaldenburne confert eccl. S. Adalberti Aquensis Leod. dioc. canonicatum, prebendam vero eidem reservat.

Probitatis tue merita . . . Dat. Avin. VIIII kl. februarii a. tertiodecimo.

In e. m. eisdem iudicibus, quibus in proxime precedenti.

Reg. 90 f. 261' nr. 1704.

1651. *1329 Januar 25. Avignon.*

Iohannes XXII Iohanni dicto Snap nato quondam Conradi dicti Snap militis confert eccl. Padeburnensis canonicatum ac nichilominus unam de maioribus prebendis in eadem ecclesia eidem reservat, non obstante quod in eccl. Susatensi Colon. dioc. canonicatum et prebendam obtinet.

Apostolice liberalitatis dexteram . . . Dat. Avin. VIII kl. februarii a. tertiodecimo.

In e. m. abbati monasterii Tuiciensis et decano Meschedensis Colon. dioc. ac magistro Ambrosio de Mediolano canonico Mediolan. ecclesiarum.

Reg. 90 f. 262 nr. 1706.

1652. *1329 Januar 25. Avignon.*

Iohannes XXII Hermanno nato nobilis viri Werneri senioris domini de Roide canonico ecclesie Kerpensis Colon. dioc. indulget, ut residendo in altero beneficiorum suorum ecclesiasticorum vel insistendo studio litterarum in loco, ubi illud vigeat generale, fructus omnium beneficiorum ecclesiasticorum, quo nunc obtinet et cum imposterum obtinere contigerit, integre, cotidianis distributionibus dumtaxat exceptis, usque ad triennium libere percipere valeat.

Tue meritis probitatis . . . Dat. Avin. VIII kl. februarii a. terciodecimo.

In e. m. S. Martini et S. Pantaleonis Colon. monasteriorum abbatibus ac archidiacono Nannetensi.

Reg. 90 f. 255' nr. 1679.

1653. *1329 Januar 25. Avignon.*

Iohannes XXII Garsilio nato nobilis viri Werneri senioris domini de Roide canonico ecclesie B. Marie Aquensis.Leod. dioc. indulget, ut residendo in altero beneficiorum suorum ecclesiasticorum vel insistendo studio litterarum in loco, ubi illud vigeat generale, fructus omnium beneficiorum ecclesiasticorum, que nunc obtinet et eum imposterum obtinere contigerit, integre, cotidianis distributionibus dumtaxat exceptis, usque ad triennium libere percipere valeat.

Tue meritis probitatis ... Dat. Avin. VIII kl. februarii a. tertiodecimo.

In e. m. iudicibus quibus supra (*in nr. 1652*).

Reg. 90 f. 256 nr. 1680.

1654. *1329 Januar 25. Avignon.*

Iohannes XXII Wernero nato nobilis viri Werneri senioris domini de Roide preposito eccl. S. Georgii Colon. indulget, ut residendo in altero beneficiorum suorum ecclesiasticorum vel insistendo studio litterarum in loco ubi illud vigeat generale, fructus omnium beneficiorum ecclesiasticorum, que nunc obtinet et eum imposterum obtinere contigerit, integre, cotidianis distributionibus dumtaxat exceptis, usque ad triennium percipere valeat.

Tue meritis probitatis ... Dat. Avin. VIIII kl. februarii a. terciodecimo.

In e. m. *iisdem quibus supra* (*sub nr. 1679*).

Reg. 90 f. 256 nr. 1681.

1655. *1329 Januar 25. Avignon.*

Iohannes XXII Henrico de Attenderne confert eccl. S. Aldeberti. Aquensis Leod. dioc. canonicatum, prebendam vero ac dignitatem vel personatum seu officium cum cura vel sine cura in dicta eccl. eidem reservat.

Suffragantia tibi merita ... Dat. Avin. VIII kl. februarii a. terciodecimo.

In e. m. S. Pantaleonis Coloniensis et S. Corneli Indensis Colon. dioc. monasteriorum abbatibus ac archidiacono Nannetensi.

Reg. 90 f. 262 nr. 1707.

1656. *1329 Januar 25. Avignon.*

Iohannes XXII Henrico de Ulpich confert eccl. Monasterii in Eyflia Colon. dioc. canonicatum, prebendam vero necnon dignitatem personatum vel officium sine cura, dummodo huiusmodi dignitas in eadem ecclesia principalis non existat, in eadem eidem reservat, non obstante quod in eccl. S. Andree Colon. canonicatum et prebendam obtinet.

Nobilitas generis morum decor . . . Dat. Avin. VIII kl. februarii a. tertiodecimo.

In e. m. S. Cornelii Indensis et Tuitiensis monasteriorum abbatibus Colon. dioc. ac archidiacono Nannetensi.

Reg. 90 f. 263' nr. 1710.

1657. *1329 Januar 25. Avignon.*

Iohannes XXII Guillelmo Henrici de Tungris layco Leod. dioc. reservat in eccl. Bunnensi Colon. dioc. unum de perpetuis beneficiis consuetis assignari laycis, que ibidem prebende seu officia vulgariter nuncupantur.

Meritis tue probitatis . . . Dat. Avin. VIII kl. februarii a. tertiodecimo.

In e. m. abbati monasterii S. Pantaleonis et decano S. Georgii Colon. ac magistro Ambrosio de Mediolano canonico Mediolanensis ecclesiarum.

Reg. 90 f. 264' nr. 1712.

***1658.** *1329 Januar 25. Avignon.*

Iohannes XXII abbati monasterii Luccemburg Trever. dioc. mandat, quatinus clericos et ecclesiasticas personas, etiam in dignitatibus Trever. dioc. et personatibus constitutas, necnon duces comites barones nobiles milites et alios laicos Trever. civit. et dioc. qui castra villas domos vineas terras etc. a monasterio Clarifontis prope Erlon Cysterc. ord. Trever. dioc. sub annuo censu seu redditu tenent, per censuram ecclesiasticam compellat, quod censum seu redditum abbatisse et conventui dicti monasterii integre exhibeant, proviso ne abbas in terras ducum comitum baronum et nobilium predictorum excommunicationes vel interdicti sententiam proferat, nisi a papa super hoc mandatum receperit speciale.

Ex parte dilectarum in Christo . . . Dat. Avin. VIII kl. februarii p. n. a. terciodecimo.

Goffinet, Cartulaire de Clairefontaine, nr. 155. (Ex Cartulario ms. f. 7.)

1659. *1329 Januar 27. Avignon.*

Iohannes XXII Henrico de Spainhem canonico Maguntino reservat dignitatem vel personatum seu officium cum cura vel sine cura in eadem eccl., dummodo non sit maior dignitas post archiepiscopalem, non obstante quod preposituram eccl. S. Marie Aquensis Leod. dioc. ac in ipsa necnon in Colon. Magunt. et Trever. ecclesiis canonicatus et prebendas obtinet. Tamen vigore presentis gratie dignitatem seu personatum vel officium assecutus, dictam prepositaram omnino dimittere teneatur.

Suffragantia tibi merita . . . Dat. Avin. VI kl. februarii a. tertiodecimo.

In e. m. S. Cornelii Indensis Colon. dioc. et S. Pantaleonis Colon. monasteriorum abbatibus ac archidiacono Nannetensi.

Reg. 90 f. 264 nr. 1711.

1660. *1329 Januar 25. Avignon.*

[Iohannes XXII] Godefrido de Velde clerico Colon. reservat beneficium ecclesiasticum cum cura vel sine cura ad dispositionem prepositi decani et capituli eccl. S. Gereonis Colon. communiter vel divisim spectans, cuius fructus, si curatum, viginti quinque, si vero sine cura fuerit, quindecim marcharum argenti s. t. d. valorem annuum non excedant.

Meritis tue probitatis . . . Dat. Avin. VI kl. februarii a. tertiodecimo.

In e. m. decano S. Crucis Leod. et thesaurario Met. ac scolastico S. Bartholomei Leod. ecclesiarum.

Reg. 91 f. 218 nr. 2635.

1661. *1329 Januar 28. Avignon.*

Iohannes XXII episcopo Leodiensi mandat, quatinus cum Henrico nato Henrici de Heinsberg scolari Leod. dioc., qui patitur defectum natalium de soluto genitus et soluta, dispenset, si eum ydoneum invenerit, super premissis, ut huiusmodi defectu non obstante possit ad omnes ordines promoveri et beneficium ecclesiasticum obtinere, etiam si habeat curam animarum.

Ex parte dilecti ... Dat. Avin. V kl. februarii a. tertiodecimo.

Reg. 92 f. 209 nr. 3371; Rz. 1136.

1662. *1329 Januar 30. Avignon.*

Iohannes XXII Thelemanno de Lapide nato nobilis viri Ulrici de Lapide confert eccl. Treverensis canonicatum et prebendam vacantes per liberam resignationem Georgii de Heynzinberch factam per procuratorem in manibus Petri episcopi Penestrinensis apud sedem apostolicam ab hoc ad id specialiter deputati. Tamen ex collatione huiusmodi ei nullum ius acquiratur, nisi dictus Georgius tempore resignationis ius habuerit in eisdem canonicatu et prebenda.

Nobilitas generis, morum ... Dat. Avin. III kl. februarii a. terciodecimo.

In e. m. abbate monasterii S. Mathie et decano S. Paulini extra muros Trever. ac magistro Iacobo de Mutina capellano nostro.

Reg. 90 f. 44 nr. 1120.

1663. *1329 Februar 1. Avignon.*

Iohannes XXII reservat sibi provisionem Coloniensis ecclesie.

[Iohannes XXII] Ad futuram rei memoriam.

Volentes Coloniensi ecclesie, quam specialis prerogativa favoris prosequimur, si nunc vacat vel cum eam primo vacare contigerit, de pastore ydoneo . . . provideri, ex hiis et aliis certis causis rationabilibus, que ad id nostrum animum induxerunt, eiusdem ecclesie provisionem dispositioni nostre hac vice ... reservamus ... preposito et .. capitulo eiusdem ecclesie ac omnibus et singulis aliis, quorum interest seu interesse poterit in futurum, districtius inhibentes, ne ad electionem postulationem vel aliam provisionem pastoris in eadem ecclesia preficiendi quoquomodo procedant ... Dat. Avin. kl. februarii a. terciodecimo.

Reg. 115 p. I f. 79 nr. 472; Rz. 1139.

1664. *1329 Februar 2. Avignon.*

Iohannes XXII Willhelmo de Stocheim nato Iordani de Stocheym confert eccl. SS. Apostolorum Colon. canonicatum, prebendam vero eidem reservat.

Laudabile testimonium, quod . . . Dat. Avin. IIII nonas februarii a. terciodecimo.

In e. m. abbati monasterii S. Cordelii Indensis Colon. dioc. et thesaurario Metensis ac scolastico S. Gereonis Colon. ecclesiarum.

Reg. 90 f. 241 nr. 1624.

1665. *1329 Februar 2. Avignon.*

Iohannes XXII Willelmo de Stocheim cantori ecclesie B. Marie Aquensis Leod. dioc. indulget, ut residendo in aliquo beneficiorum suorum ecclesiasticorum, que nunc obtinet et imposterum obtinebit, etiam si dignitates vel personatus aut officia existant, fructus eorundem integre, cotidianis distributionibus dumtaxat exceptis, usque ad triennium percipere valeat.

Merita tue probitatis . . . Dat. Avin. IIII nonas februarii a. terciodecimo.

In e. m. decano et scolastico S. Gereonis Colon. ac thesaurario Metensis ecclesiarum.

Reg. 90 f. 244 nr. 1629.

1666. *1329 Februar 3. Avignon.*

Iohannes XXII Gerardo de Vivario confert eccl. Xanctensis Colon. dioc. canonicatum, prebendam vero eidem reservat, non obstante quod canonicatum et prebendam in eccl. S. Gengulphi in Heynsberg ac parrochialem ecclesiam in Oersbeke (*vel*: Gersbeke) Leod. dioc. obtinet et quod per capitulum prefate ecclesie S. Gengulphi in decanum eiusdem eccl. concorditer est electus, cui electioni tamen in manibus pape renunciavit.

Probitatis merita, quibus . . . Dat. Avin. III nonas februarii a. tertiodecimo.

In e. m. preposito et cantori Aquensis Leod. dioc. ac Henrico de Iuliaco canonico Traiect. ecclesiarum.

Reg. 92 f. 178 nr. 3284.

1667. *1329 Februar 7. Avignon.*

Iohannes XXII Hermanno de Monreal confert eccl. Magunt. canonicatum, prebendam vero et dignitatem seu personatum vel officium cum cura vel sine cura in dicta ecclesia ei reservat, non obstante quod in Bunnensi et S. Florini in Confluentia canonicatus et prebendas et in eisdem Bunnensi thesaurariam sine cura, que nec dignitas nec personatus, sed simplex officium existit, sub expectatione prestimonii seu obedientie et in S. Florini prestimonium obtinet et in S. Castoris Confluentie ecclesiis Colon. et Trever. dioc. sub expectatione prebende auctoritate apostolica in canonicum est receptus.

Tue probitatis merita . . . Dat. Avin. VII idus februarii a. tertiodecimo.

In e. m. decano S. Andree et scolastico S. Severini Colon. et magistro Ambrosio de Lamayrola canonico Mediolan. ecclesiarum.

Reg. 90 f. 354' nr. 1965

1668. *1329 Februar 7. Avignon.*

Iohannes XXII Hermanno de Monreal canonico eccl. S. Florini in Confluentia Trever. dioc. indulget, ut Henrici electi et ecclesie Maguntin. servitiis insistendo fructus omnium beneficiorum suorum ecclesiasticorum, que nunc obtinet et imposterum obtinebit, etiam si dignitates personatus vel officia fuerint et curam habeant animarum integre, cotidianis distributionibus dumtaxat exceptis, usque ad triennium percipere valeat.

Tue meritis probitatis . . . Dat. Avin. VII idus februarii a. tertiodecimo.

In e. m. decano S. Andree et scolastico S. Severini Colon. ac magistro Ambrosio de Lamayrola canonico Mediolan. ecclesiarum.

Reg. 92 f. 111 nr. 3116.

1669. *1329 Februar 7. Avignon.*

Iohannes XXII Henrico nato Caroli de Monreal militis clerico Treverensi reservat beneficium ecclesiasticum cum cura vel sine cura cuius fructus, si cum cura, viginti, si vero sine cura fuerit, quindecim marcharum argenti s. t. d. valorem annuum non excedant, ad dispositionem prepositi decani et capituli ecclesie S. Florini in Confluentia Trever. dioc. communiter vel divisim spectans.

Vite ac morum honestas . . . Dat. Avin. VII idus februarii a. tertiodecimo.

In e. m. decano S. Andree et scolastico S. Severini Colon. ac magistro Ambrosio de Lamayrola canonico Mediolan. ecclesiarum.

Reg. 91 f. 132 nr. 2374.

1670. *1329 Februar 7. Avignon.*

Iohannes XXII Nicolao de Nusia confert eccl. Xanctensis Colon. dioc. canonicatum, prebendam ac ferculum vero eidem reservat, non obstante quod parrochialem ecclesiam de Mune dicte Colon. dioc. obtinet.

Laudabile testimonium quod . . . Dat. Avin. VII idus februarii a. tertiodecimo.

In e. m. decano S. Andree et scolastico S. Severini Colon. ac magistro Ambrosio de Lamayrola canonico Mediolan. ecclesiarum.

Reg. 92 f. 109 nr. 3111.

1671. *1329 Februar 19. Avignon.*

Iohannes XXII Iohanni Bertrandi de Hoyo canonico eccl. S. Adalberti Aquensis Leod. dioc. consideratione Petri Portuensis et S. Rufine episcopi pro eo capellano et familiari suo supplicantis reservat beneficium ecclesiasticum cum cura vel sine cura ad dispositionem episcopi Leodiensis pertinens, cuius fructus, si cum cura, sexaginta, si vero sine cura fuerit, quadraginta librarum turonensium parvorum s. t. d. valorem annuum non excedant, in civitate vel diocesi Leod. vacans vel proxime vacaturum, non obstante, quod in S. Adalberti Aquensi Leod. dioc. canonicatum et prebendam ac in Leodiensi eccl. altare SS. Lamberti Eligii et Alexis obtinet.

Laudabile testimonium, quod . . . Dat. Avin. XI kl. martii a. terciodecimo.

In e. m. priori secularis S. Ursini Bituriocensis et S. Iohannis ac S. Martini Leod. prepositis ecclesiarum.

Reg. 90 f. 249 nr. 1646.

1672. *1329 März 1. Avignon.*

Iohannes XXII Theoderico de Essende confert eccl. Bunnensis Colon. dioc. canonicatum et prebendam vacantes per promotionem et consecrationem Henrici archiepiscopi Maguntini, non obstante quod in S. Andree Colon. et Ceflicensi canonicatus et prebendas obtinet et super parrochiali in Bacharaco ecclesiis Colon. et Trever. dioc. in Romana curia litigat ac beneficium ecclesiasticum cum cura vel sine cura, etiam si officium nuncupetur, ad dispositionem abbatisse et conventus monasterii B. Marie in Capitolio Colon. ord. S. Bened. communiter vel divisim spectans auctoritate apostolica expectat aut quod dudum ei a papa de canonicatu ecclesie ipsius monasterii ac prebenda est provisum.

Attributa tibi merita . . . Dat. Avin. kl. marcii a. tertiodecimo.

In e. m. S. Georgii Colon. et Xanctensis Colon. dioc. decanis ac magistro Ambrosio de Lamayrola canonico Mediolan. ecclesiarum.

Reg. 90 f. 247' nr. 1739.

1673. *1329 März 1. Avignon.*

Iohannes XXII Theoderico de Essende confert eccl. Bunnensis Colon. dioc. canonicatum et prebendam vacantes per promotionem et consecrationem Henrici in archiepiscopum Maguntinum, non obstante quod Theodericus in Zeflicensi et S. Andree Colon. canonicatus et prebendas obtinet et in monasterio in Capitolio Colon. sub expectatione prebende auctoritate apostolica in canonicum est receptus et super parrochiali eccl. in Bacharaco Colon. et Trever. dioc. ecclesiis in Romana curia litigat.

Attributa tibi merita . . . Dat. Avin. kl. martii a. terciodecimo.

In e. m. S. Georgii Colon. et Xanctensis Colon. dioc. decanis ac magistro Ambrosio de Lamayrola canonico Mediolanensis ecclesiarum.

Reg. 90 f. 141' nr. 1391.

1674. *1329 März 3. Avignon.*

Iohannes XXII Adolpho nato nobilis viri Roperti comitis de Virnenburg confert eccl. Treverensis canonicatum et prebendam vacantes per promotionem et consecrationem Henrici in archiepiscopum Maguntinum, non obstante quod in eccl. S. Gereonis Colon. canonicatum et prebendam obtinet.

Attributa tibi merita . . . Dat. Avin. XV nonas martii a. terciodecimo.

In e. m. abbati monasterii de Lacu Trever. dioc. et decano S.

Georgii Colon. ac Busolo de Parma capellano papali canonico Tornacensis ecclesiarum.

Reg. 90 f. 141' nr 1392.

1675. *1329 März 3. Avignon.*

Iohannes XXII Roperto de Virnenburg nato nobilis viri Roperti comitis de Virnenburg canonico Coloniensi reservat in eadem ecclesia officium sine anima[rum cura], non obstante quod in dicta Coloniensi et Bunnensi Colon. dioc. canonicatus et prebendas obtinet et in Trever. eccl. sub expectatione prebende ac dignitatis personatus vel officii cum cura vel sine cura auctoritate litterarum apostolicarum in canonicum est receptus.

Dum ad personam tuam nobilitate generis ... Dat. Avin. V nonas martii a. tertiodecimo.

In e. m. decano et scolastico Bunnensis Colon. dioc. ac Busolo de Parma canonico Tornac. eccl. capellano papali.

Reg. 90 f. 142' nr. 1395.

1676. *1329 März 3. Avignon.*

Iohannes XXII episcopo Verdensi et decano S. Georgii Colon. ac Iacobo de Mutina scolastico Tullensis eccl. capellano papali mandat, quatinus Iohanni de Virnemburg nato Roperti comitis de Virnemburg conferant et assignare curent ecclesie Treverensis canonicatum et prebendam vacantes per obitum Iohannis electi Bambergensis non obstante quod in Coloniensi canonicatum et prebendam et in Karpensi Colon. dioc. ecclesiis sub expectatione prebende canonicatum obtinet.

Nobilitas generis, morum decor ... Dat. Avin. V nonas martii a. tertiodecimo.

Reg. 92 f. 219 nr. 3394.

1677. *1329 März 3. Avignon.*

Iohannes XXII Cornelio de Molendorp confert eccl. S. Marie ad gradus Colon. canonicatum, prebendam vero eidem reservat.

Meritis tue probitatis ... Dat. Avin. V nonas martii a. terciodecimo.

In e. m. S. Severini et S. Georgii Colon. decanis ac Busolo de Parma canonico Tornac. eccl. capellano papali.

Reg. 90 f. 142' nr. 1394.

1678. *1329 März 3. Avignon.*

Iohannes XXII Hermanno nato Hilger dicti de Baculo confert eccl. S. Kuniberti Colon. canonicatum, prebendam vero eidem reservat.

Probitatis tue merita . . . Dat. Avin. V nonas martii a. terciodecimo.

In e. m. S. Severini et S. Georgii Colon. decanis ac Busolo de Parma capellano papali canonico Tornacensis ecclesiarum.

Reg. 90 f. 142 nr. 1393.

1679. *1329 März 4. Avignon.*

Iohannes XXII Henrico de Spainheim preposito ecclesie Aquensis Leod. dioc. nunciat, quod eum in capellanum suum recipit et capellanum suorum consorcio aggregat.

Laudabilia virtutum merita . . . Dat. Avin. IIII nonas martii a. tertiodecimo.

Reg. 115 ps. I f. 84 nr. 491; Rs. 1145.

1680. *1329 März 6. Avignon.*

Iohannes XXII Beatrici de Virneburg canonice in Gerresheim concedit decimam parochie Pirne percipiendam.

[Iohannes XXII] Beatrici de Virnemburc canonice secularis ecclesie in Gerisheym Colon. dioc.

Devotionis tue sinceritas . . . Cum itaque tu, que dudum in abbatissam secularis ecclesie in Gerisheym Colon. dioc. tunc vacantis electa et confirmata fuisti, pro eo quod huiusmodi electio et confirmatio non fuerunt sortite effectum ex eo, quod nos olim ante vacationem huiusmodi provisionem ipsius ecclesie dispositioni nostre duximus specialiter reservandam, . . . et tandem de . . . Martha de Oytginbach eiusdem ecclesie canonica . . . mandavimus et fecimus eidem ecclesie provideri, magna dampna et gravia expensarum onera occasione premissorum subiisse dicaris, nos . . . decimam, quam prefata ecclesia in Gerisheym in parrochia ecclesie in Pirne dicte diocesis percipit, ad mensam ipsius ecclesie in Gerisheym pertinentem . . . apostolica tibi auctoritate concedimus per te percipiendam . . . Volumus autem, quod per huiusmodi concessionem nullum eidem ecclesie in Gerisheym in iure patronatus ipsius ecclesie in Pirne ad eam pertinente preiudicium generetur, sed ius huiusmodi eidem ecclesie in Gerisheym libere ut prius debeat remanere, quodque cessante beneplacito huiusmodi aut per cessum vel decessum tuum prefata decima non intelligatur vacare, sed ad dictam mensam libere revertatur . . . Dat. Avin. II non martii a. tertiodecimo.

In e. m. decano et thesaurario Xanctensis Colon. dioc. ac magistro Iacobo de Mutina scolastico Tullensis eccl. capellano papali.

Reg. 92 f. 177 nr. 3282.

1681. *1329 März 7. Avignon.*

Iohannes XXII archiepiscopo Coloniensi eiusque suffraganeis mandat, quatinus Michaelem de Cezena olim ordinis fratrum Minorum ministrum generalem, Bonamgratiam de ordine predicto et quemdam Anglicum vocatum Guillelmum Okam ordinis prelibati, qui latenter et furtive de curia Romana aufugerunt, ubicumque reperti fuerint, capiant ipsosque carcerali mancipent custodie ac de ipsis exhibere curent iuxta sanctiones canonicas iusticie complementum, invocato ad hoc, si opus fuerit, auxilio brachii secularis.

Sicut vestram credimus . . . Dat. Avin. nonas martii a. tertiodecimo.

In e. m. Maguntino
In e. m. Treverensi
In e. m. Magdeburgensi } archiepiscopis et suffraganeis.
In e. m. Bremensi
In e. m. Salzburgensi

Reg. 115 ps. I f. 86' nr. 498; Rz. 1143.

1682. *Um 1329 März (7?) (Avignon).*

Iohannes XXII Gerlaco et Henrico comitibus de Nassawe pluribusque alias nobilibus destinat litteras, quibus eos rogat et exhortatur, quatinus, si Michael de Cesena ac Bonagratia et Guillelmus Okam terras eorum ditioni subiectas transiverint, eosdem capiant ipsi pape et sedi apostolice ad expensas camere apostolice sub fida custodia transmittendas.

Eam de tua fili . . . Dat.

Reg. 115 ps. I f. 97' nr. 555; Rz. 1105.

1683. *1329 März 7. Avignon.*

[Iohannes XXII] episcopo Leodiensi.

Petitio dilecti filii nobilis viri Roperti comitis de Virnenburg nobis exhibita continebat, quod dudum vacante parrochiali ecclesia in Welnige Treverensis diocesis ad ipsius comitis presentationem spectante, idem comes in rectorem eiusdem ecclesie infra tempus debitum presentare ac loci ordinarius seu alii, ad quos persone institutio in rectorem eiusdem ecclesie pertinebat, instituere in ipsius ecclesie rectorem personam aliquam per negligentiam omiserunt, sic quod extunc eadem ecclesia tanto tempore vacavit et adhuc vacare dinoscitur, quod eius est collatio secundum statuta Lateranensis concilii ad sedem apostolicam legitime devoluta. Nos itaque . . . fraternitati tue conferendi hoc vice auctoritate nostra ipsam ecclesiam, si premissa inveneris ita esse, . . . persone ydonee, quam tibi idem comes duxerit nominandam, et de illa sibi etiam providendi ac inducendi . . . amoto ab ea quolibet illicito detentore . . . contradictores quoque auctoritate nostra appellatione postposita compescendi . . . concedimus . . . facultatem . . . . Dat. Avin. nonas martii a. terciodecimo.

Reg. 90 f. 152' nr. 1416.

1684. *1329 März 7. Avignon.*

Iohannes XXII Iohanni de Syberg confert in ecclesia monasterii monialium B. Marie in Capitolio Colon. ord. S. Benedicti, in qua certus canonicorum secularium et prebendarum solitarum ecclesie eiusdem canonicis assignari existit, canonicatum, prebendam vero eiusdem ecclesie et prestimonium seu obedienciam aut curtim vel decimam sive ecclesiam consuetum seu consuetam canonicis prebendatis eiusdem ecclesie in perpetuum beneficium assignari eidem reservat, non obstante quod in eccl. S. Georgii canonicatum et prebendam obtinet ac beneficium ecclesiasticum cum anima[rum cura] vel sine anima[rum cura] ad dispositionem decani et capituli Coloniensis communiter vel divisim spectans auctoritate apostolica expectat.

Laudabilia tue probitatis . . . Dat. Avin. nonas martii a. terciodecimo.

In e. m. Bunnensis Colon. dioc. et S. Severini Colon. decanis ac magistro Busolo de Parma canonico Tornac. eccl. capellano papali.

Rg. 90 f. 148 nr. 1396.

1685. *1329 März 7. Avignon.*

Iohannes XXII Hermanno de Burensheym canonico eccl. SS. Apostolorum Colon. reservat in eadem eccl. dignitatem vel personatum seu officium aut beneficium ecclesiasticum et obedienciam curtim decimam vel prestimonium nominatum cum anima[rum cura] vel sine anima[rum cura] consuetam vel consuetum abolim canonicis eiusdem ecclesie assignari, non obstante quod parrochialem ecclesiam in Inferiori Luczine Trever. dioc. et in eadem ecclesia SS. Apostolorum sub expectatione prebende auctoritate apostolica in canonicum est receptus. Tamen huiusmodi dignitatis vel personatus seu officii *etc.* possessionem pacificam assecutus omnino dimittat dictam parrochialem ecclesiam.

Suffragantia tibi merita . . . Dat. Avin. nonas martii a. terciodecimo.

In e. m. decano S. Georgii Colon. et scolastico Bunnensis Colon. dioc. ac Busolo de Parma canonico Tornac. eccl. capellano papali.

Reg. 90 f. 143ʳ nr. 1397.

1686. *1329 März 7. Avignon.*

Iohannes XXII Gerardo de Geyske confert eccl. S. Gereonis Colon. canonicatum, prebendam vero sacerdotalem eidem in ea reservat, non obstante quod canonicatum et prebendam in eccl. SS. Petri et Andree extra muros Padebrunenses ac parrochialem eccl. in Geiseke Colon. dioc. obtinet.

Suffragantia tibi merita . . . Dat. Avin. nonas martii a. terciodecimo.

In e. m. S. Severini et S. Georgii Colon. decanis ac Buxolo de Parma capellano papali canonico Tornacensis ecclesiarum.

Reg. 90 f. 122 nr. 1313.

1687. *1329 März 7. Avignon.*

Iohannes XXII Henrico de Spanheim preposito ecclesie Aquensis Leod. dioc. capellano sedis apostolice supplicanti indulget, ut confessor eius, qui pro tempore fuerit, omnium peccatorum plenam remissionem semel in mortis periculo ei concedere valeat.

Sincere devotionis affectus . . . Dat. Avin. nonis marcii a. tertiodecimo.

In e. m. Walramo de Iuliaco thesaurario eccl. Colon. capellano papali.

Reg. 111 ps. 1 f. 84 nr. 489.

1688. *1329 März 7. Avignon.*

Iohannes XXII Iohanni de Moureal canonico ecclesie Monasterii in Meynevelt Trever. dioc. reservat in dicta ecclesia dignitatem vel personatum seu officium aut beneficium ecclesiasticum obedientiam vel prestimonium aut curtim nuncupatum cum cura vel sine cura, non obstante quod in eadem ecclesia et S. Florini in Confluentia dicte dioc. ecclesiis sub expectatione prebendarum in canonicum est receptus et a capitulo dicte ecclesie S. Florini, quousque de prebenda fuerit eidem provisum, certam percipit annuam pensionem et quod parrochialem ecclesiam in Orennūn̄ dicte dioc. obtinet.

Suffragantia tibi merita . . . Dat. Avin. nonas martii a. tertiodecimo.

In e. m. abbati monasterii de Lacu Trever. dioc. et decano S. Georgii Colon. ac Bosolo de Parma canonico Tornacensis eccl. capellano papali.

Reg. 91 f. 122 nr. 2347.

***1689**. *1329 März 9. Avignon.*

Iohannes XXII archiepiscopo Treverensi mandat, quatinus monasterio S. Willibrordi Epternacensi, cuius redditus, ut asserunt abbas et conventus, adeo sunt tenues et exiles, quod abbas et conventus nequeunt ex eis commode sustentari ac tenere hospitalitatem solitam et incumbentia eis onera supportare, incorporet connectat et uniat parrochiales ecclesias de Epternaco et de Crovia Trever. dioc., reservatis tamen de singularum ecclesiarum proventibus perpetuis vicariis congrua portione, de qua possint commode sustentari et episcopalia iura solvere aliaque sibi incumbentia onera supportare.

Pie intentionis affectu . . . Dat. Avin. VII idus martii a. tertiodecimo.

Reg. 92 f. 213' nr. 3383; Beyer, Mittelrhein. Urk.-Buch I nr. 168.

***1690**. *1329 März 9. Avignon.*

Iohannes XXII archiepiscopo Coloniensi mandat, quatinus monasterio S. Martini Coloniensi incorporet ecclesiam parrochialem in Flittard cum capellula in Stainheym.

[Iohannes XXII] archiepiscopo Coloniensi.

Pia vota personarum . . . Porrecte siquidem nobis exparte dilectorum filiorum . . abbatis et conventus monasterii S. Martini Coloniensis ord. S. Bened. petitionis series continebat, quod ipsi de communibus facultatibus ipsius monasterii minus congruam sustentationem habent et propter duras gerras, que ipsum monasterium hiis diebus in suis redditibus afflixerunt, sunt gravibus debitorum oneribus pregravati. Quare nobis humiliter supplicarunt, ut parrochialem ecclesiam in Vlitart tue diocesis ad dicti abbatis presentationem spectantem, consuetam abolim clericis secularibus assignari, de iure vacantem ad presens, ut asserunt, ex eo quod dilectus filius Conradus de Cigno clericus Coloniensis per eundem abbatem presentatus de facto ad dictam ecclesiam et per eum, ad quem spectabat, institutus in ea, tempore presentationis et institutionis huiusmodi etatem ad hoc legitimam non habebat, cum vicesimum quintum annum etatis sue minime attigisset, nec se fecit infra tempus a iure statutum in presbiterum ordinari, cum capellula in Stainheym (*vel:* Stambeym) dicte diocesis ac universis suis pertinenciis eidem monasterio incorporare . . . dignaremur. Nos igitur . . . fraternitati tue . . . mandamus, quatinus vocatis dicto Conrado et aliis, qui fuerint evocandi, si premissis veritas suffragetur, eandem parrochialem ecclesiam . . . cum prefata capellula . . . eidem monasterio . . . imperpetuum incorpores et annectas, ita quod post incorporationem et annexionem huiusmodi . . . liceat eidem abbati et conventui corporalem possessionem . . . apprehendere . . . reservata tamen prius de ipsius ecclesie redditibus perpetuo vicaria ibidem canonice instituendo congrua portione, ex qua valeat congrue sustentari, episcopalia iura solvere et alia sibi incumbentia onera supportare . . . Dat. Avin. VII idus martii a. tertiodecimo.

Reg. 92 f. 178 nr. 3285. Düsseldorf, Arch. reg. Abtei S. Martin, Copiarium B. 65a. f. 119.

1691. *1329 März 9. Avignon.*

Iohannes XXII Thilmanno de Blankenberg confert eccl. S. Severini Colon. canonicatum, prebendam vero et ferculum seu supplementum in eadem eidem reservat, non obstante quod beneficium ecclesiasticum cum cura vel sine cura ad dispositionem prepositi eccl. Bunnensis Colon. dioc. spectans auctoritate apostolica expectat.

Vite munditia, morum decor. . . . Dat. Avin. VII idus martii a. tertiodecimo.

In e. m. S. Andree Colon. et Bunnensis Colon. dioc. decanis ac magistro Bosolo de Parma canonico Tornacensis eccl. capellano papali.

Reg. 91 f. 150 nr. 2440.

1692. *1329 März 9. Avignon.*

Iohannes XXII Rutgero dicto Vogel de Molenheim clerico Colon. dioc. reservat beneficium ecclesiasticum cum cura vel sine cura, cuius redditus, si curatum, viginti, si vero sine cura fuerit, quindecim marcharum argenti s. t. d. valorem annuum non excedant, ad dispositionem abbatisse secularis ecclesie Essindensis Colon. dioc. pertinens, non obstante quod dudum papa eidem providit de beneficio ecclesiastico cum cura vel sine cura ad collationem vel presentationem abbatis et conventus monasterii S. Martini Colon. ord. S. Benedicti communiter vel divisim spectans per litteras in forma pauperum, quas litteras nunc cassat.

Suffragantia tibi merita ... Dat. Avin. VII idus martii a. tertiodecimo.

In e. m. S. Severini et S. Georgii Colon. decanis ac scolastico Tullensis ecclesiarum.

Reg. 92 f. 121 nr. 3141.

1693. *1329 März 9. Avignon.*

Iohannes XXII Petro nato Bueschardi de Andrenaco militis confert eccl. S. Castoris in Cardona Trever. dioc. canonicatum, prebendam vero eidem reservat, non obstante quod ecclesiam in Vihene Colon. dioc. obtindt.

Nobilitas generis, vite ... Dat. Avin. VII idus martii a. tertiodecimo.

In e. m. S. Castoris et S. Florini in Confluentia Trever. dioc. decanis ac scolastico Tullensis ecclesiarum.

Reg. 92 f. 121' nr. 3142.

1694. *1329 März 9. Avignon.*

Iohannes XXII Petro de Unkelbach presbitero Colon. dioc. reservat beneficium ecclesiasticum cum cura vel sine cura ad dispositionem prepositi et decani ac capituli eccl. Werdensis Colon. dioc. communiter vel divisim pertinens, cuius fructus, si cum cura, viginti, si vero sine cura fuerit, quindecim marcharum argenti s. t. d. valorem annuum non excedunt, non obstante quod in eccl. Veltkirgensi Trever. dioc. altare S. Georgii sine cura obtinet.

Suffragantia tibi merita ... Dat. Avin. VII idus martii a. tertiodecimo.

In e. m. preposito et decano S. Severini Colon. ac magistro Iacobo de Mutina scolastico Tullensis eccl. capellano papali.

Reg. 94 f. nr. 720.

1695. *1329 März 12. Avignon.*

Iohannes XXII Henrico archiepiscopo Coloniensi concedit facultatem, ut omnibus et singulis, qui Ludovico de Bavaria ac eius fautoribus et sequacibus adheserunt et ab adhesione recesserint in pape et ecclesie devotione permansuri, de absolutionis beneficio valeat providere, addito tamen specialiter et expresse, quod si de cetero adhererent prefatis seu prestarent auxilium consilium vel favorem, relabantur in sententias excommunicationis. Super singulis autem absolutionibus duo confici faciat consimilia publica instrumenta presentium seriem continentia, quorum unum penes archiepiscopum remaneat et aliud pape fideliter mittere non omittat.

Cum nonnullis qui . . . Dat. Avin. IIII idus martii a. tertiodecimo.

Reg. 115 ps. I f. 84' nr. 490; Rz. 1144.

1696. *1329 März 15. Avignon.*

Camerarius pape notum facit, quod Henricus de Mierlaer clericus Leodiensis, qui longo tempore perceperat fructus ecclesiarum de Millingen et de Kuik Colon. et Leod. dioc. ac canonicatus et prebende Traiectensis infra etatem legitimam constitutus et ad sacros ordines non promotus, centum et quatuordecim florenos auri de Florentia per manus magistri Alberti Hower canonici Embricensis Traiect. dioc. camere apostolice assignavit, postquam papa eidem gratiose mutavit restituendos omnes fructus predictos in solvendam hanc summam, que equat fructus duorum annorum.

Universis etc. . . . Dat. Avin. die XVa mensis marcii a. d. MCCCXXIX pont. etc. a. XIII.

Oblig. et Solut. 12 f. 13; similiter Introit. et Exit. 92 f. 24 et 100 f. 26.

1697. *1329 März 17. (Avig)non.*

[Iohannes XXII] eidem [Philippo] regi [Francie].

Litteris, fili carissime, quas pro dilecto filio magistro H. de Namur super Coloniensi ecclesia destinasti, paterna, qua decet, affectione receptis, excellentiam regiam cupimus non latere, quod dudum considerantes attente, ut vir, qui sufficiens et fidelis existeret, Coloniensi ecclesii presideret, ipsam dispositioni nostre . . . ea vice reservavimus, iam est diu: cui cum offerret se locus, quem dominus differat et nunc eidem vitam longevam conferat presidenti, de viro sufficienti et fideli pariter, ut prefertur, ecclesie predicte curabimus actore domino providere. Quapropter . . . super eo, quod pro dilecto filio Henrico de Naumur de predicta ecclesia nos rogasti, merito in hac parte nos habeat providentia regia excusatos. Dat. XVI kl. aprilis a. tertiodecimo.

Reg. 115 ps. I f. 118' nr. 696.

1698. *1329 März 20. Avignon.*

Iohannes XXII preposito et decano S. Petri Argentinensis ac Iacobo de Mutina scolastico Tullensis eccl. mandat, quatinus Otoni de Schonenburg canonico eccl. Wormatiensis conferre et assignare curent preposituram ecclesie S. Pauli Wormaciensis vacantem per obitum quondam Conradi de Munescheim, qui in illis partibus diem clausit extremum, non obstante quod Oto in Treverensi et Spirensi canonicatus et prebendas et in eadem Spirensi eccl. officium portarie sine cura solitum in perpetuum beneficium assignari obtinet.

Ad illorum provisionem . . . Dat. Avin. XIII kl. aprilis a. terciodecimo.

Reg. 90 f. 177 nr. 1475.

1699. *1329 März 23. (Avignon.)*

[Iohannes XXII] Marthe abbatisse secularis ecclesie in Gerisheym Colon. dioc.

Pridem per tuas nobis missas litteras supplicasti, quod abbatiam secularis ecclesie in Gerisheym, quam asserebas in redditibus tenuem, in statu solido conservantes eosdem redditus nollemus cuiquam concedere, cum hoc esse diceres contra consuetudinem ibidem hactenus observatam. Sane cum antequam huiusmodi tue nobis extitissent presentate littere, . . . R. tituli S. Eusebii presbiter cardinalis, quem in causis appellationum per te ac . . . Beatricem decanam eiusdem ecclesia in negotio electionis ipsius ecclesie ad sedem apostolicam emissarum deputaveramus specialiter auditorem, informatione diligenti prehabita et eiusdem ecclesie evidenti utilitate pensata ac pro partis utriusque quiete, quod certa decima ad mensam tuam pertinens eidem Beatrici commendaretur, ad dicte sedis beneplacitum ordinasset, nosque etiam de utilitate huiusmodi certificati postmodum commendam ipsam iuxta ordinationem eandem propterea duxerimus faciendam, discretionem tuam rogamus et hortamur, . . . quatinus ordinationem prefatam, quam consideratam attentius comperies in utilitatem ecclesie memorate, tamquam vere obediencie filia inviolabiliter observare procures. Dat. X kl. aprilis a. terciodecimo.

Reg. 115 ps. I f. 96' nr. 550.

1700. *1329 März 24. Avignon.*

Iohannes XXII Wilhelmo dicto de Bilka confert eccl. SS. Apostolorum Colon. canonicatum, prebendam vero eidem reservat, non obstantibus quod defectum natalium patitur de acolito genitus et soluta, super quo, ut asserit, cum eo est auctoritate apostolica dispensatum, seu quod post dispensationem eandem super provisione sibi facienda de beneficio ecclesiastico cum cura vel sine cura ad dispositionem decani et capituli eccl. S. Gereonis Colon. communiter vel divisim spectante litteras apostolicas in forma pauperum impetravit, quarum vigore parrochialem ecclesiam de Lovenich Colon. dioc. acceptavit, super qua litigat, licet possessionem illius habeat. Insuper dispensat cum eo, ut dictos canonicatum et prebendam recipere et retinere valeat, dicto defectu non obstante. Si tamen dictam parrochialem ecclesiam evincat, dicte littere, per quas assecutus fuit eandem parrochialem ecclesiam, sint casse.

Suffragantia tibi merita . . . Dat. Avin. VIIII kl. aprilis a. tertiodecimo.

In e. m. S. Georgii et S. Severini Colon. decanis ac scolastico Tullensis ecclesiarum.

Reg. 93 f. 229' nr. 3425.

1701. *1329 März 24. Avignon.*

[Iohannes XXII] Godefrido de Ruden clerico Coloniensis dioc.

Illegitime genitos, quos . . . Sane petitio pro parte tua nobis exhibita continebat, quod olim tecum super defectu natalium, quem pateris de presbitero genitus et soluta, quod eo non obstante posses ad omnes ordines promoveri et ecclesiasticum beneficium obtinere, etiam si curam haberet animarum, fuit auctoritate apostolica dispensatum et quod post dispensationem huiusmodi canonicatum et prebendam ecclesie SS. Virginum Coloniensis . . . primo ac deinde illis ex causa permutationis dimissis in Derne et subsequenter in Dincker parrochiales ecclesias et postmodum canonicatum et prebendam ecclesie Susatiensis Colon. dioc. successive adeptus fuisti, subsequenter vero dictos canonicatum et prebendam eiusdem Susatiensis ecclesie ad canonicatum et prebendam ecclesie S. Crucis Leodiensis, quos extunc possedisti et adhuc possides, locorum diocesanorum auctoritate, ut asseris, permutasti, medio autem tempore, dum adhuc esses eiusdem Susatiensis ecclesie canonicus, . . . archiepiscopus Coloniensis parrochialem ecclesiam in Seydorp (*vel:* Scydorp) Colon. dioc. tunc vacantem . . . tibi duxit . . conferendam, quam postmodum ad canonicatum et prebendam ecclesie S. Andree Coloniensis . . . ac deinde dictos canonicatum et prebendam eiusdem S. Andree ad canonicatum et prebendam SS. Apostolorum Colon. ecclesie, quos nunc possides, permutasti, quas quidem parrochiales ecclesias tenuisti nec te fecisti infra tempus debitum in presbiterum promoveri, dispensatione . . . non obtenta. Quare pro parte tua fuit nobis humiliter supplicatum, ut . . . Nos itaque ob litterarum scientiam et gravitatem morum . . . habilitamus te quoad impedimenta predicta fructusque perceptos . . . tibi remittimus . . . Dat. Avin. VIIII kl. aprilis a. tertiodecimo.

Reg. 92 f. 189' nr. 3315.

1702. *1329 März 24. Avignon.*

Iohannes XXII abbati monasterii S. Panthaleonis et decano S. Andree Colon. ac scolastico Tullensis eccl. mandat, quatinus Godefrido de Ruden clerico Colon. dioc., quem papa habilitavit (*conf. nr. 1701*), conferre et assignare curent canonicatus et prebendas S. Apostolorum Colon. et S. Crucis Leod. eccl.

Litterarum scientia, morum decor. . . . Dat. Avin. VIIII kl. aprilis a. tertiodecimo.

Reg. 92 f. 189 nr. 3314.

1703. *1329 März 27. Avignon.*

Iohannes XXII archiepiscopo Coloniensi mandat, quatinus eiusdem pape bullam tractantem de erroribus Ekardi fratris quondam ordinis Predicatorum sollemniter publicet.

[Iohannes XXII] archiepiscopo Coloniensi.

Tam per inquisitionem per te auctoritate ordinaria habitam nobisque per te transmissam quam per indaginem postmodum de mandato nostro in Romana curia renovatam et etiam per confessionem quondam Ekardi doctoris, ut fertur, sacre pagine ac professoris ordinis fratrum Predicatorum comperimus evidenter eum predicasse scripsisse et dogmatizasse nonnullos articulos contra catholicam veritatem, quorum aliquos tanquam hereticos, quosdam vero tamquam male sonantes temerarios et suspectos de heresi de fratrum nostrorum consilio dampnandos duximus ac etiam reprobandos ac nichilominus contra illos, qui eosdem articulos pertinaciter defendere vel approbare presumerent, mandavimus procedendum, prout in litteris nostris inde confectis, quarum tenorem de verbo ad verbum presentibus inseri fecimus, plenius continetur. Quocirca fraternitati tue per apostolica scripta mandamus, quatinus tenorem predictum, postquam eum diligenter inspexeris, per te vel per alium seu alios in tuis civitate diocesi et provincia publices et facias solempniter publicari, ut per publicationem huiusmodi simplicium corda, qui faciliter seducuntur, et maxime illi, quibus idem Ekardus, dum vixit, predictos articulos predicavit, erroribus contentis in eis minime imbuantur. Tenor autem dictarum litterarum talis est: Iohannes episcopus servus servorum dei. Ad perpetuam rei memoriam. In agro dominico, cuius dispositione . . . (*Textus universus cum articulis a pape reprobatus publici iuris est factus a P. H. Denifle in Zeitschrift für deutsches Altertum*) . . . Volumus notum esse, quod, prout constat per publicum instrumentum inde confectum, prefatus Ekardus in fine vite sue fidem catholicam profitens predictos viginti sex articulos, quos se predicasse extitit, confessus necnon quecunque alia per eum scripta et docta sive in scolis sive in predicationibus, que possent generare in mentibus fidelium sensum hereticum vel erroneum ac vere fidei inimicum, quantum ad illum sensum revocaavit . . . Dat. Avin. VI kl. aprilis p. n. a. terciodecimo.

Reg. 89 f. 2 nr. 5.

1704. *1329 März 27. Avignon.*

Iohannes XXII preposito ecclesie S. Severini Colon. mandat, quatinus Gevehardum de Bortvelde preceptorem domorum hospitalis S. Iohannis Ierosolimitani in Saxonia Marchia et Slawia consistentium per censuram ecclesiasticam compellat, invocato ad hoc, si opus fuerit, auxilio brachii secularis, ad satisfaciendum Petro de Ungula priori domus Tholosane hospitalis predicti apostolice sedis nuncio nomine camere apostolice de nongentis quinquaginta tribus marchis argenti — quinquaginta duobus turonensibus argenti grossis cum o rotundo pro marcha qualibet computatis — ratione cuiusdam depositi penes quondam Paulum de Mutina predictarum domorum preceptorem olim per magistrum Magfredum de Montiliis clericum Ruthenensis dioc. sedis apostolice nuncium.

Cum Gevehardus de Bortvelde . . . Dat. Avin. VI kl. aprilis a. tertiodecimo.

Reg. 115 ps. I f. 85 nr. 494; Rz. 1154.

1705. *1329 März 27. Avignon.*

Iohannes XXII episcoqo Scopiensi concedit facultatem quosdam, qui viginte marchas auri, que in partibus Prussie de denario seu censu B. Petri ad papam per certum nuncium mittebantur, abstulerunt eidem nuncio, absolvendi, postquam iidem derobatores predictas marchas Petro de Ungula priori domus hospitalis S. Iohannis Ierosolimitane Tholosane apostolice sedis nuncio restituerint et assignaverint.

Nuper accepimus, quod . . . Dat. Avin. VI kl. aprilis a. tertiodecimo.

Reg. 115 ps. I f. 85 nr. 493; Rz. 1155.

1706. *1329 April 3. Avignon.*

Iohannes XXII Iohanni nato Erici Saxonie Angarie et Westfalie ducis confert eccl. Colon. canonicatum, prebendam vero eidem reservat.

Nobilitas generis, morum . . . Dat. Avin. III nonas aprilis a. tertiodecimo.

In e. m. archiepiscopo Ebredunensi et episcopo Razeburgensi et preposito eccl. Hamburgensis Bremensis dioc.

Reg. 91 f. 227 nr. 2655.

1707. *1329 März 7. Avignon.*

Iohannes XXII Hermanno de Werda confert secularis ecclesie Assindensis Colon. dioc., in qua certus canonicorum et canonicarum numerus secularium existere dicitur institutus, canonicatum, prebendam vero ac obedientiam conferri ipsius ecclesie canonicis consuetas, ad dispositionem abbatisse et capituli eiusdem ecclesie communiter vel divisim spectantes, eidem reservat.

Attributa tibi merita . . . Dat. Avin. VII idus aprilis a. tertiodecimo.

In e. m. S. Severini et S. Georgii Colon. decanis ac Iacobo de Mutina scolastico Tullensis ecclesiarum.

Reg. 92 f. 135' nr. 3178.

1708. *1329 April 18. Avignon.*

[Iohannes XXII] Henrico comiti de Nassawe.

Si providere iuxta tua desideria liberis tuis facultate ac nobis, ut vellemus, nunc offerente presentialiter non valeamus, habeat nos tua nobilitas, quesumus excusatos. Nam memores devotionis sincere, quam erga nos et Romanam ecclesiam bo. me. Iohannes electus Bambergensis germanus tuus gessit, dum viveret, te ac predictos liberos habere intendimus oportunis loco et tempore favorabiliter commendatos . . . Dat. Avin. XIIII kl. maii a. terciodecimo.

Reg. 115 ps. I f. 95 nr. 540.

1709. *1329 April 18. Avignon.*

Iohannes XXII Emichoni nato Emichonis comitis de Nassave confert eccl. Colon. canonicatum, prebendam vero eidem reservat, non obstante quod in eccl. Maguntina canonicatum sub expectatione prebende ac dignitatis personatus seu officii cum cura vel sine cura obtinet.

Nobilitas generis, vite . . . Dat. Avin. XIIII kl. maii a. tertiodecimo.

In e. m. S. Marie ad gradus Colon. et S. Castoris Confluentine Trever. dioc. decanis ac Bosolo de Parma capellano nostro canonico Tornacensis ecclesiarum.

Reg. 92 f. 139' nr. 3191; Rz. 1164.

1710. *1329 April 18. Avignon.*

Iohannes XXII Walramo nato Tilmanni Cellerarii in Blankenberg confert ecclesie in Dytkirchen Trever. dioc. canonicatum, prebendam vero eidem reservat.

Attributa tibi merita . . . Dat. Avin. XIIII kl. maii a. tertiodecimo.

In e. m. decano S. Castoris in Confluentia Trever. dioc. et Henrico de Nassawe Colon. ac Bosolo de Parma Tornacensis canonicis ecclesiarum.

Reg. 91 f. 155 nr. 2459.

1711. *1329 Mai 2. Avignon.*

Iohannes XXII Henrico de Dollendorp confert eccl. Bunnensis Colon. dioc. canonicatum, prebendam vero et curtem vel decimam seu obedientiam consuetam canonicis eiusdem eccl. assignari eidem reservat, non obstante quod in eccl. B. Marie ad gradus Colon. canonicatum et prebendam obtinet et in S. Florini in Confluentia et in Mescedensi Trever. et Colon. dioc. super expectatione prebendarum auctoritate apostolica in canonicum est receptus necnon in eadem S. Florini ecclesiis de cantoria eidem nuper est auctoritate predicta provisum, quamvis quidam alius cantoriam de facto detineat occupatam.

Vite ac morum honestas . . . Dat. Avin. VI idus maii a. tertiodecimo.

In e. m. decano S. Georgii Colon. et magistro Iacobo de Mutina Tullensis ac dicti S. Georgii Colon. scolasticis ecclesiarum.

Reg. 91 f. 184 nr. 2545.

1712. *1329 Mai 7. Avignon.*

Iohannes XXII Walramo de Iuliaco capellano suo confert canonicatum et prebendam ac preposituram eccl Leod. vacantes per obitum Bernardi tit. S. Clementis presbiteri cardinalis, qui nuper apud sedem apostolicam diem clausit extremum. Cum eodem insuper dispensat, ut dictam preposituram una cum prepositura eccl. S. Servatii Traiect. Leod. dioc., etiam si eisdem cura immineat animarum, retinere valeat.

Sedis apostolice providentia . . . Dat. Avin. nonas maii a. tertiodecimo.

In e. m. abbati monasterii S. Pantaleonis Colon. et preposito S. Marie Aquensis Leod. dioc. ac archidiacono Nannetensis ecclesiarum.

Reg. 91 f. 244 nr. 2701.

1713. *1329 Mai 8. Avignon.*

Iohannes XXII abbati monasterii Bellireditus et S. Crucis ac S. Iohannis Leod. decanis mandat, quatinus decernant litem inter decanum capitulumque S. Severini Colon. et Iohannem Suayf scolasticum S. Severini Colon. exortam de patronatu parrochialis ecclesie in Orbach.

Iohannes . . . . . abbati monasterii Belliredituu et . . Sancte Crucis ac . . Sancti Iohannis Leodiensium ecclesiarum decanis . . .

Sua nobis dilecti filii . . decanus et capitulum ecclesie Sancti Severini Coloniensis patroni parrochialis ecclesie in Orbach Colon. dioc. peticione monstrarunt, quod, licet presentatio rectoris ad eandem parrochialem ecclesiam . . . ad eos . . . pertinere noscatur, . . . ipsique decanus et capitulum pridem ad ecclesiam parrochialem predictam per obitum quondam Suederi de Barle . . . vacantem . . . Lutterum Pullere presbiterum et concanonicum eorum . . officiali . . prepositi [ecclesie Coloniensis] . . . presentassent ac idem Lutterus in rectorem ipsius parrochialis ecclesie per dictum officialem . . . extiterit legitime institutus, tamen Iohanne Suayf, qui pro scolastico eiusdem ecclesie Sancti Severini se gerit, suggerente mendaciter . . . archiepiscopo Coloniensi, dictam parrochialem ecclesiam scolastrie sue . . . canonice fore unitam, et quod dicti decanus et capitulum, quominus idem Iohannes fructus redditus et proventus ipsius parrochialis ecclesie percipere posset, impedire contra iusticiam presumebant[a], prefatus archiepiscopus . . . prefatis decano et capitulo inhiberi fecit, ne dictum Iohannem in perceptione fructuum reddituum et proventuum predictorum aliquatenus presumerent impedire; alioquin decanum et singulos de dicto capitulo, quos extunc excommunicabat, mandabat excommunicatos publice nunciari et contra eos invocari brachium seculare. Propter que pro parte dictorum decani capituli . . . fuit ad sedem apostolicam appellatum. Cum autem dicti decanus et capitulum, sicut asserunt, prefati Iohannis potentiam merito perhorrescentes, eum infra civitatem seu diocesim Coloniensem nequeant convenire, discretioni vestre . . . mandamus, quatinus vocatis, qui fuerint evocandi, et auditis hinc inde propositis, quod iustum fuerit, appellatione postposita decernatis . . . Quodsi non omnes hiis exequendis potueritis interesse, duo vestrum ea nichilominus exequantur. Dat. Avin. VIII idus maii p. n. a. tertiodecimo.

Or. membr. cum plumbo pend. Sub plica ad sinistr: A. de Villa. (V over R.) *In plic. ad dextr:* pro P. de Setia. *In dorso:* Theod. de Reys *et* Pascalis *inferius:* . . . . . iulii magister T. de Reys procur. appell. protest. fuit quod non . . . . . cum propter impedimenta . . . . . et bull. . . . . . *(partim illegibilia!) — Düsseldorf. Arch. reg. S. Severin. Colon. nr. 89.*

a) presumebat *in reg.*

***1714.** *1329 Mai 8. Avignon.*

Iohannes XXII abbate et conventu monasterii Stabulensis ord. S. Bened. Leod. dioc. petentibus confirmat omnes libertates et immunitates a Romanis pontificibus eidem monasterio concessas necnon libertates et exemptiones a regibus et principibus et aliis eidem indultas.

Solet annuere sedis . . . Dat. Avin. III nonas maii p. n. a. terciodecimo.

Or. membr. cum plumbo pend. Sub plica ad sinistr.: L. Verul. *In plica ad dextr.:* Roland. *In dorso:* Franco de Ruella. Stab. *et inferius:* Sij fiat car... To. de Reys pro abbate et conventu monasterii Tuiciensis ord. Stl. Benedicti Coloniensis dioc. super litibus motis. — *Düsseldorf. Arch. reg. Stablo nr. 81.*

1715. *1329 Mai 9. Avignon.*

Iohannes XXII eccl. Spirensi vacanti per translationem Bertholdi electi Spirensis ad eccl. Argentinam providet de persona Walrami (*de Veldenz*) prepositi eccl. Spirensis in diaconatus ordine constituti.

Celestis dispositione consilii . . . Dat. Avin. VII idus maii a. tertiodecimo.

Reg. 90 f. 363' nr. 1991.

1716. *1329 Mai 10. Avignon.*

Iohannes XXII Richwino dicto de Tonburg canonico eccl. S. Severini Colon. in qua existunt certa perpetua beneficia, que fercula seu supplementa prebende vulgariter nuncupantur, reservat unum de dictis beneficiis, non obstante, quod in eadem et B. Marie in Capitolio Colon. eccl. canonicatus sub expectatione prebendarum auctoritate apostolica ac parrochialem ecclesiam in Aurode Colon. dioc. obtinet.

Laudabile testimonium, quod . . . Dat. Avin. VI idus maii a. tertiodecimo.

In e. m. abbati monasterii Sybergensis et decano Bunnensis Colon. dioc. ac scolastico Tullensis ecclesiarum.

Reg. 92 f. 212' nr. 3380.

1717. *1329 Mai 13. (Avignon).*

[Iohannes XXII] Willelmo comiti Iuliacensi.

Gratas admodum . . . nobilitatis tue litteras gratanter accepimus, ex quarum serie illo, care fili, voluntatis intellecto proposito, quod te gerere asseris, illos scismaticos ac impios dei nostros et ecclesie matris tue fideique catholice inimicos, de quibus in eisdem litteris mentio habebatur, per te amicosque tuos, si tuis forte vel eorum terris recerpserint (*sic!*), persequendi, super hoc devotionem tuam dignis duximus in domino laudibus attollendam, rogantes eam et paternis suasionibus excitantes attente, ut in hac salutari voluntate persistens sic per te dictosque amicos tuos, si casus occurreret, prelibatos perditionis filios sagaciter venari procures et persequi diligenter, qui venantur, ut perimant animas alienas, quod ipsi tua[s] seu tuorum manus evadere nequeant et pro dampnatis ipsorum demeritis in laqueos incidant merite ultionis . . . Ceterum hiis, que inclusa presentibus continet cedula, per te, fili, fidem volumus indubiam adhiberi. Dat. III idus maii a. terciodecimo.

Reg. 115 ps. 1 f. 99 nr. 570.

***1718** *1329 Mai 27. Avignon.*

Iohannes XXII preposito ecclesie Monasterii in Meynevelt Trever. dioc. mandat, quatinus ea, que de bonis monasterii monialium de Valle S. Marie prope Lucemburg per priorissam soliti gubernari ord. S. August. secundum instituta et sub cura fratrum ord. Predicatorum viventium alienata invenerit illicite vel distracta, ad ius et proprietatem eiusdem legitime revocare procuret.

Dilectarum in Christo filiarum . . . Dat. Avin. VI kl. iunii a. tertiodecimo.

Van Werveke, Cartulaire du Prieuré de Marienthal, II nr. 359. (Or. in arch. Luxemb.)

1719. *1329 Mai 29. Avignon.*

Iohannes XXII Iordano de Egze confert eccl. B. Marie Traiectensis canonicatum, prebendam vero eidem reservat, non obstante quod parrochialem ecclesiam de Gurzanich Colon. dioc. obtinet.

Suffragantia tibi merita . . . Dat. Avin. IIII kl. iunii a. tertiodecimo.

In e. m. S. Marie ad gradus Colon. et Xanctensis Colon. dioc. decanis ac archidiacono Nannetensi.

Reg. 91 f. 152 nr. 2450.

1720. *1329 Mai 29. Avignon.*

Iohannes XXII Willelmo de Loechtinere canonico eccl. Werdensis Colon. dioc. reservat in eadem eccl. denuo, cum prior reservatio fuerit viciosa, dignitatem vel personatum seu officium cum cura vel sine cura, non obstante quod in dicta ecclesia canonicatum et prebendam et quoddam simplex annale officium in ipsa ecclesia, pincernatum vulgariter nuncupatum, eidem per capitulum dicte ecclesie ad vitam sub certa annua pensione prefate capitulo pensanda concessum obtinet.

Apostolice sedis circumspecta . . . Dat. Avin. IIII kl. iunii a. tertiodecimo.

In e. m. S. Marie ad gradus Colon. et S. Georgii Colon. decanis ac magistro Iacobo de Mutina scolastico Tull. ecclesiarum.

Reg. 91 f. 45 nr. 2111.

1721. *1329 Mai 29. Avignon.*

Iohannes XXII Iohanni nato Theoderici dicti Gyr scabini et civis Coloniensis confert ecclesie Xanctensis Colon. dioc. canonicatum, prebendam vero reservat.

Meritis tue probitatis . . . Dat. Avin. IIII kl. iunii a. tertiodecimo.

In e. m. S. Marie ad gradus Colon. et S. Andree Colon. decanis ac archidiacono Nannetensi.

Reg. 91 f. 150ʳ nr. 2441.

1722. *1329 Mai 29. Avignon.*

Iohannes XXII preposito et cantori S. Marie Aquensis Leod. dioc. ac archidiacono Nannetensis eccl. mandat, quatinus Arnoldum natum Iordani de Wiswilre clericum Colon. cupientem in monasterio S. Cornelii Indensis ord. S. Bened. dicte dioc. domino famulari, si sit ydoneus et aliud canonicum non obsistat, in dicto monasterio faciant recipi in monachum.

Cum sicut accepimus . . . Dat. Avin. IIII kl. iunii a. tertiodecimo.

Reg. 91 f. 170 nr. 2507.

1723. *1329 Mai 29. Avignon.*

Iohannes XXII preposito et cantori S. Marie Aquensis Leod. dioc. ac archidiacono Nannetensis eccl. mandat, quatinus Richardam natam

Iordani de Wiswilre puellam litteratam cupientem una cum abbatissa et conventu monasterii de Weynauwen ord. Premonstratensis eiusdem dioc. domino famulari, si sit ydonea et aliud canonicum non obsistat, in dicto monasterio faciant in monacham recipi.

Cum sicut accepimus . . . Dat. Avin. IIII kl. iunii a. tertiodecimo.

Reg. 91 f. 151' nr. 2448.

1724. *1329 Juni 2. Avignon.*

[Iohannes XXII] Eyderico preposito ecclesie S. Severini Coloniensis capellano papali.

Grata dilecti filii P. de Ungula prioris domus hospitalis Tholosani S. Iohannis Ierosolimitani nuncii nostri in eis partibus insinuatione percepimus, quod ad ea, que nobis et apostolice sedi placere percipis, devotis obsequiis prudenter ac solicite te impendis eidem priori circa hoc consiliis et auxiliis fideliter ac favorabiliter assistendo. Super quibus tuam devotionem in domino plurimum commendantes, providentiam tuam rogamus . . . quatinus premissa continuare non deferens ea nichilominus, [que] dictus prior, [cum] nostram et camere nostre commoditatem respiciant, tue solicitudinis studio promovenda et prosequenda commiserit vel suaserit, sic diligenter ac fideliter prosequaris . . . Dat. IIII nonas iunii a. terciodecimo.

In e. m. Godescalco officiali Coloniensi.

In e. m. decano ecclesie Bunnensis.

Reg. 115 ps. I f. 99 nr. 571.

1725. *1329 Juni 2. Avignon.*

Iohannes XXII Henricum quondam Alberti Vertichmark presbiterum de soluto et soluta genitum habilitat dispensatque cum eodem, ut parrochialem ecclesiam in Wanle (denuo) recipere valeat.

[Iohannes XXII] Henrico quondam Alberti Vertichmark de Dusborg presbitero Coloniensis diocesis salutem.

Illegitime genitos, quos vite decorat honestas, illegittimitatis vitium minime dedecorat, quia decus virtutum nature vitium abstergit in filios (!) et pudicitia morum pudor originis aboletur. Sane petitio tua nobis exhibita continebat, quod olim tecum super defectu natalium, quem pateris de soluto genitus et soluta, quod huiusmodi non obstante defectu posses ad omnes ordines promoveri et ecclesiasticum beneficium obtinere, etiamsi animarum curam haberet, fuit auctoritate apostolica dispensatum, post quam dispensationem capellam S. Lamberti sine cura in emunitate ecclesie Coloniensis consistentem, que quidem capella modici valoris existit, ut asseris, fuisti canonice et pacifice assecutus ipsamque per annum et amplius retinens et fructus percipiens ex eadem te non fecisti infra dictum annum, prout onus capelle requirebat ipsius, ad sacros ordines promoveri. Deinde dicta capella dimissa, parrochialem ecclesiam in Wanle Coloniensis diocesis alias canonice auctoritate tibi apostolica collatam, nulla alia super hoc dispensatione obtenta, recepisti et per annum vel circiter tenuisti et fructus ex ea etiam percipisti et ad eiusdem parrochialis ecclesie titulum te fecisti infra tempus debitum ad omnes sacros ordines promoveri. Quare nobis humiliter supplicasti, ut super hiis anime tue saluti et statui tuo providere de oportuno remedio dignaremur . . . Te auctoritate apostolica habilitamus et habilem reddimus tecumque, quod prefatam parrochialem ecclesiam in Wanle, si de ea tibi contigerit provideri, libere recipere et licite retinere valeas, . . . dispensamus tibique . . . fructus remittimus supradictos . . . Dat. Avin. IIII nonas iunii a. tertiodecimo.

Reg. 92 f. 186' nr. 499; Rz. 3307.

1726. *1329 Juni 2. Avignon.*

Iohannes XXII tribus executoribus mandat, quatinus Henrico quondam Alberti Vertichmark (denuo) conferant parrochialem ecclesiam in Wanle.

[Iohannes XXII] decano et scolastico S. Gereonis Coloniensis ac thesaurario Turonensis ecclesiarum.

Probitatis merita, quibus personam dilecti filii Henrici quondam Alberti Vertichmarch de Dusborg presbiteri Coloniensis diocesis fide dignorum testimonio iuvari percepimus, nos inducunt, ut eum prerogativa specialis favoris et gratie prosequamur. Sane petitio eiusdem Henrici nobis exhibita continebat, quod olim secum super defectu natalium . . . *(Sequuntur eadem atque in nr. 725 usque:)* . . . dignaremur. Volentes igitur personam eiusdem Henrici . . . super premissis favore prosequi gratioso, . . . eundem Henricum auctoritate apostolica habilitavimus et habilem reddidimus secumque, quod prefatam parrochialem ecclesiam in Wanle, si de ea sibi contingeret provideri, libere recipere et licite retinere valeret, predicto defectu et omnibus aliis supradictis . . . nequaquam obstantibus . . .

duximus dispensandum ipsique Henrico . . . fructus remisimus supradictos . . . Discretioni vestre . . . mandamus, quatinus . . . prefatam parrochialem ecclesiam in Wanle propter premissa vacantem, si tempore date presentium non sit in ea alicui alteri specialiter ius quesitum, eidem Henrico vel procuratori suo . . . conferre et assignare curetis . . . Dat. Avin. IIII nonas iunii a. tertiodecimo.

Reg. 92 f. 186' nr. 3308.

1727. *1329 Juni 2. Avignon.*

Iohannes XXII Henrico quondam Alberti Vertichmark de Dusborg confert eccl. S. Servatii Traiectensis Leod. dioc. canonicatum, prebendam vere eidem reservat, non obstante quod ei de parrochiali ecclesia de Wanle Colon. dioc. hodie est provisum aut quod defectum patitur natalium de soluto genitus et soluta.

Litterarum scientia, vite ac morum . . . Dat. Avin. IIII nonas iunii a. tertiodecimo.

In e. m. decano et scolastico S. Gerconis Coloniensis ac thesaurario Turonensis ecclesiarum.

Reg. 92 f. 187 nr. 3309.

***1728.** *1328 Juni 5. Avignon.*

Iohannes XXII decano eccl. S. Georgii Colon. mandat, quatinus ea, que de bonis monasterii B. Marie Magdalene Colon. ord. S. Augustini per concessiones a priorissis et conventu dicti monasterii factas alienata invenerit illicite vel distracta, ad ius et proprietatem eiusdem legitime revocare procuret.

Ad audientiam nostram pervenit . . . Dat. Avin. nonas iunii p. n. a. tertiodecimo.

Or. membr. cum plumbo pend. Sub plica ad sinistr.: – S – L. Verul. *In plica ad dextr.:* R. Stēphi. *In dorso:* Iacobus Mundelicheym. P. de Nussia. — *Düsseldorf. Arch. reg. Marie Magdal. in Colon. Nachtrag. nr. 23.*

1729. *1329 Juni 7.*

Servicium electi Spyrensis in Alamania.

Eisdem anno [1329] ind. [XII] die [VII mensis iunii] loco et testibus consuetis presentibus dominus Walramus electus Spyrensis recognovit VI^c flor. auri et quinque servicia familiarium promissa per immediatum predecessorem suum et debita per dominum Iohannem de Valdestein canonicum Sarburgensem procuratorem suum ad hoc specialiter constitutum et per eundem solvere promisit, medietatem videlicet hinc ad festum proximum purificationis B. Virginis et aliam medietatem in festo assumptionis eiusdem. Alioquin infra quatuor menses etc. et iuravit ut in forma.

In marg. dextro: XXIII card.

Oblig. et Solut. 6 (297) f. 84.

1730. *1329 Juni 19. Avignon.*

[Iohannes XXII] Henrico archiepiscopo Coloniensi.

Personam tuam nobis . . . Cum itaque, sicut accepimus, parrochialis ecclesia in Asbach Colon. dioc. ad tuam collationem alias spectans, ex eo quod Henricus olim ipsius parrochialis ecclesie rector infra tempus iur. non se fecit, ut debuit, ad ordines promoveri, licet eam nichilominus una cum quadam prepositura curata post et constitutionem super pluralitate dignitatuum personatuum et beneficiorum ecclesiasticorum . . . tenuerit, eamque postea omnino dimisit, vacare dicatur ad presens, nos . . . fraternitati tue . . . si est ita et tempore date presentium non sit alicui in eadem parrochiali ecclesia ius specialiter acquisitum, conferendi hac vice auctoritate nostra predictam parrochialem ecclesiam sic vacantem persone ydonee, de qua tibi videbitur . . . amoto ab ea quolibet illicito detentore . . . non obstantibus si . . . seu si dicta persona duo vel plura beneficia ecclesiastico non curata obtinere noscatur, . . . concedimus facultatem . . . Dat. Avin. XIII kl. iulii a tertiodecimo.

Reg. 92 f. 115' nr. 3128.

1731. *1329 Juni 19. Avignon.*

Iohannes XXII abbati monasterii S. Iacobi Leod. et scolastico Bunnensis ac magistro Nicolao de Fractis canonico Patracensis eccl. mandat, quatinus Petro dicto Gelreman de Dusburg clerico Colon. conferant et assignent eccl. B. Marie Aquensis canonicatum et prebendam vacantes ex eo, quod Theodericus de Valkenburg miles eiusdem ecclesie canonicus renuncians clericali militie et publice ad statum se transferens laicalem recepit cingulum milicie secularis.

Probitatis merita quibus . . . Dat. Avin. XIII kl. iulii a. tertiodecimo.

Reg. 91 f. 72 nr. 2184.

1732. *1329 Juni 23. Avignon.*

Iohannes XXII Wlfardo de Essinde canonico eccl. in Essinde Colon. dioc. reservat beneficium ecclesiasticum cum cura vel sine cura, cuius fructus, si cum cura, viginti quinque, si vero sine cura fuerit, quindecim marcharum argenti s. t. d. valorem annuum non excedant, ad dispositionem decani et capituli ecclesie S. Cuniberti Colon. communiter vel divisim pertinens, non obstante quod canonicatum sub expectatione prebende ecclesie in Essinde et ecclesiam in Papendrop Colon. dioc. obtinet.

Ex tue devotionis et probitatis . . . Dat. Avin. VIIII kl. iulii a. tertiodecimo.

In e. m. S. Severini et S. Georgii Colon. decanis ac magistro Iacobo de Mutina scolastico Tullensis eccl. capellano papali.

Reg. 92 f. 181' nr. 3294.

***1733.** *1329 Juni 27. Avignon.*

Iohannes XXII decano et B. Marie Aquensis ac S. Adalberti extra muros Aquenses cantoribus ecclesiarum mandat, quatinus decernant, an sit validum interdictum, cui supposite sunt ecclesia maior necnon alie civitatis Coloniensis ecclesie parrochiales et collegiate ex eo, quod nonnulli cives Colonienses Wilhelmum de Genephe maioris et Franconem dictum Scherfgin SS. Apostolorum Colon. et Robertum de Tuytio S. Petri Leod. eccl. canonicos infra certam parrochiam kl. maii proximo preteriti nocturno tempore vulnerarunt.

Sua nobis dilecti . . . Dat. Avin. V kl. iulii p. n. a. tertiodecimo.

Or. membr. cum plumbo pend. Sub plica ad sinistr. A. de Villa (V.); *In plica ad dextr.:* Io. Laur. (R.); *in dorso:* Franco de Ruella Col. *et:* Dentur venerabilibus viris potentibus et discretis dominis magistris scabinis et consulibus civitatis Coloniensis. *Arch. civit. Colon. nr. 1265; Q. IV nr. 154.*

***1734.** *1329 Juli 1. Avignon.*

Iohannes XXII abbati monasterii B. Marie de Luccemburg Trever.

dioc. mandat, quatinus ea, que de bonis monasterii Clarifontis Cisterc. ord. Trever. dioc. alienata invenerit illicite vel distracta, ad ius et proprietatem eiusdem legitime revocare procuret.

Dilectarum in Christo filiarum . . . Dat. Avin. kl. iulii p. n. a. tertiodecimo.

Goffinet, Cartulaire de Clairefontaine, nr. 156. (Ex cartul. ms. f. 8.)

1735. *1329 Juli 5. Avignon.*

Iohannes XXII Henrico nato Henrici comitis de Nassawe canonico Spirensi reservat preposituram ecclesie Spirensis vacaturam in proximo per consecrationem Walrami electi Spirensis in episcopum Spirensem, non obstante quod Henricus in Spirensi ac Coloniensi et S. Florini in Confluentia Trever. dioc. canonicatus ac in eisdem Coloniensi et S. Florini prebendas obtinet et in Coloniensi dignitatem vel personatum seu officium cum cura vel sine cura ac in Spirensi predictis ecclesiis prebendam et officium sine cura per diversas litteras apostolicas expectat. Postquam tamen preposituram predictam fuerit assecutus, littere, per quas in Spirensi eccl. prebendam et officium sine cura expectat, quoad officium, alie vero littere, per quas in Colon. eccl. dignitatem vel personatum aut officium cum cura vel sine cura expectat, quoad dignitatem personatum aut curatum officium sint casse.

Nobilitas generis, vite . . . Dat. Avin. III nonas iulii a. tertiodecimo.

In e. m. preposito Wilburgensis et scolastico Wetslariensis Trever. dioc. ac magistro Nicolao de Fractis canonico Patracensis eccl. litterarum apostolicarum correctori.

Reg. 92 f. 100' nr. 8088.

1736. *1329 Juli 5. Avignon.*

Iohannes XXII Henrico nato Henrici de Valkenstede confert eccl. S. Andree Colon. canonicatum, prebendam vero eidem reservat.

Suffragantia tibi merita . . . Dat. Avin. III nonas iulii a. tertiodecimo.

In e. m. S. Marie ad gradus Colon. et S. Georgii Colon. decanis ac archidiacono Nannetensi.

Reg. 91 f. 175 nr. 2523.

1737. *1329 Juli 5. Avignon.*

Iohannes XXII Arnoldo de Hovin nato Iohannis de Hovin confert eccl. Kerpensis Colon. dioc. canonicatum, prebendam vero eidem reservat.

Suffragantia tibi merita . . . Dat. Avin. III nonas iulii a. tertiodecimo.

In e. m. S. Marie ad gradus et S. Andree Colon. decanis ac archidiacono Nannetensis ecclesiarum.

Reg. 91 f. 223' nr. 2648.

1738. *1329 Juli 5. Avignon.*

Iohannes XXII Iohanni de Buschovin nato Iohannis de Buschovin confert eccl. SS. Apostolorum Colon. canonicatum, prebendam vero eidem reservat.

Suffragantia tibi merita. . . Dat. Avin. III nonas iulii a. tertiodecimo.

In e. m. S. Marie ad gradus et S. Andree Colon. decanis ac archidiacono Nannetensi.

Reg. 91 f. 196 nr. 2577.

1739. *1329 Juli 17. (Avignon.)*

[Iohann XXII] Henrico comiti de Nassouwe.

Quia Wormatiensi ecclesie provideramus ante tue nobilitatis nobis directas supplicatorias litteras de pastore[1], dilectum filium Henricum natum tuum Coloniensem canonicum ad eandem ecclesiam non duximus promovendum, preposituram tamen ecclesie Spirensis de proximo vacaturam per consecrationem Spirensis electi reservavimus eidem Henrico, cum vacaverit, conferendam, ipsumque nichilominus deo propitio uberioris apostolice provisionis munificentia, cum se facultas obtulerit, prosequemur. Dat. XVI kl. augusti a. tertiodecimo.

Reg. 115 ps. 1 f. 98' nr. 564; Rz. 1185.

1740. *1329 Juli 18. Avignon.*

Iohannes XXII S. Marie Aquensis et S. Marie Traiectensis Leod. dioc. decanis ac magistro Nicolao de Fractis canonico Patracensis

1) *Bertholdus provisus 1328 mai 7.*

eccl. litterarum apostolicarum correctori mandat, quatinus Iacobum dictum Huckint de Nele clericum Colon. dioc. cupientem in monasterio de Glatbach ord. S. Bened. dicte dioc. domino famulari, si sit ydoneus et aliud canonicum non obsistat, faciant in dicto monasterio recipi in monachum et in fratrem.

Cupientibus vitam ducere . . . Dat. Avin. XV kl. augusti a. tertiodecimo.

Reg. 92 f. 232' nr. 3433.

1741. *1329 Juli 18. Avignon.*

Iohannes XXII S. Marie Aquensis et Traiectensis Leod. dioc. decanis ac magistro Nicolao de Fractis canonico Patracensis eccl. litterarum apostolicarum correctori mandat, quatinus Gisonem de Vredenbaldenhoven clericum Colon. dioc. cupientem in monasterio S. Cornelii Indensi ord. S. Bened. dicte dioc. domino famulari, si sit ydoneus et aliud canonicum non obsistat, faciant in dicto monasterio recipi in monachum et in fratrem.

Cupientibus vitam ducere . . . Dat. Avin. XV kl. augusti a. tertiodecimo.

Reg. 92 f. 233 nr. 3434.

1742. *1329 Juli 26. Avignon.*

Iohannes XXII archiepiscopo Coloniensi mandat, quatinus procedat in negotio conventus Predicatorum Tremoniensis a papa sibi iam diu commisso non obstante appellatione hominum Tremoniensium.

[Iohannes XXII] venerabili fratri . . archiepiscopo Coloniensi. Salutem.

Petitio dilecti filii . . prioris provincialis fratrum ordinis Predicatorum provincie Saxonie nobis exhibita continebat, quod fratres sui ordinis de conventu loci, quem in villa Tremoniensi tue diocesis ex concessione felicis recordationis Clementis pape V predecessoris nostri et clare memorie Henrici imperatoris Romani obtinebant, per homines eiusdem ville — iam decem anni sunt et amplius — expulsi fuerunt viliter et eiecti ac omnia edificia eiusdem conventus per eosdem homines penitus diruta et destructa, quodque nos dudum causam huiusmodi tibi per nostras certi tenoris litteras audiendam commisimus et fine debito terminandam, et quod, dum tu de causa ipsa cognoscere incepisses, prefati homines a te ad sedem apostolicam appellarunt, licet appellationem huiusmodi, quamquam potuerint, etiam infra triennium non fuerint prosecuti, tuque in causa huiusmodi extunc nichilominus procedere obmisisti, quamquam pro parte dictorum fratrum fueris super hoc legitime requisitus. Quare dictus prior nobis humiliter supplicavit, ut providere eis super hiis de oportuno remedio dignaremur. Quocirca fraternitati tue per apostolica scripta mandamus, quatinus, si est ita, appellatione predicta nequaquam obstante in prefato negotio procedas iuxta predictarum priorum tibi [directarum] continentiam litterarum. Dat. Avin. VII kl. augusti a. tertiodecimo.

Reg. 92 f. 2 nr. 2807.

1743. *1329 Juli 26. Avignon.*

Iohannes XXII Ottono nato Rudolphi ducis Saxonie confert eccl. Colon. canonicatum, prebendam vero eidem reservat.

Nobilitas generis, morum . . . Dat. Avin. VII kl. augusti a. tertiodecimo.

In e. m. Nuemburgensi et Misnensi episcopis ac scolastico eccl. Tullensis.

Reg. 92 f. 202 nr. 3351.

***1744.** *1329 Juli 27.*

Nos Petrus de Ungula prior Tollose domini nostri Iohannis divina providentia pape legatus notum facimus universis presentes litteras visuris et audituris, quod, quia nos omnibus tractatibus amicabilis compositionis et reconciliationis inter . . . Henricum archiepiscopum Coloniensem et eius amicos ex una parte necnon prudentes viros iudices . . scabinos . . consules ceterosque cives et civitatem Colon. ex altera de castro et opido Brûle ordinate ac universis et singulis condicionibus dictam amicabilem compositionem contingentibus, prout in litteris dicte composicionis lucidius continetur, tamquam mediator a partibus hinc inde specialiter rogati interfuimus. Ideo sigillum nostrum ad preces utrarumque partium predictarum presentibus duximus appendendum. Datum anno domini millesimo trecentesimo vicesimo nono quinta feria post festum beati Iacobi apostoli.

Or. membr. cum sig. cereo pendente. Arch. civit. Colon. nr. 1267; Q. IV nr. 156.

1745. *1329 Juli 29. (Avignon.)*

[Iohannes XXII] Adolpho comiti de Monte.

Tanto te fili . . . Cum itaque . . . Martha abbatissa secularis ecclesie Geresheym Coloniensis diocesis dicitur tuis favoribus plurimum indigere, abbatissam ipsam tue benivolentie propensius commendantes, nobilitatem tuam rogamus attentius et in domino exhortamur, quatinus eidem . . . assistens, ipsam sic cures benigne manutenere in suis iuribus et tueri ab iniuriis quibuscumque . . . Dat. IIII kl. augusti a. terciodecimo.

Reg. 115 ps. I f. 98 nr. 560; Rz. 1192.

1746. *1329 Juli 26. (Avignon.)*

[Iohannes XXII] Roperto comiti de Virnenburg.

Novit tue nobilitatis prudentia, quod dudum . . Henrico de Iuliaco preposito ecclesie B. Marie ad gradus Coloniensis de prepositura eiusdem ecclesie duximus ad tue[a] supplicationis instantiam providendum. Sane cum idem Henricus in eadem prepositura eiusque iuribus et proventibus per natos tuos multipliciter molestetur . . . eiusdem nobilitatis tue providentiam requirimus et hortamur attentius, quatinus eosdem natos tuos . . . a molestatione huiusmodi facias abstinere . . . Dat. ut supra (= IIII kl. augusti a. terciodecimo).

Reg. 115 ps. I f. 98 nr. 561; Rz. 1193.

1747. *1329 Juli 29. (Avignon.)*

[Iohannes XXII] decano et capitulo ecclesie B. Marie ad gradus Coloniensis.

Cum dudum de prepositure ecclesie vestre . . . Henrico de Iuliaco . . . providendum duxerimus, sicut nostis, providentiam vestram requirimus et hortamur attentius, quatinus memoratum H. et nullum alium habentes et reputantes pro preposito ecclesie memorate, sibi vel eius procuratori pro ipso de iuribus et proventibus dicte prepositure iuxta tenores litterarum nostrarum et processuum auctoritate nostra inde factorum respondere, quantum in vobis fuerit, ne penis contentis in eis involvamini, procuretis. Dat. ut supra (= IIII kl. augusti a. terciodecimo.

Reg. 115 ps. I f. 98 nr. 562.

---

a) tui *in reg.*

1748. *1329 August 21. (Avignon.)*

Die XXI mensis augusti (a. MCCCXXIX) fuit missus Raybaudus Olerii domicellus dioc. Regen*sis* familiaris Poncii de Ungula[1] domicelli domini nostri apud Coloniam cum litteris apostolicis pro domino nostro papa directis priori Tholose et pro expensis suis eundo et redeundo dedimus et tradidimus sibi — VIII flor. auri.

Introit. et Exit. 98 f. 94.

1749. *1329 August 23. Avignon.*

Iohannes XXII Coloniensi et Maguntino archiepiscopis ac episcopo Brandeburgensi mandat, quatinus procurent tractare pacis concordiam inter Giseconem de Halsatia (!) electum Halberstadensem, de cuius persona papa providerat eccl. Halberstadensi, postquam eiusdem eccl. provisionem ea vice papa sibi reservavit, et Albertum fratrem Ottonis ducis Brunswicensis, qui per capitulum eiusdem eccl., ut ex parte eius asseritur, reservationis predicte omnino ignarus fuit electus in episcopum ac per bo. me. Matthiam archiepiscopum Maguntinum reservationem memoratam similiter, ut asseritur, ignorantem confirmatus fuit et etiam consecratus.

Nuper fuit expositum ... Dat. Avin. X kl. septembris a. tertiodecimo.

Reg. 115 ps. I f. 90' nr. 512.

1750. *1329 August 25. Avignon.*

[Iohannes XXII] archiepiscopo Coloniensi et .. preposito Brunsvicensis Hildensoniensis dioc. ac cantori S. Stephani Maguntine ecclesiarum.

Insinuatione nuper accepimus displicibili admodum et ingrata, quod, licet nos dudum ecclesie Maguntine tunc vacanti de persona... Henrici archiepiscopi Maguntini duxerimus ... providendum, tamen Bertolinus prepositus, Iohannes decanus et nonnulli canonici ecclesie prelibate memorato archiepiscopo et provisioni nostre ... se temerariis ausibus, processibus adversus tales auctoritate apostolica habitis, diversas penas et sententias continentibus deductis in contemptum, dampnabiliter opponentes nonnulla bona eidem ecclesie mobilia et immobilia distrahere seu alienare ac impignerare ... presumpserunt hactenus ac

1) notatur saepius P. d. U. in libris introit. et exit. precedentibus.

presumunt . . . Cupientes itaque de illo super predictis remedio providere . . . discretioni vestre . . . mandamus, quatinus . . . super predictis et ea tangentibus summarie simpliciter et de plano ac sine strepitu et figura iudicii veritatem diligentius inquirentes, si vobis constiterit ita esse, prefatos prepositum ac decanum et canonicos . . . citare curetis, ut infra duorum mensium spacium a die citationis computandum sub excommunicationis ac depositionis ac privationis a suis dignitatibus canonicatibus et prebendis . . . ac inhabilitationis ad illa . . . imposterum obtinenda penis et sententiis, quas . . . incurrere volumus eo ipso, apostolico conspectui personaliter se presentent . . . Dat. Avin. VIII kl. septembris a. tertiodecimo.

Reg. 115 f. 91 nr. 513.

1751. *1329 August 31. Avignon.*

[Iohannes XXII] archiepiscopo Treverensi.

Ad ea libenter benignum . . . Oblata siquidem nobis dilecti filii Iohannis domini de Berwart militis tue diocesis petitio continebat, quod ipse . . . quandam capellam ad honorem dei in castro suo de Berwart infra metas parrochialis ecclesie de Sufflengis dicte diocesis de novo fundavit ipsamque de bonis propriis sufficienter dotavit. Quare nobis idem miles humiliter supplicavit, ut sibi, quod capellanus perpetuus eiusdem capelle, qui est et pro tempore fuerit, in capella ipsa missas et alia divina officia etiam cum nota celebrare ac oblationes, que inibi offerri continget, cum integritate percipere possit et debeat, facta primitus rectori dicte parrochialis ecclesie competenti recompensatione oblationum huiusmodi de bonis ipsius militis iuxta tue discretionis arbitrium, de speciali gratia concedere auctoritate apostolica dignaremur. Nos igitur . . . fraternitati tue . . . mandamus, quatinus facta eidem rectori primitus competenti recompensatione predicta de bonis ipsius militis, ut prefertur, eidem militi . . . predicta postulata concedas . . . Dat. Avin. II kl. septembris a. tertiodecimo.

Reg. 92 f. 96' nr. 3077; Rz. 1199.

1752. *1329 September 1. Avignon.*

Iohannes XXII Theoderico de Cleye (*Cleve?*) alias de Essende confert ecclesie Wormatiensis canonicatum et prebendam vacantes ex eo, quod Salmannus electus Wormatiensis eos in manibus Bernardi electi Regensis apud sedem apostolicam libere resignavit, non obstante quod Theodericus in S. Andree Colon. ac in Bunnensi et Zesticcusi (*Zeflicensi?*) Colon. dioc. ecclesiis canonicatus et prebendas obtinet et quod canonicatum in eccl. monasterii B. Marie in Capitolio Colon. ord. S. Benedicti sub expectatione prebende solitum clericis secularibus assignari ac beneficium ecclesiasticum cum cura vel sine cura ad collationem abbatisse et conventus dicti monasterii communiter vel divisim spectans, etiam si de consuetudine tantummodo canonicis in ecclesia dicti monasterii prebendatis debeatur, expectat ac quod super ecclesia in Bacharaco Trever. dioc. litigat.

Sedis apostolice providentia . . . Dat. Avin. kl. septembris a. tertiodecimo.

In e. m. preposito S. Severini Colon. et scolastico S. Andree Wormatiensis ac Ambrosio de Lamayrola canonico Mediolan. ecclesiarum.

Reg. 92 f. 128 nr. 3159.

1753. *1329 September 2. Avignon.*

Iohannes XXII largitur indulgentias porrigentibus manus adiutrices ad consummationem ecclesie Xanctensis.

[Iohannes XXII] universis Christi fidelibus presentes litteras inspecturis.

Dignum et conveniens . . . Sane dilecti filii . . decanus et capitulum ecclesie Xanctensis Colon. dioc. sua nobis devota supplicatione monstrarunt, quod prefata eorum ecclesia casualiter fuit abolim cum multis pretiosis ornamentis libris et rebus aliis ad cultum divini nominis deputatis necnon privilegiis pluribus in dicta ecclesia existentibus concremata, et quod ipsi eandem ecclesiam de novo postmodum fundamentaliter reedificare ac construi facere inceperunt et in reedificatione et constructione huiusmodi secundum facultates ipsorum a pluribus annis citra est pro magna parte processum, quodque opus illud adeo sumptuosum existit, quod ad consummationem ipsius, nisi per oportuna fidelium suffragia subveniatur eisdem, proprie sibi non sufficiunt facultates. Nos igitur . . . universitatem vestram rogamus et hortamur in domino in remissionem vobis peccaminum iniungentes, quatinus attendentes provide, quod inter holocausta virtutum illud deo acceptabilius redditur, quod de pinguedine caritatis offertur, de bonis a deo vobis collatis dictis decano et capitulo pias ad hoc elemosinas et grata caritatis subsidia erogetis, ut per subventionem vestram opus illud valeat feliciter consumari . . . Nos enim de omnipotentis dei misericordia et beatorum Petri et Pauli apostolorum eius auctoritate confisi omnibus vere penitentibus et confessis, qui eis ad hoc manus porrexerint adiutrices, sexaginta dies de iniunctis ipsis penitentiis misericorditer relaxamus. Presentibus post biennium minime valituris, quas mitti per questuarios districtius inhibemus, eas, si secus actum fuerit, carere viribus decernentes. Dat. Avin. IIII non. septembris a. terciodecimo.

Reg. 92 f. 2' nr. 2806.

1754. *1329 September 4. Avignon.*

Iohannes XXII archiepiscopo Coloniensi mandat, quatinus cum Arnoldo nato Godchardi de Leye scolari Colon. dioc., qui defectum natalium patitur de soluto genitus et soluta, si dictus ad hoc alias fuerit ydoneus, dispenset, quod huiusmodi defectu non obstante, possit ad minores et ad alios sacros ordinis promoveri et ecclesiasticum beneficium obtinere, etiam si curam habeat animarum.

Ex parte dilecti . . . Dat. Avin. II nonas septembris a. tertiodecimo.

Reg. 92 f. 190 nr. 3316.

1755. *1329 September 11. Avignon.*

Iohannes XXII Tilmanno dicto de Fovea clerico Coloniensi reservat beneficium ecclesiasticum cum cura vel sine cura ad dispositionem prepositi et capituli eccl. S. Gereonis Colon. communiter vel divisim spectans, cuius fructus, si curatum, viginti, si vero sine cura fuerit, quindecim marcharum argenti s. t. d. valorem annuum non excedunt.

Ad illorum provisionem . . . Dat. Avin. III idus septembris a. quartodecimo.

In e. m. decano S. Severini et Godefrido de S. Kuniberto maioris Colon. ac Ambrosio de Lamayrola Mediolanensis canonicis ecclesiarum.

Reg. 94 nr. 163.

1756. *1329 September 11. Avignon.*

Iohannes XXII Alberto dicto Hovel canonico eccl. Simbricensis (!) Traiect. dioc. indulget, ut residendo in altero beneficiorum suorum ecclesiasticorum vel insistendo scolasticis disciplinis in loco, ubi studium vigeat generale, aut in Romana curia moram trahens, fructus omnium beneficiorum ecclesiasticorum, que nunc obtinet et eum imposterum obtinere contigerit, integre, cotidianis distributionibus dumtaxat exceptis, percipere valeat usque ad triennium.

Sincere devotionis affectus . . . Dat. Avin. III idus septembris a. quartodecimo.

In e. m. S. Petri Traiectensis et Daventriensis Traiect. dioc. decanis ac Ambrosio de Lamayrola canonico Mediolan. ecclesiarum.

Reg. 94 nr. 9.

1757. *1329 September 11. Avignon.*

Iohannes XXII Constantino de Cornu preposito ecclesie Wischelensis Colon. dioc. indulget, ut residendo in altero beneficiorum suorum ecclesiasticorum vel insistendo scolasticis disciplinis in loco, ubi studium vigeat generale, aut in Romana curia moram trahendo, fructus omnium beneficiorum suorum ecclesiasticorum, que nunc obtinet et imposterum obtinere eum contigerit integre, cotidianis distributionibus dumtaxat exceptis, usque ad triennium percipere valeat.

Probitatis tue merita . . . Dat. Avin. III idus septembris a. quartodecimo.

In e. m. preposito S. Severini et decano S. Andree Colon. ac magistro Ambrosio de Lamayrola canonico Mediolan. ecclesiarum.

Reg. 93 nr. 180.

1758. *1329 September 11. Avignon.*

Iohannes XXII Brunoni Borchardi de Dorstene clerico Colon. dioc. reservat beneficium ecclesiasticum cum cura vel sine cura ad dispositionem preprositi eccl. Xanctensis Colon. dioc. spectans, cuius fructus, si curatum, viginti, si vero sine cura fuerit, quindecim marcharum argenti s. t. d. valorem annuum non exc.

Laudabile testimonium, quod . . . Dat. Avin. III idus septembris a. quartodecimo.

In e. m. preposito S. Severini et decano S. Andree Colon. ac Ambrosio de Lamayrola canonico Mediolan. ecclesiarum.

Reg. 94 nr. 7175.

1759. *1329 September 11. Avignon.*

Iohannes XXII Henrico Iordani de Essende confert eccl. S. Andree Colon. canonicatum, prebendam vero eidem reservat.

Laudabile testimonium, quod ... Dat. Avin. idus septembris a. quartodecimo.

In e. m. preposito S. Kuniberti et decano S. Severini Colon. ac Ambrosio de Lamayrola canonico Mediolan. ecclesiarum.

Reg. 95 nr. 448.

1760. *1329 September 27. Avignon.*

Iohannes XXII Petro Framoldi de Dyppach confert eccl. S. Andree Colon. canonicatum, prebendam vero eidem reservat.

Attributa tibi merita . . . Dat. Avin. V kl. octobris a. quartodecimo.

In e. m. Bunnensis et S. Martini Wesaliensis Colon. et Trever. dioc. decanis ac magistro Iacobo de Mutina scolastico Tullensis eccl. capellano papali.

Reg. 96 nr. 3291.

1761. *1329 September 29. Avignon.*

Iohannes XXII Hugoni de Iuliaco decano eccl. Remensis sacre theologie doctori capellano Iacobi S. Georgii ad velum aureum dyaconi cardinalis concedit facultatem, ut de bonis undecumque non per ecclesiam seu ecclesias, alias tamen licite acquisitis libere testari valeat ac de bonis mobilibus ecclesiasticis sue dispositioni seu administrationi commissis et que non fuerint altaris seu altarium ecclesiarum sibi commissarum seu alicui speciali earundem ecclesiarum dominio cultui vel usui deputata, necnon et de quibuscumque bonis mobilibus ab ipso per ecclesiam seu ecclesias licite acquisitis pro decentibus et honestis expensis sui funeris et pro remuneratione illorum, qui ipsi viventi servieriut, sive sint consanguinei sive alii, iuxta servitii merita testari ac disponere possit.

Quia presentis vite . . . Dat. Avin. III kl. octobris a. quartodecimo.

Reg. 94 nr. 251.

1762. *1329 October 6. Avignon.*

Iohannes XXII Theodecrico de Myllinchen, pro quo etiam decanus et capitulum eccl. Xanctensis Colon. dioc., ad quos in eadem canonicatuum et prebendarum collatio pertinet, super hoc humiliter supplicarunt, confert eiusdem eccl. canonicatum, prebendam vero ac ferculum eidem reservat, non obstante quod in eccl. Tungrensi Leod. dioc. canonicatum sub expectatione prebende auctoritate apostolica obtinet.

Attributa tibi merita... Dat. Avin. II nonas octobris a. quartodecimo.

In e. m. S. Crucis Leod. et S. Georgii Colon. ac magistro Iacobo de Mutina capellano papali scolastico Tullensis ecclesiarum.

Reg. 98 nr. 412.

1763. *1329 October 6. (Avignon.)*

Iohannes XXII Theoderico dicto de Longadomo de Dusborg confert eccl. B. Marie Aquensis Leod. dioc. canonicatum, prebendam vero eidem reservat, non obstante quod in dioc. Traiect. beneficium ecclesiasticum cum cura vel sine cura ad collationem vel presentationem prepositi et capituli eccl. Traiect. communiter vel divisim spectans per alias litteras apostolicas expectat.

Probitatis tue merita... Dat. Avin. II nonas octobris a. quartodecimo.

In e. m. abbati monasterii S. Cornelii Indensis Colon. dioc. et decano S. Georgii Colon. ac magistro Andree Raynaldi de Setia canonico Pisane eccl. scriptori litterarum apostolicarum.

Reg. 96 nr. 3426.

1764. *1329 October 7. Avignon.*

Iohannes XXII Berengero nato Iohannis de Deyst confert eccl. S. Marie ad gradus Colon. canonicatum, prebendam vero eidem reservat.

Probitatis et virtutum merita . . . Dat. Avin. nonas octobris a. quartodecimo.

In e. m. decano S. Andree Colon. et scolastico Tullensis ac cantori Monasteriensis ecclesiarum.

Reg. 93 nr. 910.

1765. *1329 October 7. Avignon.*

Iohannes XXII Iohanni de Widenhusen confert eccl. S. Andree

Colon. canonicatum, prebendam vero eidem reservat, non obstante quod in S. Stephani Magunt. et S. Ludgeri Monasteriensi eccl. canonicatus et prebendas obtinet.

Attributa tibi merita . . . Dat. Avin. nonas octobris a. quartodecimo.

In e. m. decano S. Martini Monasteriensis et Tullensis ac S. Marie ad gradus Colon. scolasticis ecclesiarum.

Reg. 93 nr. 909.

1766. *1329 October 7. Avignon.*

Iohannes XXII Godefredo de Edenkirchen confert eccl. Xanctensis Colon. dioc. canonicatum, prebendam vero cum ferculo eidem reservat.

Meritis tue probitatis . . . Dat. Avin. nonas octobris a. quartodecimo.

In e. m. S. Marie ad gradus Colon. et S. Georgii Colon. decanis ac magistro Nicolao de Fractis canonico Patracensis ecclesiarum.

Reg. 93 nr. 983.

1767. *1329 October 7. Avignon.*

Iohannes XXII tribus executoribus mandat, quatinus Constantino de Cornu scolastico ecclesie S. Cuniberti Coloniensis conferant preposituram eiusdem ecclesie.

[Iohannes XXII] S. Georgii Colon. et Xanctensis Colon. dioc. decanis ac Ambrosio de Lamayrola canonico Mediolan. eccl.

Matris ecclesie gratiosa... Sane petitio pro parte .. Constantini de Cornu scolastici ecclesie S. Cuniberti Coloniensis nobis exhibita continebat, quod dudum prepositura eiusdem ecclesie, cui cura imminet animarum, ex eo vacante, quod quondam Fredericus de Virnenborg pro preposito eiusdem ecclesie se gerens, dum vixit, dictam preposituram simul cum parrochiali ecclesia de Budelec Colon. dioc. absque dispensatione . . . per plures annos tenuit fructus percipiens ex eisdem. . . Decanus et capitulum eiusdem ecclesie S. Cuniberti eundem Constantinum in prepositum ipsius ecclesie elegerunt. Verum idem Constantinus considerans electionem huiusmodi non tenere, pro eo quod nos per constitutionem . . . omnes dignitates personatus et officia ceteraque beneficia ecclesiastica, que iuxta tenorem constitutionis ipsius ubicumque vacare contiget, dispositioni nostre . . . duximus specialiter reservanda, . . . nobis pro parte ipsius extitit humiliter supplicatum[a], at providere sibi super hoc . . . dignaremur. Nos itaque . . . discretioni vestre . . . mandamus, quatinus . . . prefatam prepositaram cum prebenda annexa . . . Constantino vel procuratori suo . . . conferre et assignare curetis . . . non obstantibus quibuscumque . . . seu quod predictus Constantinus prepositaram ecclesie Wyschellensis sine cura, cuius layeus, ut asseritur, est patronus, et in S. Servacii et S. Marie Traiectensi ac in Wassenberg predicte et Leodiensis dioc. ecclesiis canonicatus et prebendas ac scolastriam et canonicatum et prebendam in eadem ecclesia S. Cuniberti canonice noscitur obtinere, quarum prepositurarum et prebendarum redditus s. t. d. triginta marcharum argenti valorem annuum non excedunt, ac nichilominus cum eodem Constantino, ut, postquam auctoritate presentium dictam preposituram S. Cuniberti sibi contuleritis cum dicta prebenda sibi annexa, preposituram ipsam una cum prepositura predicte ecclesie Wischellensis, que personatus sine cura existit, licite valeat retinere . . . dispensare curetis . . . Volumus autem, ut, postquam prefato Constantino de predicta prepositura S. Cuniberti fuerit presentium auctoritate provisum, ipse prefatam scolastriam et prebendam, quas in ipsa ecclesia S. Cuniberti obtinet . . . omnino dimittere teneatur . . . Dat. Avin. nonas octobris a. quartodecimo.

Reg. 94 nr. 980.

1768. *1329 October 7. Avignon.*

Iohannes XXII Philippo nato Mathie de Speculo militis canonico eccl. S. Cuniberti Colon. reservat eiusdem ecclesie prebendam vacaturam ex eo, quod hodie Constantino dicto de Cornu scolastico providit de prepositura eiusdem ecclesie.

Probitatis merita super quibus . . . Dat. Avin. nonas octobris a. quartodecimo.

In e. m. Xanctensis Colon. dioc. et S. Georgii Colon. decanis ac magistro Ambrosio de Lamayrola canonico Mediolanensis ecclesiarum.

Reg. 94 nr. 545.

1769. *1329 October 7. Avignon.*

Iohannes XII cum Iohanne de Marka canonico eccl. S. Iohannis

a) *sic:* Anacolut.

Leod., quocum est dispensatum iam alias super defectu natalium, quem patitur de soluto genitus et soluta, quod huiusmodi non obstante defectu posset ad omnes ordines promoveri et beneficium ecclesiasticum obtinere, etiam si curam animarum haberet, quique post huiusmodi dispensationem canonicatum et prebendam in ecclesia S. Iohannis Leod. assecutus fuit, denuo dispensat, quod unum aliud beneficium ecclesiasticum cum cura vel sine cura, etiam si existat in ecclesia cathedrali, obtinere valeat.

Meritis tue probitatis . . . Dat. Avin. nonas octobris a. quartodecimo.

Reg. 94 nr. 1003.

1770. *1329 October 7. Avignon.*

Iohannes XXII Thilmannum de Unna habilitat eique remittit fructus beneficiorum ecclesiasticorum ab eodem iniuste perceptos.

[Iohannes XXII] Thilmanno de Unna subdiacono Coloniensi.

Merita virtutum, quibus . . . Sane petitio tua nobis exhibita continebat, quod tu dudum tunc in minore constitutus etate parrochialem ecclesiam in Kirspe Colon. dioc. alias tamen canonice collatam adeptus fuisti ipsamque per multos annos detinuisti fructus percipiens ex eadem ac eam postmodum pro quodam alio beneficio ecclesiastico sine cura alias canonice permutasti; quod quid[em] beneficium sine cura per tres vel quatuor menses tenuisti ipsumque postea dimisisti; et quod deinde in Bunnensi Assindensi et Ditkirgensi dicte diocesis ecclesiis canonicatus et prebendas et postea ante nonas maii pontificatus nostri anni duodecimi per unum annum et octo menses vel circa parrochialem ecclesiam in Leychelingen dicte diocesis alias canonice collatam adeptus fuisti ipsamque usque ad dictas nonas nullos fructus ex ea percipiens et eciam extunc pacifice et quiete tenuisti; et quod licet ante adeptionem ipsius fuisses in subdiaconum ordinatus, non tamen te fecisti ulterius postmodum promoveri; et quod dictos canonicatus et prebendas ac parrochialem ecclesiam in Leychelingun adhuc tenes pacifice et quiete fructus percipiens ex omnibus beneficiis supradictis; quodque post assecutionem eiusdem parrochialis in Leychelingen tibi de canonicatu ecclesie SS. Apostolorum Colon. providimus ac prebendam . . . tibi . . . duximus similiter reservandam. Quare nobis humiliter supplicasti . . . Nos itaque . . . te . . . habilitamus . . . tibique fructus per te, ut prefertur, receptos remittimus . . . Prefatas autem litteras nostras, per quas tibi de canonicatu in dicta ecclesia SS. Apostolorum Colon. sub expectatione prebende provisum extitit ... cassa et irrita, prout sunt, fore decernimus ... Volumus etiam, quod parrochialem ecclesiam in Leychelingen ac canonicatus et prebendas, quos, ut prefertur, detines, propter premissa de iure vacantes omnino dimittas ... Dat. Avin. nonas octobris anno XIIII.

Reg. 94 nr. 469.

1771. *1329 October 7. Avignon.*

Iohannes XXII decano et scolastico S. Marie ad gradus Colon. ac Ambrosio de Mediolano canonico Mediolan. eccl. mandat, quatinus Thilmanno de Unna subdiacono Colon. dioc. parrochialem ecclesiam in Leychelingen ac canonicatus et prebendas Bunnensis Assindensis et Ditkirgensis ecclesiarum de iure vacantes conferre et assignare curent. Vite ac morum honestas ... Dat. Avin. nonas octobris a. quartodecimo.

Reg. 96 nr. 3593.

1772. *1329 October 7. Avignon.*

Iohannes XXII Tilmanno de Unna, quem habilitavit cuique (denuo) providit de parochiali ecclesia in Leichlingen ac de canonicatibus et prebendis Bunnensis Assindensis et Dietkirchensis ecclesiarum, (denuo) confert canonicatum ecclesie SS. Apostolorum Coloniensis eique reservat prebendam in eadem ecclesia.

Iohannes XXII Tilmanno de Unna canonico ecclesie SS. Apostolorum Coloniensis.

Vite ac morum honestas ... Sane pro parte tua nuper nobis exposito, quod tu dudum ... *(Sequitur eadem narratio atque in nr. 1770 usque ad:)* ... reservandam, nobisque pro te humiliter supplicato ut providere tibi in dignaremur, nos hodie ... te ... habilitavimus ... tibique fructus predictos ... remisimus ... Prefatas autem litteras, per quas tibi de canonicatu in dicta ecclesia SS. Apostolorum Colon. sub expectatione prebende provisum extiterat, ... cassa[s] et irrita[s], prout erant, fore decrevimus ... Volumus etiam, quod parrochialem ecclesiam in Leychlingen ac canonicatus et prebendas, quos ... detinebas, ... de iure vacantes ... omnino dimittere tenearis. Nos igitur ... canonicatum eiusdem ecclesie SS. Apostolorum ... tibi de novo conferimus ..., prebendam vero ..., in eadem ecclesia ... tibi ... reservamus ... non obstante ... quod hodie tibi de dictis parrochiali ecclesia in Leychelingen ac canonicatibus et prebendis Bunnensis Assindensis ac Ditkirgensis ecclesiarum predictarum propter predicta vacantibus ... mandavimus provideri ... Dat. Avin. nonas octobris a. quartodecimo.

In e. m. decano et scolastico S. Marie ad gradus Colon. ac Ambrosio de Mediolano canonico Mediolan. ecclesiarum.

Reg. 96 nr. 3850.

1773. *1329 October 7. Avignon.*

Iohannes XXII Iohanni dicto Voys nato Conradi Voys confert eccl. S. Symeonis Trever. canonicatum, prebendam vero eidem reservat, non obstante quod in eccl. Monasterii in Meynevelt Trever. dioc. canonicatum et prebendam obtinet.

Meritis tue probitatis ... Dat. Avin. nonas novembris a. quartodecimo.

In e. m. S. Georgii Colon. et S. Florini in Confluentia Trever. dioc. decanis ac scolastico Tullensis ecclesiarum.

Reg. 94 nr. 585.

1774. *1329 October 13. Avignon.*

Iohannes XXII visitantibus ecclesiam cathedralem Coloniensem concedit indulgentias.

[Iohannes XXII] Universis Christi fidelibus presentes litteras inspecturis salutem etc.

Licet is, de cuius munere venit, ut sibi a fidelibus suis digne ac laudabiliter serviatur, de habundantia pietatis sue, que merita supplicum excedit et vota, bene servientibus multa maiora retribuat, quam valeant promereri, nichilominus tamen desiderantes domino reddere populum acceptabilem bonorum operum sectatorum, Christi fideles ad complacendum ei quasi quibusdam alectivis (!) muneribus, indulgentiis videlicet et remissionibus, invitamus, ut exinde reddantur divine gratie aptiores. Cupientes igitur, ut ecclesia Coloniensis devota celebris et famosa, que in honore Beatissime Marie virginis ac B. Petri apostolorum principis celestisque clavigeri, sicut accepimus, est fundata et in qua Trium Sanctorum Regum Magorum corpora sunt ornatu mirifico specialiter collocata, congruis honoribus frequentetur et Christi fideles eo confluant libencius et devocius ad eandem, quo magis ex hoc spiritualibus gratiis conspexerint se refectos et proinde misericordiam superni numinis adepturos, omnibus vere penitentibus et confessis, qui ecclesiam prefatam in assumptionis et annunciationis Beatissime Marie virginis ac passionis B. Petri predictorum festis et in dedicatione ipsius ecclesie, centum, illis vero qui per octabas huiusmodi festa immediate sequentes devote ac reverenter visitaverint annuatim, quadraginta dies de omnipotentis dei misericordia et Beatorum Petri et Pauli apostolorum eius auctoritate confisi, de iniunctis eis penitentiis misericorditer relaxamus. Dat. Avin. III idus octobris a. quartodecimo.

Reg. 94 nr. 284.

1775. *1329 October 13. Avignon.*

Iohannes XXII Henrico comiti de Nassowe et Alehyde uxori sue indulget, ut confessor eorum ydoneus, quem duxerint eligendum, omnium peccatorum plenam remissionem ipsis et cuilibet ipsorum semel tantum in mortis articulo impertiri valeat.

Provenit ex vestre devotionis . . . Dat. Avin. III idus octobris a. quartodecimo.

Reg. 94 nr. 87.

1776. *1329 October 13. Avignon.*

Iohannes magistrum Iohannem de Traiecto physicum archiepiscopi Coloniensis habilitat eique remittit fructus beneficiorum ecclesiasticorum ab eodem iniuste perceptos.

[Iohannes XXII] magistro Iohanni de Traiecto canonico eccl. S. Marie ad gradus Colon.

Personam tuam de litterarum scientia . . . Sane peticio . . . Henrici archiepiscopi Colon. pro parte tua nobis exhibita continebat, quod tu, qui in S. Marie ad gradus Colon. et S. Marie Aquensis ac in Heginberg Leod. dioc. eccl. canonicatus et prebendas, obtines olim parrochialem ecclesiam in Durremaghem Colon. dioc. . . . recepisti et tenuisti fructus percipiens ex eadem nec te fecisti, prout debebas, ad sacros ordines promoveri; et quod deinde ecclesia ipsa dimissa parrochialem ecclesiam in Overmorke dicte dioc. per prefatum archiepiscopum tibi collatam assecutus fuisti fructus percipiens ex eadem, infra tempus iuris, ut debuisti, nec etiam post ad ordines non promotus, dispensacione . . . non obtenta. Quare idem archiepiscopus asserens, quod tu eius phisicus et in arte medicine peritus existis quodque obsequia tua saluti corporee archiepiscopi sunt plurimum oportuna et quod tu nondum potuisti convenienter propter dicta obsequia ad presbiteratus ordinem promoveri, nobis pro parte tua humiliter supplicavit ... Nos igitur ... omnem inhabilitatis et irregularitatis maculam sive notam per te ob premissa contractam ... abolemus fructusque per te ex eadem ecclesia in Overmorke, ut prefertur, perceptos cum fructibus per te de dicta ecclesia in Durremaghem perceptis ... tibi ... remittimus et donamus ... Dat. Avin. III idus octobris p. n. a. XIIII.

Reg. 95 nr. 565.

1777. *1329 October 13. Avignon.*

Iohannes XXII tribus executoribus mandat, quatinus Iohanni de Traiecto canonico ecclesie S. Marie ad gradus Colon., quem papa habilitavit, (denuo) conferant ecclesiam parrochialem in Overmorken.

[Iohannes XXII] Iohanni de Bunna decano Bunnensis Colon. dioc. capellano nostro et Tullensis ac S. Georgii Colon. scolasticis.

Litterarum scientia, honestas morum ... Sane nuper per ... Henricum archiepiscopum Coloniensem pro parte eiusdem magistri Iohannis [de Traiecto canonici ecclesie S. Marie ad gradus Colon.] nobis exposito, quod idem magister Iohannis, qui tunc in S. Marie predicte et S. Marie Aquensis ac in Heynsberg Leod. dioc. ecclesiis canonicatus et prebendas obtinebat, sicut adhuc noscitur obtinere, olim parrochialem ecclesiam in Durremaghem ... (*Narrantur eadem atque in nr. 1776 usque ad:*) promoveri, pro parte ipsius magistri Iohannis nobis humiliter supplicato, ut providere sibi ... dignaremur, nos omnem inhabilitatis et irregularitatis maculam ... hodie ... penitus abolevimus fructusque per eum ex eadem ecclesia in Overmorke ... perceptos, cum super fructibus per ipsum de dicta ecclesia in Durremaghem perceptis secum, ut asserebatur, dispensatum foret, sibi remisimus ... Nos igitur ... discretioni vestre ... mandamus, quatinus ... predictam parrochialem ecclesiam in Overmorke propter premissa de iure vacantem ... eidem .. vel procuratori suo ... conferre et assignare curetis ... Dat. Avin. III idus octobris a. quartodecimo.

Reg. 95 nr. 539.

1778. *1329 October 13. Avignon.*

Iohannes XXII vult informari de statu ecclesie parrochialis S. Remigii Bunnensis, quam decanatui ecclesie S. Cassii annectere cupit Iohannes decanus huius ecclesie.

[Iohannes XXII] Sibergensis Colon. dioc. et S. Martini monasteriorum abbatibus ac scolastico eccl. S. Georgii.

Ad statum prosperum personatuum ... Porrecte si quidem nobis ex parte dilecti filii Iohannis decani ecclesie Bunnensis Colon. dioc. devote petitionis series inter cetera continebat, quod decanatus eiusdem ecclesie redditus habet adeo tenues et exiles, quod decanus ipsius ecclesie, qui est pro tempore, nequit ex eis commode sustentari nec incumbentia sibi ratione dicti decanatus onera supportare. Quare nobis pro parte sua fuit humiliter supplicatum, quod [cum] ipse officium cellerarie eiusdem ecclesie sine cura semper solitum canonicis prebendatis eiusdem ecclesie etiam dignitates seu personatus inibi obtinentibus per capitulum eiusdem ecclesie ad tempus committi, non imperpetuum assignari, fuerit assecutus, parrochialem ecclesiam S. Remigii Bunnensem dicte diocesis, ad quam, cum vacat, presentatio rectoris ipsius ad dictum Iohannem ratione cellerarie predicte dicitur pertinere, cum omnibus iuribus et pertinenciis suis decanatus prefato imperpetuum annectere ac unire ... dignaremur. Quia vero non habemus noticiam de premissis, discretioni vestre ... mandamus, quatinus ... de supradictis ... informationem recipere studeatis et quicquid ... vos invenire contigerit, nobis per vestras litteras ... referre curetis fideliter ... Dat. Avin. III idus octobris a. quartodecimo.

Reg. 93 nr. 782.

1779. *1329 October 13. Avignon.*

Iohannes XXII Iacobo dicto Iohannis de Iuliaco laico reservat prebendam seu officium laicale consuetam seu consuetum laicis assignari, ad dispositionem prepositi decani et capituli eccl. S. Gereonis Colon. communiter vel divisim spectans.

Multiplicia tue merita ... Dat. Avin. III idus octobris a. quartodecimo.

In e. m. preposito et decano S. Severini Colon. ac Heinrico de Iuliaco preposito Traiect. ecclesiarum.

Reg. 93 nr. 308.

1780. *1329 October 13. Avignon.*

Iohannes XXII archiepiscopo Coloniensi concedit facultatem recipiendi a Godefrido de Lobio canonico eccl. Bunnensis Colon. dioc. resignationem liberam eaque recepta conferendi ea vice canonicatum et prebendam Godefrido Iohanni de Aqueducta decano ecclesie S. Sencarani (!) Colon., non obstante quod dictus Iohannes canonicatum et prebendam ac decanatum eiusdem eccl. S. Severini Colon. obtinet.

Cum sicut accepimus . . . Dat. Avin. III idus octobris a. quartodecimo.

Reg. 95 nr. 986.

1781. *1329 October 13. Avignon.*

Iohannes XXII Frederico dicto de Nussia de Scheiterhusen canonico eccl. S. Georgii Colon. reservat beneficium ecclesiasticum cum cura vel sine cura, etiam si plebanatus existat, ad dispositionem abbatisse et capituli secularis ecclesie Sanctarum Virginum communiter vel divisim spectans, cuius fructus, si cum cura, viginti quinque, si vero sine cura fuerit, quindecim marcharum argenti s. t. d. valorem annuum non excedunt, non obstante quod canonicatum eccl. S. Georgii Colon. sub expectatione prebende obtinet.

Ad illorum provisionem . . . Dat. Avin. III idus octobris a. quartodecimo.

In e. m. magistro Bindo preposito maioris notario nostro et S. Andree ac S. Marie ad gradus Colon. eccl. decanis.

Reg. 94 nr. 732.

1782. *1329 October 14. Avignon.*

Iohannes XXII Winando de Lauttorpe canonico eccl. Xanctensis Colon. dioc. reservat beneficium ecclesiasticum cum cura vel sine cura, cuius redditus, si cum cura, viginti quinque, si vero sine cura fuerit, quindecim marcharum argenti s. t. d. valorem annuum non excedunt, ad dispositionem prepositi eccl. B. Marie Aquensis Leod. spectans, non obstante quod in eccl. Xanctensi canonicatum et prebendam obtinet.

Exigunt tue merita . . . Dat. Avin. II idus octobris a. quartodecimo.

In e. m. abbati monasterii S. Iacobi Leod. et decano Zeflicensis Colon. dioc. ac Iacobo de Mutina scolastico Tullensis eccl. capellano papali.

Reg. 95 nr. 344.

1783. *1329 October 19. Avignon.*

[Iohannes XXII] Iohanni reg. Boemie illustri.

Directas nobis pridem regie sublimitatis litteras benignitate recepimus consueta et contenta in eis intelleximus diligenter. Verum, fili carissime, quia dispensationem in eis vel etiam a multis principibus in casu simili postulatam nunquam alicui velut iuri et apostoli deo militantem secularibus se inmiscere negotiis prohibentis dicto expresse obviam meminimus concessisse, si tuis precibus, quas infesta, ut credimus, instantia impetravit, annuere nequivimus, nos habeat, quesumus, excellentia regia excusatos in hiis, que honestati et rationi consona tuum concernunt honorem, ad nos recursum fiducialiter habiturus. Dat. Avin. XIIII kl. novembris a. quartodecimo.

Reg. 115 ps. II f. 159 nr. 1902: Rz. 1213.

1784. *1329 October 20. Avignon.*

Iohannes XXII archiepiscopo Coloniensi mandat, quatinus Conradum dictum de Merkingen canonicum Novi Monasterii Herbipolensis, qui adheserat Ludevico Bavaro, absolvat a sententia excommunicationis, abolendo omnem infamie et inhabilitatis maculam ab eodem.

Oblate nobis pro parte . . . Dat. Avin. XIII kl. novembris a. quartodecimo.

Reg. 95 nr. 511.

1785. *1329 October 26. Avignon.*

Iohannes XXII cum Iohanne de Clevis decano ecclesie Coloniensis et scolastico ecclesie Maguntine dispensat, ut per alterum biennium non teneatur se facere promoveri ad sacros ordines.

[Iohannes XXII] Iohanni de Clevis decano eccl. Colon. capellano papali.

Tue sinceritatis affectus . . . nobilitas generis . . . Dudum siquidem ex parte tua nobis exposito, quod nos olim volentes te prosequi gratiose, tecum, qui in minoribus tantum eras ordinibus constitutus, sicut adhuc existis, per nostras duxeramus certi tenoris litteras dispensandum, ut ratione decanatus, quem in ecclesia Coloniensi obtinebas, sicut adhuc obtines, ad sacros ordines usque ad certi temporis spacium tunc non elapsi promoveri minime tenereris, teque ex eo, quod infra dictum tempus, cuius finis, ut asserebas (!), instabat ad huiusmodi ordinis non poteras comode facere promoveri, nobis humiliter supplicante, ut providere tibi super hoc de oportuno remedio dignaremur, nos . . . tecum, ut ratione dicti decanatus usque ad triennium a fine dicti temporis numerandum non tenereris ad huiusmodi sacros ordines promoveri . . . IIII nonas maii pontificatus nostri anno nono . . . duximus dispensandum; et quod postmodum, priusquam dictum triennium foret elapsum, . . . quod ratione dicti decanatus et scolastrie sine cura quam in ecclesia Maguntina postmodum canonice, ut dicebas, fueras assecutus eamque cum dicto decanatu ex dispensatione apostolica obtinebas, non tenereris ad diaconatus et presbiteratus ordines usque ad biennium a data litterarum nostrarum, videlicet VI kl. ianuarii pontificatus nostri anno duodecimo, numerandum promoveri, dummodo statutis a iure temporibus interim in subdiaconum esses promotus, per easdem litteras dispensavimus . . . ac deinde . . . eodem videlicet anno duodecimo pontificatus nostri XII kl. augusti, tecum, qui interim te nondum feceras in subdiaconum promoveri, quod ratione decanatus et scolastrie predictorum non tenereris ad sacros ordines usque ad biennium a fine dicti temporis triennalis numerandum promoveri teque interim in ecclesiis ipsis tractatibus capitularibus interesse et iurisdictionem ratione decanatus predicti in capitulo dicte Coloniensis ecclesie et locis aliis . . . exercere valeres, ac si in sacris ordinibus constitutus existeres . . . duximus dispensandum, nulla . . . clausule priori dispensationi adiecte, videlicet quod ad diaconatus et presbiteratus ordines te facere promoveri minime tenereris, dummodo interim statutis a iure temporibus in subdiaconum esses promotus, habita mentione . . . Nos igitur . . . tecum, ut omissione huiusmodi et aliis premissis nequaquam obstantibus non tenearis ratione decanatus et scolastrie predictorum usque ad aliud biennium a fine dicti biennii computandum ad sacros ordines te facere promoveri et quod interim tractatibus capitularibus interesse et predictam iurisdictionem et alia exercere, ac si esses in sacris ordinibus constitutus, statutis et illo synodali presertim, quo cavetur, ne quis prelatus vel canonicus ecclesiarum civitatis et diocesis Coloniensis in sacris ordinibus non existens sub excommunicationis pena, quam ipso facto incurrat, capitulum suum intrare presumat, nisi a toto capitulo vocatus existeret . . . non obstantibus . . . dispensamus . . . Dat. Avin. VII kl. novembris a. quartodecimo.

Reg. 95 nr. 841.

1786. *1329 October 26. Avignon.*

Iohannes XXII omnibus vere penitentibus et confessis, qui capellam in Monrebergh, in qua Theodericus comes Clevensis quatuor altaria de bonis propriis fundavit et dotavit et in qua multorum sunt sanctorum reliquie collocate, in singulis festivitatibus B. Marie virginis et octavarum diebus devote visitaverint, quadraginta dies de iniunctis eis penitentiis relaxat.

Vite perhennis gloria . . . Dat. Avin. VII kl. novembris a. quartodecimo.

Reg. 96 nr. 3006.

1787. *1329 October 26. Avignon.*

Iohannes XXII Theoderico comiti Clevensi indulget, ut eius confessor, quem ad hoc duxerit eligendum, ipsi, qui, sicut asserit, magnam corporis debilitatem et discresias (!) frequentes, quibus esus ciborum quadragesimalium plurimum est nocivus, patitur, vescendi licite carnibus tempore ieiunii, cum hoc viderit expedire, licentiam valeat elargiri.

Exigit magne devotionis . . . Dat. Avin. VII kl. novembris a. quartodecimo.

Reg. 95 nr. 550.

1788. *1329 October 26. Avignon.*

Iohannes XXII Theoderico comiti Clevensi indulget, ut eius confessor cum quibuscumque religiosis cuiuscumque ordinis ad Theoderici, uxoris et liberorum suorum mensas seu hospicia venientibus ibidem caritatis papulum (!) suscepturis, quibus esum carnium eorum regula interdicit, quod in eorundem hospiciis licite possint vesci carnibus, quociens idem confessor viderit oportunum, dispensare valeat.

Eximie devotionis affectus . . . Dat. Avin. VII novembris a. quartodecimo

Reg. 95 nr. 546.

1789. *1329 October 26. Avignon.*

Iohannes XXII Theodorico comiti Clevensi et Margarete eius uxori indulget, ut confessor, quem duxerint eligendum, omnium peccatorum semel tantum in articulo mortis ipsis et cuilibet ipsorum concedere valeat. Vult autem, quod si ex confidentia remissionis huiusmodi aliqua forte committerent, quoad illa predicta remissio ipsis nullatenus suffragetur.

Personas vestras nobilitatis . . . Dat. Avin. VII kl. novembris a. quartodecimo.

Reg. 94 nr. 458; Rz. 1217.

1790. *1329 October 26. Avignon.*

Iohannes XXII Theoderico comiti Clevensi et Margarete eius uxori indulget, ut si forsan ad loca ecclesiastico supposita interdicto eos vel eorum alterum pervenire contigerit, sibi ac liberis et familiaribus suis possint missam et alia divina officia celebrari, ianuis clausis etc.

Devotionis vestre sinceritas . . . Dat. Avin. VII kl. novembris a. quartodecimo.

Reg. 95 nr. 549.

1791. *1329 October 26. Avignon.*

Iohannes XXII Theoderico comiti Clevensi et Margarete eius uxori indulget (facultatem) habendi altare portatile.

Sincere devotionis affectus . . . Dat. Avin. VII kl. novembris a. quartodecimo.

Reg. 95 nr. 548.

1792. *1329 October 26. Avignon.*

Iohannes XXII Theoderico comiti Clevensi et Margarete eius uxori indulget, ut eorum capellani ydonei ipsis ipsorumque liberis sacramenta ecclesiastica, quociens opus fuerit, iure tamen parrochialis ecclesie in omnibus semper salvo, valeant ministrare.

Personas vestras favore . . . Dat. Avin. VII kl. novembris a. quartodecimo.

Reg. 98 nr. 517.

1793. *1329 October 26. Avignon.*

Iohannes XXII Theoderico comiti Clevensi et Margarete eius uxori indulget, ut aliquem ydoneum et discretum presbiterum in suum possint eligere confessorem, qui, quociens ipsis fuerit oportunum, confessionibus ipsorum auditis eisdem absolutionem impendat.

Benigno sunt vobis . . . Dat. Avin. VII kl. novembris a. quartodecimo.

Reg. 96 nr. 3007.

1794. *1329 October 26. Avignon.*

Iohannes XXII tribus executoribus mandat, quatinus Iohanni de Hystevelt decano ecclesie Xanctensis canonicatum et prebendam ecclesie Zeflicensis conferant, non obstante defectu natalium, quem is patitur.

[Iohannes XXII] decano Embricensis et thesaurario Wyschelensis Traiect. et Colon. dioc. ac scolastico Tullensis eccl.

Meritis probitatis dilecti filii Iohannis de Hystvelt decani ecclesie Xanctensis Colon. dioc. . . . Sane oblate nobis pro parte dicti Iohannis petitionis series continebat, quod olim sibi de canonicatu cum reservatione prebende in ecclesia S. Andree Colon. primo per nostras litteras fuit provisum ac deinde, priusquam ipse de huiusmodi provisione certificatus existeret, nos sibi per posteriores litteras nostras post non modici temporis intervallum de canonicatu ecclesie Zeflicensis dicte diocesis cum reservatione prebende duximus providendum, nulla in dictis posterioribus litteris de priori provisione seu gratia habita mentione. Quarum posteriorum litterarum auctoritate idem Iohannes in dicta ecclesia Zeflicensi in canonicum fuit receptus ac prebendam, que per obitum quondam Henrici de Histvelt . . . ibidem vacavit, pacifice extitit assecutus eamque extunc tenuit et detinet . . . Quare pro parte dicti Iohannis nobis humiliter extitit supplicatum, ut, cum ipse dictas priores litteras super dicta provisione in eadem ecclesia S. Andree sibi facta iam dudum recepit et earum vigore canonicatum et prebendam in ea pacifice sit adeptus, ne propter omissionem predictam huiusmodi posterior gratia in dicta ecclesia Zeflicensi . . . omnino reddatur inutilis, providere sibi super hoc . . curaremus. Nos igitur . . . discretioni vestre . . . mandamus, quatinus . . . eidem Iohanni vel procuratori suo . . . [dictas canonicatum et prebendam ecclesie Zeflicenses] conferre et assignare curetis . . . non obstantibus . . . quod ipse, qui defectum natalium patitur de soluto genitus et soluta, decanatum et quoddam supplementum in predicta Xanctensi et in eadem et in dicta S. Andree Colon. ecclesiis canonicatus et prebendas ex dispensatione apostolica noscitur obtinere . . . Dat. Avin. VII kl. novembris a. quartodecimo.

Reg. 94 nr. 955.

1795. *1329 October 26. Avignon.*

Iohannes XXII Iohanni de Histvelt decano eccl. Xanctensis Colon. dioc. indulget, ut residendo in aliqua ecclesiarum seu locorum, in quibus beneficiatus existit, fructus decanatus sui Xanctensis et omnium aliorum suorum beneficiorum ecclesiasticorum, que nunc obtinet vel eum obtinere contigerit in futurum, integre, cotidianis distributionibus dumtaxat exceptis, usque ad triennium percipere valeat.

Ad personam tuam . . . Dat. Avin. VII kl. novembris a. quartodecimo.

In e. m. abbati monasterii Campensis Colon. dioc. et decano S. Georgii Colon. ac magistro Iacobo de Mutina scolastico Tullensis eccl. capellano papali.

Reg. 94 nr. 830.

1796. *1329 October 26. Avignon.*

Iohannes XXII Iohanni nato Arnoldi dicti Hagdorn militis confert eccl. Xanctensis Colon. dioc. canonicatum, prebendam vero ac supplementum seu ferculum consuetum canonicis eiusdem ecclesie assignari eidem reservat.

Probitatis tue merita . . . Dat. Avin. VII kl. novembris a. quartodecimo.

In e. m. Abbati monasterii Campensis Colon. dioc. et decano S. Georgii Colon. ac magistro Iacobo de Mutina scolastico Tullensis eccl. capellano papali.

Reg. 95 nr. 443.

1797. *1329 October 26. Avignon.*

[Iohannes XXII] Everhardo dicto Hagdorn canonico ecclesie Xanctensis Colon. dioc.

Personam tuam apud nos . . . Sane dudum volentes eandem personam tuam in ecclesia Xanctensi Colon. dioc., cuius existebas sicut adhuc existis canonicus, amplius honorare, dignitatem vel personatum seu officium cum cura vel sine cura . . . in dicta ecclesia . . . tibi . . . reservavimus . . . Verum sicut petitio tua nobis nuper exhibita continebat, . . . scolastriam eiusdem ecclesie per obitum quondam Frederici de Wernemborg . . . tunc vacantem . . acceptasti et de ea per executorem tuum . . . tibi . . . fuit provisum, a quibus acceptatione et provisione per duos canonicos ipsius ecclesie fuit . . ad sedem apostolicam appellatum. Quare pro parte tua nobis fuit humiliter supplicatum, ut, cum ab aliquibus asseretur, quod nos omnia beneficia ecclesiastica, que dictus Fredericus, dum viveret, obtinebat, collationi nostre . . . duxeramus specialiter reservanda, ne acceptatio et provisio huiusmodi valeat propterea impugnari, providere tibi super hoc . . . dignaremur. Nos igitur . . . decernimus acceptationem . . . et provisionem . . . perinde valere . . . Dat. Avin. VII kl. novembris a. quartodecimo.

Reg. 95 nr. 581.

1798. *1329 October 29. Avignon.*

Iohannes XXII Iohanni dicto Mulrepesch de Werda presbitero Colon. dioc. reservat beneficium ecclesiasticum cum cura vel sine cura, cuius fructus, si cum cura, viginti, si vero sine cura fuerit, quindecim marcharum argenti s. t. d. valorem annuum non excedunt, ad dispositionem prepositi decani et capituli eccl. Colon. communiter vel divisim spectans.

Exigunt tue merita . . . Dat. Avin. IIII kl. novembris a. quartodecimo.

In e. m. decano S. Marie ad gradus Colon. et magistro Iacobo de Mutina Tullensis capellano nostro ac eiusdem S. Marie ad gradus scolastico ecclesiarum.

Reg. 93 nr. 205.

1799. *1329 November 4. Avignon.*

Iohannes XXII tribus executoribus mandat, quatinus Iohanni de Monticulo conferant ecclesiam parrochialem de Paffendorf.

[Iohannes XXII] decano et thesaurario S. Severini Coloniensis ac canonico Surrentine eccl.

Probitatis merita, que dilecto filio Iohanni de Monticulo canonico secularis ecclesie S. Gertrudis Nivellensis Leod. dioc. . . . Sane oblata nobis pro parte sua petitionis series continebat, quod nos . . . beneficium ecclesiasticum cum cura vel sine cura consuetum clericis secularibus assignari spectans ad . . . dispositionem . . . abbatisse secularis ecclesie Assindensis Colon. dioc. . . . conferendum dicto Iohanni . . . duximus reservandum . . . quodque postmodum . . Theodericus dictus Marscalcus clericus, qui parrochialem ecclesiam de Passendorp (*Paffendorf?*) dicte dioc. possidebat ut rector, prefatam ecclesiam libere resignavit . . . ipseque Iohannes de ecclesia ipsa tanquam de pertinente ad collationem vel presentationem predicte abbatisse obtinuit sibi pretextu dicte gratie provideri seque in eius corporalem possessionem fecit induci. Verum tam abbatissa prefata necnon canonice seculares eiusdem ecclesie Assindensis quam quidam nomine Wolfardus, qui se dicebat ad dictam parrochialem ecclesiam presentatum, se provisioni huiusmodi dicto Iohanne facte . . . opponere curaverunt, ortaque propter hoc inter dictas partes materia questionis diutius inter partes easdem super dicta ecclesia fuisse dicitur in Romana curia litigatum et adhuc etiam litigatur. Cum autem, sicut accepimus, eo tempore, quo prefatus Theodericus de facto fuit dictam parrochialem ecclesiam assecutus, eadem ecclesia tanto tempore vacavisset, quod eius collatio erat ad sedem apostolicam secundum Lateranensis statuta concilii legitime devoluta itaque per ipsius Theoderici resignationem . . . nulla nova eiusdem ecclesie fuit inducta vacatio, sed ipsa ecclesia secundum premissa antea vacabat et adhuc vacat, nos . . . obtentu . . . Iohannis regis Boemie illustris . . . supplicantis . . discretioni vestre . . . mandamus, quatinus . . . si vobis constiterit, quod dicta parrochialis ecclesia tanto tempore vacavit . . . eandem parrochialem ecclesiam . . . eidem Iohanni de Monticulo vel procuratori suo . . . conferre et assignare curetis . . . non obstantibus . . . quod eidem Iohanni de Monticulo de canonicatu eiusdem ecclesie S. Gertrudis cum reservatione prebende auctoritate apostolica sit provisum aut quod in iure, quod in canonicatu et prebenda ecclesie S. Floriui in Confluentia Trever. dioc. quondam Henrico dicto de Aspinsheym clerico, dum viveret, competebat, pro quibus etiam idem Henricus in Romana cura, dum in humanis ageret, litigebat, idem Iohannis per nostras certi tenoris litteras fuisse dicitur subrogatus, seu quod de consuetudine in eadem Assindensi fuisse dicitur observatum, quod dicta parrochialis ecclesia nonnisi canonicis eiusdem Assindensis ecclesie conferatur. Volumus insuper, quod si forsitan non constaret, collationem eiusdem ecclesie parrochialis ad nos fuisse hac vice vigore dicti concilii devoluta, eidem Iohanni ius salvum remaneat, si quod sibi in dicta ecclesia est quesitum vigore collationis et gratie predictarum, quodque si forsan eundem Iohannem auctoritate predicta contigerit assequi ecclesiam prelibatam, predicte priores littere . . . nullius existant penitus firmitatis . . . Dat. Avin. II nonas novembris a. quartodecimo.

Reg. 93 nr. 157.

1800. *1329 November 7. Avignon.*

Iohannes XXII Ade de Leghenich clerico Colon. diec. reservat beneficium ecclesiasticum cum cura vel sine cura, consuetum abolim clericis secularibus assignari, cuius redditus, si cum cura, viginti quinque, si vero sine cura fuerit, quindecim marcharum argenti s. t. d. valorem annuum non excedant, ad dispositionem abbatisse et conventus monasterii in Vilike ord. S. Bened. Colon. dioc. communiter vel divisim spectans, etiam si fuerit prebendale.

Probitatis tue merita . . . Dat. Avin. VII idus novembris a. quartodecimo.

In e. m. preposito Werdensis Colon. dioc. et decano S. Georgii ac magistro Iacobo de Mutina capellano papali scolastico Tullensis ecclesiarum.

Reg. 93 nr. 204.

1801. *1329 Noremberr 14. Avignon.*

[Iohannes XXII] Iohanni regi Boemie illustri.

Regie celsitudinis litteras nobis per . . Guillelmum Pinchoti (!) archidiaconum Abrincensem regium nuncium presentatas . . recepimus . . . et que dictus nuncius nobis circa hec curavit exponere, intelleximus diligenter. Que utinam talia essent, fili carissime, que nos possemus secundum deum et apostolice sedis decentiam ad exauditionis gratiam admisisse, super quibus nos procul dubio regalis serenitas propicios reperiet. Sed quia talia sine fratrum nostrorum consensu expediri non debent nec ab ipsis consensum huiusmodi, cum in aliis quasi similibus, licet etiam longe magis rationi et equitati propinquis, alias nequiverimus obtinere, habeat nos super hiis regia providentia, quesumus, excusatos. Dat. Avin. XVIII kl. decembris a. quartodecimo.

Reg. 115 ps. II f. 160 nr. 1904; Rz. 1225.

1802. *1329 November 21. (Avignon.)*

Iohannes XXII tribus executoribus mandat, quatinus Maguntinenses cives absolvant ab excommunicationum sententiis, quas incurrerunt vel incurrent violenter manus iniicientes in clericos adherentes Baldewino archiepiscopo Trevererensi, qui iniuste occupare nititur ecclesiam Maguntinam.

[Iohannes XXII] decano S. Gingolfi et scolastico S. Petri ac cantori S. Iohannis ecclesiarum Maguntinarum.

Devotionis et fidei puritas . . . Sane . . . camerarii sculteti iudicum consulum et civium . . . [intrinsecorum civitatis Maguntine] exhibite nobis petitionis series continebat, quod contra clericos fautores auxiliatores et sequaces venerabilis fratris nostri Baldwini archiepiscopi Treverensis super eo, quod certam partem bonorum et iurium ecclesie Maguntine occupavit hactenus et adhuc nititur occupare, nonnulli habiti sunt processus auctoritate apostolica inter alia continentes, quod, quamdiu dicti fautores auxiliatores et sequaces in civitate predicta presentes fuerint, servetur in ea interdictum, quodque frequenter accidit, quod aliqui de dictis . . . intraverunt et intrant civitatem predictam et tamquam superbi et stolidi noluerunt et nolunt exire de ipsa, sed violenter volunt ibidem commorari, et sic talibus in dicta civitate morantibus interdictum servatur ibidem, propter quod sepe diebus preteritis contigit et contingere poterit infuturum, quod dicti fautores . . . expulsi sunt et etiam expellentur de dicta civitate per magistros dictorum civium seu de mandato ipsorum non absque violenta iniectione manuum in eosdem, quodque interdum dicti magistri et alii cives et familiares eorum in tales fautores . . . quos reputant hostes eorum, etiam quando invenerunt eos extra civitatem predictam, manus violentas iniecerunt in ipsos, eos capiendo quandoque vel alias eis manuales iniurias absque tamen effusione sanguinis irrogando . . . Nos igitur . . . discretioni vestre . . . mandamus, quatinus . . . magistros et cives ac familiares eorum a predictis excommunicationum sententiis . . . absolvatis . . . Nos insuper vobis et cuilibet vestrum absolvendi magistros cives et familiares eorum . . . a sententiis, quas eos dictos fautores . . . eiciendo, ut premittitur, de civitate predicta eodem interdicto durante continget incurrere in futurum, plenam . . . concedimus facultatem . . . Dat. Avin. XI kl. decembris a. quartodecimo.

Reg. 96 nr. 3513; Rz. 1226 n. 1.

1803. *1329 November 22. Avignon.*

Iohannes XXII reservat camere apostolice fructus primi anni omnium beneficiorum ecclesiasticorum, que in diocesi et provincia Coloniensi ad presens vacant et que usque ad triennium a data presentium valabunt.

[Iohannes XXII] venerabilibus fratribus . . archiepiscopo Coloniensi eiusque suffraganeis et dilectis filiis . . abbatibus prioribus prepositis decanis archidiaconis archipresbiteris et aliis ecclesiarum prelatis et rectoribus, capitulis quoque collegiis per civitatem ac dioecesim et provinciam Coloniensem constitutis.

Quantis hereticorum et scismaticorum eorumque fautorum sacrosancta Romana ecclesia molestetur insultibus quantaque requirat ipsius a premissis defensio profluvia expensarum, vestram non credimus prudentiam ignorare. Cum igitur ad onera expensarum huiusmodi supportanda proventus nostre camere sint exiles, nos volentes tantis periculis, quanta possent ex defectu expensarum circa premissa subsequi, sicut cum deo possumus, obviare, deliberatione prehabita diligenti super hiis, fructus redditus et proventus primi anni omnium et singulorum beneficiorum ecclesiasticorum cum cura vel sine cura, etiam dignitatum personatuum et officiorum quorumlibet ecclesiasticorum, ecclesiarum monasteriorum prioratuum et aliorum locorum ecclesiasticorum, tam secularium quam regularium, exemptorum et non exemptorum, que in civitate ac diocesi et provincia vacant ad presens et que usque ad triennium a die date presencium computandum qualitercumque et ubicumque, etiam apud sedem apostolicam vacare contigerit, certis tamen ecclesiis monasteriis dignitatibus et beneficiis subscriptis expressim exceptis, percipiendos modo infrascripto pro nostris et ecclesie memorate utilius supportandis oneribus auctoritate apostolica reservamus et eidem camere applicamus . . . Volumus autem, quod si idem beneficium bis in anno vacare contingat, nonnisi semel fructus illius pro dicta camera exigantur . . . quodque predicti fructus redditus et proventus iuxta taxationem decime persolvantur et a collectoribus recipiantur eisdem, ut scilicet summam, pro qua unumquodque beneficiorum ipsorum in decime solutione taxatur, exigant et recipiant, totali residuo beneficia huiusmodi obtinentibus remansuro, nisi forte collectores predicti residuum huiusmodi pro nobis et nostra camera vellent percipere et habere et obtinentibus beneficia ipsa pro supportandis eorum oneribus et sustentatione habenda summam pro qua beneficia ipsa taxantur in decima, remanere. Nos enim percipiendi utrumlibet predictorum, videlicet taxationis vel residui, eosdem collectores habere volumus optionem. De beneficiis autem non taxatis ad decimam sic volumus ordinari, quod medietas fructuum illorum ad cameram predictam et alia ad obtinentes dicta beneficia debeat remanere, ita quod quicquid dicti collectores elegerint, beneficiorum ipsorum onera debeant obtinentes ipsa beneficia de parte, quam sibi collectores dimittent, totaliter supportare, nisi forte ipsi obtinentes dicta beneficia vellent dictos fructus redditus et proventus omnino dimittere collectoribus ipsis; quo casu ipsi collectores habeant huiusmodi beneficiis quoad curam animarum, si eis immineat, necnon quoad divinum officium et sacramentorum ecclesiasticorum administrationem facere per personas ydoneas deserviri. Nostri insuper intentionis existit, quod, ne presens reservatio et alia, que de fructibus redditibus et proventibus beneficiorum apud dictam sedem vacantibus fecimus, se per concursum valeant mutuo impedire, si vigore unius fructus alicuius beneficii dicte camere recipiantur nomine, pro eadem vacatione pretextu[a] alterius nullatenus exigantur[b]. Ceterum volumus et tenore presentium declaramus, quod deputatio nostra huiusmodi nullatenus extendatur ad episcopalem ecclesiam nec ad abbatias regulares nec ad beneficia illa, quorum fructus redditus et proventus annui valorem sex librarum parvorum turonensium non excedunt et que permutationis causa vacare contigerit, nec etiam ad vicarias seu capellanias ut plurimum a decedentibus secundum morem diversarum ecclesiarum institutas ad missas pro ipsis decedentibus celebrandas certis constitutis redditibus presbitero inibi celebranti seu alias, ut diurnis et nocturnis canonicis horis intersint, nec etiam ad cotidianos distributiones quarumcumque ecclesiarum seu anniversaria vel obventiones, que ad certum quid deputate noscuntur. Verum quia contingit interdum, quod fructus redditus et proventus beneficiorum huiusmodi primi anni debentur defuncto vel fabrice aut prelato seu ecclesie habenti annalia, declaramus, quod pretextu nostre deputationis huiusmodi non preiudicetur eisdem, quin alias primi cuni fructus redditus et proventus fuerint percepturi de consuetudine privilegio vel statuto, quin fructus redditus et proventus huiusmodi sequenti anno percipiant, sicut percipere consueverunt temporibus retroactis. Volumus autem, prout est consonum rationi, ad scandala evitanda, quod solutio huiusmodi fructuum reddituum et proventuum fiat in duobus terminis congruis collectorum arbitrio statuendis, sic equidem quod ubi collectores taxationem decimalem fructuum reddituum et proventuum huiusmodi primi anni pro eadem camera nostra habere voluerint, obtinentes ipsa beneficia dictorum fructuum reddituum et proventuum residuum habituri de eisdem fructibus redditibus et proventibus, quos eo casu obtinentes in totum colligent, eandem taxationem collectoribus solvant eisdem in ipsis duobus terminis, ut premittitur, statuendis et sufficientem prestent cautionem de solutione huiusmodi facienda; ubi vero collectores predicti taxationem prefatam obtinentibus beneficia ipsa dimittere et habere residuum fructuum redditunm et proventuum ipsorum elegerint, tunc iidem collectores de

a) pretestu *in reg.* b) exigatur *in reg.*

ipsis fructibus redditibus et proventibus, quos in totum colligent, eo casu solvant obtinentibus beneficia taxationem candem in duobus terminis similiter statuendis. Sed nec pretextu defectus solutionis huiusmodi volumus, ut ad calices cruces vasa libros et bona mobilia divino usui dedicata manus aliquatenus extendantur. Quocirca universitatem vestram rogamus monemus et hortamur attente . . . quatinus huiusmodi nostris et ecclesie predicte necessitatibus pio compacientes affectu, per collectores predictos et subcollectores ab eis deputandos huiusmodi fructus redditus et proventus primi anni in forma prescripta colligere exigere ac recipere absque alicuius difficultatis obstaculo libere perpermittatis et illos, prout in vobis fuerit, integre assignetis . . . Dat. Avin. X kl. decembris a. quartodecimo.

Reg. 115 l. cur. ps. II f. 85 nr. 1454; Rz. 1227; cf. Kirsch, Die päpstl. Collectorien p. 119.

1804. *1329 November 22. (Avignon.)*

Iohannes XXII Heyndericum prepositum S. Severini Coloniensis et Godeschalcum de Barbegh (*Brabeck?*) scolasticum Bunnensis Colon. dioc. ecclesiarum deputat collectores fructuum, redditnum et proventuum primi anni omnium beneficiorum in civitatibus et diocesibus provincie Coloniensis ad presens vacantium et usque ad triennium vacaturorum eosque instruit de computandis et recipiendis huiusmodi fructibus.

Quantis hereticorum et scismaticorum . . . Dat. X kl. decembris a. quartodecimo.

Reg. 115 ps. II f. 85 nr. 1455; Rz. 1227 n. 1.

1805. *1329 November 24. Avignon.*

[Iohannes XXII] archiepiscopo Coloniensi.

Pro magnis expensarum oneribus . . . commodius relevandis fructus . . . primi anni beneficiorum ecclesiasticorum vacantium et vacaturorum usque ad triennium in tuis civitate diocesi ac provincia Coloniensi . . . providimus reservandos, dilectis filiis Heydenrico preposito S. Severini Coloniensis et Godeschalco de Barbergh scolastico Bunnensis Colon. dioc. ecclesiarum eorundem fructuum per nos collectoribus deputatis. Quocirca fraternitatem tuam rogamus . . . quatinus . . . eisdem collectoribus, quibus tecum, frater, et . . . suffraganeis tuis aliqua super hiis ordinandi per alias nostras litteras concedimus facultatem, sic velis super predictis favorem tuum prompte devotionis affectibus impertiri, quod preter retributionis eterne premium nostram et apostolice sedis gratiam uberius merearis. Dat. ut supra (= Avin. VIII kl. decembris a. quartodecimo).

In e. m. episcopo Leodiensi . . .
In e. m. episcopo Traiectensi.
In e. m. . . . episcopo Monasteriensi.
In e. m. . . . episcopo Mindensi.
In e. m. . . . episcopo Osnaburgens. Dat. ut supra.

Reg. 115 ps. II f. 161 nr. 1910; Rz. 1229.

***1806**. *1329 November 24. Avignon.*

Iohannes XXII Heydenricum prepositum S. Severini Colon. et Godeschalcum de Barbergh scolasticum Bunnensem collectores camere apostolice instruit de colligendis fructibus beneficiorum ecclesiasticorum et decimis.

[Iohannes XXII] Heydenricus preposito S. Severini Coloniensis et Godeschalco de Barbergh scolastico Bunnensis Colon. dioc. ecclesiarum.

Laudabile testimonium, quod de vestre fidelitatis et circumspectionis industria tam per . . Petrum de Ungula priorem domus Tholosane hospitalis S. Iohannis Ierosolimitane quam alios fide dignos audivimus, merito nos inducit, ut de vobis in nostris et ecclesie Romane negotiis specialiter confidamus. Ea propter collectionem fructuum redditnum et proventuum beneficiorum ecclesiasticorum in civitate ac diocesi et provincia Coloniensi vacantium et vacaturorum usque ad triennium . . . commisissimus vobis et certam partem illorum concedendi . . . archiepiscopo Coloniensi eiusque suffraganeis . . . concessimus vobis . . . facultatem, volentes quod eisdem et cuilibet ipsorum cum condicionibus in eisdem litteris contentis quartam partem, si expedire cognoveritis, alioquin tertiam dictorum fructuum . . . concedatis, nobis litteras de quarta vel de tercia parte predictis, quibus in hac parte non utemini, quantocius remissuri ac ordinaturi cum prelatis eisdem, quod ipsi pecunias, que colligentur ex dictis fructibus, ad certum locum seu loca, quem vel que infra dictam provinciam eis assignaveritis, deferri faciant suis periculis et expensis. Et quia de . . . episcopo Leodiensi specialiter confidimus, videtur expediens, quod in eius manibus, qui prope regnum Francie castra dicitur habere fortissima, pecunie huiusmodi deponantur; ita videlicet quod mox, cum penes ipsum de illis summa quinque milium florenorum auri vel circa fuerit, ipse hoc debeat predicte camere absque cunctatione qualibet intimare ac deinde mercatoribus aut illi vel illis, quem vel quos ad id deputaverimus, pecuniam huiusmodi, que penes ipsum fuerit, mittendam seu deferendam ad cameram predictam facere fideliter assignari vel, si expedentius et securius esse credideritis, in manibus . . Iohannis decani ecclesie Bunnensis Coloniensis diocesis modo et forma predictis depositum huiusmodi fieri faciatis. Rursus predictis archiepiscopo et episcopo aliisque nonnullis prelatis dicte provincie necnon decano predicto scribimus iuxta formam, quam cedula continet presentibus interclusa, quibus presentetis seu presentari faciatis litteras, sicut videritis expedire. Preterea collectionem decime sexennalis ac residuorum fructuum beneficiorum vacantium dudum in eis partibus per nos reservatorum ad triennium necnon census ecclesie Romane debiti collectionem in eadem provincia vobis committimus, sicut in litteris inde confectis plenius poteritis intuere . . . Dat. Avin. VIII kl. decembris a. quartodecimo.

Reg. 115 ps. II f. 161 nr. 1909. — Or. membr. sine plica, sine filo foraminibus et plumbo. Sub textu ad dextr. D. Curia / L. Verul. *Düsseldorf. Arch. reg. S. Severin. Colon. nr. 90a.*

1807. *1329 November 24. Avignon.*

Iohannes XXII Iohanni de Cleve decano ecclesie Bunnensis Colon. dioc. destinat litteras, quibus eum hortatur, quatinus super collectione fructuum primi anni beneficiorum ecclesiasticorum vacantium et vacaturorum in civitate diocesi ac provincia Coloniensi usque ad triennium Heydenrico preposito S. Severini Colon. et Godeschalco de Barbergh scolastico Bunnensis eccl. collectoribus deputatis necnon super aliis eisdem commissis negotiis sic assistere studeat consiliis auxiliis et favoribus oportunis, quod pecunie dictorum fructuum et aliorum proventuum cameram apostolicam contingentium, si dicti collectores eas penes Iohannem deponendas providerint, ad dictam cameram fideliter et integraliter transmittantur.

De te, fili, fiduciam . . . Dat. ut supra (= Avin. VIII kl. decembris a. quartodecimo).

Reg. 115 ps. II f. 161 nr. 1912.

1808. *1329 November 24. (Avignon.)*

Iohannes XXII Coloniensi et Maguntino archiepiscopis *(pluribusque aliis archiepiscopis extra Germaniam constitutis)* mandat, quatinus libellum bulla papali munitum et sub eadem inclusum, quem cum presentibus mittit, continentem responsiones ad falsas opiniones et errores Michiclis de Cesena publicare solemniter procurent.

Ad confutandas falsas . . . Dat. VIII kl. decembris a. quartodecimo.

Reg. 115 ps. II f. 19' nr. 1105.

1809. *1329 December 6. Avignon.*

Iohannes XXII ab universo clero provincie Coloniensis possit solvendam decimam sexennalem convertendam in Terre Sancte subsidium et contra rebelles ecclesie Romane, quam iam imposuit Clemens V.

[Iohannes XXII] . . archiepiscopo Coloniensi eiusque suffraganeis et . . abbatibus, prioribus, prepositis decanis . . capitulis quoque collegiis et conventibus . . . per civitatem ac diocesim et provinciam Coloniensem consistentibus.

Dudum fe. re. Clemens papa predecessor noster ad Terram Sanctam pie dirigens compassionis affectum . . . decimam omnium et singulorum proventuum ecclesiasticorum per sex annos iuxta morem solitum exigendam et convertendam in eiusdem terre subsidium et alias contra rebelles et inimicos fidei catholice imposuit [Cum autem, sicut accepimus, dicta decima][a] in civitate ac diocesi et provincia Coloniensi nondum exacta fuerit eaque pro dicte terre seu christicolarum in partibus transmarinis degentium necessitatibus defensioneque fidei predicte catholice, que ab hereticis et rebellibus dei et ipsius ecclesie crudeliter impetitur, indigere presentialiter Romana ecclesia dinoscatur, universitatem vestram monemus rogamus et hortamur in domino vobisque nichilominus per apostolica scripta mandamus, quatinus necessitatem huiusmodi devota consideratione pensantes, decimam predictam per sex annos proxime subsequentes in duobus terminis singulis annis dicti sexennii, quos vobis et vestrum singulis tenore presentium prefigimus ac etiam assignamus, medietatem videlicet in nativitate B. Iohannis Baptiste et aliam in B. Andree apostoli festivitatibus de vestris redditibus et proventibus . . collectoribus per alias nostras lit-

a) *Uncis inclusa supplenda sunt.*

teras super hiis deputatis aut subcollectoribus constituendis ab eis sine difficultate qualibet persolvatis . . . Dat. ut supra (= Avin. idus decembris a. quartodecimo).

Reg. 115 ps. II f. 148' nr. 1862; Rz. 1233.

1810. *1329 December 6. Avignon.*

Iohannes XXII Henderico preposito S. Severini Colon. et Godeschalco de Barbergh scolastico Bunnensi mandat, quatinus decimam sexennalem iam a Clemente V impositam, in provincia Coloniensi colligant.

[Iohannes XXII] Henderico preposito S. Severini Coloniensis et Godeschalco de Barbergh scolastico Bunnensis Colon. dioc. ecclesiarum.

Dudum fe. re. etc. ut supra proxime (*Cf. precedens nr. 1809*) usque: dinoscatur, discretioni vestre . . . mandamus, quatinus a venerabilibus fratribus archiepiscopo Coloniensi eiusque suffraganeis ac dilectis filiis abbatibus etc. ut supra usque: consistentibus, quibus nostras alias litteras super hiis dirigimus, per sex annos proximo subsequentes decimam predictam in duobus terminis singulis annis dicti sexennii, quos eis et eorum singulis per easdem litteras duximus prefigendas, medietatem videlicet in nativitate B. Iohannis Baptiste et aliam in S. Andree apostoli festivitatibus petere exigere et recipere nostro et ecclesie memorate nomine per vos et subcollectores a vobis in singulis civitatibus et diocesibus dicte provincie deputandos cum integritate curetis, facientes vobis per eosdem subcollectores eandem decimam in singulis terminis predictis, cum collata fuerit, assignare ad sedis apostolice cameram postmodum integraliter transmittendam, quoscumque contradictores super hiis et rebelles cuiuscumque dignitatis . . . auctoritate nostra appellatione postposita compescendo. . . . Volumus autem, quod subcollectores predictos assignantes vobis decimam antedictam valeatis absolvere plenius et quitare de hiis, que inde ab ipsis recipere vos continget, faciendo super singulis assignationibus huiusmodi duo confici consimilia publica instrumenta, quorum altero penes eos dimisso reliquum ad eandem mittere cameram non tardetis, ipsam certificaturi nichilominus de premissis clare particulariter et distincte. Dat. ut supra (= Avin. VIII idus decembris a. quartodecimo.

Reg. 115 ps. II f. 149 nr. 1863; Rz. 1233 n. 1.

1811. *1329 December 6. Avignon.*

Iohannes XXII Henrico preposito S. Severini Colon. et Godeschalco de Barbergh scolastico Bunnensi mandat, ut colligant et exigant in provincia Coloniensi fructus primi anni omnium beneficiorum ecclesiasticorum vacantium et per triennium vacaturorum ab ipso papa reservatorum camere apostolice.

[Iohannes XXII] Henrico preposito S. Severini Coloniensis et Godeschalco de Barbergh scolastico Bunnensis Colon. dioc. ecclesiarum.

Dudum volentes nostris et ecclesie Romane necessitatibus providere, fructus redditus et proventus primi anni omnium et singulorum beneficiorum ecclesiasticorum cum cura vel sine cura, dignitatem etiam personatuum et officiorum ecclesiasticorum, monasteriorum prioratuum et aliorum locorum ecclesiasticorum, tam secularium quam regularium, exemptorum et non exemptorum, que in civitate ac diocesi et provincia Coloniensi tunc vacabant et que usque ad triennium qualitercumque et ubicumque . . . vacare contingeret, certis ecclesiis monasteriis dignitatibus et beneficiis tamen exceptis, per litteras nostras alias sub certa forma reservandos duximus et nostre camere applicandos certis super hoc collectoribus deputatis. Et licet dicti collectores et subcollectores ab eis deputati circa collectionem dictorum fructuum diligentiam adhibuerint studiosam, tamen adhuc nonnulla restare dicuntur in eisdem civitate diocesi et provincia de dictis fructibus redditibus et proventibus residua colligenda. Quocirca discretioni vestre . . . committimus et mandamus, quatinus residua huiusmodi, super quibus vos summarie simpliciter et de plano, si necesse fuerit, informetis, petere exigere et recipere nostro et eiusdem camere [nomine] per vos et subcollectores a vobis deputandos super hoc studeatis, contradictores etc. . . . Volumus autem, quos eos, a quibus receperitis residua supradicta, possitis absolvere plenius et quitare de hiis, que inde ab ipsis recipere vos continget, necnon et eis a quibus [libet] spiritualibus sententiis, quas propterea incurrissent, quod huiusmodi fructus redditus et proventus vel eorum residua in statutis terminis non solvissent, post satisfactionem inde vobis prestitam absolutionis beneficium iuxta formam ecclesie impendatis, cum eis super irregularitate, quam huiusmodi ligati sentenciis celebrando divina vel inmiscendo se illis forsitan contraxissent, misericorditer nichilominus dispensando, ita tamen quod cameram predictam de residuis huiusmodi clare particulariter et distincte studeatis reddere certiorem. Dat. Avin. VIII idus decembris a. quartodecimo.

Reg. 115 ps. II f. 119' nr. 1866; Rz. 1828.

1812. *1329 December 6. Avignon.*

Iohannes XXII Henderico preposito S. Severini Colon. et Godescalco de Barbegh concedit facultatem, ut archiepiscopo Coloniensi eiusque suffraganeis quartam sive tertiam partem fructuum beneficiorum ecclesiasticorum in provincia Coloniensi per triennium vacantium et camere apostolice reservatorum concedere valeant.

[Iohannes XXII] Henderico preposito S. Severini Coloniensis et Godescalco der Barbegh (*Brabeck?*) scolastico Bunnensis Colon. dioc. ecclesiarum.

Pridem pro magnis ecclesie Romane necessitatibus . . . relevandis fructus . . . beneficiorum ecclesiasticorum in civitate ac diocesi et provincia Coloniensi tunc vacantium et que usque ad triennium qualitercumque et ubicumque . . . vacare contigeret, . . . reservandos duximus et nostre camere applicandos, vobis eorundem fructuum . . . collectoribus pro certo tempore deputatis. Cum autem, sicut accepimus, tam . . . archiepiscopus Coloniensis quam eius suffraganei variis necessitatibus opprimantur, nos, licet eorum in tante necessitatis eiusdem ecclesie Romane articulo subsidiis egeamus, eis tamen, quibus piis compatimur affectibus, volentes aliqualiter de nostre liberalitatis gratia super suis predictis necessitatibus providere, ut eisdem archiepiscopo et [suffraganeis], singulis eorum videlicet quartam partem fructuum . . . predictorum, quos per vos aut subcollectores vestros de beneficiis huiusmodi in singulis civitatibus et diocesibus eorundem, de quibus vobis videbitur, exigi contigerit et levari, vice nostra de speciali gratia concedere valeatis, plenam vobis concedimus . . facultatem, adiecto tamen in concessione huiusmodi specialiter et expresse, quod archiepiscopus et suffraganei supradicti vobis et eisdem subcollectoribus super colligendis eisdem fructibus . . . ac tribus partibus illorum ad cameram predictam integraliter et secure mittendis assistant, prout eos requirendos duxeritis, consiliis auxiliis et favoribus oportunis; et alias nullius existat dicta concessio roboris vel momenti. Dat. Avin. VIII idus decembris a. quartodecimo.

Item eisdem similis, mutato quod dicatur de tercia parte, verbis competenter mutatis.

Reg. 115 ps. II f. 148 nr. 1859; Ra. 1233 n. 2.

1813. *1329 December 6. Avignon.*

Iohannes XXII Henderico preposito S. Severini Colon. et Godescalco de Barbegh scolastico Bunnensi mandat, quatinus certum censum, quem nonnulli ecclesiarum prelati et alii clerici seculares et religiosi, monasteria et loca, capitula collegia et conventus, exempta et non exempta, necnon communitates barones nobiles et alie inferioris status persone, communitates quoque seu universitates per civitatem diocesim et provinciam Coloniensem constituti ecclesie Romane solvere annis singulis tenentur et plures ex eis a longis retro temporibus non solvisse dicuntur, ab eo tempore, quo ab eius solucione cessarunt, necnon et imposterum usque ad beneplacitum apostolice sedis petere exigere et recipere curent. Super singulis solutionibus duo confici consimilia publica instrumenta faciant, quorum altero penes eosdem solventes dimisso reliquam ad cameram apostolicam mittere non tardent.

Cum nonnulli ecclesiam . . . Dat. ut supra (= Avin. VIII idus decembris a quartodecimo.

Reg. 115 p. II f. 148' nr. 1860; Rz. 1233 n. 2.

1814. *1329 December 6. Avignon.*

Iohannes XXII Henderico preposito S. Severini Colon. et Godescalco de Barbegh scolastico Bunnensi concedit facultatem petendi exigendi et recipiendi subsidia, que nonnulle persone ecclesiastice et seculares civitatis diocesis et provincie Coloniensis pium ad Terram Sanctam gerentes devotionis affectum in eiusdem Terre Sancte subsidium legaverunt. Omnia et singula legata et subsidia huiusmodi conscribant particulariter et distincte ac cameram apostolicam de illis reddant certiores.

Cum sicut accepimus . . . Dat. ut supra (= Avin. VIII idus decembris a. quartodecimo.

Reg. 115 ps. II f. 148' nr. 1862.

1815. *1329 December 7. Avignon.*

Iohannes XXII Tilmanno nato Iohannis de Confluentia canonico eccl. S. Florini in Confluentia Trever. dioc. reservat beneficium ecclesiasticum cum cura vel sine cura ad dispositionem prepositi decani et capituli eccl. S. Castoris in Confluentia Trever. dioc. communiter vel divisim spectans, cuius fructus, si curatum, viginti, si vero sine cura fuerit, quindecim marcharum argenti s. t. d. valorem annuum non excedunt, non obstante quod de canonicatu et prebenda eccl. S.

Florini in Confluentia dicte dioc. ei per litteras apostolicas provisum existit.

Meritis tue probitatis . . . Dat. Avin. VII idus decembris a. quartodecimo.

In e. m. S. Symeonis Trever. et S. Marie ad gradus Colon. decanis ac scolastico Tullensis ecclesiarum.

Reg. 93 nr. 638.

1816. *1329 December 7. Avignon.*

Iohannes XXII Nicolao nato Nicolai de Wileburg militis confert eccl. Wetslariensis Trever. dioc. canonicatum, prebendam vero eidem reservat.

Nobilitas generis, morum decor . . . Dat. Avin. VII idus decembris a. quartodecimo.

In e. m. Tullensis et S. Florini in Confluentia scolasticis ac cantori S. Castoris in Confluentia Trever. dioc. ecclusiarum.

Reg. 93 nr. 640.

1817. *1329 December 8. Avignon.*

Iohannes XXII Hartmanno de Mersberg clerico Padeburnensis dioc. reservat beneficium ecclesiasticum cum cura vel sine cura, cuius fructus, si cum cura, viginti, si vero sine cura fuerit, quindecim marcharum argenti s. t. d. valorem omnium non excedunt, ad dispositionem prepositi decani et capituli eccl. Colon. communiter vel divisim spectans.

Laudabile testimonium, quod . . . Dat. Avin. VI idus decembris a. quartodecimo.

In e. m. S. Andree et S. Georgii Colon. decanis ac scolastico Tullensis ecclesiarum.

Reg. 96 nr. 3183.

1818. *1329 December 12. Avignon.*

Iohannes XXII Godefrido de Arnsberg canonico Osnaburgensi, pro quo supplicat Godefridus eius frater episcopus Osnaburgensis, concedit, quod liceat ei provideri de una maiori prebenda ecclesie Osnaburgensi.

[Iohannes XXII] Godefrido de Arnsberg canonico Osnaburgensi.

Meritis tue probitatis . . . Sane pro parte tua petitio nobis nuper exhibita continebat, quod nos dudum . . . canonicatum ecclesie Osnaburgensis . . . tibi contulimus . . . prebendam vero . . . duximus reservandam, . . . quarum litterarum auctoritate in prefata ecclesia receptus fuisti in canonicum . . . Verum quia in eadem ecclesia maiores et minores prebende existunt et ex statuto seu consuetudine ipsius ecclesie in ea cavetur expresse, quod nullus inibi maiorem prebendam valeat adipisci nisi prius per easdem minores prebendas gradatim ascendat ad illa, tu dictarum litterarum vigore huiusmodi maiorem prebendam adipisci, non potes, nisi prius ad illam per minores prebendas gradatim ascendas. Quare pro parte tua nobis fuit humiliter supplicatum, ut te in hoc parte uberiori gratia prosequi dignaremur. Nos itaque volentes te, pro quo etiam . . . Godefridus episcopus Osnaburgensis, cuius frater existis, nobis . . . supplicavit, gratia prosequi ampliori, quod etiam unam de maioribus prebendis eiusdem ecclesie a data presentium, si qua in ea vacat ad presens vel cum vacaverit, . . . non obstante quod in ecclesia S. Mauritii extra muros Monasterienses canonicatum obtines et quandam prebendam ibidem vacantem nosceris per nostras litteras acceptasse, . . . valeas facere provideri, tibi . . . concedimus . . . Dat. Avin. II idus decembris a. quartodecimo.

Reg. 94 nr. 1027.

1819. *1329 December 12. Avignon.*

Iohannes XXII Arnoldo de Brunchorst confert ecclesie Susatiensis Colon. dioc. canonicatum, prebendam vero eidem reservat, non obstante quod in eadem eccl. quandam perpetuam capellaniam obtinet Tamen vigore presentis gratie predictorum canonicatus et prebende possessionem assecutus dimittat omnino dictam capellaniam.

Attributa tibi merita . . . Dat. Avin. II idus decembris a. quartodecimo.

In e. m. preposito eccl. S. Walburgensis extra muros Susatienses et decano Meschedensis Colon. dioc. ac magistro Rolando de Scarampis canonico Astensis ecclesiarum.

Reg. 93 nr. 511.

1820. *1329 December 19. Avignon.*

Iohannes XXII Iohanni dicto Fusor confert eccl. S. Adalberti Aquensis Leod. dioc. canonicatum, prebendam vero eidem reservat, non obstante quod in eccl. S. Marie Aquensi Leod. dioc. quandam perpetuam capellaniam obtinet.

Tue probitatis merita . . . Dat. Avin. XIIII kl. ianuarii a. quartodecimo.

In e. m. decano et cantori B. Marie Aquensis Leod. dioc. ac Bosolo de Parma canonico Tornacensis eccl. capellano papali.

Reg. 93 nr. 989.

1821. *1329 December 28. Avignon.*

Iohannes XXII Iohanni de Monticulo rectori parrochialis ecclesie de Paffindorp Colon. dioc. indulget, ut ratione dicte ecclesie, de qua ei dudum per litteras apostolicas est provisum, super qua apud sedem apostolicam litigat, usque ad triennium a data presentium computandum non teneatur in presbiterum promoveri, proviso quod post elapsum triennium se faciat statutis a iure temporibus in presbiterum ordinari.

Meritis tue probitatis . . . Dat. Avin. V kl. ianuarii a. quartodecimo.

Reg. 94 nr. 1013.

1822. *1329 December 30. Avignon.*

Iohannes XXII Gotfrido de S. Cuniberto confert eccl. Leod. canonicatum, prebendam vero et dignitatem vel personatum seu officium cum cura vel sine cura in dicta ecclesia, dummodo huiusmodi dignitas post episcopalem non sit maior, eidem reservat, non obstante quod in eccl. Colon. canonicatum et prebendam ac parrochialem ecclesiam in Wailharim Leo. dioc. obtinet. Tamen huiusmodi dignitatis vel personatus seu curati officii possessionem assecutus, omnino dimittere teneatur dictam parrochialem ecclesiam.

Attributa tibi merita . . . Dat. Avin. III kl. ianuarii a. quartodecimo.

In e. m. S. Georgii Colon. et S. Crucis Leod. decanis ac magistro Iacobo de Mutina capellano papali scolastico Tullensis ecclesiarum.

Reg. 96 nr 3642.

1823. *1330 Januar 3. Avignon.*

Iohannes XXII Theoderico nato Everhardi de Orstot confert eccl. Xanctensis Colon. dioc. canonicatum, prebendam vero et supplementum seu ferculum consuetum canonicis eiusdem eccl. assignari ei reservat, non obstante quod canonicatum et prebendam in ecclesia Zeflicensi dicte dioc. obtinet.

Attributa tibi merita . . . Dat. Avin. III nonas ianuarii a. XIIII. In e. m. Reysensis et Weyscelensis Colon. dioc. decanis ac Theoderico de Essinde canonico Wormaciensis ecclesiarum.

Reg. 95 nr. 652.

1824. *1330 Januar 7. Avignon.*

Iohannes XXII Reynaldo comiti Gelrensi et Zutfaniensi petenti concedit facultatem construendi in fundo proprio Colon. dioc. ad honorem dei et Beatissime virginis quandam ecclesiam, primitus canonicorum collegio inibi ordinando sufficienti dote ad diocesani arbitrium assignata.

Etsi alma mater . . . Dat. Avin. VII idus ianuarii a. quartodecimo.

Reg. 94 nr. 956; Rx. 1242.

1825. *1330 Januar 7. Avignon.*

Iohannes XXII Reynaldo comiti Gelrensi indulget, ut eius confessor cum omnibus personis, cuiuscumque ordinis vel sexus existant, quibus esus carnium est interdictus, quandocumque ad comedendum cum Reynaldo convenerint, quod possint vesci carnibus, quociens expedire viderit, valeat dispensare, dummodo dicte persone non sint constricte ex voto ab esu carnium abstinere.

Personam tuam paterna . . . Dat. Avin. VII idus ianuarii a. quartodecimo.

Reg. 96 nr. 3095.

1826. *1330 Januar 7. Avignon.*

[Iohannes XXII] eidem [Roperto] comiti [Palatino Reni duci Bavarie].

Inter obsequia deo . . . Sane cum nos dudum . . Theoderico de Essende canonico ecclesie S. Andree Coloniensis de parrochiali ecclesia Bacheracensi Treverensis diocesis tunc certo modo vacante duxerimus providendum ipseque eius possessionem pacificam per venerabilem fratrem nostrum . . Treverensem archiepiscopum impeditus pro eo, quod in Romana curia obsequiis venerabilis fratris nostri Henrici archiepiscopi Maguntini insistit, nondum potuerit adipisci, nobilitatem tuam rogamus . . . quatinus . . . ut possessionem eiusdem parrochialis ecclesie in tua ditione extantis adipisci eamque retinere pacifice valeat, sic velis eidem assistere auxiliis consiliis oportunis . . . Dat. Avin. ut supra (=VII idus ianuarii a. quartodecimo).

Reg. 115 ps. II f. 160' nr. 1908; Rz. 1244.

1827. *1330 Januar 7. Avignon.*

Iohannes XXII Iohanni nato Ludovici baronis et burchgravii in Hamersten confert eccl. Trever. canonicatum, prebendam vero eidem reservat.

Probitatis tue merita . . . Dat. Avin. VII idus ianuarii a. quartodecimo.

In e. m. S. Pantaleonis et S. Martini Colon. monasteriorum abbatibus ac Henrico de Iuliaco canonico Traiectensi.

Reg. 94 nr. 507.

1828. *1330 Januar 7. Avignon.*

Iohannes XXII Frederico nato Ludovici baronis et burchgravii in Hamersten confert eccl. S. Florini in Confluentia Trever. dioc. canonicatum, prebendam vero eidem reservat.

Suffragantia tibi merita . . . Dat. Avin. VII idus ianuarii a. quartodecimo.

In e. m. S. Pantaleonis et S. Martini Colon. monasteriorum abbatibus ac Henrico de Iuliaco canonico Traiectensi.

Reg. 95 nr. 943.

1829. *1330 Januar 7. Avignon.*

Iohannes XXII Iohanni Welteri de Porta Martis confert eccl. S. Kuniberti Colon. canonicatum, prebendam vero ac officium sine cura in eadem eidem reservat, non obstante quod in eccl. Angarensi Osnaburgensis dioc. canonicatum sub expectatione prebende obtinet.

Probitatis tue merita ... Dat. Avin. VII idus ianuarii a. quartodecimo.

In e. m. S. Pantaleonis et S. Martini Colon. monasteriorum abbatibus ac magistro Iacobo de Mutina scolastico eccl. Tullensis capellano papali.

Reg. 93 nr. 705.

1830. *1330 Januar 8. Avignon.*

[Iohannes XXII] Rutgero advocato Coloniensi.

Nobilitatis tue litteras pridem per . . Theodericum de Dusborg clericum familiarem et nuncium tuum nobis exhibitas benignitate recepimus consueta, super devotione, quam ad nos et Romanam ecclesiam . . in eisdem litteris te habere commemoras, gratiarum tibi referentes uberes actiones. Providentiam itaque tuam rogamus ... quatinus sic continuare studeas huiusmodi devotionis sincere propositum et in eo persistere inconcusse ... Ceterum petitionem, de qua faciebant eedem littere mentionem, exaudivimus, prout in confectis inde litteris poteris intueri ... Dat. Avin. VI idus ianuarii a. quartodecimo.

Reg. 115 p. II f. 161' nr. 1913; Rz. 1246.

1831. *1330 Januar 11. Avignon.*

Iohannes XXII Heydenrico preposito S. Severini Colon. et Godescbalco de Barbergh scolastico Bunnensis Colon. dioc. eccl.

Litteras nostras super reservatione fructuum beneficiorum ecclesiasticorum in civitate diocesi ac provincia Coloniensi vacantium et vacaturorum usque ad triennium per nos facta vobis una cum aliis, per quas vos collectores dictorum fructuum pro primo dictorum trium annorum deputavimus, cum presentibus destinantes, vestram providentiam attentius exhortamur, quatinus super eodem collectionis negotio prudenter et sedule procedentes non miremini, quia vos solum pro uno anno, ut prefertur, deputavimus dictorum fructuum collectores. Hec enim certis considerationibus fecimus, intendentes postea vos pro duobus annis residuis deputare, sicut utilius et expedientius fuerit, similiter collectores. Dat. Avin. III idus ianuarii a. quartodecimo.

Reg. 115 ps. II f. 161 nr. 1914.

1832. *1330 Januar 13. Avignon.*

[Iohannes XXII] episcopo Monasteriensi.

Petitio nobilis viri Conradi de Marka militis et nobilis mulieris Elizabet de Brederode Colon. dioc. nuper nobis exhibita continebat, quod cum olim ipsi se affectu mutuo adamarent et ex hoc fuisset gravis suspicio, quod se carnaliter cognovissent, ac timeretur propter hoc inter eorum communes consanguineos et amicos grave scandalum exoriri, ad obviandum scandalis et futuris periculis, non ignari, quod quarto consanguinitatis gradu se invicem contingebant, matrimonium per verba de presenti invicem contraxerunt, carnali postmodum copula subsecuta, propter que ipsi excommunicationum sententias per constitutionem fe. re. Clementis pape V ... in consilio Viennensi: „Quia scitis" et per sinodalis constitutiones, quia bannis non editis contraxerunt, latas incurrisse noscuntur. Cum autem ... ex eorum separatione ... gravia, sicut asseritur, scandala procul dubio sequerentur ... nos ... fraternitati tue ... committimus et mandamus, quatinus, eisdem Conrado et Elizabet separatis ad tempus, de quo tibi visum fuerit expedire, ipsos a prefatis excommunicationis sententiis ... absolvas ... [et] dispenses cum ipsis, ut impedimento huiusmodi non obstante possint matrimonium in facie ecclesie celebrare, prolem inde susceptam et suscipiendam legitimam nunciando. Dat. Avin. idus ianuarii a. quartodecimo.

Reg. 94 nr. 1004.

1833. *1330 Januar 15. Avignon.*

Iohannes XXII archiepiscopo Coloniensi mandat, quatinus cum Iohanne de Essende scolari de subdiacono genito et soluta, si eum ad hoc alias moribus ydoneum repererit, dispenset, ut defectu natalium non obstante possit ad omnes ordines promoveri et beneficium ecclesiasticum, etiam si curam animarum habeat, obtinere.

Ex parte dilecti filii ... Dat. Avin. XVIII kl. februarii a. quartodecimo.

Reg. 95 nr. 733.

1834. *1330 Januar 15. Avignon.*

Iohannes XXII archiepiscopo Coloniensi mandat, quatinus Iohanni de Meylinheym canonico ecclesie monasterii B. Marie in Capitolio Colon. ord. S. Bened., in qua ecclesia preter conventum monialium certus canonicorum secularium numerus dicitur institutus, reservet, si eundem ydoneum repererit scientia moribus atque vita, beneficium ecclesiasticum cum cura vel sine cura consuetum clericis secularibus assignari, cuius fructus, si cum cura, viginti, si vero sine cura fuerit, quindecim marcharum argenti s. t. d. valorem annuum non excedunt, ad dispositionem abbatisse et conventus monasterii dicti communiter vel divisim spectans, non obstante quod idem canonicatum et prebendam in ecclesia monasterii prelibati obtinet.

Volentes personam dilecti ... Dat. Avin. XVIII kl. februarii a. quartodecimo.

Reg. 93 nr. 646.

1835. *1330 Januar 15. Avignon.*

Iohannes XXII Wilmaro de Meylinheym laico Colon. dioc. reservat prebendam seu officium solitam vel solitum laicis vel clericis coniugatis assignari, ad dispositionem decani et celerarii eccl. Colon. communiter vel divisim pertinens.

Sedis apostolice gratiosa ... Dat. Avin. XVIII kl. februarii a. quartodecimo.

In e. m. preposito Xanctensis et decano Bunnensis Colon. dioc. ac magistro Iacobo de Mutina scolastico Tullensis ecclesiarum.

Reg. 95 nr. 444.

1836. *1330 Januar 17. Avignon.*

Iohannes XXII archiepiscopo Coloniensi destinat litteras, quibus ei nunciat, se destinare civibus Coloniensibus aliisque fidelibus civitatis diocesis ac provincie Coloniensis alias litteras, eundemque hortatur, quatinus tam eisdem civibus quam aliis civitatis diocesis et provincie Coloniensis fidelibus exponere non omittat pericula necnon penas varias, quibus, si Ludovico de Bavaria ad partes Alamannie se conferre seu illuc suos officiales vicarios et ministros destinare disponenti faverent aut adhererent seu receptarent eosdem, se involverent.

Quia sicut noviter intellimus . . . Dat. Avin. XVI kl. februarii quartodecimo.

In e. m. Maguntino et Salzburgensi archiepiscopis et episcopo Argentinensi.

Reg. 115 ps. II f. 161 nr. 1915; Rz. 1249 nr. 1.

Similiter eadem die: Heydenrico preposito ecclesie S. Severini Colon *et* Godeschalco de Barberch scolastico eccl. Bunnensis.

Ibid. f. 162 nr. 1916; Rz. 1249 n. 2.

1837. *1330 Januar 20. Avignon.*

Iohannes XXII Petro Iacobi de Nussia canonico ecclesie Zeflicensis Colon. dioc. reservat beneficium ecclesiasticum cum cura vel sine cura ad dispositionem abbatisse et capituli secularis ecclesie Altenensis Traiect. dioc. communiter vel divisim spectans, cuius fructus, si curatum, viginti quinque, si vero sine cura fuerit, quindecim marcharum argenti s. t. d. valorem annuum non excedunt, non obstante quod in Zeflicensi Colon. dioc. canonicatum et prebendam ac thesaurariam, que, ut asserit, nec dignitas nec personatus, sed simplex officium sine curae xistit, obtinet et in S. Gereonis Colon. eccl. eidem de canonicatu sub expectatione sacerdotalis prebende est provisum.

Meritis tue probitatis ... Dat. Avin. XIII kl. februarii a. quartodecimo.

In e. m. S. Georgii Colon. et Davantriensis Traiect. dioc. decanis ac magistro Ambrosio de Lamayrola canonico Mediolan. ecclesiarum.

Reg. 93 nr. 504.

1838. *1330 Februar 1. Avignon.*

Iohannes XXII Rupertum comitem Palatinum rogat, quatinus Salmanno electo Wormaticensi, cuius adversarius Gerlacus dictus Pincerna canonicus Spirensis detinet occupatam ecclesiam Wormaciensem, ad recuperandum et retinendum possessionem eiusdem ecclesie et tocius episcopatus Wormaciensis prestet auxilium consilium et favorem.

Pro firmo gerimus ... Dat. [Avin.] kl. februarii a. quartodecimo.

In e. m. Symoni et Iohanni comitibus de Spaynheym.

In e. m. Conrado comiti Irsuto.

Reg. 115 f. 163 nr. 1920; Rz. 1261.

1839. *1330 Februar 4. Avignon.*

Iohannes XXII Iacobo quondam Bertholdi de Clavy de Maguntia confert eccl. S. Andree Colon. canonicatum, prebendam vero eidem reservat, non obstante quod parrochialem ecclesiam S. Pauli Erfordensem obtinet et in ecclesia Montis S. Marie in Frankinvort Magunt. dioc. sub expectatione prebende in canonicum est receptus et quod beneficium ecclesiasticum cum cura vel sine cura ad dispositionem prepositi eccl. Magunt. auctoritate apostolica expectat.

Suffragantia tibi merita . . . Dat. Avin. II nonas februarii a. quartodecimo.

In e. m. decano S. Georgii Colon. et Tullensis ac Bunnensis Colon. dioc. scolasticis ecclesiarum.

Reg. 93 nr. 633.

1840. *1330 Februar 4. Avignon.*

Iohannes XXII Iohanni nato quondam Petri de Buckenheym confert eccl. S. Arnualis Met. dioc., canonicatum, prebendam vero eidem reservat.

Attributa tibi multiplicia . . . Dat. Avin. II nonas februarii a. quartodecimo.

In e. m. abbati monasterii in Hornbach et decano S. Stephani Sarburgensis Met. dioc. ac Iacobo de Mutina scolastico Tull. ecclesiarum.

Reg. 95 nr. 135.

1841. *1330 Februar 13. Avignon.*

[Iohannes XXII] archiepiscopo Ebredunensi et preposito monasterii S. Marie extra muros Nussienses Colon. dioc. per prepositum soliti gubernari ac decano eccl. Wormatiensis.

Dilectus filius Theodericus de Nussia canonicus ecclesie S. Gwidonis Spirensis in nostra proposuit presentia constitutus, quod ipse studio divini iuris, theologie videlicet facultatis, quod de mandato nostro apud sedem apostolicam regitur, iam per unum annum et amplius institit et insistit. Cum autem fe. re. Honorius papa III predecessor noster duxerit statuendum, ut studentes in facultate predicta per annos quinque percipiant de licentia dicte sedis proventus beneficiorum suorum, non obstante aliqua consuetudine vel statuto ac postmodum pie memorie Innocentius papa IIII predecessor noster statuerit, ut in dicta facultate studentes penes sedem eandem talibus omnino privilegiis libertatibus et immunitatibus gaudeant, quibus gaudent studentes in scolis, ubi generale regitur studium, ac integre percipiant proventus suos ecclesiasticos sicut illi, nos . . . discretioni vestre . . .

mandamus, quatinus . . . eidem canonico apud dictam sedem huiusmodi studio insistenti faciatis fructus . . . prebende, quos in eadem ecclesia obtinet, cotidianis distributionibus dumtaxat exceptis, iuxta predictarum constitutionum tenores per idem quinquennium integre ministrari, . . . Dat. Avin. idus februarii a. quartodecimo.

Reg. 93 nr. 721.

1842. *1330 Februar 13.* (*Avignon.*)

[Iohannes XXII] Henderico preposito S. Severi[ni] Coloniensis et Godescalco de Barbergh scolastico Bunnensis Colon. dioc. ecclesiarum.

Nuper ad noticiam nostram . . . deducto . . . ad commendatorem domus B. Marie Theotonicorum Coloniensis recipientem nomine sui ordinis undecim marchas auri cum dimidia ad pondus Coloniense ad cameram nostram spectantes sibi per Theodoricum de Polonia, qui se facit nominari fratrem Iohannem de Polonia, dicti ordinis presentat[as] pervenisse[a] . . . nos . . Henrico procuratori dicti ordinis in Romana curia in nostra presentia constituto expresse mandavimus, ut ordinaret et faceret dictam pecuniam eidem camere integraliter presentari. Et licet idem commendator per . . Gasberti archiepiscopi Arelatensis camerarii nostri et dicti procuratoris litteras, quod huiusmodi pecuniam deberet dicte camere presentare, fuerit specialiter requisitus, ipse tamen id facere non curavit. Nos vero . . . discretioni vestre . . . mandamus, quatinus . . . eundem commendatorem ex parte nostra monere ac eidem expresse mandare curetis, ut infra unius mensis spacium a die monitionis . . . computandi predictas undecim marchas cum dimidia auri prefate camere studeat assignare. Alioquin ipsum peremptorie citare curetis, ut infra triginta dies dictum mensem immediate sequentes personaliter apostolico se conspectui representet, auditurus et facturus, quicquid ei super hiis duxerimus iniungendum. Diem autem monitionis ac citacionis et mandati huiusmodi nobis per vestras patentes litteras . . . fideliter intimare curetis. Dat. idus februarii a. quartodecimo.

Reg. 115 ps. II f. 158' nr. 1897.

1843. *1330 Februar 20.* (*Avignon.*)

Iohannes XXII Iohanni de Bunna decano ecclesie Bunnensis Colon. dioc. capellano sedis apostolice indulget, ut eius confessor ydoneus, quem duxerit eligendum, omnium peccatorum plenam remissionem

a) pervenerant *in reg.*

ei semel in mortis articulo concedere valeat. Ne autem, quod absit, propter huiusmodi gratiam reddatur proclivior ad illicita imposterum committenda, remissio eidem quoad illa predicta nullatenus suffragetur, si ex confidentia remissionis huiusmodi aliqua forte committeret.

Ferventis devotionis affectus . . . Dat. X kl. martii a. quartodecimo.

Reg. 115 ps. II f. 83' nr. 1449.

1844. *1330 Februar 20. Avignon.*

Iohannes XXII Iohannem de Carpena habilitat.

[Iohannes XXII] Iohanni de Carpena presbitero Colon. dioc.

Exigentibus tue meritis . . . Sane petitio pro parte tua nobis exhibita continebat, quod dudum super defectu natalium, quem pateris de soluto genitus et soluta, quod . . . posses ad omnes ordines promoveri et ecclesiasticum beneficium obtinere, etiam si curam animarum haberet, tecum exstitit auctoritate apostolica dispensatum, post quam dispensationem tu ad omnes ordines promotus quandam capellaniam hospitalis S. Egidii in Bunna Colon. dioc. fuisti canonice assecutus et ea processu temporis dimissa quoddam altare in ecclesia Bunnensi tibi collatum acceptasti et illud per quatuor annos detinuisti ac subsequenter dictum altare cum quadam cappellania S. Bonifacii Colon. permutasti eamque per alios quatuor annos retinuisti, fructus licet, ut asseris, modicos percipiens ex eisdem; et quod postmodum . . . beneficium ecclesiasticum cum cura vel sine cura spectans ad collationem . . abbatis monasterii Tuitiensis . . . conferendum tibi per nostras litteras duximus reservandum, non obstante inter alia quod dictam capellaniam S. Bonifacii obtinebas, nulla tamen de defectu huiusmodi aliisque supradictis habita mentione. Quare nobis humiliter supplicasti, ut cum tu, sicut asseris, in premissis non malitiose, sed per simplicitatem et iuris ignorantiam deliqueris, credens vigore dispensationis predicte hoc tibi de iure licere, providere tibi . . . dignaremur. Nos itaque . . . te . . ut . . . aliud beneficium ecclesiasticum, etiam si ei cura immineat animarum, . . . valeas, habilitamus . . . Volumus tamen, quod predictam capellaniam S. Bonifacii, si eam adhuc obtines, ex nunc realiter omnino dimittas, decernentes nichilominus prefatas nostras litteras . . . nullius existere firmitatis . . . Dat. Avin. X kl. martii a. quartodecimo.

Reg. 94 nr. 407.

1845. *1330 Februar 20. Avignon.*

Iohannes XXII Walramo Heymkini de Bunna confert eccl. S. Marie ad gradus Colon. canonicatum, prebendam vero eidem reservat.

Probitatis tue merita . . . Dat. Avin. X kl. martii a. quartodecimo.

In e. m. S. Gereonis et S. Georgii Colon. decanis ac scolastico Tullensis ecclesiarum.

Reg. 96 nr. 3186.

1846. *1330 Februar 20. Avignon.*

Iohannes XXII Iohanni Heymkini de Bunna confert eccl. S. Andree Colon. canonicatum, prebendam vero eidem reservat, non obstante, quod in eccl. monasterii in Rindorp Colon. dioc. canonicatum et prebendam obtinet.

Laudabile testimonium, quod . . . Dat. Avin. X kl. martii a. quartodecimo.

In e. m. S. Georgii et S. Gereonis Colon. decanis ac Iacobo de Mutina scolastico Tullensis ecclesiarum.

Reg. 96 nr. 3187.

1847. *1330 Februar 20. Avignon.*

Iohannes XXII Geraldo Heymkini confert eccl. Bunnensis Colon. dioc. canonicatum, prebendam vero eidem reservat.

Apostolice liberalitatis dexteram . . . Dat. Avin. X kl. martii a. quartodecimo.

In e. m. S. Gereonis et S. Georgii Colon. decanis ac magistro Iacobo de Mutina scolastico Tullensis eccl. capellano papali.

Reg. 96 nr. 3188.

1848. *1330 Februar 20. Avignon.*

Iohannes XXII Theodorico de Cravendone confert eccl. Colon. canonicatum, prebendam vero eidem reservat.

Nobilitas generis, morum decor . . . Dat. Avin. VII kl. martii a. quartodecimo.

In e. m. preposito S. Gereonis Colon. et decano Xanctensis Colon. dioc. ac magistro Iacobo de Mutina scolastico Tullensis eccl. capellano papali.

Reg. 95 nr. 451.

1849. *1330 Februar 25. Avignon.*

Iohannes XXII episcopo Leodiensi mandat, quatinus, si revera inveniat, monasterium B. Marie in Capitolio Colon. propter multa temporis incommoda et nobilium et aliarum personarum multitudinem ad id confluentium adeo esse in suis redditibus diminutum et alias aggravatum, quod ipsa abbatissa non potest de residuis fructibus eiusdem monasterii commode sustentari nec incumbentia sibi onera supportare — sicut asseritur ab abbatissa — uniat et connectet mense dicta abbatisse parrochiales ecclesias in Dalheim et in Mile ac in Keyenburgh Colon. et Leod. dioc.

Petitio pro parte dilecte ... Dat. Avin. V kl. martii a. quartodecimo.

Reg. 95 nr. 520; Rz. 1272.

1850. *1330 Februar 26. Avignon.*

Iohannes XXII confirmat, quecunque Henricus archiepiscopus Coloniensis statuit de reformatione monasterii monialium in Engildale ord. S. Augustini.

[Iohannes XXII] priorisse et conventui monasterii monialium in Engildale per priorissam soliti gubernari ordinisS. Augustini Colon. dioc.

Apostolice sedis benignitas ... Sane oblate nobis pro parte vestra petitionis series continebat, quod ab olim vos incluse in castris claustralibus, mente tamen libera devot[ionis] impendebatis domino famulari et quod dilecti fratres ordinis Heremitarum S. Augustini in opido Bramen[si] Colon. dioc. commorantes de regimine dicti monasterii et personarum degentium in eodem se intromittere nullo super hoc privilegio seu auctoritate sedis apostolice vel diocesani loci muniti temeritate propria presumpserunt, et sic medio tempore . . . facultates vestre et ipsius monasterii exhauste fuerunt, quod nedum in temporalibus sed etiam in spiritualibus defecistis. Verum huiusmodi defectum seu collapsum eiusdem monasterii ... Henricus archiepiscopus Coloniensis diocesanus vester aspiciens ... vos sub sua protectione et regimine speciali recepit, vobis auctoritate ordinaria concedens, ut possitis immunitate gaudere ac oratorium in dicto monasterio cum unica campana eligere et habere ac in eo divina officia sicut cetere moniales Coloniensis civitatis et diocesis celebrare et facere celebrari et sub eiusdem S. Augustini regula vitam ducere ... nonnulla alia salubria quoad reformationem morum status et spiritualis discipline ... statuendo, prout in autenticis litteris inde confectis eiusdem archiepiscopi sigillo munitis plenius continetur. Quare nobis humiliter supplicastis, ut premissa confirmationis nostre fulcire presidio dignaremur. Nos igitur ... que super hiis per prefatum archiepiscopum provide facta sunt, rata et grata habentes, ... confirmamus ... Dat. Avin. IIII kl. martii a. quartodecimo.

Reg. 95 nr. 28; Rz. 1273.

1851. *1330 Februar 27. Avignon.*

Iohannes XXII Petro dicto Speciario civi Colon. reservat officium ecclesiasticum consuetum ab olim laicis assignari ad dispositionem abbatisse monasterii B. Marie in Capitolio Colon. spectans.

Vite ac morum honestas ... Dat. Avin. III kl. martii a. quartodecimo.

In e. m. decano Bunnensis Colon. et Tullensis ac S. Georgii Colon. scolasticis ecclesiarum.

Reg. 95 nr. 842.

1852. *1330 Februar 27. (Avignon.)*

Iohannes XXII Iohannem de Bunna decanum ecclesie Bunnensis Colon. dioc. adiungit Heyderico preposito S. Severini Colon. et Godescalco de Barbeegh scolastico Bunnensis Colon. dioc. eccl. tertium collectorem fructuum primi anni beneficiorum ecclesiasticorum tunc vacantium et usque ad triennium vacaturorum necnon residuorum de fructibus beneficiorum alias reservatorum ac legatorum Terre Sancte relictorum et decime sexennalis dudum per Clementem V in concilio Viennensi imposite necnon census annui Romane ecclesie debiti in civitate diocesi ac provincia Coloniensi.

Cum nuper dilectos ... Dat. III kl. martii a. quartodecimo.

Reg. 115 p. II f. 159 nr. 1898.

1853. *1330 Februar 27. (Avignon.)*

Iohannes XXII Iohannem de Bunna decanum eccl. Bunnensis Colon. dioc. recipit in suum capellanum commensalem et capellanorum suorum commensalium consorcio aggregat.

Morum honestatem fameque ... Dat. III kl. marcii a. quartodecimo.

Reg. 115 ps. II f. 156' nr. 1886; Rz. 1274.

1854. *1330 Februar 27. Avignon.*

Iohannes XXII Gobelino de Berke clerico Colon. dioc. reservat beneficium ecclesiasticum cum cura vel sine cura, cuius redditus, si cum cura fuerit, viginti quinque, si vero sine cura fuerit, quindecim marcharum argenti secundum taxationem decime valorem annuum non excedunt, ad dispositionem prepositi decani et capituli eccl. S. Gereonis Colon. communiter vel divisim spectans.

Probitatis merita, quibus . . . Dat. Avin. III kl, martii a. quartodecimo.

In e. m. Iohanni de Bunria (!) decano Bunriensis (!) Colon. dioc. capellano papali et Tullensis ac S. Georgii Colon. scolasticis ecclesiarum.

Reg. 95 nr. 1064.

1855. *1330 Februar 27. Avignon.*

Iohannes XXII Gerhardo de Heringhen confert eccl. S. Marie ad gradus Colon. canonicatum, prebendam vero ac officium sine cura in eadem eccl. eidem reservat, non obstante quod in eccl. Susatiensi canonicatum et prebendam et cantoriam, que est simplex officium sine cura, et quandam curtem seu obedientiam ac parrochialem ecclesiam S. Petri Susatiensi Colon. dioc. obtinet.

Laudabile testimonium, quod . . . Dat. Avin. III kl. martii a. quartodecimo.

In e. m. abbati monasterii Tuiciensis Colon. dioc. et magistro Iacobo de Mutina scolastico Tullensis capellano papali ac Syfrido de Rennenberg canonico Colon. eccl.

Reg. 95 nr. 437.

1856. *1330 Februar 27. Avignon.*

Iohannes XXII Burchardo de Camene canonico eccl. Susaciensis Colon. dioc. reservat beneficium ecclesiasticum cum cura vel sine cura ad dispositionem prepositi et decani eccl. Susaciensis Colon. dioc. communiter vel divisim pertinens, non obstante quod canonicatum et unam de minoribus prebendis sub expectatione maioris prebende in dicta ecclesia auctoritate apostolica obtinet.

Ex tue probitatis meritis . . . Dat. Avin. III kl. martii a. quartodecimo.

In e. m. abbati monasterii Tuiciensis Colon. dioc. et decano S.

Marie ad gradus Colon. ac magistro Iacobo de Mutina scolastico Tullensis eccl. capellano papali.

Reg. 94 nr. 957.

1857. *1330 Februar 27. Avignon.*

Iohannes XXII Franconi de Favea (!) confert eccl. Xanctensis Colon. dioc. canonicatum, prebendam vero ac ferculum eidem reservat.

Laudabilia tue merita . . . Dat. Avin. III kl. martii a. quartodecimo.

In e. m. Tullensis et S. Severini ac S. Georgii Colon. scolastico ecclesiarum.

Reg. 96 nr. 3396.

1858. *1330 Februar 28. Avignon.*

Iohannes XXII Iohannem de Syberg habilitat.

Iohannes XXII Iohanni de Syberg diacono Colon. dioc.

Vite ac morum honestas . . . Sane pro parte tua nobis exhibita petitio continebat, quod tu olim parrochialem ecclesiam in Keveu Colon. dioc. . . . per duos annos et decem menses vel ultra tenuisti, fructus percipiens ex eadem, et licet infra tempus debitum ad diaconatus ordinem promotus fueris, non tamen te fecisti in presbiterum promoveri, quodque postmodum dictam ecclesiam cum canonicatu et prebenda S. Georgii Colon. permutasti, quos sex annos vel circa tenuisti, sicut adhuc tenes, nullos fructus percipiens ex eisdem, dispensatione . . . non obtenta, quodque per diversas litteras apostolicas per te interim impetratas beneficium ecclesiasticum cum cura vel sine cura spectans communiter vel divisim ad . . . dispositionem . . . decani et capituli ecclesie Coloniensis expectas ac canonicatum ecclesie monasterii B. Marie in Capitolio Coloniensis ord. S. Bened. sub expectatione prebende et beneficii ecclesiastici sine cura, obediencie curtis seu decime ad . . . dispositionem . . . abbatisse et conventus dicti monasterii spectantium communiter vel divisim nosceris obtinere . . . Nos igitur . . . te . . ad quecunque ecclesiastica beneficia obtinenda, etiam si curam habeant animarum, . . . habilitamus . . . Prefatas autem litteras, per quas beneficium cum cura vel sine cura expectare et canonicatum sub expectatione prebende ac beneficii obediencie curtis vel decime obtinere te asseris, . . . nullius fore volumus roboris vel momenti . . . Dat. Avin. II kl. martii a. quartodecimo.

Reg. 96 nr. 3359.

1859. *1330 Februar 28. Avignon.*

Iohannes XXII Tullensis et S. Severini Colon. scolasticis ac Ambrosio de Lamayrola canonico Mediolanensis eccl. mandat, quatinus Iohanni de Syberg diacono Colon. dioc., quem ipse habilitavit, canonicatum et prebendam S. Georgii Colon. de iure vacantes conferre et assignare curent.

Vite ac morum honestas . . . Dat. Avin. III (!) kl. martii a. quartodecimo.

Reg. 96 nr. 3360.

***1860**. *1330 Februar 28. Avignon.*

Iohannes . . . . . decano ecclesie Sancti Georgii Coloniensis . . . Conqueste sunt nobis . . . . . abbatissa et conventus monasterii in Gyvelsberg Cisterciensis ordinis Colon. dioc., quod Theodericus dictus Zobbe, Pelegrinus dictus de Gole milites, Engilbertus dictus Bitter, Theodericus dictus Heymstede, Theodericus dictus de Ulenbroke, Henricus de Dungelen et Fletko de Nesselenroyde laici et Margareta relicta quondam Meynrici de Meyric laici vidua super quibusdam pecuniarum summis terris possessionibus et rebus aliis iniuriantur eisdem. Ideoque discretioni tue . . . mandamus, quatinus partibus convocatis audias causam et appellatione remota debito fine decidas . . . Dat. Avin. II kl. martii p. n. a. quartodecimo.

Or. membr. plumbo del. Sub plica ad sinistr. nihil. In plica ad dextr.: G Io. N. *In dorso:* Franco de Ruella. Col. — *Münster. Arch. reg. Stift Gevelsberg nr. 65.*

1861. *1330 März 9. Avignon.*

Iohannes XXII Petro de Unkelbach presbitero Colon. dioc. reservat beneficium ecclesiasticum cum cura vel sine cura ad dispositionem prepositi et decani ac capituli ecclesie Werdensis Colon. dioc. communiter vel divisim pertinens, cuius fructus, si cum cura, viginti, si vero sine cura fuerit, quindecim marcharum argenti secundum taxationem decime valorem annuum non excedunt, non obstante quod in eccl. Velckirgen, Trever. dioc. altare S. Georgii sine cura obtinet.

Suffragantia tibi merita . . . Dat. Avin. VII idus martii a. quartodecimo.

In e. m. preposito et decano S. Severini Colon. ac Iacobo de Mutina scolastico Tullensis eccl. capellano papali.

Reg. 94 nr. 720.

1862. *1330 März 11. Avignon.*

Iohannes XXII Nicolao nato Nicolai dicti ad Pomerium confert eccl. Limporgensis Trever. dioc. canonicatum, prebendam vero eidem reservat.

Apostolice liberalitatis dexteram ... Dat. Avin. V ydus martii a. quartodecimo.

In e. m. episcopo Wormatiensi et decano S. Iohannis ac scolastico S. Stephani ecclesiarum Maguntinarum.

Reg. 96 nr. 3525.

1863. *1330 März 12. Avignon.*

Iohannes XXII deputat tres executores, qui Henrico de Iuliaco (denuo) conferant preposituram eccl. S. Marie ad gradus Colon.

Iohannes XXII preposito Bunnensis Colon. dioc. et decano Engolismensis ac Karolo de Giscallo canonico Leod. eccl.

Probitatis merita, quibus ... Sane dudum ad audientiam nostram deducto quod prepositura eiusdem ecclesie [S. Marie ad gradus Colon.] ex eo tunc vacabat, quod ... Ropertus de Virneburg canonicus Treverensis, dum esset in minori constitutus etate, dictam preposituram tunc vacantem fuerat adeptus ... dispensatione ... non obtenta, et etiam quod dudum ... canonicatum ecclesie Treverensis eidem Roperto contulimus ac prebendam et dignitatem personatum vel officium ... in eadem Treverensi ecclesia ... dicto Roperto ... reservantes voluimus, quod idem Ropertus eandem preposituram omnino dimitteret, nos ... certis executoribus nostris dedimus litteris in mandatis, ut ... eadem preposituram prefato Henrico [de Iuliaco canonico S. Marie ad gradus] ... conferre et assignare curarent. Cum autem, sicut oblata nobis eiusdem Henrici petitio continebat, ab aliquibus asseratur, quod quondam Walramus de Arnsberg ultimus ante Ropertum prefatum eiusdem ecclesie S. Marie prepositus eandem preposituram cum certis aliis curatis beneficiis post et contra constitutionem, que incipit: Execrabilis usque ad suum obitum de facto detinuit et sic prepositura ipsa non premisso modo, sed vigore concilii generalis et constitutionis nostre predicte vacabat, nos ... discretioni vestre ... mandamus, quatinus . . . vocatis dicto Roperto et aliis, qui fuerint evocandi, predictam preposituram . . . prefato Henrico vel procuratori suo . . . conferre et assignare curetis . . . non obstante . . . quod idem Henricus in dicta Marie ad gradus ac in Traiectensi cum supplemento, Monasteriensi Werdensi Bunnensi Fritzlariensi Colon. et Maguntin. dioc. canonicatus et prebendas obtinet, de quibus nisi de sola prebenda S. Marie ad gradus adhuc nichil percepit, et quoddam officium Bilirbeke nuncupatum in dicta Monasteriensi ecclesiis ac ecclesiam S. Andree in Heckintal Pataviensis diocesis curatam a sede apostolica obtinet in commendam et in predicta Bunnensi . . . expectat curtes decimas seu obedieucias . . . et quod dudum eidem providimus de canonicatu et prebenda ac decanatu ecclesie Halberstadensis, quorum canonicatus prebende et decanatus possessionem nondum extitit assecutus. Volumus autem, quod idem Henricus, postquam dictam preposituram fuerit pacifice assecutus, iurii, quod in dicto decanatu . . . sibi competit, renunciet . . . Dat. Avin. IIII idus martii a. quartodecimo.

Reg. 96 nr. 3868.

1864. *1330 März 17. Trier.*

Baldoinus archiepiscopus Treveensis Iohanni XXII supplicat, quatinus absolvat Loretam comitissam de Spanheim dominam de Starkenberg.

Sanctissimo in Christo patri ac domino, domino Iohanni sacrosancte Romane ac universalis ecclesie digna dei providentia summo pontifici eiusque penitentiariis Baldoinus dei gracia Treverensis ecclesie archiepiscopus sacri imperii per Galliam archicancellarius devota pedum oscula beatorum. Sanctitati Vestre supplico humiliter et devote, quatinus spectabili matrone Lorete comitisse de Spanheym domine de Starkenberg et omnibus suis, qui culpabiles fuerunt et sunt in captivitate, in qua[a] ipsa olim per se et suos me et quosdam meos clericos quodam casu fortuito detinuit et fecit aliquamdiu detineri, super eo dignemini absolutionis beneficium impendere et ab ipsis cuiuslibet inhabilitatis et infamie notam ea occasione per ipsos contractam tollere graciose, quod de meo et dictorum meorum clericorum est consensu et bona ac libera voluntate. In cuius rei testimonium sigillum meum hiis litteris tergotenus est impressum. Dat. Treveris anno domini millesimo CCC̊.XXIX̊. die XVII. mensis martii.

(Inserte in Ioh. XXII litteras datas d. 4. Mai a. 1330.) Reg. 93 nr. 993; Reg. 115 ps. II f. 155 nr. 1881.

---

a) quam *in reg.*

1865. *1330 März 19. Avignon.*

Iohannes XXII Raymaro nato Henrici de Bruele confert eccl. S. Cuniberti Colon. canonicatum, prebendam vero eidem reservat.

Probitatis tue merita . . . Dat. Avin. XIIII kl. aprilis a. quartodecimo.

In e. m. S. Panthaleonis et S. Martini Colon. monasteriorum abbatibur ac decano eccl. S. Georgii Colon.

Reg. 96 nr. 3316.

1866. *1330 März 19. Avignon.*

Iohannes XXII Eymundo nato Eymundi de Velle confert eccl. S. Severini Colon. canonicatum, prebendam vero eidem reservat.

Attributa tibi merita . . . Dat. Avin. XIIII kl. aprilis a. quartodecimo.

In e. m. S. Panthaleonis et S. Materni (!) monasteriorum abbatibus ac decano eccl. S. Georgii Colon.

Rg. 96 nr. 3317.

1867. *1330 April 10. Avignon.*

Iohannes XXII Hermanno nato Hildegeri dicti de Baculo civis Colon. confert eccl. Xanctensis Colon. dioc. canonicatum, prebendam vero eidem reservat.

Sedis apostolice ampla . . . Dat. Avin. idus aprilis a. quartodecimo.

In e. m. S. Martini et S. Panthaleonis Colon. monasteriorum abbatibus ac Henrico de Iuliaco canonico Traiect.

Reg. 95 nr 1188.

1868. *1320 April 16. Avignon.*

Iohannes XXII Godefridum de Merheim monachum et priorem claustralem monasterii Brawilrensis ord. S. Bened. Colon. dioc. transfert in monasterium Sybergensem eiusdem ord. et dioc. eidemque reservat beneficium ecclesiasticum cum cura vel sine cura, etiam si dignitas vel administratio seu prioratus aut personatus seu officium existat, cuius fructus triginta marcharum argenti secundum taxationem decime valorem annuum non excedunt, ad dispositionem abbatis et conventus monasterii Sybergensis communiter vel divisim pertinens, consuetum per monachos monasterii Sybergensis gubernari.

Religionis zelus, vite . . . Dat. Avin. XVI kl. maii a. quartodecimo.

In e. m. decano S. Gereonis et thesaurario S. Kuniberti Colon. ac scolastico Tullensis eccl.

Reg. 96 nr. 8676.

1869. *1330 April 22. Avignon.*

Iohannes XXII diffinitoribus capituli generalis ordinis fratrum Predicatorum ceterisque fratribus eiusdem ordinis Colonie in eodem capitulo congregatis destinat litteras, quibus eos hortatur, quatinus sint concordes et deo insistant devotis precibus, ut ecclesiam a Ludovico de Bavaria suisque sequacibus et complicibus misericorditer liberet; procurentque confutare ac confundere constanter et intrepide errores et hereses Michaelis de Cesena eiusque complicum et sequacium.

Quia sanctam congregationem vestram . . . Dat. Avin. X kl. maii a. quartodecimo.

In e. m. priori generali et diffinitoribus capituli generalis ordinis fratrum B. Marie de Montecarmelo ceterisque fratribus eiusdem ordinis Valenchinis . . diocesis in eodem capitulo congregatis. Dat. ut supra.

Reg. 115 ps. II f. 116 nr. 1942; Rz 1304.

1870. *1330 April 23. Avignon.*

Iohannes XXII Petro Giselberti de Confluentia confert eccl. S. Castoris in Cardono Trever. dioc. canonicatum, prebendam vero ac dignitatem vel personatum seu officium in eadem eccl. eidem reservat.

Apostolice sedis gratiosa . . . Dat. Avin. VIIII kl. maii a. quartodecimo.

In e. m. archiepiscopo Ebredunensi et abbati monasterii in Romerstorf ac thesaurario ecclesie Montis Sancti Beati prope Confluentiam Trever. dioc.

Reg. 96 nr. 842.

1871. *1330 April 23. Avignon.*

Iohannes XXII Iohanni dicto Ryman de Aschenbergh canonico eccl. S. Mauricii extra muros Monasteriensis reservat beneficium ecclesiasticum cum cura vel sine cura, cuius fructus, si cum cura, viginti quinque, si vero sine cura fuerit, quindecim marcharum argenti secundum taxationem decime valorem annuum non excedunt, ad dispositionem capituli eccl. S. Andree Colon. communiter vel divisim pertinens, non obstante quod in eccl. S. Mauricii predicta sub expectatione prebende maioris et dignitatis seu personatus vel officii cum cura vel sine cura auctoritate litterarum apostolicarum in canonicum est receptus. Tamen litteras quoad dignitatem seu personatum vel curatum officium cassat.

Apostolice munificentie dexteram . . . Dat. Avin. VIIII kl. maii a. quartodecimo.

In e. m. decano Monaster. et Tullensis ac S. Gereonis Colon. scolasticis ecclesiarum.

Reg. 96 nr. 1099.

1872. *1330 April 23. Avignon.*

[Iohannes XXII] venerabilibus fratribus archiepiscopis etc.

Cum dilecta in Christo filia nobilis mulier Loretta de Spaynheym que nuper ad sedem apostolicam pro certis negotiis conscienciam suam tangentibus venerat, ab eadem sede discedens ad partes Alamanie dirigat gressus suos, universitatem vestram monemus . . . quatenus . . . eidem sueque familie nullas iniurias . . . in personis seu bonis eorum inferatis . . .

Dat. Avin. VIIII kl. maii a. decimo quarto.

Reg. 115 f. 92 nr. 1498; Rz. 1310.

1873. *1330 April 23. Avignon.*

Iohannes XXII Osnaburgensi et decanis Assindensis ac Aldenzelensis Coloniensis ac Traiectensis diocesis ecclesiarum mandat, quatinus episcopo decano et capitulo Monasteriensi efficacis defensionis presidio assistentes deputati usque ad quinquennium conservatores et iudices non permittant eosdem super bonis et iuribus suis a quibuscumque indebite molestari.

Militanti ecclesie licet immeriti . . . Dat. Avin. VIIII kl. maii a. quartodecimo.

Reg. 96 nr. 1327; Rz. 1308.

1874. *1330 April 24. Avignon.*

Iohannes XXII Coloniensem Maguntinum Bremensem Salzburgensem archiepiscopos necnon Argentinensem Spirensem Constanciensem Pataviensem Ratisponensem Bambergensem et Frisingensem episcopos ac administratorem Basiliensem hortatur, quatinus viriliter se accingant ad resistendum Michaeli de Cesena necnon Iacobo olim episcopo Castellano, qui dudum ad Ludevicum de Bavaria se transtulit eisque adhesit et a Petro de Corvaria titulum cardinalatus de facto recepit. Ceterum procurent operosam adhibere diligentiam circa captionem et tutam custodiam eorundem Michaelis et Iacobi.

Sicut vestra prudentia . . . Dat. VIII kl. maii a. quartodecimo.

Reg. 115 ps. II f. 159 nr. 1899; Rz. 1324.

1875. *1330 April 24. Avignon.*

Iohannes XXII Lorette comtisse de Sepainhein (!) indulget, ut eius confessor, quem duxerit eligendum, omnium peccatorum plenam remissionem ei semel tantum in mortis articulo concedere valeat. Vult tamen, quod si ipsa ex confidentia remissionis huiusmodi aliqua forte committeret, quoad illa predicta remissio ei nullatenus suffragetur.

Puritas tue devotionis . . . Dat. Avin. VIII kl. maii p. n. a. quartodecimo.

Reg. 94 nr. 454; Rz. 1312.

1876. *1330 April 24. Avignon.*

Iohannes XXII Lorette comitisse de Spainheim indulget, ut si forsan ad loca ecclesiastico supposita interdicto eam pervenire contigerit, in illis sibi ac filiis suis et familie sue missam et alia divina officia possit facere celibrari per proprium vel alium sacerdotem ydoneum, ianuis clausis etc.

Devotionis tue sinceritas . . . Dat. Avin. VIII kl. maii a. quartodecimo.

Reg. 85 nr. 524.

1877. *1330 April 24. Avignon.*

Iohannes XXII Lorette comitisse de Spainheim indulget, ut monasterium de Heymerode Cisterc. ord. Colon. (!) dioc. seu ipsius monasterii ecclesiam, ubi corpus quondam Henrici comitis de Spainheim eius mariti est sepultum, intrare valeat cum decenti comitiva annis singulis in anniversario eiusdem pro faciendo fieri sollennes exequias in eodem.

Ex devotionis tue meritis . . . Dat. Avin. VIII kl. maii a. quartodecimo.

Reg. 95 nr. 523.

1878. *1330 April 24. Avignon.*

Iohannes XXII Lorette comitisse de Spainheim indulget (facultatem) habendi secum altare portatile, super quo in locis ad hoc congruentibus et honestis possit per proprium vel alium sacerdotem ydoneum missam et alia divina officia coram se ac filiis suis et familia sua facere celebrari.

Sincere devotionis affectus . . . Dat. Avin. VIII kl. maii a. quartodecimo.

Reg. 95 nr. 522.

1879. *1330 April 24. Avignon.*

Iohannes XXII Gotfrido nato quondam Henrici comitis de Spainheim confert eccl. Coloniensis canonicatum, prebendam vero eidem reservat, non obstante quod in eccl. Treverensis sub expectatione prebende in canonicum est receptus.

Illis libenter apostolice . . . Dat. Avin. VIII kl. maii a. quartodecimo.

In c. m. decano et cantori B. Marie Aquensis Leod. dioc. ac Henrico de Iuliaco canonico Traiect. ecclesiarum.

Reg. 96 nr. 609.

1880. *1330 April 24. Avignon.*

Iohannes XXII Henrico nato quondam Henrici comitis de Spainheim confert eccl. Maguntine canonicatum, prebendam vero eidem reservat.

Apostolice sedis copiosa . . . Dat. Avin. VIII kl. maii a. decimoquarto.

In c. m. decano et cantori B. Marie Aquensis Leod. dioc. ac Henrico de Iuliaco canonico Traiectensi.

Reg. 94 nr. 840; Rz. 1313.

1881. *1330 April 24. Avignon.*

Iohannes XXII Henrico de Aquis confert eccl. Cardonensis

Trever. dioc. canonicatum, prebendam vero eidem reservat, non obstante quod parrochialem ecclesiam de Ellinbach dicte dioc., que, ut asseritur, modici valoris existit, obtinet.

Laudabile testimonium, quod . . . Dat. Avin. VIII kl. maii a. quartodecimo.

In e. m. decano et cantori S. Marie de Aquis Leod. dioc. ac Henrico de Iuliaco canonico Traiect.

Reg. 95 nr. 418.

***1882.** *1330 April 24. Avignon.*

Iohannes XXII Iohanni nato Henrico dicti Muditz de Traynrebach clerico Trever. reservat beneficium ecclesiasticum cum cura vel sine cura consuctum ab olim clericis secularibus assignari, cuius fructus, si curatum, viginti quinque, si vero sine cura fuerit, quindecim marcharum argenti valorem annuum non excedant, ad dispositionem abbatis et conventus monasterii S. Maximini iuxta muros Trever. communiter vel divisim pertinens.

Suffragantia tibi merita . . . Dat. Avin. VIII kl. maii a. XIIII.

In e. m. abbati monasterii S. Pantaleonis et preposito S. Andree Colon. ac Henrico de Iuliaco canonico Traiect. ecclesiarum.

Reg. 95 nr. 323. — Or. membr. cum plumbo pend. Sub plica ad sinistr.: A. de Villa. *In plica ad dextr.:* Branch. *In dorso:* Ponsardius. *Coblenz. Arch. reg.*

1883. *1330 April 24. Avignon.*

Iohannes XXII Iohanni nato nobilis viri Iohannis dicti Beisze de Walduke militis confert eccl. S. Florini in Confluentia Trever. dioc. canonicatum, prebendam vero eidem reservat.

Nobilitas generis, vite . . . Dat. Avin. VIII kl. maii a. quartodecimo.

In e. m. abbati monasterii de Sprenkirspach Trever. dioc. et decano Trever. ac Henrico de Iuliaco canonico Traiect. ecclesiarum.

Reg. 95 nr 199.

1884. *1330 April 24. Avignon.*

Iohannes XXII Nicolao nato Hugelini de Swarzenberg confert

eccl. S. Arnualis Met. dioc. canonicatum, prebendam vero eidem reservat.

Probitatis et virtutum merita . . . Dat. Avin. VIII kl. maii a. quartodecimo.

In e. m. Trever. et Met. decanis ac Henrico de Iuliaco canonico Traiect. ecclesiarum.

Reg. 95 nr. 198.

1885. *1330 April 24. Avignon.*

Iohannes XXII Trever. et Met. decanis ac Henrico de Iuliaco canonico Traiect. eccl. mandat, quatinus Katherinam natam Hugelini de Swarzenberg puellam litteratam cupientem in monasterio monialium in Luterni (!) ord. S. Bened. Trever. dioc. una cum abbatissa et conventu domino famulari, si sit ydonea et aliud canonicum non obsistat, in dicto monasterio faciant recipi in monacham.

Prudentum virginum votis . . . [Dat. Avin. VIII kl. maii a. quartodecimo.]

Reg. 95 nr. 514.

1886. *1330 April 24. Avignon.*

Iohannes XXII Wirico nato nobilis viri Richardi de Linche (*vel:* Buche) militis confert eccl. S. Severi Monasteriensis in Meinnevelt Trever. dioc. canonicatum, prebendam vero eidem reservat, non obstante quod parrochialem ecclesiam in Winterich dicte dioc. obtinet.

Nobilitas generis, vite . . . Dat. Avin. VIII kl. maii a. quartodecimo.

In e. m. abbati monasterii de Sprenkirspach Trever. dioc. ac decano Trever. et Henrico de Iuliaco canonico Traiect. ecclesiarum.

Reg. 95 nr. 412.

1887. *1330 April 24. Avignon.*

Iohannes XXII decano et[a] Ludolpho de Holvels Trever. ac Henrico de Iuliaco Traiect. canonicis ecclesiarum mandat, quatinus Demudem de Smedeburg puellam litteratam Magunt. dioc. cupientem in monasterio monialium in Macra Cisterc. ord. Trever. dioc. domino

a) de *in reg.*

famulari una cum abbatissa et conventu, si sit ydonea et aliud canonicum non obsistat, in dicto monasterio recipi faciant in monacham.

Prudentum virginum votis . . . Dat. Avin. VIII kl. maii a. quartodecimo.

Reg. 95 nr. 513.

1888. *1330 April 24. Avignon.*

Iohannes XXII decano et Ludolpho de Holvels Trever. ac Henrico de Iuliaco canonicis Traiect. eccl. mandat, quatinus Annam de Smedeburg puellam litteratam Magunt. dioc. cupientem in monasterio monialium in Angelica Porta Premonstrat. ord. Trever. dioc. una cum abbatissa et conventu domino famulari, si sit ydonea et aliud canonicum non obsistat, in dicto monasterio faciant recipi in monacham.

Prudentum virginum votis . . . [Dat. Avin. VIII kl. maii a. quartodecimo.]

Reg. 95 nr. 515.

1889. *1330 April 24. Avignon.*

Iohannes XXII decano et Ludolphu de Halvels (!) Trever. ac Henrico de Iuliaco Traiectensis canonicis ecclesiarum mandat, quatinus Iohannetam puellam litteratam cupientem in Monasterio Novo monialium ord. S. Bened. Met. dioc. una cum abbatissa et conventu domino famulari, si sit ydonea et aliud canonicum non obsistat, in dicto monasterio faciant recipi in monacham.

Prudentum virginum votis . . . [Dat. Avin. VIII kl. maii a. quartodecimo.]

Reg. 95 nr. 516.

1890. *1330 April 24. Avignon.*

Iohannes XXII scolastico et custodi Wetslariensis Trever. dioc. ac Henrico de Iuliaco canonico Traiect. eccl. mandat, quatinus Henricum natum Ulrici de Leffelcheit clericum Trever. dioc. cupientem in monasterio in Schoinauwe ord. S. Bened. eiusdem dioc. una cum abbate et conventu domino famulari, si sit ydoneus et aliud canonicum non obsistat, in dicto monasterio faciant recipi in monachum.

Cupientibus vitam ducere . . . Dat. Avin. VIII kl. maii a. quartodecimo.

Reg. 95 nr. 517.

1891. *1330 April 24. Avignon.*

Iohannes XXII scolastico et custodi Wetslariensis eccl. Trever. dioc. ac Henrico de Iuliaco canonico Traiect. eccl. mandat, quatinus Iohannem natum Berwini de Manuendal clericum Trever. dioc. cupientem in monasterio in Tolcya ord. S. Bened. Trever. dioc. una cum abbate et conventu domino famulari, si sit ydoneus et aliud canonicum non obsistat, in dicto monasterio recipi faciant in monachum.

Cupientibus vitam ducere . . . [Dat. Avin. VIII kl. maii a. quartodecimo.]

Reg. 95 nr. 518.

1892. *1330 April 24. Avignon.*

Iohannes XXII Reynero nato Giselberti de Smedeburg militis clerico Maguntino reservat beneficium ecclesiasticum cum cura vel sine cura, cuius fructus, si curatum, viginti quinque, si vero sine cura fuerit, quindecim marcharum argenti valorem annuum non excedant, ad dispositionem prepositi decani et capituli eccl. Magunt. communiter vel divisim pertinens.

Nobilitas generis, vite . . . Dat. Avin. VIII kl. maii a. XIIII.

In e. m. abbati S. Martini in Spainheim et preposito S. Christofori in Ravingersburg monasteriorum Magunt. dioc. ac Henrico de Iuliaco canonico Traiect.

Reg. 95 nr. 324.

1893. *1330 April 28. Avignon.*

Iohannes XXII Barnabe magistro ordinis fratrum Predicatorum et diffinitoribus capituli generalis eiusdem ordinis Colonie in proximo celebrandi destinat litteras tractantes de diversis eiusdem ordinis internis negotiis.

Etsi pacem velut . . . Dat. Avin. IIII kl. maii a. quartodecimo.

Reg. 115 ps. II f. 167 nr. 1948.

1894. *1330 Mai 3. Avignon.*

Iohannes XXII Godescalco Henrici de Clevis confert eccl. Xanctensis Colon. dioc. canonicatum, prebendam vero ac supplementum, quod ferculum inibi vulgariter nuncupatur, eidem reservat, non obstante quod parrochialem ecclesiam in Sonsbeke dicte dioc., cuius fructus sex marcharum argenti s. t. d. valorem annuum non excedunt, obtinet.

Attributa tibi merita . . . Dat. Avin. V nonas maii a. quartodecimo.

In e. m. S. Georgii Colon. et Embricensis Traiect. dioc. decanis ac magistro Iacobo de Mutina scolastico Tullensis eccl. capellano papali.

Reg. 96 nr. 3262.

1895. *1330 Mai 4. Avignon.*

Iohannes XXII episcopo Leodiensi concedit facultatem absolvendi Loretam comitissam de Spanheim eiusque complices precipitque, qualis penitentia eis sit iniugenda.

[Iohannes XXII] episcopo Leodiensi.

Licet atrocissima[a] sit illorum iniuria, qui manus sacrilegas in personas spiritualium patrum extendunt, et indigne auxilium ecclesie invocent, qui eam acerbiter in honorabilibus suis membris offendunt, tamen ecclesia ipsa, quod matris est exhibens non consuevit redeuntibus claudere gremium, sed ad sinum misericordie recipit penitentes. Sane petitio dilecte in Christo filie nobilis mulieris Lorete comitisse de Spanheym domine de Starkemberg Treverensis diocesis apud sedem apostolicam constitute nobis exhibita continebat, quod ipsa dudum associatis sibi quibusdam in hac parte complicibus et fautoribus in illam prorupit sacrilege temeritatis audaciam, quod venerabilem fratrem nostrum Baldoinum archiepiscopum Treverensem et nonnullos eius presbyteros et clericos tam religiosos quam seculares in comitiva existentes ipsius cepit et ad quoddam castrum duxit et aliquamdiu ibidem detinuit captivatos, quos omnes postmodum huiusmodi reatus penitens omnino illesos pristine restituit libertati. Cumque ipsa comitissa necnon dilecti filii nobiles viri Nicolaus de Novomonte et Valbertus de Starkenberg milites, Rigwinus de Milen, Nicolaus de Smedeburgh domicelli et Beltramus de Vakelor laicus Treverensis et Maguntine diocesium, qui eiusdem comitisse in captione et detencione predictis extiterunt complices et fautores, apud sedem apostolicam constituti, exhibentes coram nobis ad ostendendum, quod prefatus archiepiscopus pro se ac suis eiusdem comitisse suorumque in hac parte complicum absolutioni consentit expresse, patentes ipsius archiepiscopi litteras eiusque sigillo, ut prima facie apparebat, a dorso munitas, quarum

a) *carissima Rz. l. cit*

tenor inferius est insertus, nobis humiliter supplicarint, ut eis de absolucionis beneficio ab excommunicacionis et penis aliis, quas propter premissa incurrisse noscuntur, providere de benignitate apostolica misericorditer dignaremur, nos eiusdem archiepiscopi necnon carissimi in Christo filii nostri Iohannis regis Boemie illustris nobis eciam super hoc supplicantis prefateque comitisse supplicationibus benignius inclinati, eidem comitisse dictisque militibus domicellis et Beltramo apud dictam sedem presentibus, ut prefertur, per venerabilem fratrem nostrum Gaucellinum episcopum Albanensem penitenciarie nostre curam gerentem ab excommunicationis sentencia, quam propter premissa quomodolibet incurrerunt, prius ab eisdem comitissa militibus domicellis et Beltramo et eorum singulis de stando mandatis ecclesie atque nostris et iniungenda penitencia peragenda iuramento recepto, fecimus iuxta formam ecclesie beneficium absolucionis impendi ac eidem comitisse suisque filiis impuberibus penas, quas per fe. re. Cle[mentis] papa V predecessoris nostri constitutionem editam in consilio Viennensi seu alia iura canonica necnon per statuta provincialia et synodalia incurrerunt, propter hoc relaxari, iniuncta nichilominus eisdem comitisse militibus domicellis et Beltramo per prefatum episcopum penitencia, que sequitur, pro premissis: Videlicet quod ipsi et singuli, quam cito poterunt, ad civitatem seu locum solennem propinquiorem civitati Treverensi, cum ad eandem civitatem Treverensem pro peragenda penitencia huiusmodi absque personarum periculis non anderent, sicut in eorum asseruerunt consciencüs, accedere personaliter, se conferant et in aliquo festo solenni sicut in festo penthecostes proximo venturo, si fieri commode poterit, aliter in instanti festivitate beati Iohannis Baptiste vel alia solenni, ab ingressu civitatis vel loci nudis pedibus, et nihilominus prefati milites domicelli et Beltramus in tunicis sine corrigiis absque capuciis et insulis[a] et totaliter discopertis capitibus, portantes ipsorum singuli unum torticium cereum ponderis quatuor librarum ad minus accensum in manibus, gradiantur; et cum ad ecclesiam ipsam pervenerint, in maiori altari dicte ecclesie predicta torticia sic accensa devote ac humiliter offerant suumque reatum predictum ibidem confiteantur publice, cum maior ibidem aderit multitudo populi. Et si forsan prefata comitissa torticium tanti ponderis portare non posset, illud per alium coram se deferri faciat, et aliud minoris deferat ponderis, prout conscientia sibi dictaverit et viderit expedire. Preterea comitissa prefata, quam cito comode poterit, ad civitatem Treverensem quinquaginta transmittat homines, qui tute accedere audeant ad

a) *corr.:* cingulis?

eandem. Qui quidem homines in aliqua predictarum festivitatum vel alia solemni ab ingressu dicte civitatis usque ad maiorem ecclesiam Treverensem nudis pedibus incedentes, accensa torticia cerea portent in manibus, illa in maiori altari eiusdem ecclesia offerendo ipsiusque comitisse nomine, cum maior ibidem aderit multitudo populi, reatum predictum ibidem publice confitendo. Rursus fabricari faciat comitissa predicta quatuor lampades argenteas ponderis duodecim marcharum, quas tunc mittat eidem ecclesie per homines supradictos, ante maius altare predicte Treverensis ecclesie permansuras, pro quibus tenendis perpetuis temporibus ibidem sufficienter accensis certos acquirat de suo proprio redditus, quos assignare propter hoc memorate Treverensi ecclesie in perpetuum teneatur. Super quibus omnibus et singulis confici volumus litteras autenticas seu publica instrumenta seriem continentia presentium, nobis fideliter postmodum destinanda. Et ultra hoc, quod tam predicta comitissa quam milites domicelli et Beltramus predicti ieiunare per duos annos continuos in ferculis quadragesimalibus sextis feriis teneantur. Eademque comitissa in honorem quinque plagarum domini nostri Ihesu Christi quinque et quilibet aliorum predictorum unum pauperes reficiant per duos annos sextis feriis, quibus ieiunabunt, ut superius est expressum. Quocirca fraternitati tue per apostolica scripta committimus et mandamus, quatinus per te vel alium seu alios comitissam milites domicellos et Beltramum predictos denuncias ab eadem excommunicationis sententia, cum per eos requisitus fueris, absolutos, quibuscumque aliis eiusdem comitisse super predictis captione et detentione complicibus et fautoribus, qui ab eadem sententia petierint humiliter se absolvi, auctoritate nostra beneficium absolutionis iuxta ecclesie formam impendas, similem, que iniuncta est predictis militibus domicellis et Beltramo, penitentiam et alia, que de iure videris iniungenda, ipsis complicibus et fautoribus eorumque singulis per te absolvendis nichilominus iniungendo. Nos autem prefate comitisse ac militibus domicellis et Beltramo predictis mandamus in virtute prefati iuramenti, ut de cetero ad simile perpetrandum facinus prorumpere non attemptent quodque penitencias complere integraliter studeant supradictas; et idem aliis eiusdem comitisse a te absolvendis presentium auctoritate complicibus per te mandari volumus et iniungi. Tenor vero littere predicti archiepiscopi talis est: Baldoinus dei gracia *etc. (Vid. nr. 1864.).* Dat. Avin. IIII nonas maii a. quartodecimo.

Reg. 93 nr. 993; Reg. 115 ps. II f. 154 nr. 1880; Rz. 1321; Raynaldi, Annal. eccl. ad a. 1330 §§ 51, 52.

1896. *1330 Mai 4. Avignon.*

Iohannes XXII prioribus ministris custodibus et gardianis ceterisque fratribus Predicatorum Minorum B. Marie de Monte Carmelo et Heremitarum S. Augustini ordinum in civitate ac diocesi et provincia Maguntina constitutis mandat, quatinus processus ab archiepiscopo Coloniensi ac preposito ecclesie Zeflicensis contra adversarios Henrici archiepiscopi Maguntini habitos ac penas et sententias in eisdem contentas, que a nonnullis illorum, contra quos dicti processus facti sunt, deducuntur in contemptum, in suis sermonibus diebus dominicis et festivis in suis domibus ac ecclesiis et locis aliis faciendis, prout ab eisdem archiepiscopo Coloniensi et preposito Zeflicensi aut eorum altero requisiti fuerint, solenniter publicent ac etiam sententias in eisdem contentas processibus inviolabiliter observent.

Volentes dudum, quod . . . Dat. Avin. IIII nonas maii a. quartodecimo.

Reg. 115 ps. II f. 155 nr. 1881; Rz. 1318.

***1897.** *1330 Mai 7. Avignon.*

Iohannes XXII decano eccl. S. Gereonis Colon. mandat, quatinus ea, que de bonis et possessionibus monasterii in Ge[vilsberg] ord. Cisterc. Colon. dioc. per concessiones ab abbatissis et conventu factas alienata invenerit illicite vel distrata, ad ius et proprietatem eiusdem legitime revocare procuret, non obstantibus litteris instrumentis iuramentis renunciationibus penis et confirmationibus, per quas iste concessiones sint roborate.

Ad audientiam nostram pervenit . . . Dat. Avin. nonas maii p. n. a. quartodecimo.

Or. membr. plumbo del. In plica ad sinistr.: S / A. Dracon. *In plica ad dextr.:* pro P. de Farn. / G. de Castello. *In dorso: (non legibile). — Münster. Arch. reg. Gevelsberg 66.*

1898. *1330 Mai 7. Avignon.*

Iohannes XXII archiepiscopo Coloniensi ac Leodiensi Traiectensi et Monasteriensi episcopis mandat, quatinus nobilem virum Giselbertum de Brouchorst Traiectensis diocesis, qui in Arnoldum dictum Grelle prepositum eccl. S. Anscharii Bremensis a sede apostolica, ad quam dudum pro certis negotiis venerat, redeuntem una cum quibusdam suis complicibus manus iniciens violentas, eundem prepositum et nonnullos alios clericos, quas ipse in sua comitiva ducebat, captivavit eosque detinet, declarent, si ipsis de premissis constiterit, subiacere cum predictis complicibus sententiis excommunicationis et anathematis eosque faciant excommunicatos et anathematizatos publice nunciari, quousque dictus prepositus et alii de comitiva sua captivati restituti fuerint libertati ac de dampnis et iniuriis illatis eisdem plenarie extiterit satisfactum.

Perduxit nuper infausti . . . Dat. nonis maii a. quartodecimo.

Reg. 115 ps. II f. 156 nr. 1885.

***1899**. *1330 Mai 8. (Avignon.)*

Iohannes XXII abbati monasterii S. Maximini Trev. mandat, quatinus discernat litem inter decanum capitulumque Treverense ex una parte et Everhardum de Massa exaltera exortam. Cui papa providerat de canonicatu ecclesie Trever. sub expectatione prebende ac dignitatis seu personatus vel officii et deinde Iacobus de Mutina scolasticus eccl. Tullensis auctoritate apostolica executur deputatus contulerat prebendam eccl. Treverensis. Noviter vero eidem Everhardo contradicentibus decano et capitulo collata est prepositura eiusdem eccl. vacans per obitum Ioffridi de Rodemacra.

Sua nobis dilecti filii . . . Dat. Avin. VIII idus maii p. n. a. quartodecimo.

Or. membr. cum plumbo pend. — Apogr. in Docum. capituli Trever. t. III pg. 389. Coblenz. Arch. reg.

1900. *1330 Mai 9. Avignon.*

Iohannes XXII Raynaldo comiti Gelrensi concedit facultatem extrahendi infra limites terre sue de manibus laicorum quasdam novalium decimas convertendas ad construendam et dotandam quandam ecclesiam.

[Iohannes XXII] Raynaldo comiti Ghelrensi.

Exhibita nobis tua peticio continebat, quod nonnulli laici Coloniensis Leodiensis Monasteriensis et Traiectensis diocesium quasdam novalium decimas infra limites terre tue consistencium in animarum suarum periculum de facto occuparunt easque occupatas detinere illicite non formidant, quodque tu pro tue ac progenitorum tuorum animarum salute in fundo proprio Colon. dioc. quandam ecclesiam ad honorem dei et beatissime virginis Marie matris eius de novo construere et dotare proponis. Quare nobis humiliter supplicasti, ut tibi de manibus laicorum predictorum dictas decimas extrahendi, dummodo loci diocesanorum et ecclesiarum rectorum, in quarum parrochiis huiusmodi novalia sita sunt, ad id accedat assensus, ac ipsas decimas in augmentum dotis ecclesie predicte . . . convertendi concedere licentiam . . . dignaremur, maxime cum verisimiliter presumatur, quod huiusmodi decime nunquam per modum alium ad ecclesiam revertantur. Nos igitur . . . ut predictas decimas de manibus predictorum laicorum, dummodo . . . diocesani loci et rectorum predictorum ad id accedat assensus . . . extrahere ac ipsas in augmentationem dicte dotis . . . convertere libere valeas ac eidem ecclesie assignare, devotioni tue . . . concedimus facultatem. Volumus tamen, quod, nisi dictam ecclesiam duxeris construendam, supradicte decime ad illos, ad quos debent de iure reverti, ipso facto omnimode revertantur . . . Dat. Avin. VII idus maii a. XIIII.

Reg. 95 nr 727.

1901. *1330 Mai 9. (Avignon).*

Iohannes XXII deputat tres executores ad extrahendum de manibus laicorum in terra Gelrensi quasdam novalium decimas Raynaldo comiti Gelrensi concessas ad construendum et dotandum quandam ecclesiam.

[Iohannes XXII] S. Pauli Traiectensis et Campensis monasteriorum abbatibus ac decano ecclesie Embricensis Colon. et Traiect. dioc.

Exhibita nobis petitio . . . Raynaldi comitis Gelrensis et Suchanensis Traiect. dioc. continebat, quod nonnulli laici Colon. Leod. Monaster. et Traiect. dioc. quasdam novalium decimas infra limites terre eiusdem comitis consistentium . . . de facto occuparunt . . . quodque ipse comes . . . in fundo proprio dicte Colon. dioc. quandam ecclesiam ad honorem dei et Beatissime virginis . . . de novo construere et dotare proponit. Quare idem comes nobis humiliter supplicavit, ut sibi de manibus laicorum predictorum dictas decimas extrahendi, dummodo loci diocesani et ecclesiarum rectorum, in quarum parrochiis huiusmodi novalia sita sunt, ad id accedat assensus, ac ipsas decimas in augmentationem dotis ecclesie predicte . . . convertendi concedere licentiam . . . dignaremur, maxime cum verisimiliter presumatur, quod huiusmodi decime nunquam per modum alium ad ecclesiam revertantur. Nos igitur ... ut predictas decimas de manibus predictorum laicorum, dummodo, ut predicitur, diocesani loci et rectorum predictorum ad id accedat assensus, ... extrahere ac ipsas in augmentationem dotis predicte ecclesie per ipsum noviter construende et dotande convertere libere valeat ac eidem ecclesie assignare, devotioni sue ... concessimus facultatem. Volumus tamen, quod, nisi prelibatus comes dictam ecclesiam duceret construendam, supradicte decime ad illos, ad quos deberent de iure reverti, ipso facto omnino revertantur. Quocirca discretioni vestre ... mandamus, quatinus ... prefatos laicos ad dimittendum huiusmodi decimas in dotem eiusdem ecclesie convertendas, dummodo ad id diocesam et rectorum predictorum .. assensus accedat, ... per censuram ecclesiasticam compellatis ... Dat. Avin. VII idus maii a. quartodecimo.

Reg. 95 nr. 887.

1902. *1330 Mai 9. Avignon.*

Iohannes XXII cum Iohanne decano eccl. Xanctensis Colon. dioc., qui preter decanatum dicte eccl. in Zeflcensi Colon. dioc. necnon S. Andree Colon. ecclesiis canonicatus et prebendas obtinet, dispensat, ut non obstante defectu natalium, quem patitur de soluto genitus et soluta, ad omnes dignitates, episcopali et quacumque superiori dignitate excepta, eligi valeat et assumi.

Apostolice sedis gratiosa ... Dat. Avin. VII idus maii a. quartodecimo.

Reg. 96 nr. 3576.

1903. *1330 Mai 11. Avignon.*

[Iohannes XXII] decano S. Crucis et thesaurario ac Bernardo de Hulhoyfnen canonico maioris Leod. eccl.

Sedis apostolice circumspecta ... Cum itaque .. Theodericus de Esch parrochialem ecclesiam de Leughe Colon. dioc. tenuerit et possederit per quindecim annos et amplius et adhuc detinet et possidet in presbiterum non promotus dispensatione ... non obtenta et propterea tanto tempore dicta ecclesia vacaverit ... nos ... discretioni vestre ... mandamus, quatinus ... ecclesiam ipsam ... Gerardo [de Vivario canonico eccl. B. Marie Aquensis Leod. dioc.] ... conferre et assignare curetis, non obstante ... quod ipse Gerardus in predicta S. Marie

Aquensis et S. Geugulfi in Heynsberg canonicatus et prebendas obtinet ac in Xanctensi Colon. et Leod. dioc. eccl. sub expectatione prebende auctoritate apostolica in canonicum est receptus.

Sedis apostolice circumspecta . . . Dat. Avin. V idus maii a. quartodecimo.

Reg. 96 nr. 3166.

1904. *1330 Mai 11. (Avignon.)*

Iohannes XXII Henrico nato Gerardi de Cusino laici confert eccl. Bunnensis Colon. dioc. canonicatum, prebendam vero ei reservat.

Vite ac morum honestas . . . Dat. Avin. V idus maii a. quartodecimo.

In e. m. S. Panthaleonis et S. Martini Colon. monasteriorum abbatibus ac Henrico de Iuliaco canonico Traiect.

Reg. 95 nr. 1200.

1905. *1330 Mai 11. Avignon.*

Iohannes XXII Hermanno nato Iohannis de Pavone laico confert eccl. SS. Apostolorum Colon. canonicatum, prebendam vero eidem reservat.

Multiplicia merita probitatis . . . Dat. Avin. V idus maii a. quartodecimo.

In e. m. S. Panthaleonis et S. Martini Colon. monasteriorum abbatibus ac Henrico de Iuliaco canonico Traiectensi.

Reg. 94 nr. 471.

1906. *1330 Mai 11. Avignon.*

[Iohannes XXII] consulibus consilio et communi civitatis Coloniensis.

Claret in conspectu dei et apostolice sedis sinceritas vestre devocionis et fidei, quas ad sanctam Romanam, matrem vestram, ecclesiam tamquam filii benedictionis et gratie gessistis hactenus et gerere continue non cessatis. Nos itaque . . . vestram providenciam attentius in domino exhortamur, quatinus in fide et devotione huiusmodi . . . hereticorum et scismaticorum fraudulentis persuasionibus ac minis et promissionibus venenosis . . . omnino contemptis necnon penis ac sentenciis spiritualibus et temporalibus utique periculosis et gravibus, quibus ipsi et eorum complices, sequaces ... obnoxii et ligati existere dinoscuntur[a], vitatis, penitus velut viri fortes constantes et strenui persistatis, scituri quod nos et ecclesia memorata vobis et fidelibus aliis adversus eosdem scismaticos et hereticos, quorum potenciam et superbiam in brevi enervabit et conteret, ut speramus, altissimus, assistere divina gracia suffragante intendimus auxiliis consiliis et favoribus oportunis ... Dat. Avin. X kl. iunii a. decimoquarto.

In e. m. comiti Conrado Irsuto, ubi additur clausula: Peticiones autem tuas, quas cum deo potuimus, ad exaudicionis graciam duximus favorabiliter admittendas.

In e. m. Symoni et Iohanni comitibus de Spanheim.

Reg. 115 ps. II f. 168' nr. 1953; Rz. 1325.

1907. (*1330*) *Mai 26. Landau.*

Otto dux Austrie et Styrie Iohanni pape XXII destinat litteras, quibus eum facit certiorem, se his diebus cum Iohanne rege Boemie sororio suo et cum archiepiscopo Treverensi direxisse ad Ludovicum ducem Bavarie in quibusdam cum hoc habendis tractatibus, qui Romane ecclesie ac ipsi pape secundum regis et archiepiscopi et ipsius Ottonis iudicium utilitatem manifeste in omnibus et honorem respiciant. Noverit vestra paterna ... Dat. in Landevia vigilia penthecostes.

Reg. 116 f. 75 nr. 337; Rz. 1388.

1908. *1330 Mai 26.* (*Landau.*)

Iohannes rex Boemie Iohanni pape XXII per litteras transmittit tractatus, super quibus ipse eiusque patruus Balduinus archiepiscopus convenerant cum Ludovico Bavaro quibusque consenserat etiam Otto dux Austrie:

„Ista est intentio dominorum, scilicet regis Boemie, archiepiscopi Treverensis et ducis Austrie, quod per eos tractetur et ordinetur concordia et compositio inter dominum nostrum papam sanctamque Romanam ecclesiam ex una parte et Bavarum ex altera, et si huiusmodi tractatus et ordinacio concordie sint accepti domino nostro pape ipsique Romane ecclesie, virtute potestatis eis a dicto Bavaro concesse inter alia facient ista fieri per Bavarum:

Primo quod cum effectu deponet suum hereticum antipapam.

a) *in reg. additur:* involverent.

Secundo quod penitus recedet ab appellacione.

Tercio quod omnia, que fecit seu attemptavit contra sanctam personam domini nostri pape ecclesiamque romanam, revocabit cum effectu.

Quarto quod recognoscet se excessisse et sentencias excommunicationis ipsum ligasse.

Quinto quod gratie domini nostri pape se offeret ad misericordiam.

Et si Bavarus dicta facta tractata et ordinata facere non vellet, sciat sedes apostolica, quod dictus Bavarus antedictos dominos non modicum commovebit et a consiliis eorum recedet et potestatem eis concessam infringet in tantum, quod huiusmodi factum preordinatum per Bavarum, tamen non ad impletum, possit resultare in magnum honorem et utilitatem ecclesie Romane.

Hec omnia sic intelligantur, quod Bavarus in honore et suo statu remaneat, scilicet in regno et imperio."

Ex binis litteris a Ioh. XXII d. 31. Iul. et 21. Sept 1330 datis; Reg. 115 ps. II f. 171 nr. 1971 et 116 f. 72 nr. 33; cf. Raynaldi annal. eccl. a. 1330 § 3409; Rz. 1367 et 1386.

1909. *1330 Mai 28. Avignon.*

Iohannes XXII Constantino de Lisinkirchen confert eccl. Xanctensis Colon. dioc. canonicatum, prebendam vero ac ferculum seu supplementum ipsius prebende in dicta eccl. eidem reservat, non obstante quod in eccl. S. Andree Colon. canonicatum et prebendam obtinet.

Litterarum scientia, morum decor . . . Dat. Avin. V kl. iunii a. quartodecimo.

In e. m. decano S. Georgii et subdecano maioris Colon. ac scolastico Tullensis ecclesiarum.

Reg. 95 nr. 671.

1910. *1330 Mai 29. Avignon.*

Iohannes XXII Waltelino dicto Monacho laico Colon. reservat perpetuum officium consuctum laicis assignari ad dispositionem decani thesaurarii et capituli eccl. Colon. communiter vel divisim spectans.

Laudabile testimonium, quod . . . Dat. Avin. V kl. iunii a. quartodecimo.

In e. m. S. Andree et S. Georgii Colon. decanis ac scolastico Tullensis ecclesiarum.

Reg. 95 nr. 381.

1911. *1330 Mai 28. Avignon.*

Iohannes XXII Iohanni de Virsen vicario perpetuo parrochialis eccl. in Dalen Leod. dioc. reservat beneficium ecclesiasticum cum cura vel sine cura, cuius fructus, si curatum, viginti quinque, si vero sine cura fuerit, quindecim marcharum argenti s. t. d. valorem annuum non excedunt ad dispositionem prepositi decani et capituli eccl. S. Gereonis Colon. communiter vel divisim pertinens non obstante quod perpetuam vicariam predictam obtinet. Tamen predictum curatum beneficium assecutus omnino dimittat prefatam perpetuam vicariam.

Probitatis et virtutum merita . . . Dat. Avin. V kl. iunii a. quartodecimo.

In e. m. S. Andree et S. Georgii Colon. decanis ac scolastico Tullensis ecclesiarum.

Reg. 95 nr. 380.

1912. *1330 Mai 28. Avignon.*

Iohannes XXII Gorswino de Waule presbitero Colon. dioc. reservat beneficium ecclesiasticum cum cura vel sine cura, cuius fructus, si curatum, viginti quinque, si vero sine cura fuerit, quindecim marcharum argenti s. t. d. valorem annuum non excedunt, ad dispositionem prepositi decani et capituli capellarii (!) eccl. Colon. communiter vel divisim spectans, non obstante quod vicariam temporalem in parrochiali ecclesia in Waule Colon. dioc. obtinet.

Probitatis tue merita . . . Dat. Avin. V kl. iunii a. quartodecimo.

In e. m. abbati monasterii in Gladebach et cantori B. Marie Aquensis Colon. et Leod. dioc. ac scolastico Tullensis ecclesiarum.

Reg. 95 nr. 379.

1913. *1330 Juni 5. Avignon.*

Iohannes XXII Theodorico de Essende canonico eccl. S. Andree Colon., cui indulserat, ut studio litterarum in loco, ubi illud generale vigeret, insistendo fructus beneficiorum suorum ecclesiasticorum integre, cotidianis distributionibus dumtaxat exceptis, usque ad quinquennium valeret percipere, denuo indulget, ut fructus omnium suorum beneficiorum ecclesiasticorum, que nunc obtinet et interim eum contigerit adipisci, etiam si dignitates vel personatus existant et curam habeant animarum, integre, cotidianis distributionibus dumtaxat exceptis, usque ad triennium a fine dicti quinquennii in antea computandum libere, scolasticis disciplinis in loco, ubi studium generale vigeat, insistendo vel apud sedem apostolicam moram trahendo seu in altero beneficiorum suorum residendo, percipere valeat.

Ex tue devotionis meritis . . . Dat. nonis iunii a. quartodecimo.

Iudicibus:

Quocirca discretioni vestre . . . mandamus, quatinus vos vel duo aut unus per vos etc. ut in forma.

Reg. 115 ps. II f. 158' nr. 1896; Rz. 1326 n. 1 (mendose).

1914. *1330 Juni 5. (Avignon.)*

Iohannes XXII Iohanni de Siberg canonico eccl. S. Georgii Colon. indulget supplicanti, ut scolasticis disciplinis in loco, ubi studium vigeat generale, insistens vel apud sedem apostolicam moram trahens fructus omnium beneficiorum suorum ecclesiasticorum, que nunc obtinet et imposterum obtinebit, etiam si dignitates vel personatus existant et curam habeant animarum, integre, cotianis distributionibus dumtaxat exceptis, usque ad triennium percipere valeat.

Meritis tue devotionis . . . Dat. nonis iunii a. quartodecimo.

Reg. 115 ps. II f. 158 nr. 1894; Rz. 1326.

1915. *1330 Juni 17. Avignon.*

Iohannes XXII totaliter tollit et amovet a civitate Maguntina omnem interdicti sententiam, si quam ea incurrit ex eo, quod cives monasterium S. Albani et ecclesiam S. Victoris prope muros civitatis diruerunt, et monasterium S. Iacobi in fortalicium mutaverunt, quo melius possent defendere civitatem ab iis, qui Henrico archiepiscopo rebellabant, quodque personas ecclesiasticas in dictis monasteriis et ecclesia commorantes, qui adherent cuidam pro administratore ecclesie Maguntine de facto, non de iure se gerenti, expulerunt, verberibus affecerunt et vulneraverunt.

[Iohannes XXII] Ad futuram rei memoriam.

Ad audientiam apostolatus nostri fide digna relatione pervenit, quod camerarius scultetus iudices consules et commune civitatis Maguntine et adherentes eisdem attendentes, quod nonnulle persone ecclesiastice civitatis et diocesis Maguntine contra venerabilem fratrem nostrum Henricum archiepiscopum Maguntinum calcaneum rebellionis erexerant et favebant nonnullis potentibus illarum partium circa occupationem archiepiscopatus Maguntini ac castrorum iurium et bonorum ipsius eisque in premissis publice adherebant quodque quidam ex eis, videlicet . . abbas et conventus monasterii S. Albani ord. Bened. necnon decanus et capitulum ecclesie S. Victoris extra muros Maguntinos consistentium cuidam gerenti se de facto pro administratore ecclesie Maguntine adeo favebant, quod verisimiliter timebatur, quod ipsi abbas et conventus dictum monasterium, quod in cuiusdam montis dicte civitati vicini ac supereminentis eidem culmine situatum est, prefatique decanus et capitulum dictam ecclesiam S. Victoris sitam super Renum, per quam navigia ad dictam civitatem euncia et redeuncia ab eadem transitum faciunt, necnon turres et alia propugnacula monasterii et ecclesie predictorum ad requisitionem predicti gerentis administrationem huiusmodi viris armigeris et instrumentis bellicis ad impugnandum civitatem eandem hostiliter communirent; volentesque precavere periculis civitatis eiusdem ac ecclesiarum et personarum ecclesiasticarum monasteriorum et civium predictorum tres ex dictis turribus diruerunt seu dirui fecerunt, in quarum diruitione, dum cederetur una ex dictis turribus dicti monasterii et circa radicem ipsius, ne subito caderet, fuissent ligna supposita, ut est moris, et ignis immissus in eis, subito orto vento preter voluntatem officialium et civium predictorum incendium sic exercevit, quod preter turris[a] et cuiusdam capelle sibi incumbentis occasum dictum monasterium fuit eiusdem ignis incendio conflagratum et quod preter hoc, cum quidam monachi dicti monasterii seu complices eorundem in incensores dicti turris aliosque cives, qui venerant ad videndum turris prefate ruinam, sagittas emitterent de balistis et aliquos vulneravissent et unus eorum ex sagittatione huiusmodi existeret interemptus, populus civitatis eiusdem exinde commotus domos et cameras eiusdem monasterii combusserunt non absque iniectione manuum in personas monachorum dicti monasterii temere violenta, sine aliqua tamen mutilatione vel vulneratione ipsorum, libris paramentis et bonis omnibus mobilibus dicti monasterii exinde in illo furore populi asportatis; quodque non solum ambitum

a) turres *in reg.*

muri, qui circuibat domos et dictam ecclesiam S. Victoris totamque arcam ipsius sed etiam alios muros eandem vallantes ecclesiam diruerunt ad illum dumtaxat finem, ne per . . abbatem et conventum ac decanum et capitulum prelibatos in prefatis monasterio et ecclesia hostibus introductis impugnaretur civitas memorata, et quod preterea dicti cives ex eo, sicut asseritur, provocati, quod ipsi bonis mobilibus, que habebant extra civitatem predictam, ex parte eiusdem administrationem gerentis et ei adherentium spoliabantur, nonnulla bona mobilia ad capitulum Maguntinum communiter vel divisim spectantia et alias personas extrinsecas et adherentes eisdem ac mandatis nostris obedire temere non curantes et nonnullas etiam personas ecclesiasticas intrinsecas communiter spectantia, cum separari non possent, per violentiam abstulerunt dictumque . . abbatem eiusdem monasterii S. Albani et nonnullas alias personas ecclesiasticas seculares et regulares parti alteri adherentes ceperunt et aliquos ex eis usque ad effusionem sanguinis, absque tamen mutilatione vel enormi offensione leserunt, precavere volentes, ne monasterium S. Iacobi supra fossatum eiusdem civitatis in imo monte situatum ord. S. Benedicti ad manus perveniret hostiles, cum per captionem dicti monasterii per hostes civitatis eiusdem eadem civitas remansisset obsessa, presertim quia predictum monasterium erat ingressus ad eam et exitus ab eadem, expulsis inde abbate et monachis existentibus in eodem, qui adverse parti publice adherebant, expulsis (!), pro eiusdem civitatis deffencione et tutela ceperunt et quoddam castrum et fortalicium construxerunt etiam in eodem illudque custodibus munivernnt et munitum tenere proponunt durante malicia, que in partibus illis invaluit et adhuc noscitur imminere, et nonnulla alia contra vel circa ecclesias et monasteria et personas ecclesiasticas bonaque ipsorum commiserunt pro timore hostili et partis adverse dampnis periculis invasionibus et offensionibus precavendis ac ob tutelam et deffensionem civitatis eiusdem, que viderunt pro consideratione qualitatis loci et temporis expedire. Et licet nulla temeritas seu malicia dictos cives et adherentes eisdem ad patrationem, sicut asseritur, induxerit premissorum vel alicuius eorundem, tamen nonnulle persone ecclesiastice dicentes dictos cives et adherentes eisdem penas interdicti et aliarum sententiarum per provincialia synodalia statuta ecclesie Maguntine, que dicuntur per sedem apostolicam ex certa conscientia confirmata, in combustores locorum ecclesiasticorum, captores et detentores prelatorum et personarum ecclesiasticarum, raptores et occupatores bonorum ipsorum et in castellatores monasteriorum seu ecclesiarum et aliorum locorum ecclesiasticorum, quorumlibet excessuum adversus ecclesias monasteria et personas ecclesiasticas patratores promulgatas propter premissa incurrisse, huiusmodi interdictum in civitate predicta et locis, ad que dicti cives perveniunt, quamdiu morantur in eis et post recessum eorum per triduum servaverunt et adhuc etiam observant abstinentes a celebratione divinorum. Propter quod dicti officiales consules et cives ad nos super hiis recurrentes nobis humiliter supplicarunt, ut ne ipsi ex huiusmodi eorum obedientia incurrant oppressionem et scandalum prefatique inobedientes resultandi adversus mandata sedis apostolice eisque temere refragandi sumant audaciam, providere in hac parte de oportuno remedio dignaremur. Nos itaque eiusdem universitatis, quam utpote Romane ecclesie devotissimam filiam retroactis temporibus fuisse et presentibus existere per operum efficaciam experimur mandatis apostolicis promptam in omnibus et etiam obsequentem, supplicationibus inclinati, omnem sententiam interdicti, si quam ex premissis vel aliquo premissorum vel quocumque modo et occasione eorum, [incurrit], etiamsi omnes casus, qui contigerunt post provisionem per nos factam de persona dicti Henrici ecclesie Maguntine circa predicta minime sunt expressi, auctoritate apostolica tenore presentium totaliter tollimus et etiam amovemus, volentes et tenore presentium concedentes, quod clerici et persone ecclesiastice civitatis et diocesis predictarum in obedientia nostra et Romane ecclesie persistentes resumant divinorum organa et solenniter celebrent sicut prius et defunctorum corpora, qui durante huiusmodi interdicto decesserunt, alio tamen in premissis non obstante canonico, ecclesiastico gaudeat sepultura; super aliis vero statutis non intendimus derogare predictis, quinymo ea volumus aliter et alias in sui roboris efficacia perdurare. Nulli ergo etc. Dat. Avin. XV kl. iulii a. quartodecimo.

Reg. 115 ps. II f. 173 nr. 1973; Reg. 96 nr. 3350; Preger in Abhandlungen der hist. Klasse der Münchener Akad. der Wissensch. 1880. II. nr. 534; cf. Rz. 1339.

1916. *1330 Juni 17. Avignon.*

[Iohannes XXII] Raynaldo comiti Gelrensi.

Gratis admodum relatibus percepimus te, fili, in devotione nostra et S. Romane ecclesie perstitisse constanter hactenus . . . Nobilitatem tuam rogamus . . . quatinus in premissis . . . persistere non omittas, fideles alios in suis fidelitate devotione et obedientia fulciendo, nichilominus et eos, qui forsan ab eis deviaverint, ad illas, quantum poteris, reduccndo. Et ecce, dilecte fili, quod peticiones pro te tuisque nunciis nobis oblatas ad exauditionis effectum duximus, prout secundum deum potuimus, favorabiliter admittendas. Dat. Avin. XV kl. iulii a. quartodecimo.

Reg. 115 ps. II f. 169 nr. 1956.

1917. *1330 Juni 28. Avignon.*

Iohannes XXII deputat tres executores, qui commendatorem domus B. Marie Theotonicorum Colon. contumacem in non solvendo camere apostolice quandam summam denuncient publice excommunicatum eiusque ecclesiam interdicto suppositam.

[Iohannes XXII] Heynderico S. Severini et . . Gereonis Coloniensium prepositis ac Godescalco de Barbegh scolastico Bunnensis Colon. dioc. ecclesiarum.

Dudum vobis, filii Heynderice ac Godescalce, per nostras certi enoris litteras dedisse meminimus in mandatis, quod . . . comendatorem domus B. Marie Theotonicorum Coloniensis [moneatis], ut undecim marchas auri cum dimidia ad pondus Colonie ad cameram nostram spectantes, quas idem comendator Theoderico de Polonia, qui, ut dicitur, se faciebat fratrem Iohannem de Polonia nominari, eas sibi presentante receperat, infra certum terminum [camere predicte solveret, alioquin infracertum terminum] tunc immediate sequentem personaliter apostolico conspectui se presentaret... Verum tu, fili Heynderice, huiusmodi litteris nostris devote receptis . . . licet dictum commendatorem presencialiter monueris ac eidem mandaveris auctoritate [nostra, ut] predicta auri quantitate prefate camere satisfaceret integre, alioquin coram nobis personaliter compareret . . . dictus tamen commendator . . . mandatis tuis huiusmodi contempsit contumaciter obedire. Nos igitur . . . ipsum . . . pronunciantes merito contumacem, in eum excommunicationis et in ecclesiam dicte domus interdicti sententias duximus promulgandas. Quocirca discretioni vestre . . . mandamus, quatinus . . . commendatorem sic excommunicatum et ecclesiam ecclesiastico interdicto suppositam in ecclesiis civitatis et diocesis Coloniensis, de quibus expedire videritis, diebus dominicis et festivis, pulsatis campanis et candelis accensis, tamdiu publice nuncietis, faciendo commendatorem ipsum ab aliis arcius evitari, donec a nobis super hoc aliud receperitis in mandatis. Et nichilominus, ut indempnitati provideatur camere supradicte, fructus redditus et proventus eiusdem domus arrestantes auctoritate predicta, de ipsis usque ad valorem predictarum undecim marcharum auri cum dimidia ad manus vestras nomine camere predicte recipere et ad ipsam dicti commendatoris expen[sis] et periculo fideliter destinare curetis, contradictores quoslibet et rebelles . . . per censuram ecclesiasticam appellatione postposita compescendo, invocato *etc.* . . . Dat. IIII kl. iulii a. quartodecimo.

Reg. 115 ps. II f. 157 nr. 1890; Rz. 1335.

1918. *1330 Juni 28. (Avignon.)*

Iohannes XXII Heyderico S. Severini et S. Gereonis Colon. prepositis ac Godescalco de Barbegh scolastico Bunnensis eccl. mandat, quatinus ab exactione fructuum primi anni beneficiorum a papa per per triennium camere apostolice reservatorum supersedeant in provincia Coloniensi, quousque aliud in mandatis receperint.

Dudum pro ecclesie Romane . . . Dat. ut supra (= IIII kl. iulii a. quartodecimo.

Reg. 115 f. 168' nr. 1892; Rz. 1336.

1919. *1330 Juli 1. Avignon.*

Iohannes XXII archiepiscopo Coloniensi et episcopo Argentinensi mandat, quatinus cives Maguntinos ab excommunicationis sententia aliisque absolvant penis, quas incurrerunt ex eo, quod monasterium S. Albani et ecclesiam domosque S. Victoris prope muros civitatis situatas diruerunt, quo melius ab archiepiscopo Trevrensi ad occupationem archiepiscopatus Maguntini temere intendente aliisque adversariis Henrici archiepiscopi Maguntini defendere possent civitatem, quodque personas ecclesiasticas in dictis monasterio domibusque habitantes Treverensi archiepiscopo adherentes expulerunt et verberibus vulneribusque affecerunt.

[Iohannes XXII] archiepiscopo Coloniensi et episcopo Argentinensi.

Dilectorum filiorum . . camerarii ac sculteti necnon iudicum consulum ceterorumque civium et incolarum civitatis Maguntine transmissa nobis insinuatione percepimus, quod dudum ipsi circa finem mensis iulii seu principium mensis augusti proxime preteritorum . . . attendentes, quod nonnulle persone ecclesiastice faventes venerabili fratri nostro . . . archiepiscopo Treverensi ad occupationem archiepiscopatus Maguntini temere intendenti ac inhobedientes venerabili fratri nostro . . Henrico archiepiscopo Maguntino favebant, ut favere poterant, super occupatione predicta eundem archiepiscopum Treverensem (!) et adherebant eidem et quod quidam ex dictis adherentibus, videlicet dilecti filii . . abbas et conventus monasterii S. Albani ord. Bened. Magunt. dioc. situati in quodam monte dicte civitati vicini et supereminenti eidem necnon . . decanus et capitulum ecclesie S. Victoris eiusdem diocesis, que quidem ecclesia est super Renum et per eum navigia quelibet ad prefatam cuncia civitatem transitum faciunt, in quibus monasterio et ecclesia erant quatuor turres alte et fortes, ex quibus, si pervenissent ad manus hostiles, poterat dicta civitas graviter impugnari, ad requisitionem dicti archiepiscopi Treverensis munivissent turres ac etiam monasterium et ecclesiam supradicta, deliberaverunt super hoc potius ante tempus occurrere, quam post causam vulneratam inutilia remedia postulare, tresque ex predictis turribus propter predicta vitanda pericula diruerunt seu dirui fecerunt; et dum una ex turribus dicti monasterii funditus cederetur circa radicem eius lignis suppositis, ut est moris, positoque igne in lignis predictis, casualiter subito flante vento sic crevit incendium, quod preter turrim, que una cum quadam capella sibi incumbente corruit, dictum monasterium per dictum incendium fuit combustum. Ac nichilominus quia quidam monachi dicti monasterii seu complices eorundem [in] incensores dicte turris seu alios cives, qui iverunt ad videndam dicte turris ruinam, sagittas de balistis emittere presumpserunt et aliquos vulnerarunt, quorum unus ex tali sagitatione existit interemptus, populus dicte civitatis exinde commoti domos et cameras eiusdem monasterii incenderunt non absque iniectione manuum in personas dicti monasterii temere violenta absque tamen mutilatione vel vulneratione ipsorum, libris paramentis et bonis omnibus mobilibus dicti monasterii exinde in illo furore populi asportatis. Prefati etiam populus diruerunt non solum murorum ambitum, qui circuibat omnes domos et ecclesiam S. Victoris prefatam totamque arcam ipsius, sed etiam alios singulares muros vallantes curias canonicorum ecclesie memorate . . . Nos igitur . . . fraternitati vestre . . . mandamus, quatinus . . . vocatis qui fuerint evocandi, si . . . reppereritis ita esse, camerarium scultetum *etc.* predictos ab excommunicationis sententia et penis aliis . . . absolvatis . . . Dat. Avin. kl. iulii a. quartodecimo.

Reg. 96 nr. 3625; Rz. 1339.

1920. *1330 Juli 1. Avignon.*

Iohannes XXII archiepiscopo Coloniensi et episcopo Argentinensi mandat, quatinus ab excommunicationis sententia absolvan cives Maguntinos.

[Iohannes XXII] archiepiscopo Coloniensi et episcopo Argentinensi.

Significarunt nobis dilecti filii .. camerarius .. scultbetus .. iudices .. consules ceterique cives et incole civitatis Maguntine, quod ipsi attendentis, quod monasterium S. Iacobi ord. S. Bened. extra dictam civitatem prope tamen eam et supra fossatum ipsius in uno monte situatum ad manus quorundam hostium seu adversariorum civitatis eiusdem, qui eandem civitatem conabantur et adhuc conantur impugnare et invadere hostiliter, pervenisset, dicta civitas omnino remansisset obsessa, cum per dictum monasterium patuisset ingressus ad eam ex exitus ab eadem, mandaverunt .. abbati et monachis dicti monasterii ... adherentibus venerabili fratri nostro .. archiepiscopo Treverensi ad impugnationem et invasionem civitatis eiusdem per se et alios intendenti, ut dimitterent monasterium memoratum custodiendum per cives eosdem, quibus abbate et monachis recedentibus ... de monasterio pro eiusdem civitatis securitate et tutela quoddam in expugnabile castrum seu fortellicium construxerunt ... Igitur ... fraternitati vestre ... mandamus, quatinus ... si ... repperitis ita esse, eosdem camerarium scultetum ... et sequaces eorum ab excommunicationis sententia ... absolvatis ... Dat. Avin. kl. iulii a. quartodecimo.

Reg. 96 nr. 3626; Rz. 1340.

1921. (*1330*) *Juli 4. Luxemburg.*

Johannes dei gracia Boemie et Polonie rex ac Lucemburg*ensis* comes spectabili viro Azoni de Vicecomitibus, civitatis et districtus Mediolanensis sacri imperii vicario generali, amico nostro carissimo, et salutem et dilectionem (!) affectum[1].

Super eo, quod nos legationis vobis[a] ex parte nostra per strenuum virum Symonem de Vienna militem et in hac parte nuncium nostrum sub commissa sibi credencia et provide et sapienter exposite mota per litteras nostras, que eidem militi in dicendis pro parte nostra fidem et relatus credulos conferebant, nos nuncios nostros ad vos in proximo missuros vobis nuper duximus pollicendum, dilectionem vestram non lateat, quod obstantibus plurium diversorum negociorum[b] curis hoc haetenus commode nequivimus adimplere. Nunc vero de

a) nobis *reg.* b) diversorum diversorum negociis *in reg.*

1) Harum litterarum textus est valde corruptus.

negociis ipsis aliter disposito, circa hoc duximus taliter respondendum, quod infra octabam beati Petri ad vincula proximam vel quod ad aliquem locum tam vobis vicinum quam nobis nobiscum infra dictum terminum poteritis convenire nos dante domino personaliter transferemus vel infra eundem terminum nuncios solennes nostros vobiscum habebitis, cum quibus de negociis imperii et nostris poteritis tanquam cum persona nostra propria in omnibus ordinare. Unde secundum hoc aliis imperii fidelibus, quibus expedire videritis, aperire curetis, de nostris et imperii negociis medio pro meliori tempore disponatis, in devocione et constancia solitis, postpositis quibuscumque accidentibus, persistentes, de nostris in omnibus, que sacri imperii ac nostri honorem respiciant, consilio et consolacione confisi. Datum Lucenburg 4. iulii.

Reg. 116 f. 72' nr. 335; Rz. nr. 1386.

1922. *1330 Juli 23. Avignon.*

[Iohannes XXII] Petro Arquerii decano Rothomagensi.

Quia venerabilis frater noster Henricus archiepiscopus Maguntinus ac dilectus filius . . decanus ecclesie Bunnensis necnon nobiles viri . . dux Brabancie et . . comes de Winemburg teneri quondam Benedicto Rotarii civi Astensi, qui omnia bona sua mobilia necnon debita et credita nobis et ecclesie Romane dedit et cessit, in magnis pecunie quantitatibus dicebantur astricti, an ipsos ad easdem pecunias nobis et ecclesie memorate solvendas compellere habeas, cerciorari de nostro beneplacito peciisti. Nos itaque premissis diligentius intellectis te supersedere certis considerationibus, que ad id rationabiliter nos inducunt, a compulsione huiusmodi volumus quoad presens. Dat. Avin. X kl. augusti a. quartodecimo.

Reg. 115 ps. II f. 122' nr. 1709.

***1923.** *1330 Juli 24. Avignon.*

[Iohannes XXII] Heynderico S. Severini Colon. preposito et Godescalco de Barbergh scolastico Bunnensis Colon. dioc. ecclesiarum.

Pridem attendentes, quod sexennalis decima per fe. re. Clementem papam V . . imposita in consilio Viennensi . . . que in civitate ac diocesi et provincia Coloniensi sicut in diversis aliis partibus nondum extiterat persoluta, . . . nobis et eidem ecclesie [Romane] noscebatur existere plurimum oportuna, . . . archiepiscopo Coloniensi eiusque suffraganeis . . . electis . . . abbatibus . . . ceterisque personis ecclesiasticis

... per easdem civitatem diocesim et provinciam constitutis ... meminimus mandavisse, ut eandem decimam per sex annos ... solvere procurarent vobis eiusdem decime ... collectoribus in eisdem civitate diocesi et provincia nichilominus deputatis. Sane cum nos postmodum eorundem archiepiscopi et suffraganeorum ac personarum ecclesiasticarum civitatis diocesis et provincie predictarum variis necessitatibus et graviminibus, quibus asseruntur opprimi presentialiter, non absque compassione auditis velimus eos propter hec super exactione decime huiusmodi, licet ea indigeremus ... plurimum, [non] sufferre, de speciali gracia quoad presens discretioni vestre ... mandamus, quatinus ab exactione predicte decime supersedeatis omnino, quo usque a nobis aliud receperitis in mandatis. Dat. VIIII kl. augusti a. quartodecimo.

Reg. 115 ps. II f. 157' nr. 1891. — Or. membr. cum plumbo pend. Sub plica ad dextr.: A. Ver. Düsseldorf. Arch. reg. Kurköln nr. 559.

***1924.** *1330 Juli 24. Avignon.*

Iohannes XXII eisdem [Heynderico et Godescalco].

Dudum pro Romane ecclesie necessitatibus ... fructus redditus et proventus primi anni omnium et singulorum beneficiorum ecclesiasticorum, que in civitate ac diocesi et provincia Coloniensi tunc vacabant et que usque ad triennium vacare contingeret, certis dignitatibus et beneficiis expressim exceptis, reservandos ... duximus et nostre camere applicandos, vobis eorundem ... collectoribus ... deputatis. Cum autem percepimus postmodum, quod ecclesie ac persone ecclesiastice dictarum civitatis diocesis ac provincie magnis necessitatibus presentialiter sunt gravate, nos eisdem benigno compacientes affectu discretioni vestre ... mandamus, quatinus ab exactione fructuum redditunm et proventuum predictorum, quousque aliud a nobis in mandatis receperitis, supersedere curetis. Dat. ut supra (= VIIII kl. augusti a. quartodecimo.

Reg. 115 ps. II f. 158 nr. 1892; Rz. 1336. — Or. membr. cum plumbo pend. In plica ad dextr.: A. Ver. Düsseldorf. Arch. reg. Kurköln nr. 559. Lacomblet III nr. 248.

1925. *1330 Juli 24. Avignon.*

Iohannes XXII Ioffrido nato Ioffridi comitis Liningen in octavo etatis anno constituto confert eccl. Trever. canonicatum, prebendam vero eidem reservat.

Ostendunt, sicut testimonio . . . Dat. Avin. VIIII kl. augusti a. quartodecimo.

In c. m. abbati monasterii S. Maximini extra muros Trever. et preposito S. Simeonis Trever. ac archipresbitero de Traiecto Gaietane dioc. ecclesiarum.

Reg. 95 nr. 703.

1926. *1330 Juli 24. Avignon.*

Iohannes XXII Nicolao dicto Eficax de Lucemburch consideratione Iohannis regis Boemie pro eo clerico ac receptore suo in Boemia supplicantis reservat in eccl. Pragensi, cuius existit canonicus, dignitatem vel personatum aut officium cum cura vel sine cura, dummodo huiusmodi dignitas maior post episcopalem dignitatem in eadem ecclesia non existat, non obstante quod in dicta ecclesia canonicus sub expectatione prebende existit ac in S. Paulini extra muros Trever. et S. Castoris in Confluentia ecclesiis canonicatus et prebendas ac parrochialem ecclesiam Dietemberch Trever. dioc. obtinet. Tamen huiusmodi dignitatem vel personatum aut curatum officium assecutus omnino dimittere teneatur prefatam parrochialem ecclesiam.

Vite ac morum honestas . . . Dat. Avin. VIIII kl. augusti a. quartodecimo.

In c. m. Trever. et Abrincensis ac Metensis archidiaconis ecclesiarum.

Reg. 96 nr. 3403.

1927. *1330 Juli 26. Avignon.*

Iohannes XXII Conrado nato Andree dicti Snap confert eccl. Susatiensis Colon. dioc. canonicatum, prebendam vero eidem reservat.

Multiplicia dona virtutum . . . Dat. Avin. VII kl. augusti a. quartodecimo.

In c. m. preposito in Glarholte (!) et decano in Bekehem Osnaburgensis et Monasteriensis dioc. ac magistro Rolando de Scarampis canonico Astensis ecclesiarum.

Reg. 93 nr. 512.

1928. *1330 Juli 28. Avignon.*

Iohannes XXII Iohanni regi Boemie illustri.

Dilectos filios nobiles viros Iofridum comitem de Linanges et Guillemum Pinchon archidiaconum Abrincensem ac Nicolaum de Monstorf clericum, ambaxiatores et nuncios regios nuper ad nostram presenciam destinatos necnon litteras tuas ab eis . . . presentatas benigne recepimus . . . Tandemque respondimus, sicut in litteris nostris . . . regalis circumspectio plenius poterit intueri, illis expeticionibus pro parte regia per eos nobis oblatis, quas honeste secundum deum potuimus, ad exauditionis gratiam introductis nichilominus, prout ipsi nuncii regio celsitudine referre seriosius poterunt viva voce . . . Dat. Avin. V kl. a. decimoquarto[1].

Reg. 115 ps. II f. 169 nr. 1969; Rz. 1358.

1929. *1330 Juli 30. Avignon.*

Iohannes XXII magistro Nicolao de Luccemborch confert eccl. B. Marie Palatiolensis canonicatum, prebendam vero eidem reservat, non obstante quod in Tullensi et S. Paulini extra muros Trever. sub prebendarum et in eadem S. Paulini sub officii sine cura expectatione auctoritate apostolica canonicatus ac in S. Castoris in Cardono eccl. canonicatum et prebendam necnon parrochialem ecclesiam in Eumolda Trever. dioc. obtinet ac beneficium sine cura ad collationem decani et capituli eccl. Trever. communiter vel divisim spectans infra vel extra ecclesiam Trever. auctoritate predicta expectat.

Probitatis et virtutum merita . . . Dat. Avin. III kl. augusti a. quartodecimo.

In e. m. abbati monasterii S. Martini extra muros Trever. et preposito ac archidiacono eccl. Trever.

Reg. 96 nr. 3820.

1930. *1330 Juli 31. (Avignon).*

Iohannes XXII Iohanni regi Boemie, Baldewino archiepiscopo

1) Similiter eadem die scribit Ottoni duci Austrie, qui ad eum miserat Rudolfum de Ochsestein et Nicolaum de Vrawinveld capellanum suum. Addit in fine: Alia vero, de quibus tibi per alias litteras scribimus, nuncii nostri, quos ad eas partes de intencione nostra plenius informatos destinare intendimus, tibi plenius reserabunt. *(Reg. 115 f. 169 nr. 1960; Rz. nr. 1359.)* Die vero 30. iulii Constanciensi et Argentinensi episcopis mandat, ad instantiam Iohannis regis Boemie et Ottonis ducis Austrie, ut declarent Rodolfum dominum castri de Ochsenstein Argentinensis diocesis diaconatus ordini nequaquam astrictum existere et ad contrahendum matrimonium propterea minime impediri. *(Reg. 115 nr. 1893 f. 158; Rz. 1361.)*

Treverensi et Ottoni duci Austrie nunciat, quod reprobat articulos propositos pape ab ipsorum nunciis contingentes concordiam et compositionem inter papam et Ludovicum de Bavaria faciendam.

[Iohannes XXII] regi Boemie.

Regie serenitatis litteras pridem recepimus continentes, quomodo tu, fili carissime, et venerabilis frater noster . . archiepiscopus Treverensis patruus tuus diebus istis cum Bavaro de voluntate et conscientia magnifici principis Ottonis ducis Austrie et per eum super hoc informati plenius, tractatus aliquos personaliter habuistis. Qui quidem tractatus sancte Romane ecclesie ac persone nostre secundum tuum, fili carissime, ac dictorum principum iudicium utilitatem respiciunt in omnibus et honorem, prout tu et ipsi per ambaxiatores vestros solennes in proximo destinandos ad curiam nos intendebatis plenius informare. Subsequenter vero alias regias etiam recepimus litteras continentes quod ad nostram presentiam dilectos filios nobiles viros Iofredum comitem de Linanges, Symonen Phi[lippi] militem, Guillelmum Pinchon archidiaconum Abrincensem consiliarios ac Nicolaum de Mestorf clericum regios destinabat. Quibus quidem nunciis tu et prefatus archiepiscopus in hiis, que nobis ex parte vestra exponerent viva voce, tanquam vobis adhiberi fidem plenariam petiistis. Quos utique excepto dicto Symone, qui dicebatur propter egritudinem impeditus, una cum prefati ducis Ottonis nunciis consideratione mittentium benigne admisimus et audivimus diligenter. Quibus auditis et que proposuerunt orethenus, plenius intellectis, nuncii ipsi sub commissa sibi credencia prefata quandam nobis exhibuerunt cedulam tenoris et continentie subsequentis:

Ista[1] est intentio dominorum, s[cilicet] regis Boemie, archiepiscopi Treverensis et ducis Austrie, quod per eos tratetur et ordinetur concordia et composicio inter dominum nostrum papam sanctamque Romanam ecclesiam ex parte una et Bavarum ex altera. Et si huiusmodi tractatus et ordinatio concordie sint accepte domino nostro pape ipsique Romane ecclesie, virtute potestatis eis a dicto Bavaro concesse inter alia facient ista fieri per Bavarum:

Primo quod cum effectu deponet suum hereticum antipapam.

Secundo quod penitus ab appellatione recedet.

Tertio quod omnia, que fecit seu attemplavit contra sanctam personam domini nostri pape ecclesiamque Romanam, revocet cum effectu.

---

1) Cf. supra *nr. 1908.*

Quarto quod recognoscet se excessisse et sententias excommunicationis ipsum ligasse.

Quinto quod gratie domini pape se offeret ad misericordiam.

Et si Bavarus dicta facta sic tractata et ordinata facere non vellet, sciat sedes apostolica, quod dictus Bavarus antedictos dominos non modicum commovelit et a consiliis eorum recedet et potestatem eis concessam infringet in tantum, quod huiusmodi factum preordinatum per Bavarum tamen non adimpletum possit resultare in magnum honorem et utilitatem ecclesie Romane. Hec omnia sic intelligantur, quod Bavarus in honore et statu suo remaneat, s[cilicet] in regno et imperio.

Nos autem ad predicta et ea, que eorum domini circa illa nobis scripserunt, ipsis verbo respondimus et eorum dominis, ut sequitur, per scripturam:

Profecto, fili, quin intentio tua aliorumque principum circa premissa recta fuerit, nequaquam in dubium revocamus. Sed fuisset admodum nobis gratum, quod tu, fili carissime, et prefati principes condicionem prefati Bavari et ingressum eius ad imperium et in eodem progressum examinassetis attentius in consistorio rationis. Profecto ipsum repperissetis privatum iure, si quod sibi ex electione illa in discordia celebrata quesitum fuerat, iusticia exigente. Et quia hiis non contentus Marsilium de Padua et Iohannem de Ianduno, qui quendam librum composuerant plures hereses continentem et ad eum velut hereticorum patronum fugerant, prompte recipere, et ut illas predicarent publice, necnon et hereticis aliis in partibus Italie publice non erubuit impertiri favorem, fuit declaratus hereticorum fautor publicus et notarius et ut hereticorum fautor exigente iusticia condempnatus. Sane quia diutius expectatus ab his non resipiut, sed velut venumdatus, ut faciat malum, nedum favorem impendere curavit hereticis, sed ipsis heresibus facto et verbo se publice non est veritus inmiscere, fuit merito pronunciatus hereticus et ut hereticus exigente iusticia condempnatus, prout hec in processibus apostolicis plenius continentur. Ex predictis satis potest eius inhabilis condicio ad imperiale fastigium apparere. Qualis autem ingressus eius ad imperium fuerit, ex sequentibus patet, quod deo odibilis, iniuriosus sancte dei ecclesie, et de facto dumtaxat nimium temerarie attemptatus. Sicut enim ex predictis iam liquet, electus fuerat in discordia privatusque exigente iustitia iure, si quod sibi ex electione eadem fuerat acquisitum, et nichilominus fautor hereticorum declaratus et hereticus et ut fautor et hereticus condempnatus. Quibus non obstantibus, ut ad ea, que requirit imperialis dignitas, videlicet inunctionem consecrationem et coronationem, posset saltem pervenire de facto, cum de iure non posset, Petrum de Corbario in Christi opprobrium, subversionem catholice fidei et iniuriam tocius cetus catholici in antipapam assumere non expavit. In quo quidem facto confessus est ipso facto illam dampnatam heresim, quam incurrerat antea, scilicet quod ad imperatorem papam pertineat ordinare. A quo quidem Petro se pati inungi seu fedari potius non erubuit ac per Romanos, quibus hoc non competit, etiam coronari. Ex quibus patet, qualis ingressus fuerit ad imperialis fastigium dignitatis. Progressus autem eius qualis fuerit, est lippis et tonsoribus satis notum; quia ubicumque fuerit, ecclesiam catholicam et fideles est immanissime ut membrum sathane persecutus, ecclesias ipsas vasis et ornamentis spoliando ecclesiasticis[a] ac fideles compellendo violare interdictum ecclesiasticum et prophanare divina, spoliando insuper viros catholicos suis prelationibus et beneficiis ac eis de facto hereticos seu scismaticos subrogando ipsisque hereticis et scismaticis contra catholicos impertiendo favorem et consilium ac fideles ipsos immaniter persequendo. Profecto, fili, probabiliter arbitramur et credimus, quod si ad memoriam tu et dicti principes revocavissetis predicta, nullatenus dixissetis ipsum remanere in regno et imperio ad utilitatem et honorem nostros et ecclesie vestro iudicio pertinere. Quomodo posset ad utilitatem et honorem ecclesiae pertinere, quod vir tam reprobus, de fautoria hereticorum et heresi iusto condempnatus iudicio regno et imperio presideret, qui etiam inpresentiarum hereticos in suo habet consorcio et quantum ad clericos hereticorum et scismaticorum consilio gubernatur. Tenet enim in suo consorcio Iacobum dudum Castellanum episcopum Castellano episcopatu privatum, quem in anticardinalem de facto creari per prefatum Petrum de Corbario idem Bavarus procuravit, item Michaelem de Cesena olim ordinis fratrum Minorum generalem ministrum, qui suis exigentibus demeritis est pronunciatus hereticus et de heresi condempnatus; Guillelmum quoque de Okam Anglicum fratrem ordinis Minorum heresiarcham, qui hereses varias dogmatizabat publice et scripta fecerat heresibus et erroribus plena, propter que fuerat vocatus ad curiam, eiusque scripta fuerant pluribus doctoribus assignata, ut ea deberent examinare cum diligentia et, que invenirent heretica seu erronea, declararent; qui iam multos articulos hereticales declaraverunt. Qui quidem male sibi conscius fuge presidio vitare voluit canonicam ultionem; Bonagratiam insuper de Pergamo ordinis fratrum Minorum, qui suis demeritis exigentibus in curia fuerat arre-

a) ecclesias *in reg.*

status et iuramento prestito, quod de curia non recederet absque licentia apostolice sedis, obligatus, qui male similiter sibi conscius de curia ad ipsum Bavarum et Petrum de Corbario una cum Michaele et Guillelmo predictis gressus suos infelices dirigere curaverunt. Marsilium quoque de Padua condempnatum de heresi in sua familiaritate detinere presumit. Talibus est stipatus consiliariis, talium consilio, ne dicamus: decipitur, gubernatur. Qualem itaque posset de tali homine habere ecclesia defensorem. Si enim in arido id est sine statu nisi usurpato tam crudelis sibi persecutor extiterit, qualis putas eidem, existeret, si in viridi, hoc est in statu solido se videret. Rursus quomodo sub regimine talis hominis posset christianus populus, quem sic afflixit immaniter, quiescere in pulchritudine pacis. Profecto, fili, talem hominem dimittere in regali et imperiali regimine non esset consulere populo sed nocere, non prestare regimen sed augere discrimen. Si enim integritas presidentium salus est subditorum, sequitur, quod instabilitas et infidelitas ipsorum, scilicet presidentium, perditio sit eorum, scilicet subditorum. Qualem putas, fili, ex principatu huiusmodi, quem extorsit seditio et ambitio[a] occupavit, subsequi posse finem? Profecto sperari non potest probabiliter, quod bono peragi possint exitu, que tam malo et perverso sunt principio inchoata. Audi, quid de talibus principibus sapiens dicit. Regnantibus, inquit, impiis ruine hominum scilicet subsequuntur. Et alibi: Gemet, inquit, populus, cum impii sumpserint principatum. Attende, fili, quantum esset gregi dominico sub tam infideli principe vivere formidandum. Teste enim sapiente, qualis est rector civitatis, tales scilicet sunt vel fuerunt habitantes in ea. Esset itaque nimium formidandum, quod si remaneret in prefato regimine, multos a fide retraheret catholica sueque perfidie, quod absit, plurimos aggregaret. Adhuc, fili, quantum in principe quolibet veritas requiratur, tua non ignorat prudentia; et quantum in eo vigeat, te audivimus non latere.

Sane si, que offeruntur pro parte [Bavari], fili carissime, cogites diligenter, reperies utique, quod de tot et tantis excessibus per eum commissis emendam deo et ecclesie nullam offert.

Inprimis enim offertur pro parte sua, quod ipse Bavarus deponet suum hereticum antipapam. Hoc autem non est offerre emendam aliquam de commissis. Primo quia etiam si verus imperator existeret, quod tamen constat eum non esse, depositio talis ad eum minime pertineret. Secundo quia ipsemet Petrus de Corbario reatum

---

a) ambitus *in reg.*

suum humiliter recognoscens a statu illo, quem de facto receperat, illi renunciando se de facto deposuit et ab ipso discessit[a] Bavaro, sicut nobis idem Petrus hiis diebus preteritis per suas litteras manu criptas propria, quarum tenor in hec verba sequitur, nunciavit:

Reverentissimo ac sanctissimo patri et domino, domino Iohanni pape sacrosancte Romanae ecclesiae frater Petrus de Corbario dignus omni pena se ipsum ad pedes cum reverentia vere subiectionis.

Licet secundum canonem evangelice veritatis, qui non intrat per hostium in ovile gregis dominici, fur appellatur et latro rapacitatis lupine, audiens et considerans diligenter tam enormia scelera pravitatis heretice stilo ferreo exarata in ungue adamantino quanta dicebantur a multis de vestra solida fide, sicut presumptuosus temerarius et superbus ascendi supra astra celi ecclesiastica, ubi michi meis peccatis exigentibus parata fuit sedes inique prelationis. Sed postquam deveni ad territorium Pisanorum et quesivi diligentissime de predictis et inveni, quod obliqua erant et falsa et deficiebant in pondere veritatis, dolui et doleo vehementer et penitet me fecisse, que feci contra iura et leges vestri sacratissimi nominis de consilio perversorum. In cuius rei testimonium iam est completus annus, quod adversarium vestrum sponte dimisi et sedem mei presumptuosi culminis dereliqui. Et propono firmiter in civitate Pisana et etiam in Urbe atque ubique locorum remanere, secundum quod vestra beatissima sanctitas decreverit ordinandum. Et quia gravissime peccavi et erravi patenter in invio et non in via, supplico vestre clementissime pietati, quatinus michi maximo peccatori dignemini parcere secundum multitudinem magnam misericordie dei vivi, ut renuens ex totis visceribus deleam et adnichilem supradicta de cordibus omnium fidelium et ora claudam omnium [obloquentium][b] de vestra serenissima sanctitate, ut in ecclesia de cetero sit unus pastor et unum ovile pro pace totius populi christiani. Dat.

Secundo dicitur, quod recedet de appellatione sua. Certe nec emendam aliquam per hec offert, cum nec sue appellationi, si qua fuerit, renunciare nisi de facto valeret, cum de iure non tenuerit velut ab heretico interiecta et ab eo, a quo non licet, cum superiorem non habeat, appellare.

Tertio offertur, quod omnia, que fecit seu attemptavit contra nos et sanctam Romanam ecclesiam, cum effectu debeat revocare. In hoc etiam clare patet, quod emenda aliqua non offertur. Contra nos

---

a) dicessit *in reg.* b) deest *in reg.*

enim seu contra Romanam ecclesiam non potuit nisi de facto aliquid facere. Unde si, quod de facto fecit, de facto revocet, in hoc nulla deo nobis seu ecclesie prestatur emenda.

Quarto pro parte eius offertur, quod recognosceret se excessisse et sententias excommunicationis ipsum ligasse. Per hoc patet etiam, quod nec deo nobis nec ecclesie aliqua offert emenda.

Quinto offertur pro parte eius, quod gratie nostre se offerret ad misericordiam. Per hoc quippe offert, quod a nobis petet misericordiam, non quod aliquam prestet emendam.

Ultimo concluditur pro parte Bavari supradicti, quod omnes oblationes predicte intelligantur ita, quod Bavarus in honore et statu permaneat, scilicet in regno et imperio. Ex quo procul dubio evidenter concluditur, quod de hiis, que commisit, est impenitens homo iste, et ideo reddit absolutione qualibet, que nulli nisi petenti conceditur, merito, quantum in eo est, se indignum. Sed iuxta hoc querimus, fili, quomodo intelligat iste Bavarus in regno et imperio remanere. Aut enim intendit remanere in statu et regno sine iure in eis de novo querendo aut per ius novum, quod intendat acquirere in predictis. Si enim illa sine novo iure intelligat retinere, sequitur, quod regnum et imperium sine iure et honore imperiali et regio detineret. In regno siquidem nullum ius obtinet in presenti, cum iure, si quod sibi per electionem in eodem quesitum fuerat, iusto iudicio sit privatus. Quantum ad imperium autem, quia nomen imperatoris per inunctionem consecrationem et coronationem quis nanciscitur factas quidem a vero Romano pontifice seu alio eius auctoritate, patet, ipsum Bavarum ius aliquod non habere, quia non a vero summo pontifice sed ab antipapa recepisse noscitur supradicta, scilicet unctionem consecrationem et coronationem. Quare sequitur, quod hoc casu imperium sine iure aliquo obtineret, et per consequens, quod nisi de novo ius sibi in regno et imperio quereret, nec rex nec imperator debet dici a fideli aliquo sed fur et latro, iuxta nostri sententiam salvatoris dicentis, quod qui non intrat per hostium in ovile ovium sed aliunde, non pastor ovium sed fur et latro potius est dicendus. Et quod nullum ius in regno vel imperio habeat in presenti, palam est consideranti. Constat enim ipsum multa notorie comisisse, ex quo illa discors electio celebrata extitit, propter que et quodlibet eorum se prorsus fecisset ab honore regni et imperii alienum. Si vero intelligat, quod sibi de novo in regno et imperio ius acquiret, constat, quod cum sit sacrilegus excommunicatus et tyrannus crudelissimus, nec a quoquam posset eligi nec sibi etiam ab aliquo, cum tales sint ineligibiles, de regno et imperio provideri.

Cum igitur petit Bavarus, quod in honore suo et statu remaneat, scilicet in imperio et in regno, possumus sibi dicere, quod dominus dixit filiis Zebedei: Nescitis, quid petatis! Vere ipse hoc petendo ignorat, quid petat; rem siquidem impossibilem petit. Impossibile enim est ipsum remanere in imperiali honore et regio sine novi iuris acquisitione, cum honorem et dignitatem non habeat, sed ipsum regnum et imperium sine ipsorum honore visus est usurpare tyrannice et adhuc nititur retinere.

Rogamus itaque providentiam regiam et in domino exhortamur, quatinus premissa attente considerans et nichilominus pericula varia et inconvenientia innumera, que eius prefata presidentia universali gregi dominico comminatur, consideranter attendens et ad ea, que honorem dei statum ecclesie et imperii respiciunt prosperum, te convertens, partes tui consilii et auxilii sedule interponas, quomodo de persona digna tanto regimine provideri debeat, sub qua fides stabiliatur catholica, augeatur fidelium numerus et a noxiis preservetur. Ad quod quidem nos promptos dante domino reperies et omnino paratos. Licet autem offense predicti Bavari excedant omnes alias, que legantur a patrum nostrorum temporibus hactenus perpetratas, quia tamen licet immeriti vices illius in terris gerimus, qui, cum iratus fuerit, non obliviscitur misereri, ac more pii patris conversionem eius et salutem intensis desideriis affectamus, ad dei honorem tuique et aliorum principum predictorum intuitum, et ut salus ipsius Bavari et multorum aliorum vobis mediantibus procuretur, offerimus, si ad gremium ecclesie redire voluerit dictus Bavarus, sicut debet, ipsum benigne recipere nos paratos eique tantum et talem impertiri gratiam, qua tu et principes supradicti poteritis merito contentari. Dat. Avin. II kl. augusti a. quartodecimo.

In e. m. . . . archiepiscopo Treverensi.

In e. m. Ottoni duci Austrie.

Reg. 115 ps. II f. 171 nr. 1971; apogr. mendosa ap. Martène et Durand, Thesaur. nov. anecd. II, 800—806; cf. Rz. 1367.

1981. *1330 Juli 31. Avignon.*

[Iohannes XXII] episcopo Argentinensi.

Ne lingua tertia vera supprimens seu falsa proferens circa ea, que per nuncios . . . Iohannis regis Boemie ac . . . Balduini archiepiscopi Treverensis necnon . . . Ottonis ducis Austrie ex parte ipsorum circa negotium Bavari fuerunt verbo proposita et in scriptis, queque per nos tam per eosdem propositis quam per eorum dominos circa illam materiam nobis scriptis extiterunt responsa, tui quietem animi valeat perturbare, ecce quod ad fraternitatis tue noticiam illa nil detracto vel addito deducimus per presentes. Ipsi enim verbo primo et subsequenter per scripturam patentem ipsorum communitam sigillis proposuerunt in nostra et plurium fratrum nostrorum sancte Romane ecclesie cardinalium presentia, que sequuntur: Ista[1] est intentio dominorum, scilicet regis Boemie . . archiepiscopi Treverensis et . . ducis Austrie, quod per eos tractetur etc. ut supra in illa, que dirigitur dicto regi Boemie usque in finem. Dat. ut supra (= Avin. II kl. augusti a. quartodecimo).

In e. m. fuit scriptum mutatis mutandis multis nobilibus et communitatibus diversarum partium, sicut in rubricis reperitur.

Reg. 115 ps. II f. 173' nr. 1972; Rz 1366.

1932. *1330 Juli 31. Avignon.*

Iohannes XXII Godefrido de Brandenberch consideratione Iohannis regis Boemie pro eo supplicantis confert eccl. Trever. canonicatum, prebendam vero eidem reservat, non obstante quod ecclesiam de Lancheit Trever. dioc. obtinet.

Sedis apostolice providentia . . . Dat. Avin. II kl. augusti a. quartodecimo.

In e. m. abbati monasterii S. Mathie extra muros Trever. et decano S. Symeonis Trever. ac magistro Iacobo de Mutina capellano papali scolastico Tullensis ecclesiarum.

Reg. 95 nr. 699.

1933. *1330 Juli 31. Avignon.*

Iohannes XXII Willelmo comiti Iuliacensi.

Licet de tue probate fidelitatis constantia indubiam spem geramus, . . . presertim cum supponamus multos suggerentes contraria non deesse, nobilitatem tuam exhortandam duximus, . . . ut, quanta tibi adhesio Bavari comminetur discrimina quantaque ab eius consorcio favore et auxilio separacio erga deum et ecclesiam ac viros catholicos premia repromittat, consideranter attendens, in ceptis tua

1) Conf. nr. 1930 pag. 348.

providencia immobiliter curet persistere ... Ut autem, quid nunciis ... regis Boemie illustris et ... archiepiscopi Treverensis ac ... Ottonis ducis Austrie responderimus super hiis, que super negocio proposuerunt Bavari, tua magnificencia non ignoret, ecce, quod de hiis per nostras litteras alias curamus te reddere certiorem. Dat. ut supra (= Avin. II kl. augusti a. decimoquarto).

Reg. 115 ps. II f. 170' nr. 1963; Rz. 1365.

1934. *1330 Juli 31. Avignon.*

Iohannes XXII Willelmo comiti Iuliacensi scribit, quod eum laudat propter eiusdem fidelitatem ecclesie adhuc prestitam, monetque, ne obsequatur illis, qui moliuntur abstrahere eum ab eadem fidelitate et efficere, ut adhereat Bavaro fiatque adversarius Ottonis ducis Austrie.

Non delevit a nostra ... Dat. II kl. augusti a. decimoquarto.

In e. m. comiti de Marca; item comiti Locensi.

Reg. 115 ps. II f. 170 nr. 1961; Rz. 1364.

1935. *1330 August 1. Avignon.*

Iohannes XXII Reynaldo comiti Gelrensi.

Constanciam clare devocionis ... erga deum ac nos et Romanam ecclesiam ... revocantes letanter in memoriam ... inde nobilitati tue graciarum uberes actiones exolvimus eamque rogamus ..., quatinus in predictis ... immobiliter persistere non omittas nec te quorumvis seductio ... ab hiis, in quibus ... perstitisti constanter adhesionem hereticorum scismaticorum et rebellium vitando, divertat. Audivimus namque de te, fili, ... quomodo aliqui gehenne filii ... te a recta via ... divertere, ut eisdem scismaticis ... adherere et te ... Ottoni duci Austrie, tanquam si suum privatum ageret negocium, opponeres, moliuntur, cum idem dux in hac parte iusticiam ac causam dei et ecclesie fideique catholice procul dubio prosequatur. Quesumus igitur, fili, ... ut eidem duci aliisque nostris et ecclesie memorate fidelibus ... adhereas ... Dat. kl. augusti a. decimoquarto.

In e. m. Iohanni duci Brabancie, Guillelmo comiti de Arnsberg, Rudolfo comiti de Monte.

Reg. 115 ps. II f. 169 nr. 1958; Rz. 1369.

1936. *1330 August 1. Avignon.*

Iohannes XXII tollit et abolet omnes penas et inhabilitates per statuta ceteris concilii provincialis Maguntini promulgatas, si quas posteritas civium Maguntinensium incurrit ex eo, quod monasterium S. Albani et ecclesiam domosque S. Victoris diruerunt et monasterium S. Iacobi in fortalicium mutaverunt, quo melius civitatem possent defendere ab hostibus civitatis et archiepiscopi Henrici, et quod nonnullos monachos monasterii S. Albani adherentes cuidam se de facto pro administratore ecclesie Maguntine gerenti verberibus vulneribusque affecerunt eorundemque nec non aliorum eidem administratori adherentium bona diripuerunt.

[Iohannes XXII.] Ad perpetuam rei memoriam.

Sua nobis dilecti filii camerarius scultetus iudices consules et commune civitatis Maguntine insinuatione monstrarunt, quod ipsi attendentes, quod nonnulle persone ecclesiastice ipsius civitatis et diocesis Maguntine contra . . . Henricum archiepiscopum et ecclesiam Maguntinam calcaneum rebellionis crexerant et favebant nonnullis potentibus earum partium circa occupationem archiepiscopatus Maguntini ac castrorum et iurium ac bonorum ipsius eisque in premissis publice adherebant, et quod quidam ex eis, videlicet abbas et conventus monasterii S. Albani ord. S. Bened. ac decanus et capitulum ecclesie S. Victoris extra muros Maguntinos consistentium cuidam gerenti se de facto pro administratore ipsius ecclesie Maguntine adeo favebant, quod verisimiliter timebatur, quod ipse abbas et conventus dictum monasterium in cuiusdam montis dicte civitati vicini culmine situatum, qui quidem mons eidem supereminet civitati, necnon prefati decanus et capitulum[a] dictam ecclesiam S. Victoris sitam super Renum, per quem navigia ad dictam civitatem euncia et redeuncia ab eadem transitum faciunt, necnon turres et alia propugnacula monasterii et ecclesie predictorum ad requisitionem predicti gerentis administrationem huiusmodi viris armigeris et instrumentis bellicis communirent ad impugnandum hostiliter civitatem eandem, volentesque precavere periculis ecclesie ac civitatis necnon ecclesiarum et personarum ecclesiasticarum monasteriorum et civium predictorum, tres ex dictis turribus diruerunt seu dirui fecerunt, in quarum diruitione, dum cederetur una ex dictis turribus dicti monasterii et circa radicem, ne subito caderet, fuissent ligna supposita, ut est moris, et ignis immissus in eis, subito orto vento preter voluntatem officialium et civium predictorum incendium sic excrevit, quod preter turris et cuiusdam capelle sibi incumbentis[b] occasum[c] dictum monasterium fuit eiusdem ignis incendio concrematum, et quod preter hoc, cum quidam

a) decanatus capitulum *ms.* b) incumbentibus *ms.* c) ocasum *ms.*

monachi dicti monasterii seu complices eorundem [in] incensores dicte turris aliosque cives, qui venerant ad videndum turris prefate ruinam, sagittas emitterent de balistis et aliquos vulnerassent et unus eorum a sagittatione huiusmodi existeret interemptus, populus civitatis eiusdem exinde commotus domos et cameras eiusdem monasterii combusserunt, non absque iniectione manuum in personas monachorum dicti monasterii temere violenta, sine tamen aliqua vel vulneratione ipsorum, libris paramentis et bonis omnibus mobilibus dicti monasterii exinde in illo furore populi asportatis; quodque non solum ambitum muri, qui circuibat domos et dictam ecclesiam S. Victoris totamque aream ipsius sed etiam alios muros eiusdem ecclesie diruerunt ad illum dumtaxat finem, ne per abbatem et conventum ac decanum et capitulum prelibatos in prefata monasterium et ecclesiam hostibus introductis impugnarentur prefata ecclesia et civitas Maguntina; et quod propterea dicti cives, sicut asseritur, provocati, quod ipsi bonis mobilibus, que habebant extra civitatem predictam ex parte eiusdem administrationem gerentis et ei adherentium spoliabantur, nonnulla bona mobilia ad dictos capitulum eiusdem ecclesie Maguntine et alias personas ecclesiasticas extrinsecas et adherentes eisdem ac mandatis nostris obedire temere non curantes et nonnullas etiam personas ecclesiasticas intrinsecas[a] communiter spectantes, cum separari non possent, per violentiam abstulerunt dictumque abbatem et nonnullas alias personas ecclesiasticas seculares et regulares parti alteri adherentes ceperunt et aliquos ex eis usque ad effusionem sanguinis, absque tamen mutilatione vel enormi offensione leserunt, ac precavere volentes, ne monasterium S. Iacobi supra fossatum eiusdem civitatis in imo monte situatum ordinis supradicti ad manus perveniret hostiles, cum per captionem dicti monasterii per hostes civitatis eiusdem eadem civitas remansisset obsessa ex eo, quod per dictum monasterium erat ingressus ad eam et exitus ab eadem, expulsis inde abbate et monachis existentibus in eodem, qui adverse parti publice adherebant, pro earundem ecclesie et civitatis Maguntine deffensione et tutela ceperunt et quoddam castrum et fortalicium construxerunt etiam in eodem illudque custodibus muniverunt et munitum tenere proponunt durante malicia, que in illis partibus noscitur imminere, et nonnulla alia contra vel circa ecclesias et monasteria ac personas ecclesiasticas et bona ipsorum commiserunt pro timore hostili et partis adverse dampnis periculis invasionibus et offensionibus precavendis et ob tutelam et deffensionem earundem ecclesie et civitatis Maguntine,

a) et intrinsecatas *ms*.

que viderunt pro consideracione qualitatis et temporis expedire. Et licet nulla temeritas seu malicia dictos cives et adherentes eisdem ad patrationem induxerit premissorum vel alicuius eorundem, tamen, quia nonnulle persone ecclesiastice asscrebant et asserunt, dudum in provinciali consilio (!) Maguntino inter alia statutum fuisse et etiam ordinatum, quod tam filii illorum, qui canonicos in sacros ordinibus constitutos et ceteros clericos pro clericis se gerentes ac alias[a] personas ecclesiasticas captivare, captivos detinere occidere mutilare aut letalibus seu atrocibus vulneribus vulnerare presumerent, quam etiam talium sacrilegorum utriusque sexus ab ipsis descendens posteritas usque ad quartam generationem ad sacros ordines vel ad aliqua beneficia ecclesiastica aut in claustris seu cenobiis cuiuscumque ordinis non deberent admitti, quodque, si secus fieret, eo ipso deberent huiusmodi ordinati ab executione ordinum perpetuo remanere suspensi et recepti ad beneficia secularium ecclesiarum pro non receptis haberi, dicentes etiam, posteritatem predictorum civium et adherentium eisdem penas et inhabilitates per dicta[b] provincialia seu synodalia statuta ecclesie Maguntine, que dicuntur per sedem apostolicam ex certa scientia confirmata, in combustores locorum ecclesiasticorum, captores et detentores prelatorum et personarum ecclesiasticarum, raptores et occupatores bonorum ipsorum et incastellatores monasteriorum seu ecclesiarum et aliorum locorum ecclesiasticorum et quorumlibet excessuum adversus ecclesias monasteria et personas ecclesiasticas patratores promulgatas propter premissa incurrisse, dicti officiales et consules, comune ac civitas predicte ad nos super hiis recurrentes nobis humiliter supplicarunt, ut . . . providere in hac parte de oportuno remedio dignaremur. Nos itaque . . . omnes penas et inhabilitates, si quas posteritas dictorum civium et eis circa hec adherentium ex premissis seu aliquo premissorum . . . incurrit . . . tollimus auctoritate apostolica et etiam abolemus. Et insuper . . . dispensamus cum eis, quod predictis penis et inhabilitatibus . . . nequaquam obstantibus possit imposterum, alias tamen canonice ad ordines et beneficia quecunque ecclesiastica . . . ac ad religiones quascumque recipi et admitti . . . Ceterum per premissa dictis statutis, quominus aliter et alias in sui roboris efficacia perseverent, non intendimus derogare. Nulli ergo. Dat. kl. augusti a. quartodecimo.

Reg. 115 p. II f. 34 nr. 1171 et Reg. 96 nr. 3351.

1937. *1330 August 2. Avignon.*

Iohannes XXII Iohanni Conradi de Wissenich clerico Col. dioc.

a) alias ac *ms.* b) dictas *ms.*

Nobilitas generis, vite . . . Sane oblate nobis pro parte tua petitionis series continebat, quod dudum tu tunc circa octavum etatis tue annum constitutus canonicatum et prebendam in ecclesia S. Severini Colon . . . assecutus fuisti ipsosque per plures annos tenuisti . . . fructus percipiens ex eisdem ac deinde dictos . . . pro canonicatu et prebenda ecclesie Bunnensis . . . permutasti teque fecisti ad omnes minores ordines promoveri, et quod postmodum tibi de canonicatu ecclesie Carpensis Colon. dioc. . . . providimus . . . Cum autem propter iuvenilem etatem, in qua tempore assecutionis dictorum canonicatus et prebende eiusdem ecclesie Severini . . existebas, hesites, an tunc clericali caractere insignitus existeres, nobis humiliter supplicasti . . . Nos itaque . . . te habilitamus . . . fructusque . . . tibi remittimus . . . Dat. Avin. IIII nonas augusti a. quartodecimo.

Reg. 96 nr. 3679.

1938. *1330 August 2. Avignon.*

[Iohannes XXII] Salmanno episcopo Wormatiensi et S. Andree ac S. (*lacuna*) ecclesiarum Colon. decanis.

Nobilitas generis, vite . . . Sane nobis pro parte dicti Iohannis [Conradi de Vissenich clerici Coloniensis dioc.] exposito, quod dudum ipse tunc circa octavum etatis sue annum constitutus canonicatum et prebendam in eccl. S. Severini Coloniensis, alias sibi canonice collatos, assecutus fuerat ipsosque per plures annos tenuerat . . . fructus percipiens ex eisdem, et deinde dictos canonicatum et prebendam pro canonicatu et prebenda ecclesie Bunnensis Colon. dioc. canonice permutarat seque fecerat ad omnes minores ordines promoveri; et quod postmodum sibi de canonicatu ecclesie Carpensis dicte Colon. dioc. . . . provideramus et prebendam . . . in dicta ecclesia . . . eidem . . . duxeramus reservandam . . . ipseque Iohannes propter iuvenilem etatem, qua tempore assecutionis dictorum canonicatus et prebende eiusdem ecclesie S. Severini . . . existebat, hesitaret, an tunc clericali caractere existeret insignitus; nobisque pro parte ipsius humiliter supplicato, ut ad cautelam et suam conscientiam servandam sibi super hoc de oportuno providere remedio dignaremur, nos . . . ipsum . . . habilitavimus . . . fructusque . . . perceptos exdictas canonicatibus et prebendis sibi remisimus . . . Discretioni vestre . . . mandamus, quatinus . . . canonicatum et prebendam eiusdem ecclesie Bunnensis . . . de iure vacantes . . . eidem Iohanni vel procuratori suo . . . conferre et assignare curetis . . . Prefatas enim nostras litteras, per quas . . . in dicta Carpensi ecclesia incanonicum est receptus ac prebendam expectat ibidem . . . cassas et irritas, prout sunt, nunciamus . . . Dat. Avin. IIII nonas augusti a. quartodecimo.

Reg. 94 nr. 369.

1939. *1330 August 2. Avignon.*

Iohannes XXII Petro de Dusborgh canonico eccl. B. Marie Aquensis Leod. dioc. indulget, ut insistens scolasticis disciplinis in loco, ubi studium vigeat generale, usque ad triennium fructus canonicatus et prebende in ecclesia predicta et aliorum beneficiorum, quo eum interim obtinere contigeret, integre, cotidianis distributionibus dumtaxat exceptis, percipere valeat.

Exigunt tue merita . . . Dat. Avin. IIII nonas augusti a. quartodecimo.

In e. m. S. Georgii Colon. et S. Crucis Leod. decanis ac Iacobo de Mutina scolastico Tullensis eccl. capellano papali.

Reg. 94 nr. 348.

1940. *1330 August 3. Avignon.*

[Iohannes XXII] Gerlaco comiti de Nassawe.

Etsi etas dilecti filii nobilis viri Roperti comitis Palatini Reni ducis Bavarie culpam extenuet, tuam tamen extenuare non potest. Sane quia que facta sunt, haberi nequeunt pro infectis, non est circa hoc insistendum, sed est quoad ea, que perverse acta sunt, iuxta sapientis consilium faciendum dicentis: Fili, peccasti [a]; ne adicias iterum, sed de pristinis deprecare, ut dimittatur tibi. Ne differas igitur sapientis adimplere consilium, ne forsan, si distuleris, subito is, cui subest posse, cum voluerit, te disperdat nec illud queas, cum volueris, adimplere. Dat. ut supra (= Avin. III nonas augusti a. quartodecimo) [1].

Reg. 115 ps. II f. 171 nr. 1966; Rz. 1373.

1941. *1330 August 4. Avignon.*

Iohannes XXII Iohanni dicto Snap nato quondam Conradi dicti Snap confert eccl. Padeburnensis canonicatum, prebendam vero unam

a) pecasti *in reg.*

1) *Cf. Rz. 1372: Litterae a papa Roperto destinatae, quibus eum valde vituperat, quod adhereat Ludovico Bavaro.*

de maioribus in dicta eccl. eidem reservat, non obstante quod in eccl. Susatiensi canonicatum et prebendam ac parrochialem ecclesiam Georgii Susatiensem obtinet.

Apostolice liberalitatis dexteram . . . Dat. Avin. II nonas augusti a. quartodecimo.

In e. m. abbati monasterii Tuitiensis et decano Meschedensis Colon. dioc. ac scolastico Tullensis ecclesiarum.

Reg. 96 nr. 3430.

1942. *1330 August 8. Avignon.*

Iohannes XXII Henrico archiepiscopo Colon. indulget, ut religiosis personis ad suam mensam suumque hospicium declinantibus licentiam vescendi carnibus, illis diebus dumtaxat, quibus a sacris canonibus eius carnium communiter probibitus non existit, valeat impertiri.

Devotionis tue sinceritas . . . Dat. Avin. VIII idus augusti a. quartodecimo.

Reg. 96 nr. 3681.

1943. *1330 August 12. Avignon.*

Iohannes XXII Gotfrido de Brandenberch confert eccl. S. Paulini extra muros Trever. canonicatum, prebendam vero eidem reservat, non obstante quod in eccl. Trever. canonicatum et prebendam ac parrochialem ecclesiam de Lansebet Trever. dioc. obtinet.

Laudabilia tue probitatis . . . Dat. Avin. II idus augusti a. quartodecimo.

In e. m. abbati monasterii S. Mathie extra muros Trever. et archidiacono Trever. ac magistro Iacobo de Mutina scolastico Tullensis ecclesiarum.

Reg. 96 nr. 3295.

1944. *1330 August 18. Avignon.*

Iohannes XXII plures Germanie septentrionalis episcopos et nobiles et inter hos Wedekindum[a] de Monte hortatur, ut Ludovici de Bavaria, qui marchionatum Brandeburgensem filio suo de facto concessit, conatibus resistant sic viriliter, quod de occupatione marchionatus eiusdem suum nullatenus consequatur intentum.

---

a) Wedebrudum *in reg.*

Publicus sicut nostis . . . Dat. Avin. XV kl. septembris a. quartodecimo.

Reg. 115 ps. II f. 171; Rz. 1375 n 1.

1945. *1330 September 15. Avignon.*

Iohannes XXII Walramo[a] episcopo Wormaciensi mandat, quatinus cum Conrado comite Irsuto et Elizabeth nata quondam Frederici comitis de Liningen vidua quondam Frederici domini de Blankenhein Maguntine et Wormaciensis diocesium, qui ignorantes, quod tercius gradus consanguinitatis inter eos existebat, matrimonium contraxerunt, super hoc impedimento dispenset, ita ut valeant licite in hoc matrimonio permanere, prolem suscipiendam ex eis legitimam nunciando.

Romani pontificis precellens . . . Dat. Avin. XVII kl. octobris a. decimoquarto.

Reg. 100 nr. 620; Rz. 1383.

1946. *1330 September 16. Avignon.*

Iohannes XXII Iohanni nato Symonis de Spainhem confert eccl. Trever. canonicatum, prebendam vero eidem reservat, non obstante quod in eccl. Colon. canonicatum et prebendam obtinet.

Nobilitas generis, vite . . . Dat. Avin. XVI kl. octobris a. quintodecimo.

In e. m. archiepiscopo Ebredunensi et abbati in Spainhem et preposito in Swabeghem per prepositum soliti gubernari Magunt. dioc monasteriorum.

Reg. 98 f. 389 nr. 916.

1947. *1330 September 21. Avignon.*

Iohannes XXII Iohanni regi Boemie nunciat, quod eius propositiones ad concordiam inter papam et Ludovicum de Bavaria faciendam tendentes reiicit, eumque valde vituperat de iis, que per nuncios obtulit Azoni de Vicecomitibus domino Mediolani.

[Iohannes XXII] Iohanni regi Boemie.

De regia, fili carissime, non credimus memoria excidisse suas nobis sub data vigilie pentecostes direxisse litteras continentes, quomodo

a) *corr.:* Salmanno.

tu et . . . Treverensis archiepiscopus cum Bavaro super quibusdam tractatibus personaliter convenistis, quos quidem tractatus secundum tuum iudicium et dicti archiepiscopi necnon et . . . Ottonis ducis Austrie super hoc plenius informati utilitatem in omnibus et honorem sancte Romane ecclesie atque nostrum respicere in eisdem asserebatur litteris, prout tu et ipsi nos intendebatis per sollemnes nuncios plenius informare. Huiusmodi autem tractatus forma, prout missi per te et archiepiscopum et ducem predictos verbo et scripto nobis exposuerant nuncii, noscitur esse talis:

Ita est intencio dominorum — in regno et imperio. (*Cf. Reg. nr. 1908 et 1930.*)

Profecto, fili, quod dictus tractatus utilitatem et honorem ecclesie non respiciat neque nostrum, immo si fieret, quod prefatus concludebatur tractatus, scilicet quod Bavarus in regio et imperiali remaneret honore, in dei offensam, ecclesie catholice ac omnium christicolarum irreparabile dispendium et subversionem catholice fidei cederet, ex nostra responsione missa tibi prefatisque principibus satis, ut credimus, potuit regie prudencie dictisque principibus apparere. De aliis autem, que acta tractataque ac ordinata in parlamento fuere predicto, scimus multa ex eis nec ad dei nec ecclesie nec reipublice utilitatem cedere, sed in magnum eorum contemptum depressionemque ipsius ecclesie et preiudicium ac hereticorum favorem.

Novit quoque prudencia regia, quod nunciis tuis dictorumque principum in curia Romana existentibus nobili viro Azoni de Vicecomitibus de Mediolano sub hac forma scripsisti:

Iohannes dei gracia — Datum Lucemburgi IIII iulii. (*Cf. Reg. nr. 1921.*)

Ac insuper prefatum ducem Austrie, qui obedientes prefato Bavaro ut vir catholicus impugnabat, revocasti ab isto proposito eiusque Bavari privati iure, si quod sibi ex dicta electione quesitum fuerat, ac de diversis heresibus condemnati stipendiarium et subditum effecisti. Nec his contentus, quasi cursorem seu precursorem et mediatorem inter dictum Bavarum et civitates obedientes ecclesie necnon alios devotos ecclesie te constituens, devotos ipsos ecclesie a devotione retrahere ac, ut ipsum hereticum in suum regem et imperatorem reciperent, non absque gravi dei offensa contemptuque sancte ecclesie ac tuo et ipsorum, grandi periculo procurare nimium temere presumpsisti. Et non solum hec in Theutonia attentasti, sed eciam tuos nuncios, videlicet Thomam de Septemfontibus et Symonem Philippi et magistrum G. Pichon, quem ad curiam novissime destinasti, apud te dimiseras, sicut coram nobis asseruit, cum a te discessit, post eius recessum ad partes Italie transmisisti. Qui pervenientes Mediolanum Azoni exposuere predicto, quod tu potestatem habebas ipsum Azonem et suos concordandi cum Bavaro, quod libenter super hoc esses in colloquio cum eodem quodque ipsos nuncios miseras de ipsa concordia tractaturos. Quibus fuit pro parte dicti Azonis responsum, quod ipse Azo te non rogaverat de concordia predicta tractanda, quia cum Bavaro ipse et sui nullam volebant concordiam, cum de ipso confidere in perpetuum non intendant. Cumque prefati nuncii ulterius procedentes dicerent, quod concordia taliter fieret, quod Bavarus nec terram intraret nec ad eam aliquem mitteret, sed quod sibi daretur aliquid annuatim, fuit pro parte Azonis responsum, quod nec in hoc modo aliquo consentirent. Cumque subiungerent nuncii antedicti, qui ipsi bene sciebant, quod hoc facere recusabat, quia tractatum pacis nobiscum habebat, fuit pro parte Azonis responsum, quod nobiscum super pace non habebat tractatum sed pacem, quia tractatus pacis inter nos et ipsum iam fuerat consummatus. Profecto, fili carissime, non sufficimus admirari, qui te ad hoc fascinaverit, quis te moverit, quod sic matrem tuam sanctam dei ecclesiam undique persequaris, sic intendas sedule devotos suos a devotione retrahere et ditioni istius heretici subiugare. Si enim consideranter attenderes, quam pie erga genitorem tuum ... predecessor noster se gesserit, reperies utique, quod eius favore et suffragio ad fastigium imperialis conscenderit dignitatis. Ipse quidem fratrem suum tuumque patruum, cui etas et defectus scientie repugnabant, in Treverensem promovit archiepiscopum, qui unus est de hiis, ad quos regis Romanorum electio assumendi in imperatorem noscitur pertinere, qui quidem electioni sue favorem non modicum et suffragium prestitit. Quam prompte autem eius electionem admiserit et approbaverit predecessor noster, te non credimus ignorare. Si enim electionem unius episcopi sic prompte, sic faciliter expedisset, utique satis esset, et sicut a magnis viris audivimus, qui hoc scire poterant, si per perpaucos dies admissionem et approbationem electionis huiusmodi distulisset, erant parati, qui se volebant opponere, qui forsan electionem ipsam annis pluribus impedissent. Quinque quoque in suum favorem cardinales ad eum usque Romam associandum eiusque vice inungendum et coronandum transmittere non omisit. Civitatibus quoque Lumbardie ac Tuscie pro eo sua efficacia scripta transmisit. Ex quibus quanta tibi domuique tue nedum quoad regnum Boemie, sed quoad alia non facile numeranda provenerint honores et commoda, si diligenter attenderes, profecto tu et prefatus archiepiscopus eam non persequi sed prosequi sibique assistere vigilanti studio curaretis. De nobis autem, quam benigne quamque favorabiliter erga tuam magnificentiam nos habuerimus, oblivionem, ingratitudinis matrem, non credimus de memoria regia delevisse. Scimus autem, quod inter alios mundi principes precibus tuis benigne consuevimus exaudicionis ianuam aperire. Adhuc non sufficimus admirari, quomodo, fili carissime, sic fame tue effectus sis prodigus, ut homini de diversis heresibus notoriis publice condemnato sic te possis fautorem ostendere statusque sui reprobi et dampnati spretis periculis et penis variis, quibus periculose nimium te involvis, publice te exhibes promotorem. Hec, fili carissime, pro tanto ante tue providencie oculos curavimus ponere, ne nobis, qui tue curam habemus anime, silentium ad culpam in districto examine valeat imputari, necnon et quia intensis desideriis affectamus, ut vias tuas periculosas considerans ad instar prophete dicere debeas: Cogitavi vias meas, et converti pedes meos in testimonia tua. Procul dubio periculosum intrasti devium, a quo nisi resipiens ad viam te reduxeris veritatis, ad mortem et penas eternas inferi te deducet. Attende, fili carissime, quod, licet humanum sit peccare, perseverare tamen in malicia debet diabolicum reputari. Noli ergo, quesumus, hominis condicionem exuere diabolicamque vestire, quod procul dubio facies, si in ceptis improvide, quod absit, te contigerit perdurare. Et si te, fili carissime, in tali devio perdurante sancta mater ecclesia supersedeat[a] quoad dispensaciones et alia in te suas effluere gracias, non mireris, quia non decet eam in tali statu perseverantibus gracias, per quas in eo firmari pertinacius valeant, elargiri. Sed cura, fili carissime, quesumus, exhibere te sibi devotum filium, et procul dubio ipsa se tibi piam matrem et benevolam cum omni promptitudine non differet exhibere. Dat. XI kl. octobris a. decimoquinto.

Reg. 116 f. 72' nr. 335; Rz. 1886; Raynaldi, Ann. eccl. ad. a. 1330 § 34–38.

1948. *1330 September 26. (Avignon.)*

Iohannes XXII Iohanni regi Boemie scribit de non concessa dispensatione super matrimonio inter regis filiam et Ottonem ducem Austrie contrahendo eumque valde vituperat ob ea, que in favorem Bavari egerat cum duce predicto.

[Iohannes XXII] eidem [Iohanni] regi [Boemie].

In litteris regiis nobis per magistrum G. Pichon nuncium regium

a) supercedat *ms.*

novissime presentatis non absque admiratione contineri vidimus nos super matrimonio inter tuam filiam et inclitum principem Ottonem ducem Austrie dispensasse. Hoc enim, fili, secundum veritatem non fecimus, sed verum est, quod supponentes te ducemque predictum devotos existere filios sponse Christi, ordinaveramus committere certis episcopis, ut causis insertis in supplicatione nobis oblata super hoc contentis se debeant plenius informare, et si eas reperirent consonas veritati et eam alias expedire possent, procedere ad dispensationem huiusmodi faciendam illamque per dilectum filium priorem Tholosanum, quem proposueramus mittere et cum ad tuam et dicti ducis presentiam pro certis aliis negotiis nos et vos tangentibus destinare. Sane quia, antequam dictus prior iter suum arriperet, supervenerunt littere varie, quod te procurante, fili carissime rex predicte, dictus dux cum Bavaro armis proiectis pacem fecerat seque pro certa summa pecunie, pro qua sibi certa imperialia castra de facto, cum de iure non posset, obligaverat eiusque stipendiarium constituerat suumque cum toto posse suo in Alamania auxilium eidem promiserat impertiri, in instanti festo purificationis domine nostre homagium ut regi et imperatori solenniter exhibere, visum est nobis et nostro consilio, quod nec commissio super dispensacione predicta ad presens fieret nec ad vos prior predictus destinari deberet, cum illa, propter que ipsum intendebamus mittere, assequi speratum effectum non possent. Ideoque habeat nos super utroque, scilicet commissione dispensationis et non misso predicto priore regia circumspectio excusatos. Miramur insuper, quod super responsione nostra super facto Bavari nil celsitudo regia nobis duxerit rescribendum. Premissa autem in nostris litteris aliis, quas una cum istis excellentie regie mittimus, plenius poterit intueri. Pro tuo autem, fili carissime, et ecclesie obtamus (!) commodo et honore, ut, quam pie sponsa Christi cum genitore tuo ac tecum se gesserit qualemque sibi rependas vicissitudinem, deductis in consistorio rationis, et ut tue saluti provideas tueque fame consulas consultiusque periculis, que tibi posterisque tuis propter illa, que in favorem Bavari de diversis heresibus condempnati hiis diebus extitisse nosceris, possent sequi, non omittas occurrere et que improvide gesta sunt, reformare in melius, paterno rogamus affectu et omni, quo possumus, studio invitamus, sciturus, quod Christi et ecclesie status et fidei eorumque negotia ea sunt indivisibili unione coniuncta, ut alter honorari nequeat reliquis seu reliquo non habitis seu non habito in honore. Dat. VI kl. octobris anno XV.

Reg. 116 f. 74 nr. 336.

1949. *1330 September 26. (Avignon.)*

Iohannes XXII Ottoni duci Austrie scribit de non concessa dispensatione super matrimonio inter Ottonem et filiam Iohannis regis Boemie contrahendo eumque valde vituperat ob ea, que procurante rege tractaverat cum Bavaro.

[Iohannes XXII] Ottoni duci Austrie.

In litteris tue nobilitatis nobis per . . . magistrum Nicolaum tuum notarium novissime presentatis non absque admiratione contineri vidimus, nos super matrimonio tractato inter te et filiam . . . I. regis Boemie illustris dispensasse. Hoc enim . . . non fecimus, sed verum est, quod supponentes te et regem predictum devotos existere filios sponse Christi, ordinaveramus committere certis episcopis, ut de causis insertis in supplicatione nobis oblata super hoc contentis se deberent plenius informare, et si ea reperirent consonas veritati et eam alias expedire, possent procedere ad dispensationem huiusmodi faciendam, illamque per . . . priorem Tholose proposueramus mittere et eum ad tuam et dicti regis presentiam pro certis aliis negotiis nos et vos tangentibus destinare. Sane quia, antequam dictus prior iter suum arriperet, supervenerunt littere varie, quod dicto rege procurante tu cum Bavaro armis proiectis pacem feceras teque pro certa summa pecunie, pro qua tibi certa imperialia castra de facto, cum de iure non posset, obligaverat, eius stipendiarium constitueras tuumque cum toto posse tuo in Alamannia auxilium eidem promiseras impartiri ac in instanti festo purificationis domine nostre homagium ut regi et imperatori solenniter exhibere, visum est [nobis] et consilio nostro, quod nec commissio super dispensatione predicta fieret nec ad vos prior predictus destinari deberet . . . Ideoque habeat nos super utroque . . . tua nobilitas excusatos . . . Dat. VI kl. octobris a. XV.

Reg. 116 f. 72 nr. 333.

1950. *1330 September 26. (Avignon.)*

[Iohannes XXII] regi Boemie.

In responsione, quam tibi . . . et . . . Balduino archiepiscopo Treverensi super facto Bavari misimus, fuit per errorem insertum, quod idem Bavarus per Petrum de Corvaria dudum antipapam coronatus in imperatorem fuerat et inunctus, cum secundum veritatem ab eo nec inunctus fuerit nec etiam coronatus, sed inunctus fuit seu verius execratus a Iacobo dudum episcopo Castellano tunc . . . excommunicato . . .

In e. m. mutatis mutandis archiepiscopo Treverensi . . . duci Austrie.

Dat. VI kl. octobris a. XV.

Reg. 116 ps. II f. 75' nr. 338; cf. Raynaldi, Annal eccl. a. 1330 § 27.

1951. *1330 September 26. Avignon.*

Iohannes XXII Ottoni duci Austrie et Styrie destinat litteras, quibus inserte sunt quatuor epistole ab Ottone ipsi pape directe comprobantes ducis inconstantiam date d. 2. februarii, 23. aprilis, 26. maii *nr. 1907*) et 17. iunii. Valde vituperat eius inconstantiam cum in tercia et quarta epistola ostenderit, se suscepisse officium una cum Baldewino archiepiscopo Treverensi et Iohanne rege Boemie procurandi, quod Bavarus in regio et imperiali remaneret honore, et se constituerit fautorem et adeo stipendiarium Ludovici de Bavaria.

A tua, fili, non credimus . . . Dat. Av. VI kl. octobris a. quintodecimo.

Reg. 116 f. 74 nr. 337; Rz. 1388.

1952. *1330 September 27. Avignon.*

Iohannes XXII Baldewino de Via[n]den laico Trever. dioc. reservat beneficium ecclesiasticum seu officium cum prebenda consuetum laicis assignari, cuius fructus quindecim marcharum argenti s. t. d. valorem annuum non excedunt, spectans ad dispositionem capellarii eccl. Colon.

Attributa tibi merita . . . Dat. Avin V kl. octobris a. quintodecimo.

In. e. m. preposito S. Severini Colon. et eiusdem ac S. Agricoli Avenionensis eccl. decanis.

Reg. 97 nr. 929.

1953. *1330 September 28. Avignon.*

Iohannes XXII episcopo Leodiensi mandat, quatinus cum Godefrido de Iuliaco domino de Berchem et Elizabet nata Theoderici dicti Luyf de Cleve dispenset super quarto consanguinitatis gradu.

[Iohannes XXII] episcopo Leodiensi.

Oblata nobis pro parte nobilis viri Godefridi de Iuliaco domini de Berchem et nobilis mulieris Elizabet nate dilecti filii nobilis viri

Theoderici dicti Luyf de Cleve Colon. dioc. petitio continebat quod dudum dicti Godefridus et Elezabeth, eis tunc nequaquam ignorantibus se esse quarto consanguinitatis gradu coniunctos, nonnullis eorum consanguineis nobilibus et potentibus tractantibus et ad hoc eos animantibus ex eo, quod ex matrimonio, si fieret inter eos, vigeret et augmentaretur in illis partibus eorundem consanguineorum et nobilium amplior pacis serenitas et dulcedo etiam caritatis, prout hec exinde postmodum provenerunt, cum hinc inde favor suppeteret potentie temporalis, matrimonium, prius bannis, ut est moris, editis et contradictore aliquo minime apparente, invicem contraxerunt, carnali inter eos postmodum copula subsecuta. Quare pro parte eorundem . . . fuit nobis humiliter supplicatum . . . Nos igitur . . . fraternitati tue . . . mandamus, quatinus dictos Godefridum et Elizabeth, eis primo ad tempus iuxta tue discretionis arbitrium separatis, ab excommunicationis sententia . . . absolvas, iniuncta eis super hoc penitentia salutari, ac cum ipsis, quod impedimento . . . et aliis premissis nequaquam obstantibus, possint matrimonium invicem de novo libere contrahere et in eo, postquam contractum fuerit, licite remanere, auctoritate nostra dispenses, prolem suscipiendam ex eis legitimam nunciando. Dat. Av. IIII kl. octobris a. quintodecimo.

Reg. 98 f. 52 nr. 60; Rz. 1393.

1954. *1330 September 29. Avignon.*

Iohannes XXII nobili viro Guillelmo comiti Iuliacensi indulget, ut cum quinque probis viris, qui mature etatis existant, bis in anno in monasteria sororum S. Clare Colon. dioc. ingredi valeat, dummodo earum, que monasteriis ipsis prefuerint, ad id accedat assensus et ipsi comes dictique viri ibidem non comedant vel etiam pernoctent.

Ex sinceritate tue devotionis . . . Dat. Avin. III kl. octobris a. quintodecimo.

Reg. 98 f. 415 nr. 988; Rz. 1394.

1955. *1330 September 29. Avignon.*

[Iohannes XXII] Iohanni comiti Seynensi et nobis mulieri Elisabeth nate quondam Gherardi comitis Iuliacensis Colon. dioc.

Et si inter illos . . . Sane pro parte vestra petitio nobis exhibita continebat, quod olim tu, fili Iohannes, et tu, filia Elisabeth, tunc in decimo anno etatis tue vel circa illum constituta, ignorantes, quod inter vos aliquod impedimentum alias existeret, . . . sponsalia per verba de presenti ad invicem contraxistis, quodque postmodum, cum vos, te filia Elisabeth interim nubilis etatis effecta, matrimonium in facie ecclesie velletis contrahere, pervenit ad vestram notitiam, quod huiusmodi matrimonium nequitis contrahere dispensatione . . . non obtenta . . . Nos igitur . . . . . . vobiscum, quod impedimento, quod ex dicta consanguinitate provenit, non obstante possitis matrimonium huiusmodi libere contrahere . . . dispensamus, prolem suscipiendam . . . legitimam nunciantes . . . Dat. Avin. III kl. octobris a. quintodecimo.

Reg. 100 nr. 524.

1956. *1330 September 29. Avignon.*

Iohannes XXII preposito et cantori Aquensis Leod. dioc. ac custodi S. Andree Colon. mandat, quatinus Sophiam de Aldenhorien (!) puellam litteratam Colon. dioc. cupientem cum abbatissa et conventu monasterii de Burschit dicte dioc. ord. S. Bened. domino famulari, faciant recipi, si sit idonea et aliud canonicum non obsistat, in dicto monasterio in monacham.

Prudentum virginum votis . . . Dat. Avin. III kl. octobris a. quintodecimo.

Reg. 100 nr. 260.

1957. *1330 September 29. Avignon.*

Iohannes XXII Egidio de Werda rectori eccl. de Ercklenz Leod. dioc. indulget, ut in aliquo beneficiorum suorum ecclesiasticorum, que nunc obtinet et obtinebit imposterum, residendo vel disciplinis scolasticis in loco, ubi studium generale vigeat, aut Henrici Spaynhem prepositi eccl. Aquensis Leod. dioc., cuius clericus et notarius existit, obsequiis insistendo fructus beneficiorum suorum, etiam si dignitates vel personatus aut officia fuerint et curam habeant animarum, dummodo huiusmodi dignitates in cathedralibus maiores post episcopales seu in collegiatis principales non existant, usque ad triennium integre, cotidianis distributionibus dumtaxat exceptis, percipere valeat.

Probitatis tue meritis . . . Dat. Avin. III kl. octobris a. quintodecimo.

In e. m. decano et cantori S. Adelberti Aquensis Leod. dioc. ac scolastico Tullensis ecclesiarum.

Reg. 100 nr. 248.

1958. *1330 September 29. Avignon.*

Iohannes XXII Henrico de Attindarne canonico eccl. B. Marie Aquensis Leod. dioc. indulget, ut in aliquo beneficiorum suorum ecclesiasticorum, que nunc obtinet et obtinebit imposterum, residendo vel disciplinis scolasticis in loco, ubi studium vigeat generale, aut Henrici de Spainhem prepositi eccl. Aquensis Leod. dioc., cuius clericus et notarius existit, insistendo fructus beneficiorum suorum, et si dignitates vel personatus aut officia fuerint et curam habeant animarum, dummodo huiusmodi dignitates in cathedralibus maiores post episcopales vel in collegiatis principales non existant, usque ad triennium integre, cotidianis distributionibus dumtaxat exceptis percipere valeat.

Attributa tibi merita ... Dat. Avin. III kl. octobris a. quintodecimo.

In e. m. preposito B. Marie Traiect. Leod. dioc. et scolastico Tullensis ac Bernardo de Hulhoven canonico Leod. ecclesiarum.

Reg. 100 nr. 247.

1959. *1330 September 29. Avignon.*

Iohannes XXII magistro Godefrido de S. Cuniberto canonico Colon. reservat in civitate vel diocesi Leod. dignitatem, dummodo in ecclesia collegiata non fuerit principalis, non obstante quod in Colon. canonicatum et prebendam ac in Leod. eccl. canonicatum et parrochialem ecclesiam in Wailharen Leod. dioc. obtinet necnon in eadem Leod. eccl. prebendam ac dignitatem vel personatum seu officium, maiori dignitate post episcopalem excepta, vigore litterarum apostolicarum expectat; quas quidem litteras processusque exinde habitas papa cassat. Vult autem, quod Godefridus vigore huius gratie dignitatem vel personatum seu curatum officium assecutus predictam dimittat parrochialem ecclesiam.

Litterarum scientia, vite ... Dat. Avin. III kl. octobris a. quintodecimo.

In e. m. S. Georgii Colon. et S. Crucis Leod. decanis ac magistro Iacobo de Mutina scolasticis Tullensis eccl. capellano papali.

Reg. 97 nr. 815.

1960. *1330 September 29. Avignon.*

Iohannes XXII Wernero nato Iohannis de Vlaceen militis confert ecclesie S. Severini Colon. canonicatum, prebendam vero eidem reservat.

Laudabilia tue merita . . . Dat. Avin. III kl. octobris a. quintodecimo.

In e. m. abbati monasterii S. Martini Colon. et preposito S. Marie ad gradus Colon. ac decano Karpensis Colon. dioc. ecclesiarum.

Reg. 98 f. 416' nr. 992.

1961. *1330 September 29. Avignon.*

Iohannes XXII Godefrido nato Iohannis de Vlaceen militis confert eccl. S. Georgii Colon. canonicatum, prebendam vero eidem reservat.

Suffragantia tibi merita . . . Dat. Avin. III kl. octobris a. quintodecimo.

In e. m. abbati monasterii S. Martini et preposito S. Marie ad gradus Colon. ac decano Carpensis Colon. dioc. ecclesiarum.

Reg. 98 f. 417 nr. 995.

1962. *1330 September 29. Avignon.*

Iohannes XXII Henrico nato Henrici de Overbach militis confert eccl. S. Cuniberti canonicatum, prebendam vero eidem reservat.

Laudabile testimonium, quod . . . Dat. Avin. III kl. octobris a. quintodecimo.

In e. m. S. Panthaleonis et S. Martini Colon. monasteriorum abbatibus ac Godefrido de S. Cuniberto canonico Colon.

Reg. 98 f. 714 nr. 993.

1963. *1330 September 29. Avignon.*

Iohannes XXII Hilgero Hermanni Hardevust canonico eccl. S. Severini Colon. reservat beneficium ecclesiasticum cum cura vel sine cura consuetum abolim clericis secularibus assignari, cuius fructus, si cum cura, viginti quinque, si vero sine cura fuerit, quindecim marcharum argenti s. t. d. valorem annuum non excedunt, ad dispositionem abbatisse et conventus monasterii Vallis comitis ord. Cisterc. Colon. dioc. communiter vel divisim spectans, non obstante quod in eccl. S. Severini canonicatum et prebendam obtinet.

Sedis apostolice copiosa . . . Dat. Avin. III kl. octobris a. quintodecimo.

In c. m. S. Bartholomei Leod. et S. Georgii decanis ac scolastico SS. Apostolorum Colon. ecclesiarum.

Reg. 98 f. 417' nr. 996.

1964. *1330 September 29. Avignon.*

Iohannes XXII Reynardo de Vredenaldenhoven confert eccl. B. Marie Aquensis Leod. dioc. canonicatum, prebendam vero eidem reservat, non obstante quod parrochialem ecclesiam in Owen Colon. dioc. obtinet.

Attributa tibi merita ... Dat. Avin. III kl. octobris a. quintodecimo.

In c. m. decano S. Marie Traiect. et Gotfrido de S. Cuniberto Colon. ac magistro Roberto de Turre scriptori litterarum apostolicarum Adriensis canonicis ecclesiarum.

Reg. 100 nr. 68.

1965. *1330 September 29. Avignon.*

Iohannes XXII Petro de Nydeegen presbitero Colon. dioc. reservat beneficium ecclesiasticum cum cura vel sine cura consuetum ab olim clericis secularibus assignari, cuius fructus, si cum cura, viginti quinque, si vero sine cura fuerit, quindecim marcharum argenti s. t. d. valorem annuum non excedunt, ad dispositionem abbatis et conventus monasterii S. Martini Colon. ord. S. Bened. communiter vel divisim spectans.

Probitatis tue merita ... Dat. Avin. III kl. octobris a. quintodecimo.

In c. m. S. Panthaleonis et S. Martini Colon. monasteriorum abbatibus ac Godefrido de S. Cuniberto canonico Colon.

Reg. 98 f. 417' nr. 997.

1966. *1330 September 29. Avignon.*

Iohannes XXII Nicolao de Starkemberg confert eccl. S. Andree Colon. canonicatum, prebendam vero eidem reservat.

Sedis apostolice providentia ... Dat. Avin. III kl. octobris a. quintodecimo.

In c. m. decano S. Georgii Colon. et Tullensis ac eiusdem S. Georgii scolasticis ecclesiarum.

Reg. 97 nr. 781.

1967. *1330 September 29. Avignon.*

Iohannes XXII Godefrido dicto Bouyt confert eccl. S. Pauli Leod. canonicatum, prebendam vero eidem reservat, non obstante quod in eccl. B. Marie Aquensis Leod. dioc. perpetuam capellaniam altaris S. Iohannis Baptiste sine cura obtinet.

Digne agere credimus . . . Dat. Avin. III kl. octobris a. quintodecimo.

In c. m. S. Crucis et S. Bartholamei Leod. decanis ac Iacobo de Mutina scolactico Tullensis ecclesiarum.

Reg. 97 nr. 780.

1968. *1330 September 29. Avignon.*

Iohannes XXII Iohanni de Novaplatea rectori parrochialis ecclesie in Gelewerode Colon. dioc. reservat beneficium ecclesiasticum cum cura vel sine cura ad dispositionem ablatisse et capituli secularis ecclesie SS. Virginum Colon. communiter vel divisim pertinens, cuius fructus, si cum cura, viginti, si vero sine cura fuerint, quindecim marcharum argenti s. t. d. valorem annuum non excedunt, non obstante quod parrochialem ecclesiam in Gelewerode Colon. dioc., de qua litigat, obtinet. Tamen huiusmodi beneficium curatum assecutus dimittat predictam parrochialem ecclesiam.

Tue probitatis merita . . . Dat. Avin. III kl. octobris a. quintodecimo.

In c. m. S. Severini et S. Cuniberti Colon. propositis ac scolastico Tullensis ecclesiarum.

Reg. 99 f. 366 nr. 1911.

1969. *1330 September 29. Avignon.*

[Iohannes XXII] Hildegero de Ecclesia Lisolphi clerico Coloniensi.

Virtutum tuarum studia . . . Sane petitio pro parte tua nobis exhibita continebat, quod tu olim in vicesimo quarto etatis tue anno ac in subdiaconatus ordine constitutus parrochialem ecclesiam in Eschwilre Colon. dioc. tunc vacantem fuisti alias canonice assecutus dictamque ecclesiam per multos annos tenuisti, sicut eam adhuc detines . . . ad ulteriores ordines non promotus nec etiam resedisti personaliter in eadem ac postmodum de canonicatu et prebenda ecclesie S. Severini Colon. cum supplemento tunc vacantibus tibi auctoritate apostolica alias canonice fuit provisum. Quare pro parte tua fuit nobis humiliter supplicatum *etc.* Nos itaque . . . omnem inhabilitatis et infamie maculam . . . totaliter abolemus teque plene habilitamus . . . fructus per te perceptos ex beneficiis supradictis tibi . . . remittentes. Volumus tamen, quod dictam parrochialem ecclesiam in manibus diocesani loci realiter, eandem ulterius nullatenus resumpturus, ac canonicatum et prebendam cum supplemento secundum premissa de iure vacantes omnino dimittas . . . Dat. Avin. I kl. octobris a. quintodecimo.

Reg. 99 f. 367' nr. 1921.

1970. *1330 September 29. Avignon.*

[Iohannes XXII] preposito S. Cuniberti et decano S. Georgii Colon. ac scolastico Tullensis eccl.

Laudabile testimonium, quod . . . Sane nuper pro parte ipsius Hyldegeri [de Ecclesia Lysolphi clerici Coloniensis] nobis exposito, quod ipse olim in vicesimo quarto etatis sue anno ac in subdiaconatus ordine constitutus parrochialem ecclesiam in Eschwilre Colon. dioc. tunc vacantem fuerat alias canonice assecutus ipsamque per multos annos tenuerat, sicut eam adhuc detinebat, . . . ad ulteriores ordines non promotus, nec etiam resederat personaliter in eadem, ac postmodum de canonicatu et prebenda ecclesie S. Severini Colon. cum supplemento tunc vacantibus sibi apostolica alias canonice fuerat auctoritate provisum, ac nobis humiliter supplicavit *etc.* Nos . . . omnem inhabilitatis et infamie maculam . . . totaliter abolevimus ipsumque plene habilitavimus et in integrum restituimus . . . fructus per eum preceptos ex beneficiis supradictis sibi . . . remittentes. Voluimus tamen, quod dictam parrochialem ecclesiam in manibus diocesani loci realiter, eandem nullatenus resumpturus, ac canonicatum et prebendam cum supplemento . . . omnino dimittere teneretur . . . Discretioue vestre . . . mandamus, quatinus . . . canonicatum et prebendam cum supplemento . . . de iure vacantes . . . eidem Hildegero vel procuratori suo . . . conferre et assignare curetis . . . Dat. Avin. III kl. octobris a. quintodecimo.

Reg. 99 f. 366 nr. 1913.

1971. *1330 September 30. Avignon.*

[Iohannes XXII] Walramo de Iuliaco canonico Coloniensi capellano nostro.

Nobilitas generis, vite . . . Sane petitio tua nobis nuper exhibita continebat, quod tu olim in duodecimo vel circa etatis tue anno constitutus et clericalem tonsuram non habens canonicatum et prebendam ecclesie Coloniensis tunc vacantes alias canonice tibi collatos recepisti et tenuisti et adhuc tenes ac subsequenter clericalem tonsuram alias legitime recepisti et demum, postquam vicesimum tertium eiusdem etatis annum attegisti, preposituram S. Servatii Traiectensis sine cura Leod. dyoc., tecum super eiusdem etatis defectu per loci ordinarium dispensato, et thesaurariam dicte Coloniensis, que simplex officium existit, tibi alias canonice collatos necnon demum in etate legitima constitutus prepositurum curatam ac canonicatum et prebendam Leod. eccl. apud sedem apostolicam tunc vacantes ex collatione et dispensatione nostra fuisti pacifice assecutus ipsasque extunc tenuisti et adhuc tenes fructusque percepisti et percipis de omnibus beneficiis supradictis. Quare nobis humiliter supplicasti ... Nos igitur ... omnem inhabilitatis maculam ... penitus abolemus teque ... habilitamus et habilem reddimus ... et nichilominus collationes predictas de eisdem prepositurls ac thesauraria necnon de canonicatu et prebenda eiusdem eccl. Leod. ... ratas habemus et gratas fructusque predictos ... tibi remittimus ... ac insuper dictos canonicatum et prebendam ecclesie Coloniensis ... de iure vacantes ... apostolica tibi auctoritate conferimus ... Dat. Avin. II kl. octobris a quintodecimo.

Reg. 100 nr. 18.

1972. *1330 September 30. Avignon.*

Iohannes XXII Waltero de Iswilre rectori parrochialis ecclesie in Herc Leod. dioc. reservat beneficium ecclesiasticum cum cura vel sine cura, cuius fructus, si cum cura, viginti, si vero sinec ura fuerit, quindecim marcharum argenti s. t. d. valorem annuum non excedunt, ad dispositionem prepositi decani et capituli eccl. Colon. communitei vel divisim pertinens. Tamen vigere huiusmodi gratie beneficium curatum assecutus, omnino dimittat dictam parrochialem ecclesiam.

Vite ac morum honestas ... Dat. Avin. II kl. octobris a. quintodecimo.

In e. m. S. Severini et SS. Apostolorum Colon. decanis ac scolastico Tullensis ecclesiarum.

Reg. 99 f. 305 nr. 1735.

1973. *1330 September 30. Avignon.*

Iohannes XXII Cononi de Bolciu (*vel* Bolem) nato Godefridi de

Bolcin militis confert eccl. S. Cassii Bunnensis canonicatum, prebendam vero eidem reservat.

Nobilitas generis, vite ... Dat. Avin. II kl. octobris a. quintodecimo.

In e. m. Severini et SS. Apostolorum decanis ac scolastico Tullensis ecclesiarum.

Reg. 99 f. 309' nr. 1752.

1974. *1330 September 30. Avignon.*

Iohannes XXII Iohanni dicto Pafiohan de Turre confert eccl. S. Severini Colon. canonicatum, prebendam vero et ferculum eidem reservat.

Vite ac morum honestas ... Dat. Avin. II kl. octobris a. quintodecimo.

In e. m. S. Georgii Colon. et S. Marie ad gradus Colon. decanis ac scolastico Tullensis ecclesiarum.

Reg. 99 f. 305' nr. 1736.

1975. *1330 September 30. Avignon.*

Iohannes XXII archiepiscopo Coloniensi mandat, quatinus cum Wilhelmo de Nideegghen scolari Colon. dioc., si alias sit idonoeus, super defectu natalium, quem patitur de coniugato genitus et soluta, dispenset, ut predicto defectu non obstante possit ad omnes ordines promoveri et ecclesiasticum beneficium, etiam si curam habeat animarum, obtinere.

Ex parte dilecti ... Dat. Avin. kl. octobris a. quintodecimo.

Reg. 99 f. 301 nr. 1723.

1976. *1330 September 30. Avignon.*

Iohannes XXII Theobaldo nato Theobaldi dicti Rodekin de Seveke confert eccl. S. Marie Aquensis Leod. dioc. canonicatum, prebendam vero eidem reservat.

Probitatis et aliarum virtutum ... Dat. Avin. II kl. octobris a. quintodecimo.

In e. m. abbati monasterii Rodensis (*vel* Bodensis) et cantori S. Adalberti Aquensis Leod. dioc. ac Iacobo de Mutina scolastico Tullensis ecclesiarum.

Reg. 97 nr. 770.

1977. *1330 October 2. Avignon.*

[Iohannes XXII] archiepiscopo Trevercusi.

Ex tenore petitionis . . . Guillelmi de Biourges militis tue diocesis nobis oblata percepimus, quod olim ipse quamdam mulierem . . . Elisabet nate . . . Iohaneti dicti Lepetit de Clemencey armigeri dicte dioc. tertio et quarto consanguinitatis gradu coniunctam fornicario actu cognovit carnaliter ac postea huiusmodi consanguinitatis ignarus cum dicta Elisabeth penitus etiam ignorante, quod ipse Guillelmus dictam mulierem . . . cognovisset, bannis, ut moris est, editis et proclamatis, matrimonium in facie ecclesie contraxit . . . acdeinde . . . filios et filias procrearunt . . . Nos igitur . . . fraternitati tue . . . mandamus, quatinus, si tibi de prefatis bannis . . . ac de ipsius militis ignorantia huiusmodi saltim per eius iuramentum constiterit, cum ipso et eadem Elisabeth, ut in eodem matrimonio . . . licite remanere valeant . . . dispensare procures, prolem susceptam et suscipiendam . . . legitimam decernendo. Dat. Avin. VI nonas octobris a. quintodecimo.

Reg. 100 nr. 567.

1978. *1330 October 4. Avignon.*

Iohannes XXII Wilhelmo de Geych (vel Seych) confert eccl. Monasteriensis in Eyflia Colon. dioc. canonicatum. prebendam vero eidem reservat.

Laudabile testemonium, quod . . . Dat. Avin. IIII nonas octobris a quintodecimo.

In e. m. abbati monasterii S. Cornelii Indensis Colon. dioc. et decano S. Severini Colon. ac scolastico Tullensis ecclesiarum.

Reg. 100 nr. 69.

1979. *1330 October 8. (Avignon.)*

[Iohannes XXII regi Aragonum.

Pridem dilectus filius nobilis vir Willelmus comes Iuliacensis in nostra presentia constitutus nobis exposuit, quod ipse proprio ductus proposito, cupiens pro viribus atroces iniurias, que a blesfamis (!) nominis christiani in regno Granate orthoxe fidei cultoribus inferuntur, . . . una tecum at fidelibus aliis vindicare, de mense marcii futuro proximo proponebat in tua comitiva cum quadraginta militibus et octuaginta equitibus aliis in armis ad partes eiusdem regni personaliter se conferre, sperans etiam probabiliter, quod multi alii suarum partium venient cum eodem. Cum itaque ad partes regni tui pro notificando regie celsitudini oblationem eandem ac provisione sibi et gentibus suis necessaria facienda destinet in presentiarum suos nuncios speciales, regalem magnificentiam tuam rogamus attente, quatinus ... eosdem nuncios benigne recipere et ut absque impedimento quolibet possint huiusmodi provisionem facere, velis favorem regium impertiri. Supponimus enim indubie, quod ad dictum negotium sincero movetur affectu personamque tuam pure diligat, ad quod ipsum etiam affinitatis copula, qua tibi noscitur iunctus, astringit. Deum insuper timet et mores habet non barbaricos ac sapientia et strenuitate noscitur prepollere. Dat. VIII idus octobris a. XV.

Reg. 116 f. 46 nr. 240; Rz. 1399.

1980. *1330 October 9. (Avignon.)*

[Iohannes XXII] Iohanni patriarche Alexandrino.

Zelo ductus devotionis ... Wilhelmus comes Iuliacensis de mense martii futuro proximo proponit cum quadraginta militibus et octuaginta equitibus aliis in armis ... in comitiva ... Alfonsi regis Aragonum illustris germani tui, cui etiam super hoc ... scribimus, se conferre. Quocirca fraternitatem tuam rogamus ... quatinus ipsum comitem, quem probata devotio, morum elegantia, zelus fidei, sapientie virtus et experta strenuitas reddunt multipliciter insignitum ... ac gentes suas, quas pro facienda provisione ... ad illas partes impresentiarum destinat, velis habere propensius commendatos ... Dat. VII idus octobris a. XV.

Reg. 116 f. 47 nr. 241; Rz. 1400.

1981. *1330 October 12. Avignon.*

Iohannes XXII Reynardo de Fovea confert eccl. Bunnensis Colon. dioc. canonicatum, prebendam vero eidem reservat, non obstante quod in B. Marie ad gradus Colon. canonicatum et prebendam ac monasterii S. Martini Nussiensis ecclesiis canonicatum sub expectatione prebende ac parrochialem ecclesiam Nussiensem Colon. dioc. obtinet.

Probitatis et aliarum virtutum ... Dat. Avin. IIII idus octobris a. quintodecimo.

In e. m. S. Georgii et S. Cuniberti Colon. decanis ac scolastico Tullensis ecclesiarum.

Reg. 99 f. 310 nr. 1753.

1982. *1330 October 12. Avignon.*

Iohannes XXII Tilmanno dicto de Fovea confert eccl. S. Severini Colon. canonicatum, prebendam vero et ferculum seu supplementum eidem reservat, non obstante quod dudum papa de beneficio ecclesiastico cum cura vel sine cura ad dispositionem prepositi et capituli eccl. S. Gereonis Colon. eidem mandavit provideri.

Probitatis tue meritis . . . Dat. Avin. IIII idus octobris a. quintodecimo.

In e. m. decano S. Georgii Colon. et scolastico Tullensis ac magistro Godefrido de Sancto Cuniberto canonico maioris Colon. ecclesiarum.

Reg. 99 f. 310' nr. 1754.

1983. *1330 October 17. Avignon.*

Iohannes XXII Henrico de Wissenkirken confert eccl. S. Andree Colon. canonicatum, prebendam vero eidem reservat.

Nobilitas generis, vite . . . Dat. Avin. XVI kl. novembris a. quintodecimo.

In e. m. decano S. Martini Colon. et Iacobo de Mutina scolastico Tullensis ac Godefrido dicto de S. Cuniberto canonico Colon. ecclesiarum.

Reg. 99 f. 369 nr. 1926.

1984. *1330 October 27. Avignon.*

Iohannes XXII Hermanno de Monreal thesaurario eccl. Bunnensis Col. dioc., cum eum oporteat in servitiis Coloniensis et Maguntini archiepiscoporum quasi continue laborare et per diversas partes discurrere, indulget, ut ipsorum archiepiscoporum vel alterius eorundem obsequiis insistendo aut in aliquo ecclesiarum seu locorum, in quibus beneficiatus existit, personaliter residendo fructus beneficiorum suorum, etiam si dignitates vel personatus aut officia existant et curam habeant animarum, usque ad triennium integre, cotidianis distributionibus dumtaxat exceptis, percipere valeat.

Vite ac morum honestas . . . Dat. Avin. VI kl. novembris a. quintodecimo.

In e. m. S. Georgii et S. Severini Colon. decanis ac scolastico Tullensis ecclesiarum.

Reg. 100 nr. 242.

1985. *1330 October 27. Avignon.*

Iohannes XXII Iohanni de Vernenburg preposito eccl. Xanctensis Colon. dioc. capellano sedis apostolice, cum eum oporteat in servitiis Colon. et Magunt. archiepiscoporum quasi continue laborare et per diversas partes discurrere, indulget, ut ipsorum archiepiscoporum vel alterius eorundem obsequiis insistendo aut in aliquo ecclesiarum sive locorum, in quibus beneficiatus existit, personaliter residendo, fructus beneficiorum suorum, etiam si dignitates vel personatus aut officia existant et curam habeant animarum, usque ad triennium integre, cotidianis distributionibus dumtaxat exceptis, percipere valeat.

Vite ac morum honestas . . . Dat. Avin. VI kl. novembris a. quintodecimo.

In e. m. S. Severini et S. Andree Colon. decanis ac scolastico Tullensis ecclesiarum.

Reg. 100 nr. 243.

1986. *1330 October 27. Avignon.*

Iohannes XXII petente Iohanne de Virneburg preposito eccl. Xanctensis deputat tres iudices, qui ad prepositure Xanctensis ius et proprietatem revocent bona et iura a Philippo Iohannis predecessore iniuste alienata.

[Iohannes XXII] S. Severini et S. Andree ac S. Georgii Colon. decanis.

Ecclesiarum saluti etc. . . . Petitio siquidem . . . Iohannis de Vernenburg prepositi ecclesie Xanctensis Colon. dioc. capellani nostri nobis exhibita continebat, quod quondam Ph[ilippu]s prepositus ecclesie predicte, eiusdem Iohannis predecessor, nonnullos redditus census officia libertates iurisdictiones et iura ac nonnulla alia bona immobilia et mobilia ad preposituram suam dicte Xanctonensis ecclesie spectantia . . capitulo eiusdem ecclesie et aliis personis singularibus ecclesiasticis et secularibus propria temeritate de facto concessit in ipsius prepositure lesionem non modicam et iacturam, cuius concessionis pretextu multe et diverse persone huiusmodi redditus census et alia supradicta detinent occupata et eiusdem preposituro proventus redditus libertates et iure sunt pro magna parte actione huiusmodi diminuta . . . Nos itaque . . . discretioni vestre . . . mandamus, quatinus . . . simpliciter et de plano sine strepitu et figura iudicii omnes concessiones alienationes et infeudationes quorumcumque redditaum *etc.* ad dictam prepositnram spectantium per eundem Philippum vel alios predecessores suos quoscumque in preiudicium et iacturam dicte prepositure factas, super quibus non sunt ex certa scientia a sede apostolica confirmationes obtente et in quibus non fuit iuris forma debita observata, nullas et irritas declarare et sic alienata . . . revocare . . . curetis, nisi sit aliud canonicum, quod obsistat . . . Dat. Avin. VI kl. novembris a. quintodecimo.

Reg. 100 nr. 772.

1987. *1330 October 27. Avignon.*

Iohannes XXII Nicolao de Nussia confert eccl. Susaciensis Colon. dioc. canonicatum, prebendam vero unam de maioribus in eadem eccl. eidem reservat, non obstante quod canonicatum sub expectatione prebende et ferculi in eccl. Xanctensi et parrochialem ecclesiam in Mime (!) dicte dioc. obtinet.

Multiplicia merita probitatis . . . Dat. Avin. VI kl. novembris a. quintodecimo.

In e. m. S. Severini et S. Georgii Colon. decanis ac scolastico Tullensis ecclesiarum.

Reg. 97 nr. 775.

1988. *1330 October 28. Avignon.*

[Iohannes XXII] Roperto nato Roperti comitis de Virnemburg preposito ecclesie Werdensis Colon. dioc.

In illis que . . . Sane . . . Henrici archiepiscopi Coloniensis insinuatione percepimus, quod collatio prepositure ecclesie Verdensis Colon. dioc. ad regis vel imperatoris Romani . . . legitime pertinet et quod ad archiepiscopum Coloniensem . . . collatio tam eiusdem prepositure quam dignitatum et beneficiorum quorumlibet ecclesiasticorum vacantium ad collationem dicti regis vel imperatoris in diocesi predicta spectantium, cum imperium vacare contingit, de antiqua et approbata et hactenus pacifice observata consuetudine noscitur pertinere; quodque nuper dicta prepositura per obitum quondam Everardi de Tonemberg . . . vacante idem archiepiscopus, cum tunc imperium predictum vacaret . . . eandem prepositurara . . . tibi duxit . . . conferendam. Nosque postmodum premissorum ignari de dicta prepositura dilecto filio Karsilio de Rode clerico eiusdem diocesis providimus . . . per litteras nulla in eisdem litteris de premissis habita mentione. Ne igitur propter provisionem nostram huiusmodi tibi possit super prepositura prefata questionis materia suscitari, nos eiusdem archiepiscopi atque tuis . . . supplicationibus inclinati . . . decernimus, quod veris existentibus hiis, que per dictum archiepiscopum proponuntur, per huiusmodi provisionem nostram collationi tibi facte . . . nullum preiudicium generetur . . . Dat. Avin. VI kl. novembris a. quintodecimo.

Reg. 99 f. 106 nr. 237.

1989. *1330 October 30. Avignon.*

Iohannes XXII cum Iohanne comite Seynensi et Elisabeth nata quondam Gherardi comitis Iuliacensis Colon. dioc., qui, cum Elisabeth in decimo etatis anno vel circa illum esset constituta, ignorantes, quod quarto consanguinitatis gradu invicem attinebant, sponsalia per verba de presenti contraxerunt, postmodum autem, cum Elisabeth nubilis etatis esset effecta et ipsi matrimonium in facie ecclesie contrahere vellent, de isto impedimento facti sunt certiores, dispensat, ut huiusmodi matrimonium libere valeant contrahere.

Etsi inter illos . . . Dat. Avin. III kl. octobris a. quintodecimo.

Reg. 100 nr. 524; Rz. 1402a.

1990. *1330 November 2. Avignon.*

Iohannes XXII Raynaldo nato Symonis comitis de Spaenheim confert eccl. Trever. canonicatum, prebendam vero eidem reservat.

Nobilitas generis, vite . . . Dat. Avin. IIII nonas novembris a. quintodecimo.

In e. m. archiepiscopo Ebredunensi et abbati in Spanheim ac preposito in Swabcheim per prepositum soliti gubernari monasteriorum Magunt. dioc.

Reg. 97 nr. 564.

1991. *1330 November 2. Avignon.*

Iohannes XXII Iohanni nato Symonis comitis de Spaenheim confert canonicatum et prebendam ac cantoriam eccl. Maguntine vacantes per obitum Eberardi de Lapide, ante cuius obitum papa sibi iam reservarat predictorum dispositionem, non obstante quod is patitur in etate defectum, in decimo nono etatis anno vel circa eum constitutus, seu quod canonicatum et prebendam in Colon. et in Trever. eccl. canonicatum sub expectatione prebende obtinet.

Nobilitas generis, vite ... Dat. Avin. IIII nonas novembris a. quintodecimo.

In e. m. archiepiscopo Ebredunensi et abbati monasterii in Sponheim ac preposito eccl. in Swabehem.

Reg. 99 f. 118 nr. 1270.

1992. *1330 November 21.* (*Avignon.*)

Anno a nativitate domine MCCCXXX die XXI mensis novembris frater Walramus de Thonenburch commendator domus B. Marie Theotonicorum Coloniensis de pecunia, quam a Theoderico de Polonia, qui se nominabat Iohannem de Polonia, dum intravit dictum ordinem, receperat, quam pecuniam dominus Iohannes episcopus Cracoviensis ad summam quadringentarum marcharum argenti receptarum per ipsum episcopum a magistro Petro de Alvernia sedis apostolice nuncio in regno et partibus Polonie deposuerat penes Thedericum predictum, assignavit camere per manus fratris Iohannis de Porta-Martis dicti ordinis magistri censuum dicte domus IIII^C^ XXXV flor. auri.

Introit. et Exit 19 f. 112'.

1993. *1330 November 22. Avignon.*

[Iohannes XXII] archiepiscopo Coloniensi et episcopo Argentinensi.

Pridem quasdam patentes vobis directas dilectis filiis . . camerario scalteto iudicibus consulibus ceterisque civibus et incolis civitatis Maguntine concessisse meminimus tenoris et continencie subsequentis:

Iohannes episcopus etc. archiepiscopo Coloniensi et episcopo Argentinensi salutem et apostolicam benedictionem.

Dilectorum filiorum camerarii ... Dat. Avin. kl. iulii pont. nostri a. XIIII. (*Nr. 1909.*)

Quas quidem litteras, priusquam ad partes mitterentur easdem, ad cautelam fecimus duplicari. Verum quia verba illa, videlicet: „quorum unus ex tali sagitatione extitit interemptus“ in eisdem contenta litteris preter supplicantium propositum per errorem, ut asseritur, dictantis in eadem peticione et deinde in dictis litteris ex prefata peticione formatis inserta fuerunt, nos volentes dictas litteras, etiam si per eas ad actus aliquos sit processum, debitum sortiri effectum, fraternitati vestre ... mandamus, quatinus ad executionem plenariam contentorum in prefatis litteris ... procedatis, ac si verba predicta, que pro sublatis de eisdem litteris haberi volumus, . . . in memoratis inserta litteris non fuissent. Dat. Avin. X kl. decembris a. quintodecimo.

Reg. 116 ps. 1 f. 156 nr. 317.

1994. *1330 November 22. Avignon.*

Iohannes XXII Roberto de Virduno canonico eccl. B. Agathe de Longuione Trever. dioc. reservat beneficium ecclesiasticum cum cura vel sine cura consuetum clericis secularibus assignari, ad dispositionem abbatis et conventus monasterii S. Vitori Virdunensis ord. S. Bened. communiter vel divisim pertinens, cuius fructus, si cum cura, sexaginta, si vero sine cura fuerit, triginta librarum turonensium parvorum secundum taxationem decime valorem annuum non excedunt, non obstante quod canonicatum et prebendam in eccl. B. Agathe de Longuione Trever. dioc. obtinet.

Multiplicia tue merita . . . Dat. Avin. X kl. decembris a. quintodecimo.

In e. m. archidiacono Metensi et Iohanni de Deicustodia ac Parisio de Donoseverino canonicis Virdun. ecclesiarum.

Reg. 98 f. 324 nr. 754.

1995. *1330 November 25. Avignon.*

Iohannes XXII Arnuldo de Lobia confert eccl. Colon. canonicatum, prebendam vero eidem reservat.

Suffragantia tibi merita . . . Dat. Avin. VII kl. decembris a. quintodecimo.

In e. m. decano Engolismensis et Guillelmo de Bradescu ac Godefrido de Wylrezis canonicis Leod. ecclesiarum.

Reg. 97 nr. 642.

1996. *1330 November 28. Avignon.*

Gasbertus archiepiscopus Arelatensis camerarius pape notum facit, quod Walramus electus Spirensis pro parte communis servicii predecessoris sui per ipsum recogniti centum quinquaginta florenos auri camere pape et XXV flor. pro quatuor serviciis familiarum et officialium pape viginti quinque florenos auri clericis camere solvi fecit per manus Wilhelmi canonici S. Pauli Wormaciensis.

Universis etc. Gasbertus . . . Dat. Avin. die XXVIII mensis novembris anno ind. et pont. predictis. (*i. e. a. 1330*).

Oblig. et Solut. 12 (320) f. 61'; 13 (321) f. 30.

1997. *1330 December 8. Avignon.*

Iohannes XXII Thilmanno Lufardi de Troye confert eccl. SS. Apostolorum Colon. canonicatum, prebendam vero eidem reservat.

Suffragantia tibi merita . . . Dat. Avin. VI idus decembris a. quintodecimo.

In e. m. S. Gereonis et S. Georgii Colon. decanis ac Iacobo de Mutina scolastico Tullensis ecclesiarum.

Reg. 97 nr. 440.

1998. *1330 December 13. Avignon.*

[Iohannes XXII] preposito eccl. S. Severini Colon.

Dudum tibi et dilecto . . . (*Conf. nr. 1842 et 1992.*) Cum autem dictus [Walramus] commendator [domus hospitalis B. Marie Teutonicorum Coloniensis] . . . quadringentos triginta quinque florenos auri, quorum valorem tam in auro quam in rebus aliis a dicto Theoderico [de Polonia se faciente Iohannem communiter nominari, cui Iohannes episcopus Cracoviensis aurum ipsum cum alia certi auri quantitate assignaverat presentandam camere apostolice] se asseruit recepisse, nuper dicte nostre camere per manus . . Iohannis de Porta-Martis ordinis dicti hospitalis magistri censuum fecerit assignari nobisque humiliter supplicari, ut, cum ipse a dicto Theoderico . . . nichil plus receperit . . providere sibi super sententiis et processibus . . . dignaremur. Quocirca discretioni tue . . . mandamus, quatinus . . . si tibi constiterit dictum commendatorem . . . a prefato Theoderico . . . ultra valorem dictorum IIII^C XXXV florenorum auri quomodolibet percepisse, ipsum ad assignandum illud integraliter certo termino competenti sibi per te prefigendo camere supradicte auctoritate nostra compellas; alioquin ad denunciationem ipsius et arrestationem fructuum dicte domus . . . procedere non omittas. Si vero . . . non repereris commendatorem . . . de auro vel rebus predictis ultra dicte florenorum quantitatis valorem aliquid recepisse, ipsum . . . absolvas ab eccommunicationis sententia . . .' Dat. Avin. idus decembris a. XV.

Reg. 116 ps. I f. 67 nr. 318; Rz. 1415.

1999. *1330 December 18. Avignon.*

Iohannes XXII Henrico de Cervo confert ecclesie monasterii monialium S. Marie in Capitolio Colon. ord. S. Bened. canonicatum, prebendam vero unam de maioribus in dicta eccl. eidem reservat, non obstante quod in eccl. S. Marie ad gradus Colon. canonicatum et prebendam ac curiam in Poppilstorf Colon. dioc. et parrochialem ecclesiam S. Martini Colon. obtinet et super prebenda ecclesie Bunnensis dicte dioc. litigat.

Vite ac morum honestas . . . Dat. Avin. XV kl. ianuarii a. quintodecimo.

In e. m. preposito S. Severini et decano S. Georgii Colon. ac magistro Nicolao de Fractis canonico Patracensis eccl. litterarum apostolicarum correctori.

Reg. 98 f. 191 nr. 407.

2000. *1330 December 29. Avignon.*

Iohannes XXII tribus executoribus mandat, quatinus Ludowico de Vianden conferant preposituram Monasterii in Eiflia.

[Iohannes XXII] S. Martini et S. Pantaleonis Colon. monasteriorum abbatibus ac magistro Iacobo de Matina scolastico eccl. Tullensis capellano nostro.

Nobilitas generis, vite ac morum honestas aliaque laudabilia merita probitatis, super quibus apud nos dilectus filius Ludovicus de Vianden canonicus ecclesie Traiectensis fidedigno commendatur testimonio, nos inducunt, ut sibi reddamur in exhibicione gracie liberales. Sane peticio pro parte eiusdem Ludowici nobis exhibita continebat, quod nuper prepositura ecclesie Monasterii in Eyflia Colon. dioc. sine cura post obitum quondam Everardi de Toneborg olim ipsius ecclesie prepositi, qui tempore sui obitus verus[a]) eiusdem ecclesie prepositus credebatur, vacante dilecti filii capitulum . . . Walramum de Iuliaco prepositum ecclesie Leodiensis capellanum nostrum in prepositum . . . elegerunt; quodque ex eo, quod dicta prepositura non per ipsius Everardi obitum, sed per constitutionem nostram, que incipit: Execrabilis, pro eo quod ipse Everardus preposituram ipsam una cum quibusdam aliis curatis beneficiis absque dispensacione legitima usque ad tempus sui obitus tenuit, vacare asseritur, non curavit electioni huiusmodi consentire. Nos igitur . . . discretioni vestre . . . mandamus, quatinus . . . predictam

a) merus *in registro.*

prepositaram . . . eidem Ludovico vel procuratori suo . . . conferre et assignare curetis . . . non obstantibus quibuscumque . . . aut quod dictus Ludovicus in Traiectensi canonicatum et prebendam et in S. Dionisii Leodiensis scolastriam, que nec dignitas nec personatus sed officium sine cura existit, ac in eadem et in maiori Leodiensi ac S. Gereonis Colon. eccl. canonicatus sub expectatione prebendarum auctoritate apostolica noscitur obtinere . . . Dat. Avin. III kl. ianuarii a. quintodecimo.

Reg. 85 nr. 524.

2001. *1331 Januar 1. Avignon.*

Iohannes XXII Roberto de Tuitio confert eccl. S. Marie ad gradus Colon. canonicatum, prebendam vero ac dignitatem vel personatum seu officium cum cura vel sine cura in eadem ei reservat, non obstante quod in Noviomensi auctoritate apostolica canonicatum sub expectatione prebende et in S. Petri Leod. canonicatum et prebendam ac in Rumershoven eccl. quoddam altare obtinet ac super parrochiali eccl. de Rayrmunt Leod. dioc. . . . litigat. Tamen vigore huius gratie dignitatem vel personatum seu curatum officium assecutus omnino dimittat predictam parrochialem ecclesiam.

Vite decor, morum honestas . . . Dat. Avin. kl. ianuarii a. quintodecimo.

In e. m. decano S. Severini et preposito ac scolastico S. Andree Colon. ecclesiarum.

Reg. 100 nr. 94.

2002. *1331 Januar 2. (Avignon.)*

Iohannes XXII Petro Petri dicto de Colonia clerico Treverensi reservat beneficium ecclesiasticum cum cura vel sine cura ad dispositionem decani ecclesie Treverensis pertinens, cuius fructus, si cum cura, viginti, si vero sine cura fuerit, quindecim marcharum argenti secundum taxationem decime valorem annuum non excedunt.

Multiplicia tue merita . . . Dat. IIII nonas ianuarii a. quintodecimo.

In e. m. archiepiscopo Treverensi et decano S. Martini Wesaliensis Trever. dioc. ac scolastico Colon. ecclesiarum.

Reg. 98 f. 387' nr. 909.

***2003.** *1331 Januar 7. Avignon.*

Iohannes XXII decano ecclesie S. Georgii Colon. mandat, quatinus ea, que de bonis secularis ecclesie S. Cecilie Colon. alienata invenerit illicite et distracta, ad ius et proprietatem eiusdem legitime revocare procuret.

Ad audientiam nostram pervenit . . . Dat. Avin. VII idus ianuarii p. n. a. quintodecimo.

Transsumptum in documentum a. decano eccl. S. Georgii confectum d. 28. m. iunii a. 1333. Düsseldorf. Arch. reg. S. Caecilia Colon. nr. 61.

2004. *1331 Februar 3. Avignon.*

Iohannes XXII Petro de Vetericampo confert eccl. Xanctensis Colon. dioc. canonicatum, prebendam vero eidem reservat.

Laudabile testimonium, quod . . . Dat. Avin. III nonas februarii a. quintodecimo.

In e. m. Reyscnsis et Embricensis Colon. et Traiect. dioc. decanis ac magistro Petro Dyamentis primicerio Gayetane ecclesiarum.

Reg. 97 nr. 568.

***2005.** *1331 Februar 11. Avignon.*

Iohannes XXII petente Iohanne decano ecclesie (S. Cassii) Bunnensis connectit et unit dicte ecclesie decanatui parrochialem ecclesiam S. Remigii Bunnensem.

Iohannes . . . Ad perpetuam rei memoriam.

Apostolice sedis circumspecta . . . Dudum siquidem nobis pro parte . . . Iohannis de Bunna decani ecclesie Bunnensis Colon. dioc. devote petitionis serie intimato, quod decanatus ecclesie Bunnensis predicte habebat redditus adeo tenues ex exiles, quod decanus eiusdem ecclesie, qui erat pro tempore, ex eis non poterat comode sustentari nec incumbentia sibi ratione dicti decanatus onera supportare, nobisque pro parte ipsius humiliter supplicato, quod, cum ipse officium cellerarie eiusdem ecclesie sine cura semper, solitum canonicis prebendatis eiusdem ecclesie etiam dignitates seu personatus inibi obtinentibus per dilectos filios capitulum eiusdem ecclesie ad tempus committi, non imperpetuum assignari, canonice foret adeptus, parrochialem ecclesiam Sancti Remigii Bunnensis dicte diocesis, ad quam, cum vacat, presentatio rectoris ipsius ad eum racione cellerarie predicte noscitur pertinere, cum omnibus iuribus et pertinenciis suis dicto decanatui dignaremur imperpetuum connectere et unire, nos ..... Sibergensis Colon. dioc. ac .. Sancti Martini monasteriorum abbatibus ac .. scolastico ecclesie Sancti Georgii Coloniensis per litteras nostras commisimus et dedimus in mandatis, ut ipsi vel duo aut unus eorum vocatis qui forent evocandi de predictis ipsius decanatus redditibus et iure patronatus huiusmodi aliisque circumstanciis simpliciter et de plano sine strepitu et figura iudicii plenam informationem reciperent et, quicquid super hoc invenirent, nobis per eorum litteras sub sigillis eorum referrent fideliter et distincte, ut per relationem eorum super hiis plenarie informati providere super hiis auctore deo salubriter et utiliter valeremus. Verum dicti abbates et scolasticus, sicut nuper nobis per eorum patentes litteras ... significare curarunt, ... per viros probos et fide dignos non extraneos sed canonicos et vicarios ac capellanos eiusdem ecclesie pro maiori parte presbiteros repererunt dictum decanatum vix habere in redditibus annuis secundum veram extimacionem ipsorum viginti marcas argenti valentes circa octuaginta florenos auri et quod redditus dicte parrochialis ecclesie Sancti Remigii deductis expensis necessariis pro oneribus supportandis vix annuatim ad quadragintaquinque florenos auri se extendunt, qui adiuncti dictis redditibus decanatus eiusdem et in se simul collecti vix sufficiunt ad ipsius decanatus onera supportanda. Invenerunt etiam, dictum Iohannem eiusdem cellerarie officium fuisse canonice assecutum et ratione dicte celerarie patronum existere parrochialis ecclesie supradicte, nobis nichilominus per easdem litteras intimando, quod statu eiusdem Bunnensis ecclesie, que una de solemnioribus ecclesiis Coloniensis diocesis, sicut asseritur, reputatur, et reputatione communi dignitatis dicti decanatus et magnitudine expensarum incumbentium decano eiusdem ecclesie pro tempore existenti in considerationem adductis unio eiusdem ecclesie decanatui erat necessaria utilis et honesta, nonnullas alias circumstantias per easdem litteras experimendo, que suadere unionem huiusmodi videbantur. Nos igitur ... predictam parrochialem ecclesiam Sancti Remigii cum omnibus iuribus et pertinentiis eidem decanatui auctoritate apostolica imperpetuum connectimus et unimus, ita quod cedente vel decedente rectore eiusdem parrochialis ecclesie, qui nunc est, dictus Iohannes et successores sui decani eiusdem ecclesie Bunnensis, qui erunt pro tempore corporalem possessionem eiusdem parrochialis ecclesie ac omnium iurium et pertinenciarum ipsius ... possint apprehendere et tenere, diocesani loci vel alterius licentia minime requisita, reservata tamen de ipsius parrochialis ecclesie proventibus perpetuo vicario inibi servituro congrua portione, ex qua possit commode sustentari, iura episcopalia solvere et alia sibi incumbentia onera supportare . . . Dat. Avin. III idus februarii p. n. a. quintodecimo.

Or. membr. cum plumbo pend. Sub plica ad sinistr.: A. Fabri. *In plica ad dextr.:* A. Fabri. *In dorso:* Iohannes de Siberg Rey . . . de Reys. R. MDCCCCLXXIIII

Düsseldorf. Arch. reg. Cassiusstift nr. 70.

2006. *1331 Februar 16. Avignon.*

Iohannes XXII Phylippo dicto de Treveri canonico eccl. S. Georgii Colon. indulget, ut residendo in aliquo beneficiorum suorum ecclesiasticorum, que nunc obtinet vel imposterum obtinebit, etiam si dignitates personatus vel officia existant et curam habeant animarum, fructus eorundem integre, cotidianis distributionibus dumtaxat exceptis, per triennium percipere valeat.

Meritis tue probitatis . . . Dat. Avin. XIIII kl. martii a. quintodecimo.

In e. m. S. Severini et S. Andree Colon. decanis ac scolastico Tullensis eccl.

Reg. 99 f. 64' nr. 1119.

2007. *1331 Februar 16. Avignon.*

Iohannes XXII decano Bunnensis Colon. dioc. et Tullensis ac S. Georgii Coloniensis scolasticis ecclesiarum supplicante archiepiscopo Coloniensi mandat, quatinus magistro Gerardo de Xanctis canonico eccl. Xanctensis Colon. dioc. (denuo) parrochiales ecclesie de Husewerden et in Werbede, quarum una dependet ab altera, Colon. dioc., que tanto tempore vacaverunt, quod earum collatio iuxta Lateranensis concilii statuta ad sedem apostolicam devoluta erat, non obstante quod Gerardus in S. Andree Colon. et S. Iohannis Leod. et in predicta Xanctensi ac Hugardensi Leod. dioc. ecclesiis canonicatus et prebendas obtinet. — Predictas parrochiales ecclesias Henricus archiepiscopus Coloniensis auctoritate apostolica super conferendis quibuslibet beneficiis ecclesiasticis in civitate et diocesi Coloniensi taliter vacantibus eidem archiepiscopo concessa contulerat Gerardo. Verum quia ab aliquibus asseratur, quod quondam Iohannes de Hoporte ultimus earundem parrochialium rector easdem contra tenorem constitutionis super pluralitate beneficiorum de facto tenuit sicque prefate parrochiales premisso modo, quo per eundem archiepiscopum Gerardo collate fuerunt, forsitan non vacarunt, papa petente Gerardo ad tollendam ambiguitatem mandat predictis, ut easdem ecclesias Gerardo (de novo) conferant.

Laudabile testimonium, quod ... Dat. Avin. XIII kl. martii a. quintodecimo.

Reg. 99 f. 66 nr. 1126.

2008. *1331 Februar 16. Avignon.*

Iohannes XXII Iohanni dicto de Bunna decano eccl. Bunnensis Colon. dioc., cui papa iam pridem de decanatu Bunnensis et eiusdem Bunnensis et SS. Apostolorum Colon. et in Deitkirgen ac Reysensis Xanctensis et Hugardensis canonicatibus et prebendis ac SS. Apostolorum et Deitkirgensis ecclesiarum predictarum thesaurariis, que nec dignitates nec personatus sed simplicia officia sine cura existunt, cum annexis et de ferculo eiusdem Xanctensis necnon de officio cellerarie dicte Bunnensis ecclesiarum ac de una decima in Dottendorp et duabus curtibus in Lunersdorp et in Datinvelt, que prestimonia nuncupantur, Colon. et Leod. dioc. providerat ac prepositaram dicte ecclesie Reysensis commendaverat cuique iam una vice indulserat, ut residendo in aliquo beneficiorum suorum fructus aliorum, que obtinebat vel imposterum obtinuerit, integre, cottidianis distributionis dumtaxat exceptis percipere valeat per triennium, quod in brevi debet expirare, indulget idem per alterum biennium.

Probitatis tue merita ... Dat. Avin. XIIII kl. martii a. quintodecimo.

In e. m. Tullensis et S. Severini ac S. Georgii Colon. scolasticis ecclesiarum.

Reg. 99 f. 67' nr. 1130.

2009. *1331 Februar 16. Avignon.*

Iohannes XXII Theoderico Ludekini (*vel* Ludekim) de Unna confert eccl. Werdensis Colon. dioc. canonicatum, prebendam vero eidem reservat, non obstante quod canonicatum et prebendam cum cura in eccl. monasterii Hirreke dicte diocesis obtinet.

Laudabile testimonium quod ... Dat. Avin. XIIII kl. martii a. quintodecimo.

In c. m. decano Bunnensis Colon. dioc. et Tullensis ac S. Georgii Colon. scolasticis ecclesiarum.

Reg. 99 f. 113' nr. 1252.

2010. *1331 Februar 16. Avignon.*

Iohannes XXII Thilmanno de Unna subdiacono Colon. dioc. notario Henrici archiepiscopi Colon. (de novo) indulget, ut ratione parrochialis ecclesie in Leichelingen Colon. dioc. et prebende sacerdotalis ecclesie in Deitkirgen Colon. dioc., obsequiis dicti archiepiscopi insistendo vel in aliquo beneficiorum suorum residendo non teneatur usque ad (alterum) triennium ad ulteriores ordines promoveri.

Vite ac morum honestas . . . Dat. Avin. XIV kl. martii a. quintodecimo.

Reg. 400 nr. 608.

2011. *1331 Februar 21. Avignon.*

Iohannes XXII Georgio de Arschot confert eccl. S. Gereonis Colon. decanatum, cui cura imminet animarum, vacantem per resignationem Arnoldi de Burne, qui per procuratorem in manibus Mathei tit. SS. Iohannis et Pauli presbiteri cardinalis resignavit, non obstante quod Georgius in prefata eccl. canonicatum et prebendam et perpetuum officium camerariatus . . prepositi eiusdem ecclesie, ratione cuius certos percepit annuatem redditus, quod simplex officium sine cura existit, obtinet.

Apostolice sedis graciosa . . . Dat. Avin. VIIII kl. martii a. quintodecimo.

In c. m. S. Georgii Colon. et S. Crucis Leod. decanis ac magistro Iacobo de Mutina scolastico Tullensis eccl. capellano papali.

Reg. 97 nr. 287.

2012. *1331 Februar 26. Avignon.*

Iohannes XXII archiepiscopo Coloniensi mandat, quatinus discernat litem inter Constantinum de Cornu prepositum et capitulum eccl. S. Kuniberti Colon. exortam.

[Iohannes XXII] archiepiscopo Coloniensi.

Significavit nobis dilectus filius Constantius de Cornu prepositus ecclesie S. Kuniberti Colon., quod dilecti filii . . decanus et capitulum eiusdem ecclesie cuidam consuetudini seu statuto, ut pretenduut, eiusdem ecclesie inmittentes (!), dum capitulares tractatus in et super bonis et utilitatibus ipsius ecceclsie sunt habendi, universos et singulos canonicos prebendatos eiusdem ecclesie ad illos evocant et admittunt, dictum prepositum ad eosdem tractatus non evocantes nec etiam admittentes, quinymo de bonis eiusdem ecclesie disponunt et inter se distribuunt et de ipsis ordinant eodem preposito minime requisito; unde cum prefatus prepositus, sicut asserit, eiusdem ecclesie sit canonicus prebendatus et ratione prepositure sue eiusdem ecclesie maior et superior in eadem suaque precipue intersit tractatibus interesse predictis et scire, quomodo res et bona ipsius ecclesie disponantur distribuantur et etiam gubernentur, nobis humiliter supplicavit, ut eum utpote prepositum et canonicum prebendatum eiusdem ecclesie ad vocem in capitulo eiusdem ecclesie sicut alium canonicum prebendatum et ad communes tractatus et distributiones debere vocari et admitti . . . auctoritate apostolica faceremus. Quia igitur de premissis noticiam non habemus . . . fraternitati tue . . . mandamus, quatinus vocatis, qui fuerint evocandi, et auditis hinc inde propositis super predictis . . . facias iusticie complementum et, quod decreveris, per censuram ecclesiasticam appellatione remota firmiter observari . . . Dat. Avin. IIII kl. marcii a. quintodecimo.

Reg. 99 f. 137 nr. 1320.

2013. *1331 Februar 26. Avignon.*

Iohannes XXII Ludolphum Hartnagel rehabilitat ad beneficia ecclesiastica obtinenda.

[Iohannes XXII] Ludolpho dicto Hartnagel clerico Colon. dioc.

Probitatis merita, quibus . . . Sane oblate nobis pro parte tua petitionis series continebat, quod tu dudum canonicatum et prebendam in Hercke, quibus cura imminet animarum, Colon. dioc. obtinens parrochialem ecclesiam in Kersope dicte dioc. alias tibi canonice collatam adeptus fuisti eamque una cum canonicatu et prebenda predictis per duos annos tenuisti fructus percipiens ex eisdem, quodque dictam parrochialem ecclesiam cum rectoria seu perpetua vicaria sine cura cuiusdam altaris in ecclesia SS. Apostolorum Colon. primo ac deinde dictam vicariam cum parrochiali ecclesia in Derne dicte diocesis alias canonice permutasti, dictos canonicatum et prebendam simpliciter dimittendo . . . Nos igitur . . . te habilitamus, ut predictis nequaquam obstantibus possis ad quecumque beneficia ecclesiastica assumi, etiam si curam habeant animarum aut dignitates vel personatus existant, fructusque remittimus supradictos, si tamen, ut asseris, dimiseris canonicatum et prebendam realiter supradictos. Volumus autem, ut exnunc predictam parrochialem ecclesiam in Derne propter premissa vacantem omnino dimittas . . . Dat. Avin. IIII kl. marcii a quintodecimo.

Reg. 99 f. 355' nr. 1883.

2014. *1331 Februar 26. Avignon.*

Iohannes XXII Tullensis et S. Georgii ac S. Andree Colon. scolasticis mandat, quatinus Ludolpho dicto Hartnagel clerico Colon. dioc., qui dudum canonicatum et prebendam ecclesie in Herreke, quibus cura imminet animarum, dicte dioc. obtinens parrochialem ecclesiam in Kersope eiusdem dioc. adeptus fuerat eamque una cum canonicatu et prebenda predictis per duos annos tenuerat, fructus percipiens ex eisdem, et deinde dictam parrochialem ecclesiam cum rectoria seu perpetua vicaria sine cura cuiusdam altaris in eccl. SS. Apostolorum Colon. primo et deinde dictam vicariam cum parrochiali eccl. in Derne dicte dioc. permutarat, canonicatum et prebendam simpliciter dimittendo, postquam ipse papa eundem petentem habilitavit eique fructus predictos remisit, si tamen dimiserit canonicatum et prebendam predictos realiter, ecclesiam supradictam parrochialem in Derne auctoritate apostolica conferre et assignare curent.

Probitatis merita, quibus . . . Dat. Avin. IIII kl. martii a. quintodecimo.

Reg. 99 f. 46' nr. 1884.

2015. *1331 Februar 26. Avignon.*

Iohannes XXII Tilmanno de Nideghen confert eccl. Xanctensis Colon. dioc. canonicatum, prebendam vero necnon ferculum seu supplementum eidem reservat, non obstante quod in eccl. Werdensi dicte dioc. canonicatum et prebendam obtinet.

Probitatis merita, quibus . . . Dat. Avin. IIII martii a. quintodecimo.

In e. m. decano Bunnensis Colon. dioc. et Tullensis ac S. Georgii Colon. scolasticis ecclesiarum.

Reg. 99 f. 204 nr. 1487.

2016. *1331 März 4. Avignon.*

Iohannes XXII Hermanno dicto Prendeman canonico eccl. Monasterii in Meynevelt Trever. dioc. reservat beneficium ecclesiasticum

cum cura vel sine cura, cuius fructus, si cum cura, vigintique, si vero sine cura fuerit, quindecim marcharum argenti s. t. d. valorem annuum non excedunt, ad dispositionem prepositi decani et capituli eccl. Colon. communiter vel divisim pertinens, non obstante quod in eccl. Monasteriensi in Meynevelt canonicatum et prebendam obtinet.

Meritis tue probitatis . . . Dat. Avin. IIII nonas martii a. quintodecimo.

In e. m. S. Andree Colon. et S. Florini Confluentis Trever. dioc. decanis ac scolastico Tullensis ecclesiarum.

Reg. 99 f. 262' nr. 1630.

***2017.** *1331 März 5. Avignon.*

Iohannes XXII scolastico ecclesie B. Marie ad gradus Colon. mandat, quatinus ea, que de bonis monasterii S. Clare Colon. ord. S. Clare alienata invenerit illicite et distracta, ad ius et proprietatem eiusdem revocare procuret.

Ad audientiam nostram pervenit . . . Dat. Avin. III nonas martii p. n. a. quintodecimo.

Or. membr. cum plumbo pend. Sub plica ad sinistr.: – S – N. Brunus. *In plica ad dextr.:* B. de Cassia. *In dorso:* Petrus / Reynardus / Io. } de Nussia *et* bull. p. de Verulis pro Sal. — *Paris Bibl. nat. f. latin. 9280 nr. 6. — Apogr. in bibl. civit. Colon. Inventar nr. 156.*

2018. *1331 März 7. Avignon.*

[Iohannes XXII] preposito S. Kuniberti Colon. et decano Bunnensis Colon. dioc. ac scolastico Tullensis eccl.

Meritis probitatis dilecti filii Iohannis de Siberg canonici ecclesie S. Georgii Colon. . . . Cum itaque, sicut ex tenore petitionis dicti Iohannis nobis nuper oblate percepimus, canonicatus et prebenda ecclesie S. Andree Coloniensis, quos quondam Iohannes dictus de Gladio . . . obtinebat, per obitum ipsius Iohannis de Gladio . . . vacare noscantur ad presens, licet Hermannus dictus Fridach eiusdem ecclesie canonicus S. Andree, qui pretextu quarundam litterarum nostrarum, per quas in canonicum ipsius ecclesie receptus prebendam expectabat ibidem, eandem prebendam per obitum dicti Iohannis de Gladio . . vacantem tempore, quo ipse Hermannus erat, sicut adhuc existere dicitur, maioris excommunicationis sententia in eum lata per . . . viceauditorem causarum curie camere nostre seu . . locum tenentem ipsius, cuius iurisdictioni idem Hermannus se antea sponte submiserat, exigente iusticia innodatus, per se vel procuratorem suum de facto duxerat acceptandam sibique de illa provideri fecerat et se in corporalem illius possessionem induci. Nos . . . discretioni vestre . . . mandamus, quatinus . . . vocatis dicto Hermanno et aliis, qui fuerint evocandi, si premissa repereritis ita esse, canonicatum et prebendam predictos . . . eidem Iohanni de Siberg vel procuratori suo . . . conferre et assignare curetis . . . Dat. Avin. nonas martii a. quintodecimo.

Reg. 98 f. 412 nr 978.

2019. *1331 März 11. (Avignon.)*

[Iohannes XXII] regi Francie.

Facta regem Boemie tangentia et quare tam diu regie celsitudini scribere destulimus, super eis . . magister H. de Engolisma archiadiaconus Cantuariensis, quem ad regalem destinamus presentiam, eidem plenius vive vocis oraculo reserabit. Dat. V idus marcii a. XV.

Reg. 116 f. 29' nr. 136; Rz. 1442.

***2020.** *1331 März 14. Avignon.*

Iohannes XXII patentibus abbate et conventu monasterii Campensis ord. Cisterc. Colon. dioc. confirmat omnes libertates et immunitates a. Romanis pontificibus monasterio concessa necnon libertates et exemptiones secularium exactionum a regibus et principibus ac aliis eidem indultas.

Solet annuere sedes . . . Dat. Avin. II idus martii p. n. a. quintodecimo.

Or. membr. cum plumbo pend. Sub plica ad sinistr.: N. Bum(?) *In plica ad dextr.:* Io. de Anag. *In dorso:* Reynerus de Nussia. — *Düsseldorf. Arch. reg. Abtei Camp. 399.*

2021. *1331 März 15. Avignon.*

Iohannes XXII abbati monasterii de Campo ord. Cisterc. Colon. dioc. collectori dimidie decime in subsidium pape ab abbatibus Cisterc. ordinis promisse a papa deputato mandat, quatinus id subsidium a renitentibus sub pena depositionis exigat.

[Iohannes XXII] abbati monasterii de Campo ord. Cisterc. Colon. dioc. Cum abbates quamplurimi Cisterciensis ordinis extra regnum Francie constituti subsidium per ordinem predictum in generali capitulo Cistercii celebrato nobis dudum sua mera liberalitate oblatum solvere non curassent, in eodem capitulo novissime Cistercii celebrato quedam extitit facta difinitio (!), cuius tenor sequitur in hec verba:

Nos frater Guillelmus abbas Cistercii notum facimus universis, quod anno millesimo CCC°. XXX°. in nostro capitulo generali facta fuit difinitio, cuius tenor sequitur et est talis:

Cum anno preterito fuerit difinitum, quod abbates ordinis extra regnum Francie constituti dimidiam decimam . . . pontifici concessam commissariis eiusdem solvere non differrent infra quindecim dies, postquam ab ipsis fuerint requisiti, alioquin pro depositis haberentur, quod quidem aliqui quamquam cum instantia moniti facere contempserunt, excusationes frivolas allegando, videlicet quod ipsorum commissariorum potestas ad eorum provincias minime se extendit, ne de cetero excusationes habere valeant huiusmodi in peccatis, eisdem abbatibus capitulum strictius precipit iniungendo, quatinus dictam decimam prefatis nunciis . . . pontificis infra predictum terminum solvere studeant ex integro, dum tamen ipsis abbatibus primo constiterit, quod ad huiusmodi non curando de provinciis fuerint deputati, sub penis in difinitione premissa contentis, quas eo ipso, si in solvendo negligentes fuerint, denunciat incidisse. Datum sub sigillo nostro anno domini quo supra tempore nostri predicti capituli generalis.

Sane cum sicut accepimus, nonnulli abbates eiusdem ordinis in partibus Alamannie commorantes, tibi, quem collectorem huiusmodi subsidii . . . in eisdem partibus deputasse aliter non curando de provinciis meminimus, predictum non duxerunt subsidium exolvendum, discretioni tue . . . mandamus, quatinus . . . eosdem abbates . . . requirere non postponas, ut tibi dictum subsidium . . . non omittant solvere . . . alioquin eos . . . in penam contentam in difinitione predicta denuncies incidisse . . . Dat. Avin. idus martii a. quintodecimo.

Reg. 116 f. 67' nr. 319; Rz. 1444.

2022. *1331 März 20. Avignon.*

Iohannes XXII Anibaldo tit. S. Laurentii in Lucina presbitero cardinali concedit facultatem recipiendi a nobili viro Arnoldo dicto Parvo de Breidenbendelt de Aquis canonico ecclesie Aquensis Leod. dioc. ad vota laicalia se transferre et recipere cingulum militare cupiente vel eiusdem procuratore resignationem canonicatus et prebende ac cuiusdam simplicis beneficii nona vulgariter nuncupati, quod is in eadem ecclesia obtinet, et conferendi eadem Iohanni Leticie de Brandeburg clerico Aquensi Leod. dioc., non obstante quod idem Iohannes super canonicatu et prebenda ecclesie in Monte S. Gertrudis dicte dioc. in curia episcopi Leod. litigat.

Cum sicut accepimus . . . Dat. Avin. XIII kl. aprilis a. quintodecimo.

Reg. 99 f. 46' nr. 1069.

2023. *1331 März 26. (Avignon.)*

Iohannes XXII regi Francie nunciat, quod Wilhelmus comes Iuliacensis cum gente armigera contra Saracenos regni Granate commotus litteris regis Aragonie contra mandantibus a viagio retrocedit.

[Iohannes XXII] regi Francie.

Celsitudinis regie iteratas recepimus litteras, ut . . . Willelmum comitem Iuliaci, qui contra Sarracenos regni Granate cum gente armigera isto vere presente disposuerat proficisci, deberemus inducere, ut usque ad tempus vernale subsequens iter istud differre deberet . . . Nos autem . . . eidem comiti in nostra presentia constituto votum regium circa dilationem huiusmodi quodque regia providentia sperabat in domino dilationem huiusmodi dicto negotio profuturum necnon quod tenebat indubie tua regia providentia, quod . . . Alfonsus rex Aragonum illustris, cui tu, fili, super dilatione predicta scripseras, votis tuis annueret, sedule duximus exponendum suadentes eidem, ut se votis regiis super dilacione huiusmodi conformaret. Ipse vero nobis ad premissa respondit, quod tu . . super hiis sibi locutus fueras, excusationesque suas admittens eidem pro prosecutione dicti negotii oportunas regias litteras duxeras concedendas, subiungens, quod pro itinere isto expensas multas fecerat illicque pro munitionibus faciendis gentem suam iam miserat et usque huc prosecutus iter suum fuerat et pro futuro tempore multipliciter a suo proposito poterat impediri. Sane post premissa, die videlicet Ramispalmarum prefatus comes recepit litteras, per quas sibi contramandabat prefatus rex Aragonum viagium antedictum, propter quas retrocedere ipse comes disposuit a viagio antedicto . . . Dat. VII kl. aprilis a. XV.

Reg. 116 f. 31 nr. 154.

2024. *1331 März 26. (Avignon.)*

Iohannes XXII Alfonso regi Castelle destinat litteras, quibus eum facit certiorem de Willelmi comitis Iuliacensis proposito proficiscendi cum quadraginta militibus et octoginta equitibus contra infideles regni Granate cumque deprecatur, quatinus comitem, si ad regem se conferat, aut gentes per comitem destinandas habere velit favorabiliter commendatos.

Dudum dilectus filius . . . Dat. VII kl. aprilis a. quintodecimo. In e. m. nobili viro Iohanni nato quondam Manuelis Infantis.

Reg. 116 f. 57 nr. 301; Preger 560; Rz. 1448 n. 3.

2025. *1331 März 27. (Avignon.)*

Iohannes XXII regem Aragonum deprecatur, quatinus Wilhelmum comitem Iuliacensem adversus infideles regni Granate cum gente armigera proficiscentem benigne recipiat et honorabiliter pertractet.

[Iohannes XXII] regi Aragonum.

A regali memoria non credimus excessisse, quod nos dudum . . . Willelmi comitis Iuliacensis tunc in nostra presentia constituti laudabili proposito, quod ipse de proficiscendo in presenti mense marcii adversus infideles regni Granate . . . conceperat, intellecto, illud celsitudini regie nunciantes, eam duximus deprecandam, ut speciales ipsius nuncios . . . benigne velles recipere . . . Cumque dictus comes suum predictum realiter exequendo propositum cum plurimis militibus et equitibus electis et ad bellicos actus ydoneis, inter quos sunt nonnulli viri generositate ac strenuitate famosi, nuper arripiens iter suum, multis aliis viris belligeris de partibus suis cum precedentibus et sequentibus, sicut accepimus, se hiis diebus ad nostram presentiam, ceptum iter prosequens, conferendum duxisset et insperato et subito ex parte tue serenitatis de non accedendo ad partes illas presentialiter mandatum audivit, de quo multipliciter extitit anxius et molestus, sane quia comes ipse suum predictum exequi propositum ferventer desiderans et attendens nichilominus, quantum sibi est et suis, qui expensas non modicas tam in preparando se quam veniendo et etiam in eis partibus faciendo provisionem suam de beneplacito regio subierunt, dispendiosum et scandalosum existeret cum tali et tanta gente armigera evestigio partes suas repetere, providit ad regelem presentiam se conferre. Quocirca magnificentiam regiam attentius deprecamur, quatinus . . . prefatum comitem . . . benigne recipere ac honorabiliter pertractare et habito colloquio cum eodem taliter ipsum in agendis providentia regia dirigat, quod debeat contentari. Dat. VI kl. aprilis a. quintodecimo.

Reg. 116 f. 48 nr. 251; Rz. 1448.

2026. *1331 März 27. Avignon.*

Iohannes XXII Iohanni patriarche Alexandrino mittit tractantes de Willelmo comite Iuliacensi litteras eiusdem fere tenoris, ac misit eodem die Alfonso regi Aragonum germano Iohannis.

Dudum tibi, frater . . . Dat. ut supra (= VI kl. aprilis a. quintodecimo).

Reg. 116 f. 48' nr. 252; Rz. 1448 n. 1.

2027. *1321 März 27. (Avignon.)*

Iohannes XXIII Petro nato Iacobi regis Aragonum comiti Ripacurie scribit de Willelmo comite Iuliacensi fere eadem, ac eodem die scripsit Alfonso regi et Iohanni patriarche Alexandrino.

Dudum nobis per dilectum . . . Dat. ut supra (= VI kl. aprilis a. quintodecimo).

In e. m. Berengarri nato Iacobi regis Aragonum comiti Montanorum de Prades.

Reg. 116 f. 48' nr. 253; Rz. 1448 n. 2.

2028. *1331 April 1. (Avignon.)*

[Iohannes XXII] eidem regi [Francie].

Cum sicut pridem regie scripsimus celsitudini, . . . rex Boemie illustris frequenter nobis significasset, quod suos ad nos intendebat nuncios destinare, ecce quod die cene dominice proxime preterita . . nobiles viri de Salabrug. et Linnanges comites in nostra comparuerunt presentia, nobis eiusdem regis litteras credencie offerentes. Cumque occupati nunc usque circa divina illos audire adhuc plene nequiverimus, intendimus tamen amodo vacare super hoc et explicanda per eos providentie regie celeriter intimare. Dat. kl. aprilis a. XV.

Reg. 116 f. 30' nr. 152; Rz. 1450.

2029. *1331 April 1. Avignon.*

Iohannes XXII Walramum de Iuliaco habilitat, ei fructus beneficiorum iniuste preceptos donat dispensatque cum eodem super residentia et receptione ordinum sacrorum superiorum.

[Iohannes XXII] Walramo de Iuliaco preposito ecclesie Leodiensis capellano nostro.

Alta generis tui prosapia . . . Sane pridem te nobis exponente, quod tu, qui tunc eras, prout existis, in minoribus dumtaxat ordinibus constitutus, ex certis causis ad suscipiendum sacrum ordinem dispositus nullatenus existebas, nobisque supplicante, ut tecum, quod ratione Leodiensis et S. Servatii Traiectensis Leod. dioc. ecclesiarum prepositurarum tuarum, quas, Leodiensis videlicet cum cura et S. Servatii ecclesiarum prefatarum sine cura, te asserebas ex dispensatione apostolica obtinere, vel alterius earum seu cuiuscumque alterius curati beneficii, quod te obtinere contingeret, . . . non tenereris usque ad certi temporis spacium tunc expressum ad sacros ordines promoveri, quodque non obstantibus statutis seu consuetudinibus ecclesie Coloniensis, in qua canonicatum et prebendam ac thesaurariam . . . obtinebas, prout obtines, aut apostolicis seu sinodalibus vel provincialibus constitutionibus sive statutis et consuetudinibus contrariis, quibus caveri dicebatur, quod nullus canonicus seu prelatus eiusdem ecclesie Coloniensis in sacris ordinibus non existens tractatibus capitularibus interesse et capitulum sive capitularem locum ibidem intrare valeret, nisi evocaretur a. . . capitulo ipsius ecclesie Coloniensis, posses huiusmodi tractatibus interesse, ac si constitutus in huiusmodi sacris ordinibus fores, dignaremur . . . dispensare, nos tecum II kl. octobris proximo preteriti super premissis duximus dispensandum, sic tamen quod ad subdiaconatus ordinem infra pascale festum resurrexionis dominice extunc proximo secuturum te faceres promoveri, et si ad eundem ordinem subdiaconatus te promoveri faceres, ut prefertur, usque ad triennium ad ulteriores ordines promoveri facere minime tenereris et quod interim in dicta ecclesia Coloniensi vocem haberes in electionibus et aliis actibus in capitulo, ac si esses in sacris ordinibus constitutus. Subsequenter autem cum finis huiusmodi temporis pascalis instaret, tu, sicut ex tenore petitionis tue nobis oblate collegimus, non feceris te ad dictum subdiaconatus ordinem promoveri nec resederas in ecclesia Leodiensi predicta, quamquam ex statutis et consuetudinibus eiusdem ecclesie Leodiensis iuramento confirmatis, que iurasti, tenereris infra annum a tempore assecutionis dicte prepositure Leodiensis, quam iam per biennium vel circa tenuisti et fructus percepisti etiam ex eadem, te facere, prout ex relatione quorumdam de novo, ut asseris, didicisti, ad subdiaconatus et diaconatus ordines promoveri et continuam residentiam facere in eadem. Quare nobis humiliter supplicasti . . . Nos igitur ob nobilitatem predicti tui generis et huiusmodi meritorum tuorum intuitu . . . tibi predictos fructus remittimus et donamus . . . teque . . . habilitamus et habilem reddimus . . . ut possis ad sacros omnes sacros ordines promoveri et obtinere quecumque beneficia ecclesiastica, etiam si dignitates vel personatus existant, necnon ad cathedrales episcopales et superiores ecclesias, si ad illa canonice assumaris, promoveri, tecumque, [ut] usque ad triennium non tenearis preterquam ad subdiaconatum ad ulteriores ordines promoveri, ad quem quidem subdiaconatus ordinem tenearis etiam te promoveri facere infra annum nec interim in dicta ecclesia Leodiensi personaliter residere, dummodo in altero beneficiorum tuorum ecclesiasticorum vel in Romana curia resideas vel studio litterarum insistas in loco, ubi illud vigeat generale, quodque interim in predictis ecclesiis vocem in capitulo habeas et in electionibus et tractatibus capitularibus valeas interesse, . . . dispensamus . . . Dat. Avin. kl. aprilis a. quintodecimo.

Reg. 100 nr. 597.

2030. *1331 April 11. Avignon.*

Iohannes XXII archiepiscopo Coloniensi mandat, quatinus processum contra Nicolaum de Argentina ord. Predicatorum a magistro Raynero canonico Coloniensi et quondam Alberto de Mediolano ord. Minorum factum examinet et, si eos invenerit perperam processisse, ipsum processum declaret irritum.

[Iohannes XXII] archiepiscopo Coloniensi.

Significavit nobis Nicolaus de Argentina ordinis fratrum Predicatorum, quod olim eo existente vicario dicti ordinis in provincia Theutonie ex commissione nostra specialiter deputato contigit, quod idem Nicolaus quemdam fratrem dicti ordinis in prefata provincia existentem exigentibus suis demeritis carceri mancipavit quodque dilectus filius magister Raynerus canonicus Coloniensis et quondam Albertus de Mediolano ordinis fratrum Minorum lector in loco dictorum fratrum Minorum Colon., quos ad inquirendum contra quosdam super heretica pravitate auctoritate ordinaria deputaras, asserentes eundem Nicolaum propter incarceracionem dicti fratris fuisse impeditorem inquisitionis eorum et contra ipsum occasione huiusmodi procedentes sententialiter pronunciarunt prefatum Nicolaum fuisse impeditorem inquisitionis predicte et per consequens in penam canonis latam contra impeditores huiusmodi incidisse et aliis penis puniri posse propterea et debere. Cum autem prefatus Nicolaus, sicut asserit, paratus sit in omnibus, super quibus contra eum iuste processum existeret, mandatis apostolicis et ecclesie atque iuri humiliter obedire, nobis humiliter supplicavit, ut, ne ipse occasione huiusmodi processuum in ordine suo vel alibi ac in iudicio vel extra ledatur in aliquo, sed integri status et fame sicut prius in omnibus censeatur, providere sibi super hoc de oportuno remedio dignaremur. Nos itaque . . . fraternitati tue . . . mandamus, quatinus . . vocatis qui fuerint evocandi, huiusmodi processum contra dictum Nicolaum habitum diligenter examines . . . et si per examinationem huiusmodi inveneris dictos Raynerum et Albertum contra prefatum Nicolaum super premissis perperam processisse, huiusmodi processus . . . cassos et irritos nunciare procures . . . Dat. Avin. III idus aprilis a. quintodecimo.

Reg. 98 f. 346 nr. 812.

2031. *1331 April 11. Avignon.*

Iohannes XXII Willelmo de Bontersem confert eccl. Trever. canonicatum, prebendam vero eidem reservat, non obstante quod in Leod. et Traiect. sub expectatione dignitatis et in Nivellensi Leod. dioc. eccl. canonicatus et prebendas obtinet.

Morum decor, vite mundicia . . . Dat. Avin. III idus aprilis a. quintodecimo.

In e. m. decano et cantori Leod. ac magistro Busolo de Parma capellano nostro canonico Tornacensis eccl.

Reg. 97 nr. 614.

2032. *1331 April 16. Avignon.*

Iohannes XXII nobili viro Iohanni nato Iohannis comitis de Saraponte militi (!) et nobili mulieri Aelydi eius uxori Met. dioc. indulget, ut missam, antequam illucescat dies, circa tamen diurnam lucem, cum qualitas negotiorum ingruentium id exegerit, liceat ipsis et cuilibet ipsorum per proprium vel alium sacerdotem ydoneum facere celebrari, proviso quod parce huiusmodi concessione utantur.

Sincere devotionis affectus . . . Dat. Avin. XVI kl. maii a. quintodecimo.

Reg. 99 f. 366' nr. 1914.

2033. *1331 April 16. Avignon.*

Iohannes XXII nobili viro Iohanni nato Iohannis comitis de Saraponte militi et nobili mulieri Aelydi eius uxori Met. dioc. indulget, ut liceat ipsis et ipsorum cuilibet habere altare portatile.

Sincere devotionis affectus . . . Dat. Avin. XVI kl. maii a. quintodecimo.

Reg. 99 f. 366' nr. 1915.

2034. *1331 April 16. Avignon.*

Iohannes XXII nobili viro Iohanni nato Iohannis comitis de Saraponte et nobili mulieri Aelydi eius uxori Met. dioc. indulget, ut si forsan ad loca ecclesiastico supposita interdicto eos contigerit declinare, liceat ipsis in illis missam et alia divina officia facere celebrari ianuis clausis *etc.*

Devotionis vestre sinceritas . . . Dat. Avin. XVI kl. maii a. quintodecimo.

Reg. 99 f. 366' nr. 1916.

2035. *1331 April 16. Avignon.*

Iohannes XXII nobili viro Iohanni nato Iohannis comitis de Saraponte militi et nobili mulieri Aelidi eius uxori Met. dioc. indulget, ut aliquem ydoneum et discretum presbiterum in suum possint eligere confessorem, qui, quociens fuerit ipsis oportunum, confessionibus ipsorum auditis absolutionem ipsis impendat.

Benigno sunt vobis . . . Dat. Avin. XVI kl. maii a. quintodecimo.

Reg. 99 nr. 366'; Itz. 1911.

2036. *1331 April 16. Avignon.*

Iohannes XXII nobili viro Iohanni nato Iohannis comitis de Saraponte militi et nobili mulieri Aelidi eius uxori Met. dioc. indulget, ut eorum confessor, quem duxerint eligendum, omnium peccatorum plenam remissionem ipsis et ipsorum cuilibet semel tantum in mortis articulo concedere valeat.

Provenit ex vestre devotionis . . . Dat. Avin. XVI kl. maii a. quintodecimo.

Reg. 90 f. 367 nr. 1918.

2037. (*1331 April 17. Fiumicino.*)

Tractatus habitus inter Iohannem XXII et Iohannem regem Boemie de rebus Italicis.

Primo quod cum . . . dictas tres civitates dimittare teneatur.

Instr. misc.; Rz. 1310.

2038. *1331 April 20. Avignon.*

[Iohannes XXII] Adolpho episcopo Leodiensi.

Gerentes grata quam plurimum, que nobis intimasti novissime inter te, frater, et . . . archiepiscopum Coloniensem . . . concordie federa confirmata, quia super hoc exhortationibus nostris acquievisse te novimus, fraternitatem inde tuam dignis in domino laudibus commendamus. Dat. XII kl. maii a. XII.

Reg. 116 f. 107 nr. 367; Rz. 1458a.

***2039**. *1331 April 24. (Limburg.)*

Capitulum ecclesie Limburgense Trever. dioc. constituit, quod canonici in minoribus ordinibus constituti, simul ac prebendati sint, in domo scolastici commorentur, donec sint assumendi ad consortium capituli, quodque quilibet canonicus per biennium ad studium generale se conferat, priusquam admittatur ad capituli tractatus.

In dei nomine amen. Nos . . decanus et capitulum ecclesie Lympurgensis Treverensis dyocesis singula nociva et ecclesie nostre statum ac honorem deprimencia sollicita penes nos meditacione revolventes quendam inter nos defectum criminis, quem nobis ei eidem ecclesie preiudicialem et dampnosum esse et fuisse multiformiter experimur, videlicet quod iuvenes concanonici infra discretionis tempora constituti scientia et morum informacionibus indigentes in domibus parentum suorum aut aliorum laycorum hospiciis absque doctoris et informatoris regimine conversantur, ex quo frequenter contingit, quod tales ad tractatus capitulares assumpti non raciono sed effrenata voluntate utentes nec tonsuram clericalem nec habitum deferunt condecentem et, ut breviter dicamus, in rebus agendis formam non servant nec in moribus disciplinam, tantis igitur et talibus periculis, prout nobis possibile est, obsistere cupientes aliarumque ecclesiarum tam Treverensis quam Moguntine civitatum et dyocesium exemplis edocti, deliberatione prehabita pari consensu ac voluntate unanimi statuimus promittimus et ordinamus, quod canonici nostri presentes et futuri in minoribus ordinibus constituti mox, postquam in perceptione et possessione suarum fuerint prebendarum, in domo scolastici ecclesie nostre, qui pro tempore fuerit, commorentur. Qui redditus et proventus prebendarum suarum et distribuciones percipiat ipsis canonicis eos et eas deservientibus. Idemque scolasticus eisdem canonicis de vite necessariis provideat competenter. Et si quid ipsi canonici deservire neglexerint, hoc eidem scolastico refundere tenebuntur. Porro si et quando aliquis huiusmodi canonicorum ad eam etatem et discretionem pervenerit, ut ad consorcium capituli merito fuerit assumendus, et si scolasticus, qui pro tempore fuerit, super hoc requisitus sui lucri causa aut alias fortassis animo malignando talem canonicum abilem et ydoneum absque causa racionabili emancipare recusaverit, quod extunc . . decanus et capitulum seu maior pars capituli plenariam habeant potestatem ipsum emancipandi et in consorcium capituli ponendi, dissensu scolastici non obstante. Volumus autem et statuimus, ut quilibet canonicus emancipatus per biennium continuum ad studium generale se transferat, priusquam ad tractatus capituli admittatur, nisi talis etatis sciencie et discretionis fuerit, quod de hoc merito debeat supportari. Hec premissa promittimus sub debito iuramenti nostri nos perpetuo inviolabiliter observare, suplicantes humiliter et devote reverendo in Christo patri et domino nostro domino . . Baldewino dei gracia sancte Treverensis ecclesie archiepiscopo, ut huic ordinacioni nostre ob honorem dei et ecclesie nostre commodum facte auctoritatem suam impertiri dignetur eamque ex potestate ordinaria confirmare. In huius autem ordinacionis nostre firmitatem perpetuam et testimonium sigillum ecclesie nostre supradicte duximus presentibus litteris appendendum. Actum et datum in crastino Beati Georii martiris anno domini M°. CCC°. XXX°. primo.

Or. membr. sigillo capituli munitum. — Alterum docum. membr. sigillis archiepiscopi et capituli munitum eundem exhibet textum, cui addit hec:

Et nos Baldewinus dei gracia sancte Treverensis ecclesie archiepiscopus, sacri imperii per Galliam archicancellarius predictas ordinaciones promissa et statuta tamquam racionabiles et legitimas ratas et gratas habentes, ipsis consensum nostrum voluntarium adhibemus et eas presentibus litteris in dei nomine confirmamus, in cuius rei testimonium et robur sigillum nostrum una cum sigillo dicti, capituli presentibus est appensum. Datum anno domini M°. CCC°. XXX°. primo in crastino Beati Georii martiris.

Eodem die Hertwicus scolasticus eccl. Lympurgensis promittit, se observaturum esse ordinationem suprascriptam. Or. membr. sigillo ann. — Wiesbaden. Arch. reg. Stift Limburg nr. 122—124.

2040. *1331 April 26. Avignon.*

Iohannes XXII nato Ioffridi comitis de Lyningen confert eccl. Trever. canonicatum, prebendam vero eidem reservat, non obstante quod per capitulum eccl. Spirensis in canonicum ipsius ecclesie est receptus ac in Argentinensi eccl. canonicatum et prebendam sub expectatione dignitatis personatus vel officii auctoritate apostolica obtinet.

Nobilitas generis, morum . . . Dat. Avin. VI kl. maii a. quintodecimo.

In e. m. abbati monasterii Lympurgensis Wormatiensis dioc. et decano S. Symeonis Trever. ac Iacobo de Mutina scolastico eccl. Tullensis.

Reg. 99 f. 79' nr. 1165.

2041. *1331 Mai 12. (Avignon).*

[Iohannes XXII] regi Boemie.

Excellentie regie nuncios benigne recepimus et . . . id, quod ecclesie regieque magnificentie expedire vidimus, duximus respondendum, sicut iidem nuncii celsitudini regie pandere seriosius poterunt, que nos propter viarum pericula omisimus presentibus annotare. Dat. IIII idus maii a. XV.

Reg. 116 f. 80 nr. 372.

2042. *1331 Mai 13. (Avignon.)*

Iohannes XXII Gerardo de Ameronghen, qui pridem decanatum eccl. S. Salvatoris Traiect. resignavit in curia Romana, confert quoddam perpetuum beneficium personatus vulgariter nuncupatum, in eccl. de Maisbomel Colon. dioc., quod Rutgherus Vrenwerde nunc ecclesie S. Salvatoris predicte decanus causa permutationis in eadem curia resignavit.

Apostolice sedis circumspecta . . . Dat. Avin. III idus maii a. quintodecimo.

In e. m. S. Marie ad gradus Colon. et S. Petri Traiect. prepositis ac Ariberto de Bostrichen canonico eiusdem Traiect. ecclesiarum.

Reg. 97 nr. 371.

2043. *1331 Mai 23. Avignon.*

Iohannes XXII archiepiscopo Maguntino mandat, quatinus cum

nobili viro Cunone de Falkensteyn et de Minzemberg et nobili muliere Mena nata nobilis viri Ulrici de Bickenbach Maguntine diocesis, qui, licet scirent se linea parentele coniunctos, matrimonium invicem contraxerunt et postmodum carnali inter eos copula subsecuta per annum et amplius ut coniuges insimul habitaverunt, postmodum vero cognoverunt, quod ipsi tertio et quarto consanguinitatis gradibus se invicem contingebant, dispenset, ut impedimento predicto non obstante possint in huiusmodi matrimonio licite remanere, prolem susceptam et suscipiendam ex eis legitimam decernendo.

Sedis apostolice providentia . . . Dat. Avin. X kl. iunii a. quintodecima.

Reg. 99 f. 357' nr. 1888.

2044. *1331 Mai 28. Avignon.*

Iohannes XXII Henrico de Styrpenerch consideratione Iohannis regis Boemie pro eo clerico et familiari suo supplicantis confert eccl. S. Paulini extra muros Trever. canonicatum, prebendam vero eidem reservat, non obstante quod parrochialem ecclesiam de Kersen Superiori Trever. dioc. ac in eccl. Trever. canonicatum et prebendam in lite obtinet, ratione cuius parrochialis ecclesie infra tempora a iure statuta neglexit se facere ad sacros ordines promoveri. Tamen dictam parrochialem ecclesiam ex nunc realiter dimittat.

Probitatis et virtutum merita . . . Dat. Avin. V kl. iunii a. quintodecimo.

In e. m. S. Mathie extra muros Trever. et B. Marie de Luceburc Trever. dioc. monasteriorum abbatibus ac scolastico eccl. Tullensis.

Reg. 100 nr. 79.

2045. *1331 Mai 28. Avignon.*

Iohannes XXII Iohanni nato Iohannis de Cuko Superiori consideratione Iohannis regis Boemie pro eo supplicantis confert eccl. S. Symeonis Trever. canonicatum, prebendam vero reservat.

Ex tue devotionis . . . Dat. Avin. V kl. iunii a. quintodecimo.

In e. m. archidiacono Redonnensis et thesaurario Dolensis ac scolastico Tullensis eccl.

Reg. 100 nr. 56.

2046. *1331 Juni 16. Avignon.*

Iohannes XXII Gotschalco de Kyrberg confert eccl. Severini

Colon. canonicatum et prebendam ac preposituram vacantes per obitum Heydenrici de Essende sedis apostolice capellani, qui dudum extra Romanam curiam diem clausit extremum, non obstante quod Gotschalcus in Bunnensi Colon. dioc. scolastriam, que nec dignitas nec personatus sed simplex officium sine cura existit, et in eadem ac S. Marie ad gradus Colon. eccl. canonicatus et prebendas necnon curtes seu officia de Curinkoven (*vel* Curnikonen) Wailvelt Merheym Varnich Seyndorp et Caldinburne consueta clericis secularibus in perpetuum beneficium ecclesiasticum assignari obtinet ac super ecclesia de Ulme perefate diocesis litigat[1].

Vite ac morum honestas . . . Dat. Avin. XVI kl. iulii a. quintodecimo.

In e. m. preposito S. Cuniberti et decano S. Andree Colon. ac scolastico Tullensis eccl.

Reg. 97 nr. 322.

2047. *1331 Juni 16. Avignon.*

Iohannes XXII Henrico de Iuliaco confert ecclesie S. Dionysii Leod. canonicatum et prebendam.

[Iohannes XXII] Henrico de Iuliaco canonico eccl. S. Dionisii Leod.

Apostolice sedis circumspecta . . . Cum itaque pridem tu tunc Monasteriensis et . . Everhardus Gallus olim eiusdem S. Dionisii, nunc Monasteriensis eccl. predictarum canonici intendentes, tu videlicet canonicatum et prebendam ac perpetuam capellaniam seu officium curatum episcopale in Bilrebeke, que in dicta Monasteriensi, et Everhardus prefatus canonicatum et prebendam, quos in S. Dionisii prefatis tunc obtinebatis ecclesiis, . . . invicem permutare, canonicatus et prebendas ac capellaniam seu officium predicta in manibus Petri episcopi Penestrinensis ex causa permutationis . . . duxeritis resignanda idemque episcopus ex speciali mandato nostro . . . resignationes huiusmodi duxerit admittendas, nos . . . canonicatum et prebendam eiusdem ecclesie S. Dionisii . . . apostolica tibi auctoritate conferimus . . . non obstantibus statuto predicte ecclesie Monasteriensis, quo in ea caveri dicitur, quod quilibet canonicus in prima receptione sua ad instantiam . . capituli eiusdem ecclesie iurat, quod canonicatum et prebendam, quos ipsum in ea obtinere continget, sine expresso consensu et auctoritate dictorum ca-

1) *Clemens V beneficia vacantia per obitum capellanorum sedis apostolice ubicumque decedentium reservarat dispositioni sedis apostolice.*

pituli vel saltem maioris partis ipsorum nunquam cum alio beneficio permutabit et quod tu etiam hoc iurasti, ac quibuscumque statutis . . . ecclesie S. Dionisii . . . seu quod preposituram B. Marie ad gradus Colon. et in Traiectensi et Werdensi ac Bunnensi Colon. dioc. ecclesiis canonicatus et prebendas obtines, licet de canonicatu et prebenda necnon quibusdam curtibus seu obedientiis eiusdem Bunnensis ecclesie . . litigare noscaris et quod nuper de canonicatibus et prebendis in Alberstadensi et Fritzlariensi Magunt. dioc. ecclesiis tunc vacantibus . . . [tibi] duximus providendum, quorum possessionem nondum adeptus fuisti, ac parrochialem ecclesiam S. Andree Pataviensis dioc. tibi . . . duximus conferendam . . . Dat. Avin. XVI kl. iulii a. quintodecimo.

In c. m. S. Crucis et S. Pauli Leod. decanis ac scolastico. Tullensis eccl.

Reg. 99 f. 271 nr. 1651.

2048. *1331 Juni 16. Avignon.*

Iohannes XXII Iohanni de Aquaductu confert canonicatum et prebendam ac scolastriam ecclesie Werdensis Colon. dioc., que quidem scolastria nec dignitas nec personatus, sed simplex officium existit, vacantes per obitum Heydenrici de Essende capellani sedis apostolice, non obstante quod is in eccl. S. Severini Colon. canonicatum et prebendam ac decanatum obtinet.

Suffragantia tibi merita . . . Dat. Avin. XVI kl. iulii a. quintodecimo.

In c. m. S. Gereonis et S. Georgii Colon. decanis ac scolastico Tullensis eccl.

Reg. 97 nr. 359.

2049. *1331 Juni 16. Avignon.*

Iohannes XXII magistro Bernardo Stephani notario sedis apostolice confert canonicatum et prebendam cum una decima dicta Annesecernecchin et obedientiis seu curtibus, quos quondam Hedenricus de Essende sedis apostolice capellanus in eccl. Bunnensi obtinebat, qui nuper in illis partibus clausit diem extremum, non obstantibus quibuscumque statutis et consuetudinibus eiusdem ecclesie et illo presertim, quo inter alia in eadem ecclesia caveri dicitur, quod nullus huiusmodi decimas obediencias sive curtes possit in eadem ecclesia obtinere, nisi canonicus prebendatus fuerit actu in perceptione fructuum prebende sue existens, cum canonicus de novo inibi prebendatus fructus prebende sue per certum tempus actu recipere nequeat iuxta observantiam ecclesie memorate, seu si forsan caveatur in eis, quod nullus prebendam huiusmodi, que de maioribus in dicta ecclesia reputantur (!), obtinere seu assequi valeat, nisi gradatim obtinuerit minores ecclesie prefate prebendas.

Dum tue circumspectionis . . . Dat. Avin. XVI kl. iulii a. quintodecimo.

In e. m. Leodiensi et Castrensi episcopis ac archidiacono Amiliano in ecclesia Ruthenensi.

Reg. 97 nr. 330.

2050. *1331 Juni 16. Avignon.*

Iohannes XXII magistro Bernardo Stephani notario sedis apostolice, cui hodie providit de canonicatu et prebenda ecclesie Bunnensis Colon. dioc., confert obedientias seu curtes, quas Henricus archiepiscopus Maguntinus usque ad suam consecrationem in eccl. predicta obtinuerat, de quibus papa post eiusdem consecrationem providerat quondam Heynenrico de Essenda preposito S. Severini Colon. sedis apostolice capellano.

Insignia tue devotionis . . . Dat. Avin. XVI kl. iulii a. quintodecimo.

In e. m. Leodiensi et Castrensi episcopis ac Archidiacono de Amiliano in eccl. Ruthenensi.

Reg. 97 nr. 328.

2051. *1331 Juni 16. Avignon.*

Iohannes XXII Thilmanno de Unna confert eccl. S. Andree Colon. canonicatum et prebendam vacantes per obitum Heydenrici de Essende sedis apostolice capellani, qui in illis partibus dudum diem clausit extremum.

Ad illorum provisionem . . . Dat. Avin. XVI kl. iulii a. quintodecimo.

In e. m. S. Severini et S. Georgii Colon. decanis ac scolastico Tullensis ecclesiarum.

Reg. 100 nr. 5.

2052. *1331 Juni 16. Avignon.*

Iohannes XXII Theodorico de Essende confert eccl. S. Andree Colon. scolastriam vacantem per obitum Heydenrici de Essende sedis apostolice capellani.

Devotionis tue sinceritas . . . Dat. Avin. XVI kl. iulii a. quintodecimo.

In c. m. preposito S. Kuniberti et decano S. Severini Colon. ac scolastico Tullensis ecclesiarum.

Reg. 100 nr. 10.

2053. *1331 Juni 16. Avignon.*

Iohannes XXII Theoderico de Essende confert eccl. Hugardensis Leod. dioc. canonicatum et prebendam vacantes per obitum Heydenrici de Essende sedis apostolice capellani.

Grata tue devotionis . . . Dat. Avin. XVI kl. iulii a. quintodecimo.

In c. m. preposito S. Kuniberti et decano S. Severini Colon. ac scolastico Tullensis ecclesiarum.

Reg. 100 nr. 6.

2054. *1331 Juni 16. Avignon.*

Iohannes XXII Iohanni de Syberg confert eccl. Susaciensis Colon. dioc. canonicatum et prebendam vacantes per obitum Heydenrici de Essende sedis apostolice capellani.

Apostolice sedis copiosa . . . Dat. Avin. XVI kl. iulii a. quintodecimo.

In c. m. abbati monasterii Sybergensis Colon. dyoc. et decano S. Severini Colon. ac scolastico Tullensis ecclesiarum.

Reg. 100 nr. 7.

2055. *1331 Juni 16. Avignon.*

Iohannes XXII Henrico de Cervo confert eccl. secularis Assindensis canonicatum et prebendam vacantes per obitum Heydenrici de Essende apostolice sedis capellani, qui nuper extra curiam Romanam diem clausit extremum, non obstante quod Henricus parrochialem ecclesiam S. Martini ac in B. Marie in capitolio canonicatum sub expectatione maioris prebende ac in S. Marie ad gradus Colon et Bun.

nensis ecclesiis canonicatus et prebendas et curtim seu officium in Puppilstorps consuetum canonicis dicte Bunnensis eccl. in perpetuum beneficium ecclesiasticum assignari Colon. dioc. obtinet.

Sedis apostolice providentia . . . Dat. Avin. XVI kl. iulii a. quintodecimo.

In c. m. S. Martini et S. Pantaleonis Colon. monasteriorum abbatibus ac magistro Iacobo de Mutina scolastico eccl. Tullensis capellano nostro.

Reg. 97 nr. 303.

2056. *1331 Juni 16. Avignon.*

[Iohannes XXII] Henrico de Vlerie canonico eccl. S. Andree Colon.

Merita virtutum, quibus . . . Nuper siquidem ex oblate nobis tue petitionis serie intellecto, quod olim tu in S. Andree Colon. et Assindensis Colon. dioc. ecclesiis canonicatus et prebendas canonice obtinens parrochialem ecclesiam in Unna dicte diocesis tunc vacantem fueras canonice assecutus et eam pacifice tenueras et possideras (!) per plures annos fructus percipiens ex eadem, quodque postmodum vacante decanatu dicte ecclesie S. Andree tu in decanum ipsius ecclesie S. Andree in discordia, alias tamen rite et canonice, fueras electus, et quod licet tu cum quondam Everardo de Cigno clerico dicte dioc., qui electionem impugnabat huiusmodi, per aliquos annos in Romana curia litigasses, dicto tamen Everardo viam universe carnis ingresso tu dictum decanatum pacifice adeptus fueras cumque per plures annos una cum dicta parrochiali ecclesia possederas . . . fructus percipiens ex eisdem, dispensatione . . . non obtenta . . . Nos . . . te habilitavimus habilemque reddidimus ac omnem inhabilitatis et infamie maculam . . per te ob premissa vel aliquod eorum contractas penitus abolevimus . . . tibique fructus predictos . . . remisimus . . . Voluimus autem, quod tu extunc decanatum et parrochialem ecclesiam antedictos utpote propter premissa de iure vacantes realiter omnino dimitteres . . . Nos . . . predictam parrochialem ecclesiam sic vacantem . . . tibi auctoritate apostolica commendamus per te una cum decanatu dicte ecclesie S. Andree, dequa propter premissa vacante tibi hodie . . . mandavimus providere, cum illum . . . fueris assecutus, usque ad eiusdem sedis [apostolice] beneplacitum retinendam . . . Dat. Avin. XVI kl. iulii a. quintodecimo.

In c. m. Tutellensis (!) et S. Georgii Colon. scolasticis ac Ambrosio de Lamayrola canonico Mediolan. eccl.

Reg. 99 f. 346 nr. 1862.

2057. *1331 Juni 16. Avignon.*

[Iohannes XXII] Tullensis et S. Georgii Colon. scolasticis ac Ambrosio de Laimirola canonico Mediolanensis eccl.

Ex virtutum meritis . . . Nuper siquidem ex oblate nobis per dictum Henricum [de Vleric canonicum ecclesie S. Andree Colon.] petitionis serie intellecto, quod olim ipse in dicta S. Andree et Assindensi Colon. dioc. ecclesiis . . . *(Sequitur eadem narratio atque in nr. 2056)* . . . remisimus . . . Voluimus[a] autem, quod dictus Henricus extunc decanatum et parrochialem ecclesiam . . . de iure vacantes realiter omnino dimitteret . . . Nos . . . discretioni vestre . . . . mandamus. quatinus . . . predictum decanatum . . . de iure vacantem . . . eidem Henrico vel procuratori suo . . . conferre et assignare curetis . . . Dat. Avin. XVI kl. iulii a. quintodecimo.

Reg. 100 nr. 81.

2058. *1331 Juni 17. (Avignon).*

[Iohannes XXII] Guillelmo comiti Iuliacensi.

Nobilitatis tue litteras recepimus leta manu, quarum serie diligentius intellecta devotionem tuam . . . hortamur, quatinus . . . in devotione sacrosancte dei ecclesie . . . perseveres. Dat. XV kl. iulii a. XV.

Reg. 116 f. 79' nr. 368.

2059. *1331 Juli 6. Avignon.*

Iohannes XXII cum Henrico de Iuliaco canonico eccl. Aquensis Leod. dioc., quocum iam antea dispensaverat, ut defectu natalium non obstante, quem patitur de soluto genitus et soluta, posset ad omnes ordines promoveri et duo ecclesiastica beneficia, etiam si eorum alterum curam haberet animarum, licite obtinere, vigore cuius dispensationis parrochialem ecclesiam in Aldenrode et canonicatum et prebendam in eccl. Aquensi Colon. et Leod. dioc. fuerat assecutus, denuo dispensat, ut ultra parrochialem ecclesiam ac canonicatum et prebendam predictos in aliqua ecclesia, etiam si cathedralis existat, alios canonicatum et prebendam recipere et obtinere possit.

Probitatis tue merita . . . Dat. Avin. II nonas iulii a. quintodecimo.

Reg. 99 f. 363 nr. 1906.

---

a) Volumus *in reg.*

2060. *1331 Juli 10. Avignon.*

Iohannes XXII S. Maximini extra muros Treverenses et S. Pantaleonis infra muros Colonienses monasteriorum abbatibus ac decano eccl. S. Guidonis Spirensis mandat, quatinus deputati ab ipso iudices et conservatores abbati et conventui monasterii de Claustro Cisterc. ord. Trever. dioc. assistentes non permittant eosdem super possessionibus et iuribus suis a quibuscunque ecclesiasticis vel secularibus personis molestari.

Militanti ecclesie licet . . . Dat. Avin. VI idus iulii a. quintodecimo.

Reg. 100 nr. 382; Rz. 1469.

2061. *1331 Juli 15. (Avignon.)*

[Iohannes XXII] Raynaldo comiti Gelrensi.

Serie petitionis inspecta, qua poscebas a nobis, quod claustra dilectarum filiarum in Christo monialium ordinis S. Clare posses ingredi, quociens opus esset, tibi concedere dignaremur, quia occupatione celestis contemplationis attenta nec saluti nec[a] religioni expedit monialium predictarum nec deo per consequens gratus existeret talis ingressus, super hoc, fili, tua nos habeat nobilitas excusatos. Dat. idus iulii a. XV.

Reg. 116 f. 80' nr. 376.

***2062**. *1331 Juli 21. Avignon.*

[Iohannes XXII] abbati et conventui monasterii Campensis Cisterc. ord. Colon. dioc.

Devotionis vestre sinceritas . . . Sane pro parte vestra nobis extitit humiliter supplicatum, quod cum monasterium vestrum gravi paupertate prematur, providere vobis et eidem monasterio super hoc de oportuno remedio misericorditer dignaremur. Nos itaque . . . ut . . . decimas usque ad summam centum marcharum argenti in diocesi Coloniensi de manibus laicorum, que canonice tenentur in feudum ab antiquo per eos, possitis redimere ipsasque in vestrum et dicti monasterii usum proprium imperpetuum retinere . . . archiepiscopi Coloniensis et . . rectorum ecclesiarum, in quorum parrochiis decime ipse consistunt,

a) ne *in reg.*

licentia minime requisita, vobis tenore presentium indulgemus ... Dat. Avin. XII kl. augusti a. quintodecimo.

Reg. 100 nr. 781; Rz. 1471. — Or. membr. cum plumbo pend. Sub plica ad sinistr.: ⁜ Vitalis. *In plica ad dextr.:* R. de Adria. *In dorso:* procurator Cisterciensis ordinis *et* R. *Düsseldorf. Arch. reg. Abtei Camp nr. 401.*

2063. *1331 Juli 25. Avignon.*

Iohannes XXII Iohanni comiti de Sarrebruche indulget, ut duo eius clerici, quos duxerit nominandos, eiusdem obsequiis aut litterarum studio in loco, ubi illud generale vigeat, insistentes seu in altero beneficiorum suorum ecclesiasticorum residentes fructus eorundem beneficiorum necnon prebendarum suarum, dummodo maiorem post episcopalem in cathedrali vel principalem in collegiata eccl. non obtineant dignitatem, integre, cotidianis distributionibus dumtaxat exceptis, percipere valeant per triennium.

Personam tuam exigentibus . . . Dat. Avin. VIII kl. augusti a. quintodecimo.

In e. m. S. Nicolai in prato Virdun. et S. Vitoni monasteriorum abbatibus ac decano eccl. B. Marie Magdalene Virdun.

Reg. 99 f. 344 nr. 1858.

2064. *1331 August 8. Avignon.*

Iohannes XXII Henricum archiepiscopum Maguntinum rogat, quatinus magistrum Bernardum Stephani notarium sedis apostolice, cui nuper providit de canonicatu et prebenda et obedientia seu curtibus vacantibus et ad papalem dispositionem spectantibus eccl. Bunnensis Colon. dioc., ac eius procuratores circa prosecutionem huius gratie habeat commendatum, ut eadem gratia debitum sortiatur effectum.

Cum nuper dilecto . . .

In e. m. Henrico archiepiscopo Colon. Dat. VI idus augusti a. XV.

Reg. 116 f. 80 nr. 373.

2065. *1331 August 10. Avignon.*

[Iohannes XXII] archiepiscopo Coloniensi.

Prospecto salubri et prospero ecclesie tue statu, in quo sicut membro notabili te sibi auctore domino presidente plurimum iocundamur, nunciata nobis per litteras non mediocriter letabunda convalescentie tue, frater, auspicia eo placentius profecto audivimus, quo displicenter tue fatalitatis occasum procul dubio audiremus, ad tuam notitiam proferentes, quod ante receptionem litterarum huiusmodi maiorem partem beneficiorum, de quibus petiisti per nos certis personis expressis in eisdem litteris provideri, distribueramus tuo intuitu inter officialem et quosdam tuos alios servitores. Dat. XIIII kl. septembris a. XV.

Reg. 116 f. 80' nr. 374.

2066. *1331 August 30. Avignon.*

Iohannes XXII Bertoldo Kirchem confert eccl. S. Arnualis Met. dioc. canonicatum, prebendam vero eidem reservat, non obstante quod beneficium ecclesiasticum cum cura vel sine cura ad dispositionem episcopi et capituli Metensis communiter vel divisim pertinens vigore litterarum apostolicarum expectat.

Suffragantia tibi merita . . . Dat. Avin. III kl. septembris a. quintodecimo.

In e. m. maioris et S. Salvatoris Met. decanis ac scolastico Tullensis ecclesiarum.

Reg. 97 nr. 764.

2067. *1331 August 31. (Avignon.)*

[Iohannes XXII] Henrico archiepiscopo Coloniensi.

Satisfieri mutuis cupientes affectibus diligentis pariter et dilecti, actore deo, sicut nuper, ut cupimus, prosperum statum tuum percepimus, sic et nostrum tibi, frater, ut diligis, fore incolumem intimamus, licet solicitudo iniuncti nobis officii creditrix arbitrio exterioris hominis ita parce indulgeat, quod illam quies aliqua vix alternat. Dat. II kl. septembris a. XV.

Reg. 116 f. 80' nr. 376.

2068. *1331 September 24. Avignon.*

Iohannes XXII Henrico de Yswilre rectori parrochialis eccl. de Godelshem Colon. dioc. reservat beneficium ecclesiasticum cum cura vel sine cura communiter vel divisim ad dispositionem prepositi decani et capituli eccl. S. Gereonis Colon. spectans, cuius fructus, si cum cura, sexaginta, si vero sine cura fuerit, quadraginta librarum turonensium parvorum s. t. d. valorem annuum non excedunt. Tamen vigore huius gratie beneficium curatum assecutus, omnino dimittat dictam parrochialem ecclesiam.

Laudabilia tue merita ... Dat. Avin. VIII kl. octobris a. sextodecimo.

In e. m. abbati monasterii Tuiciensis Colon. dioc. et decano S. Andree Colon. ac scolastico Tullensis ecclesiarum.

Rg. 101 nr. 61.

2069. *1331 September 27. Avignon.*

Iohannes XXII tribus executoribus mandat, quatinus Wilhelmo dicto de Bilka (denuo) conferent canonicatum et prebendam ecclesie monasterii Nussiensis ord. S. Bened. Colon. dioc.

[Iohannes XXII] preposito S. Severini et decano S. Georgii Coloniensis ac scolatico Tullensis ecclesiarum.

Matris ecclesie copiosa . . . Sane oblate nobis pro parte . . . Wilhelmi dicti de Bilka canonici ecclesie SS. Apostolorum Colon. petitionis series continebat, quod dudum secum super defectu natalium, quem patitur de acolito genitus et soluta, quod eo non obstante defectu posset ad omnes ordines promoveri et ecclesiasticum beneficium obtinere, etiam si curam animarum haberet, extitit auctoritate apostolica dispensatum, post quam dispensationem parrochialem ecclesiam in Loveniech Colon. dioc. tunc vacantem fuit canonice assecutus, quodque postmodum de canonicatu cum reservatione prebende in ecclesia SS. Apostolorum Colon. cum oportuna dispensatione super retentione eorundem canonicatus et prebende ac parrochialis ecclesie eidem Wilhelmo fuit eadem auctoritate provisum, et subsequenter ipse credens id de iure sibi licere, dictam parrochialem ecclesiam cum canonicatu et prebenda ecclesie monasterii Nussiensis ord. S. Bened. dicte dioc., in quo monasterio preter conventum monachorum ipsius monasterii certus secularium canonicorum numerus et certe prebende existunt, alias canonice permutavit ipsosque extunc tenuit . . et adhuc tenet . . . Quare cum prefata permutatio de iure viribus non subsistat, pro parte ipsius Wilhelmi fuit nobis humiliter supplicatum . . . Nos . . . discretioni vestre . . . mandamus, quatinus . . . dictos canonicatum et prebendam ecclesie dicti monasterii Nussiensis . . . eidem Wilhelmo vel procuratori suo . . . conferre et assignare curetis . . . Dat. Avin. kl. octobris a. sextodecimo.

Reg. 101 nr. 887.

2070. *1331 September 27. Avignon.*

Iohannes XXII archiepiscopo Colon. mandat, quatinus cum Iohanne dicto Wetzil perpetuo vicario in eccl. Colon., quocum iam extitit dispensatum, ut non obstante defectu natalium, quem patitur de subdiacono genitus et soluta, posset ad omnes ordines promoveri et ecclesiasticum beneficium, etiam si haberet curam animarum, (de novo) dispenset, ut eodem defectu non obstante unum aliud beneficium ecclesiasticum cum cura vel sine cura recipere et retinere valeat.

Oblata nobis pro . . . Dat. Avin. V kl. octobris a. sextodecimo.

Reg. 101 nr. 869.

2071. *1331 September 27. Avignon.*

Iohannes XXII S. Marie ad gradus et S. Severini ac S. Kuniberti eccl. Colon. prepositis mandat, quatinus Margaretam natam Henrichi de Goystorp puellam litteratam Colon. dioc. cupientem cum abbatissa et conventu monasterii SS. Machabeorum Colon. ord. S. Bened. domino famulari, faciant recipi, si sit ydonea et aliud canonicum non obsistat, in eodem monasterio in monacham.

Prudentum virginum votis . . . Dat. Avin. V. kl. octobris a. XVI.

Reg. 103 nr. 1076.

2072. *1331 September 28. Avignon.*

Iohannes XXII tribus executoribus mandat, quatinus sententias in prelatos et clerum eccl. Maguntine, qui Henrico archiepiscopo Maguntino se prestiterunt fideles, ab asseclis et fautoribus Baldewini archiepiscopi Trevere nsis, qui se iniuste gerit pro administratore ecclesie Maguntine, prolatas declarent irritas.

[Iohannes XXII] episcopo Nuenburgensi et decano Bunnensis Colon. dioc. ac scolastico S. Georgii Colon. ecclesiarum.

Ad reprimendam inhobedienciam presumptuosam . . . Ex tenore siquidem peticionis dilectorum filiorum quorundam prelatorum ecclesiarum collegiatarum et cleri Maguntine civitatis et diocesis nobis porrecte collegimus, quod pro eo, quod predicti prelati et clerus . . .

Henricum archiepiscopum Maguntinum receperant in archiepiscopum eorundem sibique ... obediebant ... et recusabant, sicut recusant, .. archiepiscopo Treverensi ... cui per .. prepositum .. decanum et capitulum eiusdem ecclesie Maguntine administratio spiritualium et temporalium ipsius ecclesie Maguntine plena et libera, quamquam hoc dicte sedi dumtaxat de iure competat, temeritate propria de facto commissa fuerat et qui pretextu commissionis huiusmodi similiter de facto pro suo libito se ingerebat administrationi prefate, obedire atque ipsi adherere nolebant ... Gerhardus de Batenborg, Iohannes de Frideberg et Iohannes de Fontibus canonici eiusdem ecclesie Maguntine ... adherentes Treverensi archiepiscopo antedicto seque de facto etiam intitulantes et scribentes iudices curie archiepiscopalis Maguntine, quamvis per dictum Henricum alii forent et sint dicte curie iudices legitime deputati, excommunicationis aliasque penales sentencias in dictos prelatos et clerum ac eorum singulos de facto modo simili protulerunt et eas executioni mandari fecerunt et faciunt contra eos et amplius etiam excedentes sub penis formidabilibus statuerunt et mandarunt, quantum in eis fuit, denunciari publice per totam diocesim prefatam, ne alique littere apostolice reciperentur ab aliquo et ne per illos (!) ad actus procederetur aliquos, nisi primitus per eos existerent approbate; ... Insuper Hermannus de Bebera pro decano ecclesie S. Marie Erfordensis eiusdem diocesis se gerens seque asserens commissarium in hac parte deputatum a prefato archiepiscopo Treverensi ut ab administratore ipsius ecclesie Maguntine in spiritualibus et temporalibus antedictis nonnullos de prelatis et clero prefatis suis beneficiis ecclesiasticis de facto privavit aliasque personas dicto Henrico inhobendientes et rebelles ... et ob hac tam nostra quam ipsius Henrici ordinaria auctoritate excommunicationis et aliis diversis sententiis publice innodatas ... intrusit in beneficiis memoratis ... Quare nobis prelati et clerus predicti humiliter supplicarunt ... Nos igitur ... discretioni vestre ... mandamus, quatinus ... si vobis legitime constiterit ita esse, sententias statuta et mandata per canonicos ac privationes et collationes beneficiorum eorundem per Hermannum ... de facto presumpta et quicquid ex eisdem sententiis statutis mandatis privationibus et collationibus vel ob ea secutum est, auctoritate nostra irrita decernatis et, quatenus de facto processerunt, in irritum revocetis ... nichilominus eosdem prelatos et clerum in eorum beneficiis ... manutenentis et huiusmodi prelatos et clericos ... privatos restituatis ad illa ... quodque contra clericos contradictores et rebelles ... eadem auctoritate per censuram ecclesiasticam et penas privationis ... et inhabilitatis . . . procedatis . . . Dat. Avin. IIII kl. octobris a. sextodecimo.

Reg. 101 nr. 101. Preyer in Abhandl. der Münch. Akad. 1880 XV II, 66 nr. 9.

2073. *1331 September 30. Avignon.*

Iohannes XXII S. Martini Trever. et in Lacu ac in Seyne Trev. dioc. monasteriorum abbatibus mandat, quatinus Gisoni Gerhardi de Rense presbitero perpetuo vicario vicarie altaris S. Mauricii in ecclesia S. Florini in Confluentia Trever. dioc. conferant parrochialem ecclesiam in Rense Trever. dioc. vacantem ex eo, quod Arnaldus decanus ecclesie S. Gereonis Colon. decanatum curatum eiusdem ecclesie obtinens predictam parrochialem ecclesiam receperat et per annum et amplius simul cum dicto decanatu tenuerat fructus percipiens ex eisdem dispensatione non obtenta ac deinde dictam parrochialem ecclesiam ad quandam aliam ecclesiam de facto permutaverat cum Adolfo de Werda, qui pretextu permutationis huiusmodi incumbit possessioni ecclesie parrochialis memorate contra constitutionem: Execrabilis.

Vite ac morum honestas . . . Dat. Avin. II kl. octobris a. sextodecimo.

Reg. 103 nr. 68.

2074. *1331 October 1. Avignon.*

Iohannes XXII Engelberto de Marcha confert eccl. Traiectensis canonicatum, prebendam vero eidem reservat, non obstante quod in Colon. Leod. ac Trever. canonicatus et prebendas ac in eadem Colon. cantoriam sine cura et in S. Martini Wormatiensi ecclesiis preposituram curatam, que cantoria et prepositura dignitates existunt, ex dispensatione apostolica obtinet.

Nobilitas generis morum decor . . . Dat. Avin. kl. octobris a. sextodecimo.

In e. m. decano S. Gereonis Colon. et scolastico Tullensis ac Levoldo de Northof canonico Leod. eccl.

Reg. 111 nr. 640.

2075. *1331 October 2. Avignon.*

Iohannes XXII Iohanni nato Henrici quondam Gerlaci confert eccl. S. Kuniberti Colon. canonicatum, prebendam vero eidem reservat.

Probitatis tue meritis . . . Dat. Avin. VI nonas octobris a. sextodecimo.

In e. m. S. Severini Colon. et S. Pauli Leod. decanis si scolastico Tullensis ecclesiarum.

Reg. 103 nr. 426.

2076. *1331 October 7. (Avignon.)*

Iohannes XXII Henricum archiepiscopum Colon. rogat, quatinus magistrum Bernardum Stephani sedis apostolice notarium, cui ipse providit de canonicatu et prebenda ac obedientiis seu curtibus et subsequenter de prepositura eccl. Bunnensis Colon. dioc., circa prosecutionem gratiarum huiusmodi habens commendatum, eidem velit assistere, ut eedem gratie debitum sorciantur effectum.

Cum nuper dilecto . . . Dat. nonas octobris a. XVI.

In e. m. Henrico archiepiscopo Maguntino.

Reg. 116 ps. II f. 258 nr. 1336 et 1337; Rz. 1489.

2077. *1331 October 21. (Avignon.)*

Eodem die [XXI m. octobris a. MCCCXXXI] Godofredus abbas monasterii de casso[a] Colon. dioc. de pecunia dicte decime (*in subsidium contra rebelles Romane eccl. imposite*) recepte per ipsum in partibus Alemannie assignavit camere per manus dicte procuratoris [fratris Durandi de Firmitate] CLXXXX flor. auri Pedemontis.

Intr. et Exit. 19 f. 133.

2078. *1331 November 15. Avignon.*

Iohannes XXII provisionem eccl. Coloniensis iterum reservat sue et apostolice sedis dispositioni.

Licet dudum certis causis . . . Dat. Avin. XVII kl. decembris a. XVI.

Reg. 115 f. 354 nr. 1779; Rz. 1501.

2079. *1331 December 4. Avignon.*

Iohannes XXII Theoderico de Essende confert canonicatum et prebendam ac scolastriam eccl. Bremensis, cui cura imminet animarum,

a) *sic! fortasse est coniiciendum:* Campo. *Conf. nr. 2021.*

vacantes per Hellemberti episcopi Slesvisensis promotionem et consecrationem apud sedem apostolicam huic impensam, non obstante quod Theodericus in Wormaciensi S. Andree Colon. Bunnensi Hugardensi et Zefliccnsi Colon. et Leod. dioc. canonicatus et prebendas ac in dicta S. Andree scolastriam, que simplex officium existit, et in monasterii B. Marie in Capitolio Colon. ord. S. Bened., in qua canonici seculares existunt, eccl. canonicatum sub expectatione prebende obtinet et beneficium ecclesiasticum cum cura vel sine cura ad collationem abbatisse dicti monasterii spectans auctoritate litterarum apostolicarum expectat ac super ecclesia parrochiali in Bacharaco Trever. dioc. litigat. Tamen vigore presentis gratie scolastriam assecutus, dictam parrochialem ecclesiam omnino dimittat.

Extunc devotionis ... Dat. Avin. nonas decembris a. sextodecimo.

In e. m. Osnaburgensi et Padeburnensi episcopis ac Radulpho de Rupe canonico Zamorensi.

Reg. 102 nr. 1661.

2080. *1331 December 5. Avignon.*

Iohannes XXII Iohanni nato Gerardi burgravii in Hamerstein constituto in sexto decimo etatis anno confert preposituram ecclesie S. Florini in Confluentia.

[Iohannes XXII] Iohanni nato nobilis viri Gerardi burgravii in Hamerstein ...

Nobilitas generis tueque ... Dudum siquidem prepositura ecclesie S. Florini in Confluentia Trever. dioc., quam quondam Iohannis de Nassowe ... sedis apostolice capellanus, dum viveret, obtinebat, per eius obitum, qui, postquam eum Bambergensi ecclesie tunc vacanti prefeceramus ... etiam consecrationis ab ipso munere non suscepto in partibus illis diem extremum clauserat, vacante, nos ... prefatam preposituram sic vacantem ... Audeberto [de Viens nunc preposito eccl. Vapincensis] contulimus ... Verum venerabilis frater noster Balduinus archiepiscopus Treverensis huiusmodi gratie, sicut asseritur, se opponens, de prepositura predicta de facto cuidam alteri et minus idoneo dicitur providisse. Quarum oppositionis et provisionis pretextu prefatus Audebertus impeditus extitit, quominus eiusdem prepositure possessionem apprehendere potuerit et habere. Cum autem prefatus Audebertus nuper preposituram ecclesie Vapincensis ... auctoritate litterarum nostrarum collatam eidem pacifice fuerit assecutus et propterea dicta prepositura ecclesie S. Florini de iure vacare noscatur ad presens nullusque preter nos etiam hac vice de illa disponere possit pro eo, quod nos diu ante vacationem huiusmodi omnes dignitates personatus et officia ceteraque beneficia ecclesiastica quorumcumque per assecutionem dignitatum personatuum officiorum et beneficiorum aliorum ecclesiasticorum per nos seu auctoritate nostra tunc collatorum et extunc conferendorum eisdem ubicumque tunc vacantia et inantea vacatura collationi et dispositioni nostre ac sedis predicte specialiter reservantes decrevimus extunc irritum et inane, si secus super hiis a quo .. scienter vel ignoranter contigerit attemptari, nos volentes ... te in dicta ecclesia S. Florini, cuius existis canonicus, amplius honorare, predictam preposituram S. Florini sic vacantem, cui cura imminet animarum, ... apostolica tibi auctoritate conferimus ... non obstantibus quibuscumque statutis ... sive quod in eadem ecclesia S. Florini sub expectatione prebende auctoritate apostolica in canonicum es receptus seu quod pateris in etate defectum, cum in sextodecimo etatis tue anno dumtaxat constitutus esse dicaris . . . Dat. Avin. nonas decembris a. sextodecimo.

In e. m. decano Bunnensis Colon. dioc. ac Tullensis ac S. Georgii Colon. scolasticis ecclesiarum.

Reg. 103 nr. 178.

2081. *1332 Januar 10. Avignon.*

Iohannes XXII archiepiscopo Coloniensi ac Monasteriensi Padeburnensi et Osnaburgensi episcopis nunciat se decernere irritum processum contra nobilem virum Symonem dominum Lippensem [a] in sedis apostolice obedientia persistentem attemptatum ab Ottone duce de Luneburgh, qui cum nonnullis aliis nobilibus et ignobilibus clericis et laicis partium earundem Ludovico Bavaro adheret atque dictum Symonem quamquam in eundem nullam habeat iurisdictionem iniuste citari fecit, et in $\overset{c}{V}$ marchis argenti dandis et solvendis dicto L. de Bavaria condempnavit; iisdem mandat, quatinus tam ducem eundem quam alios quosvis, quos contra processus inhibitionem et decretum prefatum invenerint quomodolibet deliquisse, declarent et pronuncient incurrisse interdicti excommunicationis et alias sententias.

Sicut ad communem notitiam . . . Dat. Avin. IIII idus ianuarii a. XVI.

Reg. 116 f. 250' nr. 1313; Rz. 1509.

---

a) Lappensem *in reg.*

2082. *1332 Januar 10. Avignon.*

Iohannes XXII denuo reservat ad unum annum camere apostolice fructus primi anni omnium beneficiorum ecclesiasticorum apud sedem apostolicam vacantium et alibi ad papalem dispositionem immediate spectantium vacaturorum, exceptis ecclesiis cathedralibus et abbatiis regularibus et beneficiis ex causa permutationis vacantibus vel vacaturis.

Olim pro magnis expensarum . . . Dat. Avin. IIII idus ianuarii a. XVI.

Reg. 116 ps. II f. 196 et 359 nr. 993 et 1790.

2083. *1332 Januar 10. (Avignon.)*

Iohannes XXII episcopo Osnaburgensi mandat, quatinus cum Wilbrando Banche clerico et notario Simonis domini Lippie dispenset super irregularitate.

[Iohannes XXII] episcopo Osnaburgensi.

Constitutus in nostra presentia . . Wilbrandus Banche clericus tue diocesis nobis exponere procuravit, quod cum olim nonnulli predones et latrones quosdam mercatores opidanos dilecti filii nobilis viri Symonis domini Lippensis[a] cepissent et violenter, ut ab eis possent extorquere seu rapere pecunias, ducerent captivatos, idem clericus, qui notarius dicti nobilis existebat, eosdem mercatores de manibus predoneum et latronum predictorum cupiens liberari, evaginato gladio absque aliis armaturis quosdam alios viros, qui persequebantur predones et latrones predictos, ad eorum persecutionem mercatorumque liberationem prefatorum extitit exhortatus. Sane quia ipsi predones et latrones ab illis, qui eos etiam sine dicti exhortatione clerici persequebantur, ut premittitur, tandem capti et aliqui eorum a persequentibus eisdem occisi, uno illorum ultimo nichilominus deputato supplicio, extiterunt, predictis mercatoribus liberatis, prefatus clericus propter exhortationem huiusmodi . . . irregularitatem metuens incurrisse nobis humiliter supplicavit, ut cum ipso, quod premissis non obstantibus ad omnes sacros ordines promoveri et in susceptis ministrare valeat, ac super irregularitate, si quam propter predicta contraxit, dispensare ipsumque in integrum restituere . . . dignaremur. Nos itaque . . . fraternitati tue . . . mandamus, quatinus, si est ita et aliud canonicum non obsistat, cum predicto clerico super premissis auctoritate nostra dispenses. Dat. IIII idus ianuarii a. XVI.

Reg. 116 f. 251' nr. 1314.

---

a) Lappoñ *in reg.*

2084. *1332 Januar 16. (Avignon.)*

Iohannes XXII regem Boemie apud regem Francie commorantem vituperat ob unionem eius cum quodam nobili emulo dei eidemque scribit de quadam dispensatione nondum concessa.

[Iohannes XXII] regi Boemie.

Dilectum filium Iohannem prepositum Vicegradensem Pragensis dioc. nuncium regium benigne recepimus, et que littere per eum nobis exhibite regie continebant queque ipse proponere voluit, intelleximus diligenter. Sane, fili carissime, si sciret circumspectio regia, que et qualia de unione tua et illius nobilis dei et ecclesie emuli dicuntur communiter, quibus dictis tue littere regie diversis civitatibus ac prelatis necnon et personis singularibus in partibus destinatis Italie concordari vide[n]tur apperte, profecto non miraretur excellentia regia, si cor nostrum reddant dubium et perplexum, presertim cum a pluribus impresentiarum indubie referatur, te, postquam a regno tuo discessisti[a] novissime biduo moram traxisse cum dicto dei et ecclesie emulo et cum eodem habuisse secreta consilia, que non extimant fideles ecclesie in favorem ecclesie redundare. An autem hec cum scriptis et relatis per te nobis et tuos nuncios conveniant, advertat et consideret regia celsitudo. Sane quia iam audimus, te, fili carissime, ad . . . regis Francie illustris presentiam pervenisse, speramus in domino, quod tua intentio apertius producetur in lucem. Que si talis, qualem optamus[b] qualemque tue magnificentie congruit, fuerit, exultabit cor nostrum in domino sibique vicissitudine mutua curabimus respondere. Circa dispensationem illam, de qua per nuncium predictum nobis mencio facta fuit, antediu quam dictus ad nos nuncius pervenisset, receperamus plures litteras, que dispensationem fieri cum instantia postulabant. Nos tamen ipsam concedere specialiter contemplatione tue excellencie regie distulimus. De ea concedenda spem sub certis condicionibus deo gratis et ecclesie convenientibus dederimus (!), que cum nondum sint effectui mancipate, a qua spe curassemus, si utique prevenissent littere regie, abstinere. Ad hoc celsitudinem regiam hortamur in domino et rogamus attente, ut . . . a dei offensa et ecclesie debeas abstinere . . . Dat. XVII kl. februarii a. XVI.

Reg. 116 f. 258' nr. 1341; Rz. 1510.

2085. *1332 Januar 26. Avignon.*

Iohannes XXII Iohanni Sarwerde capellano sedis apostolice confert eccl. Trever. canonicatum et prebendam vacantes per obitum

a) dicessisti *in reg.* b) obtamus *in reg.*

Iohannis de Nassowia sedis apostolici capellani, qui dudum extra Romanam curiam diem clausit extremum, non obstante quod in Spirensi canonicatum et prebendam et quoddam simplex perpetuum officium, provisorium fratrum sedium inibi vulgariter nuncupatum, et in Met. eccl. canonicatum sub expectatione prebende ac dignitatis vel personatus seu officii cum cura vel sine cura, dummodo maior post episcopalem huiusmodi dignitas non existat, obtinet.

Nobilitas generis, morum decor . . . Dat. Avin. VII kl. februarii a. sextodecimo.

In e. m. abbati monasterii S. Martini extra muros Trever. et decano Met. ac scolastico Tullensis ecclesiarum.

Reg. 103 nr. 161.

2086. *1332 Januar 27. Avignon.*

Iohannes XXII providet ecclesie Coloniensi de persona Walrami (de Iuliaco).

[Iohannes XXII] Walramo electo Coloniensi.

Celestis dispositione consilii . . . Dudum siquidem bo. me. Henrico archiepiscopo Coloniensi regimini Coloniensis ecclesie presidente, nos cupientes eidem ecclesie, cum ipsam quovis modo vacare contingeret, per apostolice sedis providentiam utilem ac ydoneam secundum cor nostrum presidere personam, provisionem ipsius ecclesie dispositioni et ordinationi nostre . . . ea vice duximus specialiter reservandam . . . Postmodum vero prefata ecclesia per obitum eiusdem Henrici . . . pastoris solatio destituta, nos . . . post cogitationes multiplices, quas primo infra mentis nostre precordia, et tractatus varios, quos deinde cum fratribus nostris habuimus, . . . in te thesaurario eiusdem ecclesie capellano nostro decretorum doctore in minoribus dumtaxat ordinibus constituto . . . noster animus requievit, propter que de persona tua . . . eidem Coloniensi ecclesie, defectu, quem in ordinibus pateris, non obstante . . . providemus teque ipsi ecclesie in archiepiscopum preficimus et pastorem . . . Dat. Avin. VI kl. februarii a. sextodecimo.

In e. m. . . . capitulo eccl. Colon. . . . populo civitatis et dioc. Colon. . . . universis vassallis eccl. Colon. . . . universis episcopis suffraganeis eccl. Colon.

Reg. 101 nr. 802.

2087. *1332 Januar 27. Avignon.*

[Iohannes XXII] Walramo electo Coloniensi.

Pridem vacante ecclesia Coloniensi . . . Nos volentes eiusdem ecclesie dispendiis, que propter diutinam administrationis carentiam posset incurrere, . . . precavere, ut, quamvis litteras ipsas non habeas nec ostendas, ad eandem accedere ipsiusque administrationem suscipere ipsamque per te vel tuos vicarios officiales et ministros in spiritualibus et temporalibus plenarie usque ad quatuor menses a data presencium computandos gerere valeas . . . tibi concedimus . . . facultatem. Dat. Avin. VI kl. februarii a. sextodecimo.

In e. m. capitulo eccl. Colon.

In e. m. vasallis eccl. Colon.

Reg. 103 nr. 1349, 1350, 1351; Rz. 1512.

2088. *1332 Januar 28. Avignon.*

Iohannes XXII decernit, quod provisio ecclesie Coloniensis de persona Walrami facta perinde valeat non obstante defectu etatis[1].

[Iohannes XXII] Walramo electo Coloniensi.

Devotionis tue sinceritas . . . Nuper siquidem ecclesia Coloniensi, per obitum bo. me. Henrici archiepiscopi Coloniensis, cuius ecclesie provisionem ante ipsius obitum dispositioni apostolice reserva[vimus] . . . regimine destituta pastoris, nos . . . de persona tua . . . memorate ecclesie, credentes te ad hoc sufficientem tunc habere etatem, duximus providendum . . . Postmodum vero per . . Guillelmum comitem Iuliacensem germanum tuum, qui te, ut asseruit, tunc etatis ad hoc ydonee fore credebat, nobis extitit intimatum, quod tu provisionis huiusmodi tempore in vicesimo etatis tue anno eras tantummodo constitutus, quare super hoc certificatus plenius nobis humiliter supplicavit, ut providere tibi super hoc de oportuno remedio dignaremur. Nos igitur . . . decernimus, quod huiusmodi de te prefate ecclesie facta provisio perinde valeat . . . defectu etatis predicto et quibuslibet constitutionibus contrariis nequaquam obstantibus . . . Dat. Avin. V kl. februarii a. XVI.

Reg. 116 f. 251' nr. 1315; Rz. 1512 n. 2.

2089. *1332 Januar 29. Avignon.*

Iohannes XXII Walramo electo Colon. in minoribus dumtaxat ordinibus constituto concedit facultatem, ut a quocumque maluerit antistite omnes sacros ordines statutis a iure temporibus recipere valeat.

---

1) Conf. *Deutsche Städtechroniken Bd. XIV. Einleitung S. 97.*

Cum nuper Coloniensi . . . Dat. Avin. IIII kl. februarii a. sextodecimo.

Reg. 101 nr. 385.

2090. *1332 Januar 30. Avignon.*

Guillelmus comes Iuliacensis in palatio papali in presentia Iohannis XXII ac Anibaldi tit. S. Laurentii in Lucina et Petri tit. S. Stephani in Celiomonte presbiteriorum cardinalium necnon Gasberti Arelatensis archiepiscopi camerarii papalis et B. Stephani notarii papalis promittit et iurat:

1. quod quamdiu vixerit, fidelis erit pape et Romane ecclesie etc.;

2. quod Ludovico de Bavaria seu aliis quibuscumque per ecclesiam annotatis vel imposterum annotandis non dabit per se vel alium auxilium consilium vel favorem nec ab aliis dari permittet;

3. quod procurabit quod Walramus electus Coloniensis infra pascha prestabit simile iuramentum;

4. quod statum libertates iurisdictiones et iura Coloniensis ecclesie, quamdiu idem electus germanus ipsius eidem ecclesie presidebit, pro posse servabit nec ea quomodolibet usurpabit nec permittet ab aliis, quantum in se fuerit, usurpari.

In nomine domini amen. Anno a nativitate . . . instrumento publico apponendum.

Instr. misc. Armar. XXXIV. 2 f. 83; Eubel im Histor. Jahrbuch XIX. 1898. pg. 469.

2091. *1332 Januar 30. (Avignon.)*

Iohannes XXII Henricum archiepiscopum Maguntinum rogat et hortatur, quatinus Walramo electo Colon. munitiones et castra ac iura et iurisdictiones ad eccl. Colon. pertinentia, que per Henricum seu alios Henrici nomine custodiri dicuntur, Walramo indilate restituere et adhibere studeat diligentiam, ut Walramus eiusdem Colon. eccl. ac castrorum et quorumlibet iurium ad eam pertinentium possessionem pacificam adipisci et retinere valeat.

Cum nuper Coloniensi . . . Dat. III kl. februarii a. sextodecimo.

In e. m. verbis competentibus mutatis Iohanni preposito eccl. Xancton. (!) Colon. dioc., Iohanni decano eccl. Bunnensis Colon. dioc., Roperto comiti de Wernenbourg, Everhardo de Vernenbourg ordinis B. Marie Theotonicorum.

Reg. 116 f. 261 nr. 1358; Rz. 1513.

***2092.** *1332 Januar 31. Avignon.*

Iohannes XXII petentibus abbatissa et conventu monasterii Porcetensis (*Burtscheid*) Cisterciensis ordinis Colon. dioc. confirmat incorporationem parrochialis ecclesie de Ruttis Leod. dioc. in dictum monasterium concessam dudum eidem monasterio ab Adulpho episcopo Leodiensi.

Pium esse credimus . . . Dat. Avin. II kl. februarii a. sextodecimo.

Reg. 101 nr. 514. — Or. membr. cum plumbo pend. Sub plica ad sinistr: V × Vitalis. *In plica ad dextr.* R. G. de Castello. *In dorso:* Godefridus de Iandraco *etc.:* R. D. XIIII. — *Düsseldorf. Arch. reg. Burtscheid nr. 146.*

2093. *1332 Januar 31. (Avignon.)*

[Iohannes XXII] regi Francie.

Die XXVIII mensis ianuarii recepimus litteras regias pro translatione . . . Adolphi episcopi Leodiensis ad Coloniensem ecclesiam facienda. Sane, fili carissime, quia ante receptionem litterarum ipsarum . . . provideramus prefate ecclesie de . . Walramo fratre . . Guillelmi comitis Iuliacensis nepotis tui, pro quo excellentia tua hiis diebus affectuose scripserat, non potuit dicta translatio adimpleri. Dat. II kl. febroarii a. XVI.

Reg. 116 p. II f. 223 nr. 1150; Rz. 1515.

2094. *1332 Februar 3. (Avignon.)*

[Iohannes XXII] eidem archiepiscopo Maguntino.

Non sine admiratione magna displicenter pridem accepimus, quod, licet tu dudum nobis per tuas litteras cum instantia supplicaveras, quod preposituram ecclesie Bunnensis Colon. dioc. cuius possessionem adhuc, licet consecratus existeres, incumbebas, dilecto filio magistro Bernardo Stephani . . . notario nostro dignaremur conferre, nosque tuis specialiter inducti supplicationibus dictam preposituram sibi duxerimus conferendam, tu tamen . . . ipsius prepositure possessionem pacificam procuratoribus dicti notarii dimittere contradicis. Fraternitatem itaque tuam rogamus et hortamur attente, tibi per apostolica scripta districtius iniungentes, quatinus possessionem eiusdem prepositure

. . . eisdem procuratoribus in pace dimittere non postponas. Dat. III nonas februarii a. XVI.

Reg. 116 f. 261 nr. 1359; Rz. 1516.

2095. *1332 Februar 3. Avignon.*

Iohannes XXII Wilhelmo de Stockheim cantori eccl. Aquensis Leod. dioc. indulget, ut obsequiis Wilhelmi comitis Iuliacensis vel litterarum studio in loco, ubi illud generale vigeat, insistendo aut in altero beneficiorum ecclesiasticorum suorum, que nunc obtinet vel imposterum obtinebit, fructus eorundem beneficiorum, etiamsi dignitates vel personatus seu officia existant et curam habeant animarum, dummodo dignitates huiusmodi in cathedralibus maiores post episcopales vel in collegiatis ecclesiis principales non existant, usque ad quinquennium integre, cotidianis distributionibus dumtaxat exceptis, percipere valeat.

Meritis tue probitatis . . . Dat. Avin. III nonas februarii a. sextodecimo.

In c. m. decano et cantori S. Adalberti extra muros Aquenses Leod. dioc. ac scolastico Tullensis ecclesiarum.

Reg. 101 nr. 601.

2096. *1332 Februar 3. Avignon.*

Iohannes XXII Iohanni nato Iordani de Wiswilre confert eccl. B. Marie Aquensis Leod. dioc. canonicatum, prebendam vero eidem reservat.

Probitatis et virtutum merita . . . Dat. Avin. III nonas februarii a. sextodecimo.

In c. m. S. Servatii et S. Marie Traiectensis Leod. dioc. decanis ac scolastico Tullensis ecclesiarum.

Reg. 101 nr. 599.

2097. *1332 Februar 3. Avignon.*

Iohannes XXII Wilhelmo de Duren canonico eccl. S. Andree Colon., cui papa iam antea de canonicatu et prebenda eiusdem eccl. providit et in eadem dignitatem vel personatum seu officium cum cura vel sine cura reservavit, reservat in eadem dignitatem vel personatum seu officium cum cura vel sine cura, ad quam vel quem seu quod per electionem consueverit quis assumi, dummodo principalis seu principale in eadem non existat, cuius fructus quadraginta librarum turonensium parvorum s. t. d. valorem annuum non excedant, non obstante quod in eadem ac in B. Martini in Carpena canonicatus et prebendas ac in de Duren Colon. dioc. eccl. perpetuam vicariam obtinet. Si autem per priorem provisionem dignitatem vel personatum seu officium assecutus fuerit, presentes littere sint casse et irrite quoad dignitatem vel personatum seu officium.

Laudabilia tue merita . . . Dat. Avin. III nonas februarii a. sextodecimo.

In e. m. decano S. Georgii Colon. et Tullensis ac Monasterii Eyflie Colon. dioc. scolasticis ecclesiarum.

Reg. 102 nr. 1674.

2098. *1332 Februar 4. Avignon.*

Iohannes XXII Radulpho de Rupe canonico Zamoriensi concedit facultatem recipiendi ipsius pape et ecclesie Romane nomine a Walramo electo Coloniensi fidelitatis iuramentum huius tenoris:

Ego Walramus dei et apostolice sedis gratia electus Coloniensis promitto et iuro, quod, quamdiu vixero, fidelis ero sanctissimo in Christo patri et domino meo domino I. divina providentia pape XXII et S. Romane ecclesie ac successoribus suis canonice intrantibus ac honorem et statum ipsorum, quantum in me fuerit, conservabo ipsisque adherebo et pro posse favebo. Legatos et nuncios sedis apostolice benigniter in terris ecclesie michi commisse suscipiam dirigam et defendam securumque ducatum prestabo eisdem nec, in quantum in me fuerit, permittam eis a quoquam iniuriam fieri vel inferri et quibuscumque, qui contra premissa vel eorum aliquod conarentur aliquid attemptare, quantum comode potero, me opponam. Offensiones et dampna predicti domini nostri et ecclesie Romane, quantum potero, evitabo nec ero in consilio vel tractatu, in quibus contra ipsum vel eandem Romanam ecclesiam aliqua sinistra vel preiudiciaria machinentur et, si talia a quibusvis procurari novero vel tractari, impediam hoc pro posse et, quam cicius potero comode, significabo hoc eidem domino nostro pape immediate vel successoribus suis. Ubi vero id eis significare non possem, significabo alteri, per quem possit ad eorum noticiam pervenire. Item Ludovico de Bavaria seu aliis quibuscumque per ecclesiam annotatis vel imposterum annotandis, quamdiu extra gratiam et communionem sedis predicte permanebunt, non dabo quovismodo per me vel alium publice vel occulte auxilium consilium vel favorem nec ab aliis, quantum in me fuerit et impedire commode potero, dari permittam. Sic me deus adiuvet et hec sancta dei evangelia

De circumspectione tua . . . Dat. II nonas februarii a. XVI.

Reg. 116 f. 252' nr. 1318; Rz. 1517 n. 1.

2099. *1332 Februar 4. (Avignon.)*

Iohannes XXII Radulpho de Ruppe canonico Zamoriensi, cui committit, ut a Walrano electo Colon. pape et ecclesie Romane nomine recipere fidelitatis iuramentum, mandat, quatinus adhibitis aliquibus personis secretis et notabilibus accedat ad Walrani presentiam et iuramentum ab eodem recipiat, faciens inde publica confici instrumenta, que eiusdem electi sigillo munita pape destinet secrete et fideliter.

Cum tibi per alias . . . Dat. II nonas febroarii a. sextodecimo.

Reg. 116 f. 259' nr. 1348; Rz. 1517.

2100. *1332 Februar 5. Avignon.*

[Iohannes XXII] Willelmo comiti Iuliacensi.

Cum venerabili fratri nostro Henrico archiepiscopo Maguntino per alias nostras scribamus litteras, ut possessionem prepositure ecclesie Bunnensis per nos . . magistro Bernardo Stephani notario nostro specialiter ad ipsius archiepiscopi supplicationem collate sibi in pace dimittat, nobilitatem tuam rogamus attente, sicut etiam tibi pridem in nostra constituto presentia dixisse recolimus, quatinus eundem archiepiscopum, ut nostris mandatis acquiescat et exhortationibus, efficaciter inducere studeas et procuratoribus dicti notarii assistere . . . Dat. nonas febroarii a. sextodecimo.

In e. m. Walramo electo Coloniensi sublatis illis verbis: sicut etiam tibi pridem in nostra constituto presentia dixisse recolimus.

In e. m. Iohanni decano eccl. Bunnensis sublatis dictis verbis.

Reg. 116 f. 261 nr. 1360; Rz. 1518.

2101. *1332 Februar 5. Avignon.*

Iohannes XXII preposito S. Kuniberti et S. Severini ac S. Georgii decanis ecclesiarum Colon. mandat, quatinus Iohannem de Langendorp presbiterum Colon. dioc. cupientem cum abbate et conventu monasterii de Rodeducis Brabantie ord. S. August. Leod. dioc., in quo certus canonicorum numerus est institutus, domino famulari, faciant, si sit ydoneus et aliud canonicum non obsistat, in dicto monasterio, si aliquis de dicto numero deest ad presens vel quam primum aliquem deesse contigerit, in canonicum recipi.

Cupientibus vitam ducere . . . Dat. Avin. nonas februarii a. sextodecimo.

Reg. 101 nr. 836.

2102. *1332 Februar 6. (Avignon.)*

Iohannes XXII iudicibus scabinis consulibus ceterisque civibus civitatis Coloniensis commendat Radulphum de Ruppe canonicum Zamoriensem nuncium sedis apostolice.

Cum dilectus filius . . . Dat. VIII idus februarii a. sextodecimo.

Reg. 116 f. 259' nr. 1346; Rz. 1519.

***2103.** *1332 Februar 7. Avignon.*

Iohannes XXII abbatissa et conventu monasterii Porcetensis Cisterc. ord. Colon. dioc. petentibus confirmat omnes libertates et immunitates a pontificibus Romanis dicto monasterio concessas necnon libertates et exemptiones secularium exactionum a regibus et principibus et aliis eidem monasterio indultas.

Solet annuere sedes . . . Dat. Avin. VII idus februarii p. n. a. sextodecimo.

Or. membr. cum plumbo pend. Sub plica ad sinistr.: B. de Vico *In plica ad dextr.:* G. de Valle. *In dorso:* Godefridus de Jandraco. — *Düsseldorf. Arch. reg. Burtscheid nr. 145.*

2104. *1332 Februar 11. Avignon.*

Iohannes XXII Henrico Gerlaci de Paffendorf confert eccl. S. Florini in Confluentia Trever. dioc. canonicatum, prebendam vero eidem reservat.

Suffragantia tibi merita . . . Dat. Avin. III idus februarii a. sextodecimo.

In. e. m. decano et cantori S. Iohannis Baptiste Wetslariensis Trever. dioc. ac scolastico Tullensis eccl. capellano papali.

Reg. 101 nr. 855.

2105. *1332 März 10. Avignon.*

Iohannes XXII Arnaldo de Lantorp clerico Colon. dioc. reservat beneficium ecclesiasticum cum cura vel sine cura, cuius fructus, si cum cura, viginti quinque, si vero sine cura fuerit, quindecim marcharum argenti s. t. d. valorem annuum non excedunt, ad dispositionem prepositi decani et capituli ecclesie Xanctensis Colon. dioc. communiter vel divisim pertinens.

Vite ac morum honestas . . . Dat. Avin. VI idus martii a. sextodecimo.

In e. m. Reyssensis et Wischelensis decanis Colon. dioc. ac scolastico Tullensis ecclesiarum.

Reg. 103 nr. 796.

2106. *1332 März 12. Trier.*

Baldewinus Trever. ecclesie archiepiscopus sacri imperii per Galliam archicancellarius cum consensu decani et capituli Trever. eccl. ac Henrici de Phafendorf archidiaconi in eccl. Trever. ecclesiam parrochialem de Gulse Trever. dioc. incorporat ecclesie S. Servatii Traiect. Leod. dioc. cui ius patronatus dicte ecclesie parrochialis competebat. Dicta ecclesia parrochialis post cessum seu decessum Iohannis de Pescheil eiusdem pastoris deserviatur per unum vicepastorem vel vicarium presbiterum secularem in ipsa residentem et sine loci ordinario et causa rationabili non amovibilem, cui decanus et capitulum ecclesie S. Servatii inantea debebunt mediam partem decime bladi necnon quatuor quarratas vini decimalis communis necnon duarum marcharum pagamenti Confluentini usualis redditus singulis annis, ut exinde prefatus vicarius hospitalitatem debitam tenere et iuxta sui status exigentiam decenter et honeste vivere possit.

In augmentum et decorem . . . Dat. Treveris anno domini MCCCXXXII die XII mensi marcii.

Transsumptum in litteras confirmatorias a Clemente VI datas d. 30 m. iulii a. 1344. — Reg. 165 f. 100 nr. 290.

2107. *1332 April 1. (Avignon.)*

Anno predicto [MCCCXXXII] die prima mensis aprilis dominus Gerardus comes Holczacie ac Stormarie dioc. Bremensis, qui traxerat de ecclesia Slesvicensi certam pecunie quantitatem de pecunia decime sexennalis collecta in civitate et dioc. Slesvicensi et deposita in dicta ecclesia et se per procuratorem suum videlicet dominum Theodoricum de Xanctis canonicum sancti Gereonis Coloniensis ad solvendum domini pape camere sexcentas marchas argenti — singulis marchis pro quatuor florenis computatis — obligaverat, prout constat per instrumentum factum manu magistri Arnaldi Iandonis notarii, assignavit camere de dicta per dictam procuratorem VI^C flor. auri de Pedemonte, valentes V^CLXXII flor. auri de florentia I β X ϑ...

Intr. et Exitus 42 f. 56.

2108. *1332 April 13. Avignon.*

Iohannes XXII Ghiselberto de Everdinghen confert ecclesie Elstensis Traiect. dioc. preposituram, postquam et predictus Giselbertus tunc eiusdem eccl. decanus decanatum et Henricus de Intfays tunc prepositus eiusdem ecclesie preposituram permutationis causa in manibus Mathei tit. SS. Iohannis et Pauli presbiteri cardinalis resignaverunt.

Apostolice sedis circumspecta . . . Dat. Avin. idus aprilis a. sextodecimo.

In e. m. episcopo Verdensi et Davantriensis Traiect. dioc. ac S. Iohannis Traiect. prepositis ecclesiarum.

Reg. 103 nr. 367.

2109. *1332 April 20. Avignon.*

Iohannes XXII Petro Petri de Meystorp confert ecclesie monasterii in Villre ord. S. Bened. Colon. dioc., in qua quidem eccl. preter conventum monialium certus canonicorum secularium prebendas inibi obtinentium numerus existit, canonicatum, prebendam vero eidem reservat, non obstante quod canonicatum eccl. S. Andree Colon. sub expectatione prebende obtinet.

Suffragantia tibi merita . . . Dat. Avin. XII kl. maii a. sextodecimo.

In e. m. abbati monasterii Sybergensis et decano Bunnensis Colon. dioc. et scolastico Tullensis ecclesiarum.

Reg. 103 nr. 589.

2110. *1332 April 20. Avignon.*

Iohannes XXII de S. Andrea et in Heysterbach Avinionensis et Colon. dioc. monasteriorum abbatibus ac scolastico eccl. S. Andree

Colon. mandat, quatinus Katherinam natam Theoderici dicti Vamnesacke puellam litteratam Colon. dioc. cupientem in monasterio in Deyckirgen ord. S. Bened. Colon. dioc. una cum abbatissa et conventu domino famulari, faciant recipi, si sit ydonea et aliud canonicum non obsistat, in dicto monasterio in monacham.

Prudentum virginum votis . . . Dat. Avin. XII kl. maii a. sextodecimo.

Reg. 103 nr. 1125.

2111. *1332 April 20. Avignon.*

Iohannes XXII de S. Andrea et in Heysterbach Avin. et Colon. dyoc. monasteriorum abbatibus ac scolastico eccl. S. Andree Colon. mandat, quatinus Belam Hengini (!) advocati Bunnensis monialem monasterii in Capelle ord. S. Bened. Colon. dioc. cupientem de dicto monasterio, cuius fructus sint adeo tenues et exiles, quod moniales eiusdem nequeint commode sustentari, se transferri ad monasterium in Deytkirgen ord. S. Bened. Colon. dioc., transferant.

Religionis zelus, vite . . . Dat. Avin. XII kl. maii a. sextodecimo.

Reg. 103 nr. 1126.

2112. *1332 April 24. Avignon.*

Iohannes XXII Walramo electo Coloniensi concedit, ut a quocumque maluerit antistite munus consecrationis possit recipere, cui prestet fidelitatis iuramentum.

Cum nos pridem . . . Dat. Avin. VIII kl. maii a. domino sexto.

Reg. 101 nr. 851; Rz. nr. 1532.

2113. *1332 April 24. Avignon.*

Iohannes XXII Walramo electo Coloniensi nunciat, quod palleum ab eo per Henricum de Spainheim et magistrum Godefridum dictum de S. Cuniberto canonicos Colonienses eiusdem nuncios postulatum ei, postquam fuerit consecratus, per Leodiensem et Monasteriensem ac Osnaburgensem episcopos assignandum per prefatos nuncios destinat, ut eidem episcopi vel duo aut unus eorum ipsi illud assignent et solitum fidelitatis iuramentum ab ipsa recipiant.

Cum palleum insigne . . . Dat. Avin. VIII kl. maii a. sextodecimo.

Reg. 101 nr. 852; Rz. 1531.

2114. *1332 April 24. Avignon.*

Iohannes XXII Leodiensi et Monasteriensi ac Osnaburgensi episcopis mandat, quatinus palleum ab Henrico electo Coloniensi per Henricum de Spainhein et magistrum Godefridum dictum de S. Cuniberto canonicos Colonienses eius nuncios postulatum per prefatos nuncios dictis episcopis destinatum eidem electo assignare curent et solitum fidelitatis iuramentum ab eodem recipiant.

Cum palleum insigne . . . Dat. Avin. VIII kl. maii a. sextodecimo.

Reg. 101 nr. 853; Rz. 1531 u. 1.

2115. *1332 April 27. Avignon.*

Servicium archiepiscopi Coloniensis. XXIIII card.

Eodem anno [1332] indictione [XV] pontificatu loco [in hospicio P. tit. S. Praxedis presbiteri cardinalis sacri collegii camerarii] et testibus consuetis presentibus die XXVII mensis aprilis dominus Walerannus electus Coloniensis promisit pro suo communi servicio per magistrum Henricum de Spainhein prepositum ecclesie B. Marie Aquensis Leod. dioc. procuratorem suum X^m flor. auri et V servicia consueta persolvere, medietatem in proximo festo natalis domini et aliam medietatem in festo S. Andree extunc proxime secuturo. Alioquin infra IIII menses etc. et iuravit ut in forma.

Obl. et Sol. 14 (298) f. 2; 6 (297) f. 113.

2116. *1332 Mai 9. Avignon.*

[Iohannes XXII] [Willhelmo] comiti Iuliacensi.

De insinuatis ac missis nobis per tuos novissimos nuncios devotionem ac liberalitatem tuam merito commendantes, nobilitati tue provide gratiarum referimus uberes actiones. Dat. VII idus maii a. sextodecimo.

In e. m. Walranno electo Coloniensi.

Reg. 116 f. 261 nr. 1361; Rez. 1536.

2117. *1332 Mai 17. Avignon.*

Iohannes XXII regine Francie destinat litteras, quibus eam hortatur, ut maritum suum commoveat ad non exequendum propositum subveniendi regi Boemie contra ducem Brabantie[1].

Dum attente bellorum . . . Dat. Avin. XVII kl. iunii a. XVI.

Reg. 116 f. 218' nr. 1112; Rz. 1537.

2118. *1332 Juni 4. (Avignon.)*

[Iohannes XXII] eidem regi Sicilie.

Postquam a nostra . . . De partibus Francie audivimus, quod inter . . . regem Boemie et . . . ducem Brabancie treugis usque ad quindenam instantis festi nativitatis B. Iohannis Baptiste initis, idem rex versus Bavarum dirigere dicitur gressus suos, dux autem predictus ad . . . regem Francie illustris est venturus . . . Dat. II nonas iunii a. sextodecimo.

Reg. 116 f. 247' nr. 1292; Rz. 1543.

2119. *1332 Juni 11. (Avignon.)*

[Iohannes XXII] Guillelmo comiti Iuliacensi.

Quia laudabilem te curam gerere, ut indevoti ecclesie ad eius devotionem et gratiam revocentur, tuarum nobis tenor innotuit litterarum, tuam solicitudinem huiusmodi plurimum in domino commendamus. Sane, fili, quantum venerabilis frater noster Baldoinus archiepiscopus Treverensis iniurietur nobis et sancte Romane ecclesie ac archiepiscopo et ecclesie Maguntinis, a qua ipsum obtaremus cessare plurimum, tuam magnificentiam credimus non latere. Dat. III idus iunii a. XVI.

Reg. 116 f. 260 nr. 1350; Rz. 1546.

2120. *1332 Juni 13. (Avignon.)*

Iohannes XXII Henrico archiepiscopo Maguntino mandat, quatinus processum contra Bavarum habitum, quem archiepiscopo destinat, in civitate et dioc. Magunt. studeat publicare; eundemque facit certiorem, se scribere Walrano electo Colon. et Willelmo comiti Iuliacensi, ut ei assistant in recuperandis et conservandis iuribus eccl. Maguntine.

Quendam processum per nos . . . Dat. idus iunii a. XVI.

Reg. 116 f. 260 nr. 1351; Rz. 1547.

---

1) Conf. *Schoonbrodt, Inventaire de l'arch. de Liège pg. 172 nr. 592.*

2121. *1332 Juni 16.* (*Avignon.*)

Iohannes XXII Henrico de Iuliaco preposito eccl. B. Marie ad gradus Colon. indulget, ut apud sedem apostolicam moram trahens aut pape obsequiis insistens seu disciplinis scolasticis in loco, ubi studium vigeat generale, immorans vel in altero beneficiorum suorum ecclesiasticorum, que nunc obtinet vel imposterum obtinebit, etiam si dignitas aut personatus vel officia existant et curam habeant animarum, fructus eorundem beneficiorum integre, cotidianis distributionibus dumtaxat exceptis, usque ad triennium percipere valeat.

Grata familiaritatis obsequia . . . Dat. XVI kl. iulii a. sextodecimo.

Reg. 116 f. 210' nr. 1058.

2122. *1332 Juni 16. Avignon.*

Iohannes XXII Henricum de Vleric habilitat eique fructus beneficiorum iniuste perceptos donat.

[Iohannes XXII] Henrico de Vleric canonico eccl. S. Andree Colon.

Attentis virtutum meritis . . . Exhibite siquidem nobis petitionis tue series continebat, quod olim tu in S. Andree Colon. et Assindensi Colon. dioc. ecclesiis canonicatus et prebendas canonice obtinens parrochialem ecclesiam in Unna dicte dioc. tunc vacantem fuisti canonice consecutus eamque . . . possedisti per plures annos fructus percipiens ex eadem, quodque postmodum vacante decanatu dicte ecclesie S. Andree tu in decanum ipsius ecclesie S. Andree in discordia, alias tamen rite et canonice fuisti electus. Et licet tu cum quondam Everhardo de Cigno clerico dicte dioc., qui electionem impugnabat huiusmodi, per aliquos annos in Romana curia litigasses, dicto tamen Everhardo viam universe carnis ingresso, tu dictum decanatum pacifice adeptus fuisti cumque per plures annos una cum dicta parrochiali ecclesia possedisti . . . fructus percipiens ex eisdem, dispensatione . . . non obtenta. Quare nobis humiliter supplicasti . . . Nos igitur . . . te . . . habilitamus et habilem reddimus . . . tibique fructus predictos . . . remittimus . . . Volumus autem, quod tu extunc decanatum et parrochialem ecclesiam supradictos utpote propter premissa de iure vacantes realiter omnino dimittas . . . Dat. Avin. XVI kl. iulii a. sextodecimo.

Reg. 103 nr. 1343.

***2123.** *1332 Juni 17. Avignon.*

Iohannes XXII abbati monasterii Rodensis[a] Leodiensis dioc. mandat, quatinus ea que de bonis ecclesie B. Marie Aquensis per concessiones per capitulum eiusque predecessores factas alienata invenerit illicite vel distracta ad ius et proprietatem eiusdem ecclesie legitime revocare procuret.

Ad audientiam nostram pervenit . . . Dat. Avin. XV kl. iulii p. n. a. sextodecimo.

Or. membr. cum plumbo pend. Sub plica ad sinistr.: B. de Via. *In plica ad dextr.:* Ciprianus. *In dorso:* Wilh. de Reys. — *Düsseldorf. Arch. reg. Marien-Stift Aachen nr. 162.*

***2124.** *1332 Juni 17. Avignon.*

Iohannes XXII abbati monasterii S Cornelii Indensis Colon. dioc. mandat, quatinus ea, que de bonis ecclesie B. Marie Aquensis Leod. dioc. per concessiones a capitulo eiusdem ecclesie factos alienata invenerit illicite vel distracta, ad ius et proprietatem ecclesie eiusdem legitime revocare procuret.

Ad audientiam nostram pervenit . . . Dat. Avin. XV kl. iulii p. n. a. sextodecimo.

Or. membr. cum plumbo pend. Sub plica ad sinistr.: Ba. de Vico. *In plica ad dextr.:* Ciprianus. *In dorso:* Bernaldus de Reys. — *Düsseldorf. Arch. reg. Marien-Stift zu Aachen nr. 160.*

2125. *1332 Juni 18. Avignon.*

Iohannes XXII Engelberto de Marcha confert eccl. Leod. prepositaram vacantem per promotionem et consecrationem Walrami archiepiscopi Coloniensis, dispositioni apostolice sedis ex eo reservatam, quod papa diu ante vacationem huiusmodi omnes dignitates personatus et officia ceteraque beneficia ecclesiastica, que per promotiones quorumcumque prelatorum per papam ad episcopales et superiores dignitates tunc promotorum et inantea promovendorum et consecrationis munus per papam seu eius auctoritate impensum eisdem ubicumque vacare contingeret, dispositioni sue specialiter reservarat.

Nobilitas generis, morum decor . . . Dat. Avin. XIIII kl. iulii a. sextodecimo.

---

a) *Herzogenrode.*

In e. m. preposito Bunnensis Colon. dioc. et decano S. Bartholomei ac scolastico S. Pauli Leod. ecclesiarum.

Reg. 103 nr. 335.

2126. *1332 Juni 18. Avignon.*

Iohannes XXII preposito S. Severini et decano S. Georgii Colon. ac scolastico Tullensis eccl. mandat, quatinus ecclesiam parrochialem in Eswilre Indensi Colon. dioc. quam vacantem ex eo, quod Hilgerus de Lisenkirgen olim eius rector se non fecerat infra tempus debitum in presbiterum ordinari, bo. m. Henricus archiepiscopus Coloniensis auctoritate ordinaria contulit Tilmanno de Zoinze clerico Coloniensi, de novo conferant eidem ad cautelam, cum ab aliquibus dubitetur, an ipsius ecclesie collatio ea vice ad dictum ordinarium pertinuerit.

Vite ac morum honestas . . . Dat. Avin. XIIII kl. iulii a. sextodecimo.

Reg. 102 nr. 1548.

2127. *1332 Juni 18. Avignon.*

Iohannes XXII Marsilio de Steildorp confert eccl. de Monasterio Eyflie Colon. dioc. canonicatum, prebendam vero ac curtem seu obedientiam consuetam per canonicos ipsius ecclesie gubernari eidem reservat, non obstante quod parrochialem ecclesiam in Steildorp dicte dioc. obtinet.

Exigunt tue merita . . . Dat. Avin. XIIII kl. iulii a. sextodecimo.

In e. m. preposito S. Severini et decano SS. Apostolorum Colon. ac scolastico Tullensis ecclesiarum.

Reg. 102 nr. 1243.

2128. *1332 Juni 28. Avignon.*

[Iohannes XXII] . . . episcopo Padeburnensi et . . . abbati monasterii de Insula extra muros Mindenses ac . . preposito eccl. S. Iohannis Osnaburgensis.

Vacante dudum ecclesia Hildesemensi, pro eo quod . . . Otto episcopus . . . cessit oneri regiminis ipsius ecclesie apud sedem apostolicam . . . nos . . . ad personam . . . Eirici electi Hildesemensis tunc prepositi ecclesie Hamburgensis . . . dirigentes intuitum mentis nostre, de ipso Eirico ecclesie Hildesemensi predicte . . . providimus . . . Verum

. . prepositus . . decanus et capitulum ipsius ecclesie . . . Henricum de Brunswic eiusdem ecclesie canonicum de facto in eorum episcopum elegerunt, qui . . . electioni de ipso facte consentiens obtinuit eam ex commissione venerabilis fratris nostri . . archiepiscopi Treverensis occupatoris ecclesie Maguntine . . . confirmari seque pretextu dicte commissionis in episcopum Hildesemensem consecrari de facto ac in ipsa Hildemensi ecclesia se intrusit . . . Nos itaque . . . discretioni vestre . . . mandamus, quatinus . . . prefato electo . . . assistentes prefatum Henricum intrusum, ut eidem electo possessionem . . . in pace dimittat, . . . inducatis . . . Dat. Avin. IIII kl. iulii a. sextodecimo.

Reg. 102 nr. 1161.

2129. *1332 Juli 4. Avignon.*

Iohannes XXII Aleydi nobilis viri Symonis domini de Lippia uxori indulget, ut missam antequam illucescat dies, circa tamen diurnam lucem, cum qualitas negotiorum pro tempore ingruentium id exegerit, eidem liceat per proprium vel alium sacerdotem ydoneum facere celebrari.

Sincere devotionis affectus . . . Dat. Avin. IIII nonas iulii a. sextodecimo.

In e. m. nobili viro Symoni domino de Lippia Colon. dioc.

Reg. 103 nr. 1481.

2130. *1332 Juli 4. Avignon.*

Iohannes XXII Aleydi Symonis domini de Lippia uxori indulget, ut ei liceat habere altare portatile.

Sincere devotionis affectus . . . Dat. Avin. IIII nonas iulii a. sextodecimo.

Reg. 103 nr. 1479.

In e. m. nobili viro Symoni de Lippia Colon. dioc.

Reg. 103 nr. 1482.

2131. *1332 Juli 4. Avignon.*

Iohannes XXII Aleydi Symonis domini de Lippia uxori indulget, ut si forsan ad loca ecclesiastico supposita interdicto eam contigerit declinare, liceat in illis eidem eiusque familiaribus missam et alia divina officia facere celebrari ianuis clausis *etc.*

Devotionis tue sinceritas . . . Dat. Avin. IIII nonas iulii a. sextodecimo.

Reg. 103 nr. 1480.

In e. m. nobili viro Symoni domino de Lippia Colon. dioc.

Reg. 103 nr. 1483.

2132. *1332 Juli 21. (Avignon.)*

Iohannes regi Francie et regi Boemie nunciat, quod regem Boemie ad curiam profecturum benigne quidem recipiet, sed expedientius putat, quod idem rex nuncios suos mittat ad curiam.

[Iohannes XXII] regi Francie.

Innotuere nobis serenitatis regie littere hiis diebus pium propositum ac devotum conceptum . . . Iohannis regis Boemie illustris certis ex causis contentis in eisdem litteris ad nostram presentiam veniendi. Profecto . . quamquam prefati regis presentia ad illa, que tue et eiusdem regis exprimebant littere, esset et esse debeat admodum nobis grata, tamen attentis arduis negotiis regiis, quibus impresentiarum habet idem rex providere, non videtur nobis expediens, quod ad presens pro excusatione contenta in eisdem litteris ad nostram presentiam personaliter debeat se conferre, cum quantum ad illa absens facere possit talia, per que ipsum habebimus plenius excusatum. Si autem eiusdem regis feratur intentio, sicut probaciliter creditur, ad alia obtinenda, attendat regalis providentia, quod, si illa sint alicuius ponderis, requirent tractum temporis, cum ad talia absque fratrum nostrorum tractatu et consilio nos procedere non deceat . . . Quam quidem moram forsitan nequibit idem rex absque grandi nogotiorum suorum dispendio prestolari. Ideoque expedientius videretur, quod pro talibus examinandis . . . viros prudentes et tractabiles deberet ad nostram presentiam destinare . . . Sane si premissis non obstantibus venire voluerit rex prefatus, nos ipsum letanter . . intendimus recipere . . . ac eius petitionibus, quantum sine dei offensa, iniuria proximi salvoque honore ecclesie poterimus, prompte exauditionis ianuam aperire. Ad id autem, quod in calce litterarum ipsarum nobis obtulit regia celsitudo, videlicet quod supra se recipiebat, quod idem rex sic veniet et de tali gente sociatus talique modo ac statu, sicut nos duxerimus ordinandum, pro tali et tanta oblatione regie benivolentie gratias exhibentes, breviter respondemus, quod nos circa illa nil ordinare volumus, sed quicquid tua, fili carissime, et dicti regis circumspectio ordinandum duxerit, gratum accedet nostris affectibus et acceptum. Dat. XII kl. augusti a. XVI.

Reg. 116 f. 214 nr. 1084; Rz. 1555.

Eodem die idem similiter respondet regi Boemie.

Prepositum reginm ex certa causa . . . Dat. ut supra.

l. c. f. 214' nr. 1085; Rz. 1555.

Alterum simile de eadem re responsum a papa regi Francie destinatur.

Tam humaniter tam benigne . . . Datum (*sic!*)

l. c. f. 215 nr. 1087.

Alterum simile de eadem re responsum a papa regi Boemie destinatur.

Magnificentie regie recepimus . . . Datum (*sic!*)

l. c. f. 229 nr. 1342.

2133. *1332 Juli 24. Avignon.*

Iohannes XXII Iohanni de Vlatten confert eccl. SS. Apostolorum Colon. canonicatum, prebendam vero eidem reservat.

Laudabilia tue merita . . . Dat. Avin. X kl. augusti a. sextodecimo.

In e. m. decano S. Georgii Colon. et eiusdem ac Iacobo de Mutina Tullensis scolasticis ecclesiarum.

Reg. 102 nr. 1235.

2134. *1332 Juli 23. Avignon.*

Iohannes XXII Wilhelmo dicto de Stella clerico Coloniensi reservat beneficium ecclesiasticum cum cura vel sine cura, cuius fructus, si cum cura, viginti quinque, si vero sine cura fuerit, quindecim marcharum argenti s. t. d. valorem annuum non excedant, spectans communiter vel divisim ad dispositionem prepositi scolastici et capituli eccl. Colon.

Exigunt tue merita . . . Dat. Avin. X kl. augusti a. sextodecimo.

In e. m. decano S. Georgii et cantori SS. Apostolorum Colon. ac Iacobo de Mutina capellano papali scolastico Tullensis ecclesiarum.

Reg. 102 nr. 1251.

2135. *1332 Juli 27. Avignon.*

Iohannes XXII Albertum ducem Austrie rogat et hortatur, quatinus Henricum de Iuliaco prepositum eccl. B. Marie ad gradus Colon., qui ad partes illas pro certis ecclesiam Romanam tangentibus et aliquibus suis propriis negotiis dirigit gressus suos, commendatum habeat eique assistat.

Cum dilectus filius . . .

In e. m. Alberto episcopo Pataviensi . . . Dat. VI kl. augusti a. XVI.

Reg. 116 f. 259 nr. 1344; Rz. 1558.

2136. *1332 August 1. Avignon.*

Iohannes XXII Walramo archiepiscopo Coloniensi indulget, quod a clero sue provincie Colon. petere valeat caritativum subsidium moderatum.

[Iohannes XXII] . . Walramo archiepiscopo Coloniensi.

Provenit ex tue devotionis . . . Cum itaqu, sicut petitio tua nobis exhibita continebat, propter guerras, quas per defensione iurium eiusdem ecclesie tue contra certos nobiles et potentes illarum partium habuisti, ac propter novum adventum tuum ad ecclesiam ipsam et assecutionem iurium predictorum subieris iam et adhuc pro recuperatione castrorum opidorum et munitionum archiepiscopalis mense tue terre Westfalie, que sub magnis debitis obligata, non tamen facto vel culpa tuis in extraneorum manibus constituta existunt, queve nonnisi in manu forti et cum magnis sumptibus recuperari poterunt, te subire oporteat magna onera expensarum, nos . . . quod a singulis eisdem suffraganeis tuis ceterisque prelatis secularibus et regularibus non exemptis, ipsorum capitulis conventibus et collegiis et ecclesiarum rectoribus et aliis perpetuis beneficiatis tuarum civitatis diocesis et provincie predictarum iuxta suarum ecclesiasticarum exigentiam facultatum petere et recipere auctoritate nostra semel dumtaxat libere valeas caritativum subsidium moderatum pro huiusmodi oneribus facilius supportandis . . . indulgemus . . . Dat. Avin. kl. augusti a. sextodecimo.

Reg. 103 nr. 1442; Rz. 1559.

2137. *1332 August 2. Avignon.*

Iohannes XXII archiepiscopo Coloniensi et episcopo Leodiensi mandat, quatinus processus contra Christianum de Stumbele, qui scolastriam eccl. S. Marie Aquensis Leod. dioc. iniuste detinet, in curia habitos publice denuncient, donec is dictam scolastriam Conrado Hoyn dimittat, eundemque citent, ut infra duos menses coram papa personaliter se representet.

[Iohannes XXII] archiepiscopo Coloniensi et episcopo Leodiensi. Ad compescendos conatus . . . Sane cum olim auctoritate litterarum apostolicarum quondam Iohanni Hoyn canonico ecclesie de Aquisgrani Leod. dioc. tunc viventi de scolastria ipsius ecclesie tunc vacante per mortem Christiani de Porta-Regis eiusdem ecclesie scolastici . . . provisum fuisset, quia Christianus de Stumbele clericus Colon. dioc., falso asserens ad se scolastriam spectare iam dictam, impediebat, quominus huiusmodi provisio debitum sortiretur effectum, scolastriam occuparat et detinebat etiam occupatam, fructus percipiens ex eadem, et nichilominus a dicta provisione ad sedem duxerat apostolicam appellandum, nos ad instantiam dicti Iohannis . . . Petrum Albi capellanum nostrum et apostolici palatii primi gradus auditorem causarum specialiter deputavimus auditorem, qui premissis contra dictum Christianum debitis et consuetis citacionibus in audientia publica, ut est moris, de coauditorum suorum dicti palatii consilio pronunciavit procuratore ipsius Iohannis presente in contumaciam partis alterius, causam huiusmodi fuisse ad dictam sedem legitime devolutam et apud eam tractari et finiri debere, ac extunc ad certos actus in contumaciam ipsius Christiani cum eodem procuratore in causa ipsa processit. Dictoque auditore se de Romana curia absentante . . . magister Guigo de Sancto Germano capellanus noster dictique palatie eiusdem gradus causarum auditor a nobis super hoc subrogatus ad certos alios actus in dicta causa noscitur processisse. Et cum dictus Iohannes nature debitum persolvisset, nos . . . Conradum Hoyn scolasticum eiusdem ecclesie dicto Iohanni ad omne ius et in omni iure, quod sibi, dum viveret, in eadem scolastria quomodolibet competebat, . . . subrogavimus sibique providimus de eodem et decrevimus, eundem Conradum ad illud eiusque persecutionem et defensionem in eo statu fore admittendum, in quo dictus Iohannes, si vite superfuisset humane, potuisset et debuisset admitti. Subsequenter autem coram dicto Guigone procuratoribus Conradi et Christiani . . . in iudicio comparentibus, idem Guigo cognitis dicte cause meritis, eisdem procuratoribus presentibus, de coauditorum suorum dicti palatii consilio et assensu pronunciavit decrevit et declaravit sententiando, prout hec omnia pro parte dicti Conradi coram eo petita fuerant, dictam scolastriam ad eundem Conradum pertinere de iure dictoque Christiano perpetuum silentium imposuit super illa, cum nullum ius sibi competeret in eadem, et pro parte dicti Christiani fuisse perperam appellatum, eundem Christianum in fructibus ex dicta scolastria perceptis dicto Conrado restituendis nichilominus condempnando. Sed cum pro parte perefati Christiani fuisset a sententia huiusmodi ad sedem appellatum eandem, . . . magister Americus Gerardi capellanus noster ac dicti palatii secundi gradus causarum auditor in huiusmodi appellationis ab eadem sententia emisse causa per nos specialiter deputatus rite in illa procedens demum dictis procuratoribus presentibus de coauditorum suorum eiusdem palatii consilio et assensu diffinitive pronunciavit decrevit et declaravit, per dictum Guigonem bene processum et sententiatum et pro parte ipsius Christiani perperam appellatum fuisse ac esse ipsamque sententiam confirmavit. Cum autem pro parte ipsius Christiani tam ante dictam sententiam ipsius Aimerici quam etiam ab ea fuisset ad nostram audientiam appellatum, quondam Raymundus Subirani capellanus noster dictique palatii tertii gradus causarum auditor in huiusmodi appellationum ab eodem Aymerico emissarum causa specialiter datus a nobis, rite in illa procedens, tandem procuratoribus ipsis presentibus de coauditorum suorum dicti palatii consilio et assensu diffinitive pronunciavit decrevit et declaravit, per dictum Aymericum legitime processum et sententiatum in causa ipsa et pro parte dicti Christiani ab eo perperam appellatum fuisse ac esse, dictamque Aymerici sententiam confirmavit, prout in instrumentis publicis inde confectis eorundem Guigonis Aymerici et Raymundi sigillis munitis dicebatur plenius contineri. Nosque ipsius Conradi supplicationibus inclinati, sententias ipsas, sicut provide late erant, ratas et gratas habentes easque auctoritate apostolica confirmantes, illarum executionem quondam Nicolao de Fractis canonico ecclesie Patracensis tunc viventi et quibusdam aliis suis in hac parte collegis per nostras in certa forma litteras duximus committendam, eis inter cetera iniungentes, ut de dictis fructibus ex eadem scolastria perceptis dicto Conrado facerent iuxta ipsorum instrumentorum condemptnationum tenores plenam et debitam satisfactionem impendi, contradictores per censuram ecclesiasticam apellatione postposita compescendo. Predictus namque Nicolaus solus in huiusmodi executionis procedens negotio, prout ex forma dictarum nostrarum poterat litterarum, processus fecit et sententias tulit, quemadmodum est in talibus fieri consuetum, et specialiter canonice monuit eundem Christianum, ut dictam scolastriam prefato Conrado liberam et in pace dimitteret . . . necnon de fructibus antedictis perceptis Conrado antedicto satisfactionem plenam et debitam impendere procuraret; alioquin in ipsum extunc excommunicationis sententiam promulgabat. Verum quia idem Christianus huiusmodi monitioni parere indebite non curabat nec allegabat, causam rationabilem, quare non deberet monitioni predicte parere, certaque possessiones et iura dicte scolastrie de facto detinebat et illa predicto Conrado dimittere denegabat, dictus Nicolaus eundem Christianum mandavit et fecit, quantum potuit, excommunicatum publice nunciari et eius contumacia excrescente ab aliis artius evitari, prout in eisdem nostris litteris et premissis processibus eiusdem Nicolai exinde in forma publica, ut prima facie apparebat, confectis ipsiusque Nicolai sigillo munitis plenius continetur. Sicut autem ex tenore petitionis pro parte dicti Conradi nobis oblate percepimus, predictus Christianus fultus potentia seculari . . . post pretactos processus eiusdem Nicolai certam partem proventuum ad dictam scolastriam spectantium indebite occupare et detinere presumpsit ac presumit, nolens eos Conrado restituere memorato, dictam excommunicationis sententiam propterea incurrendo, quam diutius substinuit et adhuc sustinet . . . Quare nobis ex parte dicti Conradi extitit supplicatum . . . Igitur . . . fraternitati vestre . . . committimus et sub virtute obedientie . . . mandamus, quatinus . . . cum a dicto Conrado vel eius procuratore super hoc fueritis requisiti . . . supradictos processus per predictum Nicolaum habitos in ecclesiis civitatibus diocesibus et locis vestris sublato appellationis obstaculo singulis diebus dominicis et festivis congregato fidelium populo publicetis . . . dictumque Cristianum ab omnibus artius evitari . . . donec idem . . . dictam scolastriam cum omnibus iuribus et pertinentiis suis et cum restitutione fructuum . . . dimittat . . . et nichilominus prefatum Cristianum ex parte nostra peremptorie citare curetis, ut infra duorum mensium spacium . . . cum omnibus actis iuribus et munimentis, si qua sibi super predictis competant, conspectui apostolico sub pena privationis beneficiorum . . . et inhabilitationis . . . personaliter se presentet . . . Dat. Avin. IIII nonas augusti a sexto decimo.

Reg. 102 nr. 1487.

2138. *1332 August 7. Avignon.*

Iohannes XXII Emechoni nato Emichonis comitis de Nassawya confert eccl. Wormatiensis canonicatum, prebendam vero eidem reservat, non obstante quod in Colon. et Magunt. eccl. canonicatus et prebendas obtinet.

Nobilitas generis, vite . . . Dat. Avin. VII idus augusti a. sextodecimo.

In e. m. decano et scolastico in Dykirch Trever. dioc. ac Oliverio de Cerzeto canonico Pictavensis ecclesiarum.
Reg. 102 nr. 1065.

2139. *1332 August 28. Avignon.*

Iohannes XXII episcopo Padeburnensi concedit facultatem recipiendi ab Ottone nato Henrici comitis de Waldecke canonico Colon. liberam resignationem canonicatus et prebende eccl. predicte eosque conferendi alicui persone ydonee.

Cum sicut accepimus ... Dat. Avin. V kl. septembris a. sextodecimo.
Reg. 103 nr. 364.

2140. *1332 September 9. Avignon.*

[Iohannes XXII] Hermanno dicto Blankard decano ecclesie B. Marie Aquensis Leod. dioc.

Suffragantia tibi dona ... Sane ... Walramus archiepiscopus Coloniensis et ... Willermus comes Iuliacensis eius frater nobis significare curarunt, quod tu, qui decanatum ecclesie B. Marie Aquensis Leodiensis diocesis canonice obtines et consiliarius archiepiscopi et cancellarius comitis predictorum existis, ab annis teneris serviviati eis fideliter et devote, et quod ipsi in tantum tuo obsequio propter tuam probatam fidelitatem indigere noscuntur, quod nulla ratione tuo possunt carere obsequio personali, et quod ob hoc tu in predicta ecclesia, in qua decanus ipsius ecclesie, qui est pro tempore, ex statutis et consuetudinibus eiusdem ecclesie etiam iuramento firmatis tenetur facere personalem residentiam, non potes modo aliquo ad presens iuxta statuta et consuetudines huiusmodi residere. Quare iidem archiepiscopus et comes nobis humiliter supplicarunt ... Nos itaque ... tibi, qui, ut asseritur, in subdiaconum iam promotus et adhuc in primo anno assecutionis decanatus huiusmodi existis, quod ratione dicti decanatus omnino [non] tenearis usque ad biennium in eadem ecclesia residentiam facere ... indulgemus ... Dat. Avin. V idus septembris a. sextodecimo.
Reg. 105 nr. 1272.

2141. *1332 November 2. Avignon.*

Iohannes XXII Walramo archiepiscopo Colon. indulget, ut decem capellani clerici et familiares eius domestici presentes et posteri, quos duxerit eligendos, eiusdem obsequiis insistentes fructus beneficiorum suorum ecclesiasticorum, que nunc obtinent vel imposterum obtinebunt, etiam si dignitates vel personatus seu officia fuerint et curam habeant animarum, dummodo maiores post episcopales in cathedralibus vel in collegiatis ecclesiis principales dignitates huiusmodi non existant, integre, quotidianis distributionibus dumtaxat exceptis, usque ad triennium percipere valeant.

Personam tuam tuis . . . Dat. Avin. IIII nonas novembris a. decimoseptimo.

In e. m. B. Marie Aquensis Leod. dioc. et S. Severini Colon. prepositis ac decano eiusdem S. Severini ecclesiarum.

Reg. 105 nr. 815.

2142. *1332 November 2. Avignon.*

Iohannes XXII Walramo archiepiscopo Colon. indulget, ut ecclesias et monasteria non exempta civitatis et diocesis ac provincie Colon. eorumque personas non exemptas, in quibus ei visitationis officium competit de consuetudine vel de iure, possit per aliquam personam seu aliquas personas ydoneas semel visitare et ratione huiusmodi visitationis procurationes in pecunia numerata recipere moderatas, non obstantibus constitutionibus ab Innocentio IV et Gregorio X editis.

Meritis tue devotionis . . . Dat. Avin. IIII nonas novembris a. decimoseptimo.

In e. m. episcopo Scopiensi et preposito B. Marie Aquensis Leod. dioc. ac magistro Godefrido de S. Cuniberto canonico Colon. ecclesiarum.

Reg. 105 nr. 1070; Rz. 1579 (mendose!).

2143. *1332 November 2. Avignon.*

Iohannes XXII S. Cornelii Indensis et Glatbacensis ac Siburgensis monasteriorum abbatibus mandat, quatinus papam informent de redditibus ecclesie parrochialis in Nidegen, quam detinent fratres hospitales S. Iohannes quamque Wilhelmus comes Iuliacensis eius patronus desiderat commutare in collegiatam ecclesiam.

[Iohannes XXII] S. Cornelii Indensis et Glatbacensis ac Syborgensis monasteriorum abbatibus Colon. dioc.

Oblata nobis dilecti filii nobilis viri Wilhelmi comitis Iuliacensis petitio continebat, quod licet olim comites Iuliacenses progenitores sui

. . . eu ecclesia parrochiali opidi sui de Nidegen Colon. dioc. ius habuerint patronatus, tamen per aviam suam vel predecessores ipsius comitis prefata ecclesie fratribus hospitalis S. Iohannes Ierosolimitani extitit assignata, que ab eis per sexaginta annos vel circiter est possessa, et quod prefatus comes eandem ecclesiam, in qua tres hospitalarii dumtaxat vel circa morantur, summis affectat desideriis in collegiatam erigi et honorabile collegium canonicorum secularium institui in eadem. Quare nobis pro parte sua extitit humiliter supplicatum, ut aliquibus discretis committere dignaremur, ut ipsi fratres dicti hospitalis in ecclesia prefata morantes ad alia loca et mansiones dicti hospitalis in comitatu suo existentes auctoritate nostra transferrent, quibus prefatus comes . . . paratus est . . . pro ipsorum sustentatione decenti bona competentia assignare in recompensatione bonorum ecclesie antedicte, ipsisque fratribus sic translatis prefatam ecclesiam, quam de parrochialibus ecclesiis eiusdem comitatus, in quibus ius obtinet patronatus, et de aliis bonis suis dotari desiderat, in collegiatam erigerent ac huiusmodi omnes parrochiales ecclesias . . . imperpetuum connecterent et unirent, reservatis perpetuis vicariis inibi servituris et ad presentationem dicti comitis instituendis in eis de ipsorum proventibus congruis portionibus . . . et quod in dicta eccelesia de Nidegen iuxta facultates ecclesiarum huiusmodi uniendarum eidem et alia, que illi per dictum comitem contingeret assignari, statuerent . . . certum canonicarum secularium numerum et etiam prebendarum, ac prepositum, qui preesset huiusmodi collegio, et decanum, et quod ad nominationem dicti comitis hac vice ad preposituram decanatum et prebendas eosdem personas ydoneas instituerent in collegiata ecclesia antedicta. Nos itaque . . . discretioni vestre . . . mandamus, quatinus . . . de redditibus . . . eiusdem de Nidegen et aliarum ecclesiarum predictarum . . . ac recompensatione dictis fratribus facienda et aliis premissis omnibus . . . vos . . diligentius informetis et quecumque super hiis inveneritis, nobis . . . referre curetis, ut vestra super hoc relatione instructi, quod in hac parte ordinandum fuerit, possimus salubrius ordinare. Dat. Avin. IIII nonas novembris a. decimo septimo.

Reg. 104 nr. 1366; Rz. 1576.

2144. *1332 November 2. Avignon.*

Iohannes XXII Henrico de Spainheim confert ecclesie Colon. thesaurariam, que simplex officium sine cura existit, vacantem per promotionem et consecrationem Walrami archiepiscopi Colon., non obstante quod in Aquensi Leod. dioc. preposituram et in eadem ac dicta Colon. et in Maguntina ac Trever. eccl. canonicatus et prebendas obtinet.

Nobilitas generis, morum decor . . . Dat. Avin. IIII nonas novembris a. XVII.

In e. m. abbati monasterii S. Cornelii Indensis et cantori B. Marie Aquensis Colon. et Leod. dioc. ac scolastico Tullensis ecclesiarum.

Reg. 105 nr. 48.

2145. *1332 November 2. Avignon.*

Iohannes XXII archiepiscopo Colon. mandat, quatinus nobilem virum Theodericum dictum Schuirmam militem et nobilem mulierem Hedwigem de Wyssurghen (!) Colon. dioc., qui scientes, quod quondam Adam de Husen prior maritus eiusdem Hedwigis prefato Theoderico quarta consanguinitatis linea attinebat, matrimonium contraxerunt et consumarunt et sobolem susceperunt, si ipsi archiepiscopo expediens videatur, ipsis Theoderico et Hedwige separatis ad tempus, absolvat a sententia excommunicationis, quam propter premissa incurrerunt, eisdem penitentiam salutarem iniungat et cum eisdem dispenset, ut matrimonium de novo contrahere et in eodem licite remanere valeant, prolem susceptam et suscipiendam ex eis legitimam nunciando.

Exhibita nobis pro parte . . . Dat. Avin. IIII nonas novembris a. decimoseptimo.

Reg. 105 nr. 1074.

2146. *1332 November 19. Avignon.*

Iohannes XXII Egidio de Betrenstorf clerico Trever. dioc. reservat consideratione Iohannis regis Beomie beneficium ecclesiasticum cum cura vel sine cura consuetum clericis secularibus assignari cuius fructus, si cum cura, sexaginta, si vero sine cura fuerit quadraginta librarum turonensium parvorum etc. spectans communiter vel divisim ad dispositioem abbatis et conventus monasterii Stabulensis ord. S. Bened. Leod. dioc.

Exigentibus tue probitatis . . . Dat. Avin. XIII kl. decembris a. decimoseptimo.

In e. m. decano S. Symeonis et cantori maioris Trever. ac scolastico Tullensis ecclesiarum.

Reg. 96 nr. 3430.

2147. *1332 November 21. Avignon.*

Iohannes XXII Iohanni de Novavilla monacho monasterii S. Villibrordi in Echternaco ord. S. Bened. Trever. dioc. reservat prioratum vel administrationem seu officium aut beneficium ecclesiasticum cum cura vel sine cura spectans communiter vel divisim ad dispositionem abbatis et conventus dicti monasterii, consuetum per monachos eiusdem monasterii gubernari.

Religionis zelus, vite . . . Dat. Avin. XI kl. decembris a. decimoseptimo.

In e. m. abbati monasterii S. Marie Lucceburgensis Trever. dioc. et scolastico Tullensis ac Iohanni de Firmitate canonico Virdunensis ecclesiarum.

Reg. 101 nr. 315.

2148. *1332 November 27. Avignon.*

Iohannes XXII archiepiscopo Treverensi, petente nobili viro Gerardo de Grandiprato milite domino de Ranchyo Trever. dioc., qui in castro suo predicto in fundo suo proprio quandam capellam fundavit eamque pro sustentatione unius perpetui capellani dotare proposuit, mandat, quatinus fundationem huiusmodi, dote tamen sufficienti prius ad archiepiscopi arbitrium assignata, confirmare procuret, iure presentandi perpetuum capellanum eidem militi suisque successoribus imperpetuum reservato.

Hiis, que animarum . . . Dat. Avin. V kl. decembris a. decimoseptimo.

Reg. 104 nr. 1382; Rz. 1583.

2149. *1332 November 30. Avignon.*

[Iohannes XXII] regi Francie.

Ut de hiis, que inter nos et . . . Iohannem regem Boemie illustrem acta sunt, pro quo scripsit serenitas regia et destinavit nuncium, noticiam magnificentia regia habeat pleniorem, pandet celsitudini regie cedula presentibus interclusa, quam paucis manifestare placeat eisque imponere sub iuramento prestito, ut in ea contenta nulli communicare debeant, sed ipsa secrete tenere . . . Dat. II kl. decembris a. XVII.

Reg. 117 f. 106 nr. 512.

2150. *1332 November 30. Avignon.*

Iohannes XXII Roberto de Leschiele consideratione Iohannis regis Boemie confert eccl. Trever. canonicatum, prebendam vero eidem reservat.

Multiplicia tue merita . . . Dat. Avin. II kl. decembris a. decimoseptimo.

In e. m. abbati monasterii B. Marie in Lucemburch Trever. dioc. et archidiacono Abrincensis ac scolastico Tullensis ecclesiarum.

Reg. 104 nr. 841.

2151. *1332 December 9. Avignon.*

Iohannes XXII episcopo Leod. mandat, quatinus cum nobili viro Engelberto de Marka milite Leod. dioc., qui, sicut asserit, in serviciis pape et ecclesie Romane se periculo corporis et rerum longo tempore in partibus Lombardie exponere non expavit, et nobili muliere Ermesinde de Chaveremo (!) Leod. dioc., qui ignorantes, quod ipsi quarto consanguinitatis gradu sibi invicem attinebant, matrimonium contraxerunt carnali postmodum copula subsecuta, si est ita et banna fuerunt in ecclesia edita, antequam contraherent matrimonium, dispenset, quod in dicto matremonio licite remanere valeant, prolem susceptam et suscipiendam legitimam nunciando.

Pontificis precellens auctoritas . . . Dat. Avin. V idus decembris a. decimoseptimo.

Reg. 105 nr. 1265.

2152. *1333 Januar 10. Avignon.*

Iohannes XXII regi Francie scribet de tractatu inter papam et regem Boemie habito.

[Iohannes XXII] regi Francie.

Miranter audivimus fuisse turbatam excellentiam regiam, quod in tractatu inter nos et . . . Iohannem regem Boemie illustrem habito non fuit regium beneplacitum reservatum. Profecto, fili carissime, si litterarum regiarum nobis pro dicto missarum negotio excellentia regia seriem retinuisset memoriter, non credimus, quod turbationis adesset materia, sed graciarum pocius actionis, cum illud negotium per easdem litteras nobis velut commendaverit proprium ipsumque deo gratum reique expediens publice et ad honorem nostrum et ecclesie asseruit pertinere. Nec contenta fuit celsitudo regia hec insinuare litteris, sed ad horum prosecutionem dilectum filium magistrum Petrum Gualvanhi canonicum Parisiensem nuncium destinavit proprium ipsumque regiis aliis nunciis commendavit. Preterea si advertat prudentia regia, quod debilis sit tractatus predictus et tam ad complendum difficilis, utique nequaquam deberet turbari. Sed quicquid de hoc tractatu fuerit pro parte nostra regisque predicti, benivolentie offerimus regie, quod si tibi, fili, placuerit, a tractatu predicto prorsus prompti sumus recedere, sic quod pro infecto penitus habeatur. Non enim fuit nostra nec dicti regis intentio in dicto tractatu aliqua deducere, que tue celsitudini non placerent. Tenemus enim indubie, ut evidenter in tractatu predicto percepimus nos et fratris nostri, qui eidem tractatu aderant, quod rex ipse adeo ad tuam magnificentiam afficitur, quod tuam sue in predictis utilitatem cum omni promptitudine anteferret. Dat .Avin. IIII idus ianuarii a. XVI.

Reg. 117 ps. 1 f. 105 nr. 151.

***2153.** *1333 Januar 14. Avignon.*

Iohannes XXII episcopo Leodiensi, precibus Iohannis regis Boemie inclinatus, mandat, ut monasterio B. Marie virginis Lucemburgensi ord. S. Bened. Treverensis dioc., cuius redditus sunt tenues, uniat et incorporet ecclesiam de Furontonutis Leodiensis dioc., in qua monasterium adhuc habebat ius patronatus predictum monasterium.

Pro parte dilectorum . . . Dat. Avin. XIX kl. februarii a. decimoseptimo.

Reg. 104 nr. 1388; Rz. nr. 1597. — Apogr. ex cartul. monasterii Luxemburg. desumpt. in Arch. societ. hist. Luxemburg.

2154. *1333 Januar 20. Avignon.*

Iohannes XXII Iohanni nato nobilis viri Iacobi de Moticler (!) confert eccl. Trever. canonicatum, prebendam vero eidem reservat.

Nobilitas generis, vite . . . Dat. Avin. XIII kl. ianuarii a. XVII.

In. e. m. abbati monasterii S. Martini prope muros Trever. et Gentili de Collealto archidiacono Maioricensis Legionensis capellano nostro ac scolastico Tullensis ecclesiarum.

Reg. 105 nr. 492.

2155. *1333 Januar 21. Avignon.*

Iohannes XXII Walramo de Treveri confert eccl. S. Paulini prope muros Trever. canonicatum, prebendam vero ac dignitatem vel personatum seu officium cum cura, dummodo huiusmodi dignitas principalis in eadem eccl. non existat, eidem reservat, non obstante quod canonicatum et prebendam in eccl. Spirensi obtinet.

Laudabile testimonium, quod . . . Dat. Avin. XII kl. februarii a. decimoseptimo.

In e. m. abbati monasterii S. Martini prope muros Trever. et decano Engolismensis ac scolastico Tullensis ecclesiarum.

Reg. 104 nr. 341.

2156. *1333 Februar 28. Avignon.*

Iohannes XXII Reynaldo comiti Gelrensi, qui in monasterio S. Clare Coloniensi ordinis eiusdem duas habet sorores, Philippinam videlicet et Isabellam, moniales ipsius monasterii, et Alionore eius uxori concedit, ut eas in monasterio visitare possint, dummodo ibi non comedant nec pernoctent.

Devotionis vestre sinceritas . . . Dat. Avin. II kl. marcii a. decimoseptimo.

Reg. 106 nr. 1166; Rz. 1601.

2157. *1333 März 9. Avignon.*

[Iohannes XXII] Hermanno dicto Blankard decano ecclesie B. Marie Aquensis Leod. dioc.

Laudabile testimonium, quod . . . Sane . . . Walramus archiepiscopus Colon. et . . Willermus comes Iuliacensis eius frater nobis significare curarunt, quod tu, qui decanatum eccl. B. Marie Aquensis Leod. dioc. canonice obtines et consiliarius archiepiscopi et cancellarius comitis predictorum existis, ab annis teneris servivisti eis fideliter et devote et quod ipsi in tantum tuo obsequio propter tuam probatam fidelitatem indigere noscuntur, quod nulla ratione tuo possunt carere obsequio personali, et quod decanus ipsius ecclesie, qui est pro tempore, ex statutis et consuetudinibus eiusdem ecclesie etiam iuramento firmatis tenetur se facere infra annum ad sacerdotium promoveri. Quare iidem archiepiscopus et comes nobis humiliter supplicarunt . . . Nos igitur . . . tibi, qui, ut asseritur, in subdiaconum iam promotus ad adhuc in primo anno assecutionis eiusdem decanatus existis, quod ratione dicti decanatus non tenearis usque ad biennium ad alteriores ordines promoveri . . . indulgemus . . . Dat. Avin. VII idus martii a. XVII.

Reg. 105 nr. 1269.

2158. *1333 März 18. Avignon.*

Iohannes XXII Thiderico de Dale confert eccl. Susatiensis Colon. dioc. canonicatum, prebendam vero unam de maioribus in eodem eccl. ei reservat.

Laudabile testimonium, quod . . . Dat. Avin. XV kl. aprilis a. decimoseptimo.

In e. m. Monasteriensis et S. Gereonis Colon. decanis ac Matheo de Longis archidiacono Leod. ecclesiarum.

Reg. 104 nr. 390.

2159. *1333 März 23. Avignon.*

Quitacio archiepiscopi Coloniensis pro parte.

Facta fuit quitacio domino Walrano archiepiscopo Coloniensi de II^m V^C flor. pro parte sui communis servicii camere et de IIII^C XVI flor. auri IX sol. coronatorum pro quatuor serviciis familiarium etc. clericis camere etc. per manus domini Theoderici de Essende scolastici S. Andree Colon. procuratoris sui solutis . . . Dat. Avin. XXIII mensis marcii anno (1333) ind. (I) et pont. quibus supra.

Oblig. et Solut. 13 (321) f. 83ʳ; similiter Oblig. et Solut. 15 f. 2.

2160. *1333 April 13. Avignon.*

Iohannes XXII magistro Bernardo Stephani preposito eccl. Bunnensis Colon. dioc. notario sedis apostolice indulget, ut Radulphus de Ruppe Zamorrensis et Geraldus de Lafargua B. Marie de Magduno supra Euram Bituricensis dioc. eccl. canonici eius familiares obsequis eiusdem insistentes fructus beneficiorum suorum ecclesiasticorum, que nunc obtinent vel imposterum obtinebunt, usque ad triennium integre cotidianis distributionibus dumtaxat exceptis percipere valeant et ad residendum interim in suis ecclesiis non teneantur.

Personam tuam claris . . . Dat. Avin. idus aprilis a. decimoseptimo.

In c. m. Guillermo de Petrilia Aniciensis et Bertrando de Claromonte Petragoricensis ac Raymundo de Columberio Autisiodorensis eccl. canonicis.

Reg. 104 nr. 1258 et Reg. 617 f. 120 nr. 616; cf. Rs. 1605.

2161. *1333 April 13. Avignon.*

Iohannes XXII Coloniensi et Bremensi archiepiscopis ac episcopo Padeburnensi mandat, quatinus publicent processum contra Henricum de Brunswic intrusum in ecclesia Hildesemensi sub data d. II idus aprilis a. decimoseptimo factum.

Nuper contra Henricum ... Dat. Avin. idus aprilis a. decimoseptimo.

Reg. 104 nr. 11433; Rs. 1644.

2162. *1333 April 15. Avignon.*

Iohannes XXII Engelberto de Marka preposito eccl. Leod. petente Adolpho episcopo Leod. pro eodem nepote suo, indulget, ut in aliquo beneficiorum suorum residendo vel litterarum studio in loco, ubi illud generale vigeat, aut prefati episcopi obsequiis insistendo fructus omnium beneficiorum suorum ecclesiasticorum usque ad triennium integre, cotidianis distributionibus dumtaxat exceptis, percipere valeat.

Meritis tue probitatis... Dat. Avin. XVII kl. maii a. XVII.

In c. m. abbati monasterii Werdunensis (!) Colon. dioc. et decano ac scolastico eccl. S. Pauli Leod.

Reg. 105 nr. 845.

2163. *1333 April 16. Avignon.*

Iohannes XXII episcopo Tornacensi et preposito Leod. ac decano S. Quentini in Viromandia Noviomensis dioc. mandat, quatinus magistro Bernardo Stephani preposito eccl. Bunnensis Colon. dioc. notario apostolice sedis conservatores et iudices efficacis defensionis presidio assistentes non permittant eundem super bonis et iuribus ad preposituram suam spectantibus a quibuscunque molestari.

Militanti ecclesie licet ... Dat. Avin. XVI kl. maii a. decimoseptimo.

Reg. 104 nr. 1189 et Reg. 7 f. 120' nr. 616.

2164. *1333 April 25. Avignon.*

Baldewinus Treverensis archiepiscopus et Moguntinensis sedis et Spirensis ecclesie provisor notum facit, quod Walramus archiepiscopus Coloniensis ipsius consanguineus ei promisit, se processus papales occasione archiepiscopatus Maguntini vel ex alia causa quacunque factos iuxta posse in suspenso esse tenturum et coactum a sede apostolica ad publicandum eosdem se esse iuxta posse palliaturum eundem Baldewinum, quodque Walramus eiusque germanus Wilhelmus comes Iuliacensis promiserunt Baldewino se infra quinquennium virtute processuum predictorum aut occasione archiepiscopatus Moguntinensis contra Baldewinum eiusque subditos nil esse attemptaturos.

Nos Baldewinus dei gratia . . . Dat. a. d. MCCCXXXIII in die B. Marci evangeliste.

Lacomblet III nr. 268.

2165. *1333 April 30. (Avignon.)*

Iohannes XXII Geraldum de Bisturre nuncium suum mittit ad Baldewinum archiepiscopum Trever., ut eum commoveat ad dimittendum Henrico archiepiscopo Maguntine ecclesiam Maguntinam.

[Iohannes XXII] magistro Geraldo de Bisturre decano ecclesie Andegavensis capellano nostro.

Quam sit venerabili fratri nostro Balduino archiepiscopo Treverensi indecens detentio ecclesie Maguntine quamque graviter ex hoc divine maiestatis offendat oculos et tam irreverenter contempnat ecclesiam quantumque existat iniuri[os]us venerabili fratri nostro Henrico archiepiscopo et Maguntine ecclesie, attendentes premissaque moleste ferentes ac cupientes, ut inter prefatos archiepiscopos tollatur[a] omnis dissensionis occasio et vigeat sinceritatis integritas, sicut decet, . . . quod ad premissa . . . procuranda et exequenda prompte tue solicitudinis studium interponas[b], te ad eas partes propterea providimus specialiter destinandum. Quocirca discretioni tue . . . mandamus, quatinus ad easdem partes te personaliter conferens, ad prescindendam[c] omnem discordie materiam inter archiepiscopos memoratos ipsosque in caritate mutua solidandos necnon inducendum et commovendum eundem Treverensem archiepiscopum [pertinentia] ad dictam Maguntinam ecclesiam iura et bona ipsius prelibato Maguntino archiepiscopo dimittenda interponere vice nostra studeas solicitudinis tue partes. Et ut premissa per te melius . . . valeant . . . ad effectum perduci, quascumque pactiones

a) tolatur *in reg.* b) interpones *in reg.* c) presindendam *in reg.*

conventiones colligationes ligas vel societates per prefatum Treverensem archiepiscopum vel alium seu alios nomine suo quibuscumque . . . factas quomodolibet . . . etiam si iuramentis penis vel aliis quibuslibet firmitatibus vallate fuerint, auctoritate nostra penitus dissolvendi . . . penasque adiectas et iuramenta super hiis prestita . . . penitus relaxandi plenam tibi concedimus . . postestatem. Dat. II kl. maii a. XVII.

Reg. 117 f. 22 nr. 619.

2166. *1333 April 30. Avignon.*

Iohannes XXII Baldewino archiepiscopo Trever. nunciat, quod ad eum mittit Geraldum de Bisturre, qui eum cum moveat ad dimittendum archiepiscopatum Maguntinum.

[Iohannes XXII] Baldewino archiepiscopo.

Urget nos caritas . . . Sane, sicut tua novit fraternitas, dudum vacante Maguntina ecclesia dispositioni apostolice reservata, eidem ecclesie de . . . Henrico archiepiscopo Maguntino duximus providendum. Cui — nescimus, quorum seductus consilio — sub colore, quod nonnulli canonici te in administratorem eiusdem ecclesie ordinaverant, te opponens, ipsum in sua administratione multipliciter impedis sibique adherentes gravare modis variis non omittis . . . Quare fraternitatem tuam . . . hortamur . . . quatinus . . . a tantis te periculis festines eripere . . . Et ecce dilecto filio Geraldo de Bisturre decano Andegavensi capellano nostro, quem ad partes illas dirigimus, . . . committimus, ut ad vos in amore et caritatis uniendos vinculo operosum studium interponat, cuius exhortationibus acquiescas salutaribus velut nostris, et si forsitan aliquid difficile se offerret, quod evestigio expediri non posset, non differas propterea dictam Maguntinam ecclesiam eidem archiepiscopo expedire, sciturus pro certo, quod nos, quecumque rationabiliter pecieris, tibi faciemus per dictum archiepiscopum expediri. Superiniunximus decano predicto, ut ab eodem archiepiscopo iuratoriam et aliam reciperet cautionem, quod super predictis nostris parebit omnino beneplacitis et mandatis. Dat. II kl. maii a. XVII.

Reg. 117 f. 125 nr. 635; cf. Raynaldi, Annal. eccl. a. 1333 § 29.

2167. *1333 April 30. (Avignon.)*

[Iohannes XXII] Henrico archiepiscopo Maguntino.

Dilecto filio magistro Geraldo de Bisturre decano Andegavensi capellano nostro apostolice sedis nuncio, quem ad partes illas destinamus specialiter cuique super reformanda inter te ac venerabilem fratrem nostrum Baldewinum archiepiscopum Treverensem actore deo concordia et restituenda tibi Maguntina ecclesia . . . concessimus litteras, quedam, que tue fraternitati exponet et suadebit pro parte nostra, super hiis duximus imponenda, super quibus eidem fidem adhibeas credulam et effectualiter acquiescas. Dat. ut supra (=kl. maii a. XVII).

Reg. 117 f. 125' nr. 637; Rz. 1608.

2168. *1333 April 30. Avignon.*

Iohannes XXII Henrico (!) archiepiscopo Coloniensi nunciat, quod ad partes istas dirigit Geraldum de Bisturre nuncium suum, ut super Treverensis et Maguntini archiepiscoporum concordia et restituenda a Treverensi Maguntino ecclesia Maguntina partes sue solicitudinis interponat. Hortatur archiepiscopum Coloniensem, quatinus nuncio in hac parte assistat.

Quantum sit venerabili . . . Dat. ut supra (=II kl. maii a. XVII).

Reg. 119 f. 125' nr. 636; Rz. 1608 n. 1.

2169. *1333 Mai 1. (Avignon.)*

[Iohannes XXII] Baldewino archiepiscopo Treverensi.

Cum super reformanda inter te ac . . . Henricum archiepiscopum Maguntinum concordia . . . magistrum Geraldum de Bisturre . . . ad eas partes ac tuam et ipsius archiepiscopi presentiam providerimus specialiter destinandum, fraternitatem tuam . . . hortamur, . . . quatinus super hiis, que dictus nuncius pro parte nostra tibi circa predicta exponenda duxerit vel etiam suadenda, fidem credulam adhibeas illisque velut tibi accommodis et expedientibus effectualiter acquiescas, habiturus nichilominus eundem nuncium . . . commendatum. Dat. kl. maii a. septimodecimo.

Reg. 117 f. 125' nr. 638; Rz. 1610

2170. *1333 Mai 1. (Avignon.)*

Iohannes XXII Henrico archiepiscopo Maguntino.

Quedam dilecto filio Geraldo de Bisturre . . . fraternitati tue imposuimus exponenda, que utique per te optamus[a] intense modis omnibus adimpleri. Ideoque fraternitatem tuam rogamus attente, ut ea quovis sublato diffugio implere procures; quod si feceris, erit nobis gratum

a) obtamus *in reg.*

admodum et nimis displicibile, si ommiseris adimplere, habiturus prefatum decanum . . . commendatum. Dat. ut supra (= kl. maii a. decimoseptimo.

Reg. 117 f. 126 nr. 641; Rz. 1609.

2171. *1333 Mai 1. (Avignon.)*

[Iohannes XXII] regi Boemie.

Si abbas ille implere voluerit, que dicitur promisisse, non revocet in dubium excellentia regia, quin sic nos in suis agendis propicios et benignos reperiat, quod poterit merito contentari, precipue si illos apostatas monachos nobis mittat. Dat. kl. maii a. decimoseptimo.

Reg. 117 f. 126 nr. 639,

2172. *1333 Mai 1. (Avignon.)*

[Iohannes XXII] eidem regi [Boemie].

Super illa dispensatione fienda, ut non obstante certo gradu consanguinitatis, quo tu et inclita puella . . . neptis dilecti filii Alberti ducis Austrie . . . estis iuncti, celsitudini regie viva voce respondimus et duci Austrie per nostras litteras supradicto et adhuc similiter respondimus, videlicet quod eam non decet nos facere propter causas, quas tunc duximus explicandas. Dat. ut supra (=kl. maii a. septimodecimo).

Reg. 117 f. 126 nr. 640; Rz. 1612.

***2173.** *1333 Juni 3. Avignon.*

Willelmus Antibarensis archiepiscopus pluresque alii episcopi concedunt in favorem ecclesie in Burtbeic Colon. dioc. fundate in honorem S. Dionisii martiis indulgentias (non plenarias) omnibus vere penitentibus et confessis, qui ad dictam ecclesiam certis diebus festivis devote accesserint seu qui missis predicationibus etc. ibidem interfuerint necnon qui ad fabricam etc. manus porrexerint adiutrices.

Pia mater ecclesia . . . Datum Avinione tercia die mensis iunii anno domini M°.CCC°.XXXIII et pont. domini Iohannis pape XXII a. decimoseptimo.

Or. membr. cum pluribus sig. et permagna beneque picta initiali U. — Paris. Bibl. nat. f. lat. 9271 nr. 27. — Reg. in arch. civit. Colon. Inventar. nr. 156.

2174. *1333 Juni 8. Avignon.*

Iohannes XXII Theoderico nato Iohannis dicti Ubilde de Nominagio (!) clerico Colon. dioc. reservat beneficium ecclesiasticum cum cura vel sine cura, cuius fructus, si curatum, viginti, si vero sine cura fuerit, quindecim marcharum argenti valorem annuum non excedunt, pertinens communiter vel divisim ad dispositionem prepositi decani et capituli eccl. Xanctensis Colon. dioc.

Ex tue devotionis . . . Dat. Avin. VI idus iunii a. decimoseptimo.

In e. m. S. Salvatoris Traiect. et Zeflicensis Colon. dioc. decanis ac magistro Iacobo de Mutina scolastico Tullensis eccl. capellano papali.

Reg. 141 nr. 863.

2175. *1333 Juni 30.* (*Avignon.*)

Iohannes XXII Walramo archiepiscopo Coloniensi.

Receptis pridem solita benignitate tue fraternitatis litteris ac contentis in eis diligentius intellectis, volumus te tenere, quod neminem contra tue devotionis fraternitatem super matiria in eisdem contenta litteris audivimus obloquentem nec de facili surrantibus huiusmodi aures credulas preberemus. Tu ergo, frater, in devotione solita firmiter perseverans, non te permittas quorumvis dampnandis persuasionibus decipi seu devotionis eiusdem integritatem quomodolibet violari. Dat. II kl. iulii a. septimodecimo.

Reg. 117 f. 126' nr. 647; Rz. 1617.

2176. *1333 Juni 30.* (*Avignon.*)

[Iohannes XXII] Willelmo . . . comiti . . . Iuliacensi.

Receptis etc. ut in alia usque violari. Ceterum oblationem tuam in eisdem insertam litteris nobis factam gratam habentes plurimum et acceptam eamque dignis in domino laudibus commendantes super ipsa gratiarum tibi referimus uberes actiones. Dat. ut supra (= II kl. Iulii a. septimodecimo).

Reg. 117 f. 126' nr. 648; Rz. 1617.

***2177.** *1333 Juli 1.* (*Avignon.*)

Frater Daniel episcopus Motensis vices gerens in pontificalibus et spiritualibus Baldewini archiepiscopi Trever. testatur, quod eadem die ecclesiam metropolitanam Trever. sanguinis effusione violatam reconciliavit.

Koblenz. Arch. reg. Documenta Capituli Trever. t. IV pg. 221.

2178. *1333 Juli 14. (Avignon.)*

[Iohannes XXII] Geraldo de Bisturre decano Andegavensis capellano nostro.

Receptis benigne tuis litteris et contentis in eis plenius intelletis, volumus, quod nisi nuncii . . Treverensis archiepiscopi, quorum prestolabaris adventum, iam venerint vel speres eos infalibiliter venturos in proximo, studeas evestigio ad nostram presentiam te conferre. Dat. II idus iulii a. decimoseptimo.

Reg. 117 f. 126' nr. 649; Rz. 1616.

2179. *1333 Juli 14.—August 12.*

XIIII mensis jull.

Forma appellationis domine Treverensis.

In nomine patris et filii et spiritus sancti amen. Anno a nativitate domini millesimo CCC. XXX tercio indict. etc. in tali loco etc. Ibi Reverendissimus pater et dominus, dominus B. dei gracia archiepiscopus Treverensis et sancte Maguntinensis sedis ac Spirensis ecclesie provisor. Et tales canonici ipsius Maguntinensis ecclesie facientes capitulum eorum et cuiusque eorum nomine ac nomine et vice capituli et ecclesie predicte et tocius cleri et populi eidem Maguntinensi ecclesie subiecti. Constituti in presentia infrascriptarum venerabilium et autenticarum personarum dederunt porexerunt et publicaverunt et publice legi fecerunt et dant porigunt presentant et publicant infrascriptum libellum in scriptis et dixerunt protestati fuerunt fecerunt provocaverunt appellaverunt in omnibus et per omnia, prout in ipso libello continetur. Cuius libelli tenor talis est:

Universis patriarchis archiepiscopis et episcopis, abbatibus prioribus prepositis decanis archidiaconis archipresbiteris et aliis ecclesiarum prelatis necnon ceteris christifidelibus tam ecclesiasticis quam secularibus. Nos B. archiepiscopus Treverensis et sancte Maguntinensis ecclesie provisor ac tales canonici Maguntinensis ecclesie nostris et cuiusque nostrum nominibus ac etiam nomine et vice capituli ipsius ecclesie et totius cleri et populi eidem Maguntinensi ecclesie subiecti et omnium nobis adherentium ac adherere volentium in hac parte, attendentes, quod christiane religionis fundamentum et radix est fides catholica, quam nisi quisque integram inviolatamque servaverit, absque dubio in eternum peribit, manifestamus et notum facimus, quod fama publica et relatione veridica et certissima deferente ad nostram notitiam est deductum, quod dominus Iohannes papa XXII in suis predicationibus sermonibus atque scriptis per ipsum dominum Iohannem publice et manifeste factis promulgatis et publicatis dixit professus est docuit et predicavit publice et docet asserit et predicat infrascriptos errores dicte fidei catholice repugnantes. *(In textu sequenti diffuse demonstrantur quindecim eiusdem pape errores. Deinde f. 187 (CCXXIII) pergitur.)*

Insuper nos prenominati B. archiepiscopus et canonici dictis nominibus specialiter attendentes, quod prefatus dominus Iohannes de facto et contra iura divina et sanctorum patrum decreta et statuta contullit archiepiscopatum dicte ecclesie Maguntine Henrico de Virenburg quondam preposito Bunensi, viro utique, qui tempore collationis et provisionis huiusmodi erat variis notoriis et enormibus criminibus irretitus, quia videlicet plura homicidia voluntaria manifesta ac notoria perpetraverat et multa periuria ac sacrilegia s. captivationes clericorum et incendia ac efractiones ecclesiarum consecratarum et adulteria et spolia notoria comiserat et plura beneficia curata de facto et contra sanctiones canonicas detinebat, contra quam collationem sive provisionem factam eidem de dicto archiepiscopatu fuit pro parte canonicorum capituli et cleri dicte Maguntinensis ecclesie legitime et canonice ad sedem apostolicam appellatum. Et quia ipse dominus Iohannes de facto, cum de iure non posset, ipsam appellationem cassavit et certis dedit executoribus in mandatis, ut dictum Henricum in possessionem dicte Maguntinensis ecclesie inducerent et inductum deffenderent et contradictores per censuram ecclesiasticam compescerent et punirent, prout hec et alia plura in processibus super his factis plenius continetur; et attendentes, quod papa non potest aliquid decernere vel facere contra ius divinum nec contra ea, que sunt a sanctis patribus in fide vel moribus constituta, et si contra faciat, errare convincitur, ut aperte probatur XXII q. I. c. sunt quidem et c. contra statuta et c. omne et c. satagendum, et non constructor sed eversor est dicendus, ut in e. causa q. II c. si ea destruerem, et quod papa a fide devians . . . est a cunctis veris catholicis repudiandus et est ab ipsius pape communione et obedientie recedendum statim, ex quo talia contra fidem catholicam cepit publice predicare . . .

Quare ex predictis rationibus et causis et qualibet earum per se sufficienti in solidum et aliis, si opus fuerit, suo loco et tempore proponendis nos prefati B. archiepiscopus et canonici dictis nominibus dicimus denunciamus et declaramus dictam collationem sive provisionem factam per dictum dominum Iohannem predicto Henrico de dicto archiepiscopatu ecclesie Maguntinensis et omnes processus factos et fiendos per ipsum dominum Iohannem seu eius executorem vel executores aut delegatos in favorem dicti Henrici sive in nostrum vel alicuius nostrum aut dicte ecclesie Maguntinensis aut nobis adherentium vel adherere volentium preiudicium vel gravamen pronunciata sive indicata et promulgata per ipsum dominum Iohannem, postquam in heresim lapsus est, fuisse et esse nullos et nulla et nullius valoris et momenti. Et quatenus de facto processerunt, ab ipsis et quolibet eorum et ab ipso domino Iohanne et adversum ipsum tamquam nostrum et fidei catholice adversarium in his scriptis solempniter provocamus et apellamus ad concilium catholicorum fidem catholicam firmiter tenentium et confitentium convocandum et ad quemlibet, ad quem potest predictorum cognitio pertinere. Et si peti debent apostoli, ipsos instanter et iterum cum instantia et instantissime petimus et subicimus nos et iura nostra et omnes nobis adherentes et adherere volentes protectioni et defensioni sacri concilii et sancte catholice ecclesie et cuiuslibet, ad quem potest predictorum cognitio pertinere de iure. Et protestamur nos tenere et semper servare velle illam fidem, quam sancta ecclesia catholica tenet predicat et observat, que disponente domino cunctorum fidelium mater est et magistra.

Acta et facta fuerunt predicta . . . etc.

In inferiore margine fol. 188 additum est: Completa in festo Sancte Clare.

Bibl. Vatic. cod. 4009 chartac. sc. XIV. f. 180—188; cf. Rz. 1672 p. 574.

2180. *1333 August 31. Avignon.*

Iohannes XXII Theodorico nato Theodorici de Septemfontibus clerico Trever. dioc. consideracione Iohannis regis Boemie pro familiari suo supplicantis reservat beneficium ecclesiasticum cum cura vel sine cura, cuius fructus, si cum cura, sexaginta, si vero sine cura fuerit, quadraginta librarum turonensium parvorum valorem annuum s. t. d. non excedant, spectans communiter vel divisim ad dispositionem episcopi decani et capituli Metensis.

Laudabile testimonium, quod ... Dat. Avin. II kl. septembris a. decimoseptimo.

In e. m. Treverensis et Abrincensis archidiaconis et scolastico Tullensis ecclesiarum.

Reg. 104 nr. 838.

***2181.** *1333 September 9. Avignon.*

Daniel episcopus Môtensis testatur, quod fecit eadem die consecrationem altaris B. Marie Magdalene in eccl. Dietkirchen Trever. dioc. a presbitero Rorico fundati.

Arch. Wiesbaden. Stift Dietkirchen, nr. 24. Or. membr. cum sigillo pend.

2182. *1333 September 15. (Avignon.)*

[Iohannes XXII] eidem regi Francie.

Noverit circumspectio regia, quod ista sedes in translatione prelatorum duo precipue consuevit servare, videlicet quod status transferendi minui quoad gradum honoris non debeat et ex translatione huiusmodi ecclesiarum, scilicet a qua et ad quam fit translatio, melior [fiat] conditio. Profecto, fili carissime, in translatione, pro qua hiis diebus serenitas regia supplicavit, videlicet quod ... episcopum Leodiensem transferremus ad ecclesiam Maguntinam, ista concurrere non videmus. De Maguntino quidem, qui est archiepiscopus, fieret episcopus, sicque status eius minueretur quoad gradum honoris ... Dat. ut supra (= XVII kl. octobris a. octavodecimo).

Reg. 117 f. 187' nr. 928.

2183. *1333 October 2. (Avignon.)*

[Iohannes XXII] archiepiscopo Coloniensi.

Ne lingua tertia, que multos turbare est solicita, super hiis, que litterarum tuarum nobis destinatarum novissime reserarat, lectio ulterius te perturbet, fraternitatem tuam volumus indubie hoc tenere, quod .. Geraldus de Bisturre ... nichil nobis assertive de contentis in tuis litteris nunciarat. Sed verum est, quod sicut vir fidelis nobis, quod illa audiverat, ut possemus super illis providere, si ipsis suffragaretur veritas, intimavit. Qui quidem decanus percepto postea, quod veritas aliter se habebat, id etiam nobis per suas studuit litteras reserare. Nec credat tua prudentia quod in tui detractionem nobis supradicta scripserit, sed fidelitatis stimulis agitatus. Virum quidem ipsum in multis probavimus providum et fidelem. Dat. VI nonas octobris a. XVIII.

In e. m. comiti Iuliacensi.

Reg. 117 f. 121' nr. 1113.

2184. *1333 October 14.* (*Avignon.*)

[a. MCCCXXXIII].

Die XIIII m. octobris d. Petrus Guigonis de Castronovo archidiaconus de Vico in eccl. Metensi ad colligendum fructus beneficiorum ecclesiasticorum in Bisuntina et Trevorensi provinciis existencium collector una cum d. *Raymundo* de Valle Aurea canonico Lingonensi collector deputatus de pecunia per ipsos collectores recepta in Bisuntina Metensi Tullensi Virdunensi et Lausanensi civitatibus et diocesibus de fructibus supradictis assignavit camere d. nostri pape suo et dicti college sui nomine — MCLXXX flor. auri.

c
IIXVIII d. regal. auri.

LII parisienses auri.

XX d. ad cathedram auri.

c
Item assignavit eidem camere — IILXI flor. auri.

Introit. et Exit. 136 f. 11.

2185. *1333 October 20. Avignon.*

Iohannes XXII tribus executoribus mandat, quatinus Embriconi de Schonecke canonico ecclesie de Monasterio in Meynevelt prepositaram eiusdem eccl. conferant.

[Iohannes XXII] decano et cantori B. Marie Aquensis Leod. dioc. ac Leyvoldo de Northof canonico Leod. eccl.

Vite ac morum honestas . . . Dudum . . . Helia dicto de Monasterio in Meynevelt ecclesie predicte canonico exponente nobis, quod prepositura ipsius ecclesie ex eo tunc vacabat, quod quondam Alexander de Brunsheru antea ecclesie predicte prepositus tunc defunctus dictam preposituram curam animarum habentem una cum qua[dam] parrochiali ecclesia post et contra constitutionem nostram, quam dudum super pluralitate . . . beneficiorum ecclesiasticorum . . . edidimus, usque ad diem sui obitus retinere presumpserat, penam privationis eiusdem prepositure ipso iure . . . incurrendo, nos . . . abbati monasterii S. Mathie extra muros Treverenses et . . . Treverensis ac . . . Nannetensis ecclesiarum archidiaconis nostris dedimus litteris in mandatis, ut . . . dictam preposituram . . . eidem Helie . . . conferre et assignare curarent . . . Cum autem, sicut accepimus, adhuc prefata prepositura, de qua dictus Helias sibi fecit . . . provideri, vacare noscatur, cum dictus Helias de parrochiali ecclesia de Monasterio in Meynevelt . . . et pluribus aliis, que tunc temporis, ut asseritur, obtinebat, beneficiis nullam in eisdem nostris litteris fecerit mentionem ipseque dictam preposituram de facto detinuerit . . . occupatam dispensatione . . . non obtenta, nullusque preter nos, si est ita, de dicta prepositura disponere potuerit neque possit . . . nos . . . discretioni vestre . . . mandamus, quatinus . . . vocatis dicto Helia et aliis, qui fuerint evocandi, si . . . inveneritis ita esse . . . preposituram predictam . . . Embriconi [de Schonecke canonico ecclesie de Monasterio in Meynevelt Trever. dioc.] conferre et assignare curetis . . . non obstantibus . . . quod dictus Embrico in dicta de Monasterio et S. Stephani Maguntina ac S. Cassii Bunnensi ecclesiis canonicatus et prebendas ac preposituram ecclesie Zeflicensis Colon. dioc. noscitur obtinere. Volumus autem, quod, postquam dictus Embrico pacificam possessionem prepositure dicte ecclesie de Monasterio vigore presentium fuerit pacifice assecutus, dictam preposituram ipsius ecclesie Zeflicensis . . . omnino dimittere teneatur . . . Dat. Avin. XIII kl. novembris a. decimooctavo.

Reg. 107 nr. 177.

2186. *1333 November 2. Avignon.*

Iohannes XXII archiepiscopo Colon. mandat, quatinus cum Mathia dicto Mast oppidano Nussiensi et Aleyde de Sast Colon. dioc., qui ignorantes aliquod impedimentum inter eos existere matrimonium contraxerunt et prolem ex eo susceperunt, super impedimento exorto ex eo, quod Mathias ante contractum matrimonium quandam mulierem actu fornicario cognoverat, que Aleydi in quarto ex una et in tertio ex altera parte consanguinitatis gradibus continebat, dispenset, ut in dicto matrimonio licite remanere possint, prolem ex eo suscepto et suscipiendo legitimam nunciando.

Intenta salutis operibus . . . Dat. Avin. IIII nonas novembris a. decimooctavo.

Reg. 106 nr. 1197.

2187. *1334 Januar 25. Avignon.*

[Iohannes XXII] abbati monasterii S. Pantaleonis et preposito S. Severini ac decano S. Andree Colon.

Vite ac morum honestas ... Cum itaque canonicatus et prebenda ecclesie Werdensis dicte [Colon.] dioc. tanto tempore de iure vacavisse et adhuc vacare decantur, quod eorum collatio est ad sedem apostolicam secundam statuta Lateranensis concilii legitime devoluta, licet dilectus filius Engilbertus de Blegge ipsos canonicatum et prebendam pretextu cuiusdam permutationis de quadam parrochiali ecclesia, quam de facto detinebat, cum canonicatu et prebenda predictis facte, ut dicitur, diu detinuerit et adhuc detineat occupatos, nos volentes dicto Henrico [Vinstingi de Scholaria clerici Coloniensis diocesis] ... gratiam facere specialem, discretioni vestre ... mandamus, quatinus ... si vocato dicto Engilberto et aliis, qui fuerint evocandi, vobis constiterit ita esse ... canonicatum et prebendam eosdem ... dicto Henrico auctoritate nostra conferre et assignare curetis ... Dat. Avin. VIII februarii a. decimooctavo.

Reg. 106 nr. 802.

2188. *1334 Februar 8. (Avignon.)*

Iohannes XXII Adolpho episcopo Leodiensi mandat, quatinus Adolpho nato Roperti comitis de Virnenburch canonico eccl. S. Gereonis Colon. conferat eccl. Leod. canonicatum et prebendam, quas Gerardus de Virnenborg resignare desiderat.

Nobilitas generis, vite ... Dat. VI idus februarii a. decimooctavo.

Reg. 107 nr. 255.

2189. *(1334 um Februar?) (Avignon.)*

[Iohannes XXII] Walrano archiepiscopo Coloniensi.

Pridem ad nostram veniens presentiam dilectus filius magister Godofridus dictus de Sancto Cuniberto canonicus Coloniensis nuncius tuus nobis tue fraternitatis litteras presentarat, quos quidem nuncium et litteras benigne recepimus et, que ipse pro parte tua exponere voluit dicteque continebant littere, pleno collegimus intellectu. Et licet dictus nuncius super quibusdam verbis excusatoriis per eum propositis se in animam tuam iuramentum prestiturum se offerret, nos tamen, qui de tua sinceritate plenarie confidentes quibusdam sinistris, que dicta per aliquos fuerant, aures non accomodaramus credulas, huiusmodi non curavimus recipere iuramentum. Eundem autem nuncium ad tuam iam diu presenciam redire volentem certis excausis retinuimus usque modo. Quare moram ipsius habeas excusatam. Hortamur igitur fraternitatem eandem attentius et rogamus, quatinus sic tua constantia devotionis et fidei erga deum ac nos et ecclesiam Romanam continue fulgeat . . . Datum quere (*sic!*).

In e. m. Willelmo comiti Iuliacensi.

Reg. 117 ps. II f. 223' nr. 1127; Rz. 1638.

2190. *1334 März 1. Avignon.*

Iohannes XXII Hugonem Tricastrinum et Iohannem Massiliensem episcopos deputat ad tollendum discordiam inter episcopum capitulumque Leodiensem atque ducem Brabantie de villa Machliniensi exortam.

Iohannes XXII Hugoni Tricastrino ac Iohanni Massiliensi episcopis apostolice sedis nunciis.

Intensum desiderium ad pacis . . . Cum itaque . . . antiquus ille humani generis persecutor occasione cuiusdam venditionis facte per . . . Adolphum episcopum ac . . capitulum Leodiense de villa Machliniensi Cameracensis diocesis . . . Ludovico comiti Flandrensi inter episcopum et comitem predictos suosque valitores . . . ex una parte ac . . . Iohannem ducem Brabancie, qui certa iura in eadem villa se habere asserit, necnon et scabinos ac comune eiusdem ville, qui contra conventiones inter ipsum episcopum et scabinos et comune ville predicte de non alienando villam eandem ac in alium transferendo initas formaque non servata debita in ipsorum ducis et scabinorum ac communis grande preiudicium venditionem huiusmodi asserunt attemptatam et episcopo et comite prefatis ex adverso asserentibus dictam venditionem iuste ac observata forma debita esse factam, materiam gravis questionis iniecit[a] usque adeo ipsos commovens dissidentes, quod iam ad congressus bellicos sic dicuntur mutuo processisse . . . nos . . . pensantes, quod prefata dissensio . . . multorum discrimina secum trahit . . . et specialiter transmarinum passagium per nos . . . ad sedulam instantiam . . . Philippi illustris regis Francie indictum . . . differre seu impedire potius comminatur . . . vos . . . ad eas partes . . . providimus destinandos. Quocirca fraternitati vestre . . . mandamus, quatinus ad partes ipsas vos personaliter conferentes dissidentes predictos necnon

a) Iniescit *in reg.*

et principes aliosque adherentes eisdem ad pacem et concordiam ... inducatis ... Dat. Avin. kl. martii a. decimooctavo.

Reg. 117 f. 174' nr. 877.

2191. *1334 März 4. (Avignon.)*

Iohannes XXII Wilremo (!) archiepiscopo Coloniensi nunciat se misisse Hugonem Tricastrensem et Iohannem Massiliensem episcopos ad sedandam guerram inter scabinos et communitatem ville Machlinensis Cameracensis diocesis eiusque fautores ex una parte et Adolphum episcopum Leodiensem ac Ludovicum comitem Flandrensem eorumque fautores exaltera parte, que quidem guerra preter alia incommoda non modicum prestet impedimentum passagio Terre Sancte ab ipso iam indicto, eumque hortatur, ut assistat nunciis in eorum negotio perficiendo.

Non sine cordis amaritudine ... Dat. III nonas marcii a. decimooctavo.

In e. m. Iohanni regi Boemie, Reynoldo comiti Gueirensi, Guillermo comiti Hanonie, Willelmo comiti Iuliacensi, Willelmo comiti Lossensi, Adolpho comiti de Marchia, Eduardi comiti Barensi pluribusque aliis ...

Reg. 117 f. 206 nr. 1045; Rz. 1642.

2192. *1334 März 17. Avignon.*

Iohannes XXII archiepiscopum Coloniensem eiusque confederatos ex una parte et Iohannem ducem Brabantie eiusque confederatos ex altera dissidentes, ut a bellicis congressibus prorsus abstineant.

[Iohannes XXII] Ad futuram rei memoriam.

Displicenter nimis infesta molestaque multorum relatio tam litteralis quam verbalis ad nostrum fratrumque nostrorum deduxit auditum, quod hostis humani generis pacis impaciens et emulus caritatis inter venerabiles fratres . . archiepiscopum Coloniensem ac . . episcopum Leodiensem et ... Ioannem regem Boemie illustrem et ... Ludovicum Flandrie .. Hannonie .. Guelrensem .. Lossensem .. Namursensem et .. Iuliacensem comites ac Iohannem de Hannonia eorumque valitores alios ex parte una et ... Iohannem ducem Brabancie suosque valitores et sequaces ex altera sic disseminare discordias studuit ... quod, ut promptius ac potentius pars una ad alterius totale exterminium procedere valeat, pactiones inter eosdem archiepiscopum episcopum regem comites et nobiles, quod contra dictum ducem eiusque valitores mutuo se iuvare dictusque dux cum suis valitoribus, quod ipsi sibi et ipse eis contra supranominatos ... assistere debeant, inite ac penis diversis et iuramentis firmate dicuntur. Nos itaque ... attendentes insuper, quod si procederet dicta dissensio, cum totam quasi militiam Francie et Alemannie secum traheret, sic possent debilitari regna predicta ... quod tempus longum ad vires et facultates non sufficerent resumendas sicque ... Philippi regis Francie illustris aliorumque laudanda devotio, quos vivifice crucis insignivit signaculum, non posset prosequi magnum fidei periculum, negotium transmarinum ... monemus ... prefactas partes ... ut ... considerantes predicta ... a bellicis prorsus cessantes congressibus per vias pacificas vel iusticie semitas super dissensionibus huiusmodi suam iusticiam prosequantur ... Sane ... iuramenta, in quantum dissensiones et guerras inter partes .. predictas nutriunt bonumve pacis impediunt et contradicunt iusticie, relaxamus ... Dat. Avin. XVI kl. aprilis a. decimooctavo.

Reg. 118 f. 175' nr. 882.

2193. *1334 März 17. Avignon.*

Iohannes XXII Ambianensi et Noviomensi episcopis et abbati monasterii S. Cornelii de Compendio Suessionensis dioc. mandat, quatinus bullam, qua papa eodem die archiepiscopum Coloniensem eiusque socios ex una parte et ducem Brabantie eiusque socios ex altera adhortatur ad pacem et utriusque partis iuramenta relaxat, eisdem partibus intiment.

Displicenter nimis infesta ... Dat. ut supra (= Avin. XVI kl. aprilis a. decimooctavo).

Reg. 117 f. 176 nr. 883.

Eodem die eisdem mandat, quatinus in facienda publicatione predicta adicere studeant, quod papa non intendat propter hoc commissiones Hugoni Tricastrino et Iohanni Massiliensi episcopis super dissensionibus et guerris predictis terminandis pridem factas in aliquo revocare.

Licet iuramenta super ... Dat. Avin. XVI kl. aprilis a. decimooctavo.

Reg. 87 f. 85 nr. 2239.

2194. *1334 April 1. Avignon.*

Iohannes XXII Gotscalco nato Henrici dicte Overstolt civis Coloniensis confert eccl. SS. Apostolorum Colon. canonicatum, prebendam vero eidem reservat.

Attributa tibi merita . . . Dat. Avin. kl. aprilis a. decimooctavo.

In e. m. S. Gereonis et S. Georgii Colon. decanis ac Rollando de Scarampis canonico Laudunensis ecclesiarum.

Reg. 116 nr. 558.

2195. *1334 April 1. Avignon.*

Iohannes XXII Gerardo nato quondam Gerardi dicti Roycstoch civis Coloniensis confert eccl. S. Andree Colon. canonicatum, prebendam vero eidem reservat.

Vite ac morum honestas . . . Dat. Avin. kl. aprilis a. decimooctavo.

In e. m. S. Gereonis et S. Georgii Colon. decanis ac Rollando de Scarampis canonico Laudunensis eccl. capellano papali.

Reg. 106 nr. 559.

2196. *1334 April 12. Avignon.*

Iohannes XXII archiepiscopo Coloniensi episcopo Argentinensi ac archipresbitero Perusino mandat, ut Ottoni, de quo providit ecclesie Herbipolensi, assistant contra Hermanum de Litemberg intrusum eiusque fautores, admoneant Hermannum, ut possessiones eccl. Herbipolensis ab ipso occupatas dimittat, eiusque fautores, ut ab eiusdem obediencia desistant. Alioquin procedant contra illos censuris ecclesiasticis.

Dudum ecclesia Herbipolensi . . . Dat. Avin. II idus aprilis a. decimooctavo.

Reg. 117 f. 217' nr. 1099; Rz. 1646.

2197. *1334 April 17. Avignon.*

Iohannes XXII Henricum de Nassawe prepositum eccl. Spirensis recipit in capellanum suum et capellanorum suorum consortio aggregat.

Virtutibus clarens et meritis . . . Dat. Avin. XV kl. maii a. decimooctavo.

Reg. 106 nr. 608.

2198. *1334 April 20. Avignon.*

[Iohannes XXII] Alberto episcopo Pataviensi.

Licet super translatione de te, frater, ad Maguntinam ecclesiam et de ... Henrico archiepiscopo Maguntino ad tuam Pataviensem ecclesiam facienda fuerit diversimode laboratum, nequivit tamen via oportuna super hoc reperiri, presertim quia non consuevimus prelatos a maioribus dignitatibus ad minores nisi de ipsorum voluntate transferre et .. nobilis vir Robertus comes de Wernenburch presens in Romana curia et ad nostram presensiam evocatus asserat, quod a fratre suo predicto nullam licentiam aut mandatum habuerat super translatione predicta; et subsequenter nichilominus litteras dicti archiepiscopi recepimus continentes, quod idem translationi, cum in episcopatu tuo propter mores diversos a sua patria minime posset proficere, nullatenus consentiret. Quare tua nos habeat super hoc fraternitas excusatos. Dat. XII kl. maii a. decimooctavo.

Reg. 117 f. 124 nr. 1311; Preger 636; Rz. 1651.

2199. *1334 Mai 13. (Avignon.)*

Iohannes XXII Hugoni Tricastrino et Iohanni Massiliensi episcopis apostolice sedis nunciis interrogantibus, quid agere debeant, cum comes Flandrie et dux Brabantie discordes remanserint, respondet, ut exequantur, quod cum Philippi regis Francie consilio et beneplacito in hac parte utilius cognoverint. Si vero viderint moram suam utilem in illis partibus minime existere, redeant ad curiam.

Litteris fraternitatis vestre . . . Dat. III idus maii a. decimooctavo.

Reg. 117 f. 206' nr. 1046.

2200. *1334 Mai 21. Avignon.*

Iohannes XXII Ericum episcopum Hildesemensem hortatur, quatinus procedat ad publicationem et executionem processuum a papa dudum contra Ludovicum de Bavaria eiusque sequaces habitorum, eique nunciat, quod super eadem re Coloniensi Maguntino Bremensi et Magdeburgensi archiepiscopis per alias scribit litteras.

Fraternitatis tue litteras... Dat. XII kl. iunii a. XVIII.

Reg. 117 f. 224 nr. 1133.

2201. *1334 Juni 11.* (*Avignon.*)

[Iohannes XXII] Iohanni regi Boemie.

Pridem dilectos filios magistros Boemundum de Saraponte archidiaconum Trevereusem et Guillermum Pinchon cancellarium ac nobiles viros Ludovicum de Pictavia et Symonem Philippi milites consiliarios et nuncios regios ad nostram presentiam venientes tueque celsitudinis litteras ab eis nostro apostolatui presentatas benigne recepimus et que ipsi pro parte regia curaverunt prudenter et eleganter proponere predicteque littere continebant, pacienter audivimus et intelleximus diligenter. Tandemque ad illa de consilio nonnullorum ex nostris fratribus ad hoc per nos specialiter evocatis respondimus, prout regie magnificentie breviter intendimus per alias nostras litteras seriosius explicare. Dat. III idus iunii a. XVIII.

Reg. 117 f. 225 nr. 1137; Rs. 1669.

2202. *1334 Juni 16 oder Juli 16.* (*Avignon.*)

[Iohannes XXII] Iohanni regi Boemie.

Dudum Wormatiensi ecclesie . . . de persona . . . Silmani (!) episcopi Wormatiensi . . . providimus . . . Et licet ipse huiusmodi sue provisionis litteras apostolicas per suos ministros et procuratores, quos ad episcopatum suum Wormatiensem destinare curavit, iam dudum transmiserit, per quosdam tamen . . . adeo extitit usque nunc . . . impeditus, quod administrationem episcopatus eiusdem non potuit adipisci. Cum autem idem episcopus nuper de partibus Alamannie ad Romanam curiam veniens et serenitatem tuam multis laudum preconiis . . . extollens se sperare pro firmo asserat, quod si tua dextera sibi assistere voluerit viriliter in hac parte . . . suum episcopatum predictum assequetur, regalem excellentiam attentius deprecamur, quatinus . . . eundem episcopum eiusque procuratores et familiam habens propensius commendatos eisdem super recuperatione et assecutione pacifica episcopatus eiusdem . . . te velis munificum exhibere. Dat. XVI iulii a. XVII.

Reg. 117 f. 225 nr. 1140; Rs. 1660.

2203. *1334 Juni 16 oder Juli 16.* (*Avignon.*)

Iohannes XXII archiepiscopo Coloniensi destinat litteras, quibus eum rogat, quatinus Salmanno episcopo Wormatiensi ad Romanam curiam redire coacto eiusque gentibus et familie, cum per loca archiepiscopo subdita transitum fecerint et ad archiepiscopum duxerint recurrendum, viriliter assistat.

Ad compescendum conatus ... Dat. ut supra (= XVI iulii a. XVIII).

In e. m. Argentinensi ... Metensi et Lingonensi administratori ecclesie Basiliensis episcopis.

Reg. 117 f. 226 nr. 1142; Rz. 1162.

2204. *1334 Juni 20. (Avignon.)*

Iohannes XXII archiepiscopo Coloniensi scribit exhortando eum, ut procedat tandem ad publicationem processuum contra Ludovicum de Bavaria eiusque sequaces iam dudum habitorum faciendam per se et suos suffraganeos et subditos.

Sicut tua fraternitas ... Dat. ut supra (= XII kl. iulii a. decimooctavo).

In e. m. Bremensi, Magdeburgensi et Maguntino archiepiscopis.

Reg. 117 f. 225 nr. 1036; Rz. 1664.

2205. *1334 Juni 23. Avignon.*

Iohannes XXII Waltero de Laiffinga familiari et clerico domestico Iohannis regis Boemie consideratione eiusdem regis confert eccl. S. Salvatoris Met. canonicatum, prebendam vero eidem reservat, non obstante quod parrochialem ecclesiam de Byedewilre et canonicatum sub expectatione prebende in eccl. de Cardono Trever. dioc. obtinet.

Probitatis et virtutum merita ... Dat. Avin. VIIII kl. iulii a. XVIII.

In e. m. abbati monasterii B. Marie in Luccmburch Trever. dioc. et scolastico Tull. ac cantori Met. ecclesiarum.

Reg. 107 nr. 408.

2206. *1334 Juni 23. Avignon.*

Iohannes XXII Iohanni de Vienna clerico perpetuo beneficiato in eccl. S. Symeonis Trever. confert consideracione Iohannis regis Boemie reservat beneficium ecclesiasticum consuetum abolim clericis secularibus assignari cum cura vel sine cura, cuius fructus, si cum cura, sexaginta, si vero sine cura fuerit, quadraginta librarum turonensium parvorum s. t. d. valorem annuum non excedunt, ad dispositionem abbatis et conventus monasterii. S. Villebrordi Epternacensis ord. S. Bened. Trever. dioc. communiter vel divisim spectans.

Attributa tibi merita ... Dat. Avin. VIIII kl. iulii a. decimooctavo.

In e. m. abbati monasterii S. Martini et decano S. Paulini extra muros Trever. ac scolastico Tullensis ecclesiarum.

Reg. 107 nr. 492.

2207. *1334 Juni 23. Avignon.*

Iohannes XXII Nicolao de Septemfontibus consideracione Iohannis Boemie confert eccl. Trever. canonicatum, prebendam vero eidem reservat.

Nobilitas generis, vite ... Dat. Avin. VIIII kl. iulii a. decimooctavo.

In e. m. abbati monasterii S. Willebrordi Epternacensis Trever. dioc. et decano S. Symeonis Trever. ac scolastico Tullensis ecclesiarum.

Reg. 107 nr. 419.

2208. *1334 Juni 23. Avignon.*

Iohannes XXII Johanni dicto de Orvaulz clerico Trever. dioc. consideratione Johannis regis Boemie reservat beneficium ecclesiasticum cum cura vel sine cura consuetum clericis secularibus assignari, ad dispositionem abbatis et conventus monasterii S. Maximini extra muros Treverenses ord. S. Bened. communiter vel divisim spectans, cuius fructus, si cum cura, sexaginta, si vero sine cura fuerit, quadraginta librarum turonensium parvorum s. t. d. valorem annuum non excedant.

Attributa tibi merita ... Dat. Avin. VIIII kl. iulii a. decimooctavo.

In e. m. abbati monasterii B. Marie in Lucemburch Trever. dioc. et cantori Met. ac scolastico Tullensis ecclesiarum.

Reg. 106 nr. 1065.

2209. *1334 Juni 27. (Avignon.)*

Iohannes XXII regi Boemie commendat magistrum Raymundum del Casse decanum Lingonensem et Bertrandum Cariti archidiaconum Vaurensem apostolice sedis nuncios, quos destinat ad regem Boemie et regem Francie pro exequendis hiis, que fieri debent iuxta tractatum cum nunciis utriusque regis habitum, prout in quaternis tractatus eiusdem, quos dicti nuncii secum deferunt, continetur.

Cum pro exequendis... Dat. V kl. iulii a. decimooctavo.

Reg. 117 f. 199 nr. 1000.

2210. *1334 Juni 28. (Avignon.)*

Iohannes XXII Ludovico de Bavaria scribit se gaudere, quod is sit paratus regno et imperio renunciare eumque hortatur, ut faciat id cito.

„Habet nunciorum carissimorum in Christo filiorum nostrorum Philippi Francie et Johannis Boemie regum illustrium ad nostram presenciam transmissorum admodum nobis grata relatio, quod tu . . . votive desideres redire ad S. Romane ecclesie unitatem . . .“ Dat. IIII kl. iulii a. decimooctavo.

Reg. 119 f. 224' nr. 1134; Raynaldi annal. eccl. ad a. 1334 §§ 20—21; Rz. 1670.

2211. *1334* (?) *vor Juni 29. (München?)*

Reverendissimo in Christo fratri M(*ichaeli de Cesena*) generali frater Gualtherius.

Noveritis, quod dominus imperator accepit a me litteras domini N(*eapulionis?*) cardinalis, que mittebantur domino Treverensi, et per nuncium suum specialem missit eas in Treverim et me de omnibus expedivit, ut celeriter directa via vadam ad curiam... Iter arripiam in crastino apostolorum Petri et Pauli, et fuit decima dies, qua ad imperatorem perveni.

Bibl. Vaticana, cod. 4009 f. 169'; Rz. nr. 1671; cf. C. Höfler in Abhandl. der Böhm. Akad. VI. II. p. 11.

2212. *1334 Juli 3. Avignon.*

Iohannes XXII preposito S. Andree et S. Severini Coloniensis ac S. Marie Aquensis Leodiensis dioc. ecclesiarum decanis, commotus querelis a rectore eccl. S. Quintini in Nuscia Colon. dioc. necnon aliis rectoribus aliarum ecclesiarum archidiaconatum Coloniensium contra fratres quatuor ordinum mendicantium prolatis, volensque observari constitutionem: Super cathedram a Bonifacio VIII editam[1] quoad quatuor ordines mendicantium, mandat, quatinus predictis rectoribus conserva-

1) *Conf. nr. 110 n. 1.*

tores et iudices deputati non permittant eosdem a predictis ordinibus molestari aut iniuriari.

Frequenter hactenus, immo... Dat. Avin. V nonas iulii a. decimooctavo.

Reg. 106 nr. 806; Rz. 1672.

2213. *1334 Juli 4. (Avignon.)*

[Iohannis XXII] Johanni regi Boemie.

Quid super negotio, pro quo tui, fili carissime, et Philippi regis Francie illustris nuncii ad nostram pridem venerunt presentiam, actum extiterit, ipsi tui predicti nuncii referre poterunt et quaternus continens tractatum super hoc habitus quem ipsi secum deferunt, plenius regali prudentie reserabit. Dat. IIII nonas iulii a. decimooctavo.

Reg. 117 f. 225' nr. 1139; Rz. 1673.

2214. *1334 Juli 22. Avignon.*

Die XXII. m. iulii [a. MCCCXXXIIII] cum abbatissa et capitulum secularis ecclesie Assindensis Coloniensis dioc. teneatur singulis annis duos florenos auris Romane ecclesie racione census annui persolvere, censum ipsum pro octo annis in calendis marcii proxime preteriti terminatis dictum censum per manus magistri Henrici Galli procuratoris dicte eccl. Assindensis persolverunt dicte camere in XVI flor. auri.

Introit. et Exit. 43 f. 2.

2215. *1334 December 24. Avignon.*

Quitacio archiepiscopi Coloniensis.

Facta fuit quitacio domino Walramo archiepiscopo Coloniensi de II^m^. V^c^. flor. auri pro complemento sui communis servicii camere et de IIII^c^. XVI flor. auri* pro quatuor serviciis familiarium et officialium domini nostri pape.. clericis camere etc. per manus venerabilium virorum Girardi de Vivario decani S. Severini et Theoderici de Essende scolastici S. Andree ecclesiarum Coloniensium solutis, de quibus etc. Insuper etc. Dat. Avin. die XXIIII mensis decembris anno [MCCCXXXIV] ind. et pont. quibus supra.

*Oblig. et Solut. 13 (321) f. 107; Similiter Oblig. et Solut. 15 f. 29, ubi tamen * additur: IX sol. cor.*

Benedictus XII.

1334—1341.

2216. *1335 Januar 8. Avignon.*

Benedictus XII reservat usque ad suum beneplacitum camere apostolice fructus primi anni omnium vacantium et inantea vacaturorum beneficiorum, ecclesiis cathedralibus et monasteriis conventualibus ac beneficiis ex causa permutationis resignatis vel resignandis dumtaxat exceptis, mandatque magistro Iohanni de lo Iordano canonico Biterrensi capellano et thesaurario sedes apostolice, ut eosdem fructus nomine dicte camere colligat et percipiat.

Attendentis gravia et importabilia . . . Dat. Avin. VI idus ianuarii b. primo.

Reg. 130 f. 31' nr. 159.

2217. *1335 Januar 9. Avignon.*

Benedictus XII pluribus principibus et quamplurimis archiepiscopis et episcopis, abbatibus etc. Germanie eorumque in numero Coloniensi nunciat electionem de se factam.

Altitudo celestis consilii . . . Datum Avin. V idus ianuarii a. primo.

Reg. 119 nr. 1; Rz. 1686.

2218. *1335 Januar 9. Avignon.*

Benedictus XII cum Iohanne rege Boemie et Beatrice de Borbonio dispensat, ut non obstante tercio consanguinitatis gradu matrimonium contrahere valeant.

[Benedictus II] Iohanni regi Boemie ac Beatrici de Borbonio nate Ludovici ducis Borbonesii.

Etsi inter illos . . . Nuper siquidem pro parte vestra nobis exposito, quod tractante . . . Phylippo rege Francie illustri fuerat concordatum, ut matrimonium contraheretur inter vos per verba legitime de presenti quodque ex eo, quod vos in tertio gradu consanguinitatis ex utroque latere contingitis, non poteratis huiusmodi matrimonium contrahere dispensatione . . . non obtenta, nobisque pro parte vestra humiliter supplicato, ut providere vobis . . . dignaremur, nos dicti Phylippi regis nobis super hoc humiliter supplicantis ac vestris supplicationibus inclinati vobiscum, ut impedimento . . . et quavis alia constitutione ... nequaquam obstantibus matrimonium insimul contrahere illudque etiam tempore ad hoc a canonibus interdicto solennizare ... valeretis ... nonis ianuarii proxime preteritis ante coronationis et benedictionis nostre solennia ... duximus dispensandum ... Verum ne sub eo pretextu, quod presentes littere confecte non sunt sub data dicti diei, videlicet nonis ianuarii proxime precedentes (!) ipsa coronationis et benedictionis nostre solennia, ante que in Romanos electi pontifices non consueverunt communiter integra bulla uti, aliquod vobis ... preiudicium generetur, ... decernimus, quod huiusmodi dispensationis gratia a predicta die, videlicet nonis ianuarii, robur solide firmitatis obtineat ... Dat. Avin. V idus ianuarii a. primo.

Reg. 120 nr. 743; Rz. 1685.

2219. *1335 Januar 10. Avignon.*

Benedictus XII Conrado nato Everhardi sculteti de Scuppellenberch confert ecclesie Bunnensis Colon. dioc. canonicatum, prebendam vero eidem reservat.

Attributa tibi merita ... Dat. Avin. IIII idus ianuarii a. primo.

In e. m. episcopo Verdensi et Lichefeldensis et S. Andree Colon. eccl. decanis.

Reg. 119 nr. 252; Rz. 1690.

2220. *1335 Januar 10. Avignon.*

Benedictus XII Hermanno dicto Faber de Xanctis consideratione Anibaldi episcopi Tusculani pro eo procuratore suo in prepositura eccl. Daventriensis Traiect. dioc. supplicantis confert eccl. Xanctensis Colon. dioc. canonicatum, prebendam vero ac supplementum seu ferculum eidem reservat, non obstante quod vigore litterarum Iohannis XXII in eccl. Slesvicensi canonicatum sub expectatione prebende ac dignitatis seu personatus vel officii obtinet et beneficium ecclesiasticum sine cura ad collationem prepositi eccl. S. Salvatoris Traiect. expectat.

Multiplicia tue merita ... Dat. Avin. IIII idus ianuarii a. primo.

In e. m. episcopo Verdensi et decano Wischelensi ac preposito S. Petri de Manzano Colon. et Astensis dioc. ecclesiarum.

Reg. 119 nr. 164; Rz. 1682.

2221. *1335 Januar 10. Avignon.*

Benedictus XII Iordano dicto de Isendike de Wesalia clerico Colon. dioc. consideratione Anibaldi episcopi Tusculani pro eo familiari suo domestico et commensali continuo supplicantis reservat beneficium ecclesiasticum cum cura vel sine cura, cuius fructus, si cum cura, sexaginta, si vero sine cura fuerit, quadraginta librarum turonensium parvorum s. t. d. valorem annuum non excedunt, ad dispositionem prepositi decani et capituli eccl. SS. Apostolorum Colon. communiter vel divisim pertinens.

Exigentibus tue probitatis . . . Dat. Avin. IIII idus ianuarii a. primo.

In e. m. episcopo Verdensi et decano S. Severini Colon. ac preposito S. Petri de Manzano Astensis dioc. ecclesiarum.

Reg. 119 nr. 174; Rz. 1688.

***2222.** *1335 Januar 12. Avignon.*

Benedictus XII abbati monasterii Iudensis Colon. dioc. mandat, quatinus ea, que de bonis ecclesie B. Marie Aquensis Leod. dioc. per concessiones per eiusdem ecclesie decanos et capitulum factas alienata invenerit illicite vel distracta, ad ius et proprietatem ecclesie eiusdem legitime revocare procuret.

Ad audientiam nostram pervenit . . . Dat. Avin. II idus ianuarii a. primo.

Or. membr. cum plumbo pend. Sub plica ad sinistr.: N. Gaitanus. *In plic. ad dextr:* N. de . . . viet . . . — *In dorso:* Franco de Ruella. *Düsseldorf. Arch. reg. Marienstift Aachen nr. 165.*

2223. *1335 Januar 31. Avignon.*

Benedictus XII quamplurimis archiepiscopis eorumque suffraganeis et in eorum numero Coloniensi quoque transmittit Iohannis XXII litteras tractantes de passagio a Philippo rege Francie in Terram Sanctam faciendo et de decima in Terre Sancte subsidium convertenda.

Ad eripiendum Terram Sanctam . . . Dat. Avin. II kl. februarii a. primo.

Reg. 120 nr. 1; Rz. 1700.

2224. *1335 Januar 31. Avignon.*

Benedictus XII Iohanni episcopo Portuensi confert canonicatum et preposituram eccl. Bunnensis Colon. dioc. vacantes ex eo, quod magister Bernardus Stephani archidiaconus de Aluisio in ecclesia

Xanctonensi notarius sedis apostolice per Iohannem XXII assecutus est predictum archidiaconatum itaque amisit prepositurani predictam. Eidem papa reservat in eccl. Bunnensi prebendam.

Ex parte tue circumspectionis . . . Dat. Avin. II kl. februarii a. primo.

In e. m. priori de Castronovo Magalonensis dioc. et preposito S. Severini Colon. ac Busolo de Parma canonico Tornacensis ecclesiarum.

Reg. 120 nr. 68; Rz. 1699.

2225. *1335 Februar 10. Avignon.*

Gasbertus Arelatensis archiepiscopus domini pape camerarius et Guido Radulphi archidiaconus Agathensis olim fel. record. Iohannis XXII thesaurarius testantur, quod tam tempore vacationis sedis apostolice per obitum Ioh. XXII quam post creationem Benedicti XII, videlicet a die XIII mensis decembris usque ad diem XVIII mensis ianuarii proxime preteritorum, diversas receperunt in camera apostolica pecunie quantitates, inter quas enumerantur: a „Walramo archiepiscopo Coloniensi pro complemento sui communis servicii duo milia quingentos floren.“

Oblig. et Solut. 17 f. 45. — Eadem Intr. et Exit. 146 f. 12ᵛ.

2226. *1335 Februar 22. Avignon.*

Benedictus XII Theoderico Herberti de Novimagio magistro in artibus confert eccl. S. Andree Colon. canonicatum, prebendam vero eidem reservat.

Litterarum scientia, vite . . . Dat. Avin. VIII kl. martii a. primo.

In e. m. Embricensis et Zeflicensis Traiect. et Colon. dioc. decanis ac Iacobo de Mutina canonico Cameracensis ecclesiarum.

Reg. 120 nr. 395; Rz. 1711.

2227. *1335 März 22. Avignon.*

Benedictus XII archiepiscopo Coloniensi mandat, quatinus cum Henrico de Sugtelen scolari Colon. dioc. de presbitero et soluta genito dispenset, ut non obstante defectu natalium ad omnes ordines promoveri et beneficium ecclesiasticum, etiam si curam habeat animarum, obtinere possit.

Constitutus in presentia nostra . . . [Dat. Avin. XI kl. aprilis a. primo.

Reg. 120 nr. 742 litt. 189.

2228. *1335 März 29. Avignon.*

Benedictus XII archiepiscopo Coloniensi mandat, quatinus cum Iohanne de Tremonia clerico Colon. dioc. de presbitero genito et soluta dispenset, quod illo defectu natalium non obstante ad omnes ordines promoveri et beneficium ecclesiasticum cum cura obtinere possit.

Constitutus in presentia nostra . . . [Dat. Avin. IIII kl. aprilis a. primo.]

Reg. 120 nr. 742 litt. 83.

2229. *1335 März 29. Avignon.*

Benedictus XII archiepiscopo Treverensi mandat, quatinus cum Conone de Hobestede scolari Trever. dioc. de soluto genito et coniugata dispenset, ut non obstante defectu natalium ad omnes sacros ordines promoveri et beneficium ecclesiasticum, etiam si curam habeat animarum, obtinere possit.

Constitutus in presentia nostra . . . Dat. Avin. IIII kl. aprilis a. primo.

Reg. 120 nr. 742 litt. 119.

2230. *1335 März 29. Avignon.*

Benedictus XII archiepiscopo Treverensi mandat, quatinus cum Henrico Stephani de Cardono, clerico Trever. dioc. de presbitero genito et soluta dispenset, ut non obstante defectu natalium ad omnes ordines promoveri et beneficium ecclesiasticum, etiam si curam habeat animarum, obtinere possit.

Constitutus in presentia nostra . . . Dat. Avin. IIII kl. aprilis a. primo.

Reg. 120 nr. 742 litt. 161.

2231. *1335 März 29. Avignon.*

Benedictus XII episcopo Leodiensi mandat, quatinus cum Conrado dicto Groysser de Aquisgrano clerico Leod. dioc. de presbitero et soluta genito dispenset, ut non obstante defectu natalium ad omnes sacros ordines promoveri et beneficium ecclesiasticum, etiam si curam habeat animarum, obtinere possit.

Constitutus in presentia nostra . . . Dat. Avin. IIII kl. aprilis a. primo.

Reg. 120 nr. 742 litt. 186.

2232. *1335 März 29. Avignon.*

Benedictus XII archiepiscopo Treverensi mandat, quatinus cum Henrico de Witlich acolito Trever. dioc. de presbitero et soluta genito dispenset, ut non obstante defectu natalium ad omnes superiores ordines promoveri et beneficium ecclesiasticum, etiam si curam habeat animarum, obtinere possit.

Constitutus in presentia nostra . . . Dat. Avin. IIII kl. aprilis a. primo.

Reg. 120 nr. 742 litt. 196.

2233. *1335 April 5. Avignon.*

Benedictus XII Iohanni dicto Vrimser[a] confert eccl. Treverensis canonicatum, prebendam vero eidem reservat, non obstante quod in ecclesia Nuhusensi extra muros Wormacienses canonicatum et prebendam obtinet.

Apostolice sedis circumspecta . . . Dat. Avin. nonas aprilis a. primo.

In e. m. Monasteriensis in Meynevelt et Cardonensis Trever. dioc. cantoribus ac Rolando de Scarampis canonico Laudunensis ecclesiarum.

Reg. 120 nr. 477.

2234. *1335 Mai 23. Avignon.*

Benedictus XII Petro Moreti archidiacono de Vico in eccl. Metensi, quem Iohannes XXII collectorem fructuum primi anni in certis civitatibus diocesibus et partibus deputavit, mandat, quatinus in civitatibus diocesibus et partibus predictis per se ac subcollectores fructus annales restantes et quoscunque alios proventus ad cameram apostolicam spectantes exigere studeat.

Dudum felicis recordationis . . . Dat. Avin. X kl. iunii a. primo.

Reg. 130 f. 47' nr. 309.

a) *In indice legitur:* Primiser *vel* Vrimiser.

2235. *1335 Juni 8. Avignon.*

Benedictus XII archiepiscopo Treverensi mandat, quatinus cum Hermanno de Mulumer de Bedindorf et Christiana de Bedindorf, qui ignorantes, quod ipsi quarto consanguinitatis gradu invicem se contingunt, matrimonium contraxerunt, dispenset, quod in huiusmodi matrimonio licite remanere possint, prolem susceptam et suscipiendam ex huiusmodi matrimonio legitimam decernendo.

Oblata nobis dilecti ... Dat. Avin VI idus iunii a. primo.

Reg. 119 nr. 1025; Rz. 1784.

2236. *1335 Juni 8. Avignon.*

Benedictus XII Wilhelmo dicto Cardinael perpetuo capellano in eccl. de Grousebeech Colon. dioc. reservat beneficium ecclesiasticum cum cura vel sine cura, communiter vel divisim ad dispositionem prepositi decani et capituli eccl. S. Salvatoris Traiect. specam, cuius fructus, si cum cura, viginti, si vero sine cura fuerit, quindecim marcharum argenti s. t. d. valorem annuum non excedunt.

Laudabile testimonium quod ... Dat. Avin. VI idus iunii a. primo.

In e. m. episcopo Paduano et preposito Arnhemensis Traiect. dioc. ac scolastico S. Petri Traiect. ecclesiarum.

Reg. 120 nr. 598; Rz. 1785.

2237. *1335 Juni 8. Avignon.*

Benedictus XII archiepiscopo Coloniensi mandat, quatinus cum Henrico de Griethus armigero et Margarete nata Iohannis de Reys militis Colon. dioc., qui ignorantes, quod quarto consanguinitatis gradu invicem se contingunt, matrimonium contraxerunt, dispenset, ut in dicto matrimonio licite remanere valeant, prolem susceptam et suscipiendam ex ipso matrimonio legitimam nunciando.

Romani pontificis precellens ... Dat. Avin. VI idus iunii a. primo.

Reg. 120 nr. 831.

***2238.** *1335 Juni 18. Avignon.*

Benedictus XII decano eccl. S. Florini in Confluentia Trever. dioc. mandat, quatinus ea, que de bonis monasterii Campensis Cisterc. ord. Colon. dioc. per concessiones ab abbate et conventu atque ab eorum predecessoribus factas alienata invenerit illicite et distracta, ad ius et proprietatem monasterii legitime revocare procuret.

Ad audientiam nostram pervenit . . . Dat. Avin. XIIII kl. iulii p. n. a. primo.

Or. membr. cum plumbo pend. Sub plica ad sinistr.: (non legibile). In plica ad dextr.: G. Adem. *In dorso nihil. — Düsseldorf. Arch. reg. Abtei Kamp nr. 424.*

2239. *1335 Juni 19. Avignon.*

Benedictus XII Bindo de Senis preposito eccl. Colon. notario sedis apostolice diversas invalitudines corporales perpesso elargitur licentiam proficiscendi ad partes Tuscie ad repetenda ibi nonnulla balnea naturalia ac pro incolumitatis sue remedio ibidem immorandi usque ad apostolice sedis beneplacitum.

Cum tu, prout nobis . . . Dat. Avin. XIII kl. iulii a. primo.

Reg. 119 nr. 130.

***2240.** *1335 Juni 22. Avignon.*

Benedictus XII decano eccl. S. Gereonis Colon. mandat, quatinus ea, que de bonis ecclesie Susaciensis Colon. dioc. alienata invenerit illicete vel distracta, ad ius et proprietatem eiusdem ecclesie legitime revocare procuret.

Delectorum filiorum . . . decani . . . Dat. Avin. X kl. iulii p. n. a. primo.

Or. membr. cum plumbo pend. Sub plica ad sinistr. nihil: In plica ad dextr.: A. Bart. *In dorso:* Reynerus de Nussia *et inferius:* bull. R. de Nussia. — *Münster. Arch. reg. S. Patroclus nr. 124.*

2241. *1335 Juli 1. Avignon.*

Benedictus XII Petro Moreti archidiacono de Vico in eccl. Metensi mandat, quatinus de beneficiis ecclesiasticis provisioni sedis apostolice reservatis, consistentibus in diocesibus, in quibus Petro certa sedis et camere apostolice negotia sunt commissa, de eorundem beneficiorum annuis fructibus et de personis forsan in eisdem intrusis se informet et exinde papam faciat certiorem.

[Benedictus XII] Petro Moreti archidiacono de Vico in eccl. Metensi.

Dudum felicis recordationis Iohannes papa XXII predecessor

noster omnium et singulorum beneficiorum ecclesiasticorum . . . per obitum capellanorum officialium et nunciorum sedis apostolice seu per acceptionem et assecutionem pacifice possessionis quorumvis aliorum beneficiorum quibuscumque personis auctoritate apostolica tunc collatorum vel conferendorum in antea vacaturorum provisionem collationem et dispositionem sibi et apostolice sedi specialiter reservavit . . . Nosque post eiusdem predecessoris obitum . . . similem . . . reservationem . . . duximus . . . faciendam. Sane cum, sicut accepimus, nonnulla beneficia ecclesiastica per obitum capellanorum officialium et nunciorum predictorum aut assecutionem predictam tempore dicti predecessoris ac post eius obitum necnon subsequenter tempore nostro in diversis mundi partibus vacaverint et adhuc vacent, cum de illis per nos vel eundem predecessorem, dum viveret, nequaquam dicatur fuisse provisum, nos de huiusmodi beneficiis, quecumque sint regularia vel secularia, habere volentes certitudinem pleniorem, discretioni tue . . . mandamus, quatinus de omnibus et singulis beneficiis huiusmodi consistentibus in civitatibus et diocesibus, in quibus tibi certa negotia nos et cameram nostram contingentia sunt commissa, et de ipsorum ac cuiuslibet eorundem conditionibus et annuis fructuum . . . valoribus tam secundum taxationem decime quam verum valorem necnon et si aliqui se in eisdem beneficiis vel eorum aliquo vel aliquibus ac cuius vel quorum auctoritate se intruserint, et de nominibus eorundem aliisque circumstantiis . . . te informans, nos exinde . . . efficere quantocius studeas certiores . . . Dat Avin. kl. iulii a. primo.

Reg. 130 f. 65' nr. 405.

2242. *1335 September 10. Pont Sorge.*

Benedictus episcopo Traiectensi.

In eos, qui manus . . . Nuper siquidem ex tenore querule petitionis dilecti filii Gerardi de Harmersteyn comendatoris et fratrum domus S. Caterine Traiectensis subiecte hospitali S. Iohannis Ierosolimitani porrecte nobis moleste percepimus, quod olim Iohannes de Choten laicus tue diocesis . . . associatis sibi quibusdam in hac parte complicibus quondam Ludovicum de Huemphe fratrem dicte domus adeo atrociter vulneravit, quod postmodum de huiusmodi vulneribus expiravit . . . Fraternitati tue. c. mandamus, quatinus vocatis dicto Iohanne et aliis qui fuerint evocandi, si premissa inveneris ita esse, contra dictos Iohannem et complices super eis auctoritate nostra, procedas eosque puniat iuxta canonicas sanctiones . . . Dat. ap. Pontem Sorgie Avin. dioc. IIII idus septembris a. primo.

Reg. 119 nr. 744; Rz. 1753.

***2243.** *1335 October 16. Avignon.*

Benedictus XII petentibus abbatiova et conventu monasterii de Porcheto Cisterc. ord. Colon. dioc. confirmat omnes libertates et immunitates a pontificibus Romanis monasterio concessas necnon libertates et exemptiones secularium exactionum a regibus et principibus et aliis eidem monasterio indultas.

Cum a nobis petitur. . . Dat. Avin. XVII kl. novembris p. n. a. primo.

Or. membr. cum plumbo pendente. Sub plica ad sinistr.: L. Verul. *In plica ad dextr.:* P. de Salavert. *In dorso:* Iohannes de Cubico *et* R. bull. R. de Nussia. — *Düsseldorf. Arch. reg. Burtscheid nr. 149.*

***2244.** *1335 October 24. Avignon.*

Benedictus XII decano ecclesie Xanctensis Colon. dioc. mandat, quatinus ea, que de bonis monasterii Campensis Cisterc. ord. Colon. dioc. alienata invenerit illicite vel distracta, ad ius et proprietatem eiusdem legitime revocare procuret.

Dilectorum filiorum . . abbatis . . . Dat. Avin. VIIII kl. novembris p. n. a. primo.

Or. membr. cum plumbo del. Sub plica ad sinistr. nihil. In plica ad dextr.: B. Testagay. *In dorso:* Reynerus de Nussia. — *Düsseldorf. Arch. reg. Abtei Camp nr. 421.* G.

2245. *1335 November 6. Avignon.*

Benedictus XII thesaurario ecclesie Meschedensis Colon. dioc. mandat, quatinus prepositum et conventum monasterii monialium S. Walburgis iuxta muros Susatiensis ord. S. August., quibus papa iam antea preceperat, ut Walburgin natam Folmari Epine opidani Susaciensis puellam litteratam reciperent in suum monasterium in monacham et sororem, moneat et inducat, ut eandem recipiant.

Cum olim dilecto . . . Dat. Avin. VIII idus novembris p. n. a. primo.

Apogr. in Cartul. monasterii supradicti scripto saec. XVIII incunte. — Münster. Arch. reg. Ms. I, A. 219 fol. 41'.

***2246.** *1335 November 23. Avignon.*

[Benedictus XII] archiepiscopo Treverensi.

Sacre religionis dilectorum . . . Cum itaque, sicut ex tenore petitionis pro parte dilectorum filiorum fratrum eiusdem ordinis. [Minorum] de custodia Lothoringie nobis oblate collegimus . . . Ludovicus comes et . . . Margarita de Lothoringia comitissa de Los et de Chineyo coniux eius eisdem fratribus acquirendi seu obtinendi in villa sua de Yvodio tue diocesis locum, ubi dicti fratres ecclesiam et domos pro habitatione ipsorum necessarias construere valeant et habere, concesserunt . . . potestatem, pro parte fratrum predictorum fuit nobis humiliter supplicatum, ut eis recipiendi locum huiusmodi in dicta villa licentiam concedere dignaremur. Nos itaque . . . fraternitati tue . . . mandamus, quatinus, si est ita et id in dicta villa expediat fieri ac ibidem duodecim fratres dicti ordinis secundum eorum regulam honeste et congrue vivere ac perpetuo sustentari possint, eisdem fratribus auctoritate nostra concedas huiusmodi licentiam postulatam, iure parrochialis ecclesie et cuiuslibet alterius in omnibus semper salvo. Dat. Avin. VIII kl. decembris a. primo.

Reg. 119 nr. 911. — Foppens, Diplomatum Belgicorum nova collectio, IV pag. 595 nr. 87.

2247. *1336 Februar 20. Avignon.*

Benedictus XII archiepiscopo Coloniensi consideratione Iohannis episcopi Portuensis supplicantis mandat, quatinus Theodorico Commeshoven clerico Colon. dioc. provideat de canonicatu eccl. S. Severini Colon. prebendamque reservet.

Dignum arbitramur et congruum . . . Dat. Avin. XI kl. martii a. secundo.

Reg. 121 nr. 262.

2248. *1336 Februar 22. (Avignon.)*

Benedictus XII magistro Iohanni de Aquis confert eccl. Bunnensis Colon. dioc. canonicatum, prebendam vero eidem reservat, non obstante quod in eadem eccl. Bunnensi altare S. Petri et parrochialem ecclesiam in Hermale Leod. dioc. obtinet. Tamen predictam prebendam assecutus dimittat altare predictum.

Litterarum scientia, vite . . . Dat. VIIII kl. martii a. secundo.

In e. m. decano et scolastico S. Georgii Colon. ac Rogerio de Togesio canonico Rivensis ecclesiarum.

Reg. 121 nr. 272.

2249. *1336 Februar 22. Avignon.*

Benedictus XII Bunnensis Colon. dioc. et S. Georgii Colon. decanis ac scolastico eiusdem S. Georgii eccl. mandat, quatinus Alverardim natam Iohannis dicti Weynez de Maringuagin puellam litteratam Colon. dioc. cupientem in monasterio in Deykir ord. S. Bened. Colon. dioc., in quo certus monialium numerus esse dicitur institutus, una cum abbatissa et conventu domino famulari, si sit ydonea et aliud canonicum non obsistat, faciant in dicto monasterio, si qua de dicto numero deest ad presens vel quam primum defuerit, recipi in monacham.

Prudentum virginum votis . . . Dat. Avin. VIIII kl. martii a. secundo.

Reg. 121 nr. 250; Rz. 1777.

2250. *1336 Februar 22. Avignon.*

Benedictus XII Bunnensis Colon. dioc. et S. Georgii Colon. decanis ac scolastico eiusdem S. Georgii eccl. mandat, quatinus Mabiliam de Epbenbrext puellam litteratam Colon. dioc. cupientem in monasterio in Rindorp ord. S. Bened. Colon. dioc., in quo certus monialium numerus esse dicitur institutus, una cum abbatissa et conventu domino famulari, si sit ydonea et aliud canonicum non obsistat, faciant in dicto monasterio, si qua de dicto numero deest ad presens vel quam primum defuerit, recipi in monacham.

Prudentum virginum votis . . . Dat. Avin. VIIII kl. martii a. secundo.

Reg. 121 nr. 251; Rz. 1339 n. 1.

2251. *1336 Februar 22. Avignon.*

Benedictus XII Bunnensis Colon. dioc. et S. Georgii Colon. decanis et scolastico eiusdem S. Georgii eccl. mandat, quatinus Mertihildim Cristinem dictam Warluria de Bunna puellam litteratam Colon. dioc. cupientem in monasterio Vallis S. Marie ord. S. Augustini Colon. dioc., in quo certus monialium numerus esse dicitur institutis, una cum abbatissa et conventu domino famulari, si sit ydonea et aliud canonicum non obsistat, faciant in dicto monasterio, si qua de dicto numero deest ad presens vel quam primum defuerit, recipi in monacham.

Prudentum virginum votis . . . Dat. Avin. VIIII kl. martii a. secundo.

Reg. 121 nr. 252; Rz. 1777 n. 2.

***2252.** *1336 Februar 28. Avignon.*

Benedictus [XII] preposito ecclesie S. Cuniberti Colon. mandat, quatinus ea, que de bonis monasterii S. Agathe Coloniensis per priorissam soliti gubernari ord. S. August. alienata invenerit illicite vel distracta, ad eiusdem ius et proprietatem legitime revocare procuret.

Ad audientiam nostram pervenit . . . Dat. Avin. III kl. marcii p. n. a. secundo.

Cartular. S. Agathae. Colon. fol. 14. Düsseldorf. Arch. reg. B. 68 a.

2253. *1336 März 15. Avignon.*

Benedictus XII archiepiscopo Coloniensi mandat, quatinus cum Adolpho de Meschede acolito Colon. dioc. de presbitero et soluta genito dispenset, ut non obstante defectu natalium ad omnes sacros ordines promoveri et beneficium ecclesiasticum, etiam si curam habeat animarum, obtinere valeat.

Constitutus in presentia nostra . . . Dat. Avin. idus martii a. secundo.

Reg. 122 (CCCXLVI) nr. 475.

2254. *1336 März 15. Avignon.*

Benedictus XII archiepiscopo Treverensi mandat, quatinus cum Iohanne nato Iohannis de Lusernacho scolari Trever. dioc. de presbitero et soluta genito dispenset, ut non obstante defectu natalium ad sacros ordines promoveri et beneficium ecclesiasticum, etiam si habeat curam animarum, obtinere valeat.

Constitutus in presentia nostra . . . Dat. Avin. idus martii a. secunde.

Reg. 122 (CCCXLVI) nr. 463.

2255. *1336 März 15. Avignon.*

Benedictus XII archiepiscopo Treverensi mandat, quatinus cum Iohanne Dominici de Cons. clerico Trever. dioc. de presbitero curato et eius parrochiana soluta genito dispenset, ut tonsura uti et ad omnes ordines promoveri et beneficium ecclesiasticum, etiam si curam habeat animarum, obtinere valeat.

Constitutus in presentia nostra . . . Dat. Avin. idus martii a. secundo.

Reg. 122 (CCCXLVI) nr. 505.

2256. *1336 März 15. Avignon.*

Benedictus XII archiepiscopo Treverensi mandat, quatinus cum Iohanne Iacobi de Breus clerico Trever. dioc. de diacono et coniugata genito dispenset, ut non obstante defectu natalium ad omnes ordines promoveri et beneficium ecclesiasticum, etiamsi curam habeat animarum, obtinere possit.

Constitutus in presentia nostra . . . Dat. Avin. idus martii a. secundo.

Reg. 121 nr. 655.

2257. *1336 März 15. Avignon.*

Benedictus XII archiepiscopo Treverensi mandat, quatinus cum Michaele de Epternaco scolari Trever. dioc. de presbitero et soluta genito dispenset, ut non obstante defectu natalium ad omnes ordines promoveri et beneficium ecclesiasticum, etiam si curam habeat animarum, obtinere possit.

Constitutus in presentia nostra . . . Dat. Avin. idus martii a. secundo.

Reg. 121 nr. 655.

***2258.** *1336 April 9. Avignon.*

Benedictus XII monasterium monialium in Valle-comitis (*Greven-dael*) Cisterc. ord. Colon. dioc. sub sua tuitione recipit eiusque bona et iura confirmat.

Cum a nobis petitur . . . Dat. Avin. V idus aprilis p. n. a. secundo.

Or. membr. cum plumbo pend. — Arch. Gaesdonck (Dr. Scholten).

2259. *1336 Mai 8. Avignon.*

Benedictus XII archiepiscopo Treverensi mandat, quatinus cum Iohanne dicto von dem Keysemarche de Herborn laico et Grete relicta quondam Wigraudi (!) dicti Nayt de Limpurg laici Trever. dioc., qui ignorantes, quod quedam mulier, quam Iohannes antea carnaliter cognoverat, et dicta Greta quarto et exalio tertio consanguinitatis gradibus se contingerent, matrimonium contraxerunt, dispenset, ut non obstante affinitatis impedimento in sic contracto matrimonio remanere valeant, prolem susceptam et suscipiendam ex huiusmodi matrimonio legitimam decernendo.

Ex tenore petitionis dilecti . . . Dat. Avin. VIII idus maii a. secundo.

Reg. 121 nr. 287.

2260. *1336 Mai 13. Avignon.*

Benedictus XII regi Francorum respondet inter alias de Maguntina ecclesia, quam contra ius canonicum detinet occupatam Baldewinus archiepiscopus Treverensis.

[Benedictus XII] Philippo regi Francie.

Ternis regiis receptis litteris et intellectu pleno tenoribus earum collectis, super eis excellentie regie breviter respondemus . . . .

Porro super hiis, que de facto . . archiepiscopi Treverensis exprimebat series tertie littere, respondemus, quod, si archiepiscopus predictus, qui contra iuramentum proprium per eum ecclesie Romane prestitum et fidelitatem, qua tenetur eidem astrictus, temere veniens ecclesiam ipsam, quam revereri ut matrem et dominam tenebatur, gravibus lacessivit offensis et velut ingratus ei, que ipsum ad dignitatem pontificalem provexerat, innumeris iniuriis provocavit, anime sue saluti consulere curaverit, deo ac nobis gratum erit admodum et acceptum. Alias autem nostre ac fratrum nostrorum intentionis hactenus extitit et existit viis et modis, quibus de iure fieri poterit, procedere contra ipsum. Transferre autem, sicut regia supplicabat instantia, venerabilem fratrem nostrum archiepiscopum . . Maguntinum oppressum per dictum archiepiscopum Treverensem ac per suam tirannidem commodo regiminis et administrationis sui archiepiscopatus omnino frustratum, honori et honestati sedis apostolice nullatenus credimus convenire. Sed cum idem archiepiscopus Maguntinus, de quo per felicis recordationis Iohannem papam XXII predecessorem nostrum de consilio fratrum suorum, de quorum numero tunc eramus, canonice ac rite provisum extitit ecclesie Maguntine, plenam et liberam administrationem archiepiscopatus sui ac iurium et honorum eiusdem spiritualium et temporalium fuerit assecutus, si de ipsius translatione tractetur canonice ipseque ad illam suum consensum prebuerit, tunc in hiis, que circa premissa de consilio fratrum nostrorum predictorum faciendum secundum deum videbimus, reperiemur tui presertim consideratione, fili amantissime, favorabiles et benigni. Dat. Avin. III idus maii anno secundo.

Reg. 131 f. 49 nr. 179; Rz. 1808.

2261. *1336 Juni 13. Avignon.*

Benedictus XII Iohanni Ogerii collectori fructuum camere apostolice mandat, quatinus exigat pecunias, de quibus eadem camera est defraudata.

[Benedictus XII] Iohanni Ogerii decano ecclesie de Belna Eduensis dioc. apostolice sedis nuncio.

Cum tu, quem super colligendis residuis fructuum annalium beneficiorum ecclesiasticorum per . . Iohannem papam XXII . . . reservatorum et sue camere applicatorum in Lugdunensi Viennensi Bisuntina Tarantisiensi et Treverensi provinciis . . . deputavimus, nostre camere duxeris intimandum, te certis informationibus, quas de mandato nostro fecisti, aliquos collectores et subcollectores super colligendis dictis fructibus olim in eisdem provinciis auctoritate apostolica deputatos fraudes et malicias varias commisisse, de quibus aliquas expressius descripsisti, videlicet quod ipsorum aliqui plus de dictis fructibus et aliis proventibus cameram nostram tangentibus, quorum eis fuit commissa collectio, receperunt, quam eidem assignaverint camere vel computaverint cum eadem, quidam insuper compositiones super dictis fructibus annalibus prefate camere debitis cum obtinentibus beneficia, pro quibus fructus huiusmodi debebantur, fraudulenter et mala fide fecerunt, per quas de nonnullis pecuniarum quantitatibus remansit et remanet supradicta camera non modicum defraudata, nos . . . discretioni tue . . . mandamus, quatinus ab eisdem collectoribus et subcollectoribus ea, que ipsos[a] plus recepisse de premissis, quam assignaverint prefate camere vel cum ea computaverint, necnon et illa, de quibus ipsam per compositiones predictas defraudatam . . . repereris, exigere petere ac recipere non ommittas. Et quia obtinentes beneficia, qui fraudulentas cum eisdem collectoribus vel subcollectoribus compositiones fecerunt prefatas, fraudis commisse participes extiterunt, si forsan collectores subcollectores predicti super restituione faicenda . . . non reperirentur, solvenda[b] ab obtinentibus ipsis, si supervivant, aut de bonis

a) per ipsos *in reg.* b) solvendo *in reg.*

eorum, si extent, exigas, quod a predictis collectoribus et subcollectoribus de hiis exigere vel recuperare nequibis . . . Dat. Avin. idus iunii a. secundo.

Reg. 131 f 39' nr. 138.

2262. *1336 Juni 13. Avignon.*

Bendictus XII Iohanni Ogerii collectori fructuum camere apostolice mandat, quatinus subcollectorum, qui vocati ad curiam, ut redderent rationem, non venerunt, beneficia ad manum papalem ponat eorumque fructus sub eadem manu colligat.

[Benedictus XII] eidem nuncio [Iohanni Ogerii decano eccl. de Belna].

Cum collectores fructuum annalium beneficiorum ecclesiasticorum per . . Iohannem papam XXII . . . olim in Bisuntina et Treverensi provinciis deputati — iam diu est — vocati per nostras litteras, ut se presentarent in nostra camera rationes suas de collectis per eos reddituri fideliter et reliqua prestituri et expectati post vocationem huiusmodi longo tempore venire ad eandem cameram non curarint, discretioni tue . . . mandamus, quatinus collectores eosdem . . . citare procures, ut infra certum peremptorium terminum competentem . . . in eadem camera reddituri rationes predictas et deinde prestituri reliqua . . . personaliter se presentent. Et quia tamdiu venire omniserunt, ut prefertur, ad dictam cameram [et] vehementer reddiderunt, nisi aliam iustam excusationem possint pretendere, se suspectos, omnia beneficia ecclesiastica eorundem ad manum nostram ponere ac fructus redditus et proventus illorum sub eadem manu colligere, donec ipsi comparuerint in eadem camera et per eam tibi aliud mandatum fuerit super hoc, non postponas, contradictores per censuram ecclesiasticam appellatione postposita compescendo . . . Dat. ut supra (= Avin. idus iunii a. secundo.

Reg. 131 f. 40 nr. 139.

2263. *1336 Juli 5. Pont Sorge.*

Benedictus XII regi Francorum denuo respondet de ecclesia Maguntina contra ius canonicum occupata ab archiepiscopo Treverensi.

[Benedictus XII] Philippo regi Francorum.

Receptis benigne litteris regiis super negotio tangente venerabilem fratrem nostrum . . archiepiscopum Treverensem novissime nobis missis et contentis in eis plenius intellectis, magnificentie regie respondemus breviter super eis. In primis siquidem, ut veritatem negotii huiusmodi serenitas regia non ignoret, illius seriem succincte providimus tenore presentium recensendam:

Olim siquidem adhuc bone memorie Mathia archiepiscopo Maguntino in humanis agente . . Iohannes papa . . . provisionem eiusdem ecclesie duxit ea vice sibi et sedi predicte . . . reservandam . . . Subsequenter vero eodem Mathia . . . viam universe carnis ingresso predecessor noster prefatus . . . de persona . . . Henrici archiepiscopi Maguntini ecclesie memorate . . . providit . . . Sed cum idem archiepiscopus Maguntinus bonorum spiritualium et temporalium sue ecclesie Maguntine administrationem vellet suscipere ac gerere, ut debebat et pertinebat ad ipsum, supradictus archiepiscopus Treverensis, qui post et contra reservationem et decretum predicta per aliquos canonicos dicte ecclesie Maguntine postulatus in archiepiscopum ipsius ecclesie dicebatur, propterea se in archiepiscopum Maguntinum intruserat bonaque occupaverat et occupata . . . detinebat predicta, nequaquam permisit nec adhuc permittit sepefatum Maguntinum archiepiscopum administrationem suscipere ac gerere supradictam, quin potius occupationem ipsam . . . longo tempore continuavit et continuat, percipiendo fructus redditus et proventus archiepiscopatus predicti seque in administrandis vel potius usurpandis et gerendis ibidem hiis, que ad pontificale spectant officium, quamvis nulla sibi super hoc facultas suppetat, dampnabiliter immiscendo . . . Cumque pridem de mense iunii proxime preteriti, diu antequam littere regie pervenissent, pro parte sepefati archiepiscopi Maguntini coram nobis et fratribus nostris in consistorio proposito negotio supradicto fuisset nobis super exhibenda iusticia instanter et humiliter supplicatum, nos et fratres predicti diligentius attendentes, quod prelibatus archiepiscopus Treverensis benignitatem et mansuetudinem apostolice sedis predicte, que ipsum tam predicti predecessoris nostri quam nostro tempore diutius abstinendo a processibus adversus eum faciendis expectavit, ut sue in hoc parte saluti et fame a tam perniciosis et dampnatis temeritatibus resiliendo consuleret, presertim ad memoriam revocans, quod contra reverentiam et obedimtiam, quibus Romane ecclesie astrictus existit, et etiam proprium iuramentum per eum in sua promotione prestitum offendendo et transgrediendo sacros canones manifeste in predictis et circa ea egit et agit, deducebat et deduxerat dampnabiliter in contemptum, quodque predictis omnibus in considerationem adductis aures non poteramus claudere nec iusticiam, super qua exhibenda instanter requirebamur, ut premittitur, absque dei offensa et lesione conscientie denegare, certos in eodem consistorio exacta deliberatione cum ipsis fratribus previa processus ordinavimus fieri non solum exigente iusticia sed cogente. Quare, fili carissime, si ab huiusmodi processibus tam mature tamque solenniter in consistorio, ut premittitur, ordinatis sacrosancta Romana ecclesia, omnium mater fidelium et magistra, sic viliter et graviter remanente per prefatum Treverensem archiepiscopum vibipensa tamque grandi notoria et scandalosa iniuria rigore iusticie non repressa, desistere non valemus, habeat nos circumspectis predictis omnibus regia providentia, que iusticiam diligit nec equanimiter tolerare predicte ecclesie Romane offensas et iniurias consuevit, cum ea offensa tu velut benedictionis et gracie filius nequeas non offendi, quesumus excusatos. Tenemus enim indubie, quod si facti veritas antea tibi patefacta fuisset, nequaquam emanassent a te littere regie supradicte. Utinam autem prefatus archiepiscopus, qui per predecessorem nostrum predictum, dum viveret, sepe tam caritative quam invective monitus extitit, ut a tam periculoso et pernitioso devio pedes suos retraheret illosque in viam veritatis et iusticie reduceret sueque saluti et fame consulendo, ut prefertur, salubriter huiusmodi non expectaret processus! Nam de ipso miramur admodum, quod licet in nostra et fratrum predictorum presentia pridem per aliquos cardinales nomine ac ad instantiam procuratoris ipsius archiepiscopi obtulerit in manu nostra libere se dimissurum archiepiscopatum predictum, nunc tamen videtur obtentis precibus regiis ad contrarium aspirare. Ceterum de illis ligis, de quibus in predictis litteris regiis mentio habebatur, verisimile, quicquid tibi, fili dilectissime, suggestum extitit, non videtur, cum memoratus archiepiscopus Maguntinus adeo pauper et oppressus existat, quod lige ipsius et adherentia in eis partibus parum appreciaretur aut nichil, et si ipse suum archiepiscopatum plenarie obtineret, non auderet nec nos permitteremus eidem talia contra nostrum et tuum beneplacitum, presertim ubi tu regnumque tuum, quorum salutem et statum zelamus prosperum, tangeremini, quomodolibet attemptari. Quodsi facere presumeret, oportunis remediis super hoc coherceretur a nobis. Dat. apud Pontem Sorgie Avinionensis dioc. III nonas iulii a. secundo.

Reg. 131 f. 53 nr. 190; Rs. 1820; Raynaldi §§ 57—58.

2264. *1336 October 15. Avignon.*

Benedictus XII, enarratis fusius omnibus, que post obitum Mathie archiepiscopi Maguntini in favorem Henrici de Virneburg, de cuius persona Iohannes XXII post Mathie obitum providit ecclesie Maguntine, et adversus Baldewinum archiepiscopum Treverensem, qui ex electione de se a capitulo eccl. Maguntine facta se gessit et gerit pro eiusdem ecclesie administratore eamque per septem annos et amplius occupatam detinuit et detinet, et Baldewino adherentes a curia Romana et executoribus et iudicibus ab ea deputatis acta sunt, declarat, Baldewinum et eidem in negotio Maguntino adherentes iam per Iohannis XXII litteras in favorem Henrici editas et ex processibus earum virtute per archiepiscopum Henricum Coloniensem et Emerichonem prepositum eccl. Zeflicensis habitis excommunicationis sententiam dictumque capitulum suspensionis et alias penas incurrisse ac Maguntinam ecclesiam et oppidum Erfordense interdicto subiacere. Nichilominus Baldewinum, capitulum Maguntinum et singulares capituli personas eisque adherentes monet eisque mandat, ut infra duorum mensium spacium Henrico archiepiscopo Maguntino administrationem spiritualium et temporalium eccl. Maguntine dimittant eiusque possessiones restituant. Quodsi vero in pertinacia et rebellione sua perdurarint ultra terminum antedictum, citat Baldewinum, ut infra duorum mensium spacium predictum terminum immediate sequentium apostolico conspectui personaliter se presentet facturus et recepturus, quod premisse inobedientie et obstinationis qualitas postulaverit et alias pape beneplacitis pariturus. Insuper universas electionum in episcopos vel abbates seu abbatissas vel prepositos in ecclesiis seu monasteriis confirmationes, consecrationes et benedictiones per Baldewinum seu capitulum Maguntinum seu eorum auctoritate vel mandato in ecclesiis suffraganeis seu subditis ecclesie Maguntine attemptatas necnon collationes, provisiones etc. beneficiorum factas per Baldewinum seu capitulum Maguntinum post provisionem Henrici archiepiscopi Maguntini cassat et irritat. — Inter canonicos eccl. Maguntine adherentes Baldewino videntur hi ex dioc. Trever. esse oriundi: Iohannes dictus Botton de Treveri, Wilhelmus de Aspalt, Hermannus de Sconecke, Ernestus de Munstermenevelt.

Effrenis quorundam malitia . . . Dat. Avin. idus octobris a. secundo.

Reg. 121 nr. 550; Rz. 1839 (ex membr. or. in Arch. regio Monacensi conservato).

2265. *1336 October 15. Avignon.*

Benedictus XII recitat tenorem litterarum a Iohanne XXII episcopo Nuemburgensi, decano Bunnensi et scolastico S. Georgii Colon. destinatarum *(Reg. nr. 2072)* et, cum predicti ipsis per easdem litteras mandata non sint executi, declarat, quod sententie statuta et mandata a Gerardo de Battinberc, Iohanne de Frideberg et Iohanne de Fontibus, qui sunt assecle archiepiscopi Treverensis seque de facto intitulant iudices curie archiepiscopalis Maguntine, edita adversus clericos Maguntine diocesis Henrico archiepiscopo Maguntino adherentes necnon privationes et collationes beneficiorum ab Hermanno de Bibera decano eccl. S. Marie Erfordensis, qui se gerit commissarium in spiritualibus et temporalibus ab archiepiscopo Treverensi tanquam administratore ecclesie Maguntine deputatum, contra eosdem clericos Henrico adherentes, sunt nullius roboris atque irrita.

Ad futuram rei memoriam. Dudum ex parte dilectorum . . . Dat. Avin. idus octobris a. secundo.

Reg. 121 nr. 651; Schmidt in Gesch. Quellen der Prov. Sachsen XXI, 305 nr. 17; Riezler 1839 n. 1.

2266. *1336 November 10. Avignon.*

Benedictus XII Iohanni Ogerii decano ecclesie Belnensis Eduensis dioc. mandat, quatinus residua de sexennali et triennali decimis per Clementem V in concilio Viennensi et Iohannem XXII impositis exigat colligat ac recipiat in Lugdunensi Viennensi Tarantasiensi Bisuntina et Treverensi civitatibus et provinciis, contradictores per censuram ecclesiasticam compescendo. Eos, a quibus residua receperit, possit absolvere et quittare.

Relatu fide dignorum . . . Dat. Avin. IIII idus novembris a secundo.

Reg. 131 f. 96' nr. 357.

2267. *1336 November 10. Avignon.*

Benedictus XII eidem Iohanni Ogerii mandat, quatinus residua subsidiorum pecuniariorum, que nonnulli prelati et ecclesiastice persone necnon capitula collegia et conventus Lugdunensis Viennensis Tarantasiensis Bisuntine et Treverensis provinciarum Iohanni XXII obtulerunt, petere exigere colligere ac recipere studeat, contradictores per censuram ecclesiasticam compescendo. Eos, qui residua huiusmodi persolverint, possit absolvere et quittare.

Intelleximus, quod olim . . . Dat. Avin. IIII idus novembris a. secundo.

Reg. 131 f. 97 nr. 359.

2268. *1336 November 12. Trier.*

Baldewinus archiepiscopus Treverensis pape nunciat, quod ad eum transmittit nuncios cum plena potestate explicandi ei urgentes et inevitabiles necessitates ecclesie Maguntine, quibus commotus susceperit et gesserit eius administrationem.

Sanctissimo in Christo patri ac domino suo, domino Benedicto sacrosancte Romane et universalis ecclesie digna dei providentia summo pontifici Baldewinus archiepiscopus Treverensis cum omnimoda subiectione et reverentia devota pedum oscula beatorum.

Pater sanctissime! Cum vacante alias ecclesia Maguntina ex obitu bone memorie quondam domini Mathie eiusdem ecclesie archiepiscopi ad instantes preces et continuum ad me recursum capituli dicte ecclesie Maguntine necnon nobilium et vassallorum ipsius multiplicibus tribulationibus et incommodis graviter et intollerabiliter oppressorum de protectione seu gubernatione predicte ecclesie Maguntine solita amicitia motus ad eosdem me intromiserim in eum, deus novit, affectum, ut mediante adiutorio ecclesie mee Treverensis et amicorum meorum ipsam ecclesiam Maguntinam nobiles vassallos gentem et possessiones eiusdem ab huiusmodi oppressionibus et incommodis relevarem, in quo deo primum, deinde sancte Romane ecclesie gratum et acceptum sperabam obsequium exhibere et nichilominus sanctitatis vestre graciam hec solicite prospiciens promereri, nunc autem certis intelligens indiciis vestram sanctitatem in hoc deliberasse, ut gubernationem et protectionem ipsius ecclesie Maguntine ad manus sanctitatis vestre ponam, de vestre sanctitatis clementia non immerito confisus, quod videlicet meo statui, ecclesie mee Treverensi et ipsi ecclesie Maguntine prospicere debeat, ego tamquam devotus vestre sanctitatis filius, qui vestris et sancte Romane ecclesie iussionibus semper et humiliter obedire volo, honorabilem virum Boemundum archidiaconum Treverensem, strenuum virum Symonem Philippi de Regalibus de Pistorio dominum de Longoprato militem et Rodolphum dictum Luse notarium meum exhibitores presentium meos procuratores et nuncios speciales ad pedes vestre beatitudinis duxi humiliter transmittendos, dans eis vel duobus ex ipsis plenum mondatum et liberam potestatem vestre sperate clementie meas et predicte ecclesie Maguntine urgentes et inevitabiles necessitates ipsi ecclesie Maguntine et michi graviter imminentes exponendi, causas et motiva, quare ad gubernationem seu protectionem ipsius ecclesie Maguntine inductus fuerim, plenius explicandi, vestre sanctitati super conservatione status nostri et honoris et dicte ecclesie Maguntine humiliter supplicandi ac etiam ipsius ecclesie Maguntine castra fortallicia villas opida iurisdictiones et iura in manus sanctitatis vestre ponendi et resignandi aliaque meo nomine faciendi, que circa hoc necessaria fuerint vel oportuna, ratum et gratum habiturus, quicquid mei procuratores predicti meo nomine egerint in premissis sub rerum mearum omnium ypotheca, per ipsos et cum ipsis vestre sanctitati humillima devotione supplicans, quatinus me vestrum devotum filium, ecclesiam meam Treverensem ac ipsam ecclesiam Maguntinam in vestris dignemini gerere visceribus caritatis mihique meo statui et honori et ipsius ecclesie Maguntine iam dudum per me desideratis commodo et paci, pie pater, dignemini favorabiliter providere. In quorum omnium evidentiam vestre sanctitati presentes litteras mei appensione sigilli communitas duxi in ferventi devotionis constantia destinandas. Datum Treveri anno domini millesimo CCC°. XXXVI. die XII. mensis novembris.

(Transsumptum in Benedicti XII litteras sub nr. 2270). Reg. 122 f. 16' nr. 16. Cf. Raynaldi Ann. eccl. § 59; Gudenus, Cod. dipl. III, 298.

2269. *1336 December 13. Avignon.*

Benedictus XII S. Mathie extra muros Trever. et S. Panthaleonis Colon. ord. S. Benedicti monasteriorum abbatibus mandat, quatinus secundum statuta ab ipso papa noviter edita ordinis monachorum nigrorum, quibus inter alia preceptum est, quod in ordine prefato in singulis provinciis fiat de triennio in triennium capitulum provinciale apud unum de monasteriis eiusdem ordinis, pro celebrando hac prima vice huiusmodi capitulo in Coloniensi et Treverensi provinciis locum et diem congruum eligant et abbates ac priores dicti ordinis convocent.

Paterne considerationis aciem . . . Dat. Avin. idus decembris a. secundo.

Reg. 121 nr. 650.

2270. *1336 December 16. Avignon.*

Benedictus XII notum facit, quod Baldewinus archiepiscopus Treverensis noviter misit ad papam nuncios et procuratores cum litteris datis d. 12. m. novembris, quarum tenorem inserit presentibus.

[Benedictus XII] Ad futuram rei memoriam.

Dudum felicis recordationis Iohannes papa XII . . . ecclesie Maguntine . . . Henricum archiepiscopum . . . prefecit in archiepiscopum . . . Verum circa tempus prefectionis predicte . . . Baldewinus archiepiscopus Treverensis administrationem in spiritualibus et temporalibus eiusdem ecclesie ad instantiam, ut asserit, capituli dicte ecclesie et nobilium civitatis et diocesis Maguntine suscepit et per plures annos gessit, dicto Henrico archiepiscopo ad administrationem et regimen eiusdem Maguntine ecclesie non admisso. Noviter vero per dilectos filios Boemundum archidiaconum Treverensem et Rudolphum dictum Lusc notarium suos procuratores et nuncios spetiales patentes litteras sui appensione sigilli munitas nobis specialiter destinavit, per quas eisdem procuratoribus dedit plenum mandatum et liberam potestatem exponendi nobis causas et motiva, quare ac gubernationem seu prottectionem dicte ecclesie Maguntine, ut asserit, fuit inductus, ac super conservatione status sui et honoris humiliter supplicandi necnon castella fortellicia villas opida iurisdictiones et iura dicte ecclesie Maguntine in manibus nostris ponendi . . . prout in eisdem litteris . . . nobis per dictos procuratores in consistorio presentatis . . . continetur, dictique procuratores . . . in eodem consistorio constituti pure et libere castra fortellicia . . . ecclesie Maguntine procuratorio nomine dicti archiepiscopi Treverensis . . . in nostris manibus posuerunt et etiam resignarunt, nosque positionem et resignationem huiusmodi . . . duximus admittendas. Ut autem de hiis imposterum plena noticia habeatur, tenorem dictarum litterarum eiusdem archiepiscopi Treverensis . . . presentibus inseri fecimus qui talis est. (*Sequuntur Baldewini litterae sub nr. 2268.*) Nulli ergo etc. nostre insertionis infringere etc. Dat. Avin. XVII kl. ianuarii a. secundo.

Reg 122 f. 16 nr. 16; Rz. 1851; Raynaldi § 59.

2271. *1336 December 20. Avignon.*

Benedictus XII Gerlaco nato Gerlaci comitis de Nassau confert eccl. Maguntine canonicatum, prebendam vero eidem reservat.

Nobilitas generis, vite... Dat. Avin. XIII kl. ianuarii a. secundo. In c. m. abbati monasterii in Blidestad Magunt. dioc. et preposito S. Marie in Campis extra muros Magunt. ac thesaurario Pragensis ecclesiarum.

Reg. 122 nr. 285; Rz. 1852.

2272. *1336 December 21. Avignon.*

Benedictus XII Henricum archiepiscopum Maguntinum hortatur, quatinus processus papales adversus Baldewinum archiepiscopum Trever. nuper factos non permittat publicari ante adventum aut absque voluntate nunciorum a papa missorum, ut a Baldewino possessionem castrorum villarum oppidorum et iurium ecclesie Maguntine recipiant.

[Benedictus XII] Henrico archiepiscopo Maguntino.

Cum nuper Baldewinus archiepiscopus Treverensis castra fortallicia villas opida iurisdictiones et iura ecclesie Maguntine per procuratores suos ... libere in manibus nostris ponenda duxerit et etiam resignanda nosque dilectos filios Guidonem de Sancto Germano Aniciensis et Nicolaum Capotia S. Audomari Morinensis diocesis ecclesiarum prepositos capellanos et nuncios nostros ... ad recipiendum pacificam possessionem et tenutam (!) nomine nostro castrorum fortalliciorum villarum opidorum ac iurisdictionum et iurium predictorum et alia gerendum faciendum et exequendum, que profectibus tuis et eiusdem ecclesie ac cleri et subditorum ipsius cognovimus expedire, ad eandem ecclesiam providerimus spetialiter destinandos, fraternitatem tuam rogamus monemus et hortamur ..., quatinus litteras nostras et processus contentos in [eis], quas et quos adversus dictum Baldewinum archiepiscopum eiusque fautores et adherentes eidem nuper fecimus — et iam eos ad partes ipsas credimus pervenisse — ante adventum dictorum nunciorum ad partes ipsas et etiam postquam illuc pervenerint, absque voluntate ipsorum non facias nec permittas aliquatenus publicari. Obedientia siquidem vel inobedientia dicti archiepiscopi Treverensis eisdem nunciis viam et consilium ministrabit, an ad publicationem dictorum processuum fuerit vel non fuerit procedendum; quos super hoc per alias nostras litteras informavimus eisque districte duximus iniungendum, ut si dictus Baldewinus archiepiscopus plene et obedienter in restitutione traditione et assignatione castrorum et aliorum eisdem nunciis nostro nomine faciendis et sub eorum custodia et tenuta ponendis et libere dimittendis non obediverit et paruerit cum effectu, dictos processus contra dictum Baldewinum habitos solempniter publicent et in omnibus locis, ubi expedire cognoverint, faciant publicari. Dat. Avin. XII kl. ianuarii a. secundo.

Reg. 122 (DXXX) nr. 692; Rs. 1854.

2273. *1337 Januar 10. Avignon.*

Benedictus XII Baldewino archiepiscopo Treverensi nunciat, quod ad eum mittit nuncios Guigonem de S. Germano et Nicolaum Capotiam, quorum in manibus is ponat possessiones ecclesie Maguntine.

[Benedictus XII] Baldewino archiepiscopo Treverensi.

Gratanter recepimus litteras tuas tuosque procuratores et nuncios, quos ad nostram presentiam destinasti ac positionem et resignationem castrorum fortelliciorum villarum opidorum iurisdictionum et iurium ecclesie Maguntine per eosdem procuratores nomine tuo, prout in mandatis habebant, in manibus nostris factas legitime duximus acceptandas. Cupientes igitur tam saluti et statui tuis consulere quam tranquillitati et quieti eiusdem ecclesie Maguntine, que diutius spiritualiter et temporaliter gravibus inquietudinum fluctibus perturbata extitit providere, dilectos filios Guigonem de Sancto Germano Aniciensis et Nicolaum Capotiam de urbe Sancti Audomari de Sancto Audomaro Morinensis dioc. ecclesiarum prepositos capellanos et nuncios nostros . . . cum plena potestate ad recipiendum in suis manibus nomine nostro castra fortellicia villas opida iurisdictiones et iura predicta et tenendum et custodiendum ea et gerendum administrationem in spiritualibus et temporalibus omnium predictorum et tractandum et faciendum omnia, que statui tuo et profectui eiusdem ecclesie expedire cognovimus, providimus specialiter destinandos. Ideoque circumspectionem tuam monemus et hortamur attente, tibi in virtute obedientie districtius iniungentes, quatinus, que per dictos procuratores et nuncios ac litteras tuas in nostra et fratrum nostrorum presentia solenniter promisisti, efficaciter, postquam per dictos nuncios super hoc fueris requisitus, omni mora postposita studeas adimplere, possessionem castrorum fortelliciorum villarum opidorum iurisdictionem et iurium predictorum expeditam et liberam eisdem capellanis et nunciis nostris obedienter et efficaciter tradendo et assignando et tradi et assignari per alios faciendo, omnes opidanos castellanos villanos et habitatores et incolas opidorum castrorum villarum et fortalliciorum predictorum et aliorum vasallorum eiusdem ecclesie Maguntine, si qui super homagio vel fidelitate vel assecuratione vel securitate vel alio quocumque modo prestitissent tibi forsitan iuramenta, licet de iure non teneantur, a iuramentis huiusmodi penitus absolvendo ipsaque totaliter relaxando dictisque nunciis super omnibus parendo, que ipsis per litteras nostras exequenda commisimus, in quibus ex parte nostra te duxerint requirendum, te sic nostris et eiusdem sedis beneplacitis per bonum obedientie coaptando, ut sedes ipsa talem te deinceps reperiat, qualis esse teneris. Dat. Avin. IIII idus ianuarii a. tertio.

Reg. 124 nr. 52; Rs. 1850.

2274. *1337 Januar 10. Avignon.*

Benedictus XII duos deputat nuncios, qui a Baldewino archiepiscopo Treverensi possessionem castrorum villarum et bonorum temporalium ecclesie Wormatiensis recipiant eaque administrent.

[Benedictus XII] Guigoni de S. Germano Aniciensis et Nicolao Capotie de urbe S. Audomari de S. Audomaro Morinensis diocesium prepositis capellanis et nunciis nostris.

Cum vos, de quorum solicitudine ac fidelitate et circumspectionis industria plenam in domino fiduciam gerimus, pro certis . . . negotiis ecclesie Maguntine ad partes illas personaliter providerimus destinandos . . . attendentes, quod etiam Wormatiensis ecclesia . . . que diu peccatis exigentibus pastorem proprium non agnovit, circa sui status reformationem . . . apostolice solicitudinis studio per plurimum noscitur indigere, discretioni vestre . . . mandamus, quatinus predictam ecclesiam Wormatiensem castra et villas et omnia bona temporalia omnesque fructus redditus et proventus ad mensam episcopalem ipsius Wormatiensis ecclesie pertinentes a Baldewino archiepiscopo Treverensi ac capitulo eiusdem ecclesie et aliis quibuscumque detentoribus seu occupatoribus eorundem abstrahere et ad manus vestras nomine nostro recipere et tenere, donec super hiis aliud ordinandum duxerimus, studeatis. Ac nichilominus particulariter et distincte de omnibus bonis immobilibus et mobilibus et pecuniarum quantitatibus vasis aureis argenteis et aliis quibuscumque, libris quoque et aliis iocalibus seu rebus pretiosis eiusdem ecclesie inventarium ad futuram cautelam eiusdem ecclesie ac venerabilis fratris nostri Salamanni Wormatiensis episcopi per manum publicam fideliter fieri dictoque Salamanno episcopo, qui longo tempore coactus est propter subditorum suorum malitiam a predicta Wormatiensi ecclesia exulare, de proventibus dicte episcopalis mense iuxta sui pontificalis status decentiam expensas necessarias ministrari sibique hospitia assignari unum vel duo ad mensam suam episcopalem spectantia in civitate Wormatiensi eiusque diocesi faciatis. Administrationem insuper et gubernationem in spiritualibus et temporalibus plenam et liberam eiusdem Wormatiensis ecclesie et omnium bonorum ad dictam episcopalem mensam spectantium interim per vos vel per alium seu alios gerere et exercere . . . studeatis, alienatione qualibet bonorum immobilium ecclesie et mense predictarum vobis penetus interdicta . . . Dat. Avin. IIII idus ianuarii a. tertio.

Reg. 124 nr. 48; Rz. 1858.

2275. *1337 Januar 10. Avignon.*

Benedictus duos deputat nuncios, qui a Baldewino archiepiscopo Treverensi possessionem castrorum villarum oppidorum et iurium ecclesie Maguntine recipiant, eosque instruit, quomodo de iis disponant.

[Benedictus XII] Guigoni de S. Germano Aniciensis et Nicolao Capotie de urbe S. Audomari de S. Audomaro Morinensis dioc. ecclesiarum prepositis capellanis et nunciis nostris.

Inter cetera ad que . . . *Enarratis fusius omnibus, que Baldewinus archiepiscopus usque ad id tempus egerit in rebus Maguntine ecclesie papa prosequitur:* Quocirca discretioni vestre . . . mandamus, quatinus ad predictam ecclesiam Maguntinam vos personaliter conferentes predicta castra fortellica villas oppida iurisdictiones et iura dicte ecclesie Maguntine in manibus nostris . . posita et etiam resignata eorumque possessionem et tenutam liberam et expeditam ad manus vestras nomine nostro ab eodem archiepiscopo vel quibuscumque aliis recipiatis et sub vestra custodia teneatis et castrorum fortelliciorum villarum opidorum iurisdictionum et iurium predictorum . . . administrationem, quam vobis auctoritate apostolica presentium tenore committimus, plenam generalem et liberam in spiritualibus et temporalibus per vos et alios tam diu gerere studeatis, donec super hiis aliud . . . duxerimus ordinandum, facientes de omnibus bonis immobilibus et mobilibus . . . inventarium ad futuram cautelam dictorum archiepiscopi et ecclesie Maguntine per manum publicam confici . . . alienatione bonorum immobilium eiusdem ecclesie vobis penitus interdicta, iurisdictionem tamen et administrationem spiritualium et temporalium, personarum et locorum civitatis diocesis et provincie Maguntine eidem archiepiscopo Maguntino nunc obedientium sibi plenarie reservatis. Eidem quoque archiepiscopo Maguntino iuxta archiepiscapalis status decentiam de proventibus ad mensam suam archiepiscopalem spectantibus faciatis expensas sufficientes et necessarias ministrari. Postquam vero prefatus Baldewinus archiepiscopus obedienter et efficaciter predictorum omnium possessionem . . . vobis plenam et expeditam et liberam assignaverit . . . vos eosdem Maguntinum et Treverensem archiepiscopos ad componendum inter se amicabiliter super fructibus redditibus et proventibus medio tempore perceptis ex dicta ecclesia Maguntina et expensis hinc inde factis . . . inducatis, ac nichilominus eundem archiepiscopum Treverensem et . . . Ioannem Boemie regem . . . ex parte una et prefatum Henricum archiepiscopum Maguntinum ex altera ad faciendum et firmandum invicem inter se plenam concordiam amicitiam atque pacem . . . inducere procuretis. Prefatum archiepiscopum Treverensem, ubi velut obedientie filius . . . mandatis nostris studuerit obedire . . . ab omnibus excommunicationis . . . suspensionum et interdicti sententiis . . . absolvatis . . . dicto quoque Henrico, si forte in civitate vel diocesi Maguntina voluerit commorari, unum vel duo hospicia ad mensam suam archiepiscopalem spectantia, que pro habitatione sua elegerit, faciatis . . . assignari. Quodsi forte eosdem archiepiscopos vel alterum eorundem ad firmandum inter se pacem huiusmodi necnon ad compositionem super premissis fructibus . . . faciendam . . . infra sex mensium spatium, postquam ad partes illas perveneritis, reducere . . . non possitis, eisdem ex parte nostra mandetis, ut per procuratores ydoneos . . . certo peremptorio termino competenti, quem ad hoc eis duxeritis prefigendum, legitime compareant coram nobis. Ut autem in premissis turbationum impedimentorum vel obstaculorum quorumlibet tollatur occasio, dissolvendi vacuandi irritandi et revocandi omnes pactiones obligationes confederationes et colligationes per dictum archiepiscopum Treverensem et prefatos capitulum eiusdem ecclesie Maguntine adinvicem inter se vel cum quibuscumque ducibus marchionibus comitibus baronibus . . . rectoribus scabinis consulibus communitatibus universitatibus civibus et incolis ac personis aliis ecclesiasticis et secularibus Alamanie quomodolibet . . . initas, iuramentis penis obligationibus et aliis quibuslibet firmitatibus . . . roboratas nec non relaxandi huiusmodi necnon fidelitatis a vassallis eiusdem ecclesie et alia quelibet iuramenta a quibuscumque prestita, per que super premissis vobis impedimentum posset quomodolibet provenire, ac ea, prout secundum deum videritis, dissolvendi vacuandi irritandi revocandi seu etiam et relaxandi et insuper contra quoscumque turbatores pacis huiusmodi . . . procedendi eosque per censuram ecclesiasticam . . . compescendi vobis plenam et liberam concedimus . . . facultatem. Volumus etiam . . . quod, si idem Baldewinus archiepiscopus possessionem castrorum fortelliciorum villarum opidorum iurisdictionum et iurium predictorum in manibus vestris libere . . . dimittere . . . recusaverit vel distulerit requisitus, predictos processus et sententias contra ipsum et quoscumque alios factos . . . quos vobis in hac parte inobedientes inveneritis . . . executioni debite demandantes, eos . . . solenniter publicetis et faciatis per alios publicari, contradictores auctoritate nostra appellatione postposita compescendo . . . Dat. Avin. IIII idus ianuarii a. tertio.

Reg. 124 nr. 48; Rz. 1857.

2276. *1337 Januar 10. Avignon.*

Benedictus XII capitulo ecclesie Maguntine iniungit, quatinus Guigoni de S. Germano et Nicolao Capotie de S. Audomaro prepositis capellanis et nunciis sedis apostolice super commissis eisdem negotiis parere curent, prestantes eisdem in omnibus, super quibus in pemissis eos requisiverint, oportunum auxilium consilium et favorem. Alioquin sententias, quas ipsi rite tulerint in rebelles, papa ratas habebit et faciet usque ad satisfactionem condignam inviolabiliter observari.

Cum dilectos filios . . . Dat. Avin. IIII idus ianuarii a. tertio.

In e. m. clero civitatis et dioc. Maguntine . . . populo civit. et dioc. Mag. . . . vassallis eccl. Mag. . . . suffraganeis eccl. Mag.

Reg. 124 nr. 51; Rz. 1860.

2277. *1337 Januar 13. Avignon.*

Benedictus XII universis abbatibus prioribus et decanis aliisque personis ordinis seu religionis monachorum nigrorum in proximo ipsorum provinciali capitulo in Coloniensi et Treverensi celebrando provinciis mandat, quatinus ordinationes et statuta, quas ipse papa noviter fecit, quasque sub eadem bulla ipsis transmittit, efficaciter observent et, quantum ad ipsos pertinuerit, faciant per alios observari.

Ad salubrem et felicem statum . . . Dat. Avin. idus ianuarii a. tertio.

Reg. 124 fol. penultimo.

2278. *1337 Januar 17. Avignon.*

Benedictus XII archiepiscopo Coloniensi mandat, quatinus cum nobili viro Henrico de Grascap milite et Lisa de Blankemberch Colon. dioc., qui matrimonium contraxerunt ignorantes aliquod inter eos existere impedimentum ex eo, quod Henricus ante contractum huiusmodi matrimonium carnaliter cognoverat quandam puellam dicte Lise in tertio consanguinitatis gradu coniunctam, dispenset, quod in sic contracto matrimonio licite remanere valeant, prolem susceptam et suscipiendam ex huiusmodi matrimonio legitimam decernendo.

Ex tenore petitionis dilecti . . . Dat. Avin. XVI kl. februarii a. tercio.

Reg. 123 nr. 302; Rz. 1861.

2279. *1337 Januar 18. Avignon.*

Benedictus XII Guigoni de S. Germano et Nicolao Capotie de S. Audomaro prepositis capellanis et nunciis sedis apostolice, ne propter expensarum defectum eos contingat arreptionem et prosecutionem itineris in grave dispendium ecclesie Maguntine retardare, concedit facultatem contrahendi mutuum usque ad summam trecentorum florenorum de Florentia boni et puri auri ac propter hoc dictam ecclesiam eiusque theolonea et castra creditoribus obligandi.

Cum vos, de quorum . . . Dat. Avin. XV kl. februarii a. tertio.

Reg. 124 nr. 170.

2280. *1337 Februar 5. Avignon.*

Benedictus XII Henrico nato Iohannis de Drove confert eccl. SS. Apostolorum canonicatum, prebendam vero eidem reservat.

Exigunt tue merita . . . Dat. Avin. nonas februarii a. tertio.

In e. m. preposito S. Georgii et decano S. Severini Colon. ac Willermo de Norwegio capellano nostro archidiacono Norwicensis ecclesiarum.

Reg. 123 nr. 159.

2281. *1337 Februar 7. Avignon.*

[Benedictus XII] magnifico viro Ludovico de Bavaria . . .

Nuper videlicet de Veneris ante festum purificationis B. Marie virginis proximo preteriti ad nostram venientes presentiam dilecti filii nobiles viri Willelmus Iuliacensis et Rupertus Palatinus Reni comites nuncii tui per nos ... benigne recepti, nobis exponere inter cetera curaverunt, se cum ... Philippo rege Francie illustri condixisse, quod sui spectiales nuncii deberent una cum eis circa dictum festum in eadem presentia interesse. Verum quia rex prefatus pridem ante nunciorum tuorum adventum nobis scripserat, eum oportere propter quedam occurentia sibi negotia et intemperiem etiam temporis usque circa primam dominicam instantis quadragesime suorum predictorum nunciorum missionem differe, nos instanter rogando, ut eos usque tunc expectaremus benigne, nos hoc prefatis tuis nunciis exponentes, eis duximus nichilominus suadendum, ut, cum sine nunciis regis predicti procedi nequiret utiliter super negotiis, pro quibus dicti venerunt nuncii, de presenti nec nimis huiusmodi dilatio sit prolixa, usque ad dictum terminum expectarent ... Dat. Avin. VII idus februarii a. tertio.

Reg. 132 f. 9 nr. 28; Rz. 1867.

2282. *1337 Februar 15. Avignon.*

Benedictus XII Guigoni de S. Germano et Nicolao Capotie de S. Audomaro prepositis capellanis et nunciis apostolice sedis, quos pro quibusdam negotiis ecclesiam Maguntinam tangentibus ad partes Alamanie destinavit, indulget, ut huiusmodi negotiorum prosecutione durante cum Baldewino archiepiscopo Treverensi et aliis personis ecclesiasticis [et] secularibus quibuscumque illarum partium excommunicationis seu excommunicationum quarumlibet sententiis innodatis in hiis dumtaxat, que animarum salutem vel huiusmodi prosecutionem dictorum negotiorum respiciunt, ipsi Guigo et Nicolaus et familie ipsorum libere participare possint nullamque propterea excommunicationis ab homine vel a iure prolatam sententiam incurrant[1].

Cum vos pro quibusdam ... Dat. Avin. XV kl. martii a. tertio.

Reg. 124 nr. 44.

2283. *1337 Februar 15. Avignon.*

[Benedictus XII] Henrico archiepiscopo Maguntino.

Licet dilectis filiis magistris Guigoni de S. Germano Aniciensis et Nicolao Capocie S. Ademari Morinensis diocesis prepositis ecclesiarum capellanis et nunciis nostris, quos pro hiis, que te, frater, et

1) Eisdem eadem die tria alia concedit indulta. *l. cit. nr. 45–47.*

Baldewinum archiepiscopum Trevercusem dinoscuntur invicem tangere, ad partes illas specialiter destinamus, mutuam inter vos et . . . Iohannem regem Boemie illustrem, si et prout eum premissa contingunt vel possunt contingere, procurandi et faciendi concordiam et amicitiam concesserimus inter cetera potestatem, volumus tamen . . . quod sub pretextu colore aut nomine concordie et amicitie huiusmodi vel alias quoquo modo super assistendo in guerris vel dissensionibus alicui vel aliquibus aut in nominatione seu electione regis Romanorum in imperatorem promovendi, si eam fieri contingeret, aut dando vel concedendo per te vel alium seu alios tuo nomine vocem super nominatione aut electione huiusmodi cuiquam persone vel pro ipsa, nulla obligatio promissio vel confederatio sub quacumque forma verborum absque nostra speciali licentia fiat vel quomodolibet contrahatur. Et hec per te observari tenaciter ergaque te sic secrete teneri sub virtute obedientie volumus et iubemus, quod nec aliquid attemptetur in contrarium nec premissa cuiquam, etiam prefatis nunciis, detegantur. Dat. Avin. XV kl. marcii a. tercio.

Reg. 132 f. 18 nr. 54; Rs. 1870.

2284. *1337 März 5. Avignon.*

[Benedictus XII] S. Severini et S. Gereonis decanis ac Wilhelmo de Genepe canonico maioris Colon. eccl.

Vite ac morum honestas, super quibus apud nos dilectus filius Henricus de Yswilre canonicus ecclesie S. Marie ad gradus Colon. fide dignorum testimonio commendatur, nos inducunt, ut sibi reddamur ad gratiam liberales. Cum itaque, sicut accepimus, decanatus ecclesie S. Marie predicte curam habens animarum ac consuetus per canonicos eiusdem ecclesie gubernari, cuius redditus et proventus sexaginta florenorum auri vel circa valorem annuum non excedunt, ex eo, quod quondam Wiricus de Gelstortip olim eiusdem ecclesie canonicus et decanus decanatum ipsum una cum parrochiali ecclesia in Antwilre Colon. dioc. usque ad suum obitum post et contra constitutionem felicis recordationis Iohannis pape XXII . . . ediderat, retinere presumpsit, vivente dicto predecessore et extunc iam pluribus annis vacaverit et adhuc vacare noscatur et propter diuturnam vacationem huiusmodi dicta ecclesia S. Marie multos defectus spiritualiter et temporaliter patiatur, . . . nos volentes dictum Henricum predictorum meritorum suorum obtentu, pro quo etiam . . . Walramus archiepiscopus Coloniensis, cuius dictus Henricus capellanus commensalis existit, nobis humiliter supplicavit, in eadem ecclesia S. Marie amplius honorare, ... discretioni vestre ... mandamus, quatinus ... si est ita, predictum decanatum ... eidem Henrico auctoritate nostra conferre et assignare curetis ... non obstantibus quibuscumque statutis ... seu quod ipse canonicatum et prebendam in eadem ecclesia S. Marie noscitur obtinere ... Dat. Avin. III nonas martii a. tertio.

Reg. 124 nr. 86.

2285. *1337 März 12. Avignon.*

Benedictus XII Bertramo Suderman, qui sicut asseritur, pluribus annis Bononie in iure canonico studuit, confert ecclesie S. Severini Coloniensis canonicatum, reservat vero eidem in dicta ecclesia prebendam ac supplementum necnon dignitatem aut personatum vel officium cum cura vel sine cura, quorum quidem supplementi ac dignitatis aut personatus vel officii fructus, si cum cura, viginti, si vero sine cura fuerit, quindecim marcharum argenti s. t. d. valorem annuum non excedant.

Vite ac morum honestas ... Dat. Avin. IIII idus martii a. tertio.

In e. m. episcopo Brixiensi et S. Andree Colon. ac S. Pauli Leod. ecclesiarum decanis.

Reg. 123 nr. 152.

2286. *1337 März 15. (Avignon.)*

Benedictus XII Guigoni de S. Germano et Nicolao Capocie nunciis mandat, quatinus decidant causam magistri Guernerii Nerii Florentini ab Henrico archiepiscopo Magunt. et Roperto comite de Virneburg in carcere detenti.

[Benedictus XII] Guigoni de Sancto Germano Aniciensis et Nicolao Capocie de Urbe Sancti Audomari de Sancto Audomaro Morinensis dioc. ecclesiarum prepositis capellanis et nunciis nostris.

Significarunt nobis dilecti filii universitas Florentinorum curiam Romanam sequentium, quod olim dilectus filius magister Guernerius Nerii notarius clericus Florentinus tunc predictam curiam sequens venerabilis fratris nostri Henrici archiepiscopi Maguntini et dilecti filii nobilis viri Roperti comitis de Wierinburg fratris eiusdem archiepiscopi seu alterius eorum negotia gessit in curia memorata, ac deinde de prefata curia pro facienda relatione gestorum huiusmodi se personaliter contulit ad archiepiscopum et comitem prelibatos; dictique archiepiscopus et comes seu alter eorum asserentes, quod idem Guernerius de gestis huiusmodi non reddebat plenariam rationem, ceperunt seu capi mandarunt prefatum Guernerium seu captionem ipsius ratam habuerunt eumque ipsi vel alter eorum fecerunt diro carceri mancipari et per sex annos vel circa in dicto carcere detineri. Et licet frater germanus ipsius Guernerii pluries et nonnulli nuncii diversis vicibus successive ad partes illas accesserint visuri Guernerium antedictum et scituri causam detentionis ipsius, tamen dictus germanus et nuncii eundem Guernerium nunquam videre vel alloqui potuerunt, sed, sicut fertur, idem Guernerius squalore et asperitate carceris est adeo maceratus, quod de eius vita spes proba[bi]lis non habetur. Quare prefata universitas eidem Guernerio eorum concivi compacientes ad nos super hoc duxit humiliter recurrendum. Quocirca discretioni vestre . . . mandamus, quatinus vocatis, qui fuerint evocandi, simpliciter et de plano sine strepitu et figura iudicii causam huiusmodi audiatis et fine debito decidatis, facientes, quod decreveritis, per censuram ecclesiasticam appellatione remota firmiter observari . . . Dat. Avin. idus martii a. tertio.

Reg. 123 nr. 329; Rz. 1876.

2287. *1337 April 23. Avignon.*

[Benedictus XII] magnifico viro Ludovico de Bavaria . . .

Ea, que super negotio, pro quo venerunt pridem ad nostram presentiam . . . Willelmus Iuliacensis et Rupertus Palatinus comites tui nuncii, gesta sunt, que cum eorum circumstantiis et emergentibus brevi nequirent comprehendi cedula, prefati tibi nuncii plenius et seriosius referre poterunt viva voce . . . Dat. Avin. VIIII kl. marcii a. tercio.

Reg. 132 f. 26' nr. 82; Rz. 1877.

***2288**. *1337 Juni 17. Avignon.*

Benedictus XII episcopo Traiectensi mandat, quatinus loco Conegundis de Monte, que resignavit, in abbatissam ecclesie Assindensis preficiat Caterinam de Marca postulatam a capitulo eiusdem ecclesie.

Benedictus . . . episcopo Traiectensi . . .

Ex suscepte servitutis officio . . . Sane nuper dilecta in Christo filia Conegundis de Monte olim abbatissa secularis ecclesie Asindensis ad Romanam ecclesiam nullo medio pertinentis Coloniensis diocesis, in qua quidem ecclesia canonice et canonici seculares existunt facientes insimul capitulum in eadem attendens, quod propter debilitatem et imbecillitatem sue persone ac virium suarum eidem ecclesie, que magnam temporalitatem habere dicitur, preesse, ut expediebat, sicut consueverat hactenus, et prodesse utiliter non valebat, regimen et abbatiam dicte ecclesie in manibus . . . Petri episcopi Penestrinensis per procuratorem suum . . . apud sedem apostolicam libere resignavit, idemque episcopus ex commissione nostra . . . duxit resignationem huiusmodi admittendam, et subsequenter . . preposita . . decana . . scolastica . . celleraria ac . . . . . decanus et . . scolasticus totumque capitulum canonicarum et canonicorum ecclesie memorate nobis per eorum patentes litteras supplicarunt, ut, cum dicta ecclesia potenti et nobili persona preficienda in abbatissam ipsius propter vicinitatem multorum nobilium et magnatum, in quorum medio eadem ecclesia fore noscitur constituta, indigere noscatur ac . . . Caterina de Marca canonica et thesauraria eiusdem ecclesie in anno etatis sue vicesimoseptimo dumtaxat, sicut asseritur, constituta, que de nobilibus traxit originem, propter eius sufficientiam et bonitatem, que sibi suffragari dicuntur, ac suam et suorum potentiam ad salubrem gubernationem ipsius ecclesie et defensionem iurium et bonoram ipsius speretur plurimum profutura, de persona ipsius eidem ecclesie providere ipsamque eidem in abbatissam preficere dignaremur. Quia igitur de premissis noticiam non habemus . . . fraternitati tue . . . committimus et mandamus, quatinus, si dictam Caterinam ydoneam esse repereris ad regimen ecclesie memorate, super predicto defectu, quem, ut premittitur, patitur in etate, ut ea . non obstante licite possit assumi in abbatissam ecclesie memorate, cum ea apostolica auctoritate dispenses ac deinde de persona ipsius hac vice eidem ecclesie auctoritate predicta studeas providere . . . prius tamen ab ipsa iuramento recepto, quod a contractu nuptiarum perpetuo debeat abstinere . . . Per hoc tamen earundem abbatisse et secularium canonicarum statum ordinem seu regulam nolumus nec intendimus approbare. Dat. Avin. XV kl. iulii p. n. a. tertio.

Or. membr. cum plumbo pend. Sub plica ad sinistr.: B. de Vidalh. *In plica ad dextr.:* Rta A. de Sco. Vittor. *In dorso:* Menricus Hanc. — *Düsseldorf. Arch. reg. Stift Essen nr. 206. — Reg. 123 f. 17 nr. 14.*

2289. *1337 Juli 13. Avignon.*

Benedictus XII regi Francorum nunciat, quod Gelrensem et Iuliacensem comites non absolvit a iuramentis fidelitatis, quibus illi sunt astricti.

[Benedictus] eidem [Philippo] regi Francie.

Suggestum tibi, fili carissime, ab aliquibus fore intelleximus hiis diebus, quod nos . . . Guelrensem et Iuliacensem comites absolveramus a iuramentis fidelitatis et aliis, quibus tue celsitudini sunt astricti, quodque quidam episcopus Anglicus repertus in Burgundia vel Lotharingia fuerat, qui litteras nostras apostolicas . . . Edwardo regi Anglie illustri directas portabat, asserens nichil posse sibi earum existere, dummodo non aperirentur littere huiusmodi, donec ad regem pervenissent predictum. Sane regiam excellentiam volumus indubitanter tenere, quod super relaxatione vel absolutione iuramentorum predictorum nec per ipsos comites vel per eorum alterum nec per alios verbis vel litteris nobis extitit supplicatum, quod si factum fuisset, nequaquam audivissemus aliquem vel aliquos parte regia non vocata . . . De prefato autem episcopo dicimus, quod, prout a cancellaria nostra didicimus, idem episcopus, qui per dictum regem Anglie molestari dicebatur in suis et ecclesie sue iuribus, litteras nostras recommendatorias super hoc ad regem ipsum obtinuit, quas secum forsitan deferebat. Nescimus tamen, si penes ipsum vel quosvis alios false reperiantur littere, quia frequenter audimus falsarios litterarum nostrarum in diversis partibus reperiri. Verumtamen cum intercipiuntur false littere, de facili cognoscuntur et maxime, cum omnes et singule littere tam patentes quam clause, que per nostram cameram transeunt, registrentur . . . Porro prefatis regi Anglie, comiti Iuliacensi et Ludovico de Bavaria per diversas nostras scribimus litteras, quarum tenores nuncii tui missi ad presentiam nostram novissime regie celsitudini exhibebunt. Dat. Avin. III idus iulii a. tercio.

Reg. 132 f. 50' nr. 188; Rs. 1885.

2290. *1337 Juli 20. Avignon.*

Benedictus XII Ludovico de Bavaria respondet ad ea, que ipsi retulerunt Rupertus dux Bavarie et Guillelmus comes Iuliacensis.

[Benedictus XII] magnifico viro Ludovico de Bavaria . . .

Ex relatione veridica . . . Ruperti ducis Bavarie et Guillelmi comitis Iuliacensis nunciorum tuorum, quos dudum ad nostram presentiam destinasti, potuisti colligere et te credimus collegisse pure et sincere dilectionis affectum, quem gerebamus et gerimus ad reconciliationem tuam ad gremium sancte matris ecclesie, ubi tu eiusdem ecclesie beneplacitis te efficaciter coaptares. Ad quorum nunciorum instantiam non absque displicentia nostra, cum nobis super reconciliatione predicta cepti negotii interpollatio (!) displiceret et ipsius continuatio grata esset, prout tibi referre dicti nuncii debuerunt, usque ad proximas kalendas futuri mensis octobris pro resumenda prosecutione reconciliationis prefate terminum duximus prorogandum, sperantes quod tu de intentione nostra sincera et mente benivola, quam gerimus ad anime tue salutem, eorundem nunciorum relatibus informatus, si illa, que coram nobis gesta fuerunt, plene et veraciter, ut extimamus, tibi duxerint referenda super reconciliatione predicta, procederes usque ad plenam consummationem ipsius nec aliis interim te notabilibus et preiudicialibus negotiis implicares, que nos fideles ac devotos ecclesie merito conturbarent. Sed, sicut non sine admiratione et magna perturbatione cordis audivimus, tu offensas preteritas satagens culpis recentibus renovare, ad invadendum terras et regnum . . . Philippi regis Francie illustris . . . contra pactiones promissiones et obligationes per dictum comitem nomine tuo factas et habitas, contra etiam iuramenta per eum nomine tuo prestita super eis et per tuas patentes litteras approbata veniens te disponis et preparas et bellicos congregare diceris apparatus . . . Dat. Avin. XIII kl. augusti a. tertio.

Reg. 132 f. 52 nr. 190. Raynaldi Annal. eccl. 1337 §§ 3 et 4. Conf. Rs. 1887.

2291. *1337 Juli 20. Avignon.*

Benedictus XII Guillelmum comitem Iuliacensem rogat, quatinus Ludovicum de Bavaria inducat, ut nullis se involvat negotiis, que eum implicent queve valeant negotium reconciliationis Ludovici cum papa impedire.

[Benedictus XII] . . . Guillelmo comiti Iuliacensi.

Ex pluribus dudum tu, qui una cum . . . . Roperto duce Bavarie pro negotiis magnifici viri Ludovici de Bavaria personaliter ad nostram presentiam accessisti, potuisti colligere et te credimus collegisse pure et sincere dilectionis affectum, quem gerebamus et gerimus ad reconciliationem ipsius . . . pro cuius bono ad tuam dictique Roperti ducis instantiam, sicut nosti, non absque displicentia nostra, cum nobis cepti super reconciliatione predicta negotii interpollatio displiceret et ipsius continuatio grata esset, usque ad proximas kalendas futuri mensis octobris pro resumenda prosecutione reconciliationis prefate terminum duximus prorogandum, sperantes quod idem Ludovicus . . . reconciliationis prosecutionem huiusmodi non desereret ante plenam consummationem ipsius nec aliis interim se notabilibus et preiudicialibus negotiis implicaret. Sed . . . idem Ludovicus, offensas preteritas satagens culpis recentibus renovare, ad invadendum terras et regnum . . . Philippi regis Francorum illustris . . . contra pactiones promissiones et obligationes per te nomine eiusdem Ludovici factas et habitas, contra etiam iuramenta per te nomine eius prestita super eis et per eiusdem Ludovici patentes litteras approbata veniens se disponit et preparat et bellicos congregare dicitur apparatus . . . Cum igitur credimus et tenemus, quod tu honorem eiusdem ecclesie diligis . . . et quod idem Ludovicus libenter tuis consiliis acquiescat, nobilitatem tuam affectuose rogandam duximus et etiam requirendam, quatinus . . . prefatum Ludovicum . . . inducere studeas, ut . . . nullis se involvat negotiis, que novis offensis cum implicent queve predictum reconciliationis negotium valeant impedire . . . rescripturus nobis super hiis tam tue interpositionis instantiam erga eum quam exauditionis efficaciam, que ab ipso ex dicta tua instancia subsequetur. Preterea te immemorem fore non credimus, sed tue memorie tenaciter inherere promissionem et iuramenti prestationem, quas fe. re. Iohanni pape XXII . . tunc viventi personaliter et manualiter fecisti, ut fidelis sibi et ecclesie existeres ac per ecclesiam annotatis vel imposterum annotandis, quamdiu extra gratiam et communionem sedis apostolice remanerent, non dares quovis modo per te vel per alium publice vel occulte auxilium consilium vel favorem. Stude igitur servare promissa nec violare iurata, ut nec deum nec eandem offendas ecclesiam nec etiam per transgressionis reatum fame tue iacturam et maculam infamie superducas. Dat. Avin. XIII kl. augusti a. tertio.

Reg. 132 f. 63 nr. 191; Rs. 1887.

2292. *1337 Juli 20. Avignon.*

[Benedictus XII] venerabili fratri Wallramo archiepiscopo Coloniensi.

Decet pontifices et presertim . . . Intelleximus siquidem, quod licet statui tuo non conveniat armorum vacare negotiis, nisi cum immineret necessitas pro bonis et rebus tue ecclesie defendendis, tu tamen nulla tali necessitate cogente armis intendere diceris et ad alienas terras invadendas facere bellicos apparatus, ex quibus contra te presumptio oritur, non qualis et deceat, sed que plurimum dedeceat statum tuum. Volumus ergo tibique precipimus, ut mente pariter et operibus et exemplis te gerens et ostendens pontificem, abicias hec et quecumque alia statui tuo non convenientia presulari queve tibi possent fame iacturam statusque periculum generare, pro firmo sciturus, quod, si secus facere forte presumeres, id equanimiter ferre salva conscientia non possemus. Dat. Avin. XIII kl. augusti tertio.

Reg. 132 f. 53' nr. 192; Instr. misc. Armar. XV. 2 f. 77; Armar. XXXIV. 2 f. 135; Rz. 1910; Eubel im Histor. Jahrbuch XIX. 1898. pg. 468.

2293. *1337 Juli 20. Avignon.*

[Benedictus XII] eidem archiepiscopo Coloniensi.

Militanti ecclesie divina . . . Cum itaque, iam est diu, mentis nostre direxerimus aciem ad ea specialiter interponere nostre solicitudinis interventus, que salubritatem reformationem et statum tocius ecclesie illarum partium generaliter respicere dinoscantur, et nunc prehabitos circa premissa conceptus de consilio tuo et nonnullorum prelatorum illarum partium ad debitum effectum deducere intendamus et ob hoc presentiam tuam nobis fore oportunam et utilem extimemus, fraternitati tue in virtute obedientie districte precipiendo mandamus, quatinus omni excusatione et occasione sublatis infra kalendas octobris proxime venturas ad nos et apostolicam sedem personaliter studeas te conferre. De die vero presentationis presentium et assignatione earum dilectis filiis Ilario de Monterotundo et Iacobo de Ocleriis cursoribus nostris iuratis latoribus ipsarum vel uni ex eis dabimus plenam fidem, quibus etiam iniunximus, quod de presentatione predicta publicum confici faciant instrumentum. Dat. Avin. XIII kl. augusti a. tertio.

Reg. 132 f. 54 nr. 193; Instr. misc. Armar. XV. 11 fasc. 2 f. 77; Armar. XXXIV. 2 f. 135; Rz. 1910.; Eubel im Histor. Jahrbuch XIX. 468.

2294. *1337 Juli 28. Avignon.*

Benedictus XII Walramo archiepiscopo Coloniensi mandat, quatinus cum Genekinide de Gladeke et Drude de Beke Colon. dioc., qui ignorantes, quod in quarto consanguinitatis gradu invicem se contingunt, matrimonium contraxerunt, dispenset, ut in huiusmodi matrimonio licite possint remanere, prolem susceptam et suscipiendam exinde legitimam nunciando.

Oblate nobis pro parte . . . Dat. Avin. V kl. augusti a. tertio.

Reg. 124 nr. 434.

2295. *1337 August 12. Avignon.*

[Benedictus XII] dilectis filiis magistris Guigoni de Sancto Germano Aniciensis et Nicolao Capotie de urbe Sancti Audomari de Sancto Audomaro Morinensis dioc. ecclesiarum prepositis apostolice sedis nunciis.

Dudum de solicitudinis vestre diligentia et fidelitatis industria plenam in domino fiduciam obtinentes vos ad ecclesiam et provinciam Maguntinam pro certis et arduis negotiis duximus destinandos, vosque ad partes illas personaliter accedentes in premissorum executione, quantum in vobis fuit, solicite et fideliter laborastis. Cum autem certis ex causis expedire credamus, quod vos ad sedem apostolicam de nostra licentia redeatis, vobis ad sedem redeundi prefatam benignam tenore presentium licentiam impertimur. Dat. Avin. II idus augusti a. tertio.

Reg. 124 nr. 13; Rs. 1895.

***2296.** *1337 August 13. Avignon.*

Benedictus XII archiepiscopo Iannensi et episcopo Leodiensi ac abbati monasterii S. Iacobi Leodiensis mandat, quatinus Theoderico domino de Heynsberg et capitulo ecclesie Leodiensis inhibere curent, ne pendente lite de comitatu Losensi antiquitus Haspigau vocato coram papa alterutra partium in preiudicium alterius attemptet quicquam directe vel indirecte super possessione seu cura vel regimine dicti comitatus.

Olim significantibus nobis . . . Dat. Avin. idus augusti p. n. a. tertio.

Bormans et Schoolmesters, Cartulaire de l'eglise St. Lambert de Liège, III nr. 1213. Cf. ibidem n. 1 et nr. 1226.

2297. *1337 August 24.*

Walramus archiepiscopus Coloniensis recipit literas a Benedicto XII sibi novissime destinatas. (*Nr. 2294.*)

Conf. nr. 2299.

2298. *1337 August 27. Avignon.*

[Benedictus XII] . . . Iohanni regi Boemie.

Excellentie tue litteras, quas nuper apostolatui nostro super excusationibus quorundam nobis relatorum, in quibus intellexeras nobis te fuisse delatum, tua serenitas destinavit, recepimus et intelleximus diligenter. Super quibus regie sublimitati breviter respondemus, quod excusationes predictas gratanter audivimus teque super premissis habemus et habere proponimus excusatum. Dat. Avin. VI kl. septembris a. tertio.

Reg. 123 f. 73' nr. 249; Rz. 1899.

2299. *1337 September 5. Godesberg.*

Walramus archiepiscopus Coloniensis litteris Benedicto XII destinatis excusat se, quod ab eodem citatus ad curiam Romanam venire non possit.

Sanctissimo in Christo patri et domino suo, domino Benedicto sacrosancte Romane ac universalis ecclesie summo pontifici Walramus dei et apostolice sedis gratia Coloniensis archiepiscopus devota pedum oscula beatorum.

Noscat vestra, pater sanctissime, beatitudo, quod hiis diebus, videlicet mense augusti die vicesimo quarto, vestre sanctitatis litteras bulla vera plumbea et filis canapis more solito conclusas michi per virum discretum Ilarium de Monterotundo vestrum cursorem iuratum presentatas cum reverentia, qua decuit, recepi, quarum tenorem de verbo ad verbum duxi presentibus meis litteris inserendum:

Benedictus episcopus servus servorum dei venerabili fratri Walramo archiepiscopi Coloniensi. Salutem et apostolicam benedictionem.

Militanti ecclesie divina . . . Dat. Avin. XVI kl. augusti pontificatus nostri anno tercio. *(Nr. 2294.)*

Perlectis igitur et intellectis hiis vestris litteris, habito super hiis deliberato sonsilio, cum michi occurerit, quod, sicut ex causis infrascriptis evidenter apparet, secundum vestri tenorem mandati venire non potuerim hiis temporibus neque possim sub dicto tempore, quo necessario indigui pro decentibus nunciis destinandis eisque preparandis disponendis informandis et instruendis super hiis, que circa hoc incumbebant negotium pro comparendo in vestre sanctitatis presentiam termino in vestris litteris prefixo, idem terminus ipsis meis nunciis evidenter existit nimis artus, propterea quod hiis diebus, quod dolenter refero, illustris princeps dominus Eduardus Anglorum rex et nonnulli magnates principes barones nobiles et potentes tam Alamanie quam partium aliarum, ut fama insinuat quasi notoria et pro veridica reputata, cum Ludovico de Bavaria, quem imperatorem nominant, ligas et conspirationes contra serenissimum principem dominum Philippum Francorum regem iniisse dicuntur certissime et fecisse et contra ipsum suique regni partes manu invadendas armata proficisci intendentes predicti colligati, presertim idem Ludovicus, palam disponunt et ordinant bellicos apparatus, sic quod gravissima ex hiis causis, nisi dominus deus per suam reformet misericordiam, guerrarum commotio vehementer presumitur imminere. Cumque aliqui predicto Anglorum regi ac Ludovico familiares non parve reputationis viri nunc persuasionibus nunc blandimentis nunc pecuniarum magne quantitatis pollicitacionibus nunc minis aliisque innumerabilibus, ut ita dicam, allexionibus et instanciis, ut ipsis colligatis adhererem et me eis, prout ipsi fecerunt, alligarem, varie me temptarint, quod ipsis in hac parte nolui sicut nec debui acquiescere ullo modo, ipsius Ludovici suorumque fautorum emulationem commotionem et indignationem michi, prout res iam apparent, admodum periculosas et formidabiles contra me, etsi michi ante amicus non fuerit, modo notorias procuravi ad tantum etiam, quod preter alia, que contra me et meam ecclesiam, ut intellexi pro verissimo, machinatur, quamquam per viam partium aliarum ipse Ludovicus competentius forsan, si ipsum ad partes Francie contigerit proficisci, suum ducere posset exercitum, per terras tamen ecclesie Coloniensis in mei et mee ecclesie preiudicium grande nimium et dampnosum, ut ipsarum terrarum Coloniensis ecclesie et incolarum ibidem possessiones bona et res cum spoliis incendiis et depopulationibus depauperet et, si oportunitatem inveniret, opida castra et fortalicias ipsius ecclesie expugnet et expugnata sibi reservet vel in manus forsan ponat alienas aut destruat funditus et subvertat toto suo exersitu, nisi aliquibus cautelis avertere valeam interdum, prout indubitato didici, dirigere gressus suos. Preterea propter istas et alias subortas hoc tempore in Alamanie partibus novitates et quia maiores et quasi paucis exceptis omnes domini temporales predicto adherere quoad premissa videntur Ludovico, mee sicut et ceterarum Alamanie ecclesiarum, quibus prelati president vestre sancte Romane ecclesie devoti et ipsius Ludovici communionem et dominium aborrentes, vasallos aliquos et subditos tanta impellunt continue vesania seque absque palliatione ostendunt adeo insollertes, quod non obstantibus meis rogationibus hortationibus obtestationibus mandatis et minis, postpositis iuramentorum suorum religione et subiectionis debite spreto iugo, in adiutorium et sequelam predicti Ludovici ad premissa perpetranda se conferunt, ymo offerunt ab eo minime requisiti. Impresentiarum etiam in partibus ducatus contigit Westfalie ad Coloniensem ecclesiam pertinentis, quod nonnulli nobiles ac potentes ac alii vassalli et subditi Coloniensis ecclesie ex eisdem novitatibus sumentes audaciam michi et mee ecclesie factis inter se conspirationibus se opponunt adeo pertinaciter et potenter, quod, quando ego, qui iam in prosinctu (!) constitutus iter ad easdem arripendi partes existo, manu valida et stipatus multitudine armatorum ibidem omni mora postposita personaliter [non] compaream, ecclesia Coloniensis incurret sine dubio irreparabile in illis partibus detrimentum. Ex premissis itaque et aliis periculis multis et maximis, que narrare per singula longum esset, . . . ego colligens et attendens, quod . . . si in hac tempestate ab ipsa mea me ecclesia aliquo modico temporis spacio absentarem, nedum predicte mee, ymo et aliarum sedi sancte apostolice actenus devotarum in Alemania constitutarum ecclesiarum . . . ad manus hostium sedis apostolice devenire . . . et probabiliter presumens, vestre beatitudinis clementiam hiis attentis, quod pro nunc ad vestre vocationis mandatum ad vestre sanctitatis presentiam non potui me transferre et quod mei infrascripti nuncii prefixo termino comode venire non poterant ex causis supradictis, debere et velle me habere misericorditer excusatum, accersitis ad me dilectis meis familiaribus et secretariis meis ac Heinrico publico notario infrascriptis, in eorum presentia duxi sollempniter iurandum, quod omnia et singula superius expressa credo vera esse . . . et nichilominus dilectos meos magistrum Godefridum de Sancto Coniberto officialem curie mee Coloniensis, Wilhelmum de Genepe, canonicos Colonienses et Henricum de Tremonia legum professorem militem, meos secretarios et familiares coram me presentialiter constitutos, ad vos et vestre sanctitatis curiam duxi destinandos, dans ipsis et eorum cuilibet in solidum potestatem et mandatum speciale premissas causas et quascumque alias veras legitimas et honestas pro mei excusatione, quare ad vocationem vestre sanctitatis prefatam non venerim nec veniam . . . allegandi et proponendi coram vestra sanctitate . . . . Presens instrumentum publicum ad mandatum meum per Henericum notarium infrascriptum confectum et meo sigillo maiori munitum duxi significandum. Actum in castro nostro Gůdensberg anno domini millesimo trecentesimo tricesimo septimo indictione quinta mensis septembris die quinta hora tertia vel quarta, presentibus dilectis meis Gerardo de Vivario decano ecclesie S. Severini Coloniensis et predictis officiali Wilhelmo et Henerico nunciis nostris ac Gerardo de Eyndelstorn Godefrido de Boilheym dapifero et Ar[nol]do de Busveylt coquine nostre magistro militibus nostris secretariis et familiaribus ac Guillermo de Eudhoven canonico ecclesie S. Cuniberti Coloniensis et prefato notario publico, cui mandavimus, ut super hiis hoc conficeret publicum instrumentum et signo suo signaret. Et ego Henricus dictus Rufus clericus Coloniensis plublicus auctoritate imperiali necnon curie Coloniensis iuratus notarius premissis interfui . . . et singula predicta . . . manu mea cinscripsi et ipsum instrumentum signo meo signavi.

Instr. misc. Armar. XV, 11, 7. (Fasciculus II additorum ad caps. XI sive volumen litterarum Clementis VI et Iohannis XXII.) fol. 77—78'; Armar. XXXIV. 2 f. 135; Rz. 1910; Eubel im Hist. Jahrbuch XIX, 468.

2300. *1337 September 11. (Avignon.)*

Die XI mensis septembris [a. MCCCXXXVII] dominus Iohannes Ogerii decanus Belnensis Eduensis dioc. collector residuorum beneficiorum vacantium subsidii et decime sexannalis et triennalis in provinciis Viennensi Lugdunensi Tarantasiensi Bisuntina et Treverensi assignavit camere de receptis per eum in dictis provinciis per manus domini Guillelmi Esperonis familiaris sui VII^C^LXXXV regal.
CXL scudat.
MII^C^LXXXII flor. de Florencia.
VIII^C^X flor. de Pedemonte.

Intr. et Exit. 161 f. 35 = Kirsch. p. 156.

2301. *1337 October 20. Avignon.*

Excusatio archiepiscopi Coloniensis.

Anno die indictione et pontificatu predictis [*scilicet* millesimo CCC°XXXVII indictione quinta die vicesima mensis octobris pontificatus Benedicti XII] et in eodem [publico] consistorio presentibus testibus supranotatis [*scilicet* cardinalibus] et Gasberto archiepiscopo Arelatensi camerario, Iohanne Avinionensi episcopo thesaurario, Raynaldo de Vranis, Manuele de Vlisco et Guncelino Iohannis notariis pape, Stephano de Puni abbate ecclesie Douratensis Lemovicensis dioc. camere apostolice auditore ac advocatorum procuratorum et aliorum hominum multitudine copiosa constitutis coram prefato domino nostro summo pontifice discretis viris Wilhelmo de Genepe canonico Coloniensi et Henrico dicto Suderman de Tremonia milite legum doctore procuratoribus et nunciis venerabilis patris domini Walrami archiepiscopi Coloniensis et lectis in publico de ipsius domini nostri mandato duobus publicis, ut apparebat prima facie, instrumentis sigillis ipsius domini Coloniensis archiepiscopi impendenti sigillatis, quorum tenores inferius per ordinem describentur, et interrogati per prefatum dominum nostrum, an contenta in dictis instrumentis continerent veritatem, responderunt quod sic. Interrogati, si vellent nomine procuratorio quo supra per iuramentum affirmare et asserere, quod contenta in dictis instrumentis sine fraude et dolo et malicia meram continerent veritatem, dixerunt quod sic. Et ibidem tactis per eos et ipsorum quemlibet corporaliter sanctis evangeliis dixerunt et asseruerunt, quod excusationes et cause in dictis instrumentis contente omni fraude dolo fictione et machinatione cessantibus erant vere et puram et meram continebant per omnia veritatem. Quibus sic actis prefatus dominus noster papa quoad omnia in literis apostolicis in dictis instrumentis insertis contenta et alia quoad excusationes suas acceptabat et recipiebat et eum excusatum habebat et voluit, quod super predictis sibi fierent littere apostolice eius bulla bullate et nichilominus nobis notariis et clericis supradictis et cuilibet nostrum instrumentum vel instrumenta publicum vel publica fieri mandavit. Tenor[es] vero instrumentorum per ordinem tales sunt: *(Sequitur Walrami epistola nr. 2300, cui inserte sunt Benedicti XII littere nr. 2294.)*

Arch. Vatic. Armar. XV, caps. 11 nr. 7. (Fasciculus II additorum ad caps. XI armar. XV sive Volumen litterarum Clementis VI et Iohannis XXII.) fol. 77; Armar. XXXIV. 2 f. 135; Rz. 1910; Eubel im Histor. Jahrbuch. XIX, 468.

2302. *1337 October 20. Avignon.*

Benedictus XII archiepiscopo Coloniensi nunciat, quod excusationes eius ab eiusdem nuncio in consistorio prolatas approbat.

[Benedictus XII] eidem [Walramo] archiepiscopo [Coloniensi].

Pridem dato nobis intelligi, quod licet statui tuo non conveniret armorum vacare negotiis, nisi cum immineret necessitas pro bonis et rebus tue ecclesie defendendis, tu tamen nulla tali necessitate cogente armorum negotiis intendebas et ad alienas terras invadendas faciebas bellicos apparatus, ex quibus contra te oriebatur presumptio plurimum dedecens statum tuum, voluimus tibique per litteras nostras precepimus, ut mente pariter ac operibus et exemplis te gerens et ostendens pontificem abiceres hec et quecumque alia statui non convenientia presulari, queve possent tibi fame iacturam statusque periculum generare. Ac nichilominus ad salubrem reformacionem et statum totius ecclesie illarum partium nostre mentis aciem dirigentes ac prehabitos iam dudum circa premissa conceptus de consilio tuo et nonnullorum aliorum prelatorum illarum partium ad debitum effectum deducere intendentes et ob hec presentiam tuam nobis fore oportunam et utilem extimantes, tibi in virtute obedientie per alias litteras nostras districte dedimus in mandatis, ut omni excusatione et occasione sublata infra kalendas octobris tunc proximo futuras nunc preteritas ad nos et apostolicam sedem studeres personaliter te conferre. Verum tu receptis litteris nostris et eis plenius intellectis, te super contentis in eisdem primis litteris rationabiliter et veridice, sicut credimus, excusasti ac attendens, quod preter plures alias causas rationabiles, ex quibus propter malitiam presentis temporis absentia tua Coloniensi ecclesie, cui presides, esset plurimum obfutura, impresentiarum in partibus ducatus Westfalie ad eandem ecclesiam pertinentis nonnulli nobiles et potentes et alii vasalli et subditi eiusdem ecclesie orditis[a] inter se quibusdam conspirationibus tibi et eidem ecclesie adeo potenter et pertinaciter se opponunt, quod nisi tu in instanti ad partes dicti ducatus manu valida stipatus multitudine armatorum omni mora postposita personaliter te conferres, dicta ecclesia incurreret proculdubio in illis partibus irreparabile detrimentum, considerans etiam, quod eadem absentia propter prefatam malitiam temporis tue et aliis ecclesiis illarum partium apostolice sedis devotis dampnosa et periculosa plurimum redderetur, nobis humiliter supplicasti, ut, si iuxta vocationis nostre mandatum ad nostram nequivisti presentiam in prefixo termino te conferre, te dignaremur habere misericorditer excusatum et super predictis et nonnullis aliis excusationibus coram nobis et fratribus nostris sancte Romane ecclesie cardinalibus proponendis ad predictam sedem speciales nuncios et litteras destinasti. Nos igitur excusationes predictas coram nobis et eisdem fratribus in consistorio propositas per nuncios prelibatos benigne audivimus, et quia nobis et eisdem fratribus rationabiles vise sunt, eas de dictorum fratrum consilio duximus admittendas teque . . . habemus . . . excusatum. Studeas igitur, sicut per alias litteras nostras tibi scripsisse recolimus, erga sedem eandem et Romanam ecclesiam devotionem gerere, fidelitatem servare teque votis apostolicis in omnibus et per omnia conformare, honorem et fidelitatem eiusdem ecclesie quibuslibet spretis peri

a) *corr.:* factis *vel:* ortis.

culis inviolabiliter observando. Dat. Avin. XIII kl. novembris a. tercio.

Reg. 132 f. 92' nr. 316; Rz. 1910 n. 4.

2303. *1337 October 20. Avignon.*

Benedictus XII universis suffraganeis eccl. Colon. mandat, quatinus Walramo archiepiscopo Coloniensi super manutenendis et conservandis iuribus honoribus iurisdictionibus et vassallis ecclesie Coloniensis, quociens ipse eorum auxilium requisiverit, viriliter assistant.

Venerabilem fratrem nostrum ... Dat. Avin. XIII kl. novembris a. tertio.

Reg. 124 nr. 423; Rz. 1911.

***2304.** *1337 November 4. Avignon.*

Benedictus ... abbati monasterii in Middelburgh Traiect. dioc. ...

Conquesti sunt nobis .. decanus et capitulum ecclesie Beati Martini Embricensis Traiect. dioc., quod nobilis vir Adam dominus de Monte dicte dioc. super quibusdam decimis novalium et rebus aliis ad dictam ecclesiam spectantibus iniuriatur eisdem. Ideo discretioni tue ... mandamus, quatinus partibus convocatis audias causam et appellatione remota debito fine decidas, faciens, quod decreveris, per censuram ecclesiasticam firmiter observari, proviso ne in terram dicti nobilis interdicti sententiam proferas, nisi a nobis super hoc mandatum receperis speciale. Testes autem *etc.* Dat. Avin. II nonas novembris p. n. a. tertio.

Or. membr. cum plumbo pend. Sub plica ad sinistr. nihil. In plica ad dextr.: A. Taccon. *In dorso:* Tilmannus de Nussia. — *Düsseldorf. Arch. reg. Eccl. collegiata in Emmerich nr. 51.*

2305. *1337 November 6. Avignon.*

[Benedictus XII] Wilhelmo comiti Iuliacensi.

Non absque displicentia magna percepimus hiis diebus, quod in partibus Alamannie tractantur seu tractata sunt aliqua, ex quibus, si, quod absit, invalescerent seu procederent, magna christianitatis turbatio et sanguinis christianorum effusio aliaque tam animarum quam personarum et rerum dispendia gravia ... possent sequi [a]. Sane cum

a) *Annuitur „colligatio facta a Eduardo Anglie rege cum Teutonicis". Cf. Raynaldi Annal. eccl. 1337 § 12; Rz. 1913.*

talia semina . . . antequam germinent et in pernitiosam crescant segetem, eradicanda sint ac etiam exstirpanda tuque, fili, posses non modicum super hiis utiliter, sicut indubie supponimus, operari, nobilitatem tuam rogamus attentius et in domino exhortamur, quatinus . . . studens efficaciter interponere partes tuas . . . Te quidem tenere certitudinaliter credimus, quod per nos non stetit nec stabit, quominus super tractatu reconsiliationis Ludovici de Bavaria, que non solum sibi sed aliis personis innumeris utilis necessaria et salubris existeret, quantum in nobis est et cum beneplacito divino dicteque sedis honestate posset fieri, processum fuerit ulterius hactenus ac etiam procedatur. Rursus quedam nuncio tuo imposuimus tibi pro parte nostra per eum latius referenda, super quibus a te plenius intellectis te taliter cures, quesumus, gerere, quod tibi cedat ad meritum nosque reperire valeas propterea pro tuis oportunitatibus merito promptiores. Dat. ut supra (= Avin. VIII idus novembris a. tertio).

Reg. 132 f. 91' nr. 314; Rz. 1915.

2306. *1337 November 6. Avignon.*

[Benedictus XII] Walramo archiepiscopo Coloniensi.

Percepto nimis displicibiliter hiis diebus, quod in partibus Alamannie tractantur seu tractata sunt aliqua, ex quibus, si, quod absit, procederent seu invalescerent, magna christianitatis turbatio, sanguinis Christianorum effusio et alia tam animarum quam personarum et rerum innumera dispendia, que divine maiestatis oculos graviter offenderent, sequi possent . . . . Willelmo comiti Iuliacensi germano tuo scribimus, . . . ut . . . ad obviandum tantis periculosis et perniciosis discriminibus elaborare operosis studiis non ommittat. Sane quia prefato comiti non parum facultas apud illos, quos premissa tangunt, ut indubie supponimus, suppetit in hac parte ipseque libenter tuis, ut intelleximus, monitis acquiescit, fraternitatem tuam requirimus . . . quatinus . . . memoratum comitem efficaciter inducere non postponas, ut super predictis partes sue solicitudinis iuxta nostra monita salubria effectualiter interponat . . . Rursus tuam prudentiam cautam reddere volumus et attentam, ut, si casu aliquo contingeret pro electione regis Romanorum in imperatorem promovendi te ac electores alios laborare, sedis apostolice, que te ad statum pontificale[m] provexit (!), honorem et beneplacitum sic operosis studiis observare procures, quod sedem ipsam tibi exinde constituas in tuis oportunitatibus propiciam et benignam. Dat. Avin. VIII idus novembris a. tertio.

Reg. 132 f. 92 nr. 315; Rz. 1916.

2307. *1337 November 6. Avignon.*

Benedictus XII regi Francie notificat, que ad ipsius noticiam noviter sint deducta super factis Alamannie.

[Benedictus XII] Philippo regi Francie.

Volentes serenitatem regiam, que ad nostram deducta sunt hiis diebus super factis Alamannie noticiam, ut previsionis premuniri clipeo super eis cautius valeat, non latere, illa sibi cedula interclusa presentibus seriosius indicabit. Ideoque regalis circumspectio contentis in eadem cedula tam super rumoribus ad nos hiis diebus perlatis quam aliis, que subiunguntur in ipsa cedula, plenius intellectis, providam et maturam deliberationem habeat et de remediis provideat oportunis ad illa, que placibiliora divine maiestatis oculis ac utiliora et expedientiora christianitati et tibi, fili carissime, considerata et attenta qualitate presentis temporis fuerint, regium animum quesumus applicando. Dat. Avin. VIII idus novembris a. tertio.

Sequitur tenor cedule incluse in prescripta littera prefato regi directa:

Hec, que sequuntur, nobis hiis diebus preteritis sunt relata:

[1.] Primo videlicet, quod solennes tractatus sunt habiti, ut Ludovico de Bavaria iuri Romani imperii per eum usurpato cedente sibique regno (!) Alamannie retinente dataque sibi propterea magna pecunie quantitate, per electores seculares non modicis pecuniarum summis mediantibus rex Anglie in regem Romanorum promovendum in imperatorem eligatur . . . .

[5.] Item quod quasi omnes principes Alamannie seculares excepto rege Boemie illustri contra te, fili, ac domum et regnum tua fecerunt colligationes et confederationes diversas . . .

[14.] Porro licet presentate nobis die ultima proximo preteriti mensis octobris littere regie continerent, quod nuncios venerabilis fratris nostri . . archiepiscopi Coloniensis usque ad adventum nuncii regii ad nostram destinandi presentiam retinere vellemus, quia tamen nuncii predicti, qui antea in consistorio nostro constituti prefatum archiepiscopum solenniter iuramento medio excusantes, quod noluerat, quamvis importune requisitus fuisset, se in ligis ponere contra te habitis, propter quod etiam timebat sibi et ecclesie sue dampna non levia illatura, per nos, qui eundem archiepiscopum de hiis, que nobis suggesta circa dictas ligas fuerant, habuimus merito excusatum, licentiati extiterant ac etiam expediti, nec decens nec expediens vidimus eos ulterius retinendos, et maxime quia eis imposuimus pro parte nostra . . Iuliacensi comiti exponendum, quod nec sibi nec Ludovico prefato nec principibus ac rei publice partium illarum expediebat quomodolibet prosequi ea, que super predictis tractata fore dicuntur, sed potius omnino desistere ab eisdem, multas rationes efficaces eis super hiis assignando. Quas rationes et alia per nobis sibi exposita in hac parte iidem nuncii susceperunt dicto comiti fideliter et celeriter referenda credentes verisimiliter, ut dixerunt, quod comes ipse, qui magnam potestatem circa hec habere dicitur, nostris consiliis et exhortationibus huiusmodi acquiescet . . .

Reg. 132 f. 89'—91 nr. 311; Rz. 1913.

2308. *1337 November 6. Avignon.*

Benedictus XII tribus executoribus mandat, quatinus Winricum abbatem monasterii Stabulensis multorum criminum reum citent, ut infra duas menses personaliter in curia appareat facturus et recepturus, quod iusticia suadebit.

[Benedictus XII] archiepiscopo Ebredunensi et episcopo Leodiensi ac abbati monasterii Belliereditus Leodiensis diocesis.

Moleste ferimus quorumlibet . . . Sane dilecti filii Thomas precentor et Wilhelmus de One monachi monasterii Stabulensis ord. S. Bened. Leod. dioc. eorum proprio et procuratorio nomine dilectorum filiorum . . decani et conventus dicti monasterii pridem in nostra et nostrorum fratrum presentia in consistorio constituti denunciare curarunt, quod Winricus eiusdem monasterii abbas sensum datus in reprobum non tanquam hospes sed hostis, non ut dominus sed tyrampnus cum ingenti multitudine hominum armatorum equitum et peditum de diversis partibus collectorum ipsum tunc sequencium eques armatus ad modum laici deposito habitu regulari suoque vexillo explicato et erecto ad villam Stabulensem ad monasterium ipsum spectantem, in qua idem monasterium situm existit, hostiliter accessit volens, ut prima facie videbatur, per violentiam extorquere ab hominibus dicte ville unam talliam, quam eis iniuste imposuerat contra consuetudinem patrie et monasterii prelibati. Sed dicti homines hoc ex audito prescito se ad prefatum monasterium et eius fortalicia reduxerunt eiusdem abbatis oppressionem vitare volentes. Et quamvis idem abbas primitus cum verbis blandis et subdolis ausus[a] fuisset predictos homines educere extra fortalicia supradicta, ut, prout creditur, libere capere posset eos, id tamen efficere nequiens conatus fuit dictum monasterium, in quo reducti erant ipsi homines, ut prefertur, pro defensione ipsorum cum certa parte rerum suarum, violenter invadere et cum dictis armatis complicibus suis dictum monasterium, in quo erant iidem homines, expugnare atque capere homines antedictos. Propter quod dicti armati existentes cum abbate predicto, eo semper ibidem presente cum dicto vexillo et ipsis armatis assistente ac eis auctoritatem et vigorem procurante, fecerunt contra eosdem homines in ipso monasterio existentes diversos cum armis insultus sagittando illos cum balistis eorum, ut capere possent ipsos, et in ipsis insultibus unus ex hominibus ville ac monasterii predictorum extitit interfectus multique alii fuere graviter vulnerati. Deinde vero idem abbas dolenter aspiciens, quod eosdem homines in dicto monasterio existentes seque defendentes evincere non valebat, cum vexillo et multitudine armatorum predictis ad villam accessit eandem et bona ipsorum hominum in eodem monasterio existentium, que in eorum domibus remanserant, rapi fecit, mulieres etiam in puerperio existentes de lectis propriis expellendo seu faciendo propelli. Et demum post rapinas huiusmodi fuit certa pars ipsius ville incendio ignis supposita multeque domus et habitationes eiusdem ville totaliter combuste fuere, quarum alique dicti monasterii et certarum personarum ecclesiasticarum dominii existebant; et quod premissa et singula in illis partibus notoria existebant quodque supradicti decanus et conventus dictum abbatem caritative monuerant, ut se super predictis corrigeret ac emendaret forefacta, sed ipse hec efficere pretermisit; et quod ipse abbas propter adustionem domus cuiusdam persone ecclesiastice dicte ville per dilectum filium . . officialem Leodiensem — non ex delegatione apostolica — rite fuit declaratus secundum certa statuta synodalia episcopalia Leodiensia excommunicationis sententiam incurrisse et excommunicatus proinde publice nunciatus. Quare nobis eisdem procuratoribus humiliter supplicantibus, ut super hiis ac statu monasterii et hominum dicte ville prefatorum dignaremur de oportuno remedio providere, nos dilecto filio nostro Petro tituli S. Praxedis presbitero cardinali similiter in consistorio commissimus oraculo vive vocis, ut super pretactis denunciatis, presertim super infamia inde orta contra dictum abbatem et ad finem citationis personalis de ipso, si videretur, faciende plenariam informationem reciperet nobisque de ipsa

a) usus *in reg.*

referre curaret. Qui ad instantiam eorundem procuratorum dictum abbatem et procuratorem suum, si quis esset in Romana curia in audientia publica ad singulos actus debitos citari fecit et eodem abbate vel aliquo pro ipso coram eodem cardinale minime comparentibus in ipsius abbatis contumaciam quamplurimos testes ydoneos ab ipsis procuratoribus productos super infamia huiusmodi recepit et examinavit etiam diligenter, ipsique procuratores nonnulla iura et munimenta circa predicta et ad ea facientia coram dicto cardinali producere curaverunt. Et tandem per procuratorem prefati abbatis coram ipso cardinale in iudicio constitutum uno teste ad probandum bonam famam ipsius abbatis producto et examinato, cum idem cardinalis postmodum se de mandato nostro ad partes alias translaturus esset, prout se transtulit subsequenter, nos venerabili fratri nostro Gaucelino episcopo Albanensi commisimus prefatis procuratoribus instantibus, ut processum per dictum cardinalem super hiis habitum et attestationes testium predictorum reciperet et examinaret et exinde nobis referret. Qui eis receptis et examinatis attente comperit per attestationes ipsorum ab eisdem procuratoribus productorum et per huiusmodi producta, iamdictum abbatem fore super dictis denunciatis publice diffamatum, nobisque super premissis similiter in consistorio relationem fecit plenariam et fidelem. Nos igitur . . . discretioni vestre . . . mandamus, quatinus . . . predictum abbatem ex parte vestra peremptorie citare curetis, ut infra duorum mensium spacium post citacionem huiusmodi cum omnibus iuribus et munimentis suis conspectui apostolico se presentet facturus et recepturus, quod iusticia suadebit . . . Dat. Avin. VIII idus novembris a tercio.

Reg. 124 nr. 452.

2309. *1337 November 7. Avignon.*

Benedictus XII Everardo de Asselen confert ecclesie S. Cassii Bunnensis Colon. dioc. canonicatum, prebendam vero et unum de quibusdam officiis seu proventibus consuetis canonicis ipsius ecclesie assignari, obedientie inibi nuncupatis, eidem reservat.

Probitatis et virtutum merita . . . Dat. Avin. VII idus novembris a. tertio.

In e. m. decano S. Andree Colon. ac archidiacono Norwicensi ac scolastico S. Georgii eiusdem Colon. ecclesiarum.

Reg. 108 nr. 1481.

***2310.** *1338 Januar 28. Avignon.*

Benedictus XII abbati et conventui monasterii Vallis Sancti Petri in Heysterbach Cisterc. ord. Colon. dioc. petentibus confirmat omnes libertates et immunitates a Romanis pontificibus eidem monasterio concessas necnon libertates et exemptiones secularium exactionum a regibus et principibus eidem indultas.

Solet annuere sedes . . . Dat. Avin. V kl. februarii p. n. a. quarto.

Or. membr. cum plumbo pend. Sub plica ad sinistr.: Vitalis. *In plica ad dextr.:* P. Mar. *In dorso:* Stephanus de Placentia. *Düsseldorf. Arch. reg. Heisterbach nr. 67.*

2311. *1338 Februar 10. Avignon.*

Benedictus XII episcopo Leodiensi mandat, quatinus cum nobili viro Iohanne domino de Barewart et nobili mulieri Agnete nata Willelmi domini de Menderscheit Trever. dioc., qui ignorantes, quod quondam Katerina prior uxor dicti Iohannis prefato Willelmo erat in tertio consanguinitatis gradu coniuncta, matrimonium per verba de presenti, bannis prius editis in facie ecclesie, ut est moris, nemine se opponente, insimul contraxerunt, dispenset, si est ita, ut in sic contracto matrimonio possint licite remanere, prolem susceptam et suscipiendam ex huiusmodi matrimonio legitimam renunciando.

Ex tenore petitionis . . . Dat. Avin. IIII idus februarii a. quarto.

Reg. 125 nr. 241.

2312. *1338 Februar 10. Avignon.*

Benedictus episcopo Leodiensi mandat, quatinus cum Willelmo de Millenlayci et Aleydi Goswini de Heinsberg Leod. dioc., qui ignorantes, quod dicta Aleydis quondam Aleydisisilie Theoderici dicti Veldekughoven (*Veldekinghoven?*) eiusdem dioc. priori uxori dicti Willelmi in quarta consanguinitatis linea attinebat, matrimonium contraxerunt, dispenset, si est ita, ut possint in huiusmodi matrimonio licite remanere, prolem susceptam et suscipiendam ex huiusmodi matrimonio legitimam nunciando.

Petitio pro parte . . . Dat. Avin. IIII idus februarii a. quarto.

Reg. 125 nr. 249.

***2313.** *1338 Februar 11. Avignon.*

[Benedictus XII] universis vasallis secularis ecclesie Assindensis ad Romanam ecclesiam nullo medio pertinentis Colon. dioc.

Petitio pro parte dilecte in Christo filie Catherine abbatisse secularis ecclesie Assindensis . . . nobis exhibita continebat, quod . . abbatissa eiusdem ecclesie, que magnam temporalitatem multosque nobiles et barones ac alios vassallos feuda nobilia et alia a dicta ecclesia obtinentes habere dinoscitur, de antiqua consuetudine Alamanie dicte temporalitatis investituram ab imperatore seu Romanorum rege, qui est pro tempore, debet recipere, quodque de simili consuetudine in illis partibus observatur, quod eadem abbatissa, prius quam investituram recipiat supradictam, non potest suos subditos et vassallos de feudis, que tenent ab ipsa ecclesia, infeudare nec homagia et fidelitatem sibi ab eis debita recipere consueta, sicque abbatissa ipsa vacante Romano imperio, sicut vacat ad presens, investituram huiusmodi non potest petere nec habere. Quare nobis humiliter supplicavit . . . Nos igitur . . . universitati vestre . . . mandamus, quatinus eandem Catherinam abbatissam debita honorificentia prosequentes ei fidelitatem solitam necnon consueta servicia et iura sibi a vobis debita exhibere integre studeatis . . . Dat. Avin. III idus februarii a. quarto.

Reg. 125 nr. 324; Rz. 1933. — Or. membr. cum plumbo pend. Sub plica ad sinistr.: ✗ *In plica ad dextr.:* pro P. de Rivo Io. Martini. *In dorso:* Tilmannus de Nussia *et* R. m. *Düsseldorf. Arch. reg. Stift Essen. nr. 209. — Lacomblet III nr. 321.*

2314. *1338 Februar 11. Avignon.*

Benedictus XII abbati monasterii Verdinensis Colon. dioc. et preposito Monasteriensis ac decano S. Pauli Leod. ecclesiarum mandat, quatinus deputati conservatores et iudices abbatisse preposite et decane ac capitulo secularis ecclesie Assindensis ad Romanam ecclesiam nullo medio pertinentis efficacis defensionis presidio assistentes, non permittant easdem super bonis et iuribus ad easdem spectantibus a quibuscumque indebite molestari vel eis gravamina seu dampna vel iniurias irrogari.

Militanti ecclesie licet . . . Dat. Avin. III idus februarii a. quarto.

Reg. 125 nr. 200.

2315. *1338 Februar 16. Avignon.*

Benedictus XXII Iohanni de Aquis canonico eccl. Bunnensis Colon. dioc. reservat in eadem eccl. dignitatem vel personatum sine cura cum obedientia, cuius quidem dignitatis vel personatus cum obedientia fructus sexaginta librarum turonensium parvorum s. t. d. valorem annuum non excedunt, non obstante quod Iohannes in dicta Bunnensi eccl. canonicatum sub expectatione prebende ac altare B. Petri et in Leod. dioc. parrochialem ecclesiam in Hermale obtinet. Tamen vigore presentis gratie possessionem dignitatis vel personatus cum obedientia assecutus dimittat parrochialem ecclesiam et altare predicta.

Suffragantia tibi merita... Dat. Avin. XIIII kl. martii a. quarto.

In e. m. decano et scolastico S. Georgii Colon. ac cantori Laudunensis ecclesiarum.

Reg. 126 nr. 21.

2316. *1338 Februar 16. Avignon.*

Benedictus XII decano S. Georgii et subdecano maioris ac scolastico eiusdem S. Georgii eccl. Colon. mandat, quatinus Cristianum natum Henrici de Hestocke opidani Bunnensis clericum Colon. dioc. cupientem in monasterio Sibergensi ord. S. Bened. Colon. dioc., in quo certus monachorum numerus esse dicitur institutus, domino famulari faciant recipi, si sit ydoneus et aliud canonicum non obsistat, in dicto monasterio in monachum, si quis de dicto numero deest ad presens vel quam primum defuerit.

Cupientibus vitam ducere . . . Dat. Avin. XIIII kl. marcii a. quarto.

Reg. 126 nr. 17.

2317. *1338 Februar 20. Avignon.*

Benedictus XII dispositioni sedis apostolice reservat provisionem ecclesie Maguntine, cum eam per cessum vel decessum Henrici archiepiscopi vel alio quocumque modo vacare contigerit hac vice, necnon confirmationes electionum prelatorum omnium ecclesiarum cathedralium et aliarum ecclesiarum collegiatarum secularium et regularium ad presens vacantium vel vacaturarum in posterum ad archiepiscopum Maguntinum, qui est pro tempore, pertinentes.

Ad futuram rei memoriam. Cum ex iniuncto nobis . . . Dat. Avin X kl. martii a. quarto.

Reg. 126 f. 2 nr. 17.

2318. *1338 Februar 22. Avignon.*

Benedictus Bertholdo episcopo Argentinensi mandat, quatinus Willelmo de Genepe canonico Coloniensi apud sedem apostolicam de nobilitate generis, vite ac morum honestate commendato conferat ecclesie Sosaciensis Colon. dioc. preposituram consuetam ab olim per canonicos Colon. eccl. gubernari, ad quam prepositi ipsius ecclesie, qui fuerunt pro tempore, consueverunt per electionem assumi cuiusque fructus ducentorum florenorum auri vel circa valorem annuum non excedunt, non obstante quod Willelmus in Coloniensi Bunnensi et Zeflicensi ecclesiis canonicatus et prebendas ac capellam in Bilrenede Leod. dioc. obtinet. Tamen preposituram assecutus dimittat canonicatus et prebendas Bunnensem et Zeflicensem ac capellam predictam. — Preposituram predictam Henricus archiepiscopus Maguntinus, antequam possessionem pacificam archiepiscopatus assecutus foret, ex concessione sedis apostolice, obtinuit in commendam; sed per generalem commendarum huiusmodi revocationem a Benedicto postmodum factam vacavit et vacat ad presens. Decanus tamen et capitulum ecclesie Sosaciensis considerantes ecclesiam ipsam in finibus diocesis Coloniensis et in invasorum raptorum occupatorum ac predonum ecclesiarum ac rerum suarum medio constitutam defensore potenti et utili indigere, eundem Willelmum, per cuius et consanguineorum et amicorum suorum circumspectionem et potentiam iura Sosaciensis ecclesie defensari poterunt et etiam augmentari et pro quo etiam Walramus archiepiscopus supplicatur, in suum et ecclesie Sosaciensis prepositum concorditer postulaverunt.

Dignum arbitramur et congruum . . . Dat. Avin. VIII kl. martii a. quarto.

Reg. 126 nr. 283.

2319. *1338. Februar 22. Avignon.*

Benedictus XII Bertholdo episcopo Argentinensi mandat, quatinus Remboldo de Vlodorp canonico eccl. SS. Apostolorum Colon. in subdiaconatus ordine constituto petenti conferat eiusdem eccl. preposituram, quam Henricus archiepiscopus Maguntinus tempore promotionis sue habebat et etiam postmodum ex dispensatione sedis apostolice in commendam obtinuisse dicitur queque ad presens vacat per generalem commendarum huiusmodi revocationem a Benedicto postmodum factam, non obstante quod Remboldus in eccl. SS. Apostolorum Colon. et in Aquensi Leod. dioc. canonicatus et prebendas obtinet. Tamen preposituram assecutus dimittat canonicatum et prebendam in eccl. Aquensi. — Quem Remboldum decanus et capitulum eccl. SS. Apostolorum, non credentes eis in hoc aliquam reservationem obsistere, quominus possent ad electionem prepositi tunc procedere, concorditer in prepositum elegerunt.

Dignum arbitramur et congruum . . . Dat. Avin. VIII kl. martii a. quarto.

Reg. 126 nr. 282.

2320. *1338 März 27. Speier.*

Heinricus archiepiscopus Maguntinus, Lupoldus Babenbergensis, Iohannes Basiliensis, Bertoldus Argentinensis, Heinricus Eystetensis, Bernhardus Paderburnensis, Ulricus Curiensis, Otto Herbipolensis episcopi ac Gerhardus Spirensis et Heinricus Augustensis electi nunciant pape, quod ad papam destinant Ulricum episcopum Curiensem et Gerlacum comitem de Nassouw nuncios suos ad tractandum de tollendo dissidio inter Romanam ecclesiam et Ludovicum de Bavaria iam dudum suscitato.

Sanctissimo in Christo patri . . . Benedicto . . . Heinricus . . . Cum iam dudum . . . Dat. Spyre die XXVII mensis marcii a. d. MCCCXXXVIII.

Reg. 133 f. 39 nr. 130a.

2321. *1338 März 30. Avignon.*

Benedictus XII archiepiscopo Coloniensi mandat, quatinus Ludovico de Bavaria, qui ad offensionem episcopi et ecclesie Leodiensis sua molimina conflare proponit, in nullo parcat nec prefatos episcopum et ecclesiam offendat nec permittat, quod a gentibus archiepiscopi offendatur, sed eisdem assistat auxiliis et favoribus oportunis.

Rememorare iterum et recensere . . . Dat. Avin. III kl. aprilis a. quarto.

Reg. 126 nr. 59.

2322. *1338 April 17. Avignon.*

Benedictus XII universis archiepiscopis episcopis etc. destinat litteras salvi conductus pro Henrico episcopo Curiensi et Gerlaco comite de Nassow pro quibusdam arduis de beneplacito et conscientia pape in proximo ad curiam venturis.

Cum venerabilis frater noster . . . Dat. Avin. XV kl. maii a. quarto.

Reg. 125 nr. 328; Rz. 1942.

2323. *1338 April 17. Avignon.*

Benedictus XII episcopo Traiectensi mandat, quatinus cum Gerardo Gerardi dicto Kiperbant de Embrica clerico Traiect. dioc., si alias sit ydoneus, dispenset, ut non obstante defectu natalium, quem patitur de presbitero genitus et soluta, possit ad omnes sacros ordines promoveri et beneficium ecclesiasticum cum cura obtinere. Tamen vigore huius dispensationis beneficium in cathedrali ecclesia nequeat obtinere.

Constitutus in presentia nostra . . . Dat. Avin. XV kl. maii a. quarto.

Reg. 125 nr. 253.

2324. *1338 April 17. Avignon.*

Benedictus XII archidiacono Treverensi mandat, quatinus cum Heinrico de Hedensdorf scolari Trever. dioc. dispenset, ut non obstante defectu natalium, quem patitur de presbitero genitus et soluta, si sit alias ydoneus, possit ad omnes ordines promoveri et beneficium ecclesiasticum obtinere, etiam si curam habeat animarum. Tamen vigore huius dispensationis beneficium in cathedrali ecclesia nequeat obtinere.

Constitutus in presentia nostra . . . Dat. Avin. XV kl. maii a. quarto.

Reg. 126 in fine volum.

2325. *1338 April 17. Avignon.*

Benedictus XII archidiacono Treverensi mandat, quatinus cum Iohanne Lamberti clerico Treverensi de presbitero et soluta genito dispenset, ut, si alias sit ydoneus, possit ad omnes ordines promoveri et beneficium ecclesiasticum, etiam si curam habeat animarum, obtinere. Tamen vigore huius dispensationis beneficium in cathedrali ecclesia nequeat obtinere.

Constitutus in presentia nostra . . . Dat. Avin. XV kl. maii a. quarto.

Reg. 126 in fine volum.

2326. *1338 April 17. Avignon.*

Benedictus XII archidiacono Treverensi mandat, quatinus cum Rudengero dicto Vlymier de Confluentia clerico Treverensis dioc. de soluto et coniugata genito dispenset, ut non obstante predicto impedimento possit ad omnes sacros ordines promoveri et beneficium ecclesiasticum, etiam si habeat curam animarum, obtinere. Vigore tamen huius dispensationis beneficium in cathedrali ecclesia nequeat obtinere.

Constitutus in presentia nostra . . . Dat. Avin. XV kl. maii a. quarto.

Reg. 126 in fine volum.

2327. *1338 April 17. Avignon.*

Benedictus XII archidiacono Treverensi mandat, quatinus cum Michaele de Epternaco scolari Treverensis diocesis super defectu natalium, quem patitur de presbitero genitus et soluta, dispenset, si dictus alias sit ydoneus, ut possit ad omnes ordines promoveri et beneficium ecclesiasticum, etiamsi curam habeat animarum, obtinere. Tamen vigore huius dispensationis beneficium in cathedrali ecclesia nequeat obtinere.

Constitutus in presentia nostra . . . Dat. Avin. XV kl. maii a. quarto.

Reg. 125 nr. 244.

2328. *1338 April 17. Avignon.*

Benedictus XII archiepiscopo Coloniensi mandat, quatinus cum Iohanne dicto Schirme acolito Colon. dioc. super defectu natalium, quem patitur de coniugato genitus et soluta, si dictus alias sit ydoneus, dispenset, ut ipse, qui per simplicitatem et iuris ignorantiam ordines minores suscepit dispensatione non obtenta, in susceptis ordinibus ministrare et ad omnes ordines sacros promoveri et beneficium ecclesiasticum, etiam si curam habeat animarum, obtinere possit. Tamen vigore huius dispensationis beneficium in cathedrali ecclesia nequeat obtinere.

Constitutus in presentia nostra . . . Dat. Avin. XV kl. maii a. quarto.

Reg. 125 nr. 253.

2329. *1338 April 17. Avignon.*

Benedictus XII archiepiscopo Coloniensi mandat, quatinus cum Theoderico nato quondam Theoderici de Geltstorp militis Colon. dioc. clerico de soluto et coniugata genito dispenset, ut in susceptis ordinibus ministrare et ad omnes sacros ordines possit promoveri et beneficie ficiumecclesiasticum obtinere, etiam si curam habeat animarum. Vigore tamen huius dispensationis beneficium in cathedrali ecclesia nequeat obtinere.

Constitutus in presentia nostra . . . Dat. Avin. XV kl. maii a. quarto.

Reg. 126 in fine volum.

***2330.** *1338 Mai 16. Avignon.*

Gaucelinus episcopus Albanensis gerens auctoritate pape penitenciarie curam archiepiscopo Treverensi vel eius vicario in spiritualibus committit, quatinus cum Henrico de Meckele scolari Trever. dioc. dispenset, ut non obstante defectu natalium, quem patitur de presbitero genitus et soluta, possit ad omnes minores ordines promoveri et ecclesiasticum beneficium obtinere, cui cura non immineat animarum.

Attendens ad apostolicam sedem . . . Dat. Avin. XVIII kl. iunii pont. domini Benedicti pape XII anno quarto.

Darmstadt. Arch. Hassiae. Diar. Rudolphi Losse f. 133.

2331. *1338 Juni 9. Avignon.*

Iohannes Verdensis Ditmaro capellano Baldewini archiepiscopi Trever. nunciat, que noviter acciderint in curia Romana.

Reverende domine Ditmare amice mi predilecte.

Amicabili salutatione premissa in primis regratior vobis et domino Werhero (!) cognato meo socio vestro super eo, quod clericum meum ad me venientem bene pertractastis, et reverendo domino meo archiepiscopo super hoc grates et gratias referatis. Item regratior vobis super novis Almanie ac ceteris in litteris vestris in scriptis contentis. Nova curie sunt, quod quidam imperator Tartarorum valde maximus misit ad curiam nuncios solempnes cupiens recipere legem christianam et ut illic (!) aliquis de cardinalibus ad docendum eos transmittatur. Item feria quarta in festo pentecostes in terciis dominus Gerlacus dominus Nassowie et . . . dominus episcopus Curiensis et frater Hermannus de Westfalia ordinis Sancti Augustini novus doctor in theologia intraverunt Avinionem tamquam nuncii solempnes quorundam prelatorum Almanie nuper in Spira collectorum, petentes a domino papa et sacro collegio, ut propter pericula animarum et scandala ac interdicta in terris Almanie ac maxime prelatorum, qui miserunt eos, dominus papa dignaretur sibi dominum Ludowicum de Bavaria reconsiliare. Super qua re dominus papa primo in camera et sequenti die in collegio cardinalium positus ingrate et irate valde respondit, asserens predictos prelatos eos mittentes esse conspiratos cum dicto domino Ludowico contra Romanam ecclesiam et eos tamquam temerarios se velle constuere iudices super ecclesiam Romanam, et quod ipse prius vellet mori, cum magna ira proferens, antequam ipsum reciperet ad gratiam, nisi prius cederet omni iuri suo et statui et honori. Verum quia quidam cardinales cupientes pecuniam Almanie istam ambaciatam de partibus Almanie fieri procuraverunt, volentes esse legati ad reformandum Almaniam, predicti nuncii instructi per huiusmodi cardinales ex parte predictorum prelatorum Almanie petunt, ut duo cardinales legati ad Almaniam transmittantur. Papa dixit, quod suos cardinales nolebat ursis et leonibus destinare. Post hec die lune proxima dominus Coloniensis submisit dominum Henricum de Tremonia doctorem in legibus, qui per omnia agit sicut nuncii predicti. In isto negotio nondum est conclusum nec habent responsum; sed quid responsum fuerit, per primum nuncium, quem habere potero, vobis scribam. Salva reverentia prelatorum videtur michi, quod multum agant inconsulto impetendo legatos cardinales. Nonne duo . . .[a] anno preterito[b] totam ecclesiam Maguntinam confuderunt accusantes et deferentes[c] perperam valde multos? Nonne Bucchamacius cardinalis tempore Rudolphi regis totam Almaniam confudit? — Scientes quod, si mittuntur duo cardinales, quilibet habebit pro procuratione sua in die centum florenos incipiendo a prima die, quando per papam et cardinales ad hoc eliguntur, isti prelati querunt virgam ad dorsum proprium et miserie proprie volunt addere miseriam maiorem et se et

a) *locus erasus.* b) anno preterito *scriptum supra lineam.*
c) *vel:* referentes.

totam Almaniam inbrigare et infamare. Capitulum Maguntinum misit Iohannem de Sybergh ad excusandum canonicos citatos et capitulum. Excusationes eorum sunt repulse et ipsi sunt excommunicati. Prepositus Maguntinus est absolutus ab excommunicatione, sed tamen nondum est domino pape integraliter reconsiliatus. Ipse impingit capitulo omnia peccata sua et sic sperat evadere. Wormaciensis[a] est in curia et de factis suis adhuc nichil fecit, nisi quod impetravit unum iudicem cardinalem, coram quo agere incipit super fructibus prepositure Sancti Stephani et fructibus thesaurarie Sancti Petri Maguntine et fructibus prebende Maguntine, super quibus etiam specialiter impetit prepositum Maguntinum. De capitulo ecclesie Wormaciensis nichil adhuc est attemptatum. In principio introitus sui absolutus fuit a sententia excommunicationis ex parte mercatorum usque ad festum Beati Iohannis Baptiste proxime instans. Valete et me domino meo reverentissimo domino archiepiscopo recommendatum habeatis et domino B[oemundo] archidiacono et ceteris sociis nostris amicis meis. Dat. Avinione die martis immediate post festum trinitatis.

Or. pap. In dorso medio inscriptio facta eadem manu: Honorabili viro domino Dytmaro capellano Reverendi Patris domini Archiepiscopi Treverensis amico suo carissimo. *Ibidem duo fragmenta sigilli rubri. In margine prioris pagine manu moderna:* 1338. *Sub data manu coeva:* Ex parte Iohannis Verdensis. *Darmstadt. Arch. Hassiacum. ms. 393 f. 14: (Diarium Rudolfi Losse). — Böhmer, Acta imperii selecta nr. 1046.*

***2332.** *1338 Juni 15. Avignon.*

Benedictus XII thesaurario ecclesie S. Kuniberti Colon. mandat, quatinus ea, que de possessionibus monasterii S. Crucis Colon. ord. S. August. ab eiusdem priore et conventu necnon eorundem predecessoribus invenerit negligenter et iniuste alienata, ad ius et proprietatem monasterii legitime revocare procuret.

Ad audientiam nostram . . . Dat. Avin. XVII kl. iulii p. n. a. quarto.

Or. membr. cum plumbo pend. Sub plica ad sinistr.: Vitalis. *In plica ad dextr.:* pro G. de Valle. P. de Bosco. *In dorso:* R. Antt. G. de Iaudria pro Sal. — *Paris. Bibl. nat. f. latin. 9271 nr. 24. — Reg. in arch. civit. Colon. Inventar. nr. 156.*

---

a) *in margine additur manu sec. XVI ineuntis:* episcopus Wormaciensis Salamannus.

2333. *1338 Juni 24. Avignon.*

Benedictus XII Philippo regi Francorum inter alia nunciat, quod per episcopum Curiensem et Gerlacum comitem de Nossawe nuncios archiepiscopi Maguntini et quorundam aliorum prelatorum Alamannie littere[1] sibi presentate fuerunt, eumque certiorem facit, se nunciis ante eorum recessum respondisse inter alia, quod castra et munitiones ecclesie Maguntine contra iura imperii et regni Alamannie ad manum suam recipi non mandavit, sed tantum in favorem ipsius ecclesie Maguntine et prelati sui, ut sic castra et munitiones huiusmodi eriperentur de manibus cuiuslibet detentoris et tenerentur in manibus nunciorum papalium, donec inter Maguntinum et Treverensem archiepiscopos esset concordia reformata, quod super premissis scribere volebat omnibus Alamannie archiepiscopis, quod vero archiepiscopo Maguntino attentis eius detestandis excessibus et ingratitudinibus non scriberet, cum sit etiam propter eosdem excessus excommunicationis vinculo innodatus, sed aliis destinabit super predictis litteras responsales.

Regie serenitatis litteras . . . Dat. Avin. VIIII kl. iulii a. quarto.

Reg. 133 f. 37' nr. 130; Raynaldi annal. eccl. a. 1338 §§ 8—10; Rs. 1954.

2334. *1338 Juni 27. Avignon.*

Benedictus XII deputat tres iudices, qui in Coloniensi provincia fratribus quatuor ordinum Mendicantium inhibeant, ne bona archiepiscopo et ecclesie Coloniensi restituenda ipsi recipiant neve raptores et detentores talium bonorum absolvant nisi restitutione debita primitus facta.

[Benedictus XII] archidiacono Treverensi et decano ac scolastico S. Florini in Confluentia Trever. dioc. eccl.

Gravem venerabilis fratris nostri Walrami archiepiscopi Coloniensis querelam recepimus continentem, quod in partibus illis sunt multi, qui bona ad eundem archiepiscopum et suam ecclesiam sive ex theoloniis sive ex aliis redditibus pertinentia tam suo quam predecessorum suorum archiepiscoporum Coloniensium tempore rapuerunt et temere abstulerunt et etiam extorserunt et iniuste detinuerunt et adhuc detinere noscuntur, et cum tales ad bonam conscientiam redeuntes de bonis huiusmodi ab ipsis ablatis extortis et raptis ac iniuste detentis

1) litt. date Spyre die XXVII m. martii a. domini MCCCXXXVIII.

per eos satisfacere volunt, dilecti filii Predicatorum Minorum Heremitarum S. Augustini et Carmelitarum fratrum ordinum priores ministri custodes et gardiani ac conventus et persone singulares eorundem et alii religiosi exempti ordinum aliorum per Coloniensem civitatem diocesim et provinciam ac per partes vicinas constituti vel nonnulli ex eis, lucra temporalia honestati fame et iusticie preferentes, eos sermonibus blandis, quinimmo fraudulentis ad satisfaciendum pro dictis ablatis . . . locis eorum . . . alliciunt, licet huiusmodi satisfactio eisdem archiepiscopo et ecclesie foret secundum iusticiam facienda. Et quod detestabilius est, peccatis aliorum alligari temere non verentes, pretextu privilegiorum eis, ut asserunt, a sede apostolica concessorum predictos raptores seu detentores per eos allectos taliter seu deceptos de facto a predictis ablatis extortis et raptis ac iniuste detentis absolvunt . . . propter quod dictus archiepiscopus pro se et ecclesia sua ad nos super hiis duxit humiliter requirendum. Quocirca discretioni vestre . . . mandamus, quatinus . . . eisdem prioribus ministris custodibus et gardianis et conventibus et personis singularibus eorundem aliisque religiosis exemptis ordinum quorumcumque ex parte nostra districtius inhibere curetis, ne talia bona eisdem archiepiscopo et ecclesie debita quomodolibet eis ablata recipere vel tales ab huiusmodi reatu, nisi primitus super hiis eisdem archiepiscopo et ecclesie sue fuerit satisfactum, de qua satisfactione ipsis prius fiat fides per publica instrumenta sigillo eiusdem archiepiscopi sigillata, presumant absolvere quoquomodo. Ac nichilominus vocatis eisdem et aliis, qui fuerint evocandi, eos, quos repereritis huiusmodi bona taliter recepisse, infra certum terminum competentem . . . ad restituendum illa vel pro dictis bonis satisfactionem plenariam exhibendam archiepiscopo et ecclesie memoratis appellatione postposita, prout iustum fuerit, compellatis, contradictores per censuram ecclesiasticam appellatione postposita compescendo. Testes autem, qui fuerint nominati, si se gratia odio vel timore subtraxerint, censura simili appellatione cessante cogatis veritati testimonium perhibere . . . Dat. Avin. V kl. iulii a. quarto.

Reg. 126 nr. 279.

2335. *1338 Juni 27. Avignon.*

Benedictus XII Bertramo Suderman canonico eccl. S. Severini Colon. cui papa nuper eccl. S. Severini Colon. canonicatum contulit, prebendam vero et supplementum necnon dignitatem vel personatum aut officium cum cura vel sine cura — quorum siquidem supplementi ac dignitatis aut personatus vel officii fructus, si cum cura, viginti, si vero sine cura forint, quindecim marcharum argenti, s. t. d. valorem annuum non excederent — reservavit, concedit, quod huiusmodi dignitatem vel personatum seu officium, etiam si ad illam vel illum seu illud quis consueverit per electionem assumi, ex nunc perinde acceptare valeat.

Vite ac morum honestas . . . Dat. Avin. V kl. iulii a. quarto.

Reg. 126 nr. 238.

2336. *1338 Juni 27. Avignon.*

Benedictus XII decano S. Severini Colon. et magistro Thome Fastolf Bangorensi capellano apostolice sedis ac Alberto de Lynne Colon. eccl. canonicis mandat, quatinus Iacobum de Nekim de Orschoyt clericum Col. dioc. cupientem in monasterio Sybergensi ord. S. Bened. Colon. dioc. domino famulari, si sit ydoneus et aliud canonicum non obsistat, faciant recipi in dicto monasterio, si in eo certus monachorum numerus non habetur vel etiam, si huiusmodi numerus forsan existat, simulac de ipso numero aliquis decesserit, in monachum.

Cupientibus vitam ducere . . . Dat. Avin. V kl. iulii a. quarto.

Reg. 125 nr. 382.

2337. *1338 Juni 27. Avignon.*

Benedictus XII episcopo Argentinensi mandat, quatinus Gobelino dicto Bayart clerico Coloniensi, si eum esse ydoneum repererit, conferat ecclesie S. Severini Colon. canonicatum et reservet prebendam nec non supplementum.

Dignum arbitramur et congruum . . . Dat. Avin. V kl. iulii a. quarto.

Reg. 126 nr. 281.

2338. *1338 Juni 27. Avignon.*

Benedictus XII Bertholdo episcopo Argentinensi mandat, quatinus Godefrido de Bolem clerico Colon. dioc., si eum repererit ydoneum, conferat eccl. Aquensis Leod. dioc. canonicatum, prebendam vero eidem reservet.

Dignum arbitramur et congruum . . . Dat. Avin. V kl. iulii a. quarto.

Reg. 126 nr. 280.

2339. *1338 Juli 1. Avignon.*

Benedictus XII archiepiscopo Coloniensi eiusque suffraganeis atque pluribus aliis archiepiscopis enunciat, quid littere et nuncii quorundam prelatorum provincie Maguntine sibi proposuerint quoad reconciliationem Ludovici de Bavaria cum papa et quid ad ea responderit ipse. In responsis fit mentio comitis Iuliacensis nuncii Ludovici de Bavaria, archiepiscopi Treverensis detentoris manitionum et castrorum ecclesie Maguntine, archiepiscopi Maguntini excommunicati rebellis, Philippi regis Francie et Iohannis regis Boemie.

[Benedictus XII] archiepiscopo Coloniensi eiusque suffraganeis graciam et communionem apostolice sedis habentibus.

Licet cunctorum fidelium mentes latere non debeat, quod apostolice sedis benignitas non solum in universos et singulos fideles et devotos matris ecclesie, sed in alios etiam per devium indevotionis alienatos ab eius uberibus volentes per debitum satisfactionis consilio salubriori resurgere libenter exercet pietatis et misericordie lenitatem, quia tamen nonnulli per adinventiones iniquas et commenta mendacii lumen veritatis obnubilant et, ut depravent eorundem mentes fidelium, adversus sedem eandem relaxare dolosa labia non formidant, expedire cognoscimus ea, que a nobis cum nunciis quorundam prelatorum provincie Maguntine ad nostram et sedis eiusdem presentiam destinatis gesta et eis responsa sunt, per litteras nostras puram et meram veritatem continentes vobis dilucide reserare. Ideoque ad notitiam vestram utpote honorabilia et fidelia membra eiusdem ecclesie contenta in quibusdam litteris, quas dicti prelati nuper nobis per dictos nuncios destinarunt, et responsionem nostram, quam eis fecimus, tenore presentium providemus deducenda:

Dicti siquidem prelati nobis per suas litteras intimarunt, se precibus consiliis et salutaribus monitis Ludovicum de Bavaria exhortatos fuisse, ut ipse ad nostrum et eiusdem Romane ecclesie honorem et reverentiam et quietem et salubrem statum regni et imperii Romanorum vellet ad . . . nostram gratiam cum devotione redire . . . adicientes, quod idem Ludovicus . . . se velle stare ac parere super materia dissidii, quod inter eandem ecclesiam dictumque Ludovicum extitit excitatum, . . . informationi et ordinationi dictorum prelatorum, quantum cum deo iusticia et honore suo posset fieri, repromisit . . . Propter quod dicti prelati precum instantia nos rogabant, ut redeundi ad gremium sancte matris ecclesie promptitudine ipsius Ludovici . . . et periculis specialiter ecclesiis et personis ecclesiasticis imminentibus ponderatis dictum Ludovicum ad reconciliationis gratiam . . . non recusaremus recipere . . .

Sane tam litteris quam nunciis dictorum prelatorum . . . responsiones fecimus infrascriptas:

In primis eisdem respondimus, quod per nos non steterat neque stabat, quin ad reconciliationem Ludovici prefati procederetur et iamdudum fuisset processum, et quod semper nos exhibueramus promptos et paratos ad procedendum cum nunciis eius, videlicet . . . comite Iuliacensi et aliis dudum ad nostram presentiam destinatis. Et ut posset procedi cautius et celerius in reconciliatione predicta, feceramus examinari procuratoria Ludovici prefati et abreviari processus . . . habitos contra eum eorumque copiam . . . cardinalibus exhiberi, certum diem eisdem cardinalibus assignantes ad procedendum in consistorio . . . Et quod ante prefatum diem . . . ab eisdem nunciis acceptatum dictus comes et alii nuncii . . . subito tunc pecierunt licentiam de Romana curia recedendi . . . Quibus etiam recedentibus nos ad procedendum in negotio reconciliationis prefate certum terminum competentem, videlicet festum B. Michaelis de mense septembris proxime preteritum tunc futurum, sufficientem dictis nunciis ad eundum ad dictum Ludovicum et consulendum eundem et ad dictam curiam redeundum duximus assignandum. Ad quem terminum idem Ludovicus . . . neminem ad nos misit nec se super hoc excusavit . . .

Eisdem quoque nunciis diximus, quod tantum negotium non erat per dictos prelatos extra Romanam curiam pertractandum, sed si dictus Ludovicus et alii prelati vel principes Alamannie vellent prosequi reconciliationem predictam eo modo, quo deberent, mitterent nuncios ipse et principes vocem in electione regis Romanorum habentes, quos negotium huiusmodi multum tangit quorumque propterea littere erant necessarie pro reconciliatione premissa . . .

Rursus eisdem nunciis diximus quod nunquam attemptavimus nec attemptare intendebamus contra iura imperii vel contra iura regni Alamanie, sed pro dictis iuribus defendendis et protegendis fortiter steteramus et stare intendebamus . . . Diximus etiam nunciis memoratis, quod illi, qui per Alamaniam dolose referre et dicere presumpserunt, quod contra dictorum regni et imperii iura et contra regnum et imperium nostra intentio versabatur et quod nos ecclesiam Maguntinam atque castra et munitiones ipsius ad manus nostras recipere volebamus ad illum finem, quod possemus ledere regnum et imperium supradicta, falsum dixerant et mendacium manifestum, quia pro iuribus dictorum regni et imperii stare et laborare toto posse, ut premittitur, volebamus.

Verum tamen est, quod contra dictum Ludovicum, . . . stetimus et stare intendimus pro conservatione iusticie et iuris Romane ecclesie memorate; unde non contra dicta regnum et imperium sed contra dictum occupatorem egit et agit ecclesia propter scisma et alia contenta in dictis processis, que commisit. Et quod munitiones et castra dicte ecclesia Maguntine in favorem eiusdem ecclesie et . . . archiepiscopi Maguntini, ut possemus illa de manu illiciti detentoris extrahere, ad manus nunciorum nostrorum recipi volebamus, eisdem nunciis nostris districtius iniungentes, quod, quam primum inter dictum Maguntinum et Treverensem archiepiscopos tunc detentorem munitionum et castrorum predictorum concordia esset facta, munitiones et castra totumque archiepiscopatum Maguntinum dimitterent eidem archiepiscopo Maguntino.

Preterea eisdem nunciis dictorum prelatorum diximus, quod ex eo, quod huiusmodi negotium reconciliationis prefate erat multum arduum, non intendebamus, quod super eo procederetur nisi apud sedem apostolicam coram nobis et fratribus nostris . . .

Diximus etiam dictis nunciis, quod super premissis daremus eis litteras apostolicas responsales, non tamen intendebamus scribere dicto archiepiscopo Maguntino, quia eum habebamus pro infideli rebelli et excommunicato propter illa, que fecerat veniendo contra proprium iuramentum et fidelitatis debitum in destructionem eiusdem ecclesie Maguntine tam cum dicto Ludovico quam cum personis et canonicis seu pro canonicis se gerentibus eiusdem ecclesie Maguntine, et quia etiam erga dictam Romanam ecclesiam plurimum fuit ingratus, cum pro multis beneficiis per eum ab ipsa receptis multisque laboribus et anxietatibus per dictam ecclesiam pro ipso susceptis tam contra precum instantias dicti Philippi Francie et . . . Iohannis Boemie regum quam contra pretatum archiepiscopum Treverensem nobis et eidem Romane ecclesie pro gratitudine summas ingratitudines repensavit. Et ideo dictis nunciis mandavimus, quod eidem Henrico archiepiscopo notificarent ex parte nostra, quod nos omnes confirmationes electionum et provisiones dignitatum et beneficiorum ad eundem archiepiscopum spectantium duxeramus . . . dispositioni apostolice specialiter reservandas . . . Insuper eisdem nunciis diximus, quod nostre intentionis erat super premissis universis archiepiscopis eorumque suffraganeis de partibus Alemanie gratiam et communionem apostolice sedis habentibus litteras nostras specialiter destinare premissa eis per dictas litteras explicantes.

Hec autem omnia singulariter et distincte universitati vestre referenda providimus, ut, si forte iniqua labia et lingue fallaces studerent per commenta mendacii derogare veritati mentesque seducere et depravare fidelium ponere scandala et zizaniam seminare, vos iuxta officii pastoralis decentiam et fidelitatis debitum, quo sedi apostolice estis astricti, de veritate premissorum vobis dilucida presentibus reserata eorum nequitiam comprimatis, veritatem predictam populis vestris fidelibus per vos et alios, prout expedire videritis, in publicis sermonibus et etiam predicationibus exponentes. Dat. Avin. kl. iulii a. quarto.

In e. m. archiepiscopo Magdeburgensi et eius suffraganeis gratiam et communionem apostolice sedis habentibus.

In e. m. archiepiscopo Bremensi eiusque suffraganeis gratiam et communionem apostolice sedis habentibus.

In e. m. episcopo Metensi.

In e. m. episcopo Brixiensi.

In e. m. episcopo Leodiensi gratiam et communionem apostolice sedis habenti.

In e. m. episcopo Pataviensi.

In e. m. episcopo Constanciensi.

In e. m. archiepiscopo Salzeburgensi eiusque suffraganeis gratiam et communionem apostolice sedis habentibus.

Reg. 125 f. 2' nr. 14; Reg. 133 f. 78' nr. 263—266; Raynaldi, Annal. eccl. 1338 §§ 3—7; Rs. 1957.

***2340.** *1338 Juni 16. (? Juli 8. ?) Avignon.*

Benedictus XII petentibus preposito et priorissa et conventu monasterii in Ulinchusen scolastico eccl. Susaciensis, ord. S. August. Colon. dioc. mandat quatinus ea, que de bonis monasterii alienata invenerit illicite vel distracta, ad ius et proprietatem eiusdem legitime revocare procuret.

Dilecti filii . . . prepositi . . . Dat. Avin. XIII (!) idus iulii p. n. a. quarto. A. de Cavasse.

Apogr. saec. XVIII. Münster. Arch. reg. Oelinghausen nr. 44a.

2341. *1338 nach Juli 16.*

Baldewinus archiepiscopus Trever. pape notificat, quid principes electores apud Rense concordarint de rebus imperii, supplicatque, quatinus Ludovicum de Bavaria ad gratiam matris ecclesie recipere et admittere dignetur.

Pater Sanctissime. Cum principes Germanie . . .

Ficker, Zur Gesch. des Kurvereins zu Rense: Sitzungsberichte der Kaiserl. Ak. der Wissensch. Wien XI, 708.

2342. *1338 Juli 22. Avignon.*

Benedictus XII episcopo Brixiensi et preposito S. Severini ac decano S. Georgie Colon. eccl. mandat, quatinus Rodulpho de Busco clerico Monasteriensis eccl. conferant eccl. SS. Apostolorum Colon. canonicatum et prebendam vacantes per promotionem et consecrationem Henrici archiepiscopi Maguntini olim ecclesie predicte canonici, quorum fructus quadraginta librarum turonensium parvorum s. t. d. valorem annuum non excedunt, non obstante quod papa dudum eidem Rodulpho per litteras in forma pauperum de beneficio ecclesiastico ad dispositionem scolastici ecclesie Monasteriensis spectante providit. Vult tamen papa, quod, postquam idem vigore presentium canonicatum et prebendam assecutus est, littere gratie priores sint casse et quod in predicta eccl. SS. Apostolicorum personalem residentiam facere teneatur.

Laudabilia virtutum studia . . . Dat. Avin. XI kl. augusti a. quarto.

Reg. 126 nr. 252.

***2343.** *1338 August 6. Avignon.*

Henricus de Cingno (!) domini pape penitenciarius archiepiscopo Treverensi nunciat, quod ad eum remittit Theodericum de Duno diaconum et canonicum eccl. Trever., postquam eum a peccatis et censuris ecclesiasticis absolvit.

Venerabili in Christo patri dei gracia archiepiscopo Treverensi vel eius vicario in spiritualibus frater Henricus de Cingno domini pape penitenciarius salutem in domino.

Theodericum de Dûno dyaconum et canonicum vestre ecclesie . . . latorem presencium, qui olim, prout vobis exponet, quendam militem ordinis hospitalis Sancti Iohannis Ierosolimitani violenter his cepit et captum ipsum tenuit per aliquot tempus, quem postmodum alias illesum restituit pristine libertati, ab excommunicatione generali, quam propter hoc incurrit, et a reatibus laicalium homicidiorum et peccatis suis aliis, que nobis in foro confessionis aperuit, ad vos auctoritate domini pape remittimus iuxta formam ecclesie absolutum, executione sacrorum ordinum, quos habet et ad superiorem ascensu sibi perpetuo interdictis, mandantes ei inter alia sub debito prestiti iuramenti, ut militi passo iniuriam, si non satisfecerit, satisfaciat competenter. Vos autem considerata culpa ipsius iniungatis sibi inde auctoritate predicta penitentiam salutarem [et] ipsum, si satisfacere forte contempserit, in eandem excommunicationis sententiam recidisse nuncietis. Dat. Avin. VIII idus augusti pont. domini Benedicti pape XII a. quarto.

Rudolph Losse, Diarium ms. f. 133' Darmstadt. Arch. Hassiae.

2344. *1338 August 10. Avignon.*

[Benedictus XII] Iohanni regi Boemie.

Venientem ad presentiam nostram dilectum filium Voelconem clericum secretarium regium et litteras regalis magnificentie nobis per eum presentatas benigne recepimus et ea, que idem clericus sub commissa sibi per litteras ipsas credentia nobis pro parte tua, fili carissime, curavit exponere, pleno collegimus intellectu. Cumque ipse devotionem sinceram, quam ad nos et Romanam ecclesiam gerere dinosceris, delectabiliter sub credentia ipsa recensendo proponens certas initas inter quasdam colligationes, in quibus se immiscere prudentia regia noluit, nobis explicandas seriose duxerit et etiam quasdam scripturas assignaverit ligarum predictarum, sicut apparebat, in eis seriem continentes, nos super devotione huiusmodi premissorumque intimatione regali magnificentie gratiarum actiones uberes referentes eam rogamus attentius et in domino exhortamur, quatinus in eadem devotione . . . persistens tenorem ligarum ipsarum sub sigillis eorum, qui eas inierunt, si honeste fieri possit et, commode, nobis . . . secrete tamen destinare procures. Dat. Avin. IIII idus augusti a. quarto.

Reg. 133 f. 83 nr. 276; Rz. 1967.

2345. *1338 August 17. Avignon.*

Benedictus XII Petro Ioffridi de Rodomacra confert eccl. S. Paulini extra muros Treverenses canonicatum, prebendam vero eidem reservat.

Exigentibus tue probitatis . . . Dat. Avin. XVII kl. septembris a. quarto.

In e. m. episcopo Brixiensi et abbati monasterii S. Maximini extra muros Treverenses ac preposito eccl. S. Symeonis Treverensis.

Reg. 125 nr. 93.

2346. *1338 September 3. Avignon.*

Excusationes et responsiones, quas Ludovicus Romanorum imperator ad Iohannis XXII malitiam et nequitiam cunctis fidelibus ostendendam fecit, ... etiam in Confluentia civitate archiepiscopis Treverensis super Renum coram serenissimo principe domino Eduardo rege Anglie et infinita multitudine fidelium die III septembris predicti anni solemniter fuerunt publicate, quarum initium tale est: Ludovicus IV. dei gratia ... Fidem catholicam.[1])

H. Lämmer, Meletematum Romanorum Mantissa pg. 93.

2347. *1338 September 3. Avignon.*

Benedictus XII Henrico Suderman de Tremonia legum doctori confert eccl. Leodiensis canonicatum, prebendam vero ac dignitatem vel personatum seu officium cum cura vel sine cura, cuius quidem dignitatis seu personatus vel officii fructus, si cum cura, quadraginta, si vero sine cura fuerit, viginti marcharum argenti s. t. d. valorem annuum non excedant, eidem reservat.

Litterarum scientiam, vite mundiciam ... Dat. Avin. III nonas septembris a. quarto.

Reg. 126 nr. 452.

2348. *1338. September 11. Avignon.*

[Benedictus XII] archiepiscopis et episcopis et electis abbatibus *etc.* necnon ducibus marchionibus comitibus *etc.*

Cum venerabilis frater noster Walramus archiepiscopus Coloniensis dilectos filios ... B. Marie Aquensis et ... Sosaciensis Leodiensis et Coloniensis dioc. prepositos et ... thesaurarium Coloniensis ecclesiarum ac magistrum Gotfridum officialem Coloniensem et Henricum de Tremonia militem legum doctorem nuncios suos ad nos et apostolicam sedem pro quibusdam suis negotiis destinare proponat, nos volentes eosdem nuncios cum familiaribus equitaturis et rebus eorum in veniendo ad sedem predictam morando ibidem et redeundo ab ea plena securitate gaudere, universitatem vestram requirimus et hortamur ... quatinus ... eosdem nuncios cum familiaribus equitaturis et rebus predictis in veniendo ad dictam sedem et redeundo ab ea per terras et loca

1) Böhmer Fontes IV. 592 s.

vestra et districtus eorum absque impedimento aliquo transire secure et libere permittatis . . . presentibus post sex menses minime valituris. Dat. Avin. III idus septembris a. quarto.

Reg. 126 nr. 302.

2349. *1338 September 14. Avignon.*

Die XIIII m. septembris [a. MCCCXXXVIII] de mandato domini nostri pape d. Ar[nal]do de Verdala domini pape capellano misso per ipsum in Alamanniam ad Bavarum super facto obediencie et reconsiliacionis sue causa mutui tradidimus LXXX flor.

Intr. et Exit. 171 f. 88'.

2350. *1338 October 24. Avignon.*

[Benedictus XII] Iohanni regi Boemie.

Sublimitalis regie litteras, quas . . . clericus tuus earum exhibitor nobis presentare curavit, benignitate recepimus consueta. Quarum serie necnon et hiis, que idem clericus sub commissa sibi per litteras ipsas credentia explicavit nobis pro parte regia, plenius intellectis, attendentes, quod zelo sincere devotionis, quam ad deum ac nos et sanctam Romanam ecclesiam gerere, fili carissime, dinosceris, ea nobis innotescere studuisti, exinde regali magnificentie gratiarum uberes referimus actiones. Dat. Avin. IX kl. novembris a. quarto.

Reg. 133 f. 104 nr. 334; Rz. 1990.

2351. *1338 October 25. (Avignon.)*

Die XXV mensis octobris [a. MCCCXXXVIII] recepti sunt a domino Iohanne Ogerii decano Belnensi collectore in provinciis Lugdunensi Viennensi Bisuntina Tarantasiensi et Treverensi assignante per manus Gervini (?) de Curresia nepotis sui de pecuniis per ipsum receptis de fructibus beneficiorum vacantium residuis decimarum et aliis emolumentis ad cameram spectantibus II^{m}VI^{c} flor. auri.

CII d. ad scutum auri.
V^{c}XXX regal. auri.
I d. ad agnum auri.
III d. tur. gross.

Intr. et Exit. 170 f. 39; Kirsch. p. 156.

2352. *1338 November 13. Avignon.*

Benedictus XII episcopo Leodiensi nunciat, quod Eduardus rex Anglie cum Ludovico de Bavaria confederationes fecisse et ab eo vicariatus officium per totam Alemanniam et Germaniam suscepisse et episcopum supradictum necnon nonnullos alios prelatos illarum partium compellere dicitur ad parendum Ludovico ac prestandum eidem vel ipsi Eduardo Ludovici nomine pro terris bonis et iuribus, que ab imperio tenent, recognitionis et fidelitatis iuramentum. Exhortatur episcopum quatinus utrique nequaquam pareat, immo vero cum Coloniensi et Bisuntino archiepiscopis et Virdunensi Basiliensi Argentinensi Cameracensi Metensi Tullensi Lausanensi Bellicensi Traiectensi et Monasteriensi episcopis vel cum eis ex his, de quibus ipsi videbitur expediens, confederationes ineat, ut conglobatis viribus se invicem iuvare valeant.

Perduxit noviter rumor . . . Dat. Avin. idus novembris a. quarto. In e. m. archiepiscopis et episcopis supradictis.

Reg. 133 f. 124 nr. 383—395; cf. Raynaldi Annales eccles. ad a. 1338 § 71.

2353. *1338 November 13. Avignon.*

Benedictus XII Petro tit. S. Praxedis presbitero et Bertrando S. Marie in Aquiro diacono cardinalibus apostolice sedis nunciis super negotio pacis inter Francie et Anglie reges mandat, quatinus Coloniensi et Bisuntino archiepiscopis ac Cameracensi Leodiensi Traiectensi Monasteriensi Mindensi Osnaburgensi Constanciensi Herbipolensi Argentinensi Curiensi Spirensi Virdunensi Augustensi Metensi Tullensi Basiliensi Lausanensi Bellicensi et aliis episcopis et prelatis illarum partium et provinciarum sub virtute obedientie ac iuramenti et fidelitatis, quibus Romane ecclesie tenentur astricti, aliisque spiritualibus et temporalibus penis inhibeant, ne Edwardo regi Anglie, qui a Ludovico de Bavaria vicariatum imperii suscepisse dicitur, aut alicui alii de vel pro suis temporalibus et aliis, que tenent ab imperio, nisi pape et ecclesie Romane imperio vacante, sicut nunc vacat, vel vero et catholico imperatori faciant vel presentent recognitionem vel homagium.

Assertione rumoris implacidi . . . Dat. Avin. idus novembris a. quarto.

Reg. 133 f. 125 nr. 397; Rz. 1994.

2354. *1339 Januar 12. Avignon.*

Benedictus XII episcopo Leodiensi mandat, quatinus cum nobili viro Iohanne de Valkenborch domino de Borne et de Zietert et Katerina de Vornemborch Leod. et Traiect. dioc., qui ignorantes, quod Iohannes predictus et quondam Iohannes de Dalenbroech prior Caterine maritus ex uno in tertio et altero lateribus in quarto consanguinitatis gradibus se invicem contingebant, matrimonium contraxerunt, dispenset, ut in matrimonio dicto liciter remanere possint, prolem ex eodem matrimonio susceptam et suscipiendam legitimam decernendo.

Oblate nobis pro parte ... Dat. Avin. II idus ianuarii a. quinto.

Reg. 127 nr. 53; Rz. 2009.

***2355**. *1339 Februar 5. Avignon.*

Benedictus XII decano ecclesie Assindensis Colon. dioc. mandat, quatinus ea, que de bonis monasterii in Voersteberghe Cisterc. ord. Colon. dioc. per concessiones ab eius abbatissis et conventu factas alienata invenerit illicite et distracta, ad eiusdem ius et possessionem legitime revocare procuret.

Ad audientiam nostram pervenit ... Dat. Avin. nonas februarii p. n. a.

Or. membr. cum plumbo del. Sub plica ad sinistr.: P. Mar. *In plic. ad dextr.:* I. F. *In dorso:* Reynaldus de Reys. — *Düsseldorf. Arch. reg. Abtei Fürstenberg (bei Xanten) nr. 23.*

2356. *1339 Februar 26. Avignon.*

Benedictus XII archiepiscopo Colon. mandat, quatinus Conrado de Marka et Elizabeth de Clive eius uxori concedat facultatem fundandi et dotandi monasterium monialium ord. S. Clare in oppido de Hoerde.

[Benedictus XII] venerabili fratri ... archiepiscopo Coloniensi. In hiis, que cultus divini et religionis augmentum respiciunt, libenter apostolice favoris presidium impertimur. Sane dilectus filius nobilis vir Conradus de Marka dominus de Huerde et dilecta in Christo filia nobilis mulier Elizabeth de Clivo eius uxor tue diocesis nobis significare curarunt, quod ipsi cupientes terrena in celestia et transitoria in eterna felici commercio commutare, quoddam monasterium monialium ordinis S. Clare in dicto opido de Huerde dicte diocesis de bonis propriis fundare et pro sustentatione quadraginta personarum, que in ipso degere debeant, dotem assignare proponunt. Nos igitur eorum pium propositum in hac parte favore apostolico prosequi cupientes, ipsorum suplicationibus inclinati, fraternitati tue, de qua plenam in domino fiduciam obtinemus, per apostolica scripta committimus et mandamus, quatinus, si bona, que dicti nobiles pro dotatione dicti monasterii dare proponunt, sufficiant pro numero supradicto, recepta prius per te donatione irrevocabili dictorum bonorum ad opus monasterii memorati, eis auctoritate nostra sine iuris alieni preiudicio faciendi premissa concedas liberam facultatem. Dat. Avin. IIII kl. martii a. quinto.

Reg. 127 nr. 116; Rz. 2022.

2357. *1339 März 2. (Avignon.)*

Benedictus XII Hermanno nato quondam Hermanni Fabri de Xanctis consideratione Anibaldi episcopi Tusculani, cuius notarius et familiaris domesticus et continuus commensalis fuit Hermannus cuique idem per undecim annos et ultra tam Neapoli et in Alamania quam in Romana curia fideliter servivit cuiusque nomine idem preposituram ecclesie Daventriensis Traiect. dioc. per aliqua tempora laudabiliter gubernavit, confert ecclesie predicte canonicatum et prebendam ac supplementum vacantia per obitum Reyneri de Godelinchem, quorum fructus anni valent residendo in eis centum et viginti florenos regales, quorum florenorum regalium valet quilibet quindecim turonenses argenti grossos, non obstante quod Hermannus canonicatum et prebendam in ecclesia Xanctensi Colon. dioc. obtinet et super ferculo seu supplemento ipsius ecclesie litigat.

Laudabilia tue probitatis . . . Dat. Avin. VI nonas martii a. quinto.

In e. m. Verdensi et Warmiensi episcopis ac decano eccl. Xanctensis Colon. dioc.

Reg. 127 nr. 189.

2358. *1339 März 27. Avignon.*

[Benedictus XII] priori generali ordinis B. Marie de Monte Carmeli.

Ad audientiam apostolatus nostri . . . pervenerat, quod Iulianus de Bononia et Daniel Coloniensis diocesis tui ordinis professores, qui se dicunt ad honorem pontificatus assumptos, dudum clerum et populum non habentes et carentes presidio facultatum[a], instabilis vagationis et mendicitatis opprobrio serenitatem pontificalis obnubilant dignitatis, exercentes improvide absque locorum diocesanorum licentia, que pontificalis sunt ordinis, in locis etiam suppositis ecclesiastico interdicto in magnum fidelium scandalum et multarum periculum animarum. Quia igitur talibus prophanis ausibus obviare provisis mediis nos oportet, discretione tue, si premissa inveneris veritate fulciri, capiendi eosdem Iulianum et Danielem per te vel alios et captos ad Romanam curiam destinandi et requirendi locorum ordinarios, quod tibi ad capiendum et detinendum eosdem et captos ad dictam curiam destinandum prestent auxilium oportunum, concedimus auctoritate presentium facultatem. Dat. Avin. VI kl. aprilis a. quinto.

Reg. 127 nr. 822.

2359. *1339 Mai 31. Avignon.*

Benedictus XII Henrico dicto Goldenagel consideracione Walrami archiepiscopi Coloniensis pro eo clerico suo supplicantis confert eccl. Zeflicensis Colon. dioc. canonicatum et prebendam vacantes ex eo, quod papa dudum Willelmo de Genepe canonico Coloniensi et Zeflicensi contulit preposituram eccl. Susaciensis Colon. dioc.

Exigunt tue merita ... Dat. Avin. II kl. iunii a. quinto.

In e. m. ablati monasterii S. Pauli Traiect. et preposito eccl. S. Severini Colon. ac. Thome Fastolf canonico Bangorensis eccl.

Reg. 127 nr. 529.

2360. *1339 Juni 11. Avignon.*

Benedictus XII Grete de Ungaria oriunde moniali monasterii XI Milium Virginum Colon. gratias agit de transmissis sibi reliquiis S. Margarete eamque exhortatur, ut ipsum per litteras faciat certiorem de Sancte miraculis et de Grete visionibus.

[Benedictus XII] dilecte in Christo filie Grete dei obsequiis in monasterio Undecimmilium Virginum et Martirum Coloniensi, quamvis oriunde de Ungaria, insistenti.

Ex sincere devotionis affectu, quem ad deum ac nos et sanctam Romanam ecclesiam gerere, dilecta in Christo filia, dinosceris, credimus processisse, quod venerandas illius gloriose virginis et martiris Mar-

a) facultatem *in reg.*

garete, unius quidem de undecim milibus virginibus et martiribus Colonie pro Christi nomine olim passis reliquias nobis una cum tuis litteris destinasti. Nos igitur . . . reliquias reverenter recepimus et honore congruo prosequimur antedictas . . . Rursus de tua salute soliciti illam plenam indulgentiam, quam sedes apostolica elargiri devotis personis quandoque consuevit, tibi concessimus et tuis etiam peticionibus, quantum cum deo fieri potuit, duximus, sicut in litteris apostolicis inde confectis continetur plenius, annuendum. Ceterum cum dilectus filius nobilis vir Henricus miles, qui nobis pro parte tua dictas reliquias presentavit, te sibi narrasse asseruerit coram nobis, quod omnipotens dominus meritis eiusdem virginis et martiris multa fecerat te sciente miracula tuque quasdam visiones devotas et reficientes animam videras propter eam, exhortationibus nostris adicimus, ut nos per tuas litteras particulariter et seriose certiores de hiis omnibus efficere, quam citius commode poteris, non postponas. Dat. Avin. III idus iunii a. quinto.

Reg. 134 f. 56' nr. 207; Rz. 2039.

2361. *1339 Juni 17. Avignon.*

Benedictus XII archiepiscopo Coloniensi concedit, si aliqui censuris ecclesiasticis adeo involuti, ut loca, in quibus morantur vel per que transeunt, subiaceant interdicto, ad civitatem Coloniensem, devotam utique ecclesie Romane filiam, aliasque terras et loca archiepiscopo et ecclesie Coloniensi subiecta declinant ac diebus aliquibus commorantur in eis et a nonnullis civitatis terrarum et locorum predictorum incolis propter vim vel metum, qui possunt in constantes cadere, receptantur, propter que civitatem et loca ipsa sub eodem interdicto remanere contingit, facultatem relaxandi huiusmodi interdictum, semel tantum, postquam tales involuti censuris abinde recesserint.

Constantia devotionis et fidei . . . Dat. Avin. XV kl. iulii a. quinto.

Reg. 127 nr. 378; Rz. 2042.

2362. *1339 Juni 20. Avignon.*

Benedictus XII abbati monasterii Eberacensis Herbipolensis dioc. mandat, quatinus Henrico de Wichede clerico Coloniensis dioc., si eum esse ad hoc ydoneum repererit, provideat de canonicatu ecclesie S. Servatii Traiectensis Leod. dioc. eique reservet in eadem prebendam.

Dignum arbitramur et congruum. Dat. Avin. XII kl. iulii a. quinto.

Reg. 127 f. 329 nr. 749; Rz. 2044.

2363. *1339 Juni 22. Avignon.*

Benedictus XII Walramo archiepiscopo Coloniensi mandat, quatinus Henrico dicto Beyer canonico eccl. S. Cuniberti Colon. pro quo notario et secretario suo Walramus supplicavit, provideat de canonicatu eccl. S. Cassii Bunnensis Colon. dioc. et in eadem eccl. reservet eidem prebendam, non obstante quod Henricus in dicta eccl. S. Cuniberti canonicatum et prebendam obtinet.

Dignum arbitramur et congruum . . . Dat. Avin. X kl. iulii a. quarto.

Reg. 127 nr. 748.

2364. *1339 Juni 22. Avignon.*

Benedictus XII Walramo archiepiscopo Colon. mandat, quatinus Iohanni de Flacte clerico Colon. dioc. conferat eccl. de Monasterio in Eyflia Colon. dioc. canonicatum, prebendam vero eidem reservet.

Dignum arbitramur et congruum . . . Dat. Avin. X kl. iulii a. quinto.

Reg. 127 nr. 779.

2365. *1339 Juni 30. Avignon.*

Benedictus XII archiepiscopis episcopis electis abbatibus ceterisque prelatis necnon capitulis et conventibus ecclesiarum ac monasteriorum et ducibus marchionibus comitibus ac baronibus, universitatibus quoque et communitatibus ac singulis personis civitatum castrorum et aliorum locorum quorumcunque destinat litteras, quibus eos rogat, quatinus latorem presentium Henricum de Tremonia militem nuncium Walrami archiepiscopi Coloniensis ad curiam pro certis ipsius archiepiscopi negotiis destinatum, ad ipsum archiepiscopum presentialiter revertentem cum familiaribus equitaturis bonis et rebus eorum absque impedimento aliquo transire per terras suas permittant nullamque eisdem turbationem seu molestiam inferant, quinimo Henrico de securo conductu, si opus fuerit et requisierit, liberaliter provideant.

Cum dilectus filius . . . Dat. Avin. II kl. iulii a. quinto.

Reg. 127 nr. 840; Rz. 2046.

2366. *1339 Juli 1. Avignon.*

Benedictus XII abbatibus S. Egidii de Publicomonte prope Leodium et in Grutzelinghen extra muros Constantienses monasteriorum scribit super executione statutorum, que papa ad reformandam religionem canonicorum regularium ord. S. August. noviter edidit; convocent in Coloniensi Maguntina et Treverensi provinciis, quas ipse quoad hanc rem pro una vult reputari provincia, capitulum abbatum priorum etc., quod iuxta eadem statuta de quadriennio ad quadriennium fieri debet.

Paterne consideracionis aciem . . . Dat. Avin. kl. iulii a. quinto.

Reg. 127 nr. 11; Rz. 2048.

2367. *1339 November 16. (Metz?)*

Item anno domini MCCCXXXVIIII die XVI mensis novembris computavit dominus primicerius Metensis [*subcollector*] de summis pecuniarum receptis a pluribus beneficiis Treverensis et Metensis diocesium:

Primo pro prepositura S. Paulini Treverensis de fructibus primi anni. Qui prepositus composuit in LXXX flor. solvendis certis terminis. Solvit per manum dicti primicerii dictos

LXXX flor. auri magni ponderis[1].

. . . Item ab archipresbitero de S. Arnuali pro restis subsidii

VII libr. II ß turon.

Ratio reddita a Iohanne Ogerii decano Belnensi collectore camere apostolice in provincia Trever. — Collectoriarum t. 135 f. 83 et 84; Kirsch pg. 148 et 150.

2368. *1339 December 11. Avignon.*

Benedictus XII episcopo Metensi mandat, quatinus cum Iohanne dicto Proveys de Andernaco et Christina de Thure Trever. dioc., qui ignorantes, quod idem Iohannes et quondam Walthelinus primus Cristine maritus quarto et tertio consanguinitatis gradibus sibi invicem attinebant, matrimonium per verba de presenti contraxerunt ac de licentia officialis Baldewini archiepiscopi Treverensis in dicto loco de Andernaco solennizarunt, quatinus, si est ita et dictus Iohannes propter adherentiam Ludovici de Bavaria seu Baldewini archiepiscopi excommunicatus non existat, dispenset, quod possint in dicto matrimonio licite

1) *Bene notandum est, inter plurimas summas in Metensi Tullensi et Virdunensi diocesibus a supradicto collectore receptas annis 1338 et 1339 illam priorem fuisse unicam ab eodem in Trever. dioc. receptam — eo quippe tempore, quo archiepiscopus Trever. a curia papali reputatus est excommunicatus suspensus etc. etc.*

remanere, prolem susceptam et suscipiendam ex huiusmodi matrimonio legitimam nunciando.

Oblata nobis dilecti ... Dat. Avin. III idus decembris a. quinto.

Reg. 127 nr. 474.

2369. *1339 December 11. Avignon.*

Benedictus XII archiepiscopo Colon. mandat, quatinus cum Symone dicto Becki et Mech[ti]lde Seroders Colon. dioc. qui ignorantes, quod inter eos impedimentum existeret ex eo, quod quedam mulier coniugata, quam antea Symon carnaliter cognoverat, eidem Mechtildi erat in tertio consanguinitatis gradu coniuncta, matrimonium contraxerunt, dispenset, ut in matrimonio sic contracto licite remanere valeant, prolem susceptam et suscipiendam ex huiusmodi matrimonio legitimam decernendo.

Exhibita nobis pro parte ... Dat. Avin. VII idus decembris a. quinto.

Reg. 127 nr. 830.

2370. *1338 Januar—1339 December.*

Iohannes Ogerii decanus Belnensis collector fructuum camere apostolice in Lugdunensi Viennensi Bisuntina Tarantasiensi et Treverensi provinciis deputatus reddit predicte camere rationem de pecuniis ab ipso receptis et expensis infra suprascriptos duos annos in Treverensi provincia.

Collectoriarum t. 135 f. 82'—89; Kirsch pg. 147—156.

2371. *1340 Januar 31. Avignon.*

Benedictus XII archiepiscopo Coloniensi mandat, quatinus se informet de iis, que Ludovicus episcopus Mindensis Ludovico de Bavaria adherens egerit, et, si invenerit ita esse, eundem citet, ut infra terminum competentem apostolico se conspectui representet.

Significavit nobis dilectus filius Heydensicus de Brochusen rector parrochialis ecclesie in Reme Mindensis dioc. ... Dat. Avin. II kl. februarii a. sexto.

Reg. 128 nr. 227; Rz. 2063.

2372. *1340 Mai 31.* (*Avignon.*)

Anno quo supra [*scil.* MCCCXL] et die ultima mensis maii venerabilis vir dominus Iohannes decanus Belnensis Eduensis dioc. collector residuorum decimarum sexennalium et triennalium ac subsidii et procurationum concessarum felicis recordationis domino Iohanni pape XXII in provinciis Viennensi Lugdunensi Tarantasiensi Bisuntina et Treverensi auctoritate apostolica deputatus de receptis per eum in provinciis predictis per manus Gerini de Curresia nepotis sui camere domini pape assignavit MIX^{C}XXVII flor. de Florentia.
IX^{C}XXVI flor. Pedemont.
CLX regal. auri.
CXLV pavalb. boni pond.
V pavalb. parvi pond.
VII^{C}LXII scudat. boni pond.
XLIII scudat. parvi pond.
CV leon. auri.
I paris. auri.
X agn. auri.

Intr. et Exit. 185 f. 38; Kirsch pg. 156.

2373. *1340 Juli 1. Avignon.*

Benedictus XII archiepiscopo Coloniensi.

Intendentes nuper ecclesie Traiectensi iure metropolitico ecclesie tue Coloniensi subiecte, si tunc vacabat vel cum ipsam primo vacare contingeret, . . . providere, provisionem eiusdem ea vice nobis . . . die vicesima quinta iunii proximo preteriti duximus . . . reservandam . . . Reservationis autem decretum . . . huiusmodi ad tuam et aliorum, quorum interest noticiam tenore presentium deducentes, fraternitati tue . . . mandamus, quatinus contra eam nichil attemptes penitus nec permittas, quantum ad te pertinuerit, attemptari. Dat. ut supra (= Avin. kl. iulii a. sexto).

Reg. 135 f. 53' nr. 137.

2374. *1340 August 16. Avignon.*

Benedictus XII Iohanni Hartungi de Leye confert perpetuam vicariam altaris S. Catherine in eccl. Limpurgensi Trever. dioc. fundatam pro defunctis in eadem ecclesia, cuius vicarie fructus viginti librarum turonensium parvorum s. t. d. valorem annuum non excedunt, vacantem per obitum Tilmanni de Brunisberg perpetui eiusdem altaris vicarii, qui apud sedem apostolicam diem clausit supremum. Vult autem papa, quod Iohannis dicte vicarie possessionem pacificam assecutus in predicta ecclesia resideat ac se ad sacerdotium promoveri faciat et missas celebrare teneatur.

Probitatis et aliarum tuarum . . . Dat. Avin. XVII kl. septembris a. septimo.

In e. m. decano S. Castoris et thesaurario S. Florini in Confluentia Trever. dioc. ac Petro de Fractis precentori Aquensis eccl.

Reg. 129 f. 285 nr. 434.

2375. *1340 August 18. Avignon.*

Benedictus XII archiepiscopis et episcopis etc. necnon ducibus principibus marchionibus etc. nunciat, quod concessit litteras salvi conductus per unum annum valituras Henrico de Tremonia legum doctori Colon. dioc., qui nuper pro quibusdam certis negotiis ad curiam Romanam accessit et nunc ad partes Alamanie revertitur gerens in animo ad dictam curiam redeundi *(sic!)*

Cum dilectus filius Henricus . . . Dat. Avin. XV kl. septembris a. sexto.

Reg. 128 nr. 244.

2376. *1340 August 30.*

Adolphus Leodiensis episcopus ecclesie S. Marie Aquensis incorporat ecclesiam parochialem de Erkelenz cum ecclesia filiali de Kückhoven, quam in ecclesiam parrochialem erigit, constituitque redditus et officia vicarii perpetui utriusque.

Universis presentes litteras inspecturis Adulphus dei gratia Leodiensis episcopus in Christo salutem.

Ex parte venerabilium virorum . . decani et capituli ecclesie B. Marie Aquensis nostre diocesis fuit alias propositum coram nobis, quod eorum ecclesia supradicta, quam olim inclite memorie christianissimus princeps Carolus Magnus totius Romani tunc regens imperii monarchiam ad laudem specialiter et honorem gloriose virginis Marie fundasse necnon sumptuosis impendiis construxisse, sicut antiqua testatur auctoritas, indubie perhibetur, quamvis in ceteris aliis valde sit laudabiliter ordinata, distributiones tamen cotidiane, que dantur canonicis eiusdem ecclesie, qui canonicis horis intersunt, adeo sunt tenues et exiles, quod respectu magnificentie, qua ipsa ecclesia precellit in aliis, distributiones huiusmodi vim alicuius stipendii condigni non habent, sed nec posset absque gravi scandalo quicquam recipi vel haberi de corporibus prebendarum, unde[a] fierent pinguiores. Propter quod iidem decanus et capitulum nobis humiliter supplicarunt, quatinus pro huiusmodi distributionibus augmentandis parrochialem ecclesiam de Erclens predicte nostre diocesis ad presentationem prepositi Aquensis ecclesie pertinentem, que redditus et proventus annuos habere dinoscitur multum amplos atque pingues, eidem ecclesie Aquensi incorporare, vellemus, reservata tamen in redditibus et proventibus supradictis pro deservitione ecclesie predicte de Erclens et eius filie necnon pro aliis oneribus supportandis ibidem congrua portione. Cum igitur de statu dicte ecclesie de Erclens suorumque valore reddituum auctoritate nostra diligenter inquisito certissime sit compertum ecclesiam ipsam habere redditus et proventus annuos tot et tantos, unde posset congrue et decenter provideri, cum etiam aliquem investitum proprium hactenus apud eam nisi rarissime visum fuerit personaliter resedisse, sed potius ipsa ecclesia de Erclens per vicarium et capella de Cudekoven eius filia per capellanos annuales in perniciem et dampnum animarum rectorum, qui easdem ecclesias regere et personaliter in eisdem residere tenebantur et etiam ipsius ecclesie fidelium saluti deservire[b]. Cui tam gravi dampno occasionem prestitit, quod propter opulentiam reddituum et fructuum talibus personis aut per potentiam et impressionem vel aliam quamque importunitatem de eadem providebatur, que suscepta pinguedine eiusdem non curabant in eadem residere, sed potius in aliis, ut plerumque contingit, mundanis se imiscere (!) negotiis aut in secularibus manere vagabunde. Nos consideratione solerti pensantes, quod tam ipsius ecclesie de Erclens quam fundatorum eiusdem non parum utiliter, quinimo cum divini cultus augmento salubriter res agetur, si divisis ipsis redditibus atque proventibus inter plures ecclesie et capelle predictorum (!) deserviatur amodo non per annales mercenarios sed per appropriatos sibi rectores, quibus tamen de congrua et competenti reddituum portione sit provisum, et nichilominus consideratione eadem attendentes, quod secundum inquisitionem de mandato nostro ac venerabilis viri domini Raynaldi de filiis Ursi loci archidiaconi factam diligenterque examinatam super omnibus et singulis redditibus proventibus et emolumentis ad dictam ecclesiam et eius filiam necnon ad matri-

a) inde *in reg.* b) solite de serviri *in reg.*

cularias earundem solito contingentibus et pertinentibus per modum, qui infra sequitur, habita consideratione onerum et emolumentorum, in quibus eadem ecclesia de Erclens et eius filia de cetero onerari poterunt sic divise et etiam iuxta onera decenter relevari, cum usque ad valorem centum florenorum aureorum ad scutum vel saltem sexies viginti et duodecim florenorum parvorum, deducta inferiori decisione in subsidium ecclesie Aquensis predicte, ad opus vicariorum perpetuorum in predictis ecclesiis deservientium remanere dinoscuntur, sic ut quod ecclesia de Erclens in maiori onere extitit et remanet obligata, sic pro quantitate et qualitate oneris sit ampliori redditunm subsidio relevata, utpote iuxta extimationem reddituum et obventionum dictis ecclesiis et eorum vicariis remanentium perpetuo habere valeat quatuor partes et ecclesia de Cudekoven partem reliquam omnium reddituum pro ipsis ecclesiis in ista ordinatione retentorum, de venerabilis viri domini Raynaldi archidiaconi predicti et nostri honorabilis capituli Leodiensis et predicti prepositi Aquensis expresso consensu memoratam ecclesiam de Erclens dicte ecclesie Aquensi sub modo, qui sequitur, decernimus uniendam. Volumus enim et tenore presentinm ordinamus, quod cedente vel etiam decedente proprio nunc rectore seu investito de Erclens capella predicta de Cudekoven, que dicte ecclesie de Erclens filia non separata fuit hucusque, deinceps extunc per se parrochialis ecclesia censeatur et tam ad eam quam ad ecclesiam de Erclens per Aquensem prepositum predictum duo vicarii perpetui loci archidiacono presententur et ab ipso instituantur in illis. Ad cuius ecclesie de Cudekoven predicte parrochiam spectabunt persone in dicta villa de Cudekoven et quatuor curiis, que vocantur Oppenbosgh, dicte ville adiacentibus commorantes, que omnes in dicta ecclesia de Cudekoven audient divina officia et sepelicutur ibidem ac omnia recipient sacramenta ecclesiastica preter baptismum et unctionem extremam, quos recipient apud ecclesiam de Erclens, prout est hactenus consuetum. Cui ecclesie de Cudekoven pro dote necnon eius vicario pro sua competentia predicta assignamus omnes oblationes et emolumenta, quos de parrochianis eiusdem ecclesie de Cudekoven, ut est dictum, provenire continget, exceptis emolumentis de babtismo et extrema unctione proventuris, que cedent vicario ecclesie de Erclens sepius memorate. Habebit insuper supradictus vicarius ecclesie de Cudekoven nedum panes omnes, qui presbitero de Erclens solvi hactenus consueverunt sed anniversaria nuncusque legata ecclesie de Erclens, que ad quindecim vasa siliginis vel circiter extimantur, una cum omnibus bonis iuribus redditibus proventibus et pertinentiis universis ad matricularium spectantibus ecclesie de Cudekoven predicte. Quam quidem matriculariam cum omnibus suis bonis et iuribus predictis ac pertinenciis universis incorporamus dicte ecclesie de Cudekoven et unimus. Residuum vero totius parrochie de Erclens, parrochia de Cudekoven, ut est dictum, exclusa, necnon persone in ipso residuo commorantes ad ipsius ecclesie de Erclens parrochiam pertinebunt. Cui ecclesie de Erclens pro sua dote necnon eius vicario pro sua competentia matriculariam eiusdem ecclesie cum omnibus suis bonis redditibus proventibus et pertinenciis universis incorporamus similiter et unimus una cum omnibus oblationibus emolumentis et aliis proventuris de personis ad parrochiam ipsam de Erclens pertinentibus, ut est dictum. Assignamus insuper dicto vicario de Erclens omnes capones ad ipsam ecclesiam de Erclens ab antiquo spectantes necnon et terras, de quibus eidem ecclesie de Erclens ad accensam triginta maldra siliginis et octo avene consueverunt singulis annis exolvi. Quibus omnibus mediantibus ambo vicarii quilibet annuatim in sua ecclesia de matriculario ydoneo clerico non coniugato tenebitur providere. Per quam matriculariorum provisionem potius est et erit ecclesiis predictis necnon parrochianis earundem provisum, quam detractum, cum matricularii, qui pro tempore fuerunt, consneverunt, sicut ex inquisicione diligenti facta recepimus, matricularias suas ad firmam accensire et exinde pinguioribus fructibus perceptis ecclesias, quibus deservire tenebantur, deserentes per alios easdem faciebant deserviri, quod nunc diligentius atque solertius fiet, si vicarii predicti, ad quorum de iure spectat officium, suo periculo sufficientes et ydoneos matricularios sibi assumant et in hoc, si negligant, per suos archidiaconos et superiores corrigi poterunt et puniri. Cathedraticum autem et obsonium debita ratione dicte ecclesie de Erclens necnon subventiones, quas non de mandato sedis apostolice sed gratiose concedi continget episcopo et archidiacono, qui erunt pro tempore, a fratribus concilii de Wassembergh, in quo ipsa ecclesia de Erclens sita est, dictus vicarius de Erclens cum integritate persolvet dictosque prepositum decanum et capitulum Aquense ac ecclesiam de Cudekoven supradictam inde totaliter acquitabit. Si etiam contingeret in futurum ecclesiam sive parrochiam de Erclens ecclesiastico interdicto supponi vel eius cimiterium pollui quovis casu, vicarius eiusdem ecclesie suos mortuos ad ecclesiam de Cudekoven, si simili tunc censure non subiaceret, deferre vel deferri facere poterit tumulandos ibique missam et exequias libere celebrabit oblationes, que in ipsa missa provenient, per cepturus dictosque mortuos sepeliet in cimiterio ipsius ecclesie, ac si proprium cimiterium suum esset. Et simili modo per omnia faciet et facere poterit vicarius ecclesie de Cudekoven in ecclesia de

Erclens de suis mortuis, si eos propter pollutionem vel ecclesiasticum interdictum apud suam ecclesiam vel cimiterium sepelire non possit[a]. Proviso tamen in quolibet casuum predictorum, si presbiter, ad cuius ecclesiam deferretur mortuus alienus, de sua parrochia corpus habeat illa die tradendum ecclesiastice sepulture, quod ille prius quoad missam et sepulturam circa proprium parrochianum suum officium exequatur et oblationes, que exinde provenient, solus levet. Omnes autem decimas minutas et grossas, in quibuscumque consistant, ad sepedictam ecclesiam de Erclens ab antiquo spectantes et si qua sint alia preter illa, que supra sunt specialiter expressa, que nunc spectant[b] et spectare consueverunt ad ecclesiam de Erclens sepius memoratam, dicte ecclesie B. Marie Aquensi incorporamus annectimus et unimus, ut scilicet integre convertantur et cedant ad augmentationem distributionum, quas illi dumtaxat canonici, qui presentialiter in choro ipsius ecclesie Aquensis canonicis horis, diurnis videlicet et nocturnis, intererunt, percipient et habebunt iuxta ratam cuiuslibet hore taxandam per modum infrascriptum. Videlicet quod sicut per inquisitionem et examinationem super integritate omnium redditnum ecclesiarum predictarum factam apparere dinoscitur, quod portio, que remanet et imposterum remanere debebit ecclesie Aquensi, ascendere potest ad extimationem et valorem omnibus annis ducentorum et quinquaginta florenorum parvorum vel quasi, per singulos menses dividetur per equales portiones singulis diebus dividendas per hunc modum, videlicet pro mense quolibet viginti floreni parvi vel extimatio alterius pecunie equipollens, de qua summa singulis diebus distribuentur octo grossi turonenses, quorum quilibet florenus valebit duodecim, vel pecunia equipollens, tres in matutinis, tres in missa et duo in vesperis inter canonicos tantummodo, qui in illis horis intererunt, sicut tenentur pro aliis distributionibus percipiendis interesse. Decem vero floreni, qui remanent, vel totum residuum, quod completis predictis distributionibus forma et modo presignatis equaliter et fideliter reservabuntur distribuendi equaliter in quinque solennitatibus infrascriptis, videlicet in quatuor solennitatibus gloriose virginis Marie, ut eadem solennitates reverentius et celebrius per presentes canonicos celebrentur, necnon in solennitate pretiosissimi martiris Lamberti patroni nostri, de quo minus debito in eadem ecclesia Aquensi solennis[c] memoria agebatur, eo modo, quo dictum est, in matutinis missa et vesperis quatuor solennitatum predictarum inter canonicos, qui in predictis horis intererunt, distribuentur, nullo prorsus

---

a) possint *in reg.* b) spectent *in reg.* c) solennius *in reg.*

impedimento vel causa quacumque legitima suffragante quoad perceptionem dictarum distributionum absentibus quibuscumque. Quod quidem ut diligentius observetur, ordinamus atque statuimus, quod tam moderni ecclesie Aquensis canonici in presenti quam futuri in suis receptionibus iurare specialiter teneantur se fideliter observaturos. Si vero, quod absit, contingeret in futurum dictas decimas et redditus ac proventus eidem ecclesie Aquensi per nos incorporatos superius et unitos ad alium usum, quam supradictum est, quoquo modo converti, nos exnunc prout extunc incorporationem ipsam esse volumus atque decernimus irritam et inanem et quicquid secutum fuerit ex eadem. Et nos capitulum Leodiense visa et examinata per nos vel nostros canonicos ad hoc deputatos inquisitione premissa factaque relatione et secuta diligenti deliberatione in nostro capitulo ad hoc specialiter indicto super inquisitione eadem, considerantes piam intentionem dictorum decani et capituli ecclesie Aquensis in hac parte non fore denegandam sed potius ex causis ratiombilibus fore concedendam, incorporationi predicte consentimus. In quorum omnium testimonium nos episcopus supradictus nostrum, nos vero archidiaconus et capitulum Leodiense necnon Aquensis prepositus supradicti in signum nostri consensus premissis adhibiti nostra sigilla duximus presentibus apponenda. Datum anno a nativitate domini millesimo trecentesimo quadragesimo mensis augusti die penultima.

Transsumptum in litteras confirmatorias a Clemente VI datas d. 13 m. iunii a. 1343. Reg. 162 f. 224 nr. 613.

2377. *1340 October 13. Avignon.*

Benedictus XII archiepiscopo Coloniensi nunciat, quod pridem provisionem eccl. Monasteriensis hac vice reservavit dispositioni sue et apostolice sedis.

Pridem intendentes certis . . . Dat. Avin. III idus octobris a. sexto.

Reg. 135 f. 73 nr. 189; Rz. 2081 n. 1.

2378. *1340 November 18. Leggenich.*

Iaquetus de Tornaco cursor Benedicti XII constitutus in presentia Walrami archiepiscopi Coloniensis et Theoderici dicti Brauch de Wischel clerici Colon. dioc. et testium infrascriptorum presentat

Walramo predicto binas litteras datas d. XIII. mensis octobris, quibus Benedictus XII notificat et Walramo et capitulo ecclesie Monasteriensis, quod ecclesie Monasteriensis, cum primo eam vacare contigerit, provisionem ea vice dispositioni sedis apostolice reservat. Protestatur, quod non est ausus accedere ad presentiam capituli Monasteriensis propter viarum discrimina et metum. Quibus litteris receptis Walramus respondet, quod ipse est paratus obedire mandatis apostolicis.

In nomine domini amen. Anno millesimo trecentesimo quadragesimo indictione VIIII decima octava die mensis novembris hora post completorium in crepusculo in castro Leggenich . . . presentibus venerabilibus viris dominis Wilhelmo de Geneppe preposito ecclesie Susaciensis, Henrico de Tremonia milite, Gerardo de Vivario decano ecclesie S. Severini Coloniensis, Tilmanno de Unna canonico ecclesie S. Cassii Bunnensis et Henrico dicto Beyer canonico ecclesie S. Cuniberti Coloniensis testibus ad premissa vocatis et rogatis.

S. n. Et ego Theodericus dictus Brauch de Wischel clericus Coloniensis dyocesis publicus imperiali auctoritate notarius . . . hoc presens publicum instrumentum exinde confeci . . . meoque signo consueto signavi . . . in testimonium omnium premissorum.

In dorso: Responsio archiepiscopi Coloniensis super reservatione facta per dominum nostrum papam de ecclesia Monasteriensi.

Orig. membr. signo notarilis munitum. — Instrum. miscellanea anni 1340. (Cassetta 210.) Rz. 2086.

2379. *1340 December 2. Avignon.*

Benedictus XII archiepiscopo Coloniensi mandat, quatinus cum Lamberto dicto Schafroyde opidano Nussiensi et Drude filia quondam Gerardi Drude opidani Nussiensis, qui non credentes inter eos impedimento publice honestatis existere matrimonium contraxerunt, dispenset, ut impedimento hoc non obstante in huiusmodi matrimonio licite remanere valeant, prolem susceptam et suscipiendam ex huiusmodi matrimonio legitimam decernendo.

Petitio pro parte dilecti . . . Dat. Avin. IIII nonas decembris a. sexto.

Reg. 128 nr. 176; Rz. 2089.

2380. *1341 Februar 13. Avignon.*

Benedictus XII archiepiscopo Ianuensi et archidiacono de Ripasilli Astoriensis ac scolastico S. Marie ad gradus Magunt. eccl. mandat, quatinus excommunicationis suspensionis et interdicti sententias iam in decanum et capitulum ecclesie S. Stephani Maguntine necnon in Gerlacum dictum Moer scolasticum ecclesie in Munstermeynvelt Trever. dioc. prolatas ex eo, quod Gerlacus se violenter intruserat in eiusdem ecclesie S. Stephani canonicatum et prebendam, quos papa contulerat Iohanni de Rudensheim, aggravent invocato ad hoc, si opus fuerit, auxilio brachii secularis.

Exposuit nobis dilectus ... Dat. Avin. idus februarii a. septimo.

Reg. 129 f. 119' nr. 27.

2381. *1341 April 13. Avignon.*

Benedictus XII archiepiscopo Coloniensi mandat, quatinus cum nobili viro Theoderico de greve van Cleve milite et Maria nata quondam Gerardi dez greven van Culk (!), que ignorabat inter eos existere ex eo, quod prima Theoderici uxor eidem Marie in tercia consanguinitatis linea attinebat, impedimentum dicto tamen Theoderico notum, dispenset, ut in sic contracto matrimonio licita remanere valeant, prolem susceptam et suscipiendam ex huiusmodi matrimonio legitimam decernendo. Ante dispensationem tamen absolvat Theodericum ab excommunicatione, quam incurrerat, eique iniungat penitentiam salutarem.

Ex tenore petitionis ... Dat. Avin. idus aprilis a. septimo.

Reg. 1219 f. 225' nr. 302.

2382. *1341 Mai 9. Avignon.*

Bendictus XII Danieli de Brakel confert eccl. B. Marie Aquensis canonicatum et prebendam vacantes per obitum Wilhelmi de Stocheim canonici eiusdem ecclesie et capellani sedis apostolice, qui extra Romanam curiam diem clausit extremum.

Apostolice sedis circumspecta ... Dat. Avin. VII idus maii a. septimo.

In e. m. preposito S. Severini et decano SS. Apostolorum Colon. ac magistro Thome Fastolf archidiacono Norwicensis eccl.

Reg. 129 f. 166' nr. 141.

2383. *1341 Juni 13. Avignon.*

Anno quo supra [MCCCXLI] die ultima mensis maii venerabilis vir dominus Iohannes Ogerii decanus Belnensis collector residuarum

decimarum sexennalium et triennalium impositarum per felicis recordationis dominum Iohannem papam XXII necnon fructuum beneficiorum apud sedem apostolicam vacantium in Lugdunensi Viennensi Bisuntina Treverensi et Tarantasiensi provinciis auctoritate apostolica deputatus de ipsis fructibus beneficiorum et residuis dictarum decimarum per ipsum receptis in extenuationem summe, in qua est camere predicte obligatus, per finem compntorum suorum ipsi camere redditorum ipsi camere assignavit et solvit IIᶜLXI flor. auri Pedimont.
LXXVII scudat. auri.
VIII duplices de Francia.
IIII pavalh. auri.
V regales auri.
XVIII libr. gebennenses.

Intr. et exit. 190 f. 33; Kirsch p. 157.

2384. *1341 Juli 23. Avignon.*

Benedictus XII episcopo Pragensi mandat, quatinus Henrico archiepiscopo Maguntino metropolitano suo, qui parendo et adherendo et prestando auxilium consilium et favorem Ludovico de Bavaria incurrit suspensionis et excommunicationis penas, in nullo pareat.

Te ignorare non credimus . . . Dat. Avin. X kl. augusti a. septimo.

Reg. 129 f. 267' nr. 400.

2385. *1341 Juli 30. Vincennes.*

Philippus Francie rex Baldewino archiepiscopo Trever. promittit se ex hoc tempore et quamdiu vita comes extiterit, ei debere et velle imperpetuum fideli amicitia et confederatione iungi, ita ut singula eius presentia et futura negotia, que ei cum quibuscumque intercedunt, sit promoturus.

Notum facimus, quod . . . Datum apud nemus Vincenum die penultima m. iulii a. d. MCCCXLI.

Hontheim, Hist. Trevir. dipl. II nr. 658. (Ex Broweri Annal. Trever. II pg. 213.) — Bibl. civit. Trever. Baldewinum Kesselstadt.

2386. *1341 October 18. Avignon.*

Benedictus XII Walramo archiepiscopo Coloniensi indulget, ut confessor, quem duxerit eligendum, omnium peccatorum plenam remissionem ei semel in mortis articulo concedere valeat.

Provenit extue devocionis . . . Dat. Avin. XV kl. novembris a. septimo.

Reg. 129 f. 324' nr. 91; Rz. 2112.

2387. *1341 October 18. Avignon.*

Benedictus XII nobili mulieri Elizabeth comitisse Iuliacensi indulget, ut confessor, quem ipsa duxerit eligendum, omnium peccatorum plenam remissionem ei semel in mortis articulo concedere valeat.

Provenit ex tue devotionis . . . Dat. Avin. XV kl. novembris a. septimo.

Reg. 129 f. 324' nr. 92.

Supplementa.

***2388** (*346a). *1311 December 17. Vienne.*

Clemens V decano eccl. Monasteriensis mandat, quatinus ea, que de bonis monasterii S. Walburgis extra muros Susacienses per priorissam soliti guberuari ord. S. August. Colon. dioc. per concessiones a priorissis predecessoribus iniuste factas invenerit alienata illicite vel distracta, ad ius et proprietatem dicti monasterii legitime revocare procuret.

Ad audientiam nostram pervenit . . . Dat. Vienne XVI kl. ianuarii p. n. a. septimo.

Apogr. sc. XVIII. Münster. Arch. reg. Ms. I. 219 f. 5'.

2389 (385a). *1313 Juni 14. (Avignon.)*

Eodem die [XIIII iunii a. MCCCXIII] Adulphus episcopus Leod. promisit pro communi servicio domini pape et collegii XXVI cardinalium VII^{M} II^{C} flor. auri et V servicia consueta solvere hinc ad festum resurrectionis domini proxime venturum.

Oblig. et Solut. I (313) f. 56.

2390 (451a). *1317 April 29. (Avignon.)*

Die XXIX aprilis [a. MCCCXVII] recepti sunt a procuratore episcopi Leod. pro communi servitio ipsius cameram domini nostri contingente V^{C} flor. auri.

Intr. et Exit. 13 f. 10' et 16 f. 20'.

***2391** (*465a). *1317 October 3. Avignon.*

Iohannes XXII confirmat commutationem monasterii abbatisse et canonicarum Meschedensis in ecclesiam collegiatam factam ab (Henrico) archiepiscopo Coloniensi.

Iohannes [XXII] . . . preposito et decano ac capitulo ecclesie Meschedensis Colon. dioc. . . .

Cum a nobis petitur . . . Sane petitio vestra nobis exhibita continebat, quod venerabilis frater noster . . . archiepiscopus Coloniensis diligenter attendens, quod ecclesia de Meschede Colon. dioc., in qua fuerant abolim abbatissa et canonice seculares, ad tantam desolationem iam devenerat, quod in ea fere totaliter divinus cultus iam perierat et pauce vel nulle canonice remanserant in eadem nec inveniebatur persona, que vellet regimen ecclesie supradicte suscipere nec ibidem fieri canonica secularis, ne in ea huiusmodi cultus deperiret dictaque ecclesia totaliter laberetur, quibusdam canonicabus, que tunc erant ibidem, in manibus dicti archiepiscopi omni iuri, quod eis in dicta ecclesia quomodolibet competebat, renunciantibus, de consensu capituli sui, pensatis ipsius ecclesie facultatibus, vos filios decanum et prepositum ac quosdam canonicos auctoritate ordinaria instituit in eadem, prout in patentibus litteris inde confectis, dictorum archiepiscopi et capituli sigillo munitis plenius dicitur contineri. Nos itaque vestris supplicationibus inclinati, quod super hoc ab eodem archiepiscopo provide factum est . . . confirmamus . . . Dat. Avin. V nonas octobris p. n. a. secundo.

Or. membr. cum plumbo pend. Sub plica ad sinistr.: P. de Cann. *In plica ad dextr.:* P. R. de Cass. — *Münster. Arch. reg. Stift Meschede nr. 29.*

***2392** (*510a). *1319 Februar 23. Avignon.*

Iohannes XXII universis patriarchis archiepiscopis episcopis etc. notum facit, quod Clementis V constitutio in concilio Viennensi promulgata, qua is quarundam mulierum, que vulgariter nuncupabantur beguine, statum perpetuo prohibuit ac illum ab ecclesia penitus abolevit, ad tertii ordinis a B. Francisco instituti fratres et sorores, qui continentes seu de penitentia nuncupantur, minime se extendit, eisdemque mandat, quatinus eosdem fratres et sorores nullatenus molestent. Etsi apostolice sedis . . . Dat. Avin. VII kl. marcii a. tercio.

Vidimus officialis curie Coloniensis d. die dominica proxima ante festum pentecostes a. MCCCXIX. — Münster. Arch. reg. Soest. Minoriten. 27.

2393 (571a). *1321 Februar 28. Avignon.*

Iohannes XXII tribus executoribus mandat, quatinus Suederum de Friemersheim presbiterum et monachum ord. Minorum, qui per biennium in saeculo evagatus est, absolvant et recipi faciant in monasterio Tuitiensi.

[Iohannes XXII] preposito et maioris ac S. Marie ad gradus Coloniensium decanis ecclesiarum.

Lecta nobis pro parte ... Suederi de Werimersheim presbiteri Coloniensis peticio continebat, quod olim ipse cuidam ex fratribus ordinis Minorum de Burgundia oriundo tunc Colonie studenti adherens ut famulus, cum haberet propositum sub regulari habitu perpetuo domino famulari nec speraret aliter posse recipi in ordine supradicto, idem frater dicto presbitero promisit pecuniam, si pro eo accederet in Burgundiam, et quod faceret eum recipi in fratrem ordinis antedicti; qui sicut ignarus accessit et habitum fratrum predictorum reversus accepit et in eo regularem professionem emisit et subsequenter facta sibi super hoc conscientia apostolicam sedem adivit et ab eadem sede super hoc secum obtinuit dispensari et ad ordinem rediit antedictum; et cum in eo propter sepissimas improperaciones nequiret salva conscientia remanere, de sui superioris licentia ordinem ipsum exivit, sed infra tempus sibi prefixum ab eodem superiore, ut extra provinciam Coloniensem, in qua tunc existebat, alium ingrederetur ordinem approbatum, ordinem ipsum, cum nequiverit, non intravit, et sic per biennium in seculo dinoscitur permansisse. Quare pro parte ipsius Suederi nobis extitit humiliter supplicatum, ut ipsum ab excommunicationis sentencia ... absolvere et in aliquo monasterio regulari, ne per seculum dampnabiliter evagetur, recipi ... mandaremus. Nos itaque ... discretioni vestre ... mandamus, quatinus vos vel duo aut unus vestrum ... ipsum ... absolvatis et nichilominus, cum idem Suederus desideret in monasterio de Tuicio ordinis S. Benedicti dicte diocesis sub regulari habitu virtutum domino devotum impendere famulatum, eosdem abbatem et conventum ... inducatis, ut ipsum in eodem monasterio in monachum recipiant et in fratrem et sincera in domino caritate pertractent, nisi sit canonicum aliud, quod obsistat. Quodsi dicti abbas et conventus eundem Suederum recipere forte noluerint, prefatos abbatem et conventum ... monitione premissa per censuram ecclesiasticam appellatione remota cogatis ... Dat. Avin. II kl. marcii a. quinto.

Reg. 72 f. 230' nr. 1420.

2394 (571b). *1321 März 3. Avignon.*

Iohannes XXII tribus executoribus mandat, quatinus Gerardum de Virneburg, Henricum eius fratrem et Eberardum de Thomburg moneant, ut Bindo de Senis preposito ecclesie Coloniensis et notario papali tandem solvant pensiones iam per plures annos debitas.

[Iohannes XXII] decano S. Gereonis et thesaurario S. Andree ac Alexandro de Linepe[a] canonico maioris Coloniensium ecclesiarum.

Licet ex iniuncto nobis ... Exhibita siquidem nobis ... magistri Biudi de Senis notarii nostri ecclesie Coloniensis prepositi peticionis series continebat, quod olim ipse omnes fructus redditus proventus et obventiones preposituro sue ... Gerardo de Wernemburg (!) scolastico et canonico eiusdem ecclesie usque ad certi temporis spacium locavit ad firmam pro certa pensione annua dicto notario certis loco et termino exolvenda, et quod dictus scolasticus et Henricus Bunnensis frater ac Eberardus de Thoynemburg consobrinus eiusdem scolastici Monasteriensis Coloniensis diocesis ecclesiarum prepositi et canonici Colonienses, qui se constituerunt socios in hac parte, de solvendo pensionem ipsam prefato notario ... se in solidum ... obligarunt, constringentes se ad id observandum vinculo proprii iuramenti seque super hoc iurisdictioni camere dicte sedis (*apostolice*) per procuratorem ab eis propterea legitime constitutum submittere curaverunt; ac dilectus filius magister Petrus de Verdala canonicus Carcassonensis capellanus noster tunc generalis auditor causarum curie bo. me. Arnaldi episcopi Albanensis camerarii nostri ... scolasticum et prepositos debitores predictos ad solvendum dicto notario pensionem huiusmodi ... condempnavit et in ipsos ... si deficerent in observatione predictorum, canonica monitione premissa excommunicationis sententiam promulgavit, prout est in talibus consuetum. Cumque postmodum dicti scolasticus et prepositi debitores per triennium in solucione pensionis huiusmodi cessavissent, ... magister Raymundus Iuvenis scolasticus ecclesie Petragoricensis causarum curie camere nostre generalis auditor prefatos ... ad instantiam dicti notarii ... fecit ... excommunicatos publice nunciari eosque ipsorum contumacia excrescente ab omnibus artius evitari et in participantes eisdem tunc nominatim expressos ... similem excommunicationis sentenciam promulgavit; sed iidem ... debitores huiusmodi sentencias ... contempnentes, sentencias ipsas fere per aliud triennium substinuerunt et adhuc substinere non verentur. Quare nobis prelibatus notarius humiliter supplicavit *etc.* Nos igitur ... per ... Petrum tit. S. Stephani in Celiomonte presbiterum cardinalem ... super premissis ... informacionem recipi fecimus et ... dilectioni vestre sub excommunicationis pena ... mandamus, quatinus ... supradictos ... debitores monere curetis, ut infra duos menses ... notario satisfaciant memorato. Alioquin ... Dat. Avin. V. nonas marcii a. quinto.

Reg. 70 f. 200 nr. 416.

a) Himpe *in reg.*

2395 (1184a). *1327 vor April 27.*

Heidenricus prepositus S. Severini Colon. supplicat, ut sibi dentur executores nove provisionis de prepositura dicta per litteras apostolicas cum data anticipata.

Littere faciende super executione gratie provisionis michi de prepositura S. Severini Coloniensis motu proprio de benignitate domini nostri[a] facte tot recipiunt in cancellaria per disputationes varias instancias, sub que forma dentur, quod nullo modo iam octo diebus, quibus pro ipsis habendis laboravi, potui nec adhuc possum de ipsis habere finem. Et sic detineor hic involuntarie; et hoc oportet fieri, quia si recederem, nunquam haberem eas in absentia. Data provisionis predicte posita est V kl. maii. Si posset anticipari in mense precedenti aprilis, videlicet XIIII kl. mensis aprilis, hoc expediret michi propter datam gratie mee de voce capituli ad S. Severinum, cuius data est XII kl. aprilis[1], ut data provisionis precederet datam predictam. Sed si id fieri non potuerit sine mandato domini nostri speciali, non audeo de novo eum propter hoc rogare[b].

Cedula cartacea, cuius in dorso: Ex parte Heyd. prepositi S. Severini Coloniensis. *Instr. miscell. Armar. C. fasc. 78–87. C. Schwalm, Neues Archiv XXV, 743.*

2396 (1189a). *1327 Mai 18. (?)*

Heidenricus prepositus S. Severini Coloniensis Bernardo Stephani archidiacono.

Pater et domine B[ernarde] S[tephane] archidiacone.

Mitto vobis signata nomina quorundam dominorum civitatum et opidorum partium Alemanie et precipue circa Renum et quandam instructionem in fine positam, per quam, si fieret, Bawarus artaretur, quia non tantum executionibus litteralibus sed et appositione manuum, ut dentur sibi adversarii invadentes eum, sua pertinecia est retundenda. Et sine dubio, si hoc factum fuerit, cogetur Lombardiam dimittere et redire; nam antequam patiatur alios intrare hereditatem suam, quam habuerat, ipse potius alias vias queret. Super istis, si ad partes venero, omnia, que potero, per Coloniensem archiepiscopum faciam tractari et, que fiunt, rescribi.

Scriptum crastino dominice: Vocem iucunditatis.

Cedula cartacea. Instr. miscell. Armar. C fasc. 78–87. C. Schwalm, Neues Archiv XXV, 741.

---

a) nostri michi *ms.* b) rogari *ms.*

1) *cf. nr. 1170.*

2397 (1482a). *1328 um Mai 14.*[1] (*Avignon.*)

Heidenrici prepositi S. Severini Coloniensis supplicatio.

In terra Alemanie pauci sunt tabelliones auctoritate apostolica, et qui sunt auctoritate imperiali, reddunt se difficiles in executionibus processuum emissorum faciendis. Unde si placeret domino nostro, expediret, ut daret archiepiscopo Coloniensi auctoritatem creandi duos vel tres tabelliones apostolica auctoritate. Tunc eligere posset personas, que congruerent pro processibus publicandis et que essent apte ad eundum ad diversa loca, quia dum alias processus priores publicari debebant, in diocesi et provincia Coloniensi in hiis defectus habebatur.

Cedula cartacea. Instrum. miscell. Armar. C. fasc. 78—87; C. Schwalm in Neues Archiv XXV, 742.

***2398** (*1680a). *1329 März 6. Avignon.*

Anno predicto [*scil.* MCCCXXIX] die VI marcii fuerunt misse per Iaquetum et Iacobellum cursores littere apostolice infrascripte, una videlicet abbati monasterii de Helbraco Cisterc. ord. Herbipolensis dioc. directa, in qua deputatur sedis apostolice nuncius in partibus Alamanie ad partem orientalem ad exigendum et recipiendum ab abbatibus dicti ordinis dimidiam decimam per ordinem Cisterc. domino nostro pape promissum in subsidium contra rebelles ecclesie, item alia abbati monasterii de Campo dicti ordinis Colon. dioc., in qua simili modo deputatur nuncius in partibus Alamanie ad partem occidentalem.

Fragm. libri camere apostolice. Paris. Bibl. nat. ms. latin. nr. 4191 f. 31.

***2399** (*1702a). *1329 März 24. Avignon.*

Die XXIIII mensis marcii de anno predicto [*scil.* MCCCXXIX] fuerunt tradite domino R[aimu]ndo de Valleaurea due littere infrascripte per istum portande ad dominum Petrum Guigonis de Castronovo canonicum Vivariensem, in quarum una continetur . . . item in alia eidem domino Petro directa mandatur sibi, quod omnes et singulos prelatos et personas ecclesiasticas Treverensis et Bisuntine provinciarum, qui noluerunt offerre subsidium domino nostro pape, requirat et hortetur ut offerant, certificaturus eundem dominum nostrum de nominibus obedientium et inobedientium.

1) Huic fere tempori censui sequentem supplicationem esse attribuendam *Conf. nr. 1481 et 1482.*

Item fuit sibi tradita una patens littera sigillo camere sigillata eidem domino Petro directa super collectione fructuum beneficiorum ecclesiasticorum apud sedem apostolicam vacantium.

Fragm. libri camere apostolice. Paris. Bibl. nat. ms. latin. nr. 4191 f. 31'.

2400 (2080a). *1331 December 5.* (*Avignon.*)

De prepositura S. Florini in Confluentia curata dioc. Trever. vacante, quia Audebertus de Viens assecutus est preposituram ecclesie Vapincensis, fuit provisum Iohanni Gerardi burgravii nonas decembris (a. XVI).

De ecclesia curata in Rense Trever. dioc., si vacat per constitucionem: Execrabilis vel alias, fuit provisum Cristini (!) Gerardi de Rense.

Collectoriarum t. 280 (non foliatus). (Notitiae camerales de solvendis fructibus primi anni.) Conf. nr. 2080 et 2073.

2401 (2117a). *1332 Mai 23.* (*Avignon.*)

De prepositura S. Paulini extra muros Trever. vacante ex devolutione iuxta Lateranense concilium fuit provisum Walramo Henrici de Treveri X kl. iunii (a. XVI).

Collectoriarum t. 280.

2402 (2276a). *1337 Januar 12. Avignon.*

Benedictus XII abbatibus S. Pantaleonis Colon. et S. Mathie ac S. Maximini extra muros Trever. monasteriorum ord. S Bened. mandat, quatinus exequantur statuta et ordinaciones, que papa edidit pro reformatione ordinis monachorum nigrorum, imprimis in Colon. et Trever. provincia, quas papa pro hac re vult reputari pro una; convocentque capitulum provinciale abbatum et priorum monasteriorum dicte ordinis, quod exinde tercio quoque anno celebretur.

Paterne consideracionis aciem ... Dat. Avin. II idus ianuarii a. tercio.

Reg. 126 f. 27' nr. 11; Rz. 1923 (mendose).

***2403** (*2293a). *1337 Juli 26. Godesberg.*

Walramus archiepiscopus Colon. notum facit, quod obligatus est Henrico dicto Zuderman (*de Tremonia*) militi, doctori legum, secretario suo in quingentis parvis florenis aureis, quos is ipsi ad redemptionem officii archiepiscopalis in Reykelinchusen a nobili viro Theoderico de Lymburch factam mutuavit, et quod ipse eidem de his satisfacere volens committit eidem curtes archiepiscopales in Swelme et in Hagen cum suis attinentiis alias eidem ab ipso ex speciali confidentia commissas et officium ibidem archiepiscopale per eundem tenendas, quousque eidem ab ipso vel ipsius heredibus de dictis florenis fuerit satisfactum.

Universis presentes litteras . . . Dat. Gudensberg a. MCCCXXXVII crastino B. Iacobi apostoli.

Lacomblet III nr. 312.

2404 (*2371a). *1340 März 23. Köln.*

Walramus archiepiscopus Colon. notum facit, quod attendens utilia obsequia ipsi et ecclesie Coloniensi per ipsius familiarem Henricum dictum Suderman de Tremonia legum professorem in diversis negotiis magnis et arduis notorie impensa et imposterum impendenda dedit eidem Henrico usufructum curtium ecclesie Coloniensis in Suelme et in Hagen cum omnibus earum pertinenciis, sic quod eisdem curtibus ac earum pertinenciis, quamdiu ipse archiepiscopus vixerit, possit libere utifrui. Walramus eidem Henrico volens facere gratiam ampliorem, presertim cum idem se archiepiscopo et ecclesie Coloniensi obligaverit efficaciter, quod ex bonis ad predictas curtes pertinentibus, quorum pars non modica a longis temporibus per Walrami predecessores est titulo pignoris obligata, in quantum centum marce denariorum Tremoniensium — quatuor denariis scilicet pro veteri regali grosso turoniensi regis Francie computatis — se extendunt, redimet in effectu, concedit eidem Henrico usque ad ipsius vite exitum et post eius mortem ad annum proximum subsequentem dictarum curtium cum earum pertinenciis usufructum. Debebit tamen Henricus cum ultimi huius anni fructibus in maiori ecclesia Coloniensi anime ipsius memoriam perpetuam ordinare.

Nos Walramus dei gracia . . . Dat. Colonie a. d. MCCCXL feria quinta post dominicam oculi.

Or. membr. cum filo membr. del. sig. Cui annexa est cedula transfixa membr. sequentis tenoris:

Noverint universi presentium inspectores, quod ego Henricus Suderman de Tremonia legum doctor confiteor me habere et tenere unam litteram huic littere, cui hec presens cedula est transfixa, de verbo ad verbum similem et eiusdem tenoris in omnibus et per omnia existentem, promittens me firmum et ratum habiturum, quicquid in eadem littera continetur. In cuius rei testimonium sigillum meum presentibus est appensum. Dat. Colonie a. d. MCCCXL feria quinta post dominicam oculi.

Düsseldorf. Arch. reg. Kurköln. nr. 611. Conf. Lacomblet III nr. 312. n. 1.

Indices.

I. Index personarum et locorum.

(K, k = C, c. Y, y = I, i. V = F. ae = a. oe = o. ue = u)

Sigla.

abb. = abbas.
abba. = abbatissa.
ap. = apostolicus.
archid. = archidiaconus.
archiep. = archiepiscopus.
cam. = camera.
can. = canonicus.
cana. = canonica.
cant. = cantor.
cap. = cappellanus.
card. = cardinalis.
cler. = clericus.
conf. = conferatur.
d. = dioecesis.
dec. = decanus.
deca. = decana.
eccl. = ecclesia.
ep. = episcopi; epi. = episcopi.
fam. = familiaris.
mag. = magister.
mon. = monachus.
mona. = monacha.
monast. = monasterium.
not. = notarius.
par. = parochus.
paroch. = parochia, parochialis.
pr = presbyter.
praep. = praepositus.
prov. = provincia.
schol. = scholasticus.
thes. = thesaurarius.
v. = vide.
vic. = vicarius.

NB. Nomina desinentia in: „ensis" sunt abbreviata.

A.

B.

D.

E.

F. V.

G.

H.

J. Y.

L.

O.

P.

Q.

R.

S.

T.

U.

II. Index rerum quarundam notabiliorum.